重庆2016 统计年鉴

CHONGQING STATISTICAL YEARBOOK 2016

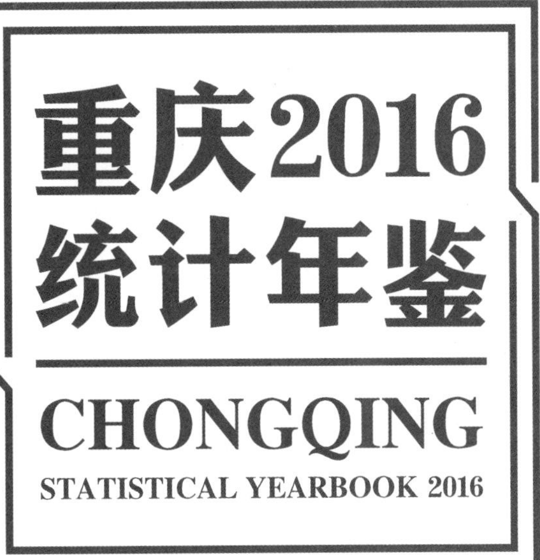

重庆市统计局　国家统计局重庆调查总队 编
CHONGQING MUNICIPAL BUREAU OF STATISTICS
NBS SURVEY OFFICE IN CHONGQING

(京)新登字041号

图书在版编目（CIP）数据

重庆统计年鉴. 2016 : 汉英对照 / 重庆市统计局, 国家统计局重庆调查总队编. -- 北京 : 中国统计出版社,2016.8
ISBN 978-7-5037-7846-9

Ⅰ. ①重… Ⅱ. ①重… ②国… Ⅲ. ①统计资料－重庆市－2016－年鉴－汉、英 Ⅳ. ①C832.719-54

中国版本图书馆CIP数据核字(2016)第161728号

重庆统计年鉴-2016

作　者/ 重庆市统计局 国家统计局重庆调查总队
责任编辑/ 佘竞雄
装帧设计/ 重庆海耐特广告有限公司
出版发行/ 中国统计出版社
地　址/ 北京市丰台区西三环南路甲6号
邮政编码/ 100073
电　话/ 邮购（010）63376909 书店（010）68783171
网　址/ http://www.zgtjcbs.com
印　刷/ 重庆三达广告印务装璜有限公司
经　销/ 新华书店
开　本/ 890mm×1240mm 1/16
字　数/ 184万字
印　张/ 42
版　别/ 2016年8月第1版
版　次/ 2016年8月第1次印刷
定　价/ 380.00元

本书附同版本CD-ROM一张，光盘内容以书面文字为准。
如有印装差错，由本社发行部调换。

《重庆统计年鉴2016》
编辑委员会

编辑部

CHONGQING STATISTICAL YEARBOOK 2016
EDITORIAL BOARD

EDITORIAL DEPARTMENT

编者说明

EDITOR'S NOTES

一、《重庆统计年鉴—2016》是由重庆市统计局和国家统计局重庆调查总队编纂、中国统计出版社公开出版发行的一部全面记录重庆市经济建设和社会发展情况的大型资料性年刊。本书收录了重庆市历史重要年份和2015年经济和社会各方面的统计数据，以及各区县（自治县）主要统计资料。

二、全书共二十二章，包括：1.综合；2.国民经济核算；3.人口与就业；4.固定资产投资；5.能源消费；6.财政；7.人民生活与物价；8.城镇建设；9.资源和环境；10.要素市场；11.农业和农村经济；12.工业；13.建筑业；14.运输和邮电；15.国内贸易；16.对外经济贸易和旅游业；17.金融业；18.教育、科技和文化业；19.卫生、体育和其他社会活动；20.区县；21.三峡工程重庆库区移民；22.基本单位名录库。同时附录一个篇章：全国及各省（自治区、直辖市）主要统计资料。每章前设《简要说明》，介绍本章节的主要内容和资料来源，章末附有《主要统计指标解释》。

三、本年鉴统计资料：大部分数据来自统计年报，部分来自抽样调查。

四、本年鉴所使用的度量衡单位均采用国际统一标准计量单位；各种分类标准均采用国家统一分类标准。

五、本年鉴部分数据的合计数或相对数，由于计量单位取舍不同而产生的计算误差未作机械调整。

六、本年鉴各表的部分指标注解位于该表下方或最后一张续表的下方。

七、符号使用说明：年鉴各表中的“空格”表示该项统计指标数据不足本表最小单位数、数据不详或无该项数据；“#”表示其中的主要项。

八、本年鉴在编辑、翻译过程中得到诸多单位和同志的大力支持，在此深表谢意。限于我们的水平，加之时间仓促，请各界人士在使用资料时如发现错误和不足，恳请提出批评指正。

Ⅰ. Chongqing Statistical Yearbook 2015 is a large statistical yearbook compiled by Chongqing Municipal Bureau of Statistics and NBS Survey Office in Chongqing and published by China Statistics Press, which records the economic construction and social development of Chongqing in an all-round way. The yearbook covers the comprehensive data on Chongqing's social and economic development in 2014 and some major years in the history, as well as the major statistics on all the districts and counties (autonomous counties).

Ⅱ. The yearbook contains 22 chapters, namely 1. Comprehensive Statistics; 2. National Economic Accounting; 3. Population and Employment; 4. Investment in Fixed Assets; 5. Energy Consumption; 6. Government Finance; 7. People's Livelihood and Prices; 8. Urban Construction; 9. Resources and Environment; 10. Markets of Key Factors; 11. Agriculture and Rural Economy; 12. Industry; 13. Construction; 14. Transport, Postal and Telecommunication Services; 15. Domestic Trade; 16. Foreign Economic Relations, Trade and Tourism; 17. Financial Intermediation; 18. Education, Science & Technology and Culture; 19. Public Health, Sports and Other Social Activities; 20. Districts; 21. Resettlement of Chongqing Reservoir Area of Three Gorges Project; 22. Statistics on Basic Units. There is also an Appendix which covers the main data of the whole nation and other provinces, autonomous regions and municipalities. There is a Brief Introduction at the beginning of each chapter, which introduces the main contents of the chapter and the sources of data. The Explanatory Notes on Main Statistical Indicators is provided at the end of each chapter.

Ⅲ. The data in this publication: most of the data are obtained from the annual statistical reports, while some others are obtained from sample surveys.

Ⅳ. The units of measurement used in this yearbook are international standard measurement units; and the basis of classification of this book complies with the national uniform standard.

Ⅴ. The statistical discrepancies of the total values or relative values due to rounding are not adjusted in this yearbook.

Ⅵ. The notes concerning individual indicators are placed at the lower part of the table or the lower part of the last page.

Ⅶ. Notations used in this yearbook: (blank space) indicates that the figure is not large enough to be measured with the smallest unit in the table, or data are unknown, or are not available; "#" indicates a major breakdown of the total.

Ⅷ. We'd like to send our sincere acknowledgement various units and comrades for their vigorous assistances during the edition and translation of this yearbook. Due to our limited ability and the hasty time, faults and shortage are unavoidable. Any criticism or suggestion is appreciated.

目录 CONTENTS

第一章 CHAPTER 1 综合 COMPREHENSIVE STATISTICS

第二章 CHAPTER 2 国民经济核算 NATIONAL ECONOMIC ACCOUNTING

目 录 CONTENTS

第四章 CHAPTER 4 固定资产投资 INVESTMENT IN FIXED ASSETS

第五章 CHAPTER 5 能源消费 ENERGY CONSUMPTION

目录 CONTENTS

第六章 CHAPTER 6 财政 GOVERNMENT FINANCE

第七章 CHAPTER 7 人民生活与物价 PEOPLE'S LIVING CONDITIONS AND PRICE OF GOODS

目录 CONTENTS

第九章 CHAPTER 9 资源和环境 RESOURCES AND ENVIRONMENT

第十章 CHAPTER 10 要素市场 MARKETS OF KEY FACTORS

第十一章 CHAPTER 11 农业和农村经济 AGRICULTURE AND RURAL ECONOMY

目 录 续

CONTENTS

第十二章 CHAPTER 12 工业 INDUSTRY

第十三章 CHAPTER 13 建筑业 CONSTRUCTION

第十四章 CHAPTER 14 运输和邮电 TRANSPORT, POSTAL AND TELECOMMUNICATION SERVICES

第十五章 CHAPTER 15 国内贸易 DOMESTIC TRADE

第十七章 金融业 CHAPTER 17 FINANCIAL STATISTICS

第十八章 CHAPTER 18 教育、科技和文化业 EDUCATION, SCIENCE, TECHNOLOGY AND CULTURE

目录 CONTENTS

第十九章 CHAPTER 19 卫生、体育和其他社会活动 PUBLIC HEALTH, SPORTS AND OTHER SOCIAL ACTIVITIES

目录 CONTENTS

第二十章 CHAPTER 20 区县 DISTRICTS, COUNTIES

第二十一章 CHAPTER 21 三峡工程重庆库区 IN CHONGQING RESERVOIR AREA OF THREE GORGES PROJECT

第二十二章 CHAPTER 21 基本单位名录库 STATISTICS ON BASIC UNITS

附 录　APPENDIX

第 1 章

综　合

COMPREHENSIVE STATISTICS

简要说明 BRIEF INTRODUCTION

本章主要包括重庆市行政区划、国民经济和社会发展综合资料，由市统计局综合处根据有关部门资料进行整理和编辑。

行政区划资料由市民政局提供。

This chapter mainly covers the data of Chongqing's administrative divisions and national economic and social development. The data of this chapter are sorted and compiled by Division of Comprehensive Statistics, Chongqing Municipal Bureau of Statistics on the basis of the information provided by the relevant departments.

The data of administrative divisions are provided by Chongqing Civil Affairs Bureau.

表1.1 行政区划（2015年）
DIVISIONS OF ADMINISTRATIVE AREAS (2015)

单位：个 (unit)

地 区	Region	乡 Townships	镇 Towns	街道办事处 Street Communities	居委会 Neighborhood Committees	村委会 Village Committees
全市总计	**Total**	**195**	**617**	**213**	**2863**	**8220**
万州区	Wanzhou District	12	29	11	187	448
黔江区	Qianjiang District	12	12	6	80	138
涪陵区	Fuling District	6	12	8	116	306
渝中区	Yuzhong District			11	77	
大渡口区	Dadukou District		3	5	54	32
江北区	Jiangbei District		3	9	89	18
沙坪坝区	Shapingba District		8	18	145	70
九龙坡区	Jiulongpo District		11	8	115	105
南岸区	Nan'an District		7	8	92	58
北碚区	Beibei District		12	5	68	111
渝北区	Yubei District		11	19	188	193
巴南区	Ba'nan District		14	8	93	198
长寿区	Changshou District		12	7	41	222
江津区	Jiangjin District		25	4	94	178
合川区	Hechuan District		23	7	74	326
永川区	Yongchuan District		16	7	54	207
南川区	Nanchuan District	9	22	3	59	185
綦江区	Qijiang District		25	5	105	365
大足区	Dazu District		21	6	102	207
璧山区	Bishan District		9	6	52	135
铜梁区	Tongliang District		23	5	57	269
潼南区	Tongnan District		20	2	25	278
荣昌区	Rongchang District		15	6	76	92
梁平县	Liangping County	5	26	2	37	304
城口县	Chengkou County	13	10	2	30	176
丰都县	Fengdu County	5	23	2	56	274
垫江县	Dianjiang County	2	22	2	66	235
武隆县	Wulong County	14	12		24	186
忠 县	Zhongxian County	6	21	2	62	303
开 县	Kaixian County	7	26	7	94	430
云阳县	Yunyang County	7	31	4	90	388
奉节县	Fengjie County	11	18	3	58	332
巫山县	Wushan County	13	11	2	34	307
巫溪县	Wuxi County	12	18	2	41	289
石柱土家族自治县	Shizhu County	14	16	3	35	207
秀山土家族苗族自治县	Xiushan County	6	18	3	59	208
酉阳土家族苗族自治县	Youyang County	23	14	2	79	199
彭水苗族土家族自治县	Pengshui County	18	18	3	55	241

表1.2 国民经济和社会发展总量与速度指标
PRINCIPAL AGGREGATE INDICATORS ON NATIONAL ECONOMIC AND SOCIAL DEVELOPMENT AND GROWTH RATE

指 标	Item	总量指标 Aggregate Indicators	
		1996	2000
人口与就业	**Population and Employment**		
人 口（万人）	**Population (10 000 persons)**		
年末常住人口	Year-end Resident Population	2875.30	2848.82
#城 镇	Urban	848.21	1013.88
乡 村	Rural	2027.09	1834.94
#男 性	Male	1465.99	1460.57
女 性	Female	1409.31	1388.25
就 业（万人）	**Employment (10 000 persons)**		
就业人员数	Employed Persons	1719.43	1661.16
#在岗职工人数	On-post Staff and Workers	294.63	208.87
城镇登记失业人数	Registered Unemployment in Urban Areas	10.95	10.15
宏观经济	**Macroeconomic Indicators**		
国民经济核算（亿元）	**National Economic Accounting (100 million yuan)**		
本市生产总值	Gross Domestic Product	1315.12	1791.00
第一产业	Primary Industry	287.56	284.87
第二产业	Secondary Industry	568.99	760.03
#工 业	Industry	502.06	633.98
第三产业	Tertiary Industry	458.57	746.10
固定资产投资（亿元）	**Investment in Fixed Assets (100 million yuan)**		
固定资产投资总额	Total Investment in Fixed Assets	320.73	655.81
建设项目	Construction Projects	265.11	516.18
房地产开发	Real Estate Development	55.62	139.63
财 政（亿元）	**Government Finance (100 million yuan)**		
地方一般公共预算收入	General Public Budget Revenue of Local Government		
地方一般公共预算支出	General Public Budget Expenditure of Local Government		
物价指数（上年=100）	**Price Indices (preceding year=100)**		
居民消费价格指数	Consumer Price Index	109.7	96.7
工业生产者出厂价格指数	Producer Price Indices for Manufactured Goods	104.1	98.6
工业生产者购进价格指数	Purchasing Price Indices of Raw Material, Fuel and Power	106.3	105.6
商品零售价格指数	Retail Price Index	106.1	95.5
产 业	**Industry**		
农 业	**Agriculture**		
乡村从业人员（万人）	Rural Employment (10 000 persons)	1330.44	1352.60
农林牧渔业总产值（亿元）	Gross Output Value of Farming, Forestry, Animal Husbandry and Fishery (100 million yuan)	424.99	412.63
#农 业	Farming	271.38	244.74
林 业	Forestry	11.55	10.82
牧 业	Animal Husbandry	131.17	141.99
渔 业	Fishery	10.89	15.08
主要农产品产量（万吨）	Output of Major Farm Products (10 000 tons)		
粮 食	Grain	1172.14	1131.21
油 料	Oil-bearing Crops	23.60	31.06
烟 叶	Tobacco	13.24	10.41

注：本表数据本市生产总值、工业增加值速度指标按可比价计算，其余指标均为自然增长。

总量指标 Aggregate Indicators				速度指标（%） Growth Rate								
2005	2010	2014	2015	指 数（2015为以下各年） Index (2014 as percentage of the following years)					平均增长速度 Average Annual Growth Rate			
				1996	2000	2005	2010	2014	1997-2015	2001-2005	2006-2010	2011-2015
2798.00	2884.62	2991.40	3016.55	104.91	105.89	97.31	104.57	100.84	0.3	-0.4	0.6	0.9
1265.95	1529.55	1783.01	1838.41	216.74	181.32	149.25	120.19	103.11	4.2	4.5	3.9	3.7
1532.05	1355.07	1208.39	1178.14	58.12	64.21	75.58	86.94	97.50	-2.8	-3.5	-2.4	-2.8
1409.83	1460.89	1512.41	1525.77	104.08	104.46	96.17	104.44	100.88	0.2	-0.7	0.7	0.9
1388.17	1423.73	1478.99	1490.78	105.78	107.39	98.50	104.71	100.80	0.3	0.0	0.5	0.9
1456.30	1539.95	1696.94	1707.37	99.30	102.78	117.24	110.87	100.61		-2.6	1.1	2.1
209.66	250.22	386.76	385.08	130.70	184.36	183.67	153.90	99.57	1.4	0.1	3.6	9.0
16.89	13.02	13.42	14.26	130.23	140.49	84.43	109.52	106.26	1.4	10.7	-5.1	1.8
3467.72	7925.58	14262.60	15717.27	878.5	620.8	366.9	182.8	111.0	12.1	11.1	14.9	12.8
463.40	685.38	1061.03	1150.15	204.7	190.8	156.6	126.7	104.7	3.8	4.0	4.3	4.8
1564.00	3531.10	6529.06	7069.37	1419.1	960.2	484.8	200.3	111.3	15.0	14.6	19.3	14.9
1293.81	2869.81	5175.80	5557.52	1441.3	996.4	497.5	198.8	110.5	15.1	14.9	20.1	14.7
1440.32	3709.10	6672.51	7497.75	755.0	494.4	310.4	170.9	111.5	11.2	9.8	12.7	11.3
2006.32	6934.80	13223.75	15480.33	4826.6	2360.5	771.6	223.2	117.1	23.9	25.1	28.7	21.4
1488.59	5314.54	9593.51	11729.04	4424.2	2272.3	787.9	220.7	122.3	23.5	23.6	29.0	22.5
517.73	1620.26	3630.23	3751.28	6744.5	2686.6	724.6	231.5	103.3	24.8	30.0	25.6	18.3
		1922.02	2154.83					112.1				
		3304.39	3792.00					114.8				
100.8	103.2	101.8	101.3									
103.0	103.1	98.3	97.2									
108.2	106.9	98.1	97.1									
98.7	101.7	100.9	100.2									
1366.91	1379.35	1312.96	1309.23	98.4	96.8	95.8	94.9	99.7		0.2	0.2	-0.1
662.19	1021.13	1594.96	1738.15	409.0	421.2	262.5	170.2	109.0		9.9	9.0	11.2
358.30	623.33	967.87	1033.68	380.9	422.4	288.5	165.8	106.8		7.9	11.7	10.6
19.97	30.40	53.56	60.44	523.3	558.6	302.7	198.8	112.8		13.0	8.8	14.7
249.50	326.55	486.36	542.90	413.9	382.4	217.6	166.3	111.6		11.9	5.5	10.7
23.80	27.21	64.93	74.91	687.9	496.8	314.7	275.3	115.4		9.6	2.7	22.5
1168.19	1156.13	1144.54	1154.89	98.5	102.1	98.9	99.9	100.9		0.6	-0.2	
42.71	44.45	56.94	59.87	253.7	192.8	140.2	134.7	105.2		6.6	0.8	6.1
9.02	8.10	8.44	8.68	65.6	83.4	96.2	107.2	102.8		-2.8	-2.1	1.3

Note: The growth rate of GDP and value-added of industry is calculated on the basis of comparable price, while the other indices are natural growth rate.

表1.2 续表1 continued1

指 标	Item	总量指标 Aggregate Indicators 1996	2000
茶 叶	Tea	1.55	1.45
水 果	Fruits	56.62	81.68
肉 类	Meat	133.22	143.91
#猪 肉	Pork	114.18	122.45
水产品	Aquatic Products	14.07	20.03
工 业（规模以上）	**Industry (above Designated Size)**		
工业总产值（亿元）	Gross Output Value of Industry (100 million yuan)	730.41	962.32
主营业务收入（亿元）	Revenue from Principal Business (100 million yuan)	711.34	959.36
利税总额（亿元）	Total Pre-tax Profits (100 million yuan)	48.04	85.57
产品销售率（%）	Sales as Percentage of Output (%)	96.5	99.1
全员劳动生产率（元/人年）	Overall Labor Productivity (yuan/person-year)	13546	31081
主要工业产品产量	Output of Major Industrial Products		
天然气（亿立方米）	Natural Gas (100 million cu.m)	26.10	38.98
发电量（亿千瓦时）	Electricity (100 million kwh)	128.73	167.90
钢 材（万吨）	Steel Products (10 000 tons)	117.55	156.98
铝 材（万吨）	Aluminum Products (10 000 tons)	7.36	13.98
微型计算机设备（万台）	Micro-computers (10 000 units)		
水 泥（万吨）	Cement (10 000 tons)	648.76	1402.78
汽 车（万辆）	Motor Vehicles (10 000 vehicles)	12.41	24.59
#轿 车	Cars	1.34	4.82
摩托车（万辆）	Motorcycles (10 000 vehicles)	177.36	191.07
啤 酒（万千升）	Beer (10 000 kiloliters)	28.54	50.42
卷 烟（亿支）	Cigarettes (100 million units)	453.91	343.50
建筑业（资质内）	**Construction (Grade above)**		
建筑业总产值（亿元）	Gross Output Value of Construction (100 million yuan)	205.30	348.66
房屋施工面积（万平方米）	Floor Space Under Construction (10 000 sq.m)	4065	6088
房屋竣工面积（万平方米）	Floor Space Completed (10 000 sq.m)	2277	3084
交通运输业	**Transportation**		
客运量（万人）	Passenger Traffic (10 000 persons)	42370	56969
铁 路	Railway	972	1442
公 路	Highway	37410	53170
水 运	Waterway	3900	2240
民 航	Civil Aviation	88	117
货运量（万吨）	Freight Traffic (10 000 tons)	24339	26852
铁 路	Railway	1633	1812
公 路	Highway	20214	23646
水 运	Waterway	2491	1392
民 航	Civil Aviation	1.20	2.40
港口货物吞吐量（万吨）	Cargo Throughput in Coastal Ports (10 000 tons)	1076	2448

注：1) 工业总产值的绝对值和指数按现价计算。
2) 建筑业2003年起的所有数据均不包括劳务分包企业。
3) 从2000年起民航货运量按新制度统计，旅客行李不再计入货运。
4) 1996年起铁路数据按重庆现地域进行了调整（以下各表同）。
5) 2013年公路、水路数据按部门专项调查作了调整，速度按可比价计算。

总量指标 Aggregate Indicators				速度指标（%） Growth Rate								
				指 数（2015为以下各年） Index (2014 as percentage of the following years)					平均增长速度 Average Annual Growth Rate			
2005	2010	2014	2015	1996	2000	2005	2010	2014	1997-2015	2001-2005	2006-2010	2011-2015
1.65	2.52	3.38	3.52	227.1	242.8	213.3	139.7	104.1	4.4	2.6	8.8	6.9
154.63	238.47	347.61	375.85	663.8	460.1	243.1	157.6	108.1	10.6	13.6	9.1	9.5
178.39	192.46	214.21	213.82	160.5	148.6	119.9	111.1	99.8	2.5	4.4	1.5	2.1
144.46	147.55	158.54	156.15	136.8	127.5	108.1	105.8	98.5	1.7	3.4	0.4	1.1
25.06	22.43	44.34	48.09	341.8	240.1	191.9	214.4	108.5	6.6	4.6	-2.2	16.5
2525.87	9143.55	18782.33	21400.01	2929.9	2223.8	847.2	234.0	112.4	19.5	21.3	29.3	17.4
2515.17	9039.03	18688.63	20902.24	2938.4	2178.8	831.0	231.2	111.8	19.5	21.3	29.2	18.3
256.48	1011.88	2218.95	2449.21	5098.3	2862.2	954.9	242.0	110.4	23.0	24.6	31.6	19.3
98.8	98.1	98.2	97.9									
77511	183031	270083	297050	2192.9	955.7	383.2	162.3	110.0	17.7	20.1	18.7	10.2
57.09	67.48	48.05	69.31	265.6	177.8	121.4	102.7	144.2	5.3	7.9	3.4	0.5
234.03	456.71	674.05	682.63	530.3	406.6	291.7	149.5	101.3	9.2	6.9	14.3	8.4
294.70	699.92	1323.45	1411.46	1200.7	899.1	478.9	201.7	106.7	14.0	13.4	18.9	15.1
39.36	102.79	133.41	171.37	2328.4	1225.8	435.4	166.7	128.5	18.0	23.0	21.2	10.8
	189.19	6446.78	6180.79				3267.0	95.9				100.8
2100.69	4598.04	6666.61	6798.83	1048.0	484.7	323.6	147.9	102.0	13.2	8.4	17.0	8.1
42.15	161.58	262.89	304.51	2453.7	1238.3	722.4	188.5	115.8	18.3	11.4	30.8	13.5
15.33	85.17	111.32	108.79	8118.7	2257.1	709.7	127.7	97.7	26.0	26.0	40.9	5.0
420.84	849.23	859.43	841.64	474.5	440.5	200.0	99.1	97.9	8.5	17.1	15.1	-0.2
53.87	75.19	73.72	76.71	268.8	152.1	142.4	102.0	104.1	5.3	1.3	6.9	0.4
396.08	501.00	576.00	546.50	120.4	159.1	138.0	109.1	94.9	1.0	2.9	4.8	1.8
783.57	2534.32	5552.21	6256.94	3047.7	1794.6	798.5	246.9	112.7	19.7	17.6	26.5	19.8
10723	19489	32887	32802	806.9	538.8	305.9	168.3	99.7	11.6	12.0	12.7	11.0
5155	8292	12816	13543	594.8	439.1	262.7	163.3	105.7	9.8	10.8	10.0	10.3
60436	126804	70056	64164	318.2	236.6	223.1	130.1	91.6	6.3	1.2	11.4	5.4
1224	2663	4057	3994	410.9	276.9	326.3	150.0	98.4	7.7	-3.2	16.8	8.4
57600	122125	63630	57556	337.0	237.1	218.9	127.3	90.5	6.6	1.6	11.4	4.9
1388	1277	712	732	29.7	51.7	83.4	102.3	102.8	-6.2	-9.1	-4.0	0.4
224	739	1657	1882	2136.0	1606.6	839.1	254.4	113.6	17.5	13.9	27.0	20.5
39200	81385	97287	103844	539.0	488.5	334.6	181.9	106.7	9.3	7.9	13.0	12.7
1923	2280	1952	1862	114.0	102.8	96.8	81.7	95.4	0.7	1.2	3.5	-4.0
33378	69438	81206	86931	558.6	477.5	338.3	187.5	107.1	9.5	7.1	12.5	13.4
3896	9660	14117	15040	669.9	1198.9	428.3	173.0	106.5	10.5	22.8	19.9	11.6
2.88	7.49	12.29	12.18	2825.4	1412.7	1177.2	163.0	99.1	19.2	3.7	21.1	10.3
5251	9668	14665	15750	1463.8	643.4	299.9	162.9	107.4	15.2	16.5	13.0	10.3

Note: a) The value and index of gross output value of industry are calculated at current price.
b) All the data of construction has not included labor subcontractors since 2003.
c) Since 2000, the cargo turnover of civil aviation has been calculated by the new statistic system, and the luggage of passengers is no longer accounted in.
d) The data of railway has been modified based on the present administrative division of Chongqing since 1996 (the same for the tables below).
e) The data of highway and waterway has been modified according to the specialized survey by the related departments since 2013, and the growth rate is calculated on the basis of comparable price.

表1.2 续表2 continued2

指 标	Item	总量指标 Aggregate Indicators 1996	2000
邮电通信业	**Postal and Telecommunication Services**		
邮电业务总量（亿元）	Business Volume of Postal and Telecommunication Services (100 million yuan)	15.99	85.82
本地电话用户（万户）	Local Telephone Subscribers (10 000 subscribers)	66.50	268.43
移动电话用户（万户）	Mobile Telephone Subscribers (10 000 subscribers)	9.00	160.00
固定互联网络用户（万户）	Internet Subscribers (10 000 subscribers)	0.03	10.00
国内贸易（亿元）	**Domestic Trade (100 million yuan)**		
社会消费品零售总额	Retail Sales of Consumer Goods	498.63	719.95
#批发和零售业	Wholesale and Retail Trades	438.07	627.36
住宿和餐饮业	Catering Trade	54.45	84.16
对外贸易（亿美元）	**Foreign Trade (USD 100 million)**		
进出口总值	Total Imports and Exports	15.85	17.85
进 口	Imports	9.92	7.90
出 口	Exports	5.93	9.95
利用内外资	**Utilization of Domestic and Foreign Capital**		
实际利用外资额（亿美元）	Foreign Capital Actually Utilized (USD 100 million)	4.42	3.45
#外商直接投资额	Foreign Direct Investment	2.19	2.44
实际利用内资额（亿元）	Domestic Capital Actually Utilized (100 million yuan)	34.11	43.04
国际旅游	**International Tourism**		
接待入境旅游人数（万人次）	Number of Overseas Vistior Arrival Recevied (10 000 person-time)	16.18	26.61
旅游外汇收入（万美元）	Foreign Exchange Earnings from International Tourism (USD 10 000)	7090	13837
旅行社组织出境游客人数（万人次）	Number of Outbound Tourists Organized by Travel Agencies (10 000 person-time)		
金融保险业（亿元）	**Finance and Insurance (100 million yuan)**		
金融机构人民币存款年末余额	Deposit Balance of RMB of Financial Institutions	846.43	1904.71
#住户存款	Saving Deposits of Residents		
金融机构人民币贷款年末余额	Loan Balance of RMB of Financial Institutions	913.93	1881.29
股票筹资额（亿元）	Raised Capital of Shares (100 million yuan)	10.41	22.63
保险公司保费收入	Insurance Premium of Insurance Companies	12.82	27.71
保险公司赔款及给付	Indemnity Expenditure and Payment of Insurance Companies	6.48	8.27
教育、科技、文化	**Education, Science & Technology and Culture**		
教 育	**Education**		
专任教师（万人）	Full-time Teachers (10 000 person)		
#普通高等学校	Regular Institutions of Higher Education	0.94	1.04
普通中学	Regular Secondary Schools	6.95	8.18
小 学	Primary Schools	11.77	11.9
在校学生数（万人）	Student Enrollment (10 000 persons)		
#普通高等学校	Regular Institutions of Higher Education	7.99	13.25
普通中学	Regular Secondary Schools	101.27	147.79
小 学	Primary Schools	273.71	276.13
教育经费支出（亿元）	Expenditure on Education (100 million yuan)		
科 技	**Science and Technology**		
技术市场成交额（亿元）	Transaction Value of Technology Market (100 million yuan)	3.43	29.66

注：1）邮电业务总量2001年前为1990年不变价口径，2001-2009年为2000年不变价口径，2010年及以后为2010年不变价口径（以下各表同）。速度指标按可比价计算。
2）普通高等学校数据含研究生。
3）2007年起，外商直接投资数据为上报商务部口径。
4）因全国银行业统计制度调整，报表项目归属发生变化，2011年起"个人存款"口径作了调整。
5）因国家保险核算制度改变，2011年起保费收入指标同期不可比。
6）因人民银行统计指标口径发生变动，2015年起人民币存贷款余额指标同期不可比。

总量指标 Aggregate Indicators				速度指标（%） Growth Rate								
				指 数（2015为以下各年） Index (2014 as percentage of the following years)					平均增长速度 Average Annual Growth Rate			
2005	2010	2014	2015	1996	2000	2005	2010	2014	1997-2015	2001-2005	2006-2010	2011-2015
210.15	590.50	418.09	552.35	13559.9	2526.9	777.1	276.5	132.1	29.5	26.6	23.0	22.6
688.91	582.70	582.97	564.98	849.6	210.5	82.0	97.0	96.9	11.9	20.7	-3.3	-0.6
943.40	1664.40	2589.89	2788.78	30986.4	1743.0	295.6	167.6	107.7	35.2	42.6	12.0	10.9
128.66	263.10	539.70	696.50	2321666.7	6965.0	541.3	264.7	129.1	69.7	66.7	15.4	21.5
1227.80	3051.11	5710.67	6424.02	1 288.3	892.3	523.2	210.5	112.5	14.4	11.3	20.0	16.1
1052.92	2523.81	4904.53	5506.53	1 257.0	877.7	523.0	218.2	112.3	14.3	10.9	19.1	16.9
163.57	464.43	806.14	917.49	1 685.0	1 090.2	560.9	197.6	113.8	16.0	14.2	23.2	14.6
42.93	124.26	954.50	744.77	4698.9	4172.4	1734.8	599.4	78.0	22.5	19.2	23.7	43.1
17.72	74.88	320.41	192.87	1944.3	2441.4	1088.4	257.6	60.2	16.9	17.5	22.7	20.8
25.21	49.38	634.09	551.90	9306.9	5546.7	2189.2	1117.7	87.0	26.9	20.4	24.3	62.1
7.04	63.70	106.29	107.66	2435.7	3120.6	1529.3	169.0	101.3	18.3	15.3	65.0	11.1
5.16	30.43	42.33	37.72	1722.4	1545.9	731.0	124.0	89.1	16.2	16.2	65.2	4.4
205.90	2638.29	7246.89	8530.13	25007.7	19819.1	4142.9	323.3	117.7	33.7	36.8	66.5	26.5
52.39	137.02	263.76	282.53	1746.2	1061.7	539.3	206.2	107.1	16.2	14.5	21.2	15.6
26436	70320	135444	146857	2071.3	1061.3	555.5	208.8	108.4	17.3	13.8	21.6	15.9
7.33	22.73	120.84	182.22			2485.9	801.7	150.8			25.4	51.6
4727.72	13454.98	24501.54	28094.37							19.9	23.3	
			12207.28									
3719.52	10888.15	20011.50	22393.93							14.6	24.0	
	149.00	180.88	135.56				91.0	74.9				
73.10	321.08	407.26	514.58					126.4		21.4	34.4	
17.59	62.10	151.43	220.19	3398.0	2662.5	1251.8	354.6	145.4	20.4	16.3	28.7	28.8
2.02	3.11	3.89	3.99	424.5	383.7	197.5	128.3	102.6	7.9	14.2	9.0	5.1
9.40	10.93	11.41	11.47	165.0	140.2	122.0	104.9	100.5	2.7	2.8	3.1	1.0
11.43	11.61	11.64	11.89	101.0	99.9	104.0	102.4	102.1	0.1	-0.8	0.3	0.5
35.79	56.59	74.05	76.71	960.1	578.9	214.3	135.6	103.6	12.6	22.0	9.6	6.3
173.52	190.82	162.73	158.36	156.4	107.2	91.3	83.0	97.3	2.4	3.3	1.9	-3.7
260.98	199.94	203.42	207.33	75.7	75.1	79.4	103.7	101.9	-1.5	-1.1	-5.2	0.7
		706.05	792.90					112.3				15.2
35.71	147.53	173.99	145.70	4247.8	491.2	408.0	98.8	83.7	21.8	3.8	32.8	-0.2

Note: a) The business volumes of postal and telecommunication services before 2001 are calculated at the constant price of 1990, the data of 2001-2009 are calculated at the constant price of 2000, and the data of and after 2010 are calculated at the constant price of 2010 (the same for the tables below). The growth rate is calculated on the basis of comparable price.

b) The data of regular institutions of higher education include postgraduates.

c) The data of foreign direct investment has become the data reported to the Ministry of Commerce since 2007.

d) Due to the adjustment of national statistic system for banking, the category of items has been changed. The scope of "Saving Deposits of Residents" has been changed since 2011.

e) Due to the change of national insurance accounting system, the insurance premium since 2011 is incomparable with the previous years.

f) Due to the change of the PBoC's statistical indicators, the loan and deposit balance of RMB since 2015 is incomparable with the previous years.

表1.2 续表3 continued3

指 标	Item	总量指标 Aggregate Indicators 1996	2000
文 化	**Culture**		
图书出版数量（万册、万张）	Books Published (10 000 copies)	13023	11198
杂志出版数量（万册）	Magazines Published (10 000 copies)		3480
报纸出版数量（万份）	Newspaper Published (10 000 copies)		48674
电视人口覆盖率（%）	Television Coverage of Population (%)	78.90	93.70
广播人口覆盖率（%）	Radio Coverage of Population (%)	86.30	89.90
家庭、生活	**Family and Living Standards**		
家 庭	**Family**		
城镇常住居民平均每户常住人口（人）	Average Permanent Population Per Household of Urban Residents (person)		
农村常住居民平均每户常住人口（人）	Average Permanent Population Per Household of Rural Residents (person)		
婚 姻	**Marital Statistics**		
内地居民登记结婚对数（万对）	Registered Marriages of Inland Residents (10 000 couples)	26.44	19.02
内地居民登记离婚对数（万对）	Registered Divorces of Inland Residents (10 000 couples)	1.68	2.07
居 住	**Residence**		
城镇常住居民人均房屋建筑面积（平方米）	Per Capita Residential Floor Space of Urban Residents (sq.m)		
农村常住居民人均住房面积（平方米）	Per Capita Living Space of Rural Residents (sq.m)		
工资和收入	**Wages and Income**		
城镇非私营单位在岗职工工资总额（亿元）	Total Wage Bill of On-post Staff and Workers of Urban Non-private Units (100 million yuan)	145.49	173.23
城镇非私营单位在岗职工平均工资（元）	Average Wage of On-post Staff and Workers of Urban Non-private Units (yuan)	5010	8020
城镇常住居民人均可支配收入（元）	Per Capita Disposable Income of Urban Residents (yuan)		
农村常住居民人均可支配收入（元）	Per Capita Disposable Income of Rural Residents (yuan)		
卫 生	**Public Health**		
医院、卫生院（个）	Hospitals and Health Centers (unit)	2567	2250
卫生技术人员（人）	Medical Technical Personnel (person)	87542	88619
#执业（助理）医师	Licensed (Assistant) Doctors	30733	44940
卫生机构床位数（张）	Number of Beds in Health Care Institutions (bed)	66339	65666
市政建设	**Municipal Construction**		
供水总量（万立方米）	Water Supply (10 000 cu.m)	84548	70722
天然气供气总量（万立方米）	Natural Gas Supply (10 000 cu.m)	111980	75257
排水管道长度（公里）	Length of Draining Pipelines (km)	1857	2806
道路长度（公里）	Length of Urban Roads (km)	2652	3299
公园绿地面积（公顷）	Public Green Areas (hectare)	1104	1588
环 境	**Environment**		
化学需氧量排放量（万吨）	Discharged Volume of COD (10 000 tons)		
二氧化硫排放量（万吨）	Discharged Volume of SO_2 (10 000 tons)		

注：2002年起卫生统计指标名称变更，统计口径变化，不可与往年同比：2002年起卫生技术人员和床位不包括医学院校、卫生学校和计生站；执业（助理）医师2002年以前统计口径为“医生”（以下各表同）。2010年指标卫生技术人员、执业（助理）医师为调整数，均含村卫生室。

总量指标 Aggregate Indicators				速度指标（%） Growth Rate								
				指 数（2015为以下各年） Index (2014 as percentage of the following years)					平均增长速度 Average Annual Growth Rate			
2005	2010	2014	2015	1996	2000	2005	2010	2014	1997-2015	2001-2005	2006-2010	2011-2015
11320	15694	15008	14586	112.0	130.3	128.9	92.9	97.2	0.6	0.2	6.8	-1.5
4082	5409	5788	4971		142.8	121.8	91.9	85.9		3.2	5.8	-1.7
54731	76484	63828	58362		119.9	106.6	76.3	91.4		2.4	6.9	-5.3
95.96	97.39	98.95	99.07	125.6	105.7	103.2	101.7	100.1	1.2	0.5	0.3	0.3
92.49	95.71	98.44	98.62	114.3	109.7	106.6	103.0	100.2	0.7	0.6	0.7	0.6
		2.98	3.00					100.7				
		2.90	2.97					102.4				
18.32	31.25	30.37	29.18	110.4	153.4	159.3	93.4	96.1	0.5	-0.7	11.3	-1.4
5.65	9.49	11.52	12.01	714.9	580.2	212.6	126.6	104.3	10.9	22.2	10.9	4.8
		35.63	35.16					98.7				
		54.13	52.17					96.4				
345.82	862.95	2158.42	2373.87	1631.6	1370.4	686.4	275.1	110.0	15.8	14.8	20.1	22.4
16630	35326	56852	62091	1239.3	774.2	373.4	175.8	109.2	14.2	15.7	16.3	11.9
		25147	27239					108.3				
		9490	10505					110.7				
1463	1449	1510	1568	61.1	69.7	107.2	108.2	103.8				
78780	111079	154091	166812	190.6	188.2	211.7	150.2	108.3				
37321	47969	58007	61013	198.5	135.8	163.5	127.2	105.2				
64674	103624	160446	176674	266.3	269.0	273.2	170.5	110.1				
80465	103949	128097	134940	159.6	190.8	167.7	129.8	105.3	2.5	2.6	5.3	5.4
210128	309480	358912	378720	338.2	503.2	180.2	122.4	105.5	6.6	22.8	8.1	4.1
5600	9663	14135	15502	834.8	552.4	276.8	160.4	109.7	11.8	14.8	11.5	9.9
4595	6733	8531	9095	342.9	275.7	197.9	135.1	106.6	6.7	6.9	7.9	6.2
4969	17762	25448	25657	2324.0	1615.7	516.3	144.4	100.8	18.0	25.6	29.0	7.6
		38.64	37.98					98.3				
		52.69	49.58					94.1				

Note: Due to the changes of names and statistic scopes of the indicators of public health since 2002, the indicators are not comparable with the data in previous years: since 2002, the medical technical personnel and the number of beds have no longer included the data of medical universities, health schools and family plan service stations; the indicator of licensed (assistant) doctor was formerly "doctor" before 2002 (the same for the tables below). The data of medical technical personnel and licensed (assistant) doctors are adjusted data, with village health stations included.

表1.3 国民经济和社会发展结构指标
COMPOSITION INDICATORS ON NATIONAL ECONOMIC AND SOCIAL DEVELOPMENT

单位：% (%)

指　标	Item	1996	2000	2005	2010	2014	2015
人口与就业	**Population and Employment**						
人　口	**Population**						
城镇乡村人口结构	By Urban and Rural Areas	100.0	100.0	100.0	100.0	100.0	100.0
城　镇	Urban	29.5	35.6	45.2	53.0	59.6	60.9
乡　村	Rural	70.5	64.4	54.8	47.0	40.4	39.1
性别结构	By Sex	100.0	100.0	100.0	100.0	100.0	100.0
男	Male	51.0	51.3	50.4	50.6	50.6	50.6
女	Female	49.0	48.7	49.6	49.4	49.4	49.4
就　业	**Employment**						
产业结构	By Industry	100.0	100.0	100.0	100.0	100.0	100.0
第一产业	Primary Industry	58.3	55.4	46.6	40.3	32.7	30.8
第二产业	Secondary Industry	18.6	17.5	19.4	22.9	27.4	27.8
第三产业	Tertiary Industry	23.1	27.1	34.0	36.8	39.9	41.4
登记注册类型结构	By Status of Registration	100.0	100.0	100.0	100.0	100.0	100.0
国有经济	State-owned	11.5	9.0	8.5	8.1	6.8	7.0
集体经济	Collective-owned	71.5	66.8	56.5	45.5	33.3	31.4
私营和个体	Private and Individuals	16.3	22.0	30.0	37.9	42.8	44.8
其他经济	Others	0.7	2.2	5.0	8.5	17.1	16.8
宏观经济	**Macroeconomic Indicators**						
国民经济核算	**National Economic Accounting**						
本市生产总值结构	GDP by Industry	100.0	100.0	100.0	100.0	100.0	100.0
第一产业	Primary Industry	21.9	15.9	13.4	8.6	7.4	7.3
第二产业	Secondary Industry	43.3	42.4	45.1	44.6	45.8	45.0
#工　业	Industry	38.2	35.4	37.3	36.2	36.3	35.4
第三产业	Tertiary Industry	34.8	41.7	41.5	46.8	46.8	47.7
固定资产投资	**Investment in Fixed Assets**						
建设项目	Construction Projects	82.7	78.7	74.2	76.6	72.5	75.8
房地产开发	Real Estate Development	17.3	21.3	25.8	23.4	27.5	24.2
产业结构	By Industry	100.0	100.0	100.0	100.0	100.0	100.0
第一产业	Primary Industry	0.7	1.4	2.2	3.8	3.7	3.4
第二产业	Secondary Industry	36.1	21.7	29.2	34.9	31.5	32.3
第三产业	Tertiary Industry	63.2	76.9	68.6	61.2	64.8	64.3

表1.3 续表1 continued1

单位：% (%)

指 标	Item	1996	2000	2005	2010	2014	2015
财 政	**Government Finance**						
一般公共预算收入结构	Public Government Budget Revenue				100.0	100.0	100.0
市 级	City				42.4	38.6	37.9
区 县	County				57.6	61.4	62.1
产 业	**Industry**						
农 业	**Agriculture**						
农林牧渔业产值结构	Gross Output Value of Farming, Forestry, Animal Husbandry and Fishery	100.0	100.0	100.0	100.0	100.0	100.0
农 业	Farming	63.9	59.3	54.1	61.0	60.7	59.5
林 业	Forestry	2.7	2.6	3.0	3.0	3.3	3.5
牧 业	Animal Husbandry	30.9	34.4	37.7	32.0	30.5	31.2
渔 业	Fishery	2.5	3.7	3.6	2.7	4.1	4.3
农林牧渔服务业	Agricultural Services			1.6	1.3	1.4	1.5
工 业	**Industry**						
规模以上工业增加值结构	Value-added of Industrial Enterprises above Designated Size	100.0	100.0	100.0	100.0	100.0	100.0
轻工业	Light Industry	28.9	36.1	34.2	30.1	30.3	29.1
重工业	Heavy Industry	71.1	63.9	63.8	69.9	69.7	70.9
运输业	**Transportation**						
货运量结构	Freight Traffic	100.0	100.0	100.0	100.0	100.0	100.0
#铁 路	Railway	6.7	6.7	4.9	2.8	2.0	1.7
公 路	Highway	83.1	88.1	85.1	85.3	83.5	83.8
水 运	Waterway	10.2	5.2	9.9	11.9	14.5	14.5
国内商业	**Domestic Trade**						
社会消费品零售总额结构	Retail Sales of Consumer Goods	100.0	100.0	100.0	100.0	100.0	100.0
#市	City	58.9	57.0	58.2			
县	County	12.3	13.2	13.3			
县以下	Below County Level	28.8	29.8	28.5			
#城 镇	Urban				94.5	95.0	95.0
乡 村	Village				5.5	5.0	5.0
对外经济贸易	**Foreign Economic Relations and Trade**						
实际利用外资结构	Actual Utilization of Foreign Capital	100.0	100.0	100.0	100.0	100.0	100.0
#外商直接投资	Foreign Direct Investment	49.6	70.8	73.2	47.8	39.8	35.0
外商其他投资	Other Foreign Investment	3.4	0.4	0.8	0.4	4.1	13.3
进出口总值结构	Imports and Exports	100.0	100.0	100.0	100.0	100.0	100.0
进 口	Imports	62.6	44.3	41.3	39.7	33.6	25.9
出 口	Exports	37.4	55.7	58.7	60.3	66.4	74.1
旅 游	**Tourism**						
国际旅游人数结构	International Tourists	100.0	100.0	100.0	100.0	100.0	100.0
#外国人	Foreigners	66.9	72.5	79.8	75.9	63.9	66.8
港澳台同胞	Compatriots from Hongkong, Macao and Taiwan	32.9	27.5	20.2	24.1	36.1	33.2

注：2007年起，外商直接投资为上报国家商务部口径。
Note: The data of foreign direct investment has become the data reported to the Ministry of Commerce since 2007.

表1.3 续表2 continued2

单位：% (%)

指　标	Item	1996	2000	2005	2010	2014	2015
生活、环境	**Living Standards and Environment**						
生　活	**Living Standards**						
城镇常住居民人均可支配收入结构	Per Capita Disposable Income of Urban Residents					100.0	100.0
工资性收入	Income from Wages and Salaries					59.7	58.5
经营净收入	Income from Household Operations					10.6	10.9
财产净收入	Income from Properties					8.1	8.0
转移净收入	Income from Transfers					21.6	22.6
农村常住居民人均可支配收入结构	Per Capita Disposable Income of Rural Residents					100.0	100.0
工资性收入	Income from Wages and Salaries					33.7	34.1
经营净收入	Income from Household Operations					35.8	35.9
财产净收入	Income from Properties					2.7	2.6
转移净收入	Income from Transfers					27.8	27.3
卫　生	**Public Health**						
卫生技术人员结构	Medical Technical Personnel (person)	100.0	100.0	100.0	100.0	100.0	100.0
#执业（助理）医师	Licensed (Assisstant) Doctors	35.1	50.7	47.4	41.6	37.6	36.6
注册护士	Registered Nurses	22.0	23.4	26.5	34.7	40.7	42.0
卫生机构床位结构	Beds in Health Care Institutions		100.0	100.0	100.0	100.0	100.0
#医　院	Hospitals		59.0	68.8	62.6	68.1	70.2
环　境	**Environment**						
治理工业污染资金使用结构	Uses of Fund in Industrial Pollution Control		100.0	100.0	100.0	100.0	100.0
治理废水	Waste Water Control		48.1	49.9	48.7	9.9	19.9
治理废气	Waste Gas Control		41.9	42.1	35.3	68.2	74.2
治理固体废物	Solid Waste Control		3.8	2.3	4.1	9.2	4.7
治理噪声	Noise Control		0.8	1.7	0.6	0.2	0.2
其　他	Others		5.4	4.0	11.2	12.5	1.0

表1.4 人均主要社会经济活动水平
PER CAPITA MAIN SOCIAL AND ECONOMIC ACTIVITIES

单位：元 (yuan)

指 标	Item	1996	2000	2005	2010	2014	2015
国民经济核算	**National Economic Accounting**						
本市生产总值	Gross Domestic Product	4574	6274	12404	27596	47850	52321
主要农产品产量（公斤）	**Output of Major Farm Products (kg)**						
粮 食	Grain	389	367	369	350	339	343
油 料	Oil-bearing Crops	11	10	13	13	17	18
肉 类	Meat	44	47	56	58	63	63
#猪 肉	Pork	38	40	49	45	47	46
水产品	Aquatic Products	5	6	8	7	13	14
水 果	Fruit	19	27	49	72	103	111
主要工业产品产量（规模以上工业）	**Output of Major Industrial Products (Industrial Enterprises over Designated Size)**						
天然气（立方米）	Natural Gas (cu.m)	87	126	181	204	161	230
发电量（千瓦时）	Electricity (kwh)	427	545	741	1383	2155	2263
钢 材（公斤）	Steel Products (kg)	39	51	93	212	442	468
铝 材（公斤）	Aluminum Products (kg)	2	5	12	31	47	57
水 泥（公斤）	Cement (kg)	215	455	665	1392	2229	2254
啤 酒（升）	Beer (liter)	9	16	17	23	25	25
卷 烟（支）	Cigarettes (unit)	1507	1115	1255	1517	1926	1812
国内商业	**Domestic Trade**						
社会消费品零售总额	Retail Sales of Consumer Goods	1734	2522	4392	10624	19159	21385
财政、金融	**Government Finance and Financial Intermediation**						
地方一般公共预算收入	General Public Budget Revenue of Local Government					5695	6391
地方一般公共预算支出	General Public Budget Expenditure of Local Government					9790	11246
人均住户存款	Per Capita of Savings Deposit of RMB						36204
职工工资、居民收入	**Wages and Income**						
城镇非私营单位就业人员平均工资	Average Wages of Employeed Persons of Urban Non-private Economic Units		8016	16583	34727	55588	60543
城镇非私营单位在岗职工平均工资	Average Wages of On-post Staff and Workers of Urban Non-private Economic Units	5010	8020	16630	35326	56852	62091
城镇常住居民人均可支配收入	Per Capita Disposable Income of Urban Residents					25147	27239
农村常住居民人均可支配收入	Per Capita Disposable Income of Rural Residents					9490	10505

注：本市人均生产总值、人均社会消费品零售总额按常住人口计算，城镇、农村居民收入为抽样调查数，其他人均指标均按户籍人口计算。
Note: The Per capita GDP and the per capita ris calculated by permanent population; the per capita income of urban and rural residents is the data of sample survey; and other per capita indicators in this talbe are based on registered population.

表1.5 平均每天主要社会经济活动
SELECTED INDICATORS ON AVERAGE DAILY SOCIAL AND ECONOMIC ACTIVITIES

指　标	Item	1996	2000	2005	2010	2014	2015
每天创造的财富	**Daily Production**						
本市生产总值（万元）	Gross Domestic Product (10 000 yuan)	36031	49068	95006	217139	390756	430610
第一产业	Primary Industry	7878	7805	12696	18778	29069	31511
第二产业	Secondary Industry	15589	20823	42849	96742	178878	193681
#工　业	Industry	13755	17369	35447	78625	141803	152261
第三产业	Tertiary Industry	12564	20440	39461	101619	182809	205418
地方一般公共预算收入（万元）	General Public Budget Revenue of Local Government (10 000 yuan)					52658	59035
粮　食（吨）	Grain (ton)	32113	30992	32005	31675	31357	31640
油　料（吨）	Oil-bearing Crops (ton)	647	851	1170	1218	1560	1640
肉　类（吨）	Meat (ton)	3650	3943	4887	5273	5869	5858
#猪　肉	Pork	3128	3355	3958	4042	4344	4278
水产品（吨）	Aquatic Products (ton)	385	549	687	615	1215	1317
天然气（万立方米）	Natural Gas (10 000 cu.m)	715	1068	1564	1849	1316	1899
发电量（万千瓦小时）	Electricity (10 000 kwh)	3527	4600	6412	12513	17657	18702
钢　材（吨）	Steel Products (ton)	3221	4301	8074	19176	36259	38670
水　泥（吨）	Cement (ton)	17774	38432	57553	125974	182647	186269
汽　车（辆）	Motor Vehicles (unit)	340	674	1155	4427	7202	8343
#轿　车	Cars	37	132	420	2333	3050	2980
摩托车（辆）	Motorcycles (unit)	4859	5235	11530	23267	23546	23059
每天消费量	**Daily Consumption**						
地方一般公共预算支出（万元）	General Public Budget Expenditure of Local Government (10 000 yuan)					90531	103890
社会消费品零售总额（万元）	Total Retail Sales of Consumer Goods (10 000 yuan)	13661	19725	33638	83592	156457	176001
每天其他经济活动	**Other Daily Economic Activities**						
客运量（万人）	Passenger Traffic (10 000 persons)	116.08	156.08	165.58	347.41	191.93	175.79
货运量（万吨）	Freight Traffic (10 000 tons)	66.68	73.57	107.40	222.97	266.54	284.22
港口货物吞吐量（万吨）	Cargo Throughput of Ports (10 000 tons)	2.95	6.71	14.39	26.49	40.18	43.15
邮电业务总量（万元）	Business Volume of Postal and Tele-communication Services (10 000 yuan)	112.00	599.00	1947.00	5472.23	11454.45	15132.96
进出口总额（万美元）	Total Imports and Exports (USD 10 000)	434.36	489.17	1176.12	3404.38	26150.68	20404.54
进　口	Imports	271.72	216.51	485.56	1352.60	8778.36	5284.01
出　口	Exports	162.64	272.66	690.56	2051.78	17372.32	15120.53
实际利用外资（万美元）	Actual Utilization of Foreign Capital (USD 10 000)	120.96	94.61	192.94	1745.21	2912.05	2949.33
实际利用内资（万元）	Actual Utilization of Domestic Capital (10 000 yuan)	935	1179	5641	72282	198545	233702
接待入境旅游人数（人）	Number of Overseas Vistior Arrival Recevied (person-time)	443	729	1435	3754	7226	7741
旅行社组织出境旅游人数（人次）	Number of Outbound Tourists Organized by Travel Agencies (person-time)			201	623	3311	4992

注：1）本表价值指标除邮电业务总量按2010年不变价计算外，其余均按当年价计算。
2）2006年以前工业产品产量为国有及规模以上非国有工业企业数，2007年起为规模以上工业企业数，2015年起天然气和发电量为全口径工业企业数据。

Note: a) All the value indicators in this table are calculated at current prices except the total business volumeof postal and telecommunication services in 2010, which is calculated at constant prices.
b) The output of industrial products before 2006 is based on the state-owned industrial enterprises and non-state-owned industrial enterprises above designated size; while it is based on the industrial enterprises above designated size since 2007. And the data of natural gas and electricity about the industrial enterprises are those of full coverage since 2015.

表1.6 各部门机构数（2014－2015年）
GRASSROOTS UNITS IN VARIOUS SECTORS (2014-2015)

单位：个 (unit)

部 门	Sector	2014	2015
农村基层单位	**Rural Grassroots Units**		
乡政府	Township Governments	207	195
镇政府	Town Governments	610	617
居委会	Neighborhood Committees	2775	2863
工 业（规模以上）	**Industry (above Designated Size)**	**6158**	**6608**
#国有及国有控股	State-owned and State-holding	497	512
建筑业	**Construction Enterprises**	**2591**	**2628**
邮政局所	**Postal Offices**	**1720**	**1756**
批发零售业和餐饮业（限额以上）	**Wholesale & Retail and Catering Trades (above Designated Size)**		
批发业企业	Wholesale Enterprises	2311	2368
零售业企业	Retail Enterprises	2836	3186
餐饮业企业	Catering Enterprises	1120	1273
教育事业	**Education**		
普通高等学校	Regular Institutions of Higher Education	63	64
普通中学	Regular Secondary Schools	1179	1167
小 学	Primary Schools	4586	4170
幼儿园	Kindergartens	4669	4816
特殊教育	Special Education	36	36
文化机构数	**Cultural Institutions**		
#艺术业	Art Institutions	527	752
文物事业	Cultural Relic Institutions	109	113
图书馆事业	Public Libraries	43	43
群众文化事业	Mass Cultural Institutions	1040	1045
出版、发行事业	**Publishing and Distribution Establishments**		
出版社	Publishing Houses	3	3
书刊印刷厂	Printing Houses	89	83
国有书店	State-owned Book Stores	267	267
卫生事业	**Health Care**		
#医院、卫生院	Hospitals and Health Centers	1510	1568
社会福利	**Social Welfare**		
#提供住宿的社会服务机构	Social Service Institutions Providing Accommodation	966	672
社会福利企业单位	Social Welfare Enterprises	745	613

重/庆/统/计/年/鉴

主要统计指标解释

行政区划

指国家对行政区域的划分。根据宪法规定，我国的行政区划分如下：（1）全国分为省、自治区、直辖市；（2）省、自治区分为自治州、县、自治县、市；（3）自治州分为县、自治县、市；（4）县、自治县分为乡、民族乡、镇；（5）直辖市和较大的市分为区、县；（6）国家在必要时设立的特别行政区。

可比价格

指计算各种总量指标所采用的扣除了价格变动因素的价格，可进行不同时期总量指标的对比。按可比价格计算总量指标有两种方法：一种是直接用产品产量乘某一年的不变价格计算；另一种是用价格指数进行缩减。

不变价格

指以同类产品某年的平均价格作为固定价格，用于计算各年的产品价值。按不变价格计算的产品价值消除了价格变动因素，不同时期对比可以反映生产的发展速度。新中国成立后，随着工农业产品价格水平的变化，国家统计局先后五次制定了全国统一的工业产品不变价格和农业产品不变价格。从1952年到1957年使用1952年工（农）业产品不变价格，从1957年到1970年使用1957年不变价格，从1971年到1980年使用1970年不变价格，从1981年到1990年使用1980年不变价格，从1991年开始使用1990年不变价格。

平均增长速度

平均增长速度表明社会经济现象在一个较长的时期内逐期平均增长变化的程度，它不能根据各个环比增长速度直接求得，但与平均发展速度之间存在着一定的数量关系：平均增长速度＝平均发展速度－1。

平均发展速度是一种根据环比发展速度计算的序时平均数,由于各时期对比的基础不同，所以计算平均发展速度不能采用一般的序时平均数的计算方法，计算方法分为水平法和累计法。水平法，又称几何平均法，即将环比发展速度按连乘法用几何平均数公式计算。累计法，也称方程法，根据一段时期内各年发展水平总和与基期水平的关系，列出方程式计算平均发展速度。水平法着重考虑最后一年所达到的发展水平；累计法着重考虑整个时期累计发展水平的总量。

本《年鉴》内所列的平均增长速度，除固定资产投资用“累计法”计算外，其余均用“水平法”计算。从某年到某年平均增长速度的年份，均不包括基期年在内。如建国四十三年以来的平均增长速度是以1949年为基期计算的，则写为1950-1992年平均增长速度，其余类推。

国民经济行业分类

自2003年定期报表开始使用新的《国民经济行业分类》（GB/T4754-2002）该分类是由国家统计局组织修订，经国家质量监督检验检疫总局批准，于2002年5月10日发布实施。这次修订是在1994年分类标准的基础上，参照联合国《全部经济活动的国际标准产业分类》（ISIC/Rev.3）进行的。修订后的《国民经济行业分类》（GB/T4754-2002）共有门类20个，大类95个，中类396个，小类913个。新增门类4个，大类增加3个，中类增加28个，小类增加67个。

企业（单位）登记注册类型

是以在工商行政管理机关登记注册的各类企业为划分对象，以工商行政管理部门对企业登记注册的类型为依据，将企业登记注册类型分为内资企业、港澳台商投资企业和外商投资企业三大类。内资企业包括国有企业、集体企业、股份合作企业、联营企业、有限责任公司、股份有限公司、私营公司和其他企业，港澳台商投资企业和外商投资企业分别包括合资经营企业、合作经营企业、独资经营企业和股份有限公司。对不在工商行政管理部门进行登记注册的行政机关、事业单位和社会团体，主要按其经费来源和管理方式进行划分。

国有企业

指企业全部资产归国家所有，并按《中华人民共和国企业法人登记管理条例》规定登记注册的非公司制的经济组织。不包括有限责任公司中的国有独资公司。

主要统计指标解释

■ 集体企业

指企业资产归集体所有，并按《中华人民共和国企业法人登记管理条例》规定登记注册的经济组织。

■ 股份合作企业

指以合作制为基础，由企业职工共同出资入股，吸收一定比例的社会资产投资组建，实行自主经营，自负盈亏，共同劳动，民主管理，按劳分配与按股份红相结合的一种集体经济组织。

■ 联营企业

指两个及两个以上相同或不同所有制性质的企业法人或事业单位法人，按自愿、平等、互利的原则，共同投资组成的经济组织。联营企业包括国有联营企业、集体联营企业、国有与集体联营企业和其他联营企业。

■ 有限责任公司

指根据《中华人民共和国公司登记管理条例》规定登记注册，由两个以上、五十个以下的股东共同出资，每个股东以其所认缴的出资额对公司承担有限责任，公司以其全部资产对其债务承担责任的经济组织。有限责任公司包括国有独资公司以及其他有限责任公司。

■ 股份有限公司

指根据《中华人民共和国公司登记管理条例》规定登记注册，其全部注册资本由等额股份构成并通过发行股票筹集资本，股东以其认购的股份对公司承担有限责任，公司以其全部资产对其债务承担责任的经济组织。

■ 私营企业

指由自然人投资设立或由自然人控股，以雇用劳动为基础的营利性经济组织。包括按照《公司法》、《合伙企业法》、《私营企业暂行条例》规定登记注册的私营有限责任公司、私营股份有限公司、私营合伙企业和私营独资企业。

■ 其他企业

指上述企业之外的其他内资经济组织。

■ 与港澳台商合资经营企业

指港澳台地区投资者与内地企业依照《中华人民共和国中外合资经营企业法》及有关法律的规定，按合同规定的比例投资设立、分享利润和分担风险的企业。

■ 与港澳台商合作经营企业

指港澳台地区投资者与内地企业依照《中华人民共和国中外合作经营企业法》及有关法律的规定，依照合作合同的约定进行投资或提供条件设立、分配利润和分担风险的企业。

■ 港澳台商独资经营企业

指依照《中华人民共和国外资企业法》及有关法律的规定，在内地由港澳台地区投资者全额投资设立的企业。

■ 港澳台商投资股份有限公司

指根据国家有关规定，经外经贸部依法批准设立，其中港、澳、台商的股本占公司注册资本的比例达25%以上的股份有限公司。凡其中港、澳、台商的股本占公司注册资本的比例小于25%的，属于内资企业中的股份有限公司。

■ 中外合资经营企业

指外国企业或外国人与中国内地企业依照《中华人民共和国中外合资经营企业法》及有关法律的规定，按合同规定的比例投资设立、分配利润和分担风险的企业。

■ 中外合作经营企业

指外国企业或外国人与中国内地企业依照《中华人民共和国中外合作经营企业法》及有关法律的规定，依照合作合同的约定进行投资或提供条件设立、分配利润和分担风险的企业。

■ 外资企业

指依照《中华人民共和国外资企业法》及有关法律的规定，在中国内地由外国投资者全额投资设立的企业。

主要统计指标解释

■ 外商投资股份有限公司

指根据国家有关规定，经外经贸部依法批准设立，其中外资的股本占公司注册资本的比例达25%以上的股份有限公司。凡其中外资股本占公司注册资本的比例小于25%的，属于内资企业中的股份有限公司。

■ 行政机关、事业单位和社会团体

参照企业登记注册类型，主要按其经费来源和管理方式划分。具体规定如下：

（1）行政机关：包括国家机关和政党机关，原则上均列为“国有”。但有特殊规定的，如供销社等，列为“集体”。

（2）事业单位：包括经国家机构编制部门和有关业务主管部门批准成立的各类事业单位，不包括实行企业化管理的事业单位。事业单位的划分办法如下：

①由国家财政预算拨款或列入财政预算外资金管理以及经费主要来源于国有主管部门或国有上级单位的事业单位，列为“国有”。

②经费主要来源于集体单位的事业单位，列为“集体”。

③公民个人（或个人合伙）开办的事业单位，列为“私营”。

④上述以外的其他事业单位，如果其经费来源不明确，按管理方式进行归类。

（3）社会团体：包括经民政部门批准成立以及未纳入社会团体管理条例范围的工会、妇联等各类社会团体。社会团体的划分办法如下：

①未纳入民政部社会团体管理条例范围的工会、妇联、共青团、青联、工商联、科协、侨联等社会团体，国家拨款设立的基金会或基金管理组织以及经费主要来源于国有业务主管部门或国有上级单位的社会团体，列为“国有”。

②经费主要来源于集体单位的社会团体，列为“集体”。

③公民个人（或个人合伙）开办的社会团体，划为“私营”。

④上述以外的其他社会团体，如果其经费来源不明确，改按管理方式进行归类。

Explanatory Notes on Main Statistical Indicators

Division of Administrative Areas

Refers to the division of administrative areas by the state. The relative laws stipulate that; 1) the whole country is divided into provinces, autonomous regions and municipalities directly under the Central Government; 2) provinces and autonomous regions are further divided into autonomous prefectures, counties, autonomous counties and cities; 3) autonomous prefectures are divided into counties, autonomous counties and cities; 4) counties and autonomous counties are further divided into townships, ethnic townships and towns; 5) municipalities and large cities are divided into districts and counties; 6) the state shall, when necessary, establish special administrative regions.

Comparable Prices

Refer to prices that are used to remove the factors of price change in calculating economic aggregates, so as to facilitate comparison of aggregates over time. Two methods are used for calculating economic aggregates at comparable prices: (a) Multiplying the output of products by their constant prices of certain year. (b) Deflation of data at current prices by relevant price index.

Constant Price

Refers to the average price of a given product in certain year, which is used for comparison of output value over time. As the output value at constant prices removers the factor of price changes, it reflects the trend of production development over time. Since 1949,with the changes in general price level, the State Statistical Bureau has issued nationally unified constant prices five times: the 1952 constant prices for 1949-1957;the 1957 constant prices for 1957-1971;the 1970 constant prices for 1971-1981;the 1980 constant prices for 1981-1990; and the 1990 constant prices have been used since 1991.

Average Annual Growth Rate

Shows the average growth rate of social and economic development during a longer period. It can not be directly calculated by chain based growth rate. The relation is:

Average Annual Growth Rate = Average Speed of Development – 1

Average speed of development is the time series average of speed which calculated by chain based. Because the reference bases during the different periods are not same, average speed of development can not be calculated by the general method. Level approach and accumulative approach for calculating average speed of development rate are applied. The "level approach", or the method of calculating the geometric average, is derived by the formula of geometric average of the chain-based speeds of development, or comparing the level of the last year of the interval with that of the beginning year; the other is called the "accumulative approach" or the "algebraic average", "equation" method, which is derived by the summation of the actual figure of each year in the interval divided by the figure in the base year. The level approach focuses on the level of the last year, while the accumulative approach emphasizes the aggregate development in the duration.

The average annual growth rates listed in the Yearbook are calculated by the level approach except for the growth rate of investment in fixed assets. The base year is not listed in the duration for which average annual growth rates are computed. For instance, the average annual growth rate of the 43 years since 1949 is shown as the average annual growth rate of 1950-1992 without showing the base year 1949.

Industrial Classification of the National Economy

The new Industrial Classification of the National Economy (GB/T 4754-2002) is introduced starting from the compilation of 2003 annual statistics. The revision of the 1994 classification was organized by the National Bureau of Statistics taking into consideration of the International Standards of the Industrial Classification of All Economic Activities (ISIC/Rev.3) of the United Nations, and the new Classification was promulgated by the National Administration of Quality Supervision, Inspection and Quarantine on May 10, 2002. The revised version of the Industrial Classification of the National Economy (GB/T 4754-2002) is composed of 20 major divisions, 95 divisions, 396 major groups and 913 groups, including 4 new major divisions, 3 new divisions, 28 major groups and 67 groups.

EXPLANATORY NOTES TO MAJOR STATISTICAL INDICATORS

Registration Status of Enterprises

Is classified into 3 categories, namely domestic-funded enterprises, enterprises with foreign investment, in the light of the registration status of an enterprise in industrial and commercial administration agencies. Domestic-funded enterprises include state-owned enterprises, collective-owned enterprises, cooperative enterprises, joint ownership enterprises, limited liability corporations, share-holding corporations Ltd., private enterprises and other enterprises. Included in the enterprises with investment from Hong Kong, Macao and Taiwan and enterprises with foreign investment are joint-venture enterprises, cooperative enterprises, sole investment enterprises and share-holding corporations Ltd. For government agencies, institutions and social organizations that are not requested to register in industrial and commercial administration agencies, they are classified mainly by their sources of funds and way of management.

State-owned Enterprises

Refer to non-corporation economic units where the entire assets are owned by the state and which have registered in accordance with the Regulation of the People's Republic of China on the Management of Registration of Corporate Enterprises. Excluded from this category are sole state-funded corporations in the limited liability corporations.

Collective-owned Enterprises

Refer to economic units where the assets are owned collectively and which have registered in accordance with the Regulation of the People's Republic of China on the Management of Registration of Corporate Enterprises.

Cooperative Enterprises

Refer to a form of collective economic units (enterprises) where capitals come mainly from employees as their shares, with certain proportion of capital from the outside, where production is organized on the basis of independent operation, independent accounting for profits and losses, joint work, democratic management, and a distribution system that integrates remuneration according to work with dividend according to capital share.

Joint Ownership Enterprises

Refer to economic units established by two or more corporate enterprises or corporate institutions of the same or different ownership, through joint investment on the basis of equality, voluntary participation and mutual benefits. They include state joint ownership enterprises, collective joint ownership enterprises, joint state-collective enterprises, other joint ownership enterprises.

Limited Liability Corporations

Refer to economic units established with investment from 2-50 investors and registered in accordance with the Regulation of the People's Republic of China on the Management of Registration of Corporations, each investor bearing limited liability to the corporation depending on its share of investment, and the corporation bearing liability to its debt to the maximum of its total assets. Limited liability corporations include exclusive state-funded limited liability corporations and other limited liability corporations.

Share holding Corporations Ltd.

Refer to economic units registered in accordance with the Regulation of the People's Republic of China on the Management of Registration of Corporations, with total registered capitals divided into equal shares and raised through issuing stocks. Each investor bears limited liability to the corporation depending on the holding of shares, and the corporation bears liability to its debt to the maximum of its total assets.

Private Enterprises

Refer to profit-making economic units invested and established by natural persons, or controlled by natural persons using employed labor. Included in this category are private limited liability corporations, private share-holding corporations Ltd., private partnership enterprises and private-funded enterprises registered in accordance with the Corporation Law, Partnership Enterprises Law and Interim Regulations on Private Enterprise.

Other Domestic-funded Enterprises

Refer to domestic-funded economic units other than those mentioned above.

Joint-venture Enterprises with Funds from Hong Kong, Macao and Taiwan

Refer to enterprises jointly established by invertors from Hong Kong, Macao and Taiwan with enterprises in the mainland of China in accordance with the Law of the People's Republic of China on Sino-foreign Joint Venture Enterprises and other relevant laws, where the share of investment, profits and risks is stipulated in the contract.

EXPLANATORY NOTES TO MAJOR STATISTICAL INDICATORS

□ Cooperative Enterprises with Funds from Hong Kong Macau and Taiwan

Established by investors from Hong Kong, Macau and Taiwan with enterprises in the mainland of China in accordance with the Law of the People's Republic of China on Sino-foreign Cooperative Enterprises and other relevant laws, where the investment or provision of facilities, and the share of profits and risks is stipulated in the cooperative contract.

□ Enterprises with Sole (exclusive) Investment from Hong Kong, Macau and Taiwan

Refer to enterprises established in the mainland of China with exclusive investment from investors from Hong Kong, Macau and Taiwan in accordance with the Law of the People's Republic of China on Foreign-Funded Enterprises and other relevant laws.

□ Share-holding Corporations Ltd. with Investment from Hong Kong, Macau and Taiwan

Refer to share-holding corporations Ltd. established with the approval from the former Ministry of Foreign Trade and Economic Relations in line with relevant state regulations, where the share of investment from Hong Kong, Macau or Taiwan businessmen exceeds 25% of the total registered capital of the corporation. In case the share of investment from Hong Kong, Macau or Taiwan is less than 25% of the total registered capital, the enterprise is to be classified as domestic-funded share-holding corporation Ltd.

□ Joint-venture Enterprises with Foreign Investment

Refer to enterprises jointly established by foreign enterprises or foreigners with enterprises in the mainland of China in accordance with the Law of the People's Republic of China on Sino-foreign Joint Venture Enterprises and other relevant laws, where the share of investment, profits and risks is stipulated in the contract.

□ Cooperation Enterprises with Foreign Investment

Refer to enterprises jointly established by foreign enterprises or foreigners with enterprises in the mainland of China in accordance with the Law of the People's Republic of China on Sino-foreign Cooperative Enterprises and other relevant laws, where the investment or provision of facilities, and the share of profits and risks is stipulated in the cooperative contract.

□ Enterprises with Sole (exclusive) Foreign Investment

Refer to enterprises established in the mainland of China with exclusive investment from foreign investors in accordance with the Law of the People's Republic of China on Foreign-Funded Enterprises and other relevant laws.

□ Share-holding Corporations Ltd. with Foreign Investment

Refer to share-holding corporations Ltd. established with the approval from the Ministry of Foreign Trade and Economic Relations in line with relevant state regulations, where the share of investment from foreign investors exceeds 25% of the total registered capital of the corporation. In case the share of foreign investment is less than 25% of the total registered capital, the enterprise is to be classified as domestic-funded share-holding corporation Ltd.

□ Government Agencies, Institutions and Social Organizations

Are classified into following categories by source of funds and way of management taking reference of the registration status of enterprises:

(I) Government agencies: include state and party agencies, classified in principle as "state-owned". There are exceptions, such as supply and marketing cooperatives, which are classified, as "collective".

(II) Institutions: include institutions of various types established with the approval by organization and staffing departments of the government, but exclude institutions where enterprise management system is introduced. Institutions are further classified as follows:

(a) Institutions whose main budget is listed in the government budget appropriations or extra-budget funds, or allocated from the budget of their competent government agencies. Such institutions are classified as "state-owned".

(b) Institutions whose budget mainly comes from collective units. Such institutions are classified as "collective".

(c) Institutions other than those mentioned above whose source of budget are not clear. Such institutions are classified by way of management.

(III) Social organizations: include social organizations

established with the approval from the Ministry of Civil Affairs, and organizations that are not covered by social organization management regulations such as trade unions, women's federations etc. Social organizations are further classified as follows:

(a) Social organizations that are not covered by social organization management regulations of the Ministry of Civil Affairs such as trade unions, women's federations, communist youth leagues, youth associations, industrial and commerce associations, scientists associations, overseas Chinese associations, etc., foundations and fund management organizations established with founds from the state, and social organizations whose funds mainly come from the budget of their competent government agencies. Such institutions are classified as "state-owned".

(b) Social organizations whose budget mainly comes from collective units. Such institutions are classified as "collective".

(c) Social organizations established by individual or a group of citizens, which are classified as "private".

(d) Social organizations other than those mentioned above whose source of budget are not clear. Such organizations are classified by way of management.

第 2 章

国民经济核算

NATIONAL ECONOMIC ACCOUNTING

简要说明 BRIEF INTRODUCTION

本章本市生产总值资料包括各年度地区生产总值的绝对值、构成和指数，三次产业贡献率，三次产业拉动力，支出法地区生产总值以及重庆市五大功能区域、“一圈两翼”及三大经济区生产总值的绝对值和指数。

本章资料由市统计局国民经济核算处提供。

The data of Gross Domestic Product (GDP) in this chapter includes the values, composition and indices of GDP in all the years, the share of the contributions of the growth of three strata of industry to the increase of the GDP, the contribution of the three strata of industry to GDP growth, the GDP by expenditure approach, and the value and indices of the GDP of the five functional areas, the “one circle and two wings” and the three major economic zones of Chongqing.

All the data in this chapter are provided by Division of National Economic Accounting, Chongqing Municipal Bureau of Statistics.

表2.1 地区生产总值（1949－1978年）
GROSS DOMESTIC PRODUCT (1949-1978)

单位：亿元 (100 million yuan)

年 份 Year	本市 生产总值 Gross Domestic Product	其 中 of which			
		第一产业 Primary Industry	第二产业 Secondary Industry	其 中 of which	
				工 业 Industry	建筑业 Construction
1949	13.89	9.74	2.71	2.50	0.21
1950	15.02	10.23	3.00	2.77	0.23
1951	15.97	10.72	3.37	3.11	0.26
1952	17.97	11.86	3.94	3.59	0.35
1953	21.26	13.57	5.63	4.96	0.67
1954	22.79	13.89	6.52	6.00	0.52
1955	23.32	13.86	7.04	6.61	0.43
1956	26.37	15.01	8.33	7.70	0.63
1957	26.56	13.12	10.03	9.45	0.58
1958	34.81	15.43	14.53	13.52	1.01
1959	38.03	12.02	20.40	18.90	1.50
1960	38.82	11.10	21.38	19.89	1.49
1961	28.96	10.35	12.52	11.90	0.62
1962	25.12	9.92	9.67	9.42	0.25
1963	27.92	12.08	10.30	9.91	0.39
1964	32.58	13.37	13.07	12.49	0.58
1965	38.29	16.21	15.79	14.74	1.05
1966	39.61	16.18	17.75	16.52	1.23
1967	34.70	15.21	13.76	12.96	0.80
1968	28.25	15.18	7.81	7.41	0.40
1969	32.79	14.75	11.96	11.23	0.73
1970	39.96	15.96	17.41	16.10	1.31
1971	45.97	16.71	22.18	20.81	1.37
1972	45.37	16.67	20.82	19.67	1.15
1973	46.32	18.14	19.66	18.24	1.42
1974	45.70	18.43	18.00	16.85	1.15
1975	53.37	18.81	24.00	22.49	1.51
1976	53.43	19.07	23.44	22.00	1.44
1977	60.22	21.74	26.99	24.98	2.01
1978	71.70	24.81	34.46	31.53	2.93

表2.1 续表 continued

单位：亿元 (100 million yuan)

年 份 Year	第三产业 Tertiary Industry	其中 of which: 交通运输、仓储及邮政业 Transport, Storage, Post	批发和零售业 Wholesale and Retail Trades	住宿和餐饮业 Hotels and Catering Services	金融业 Financial Intermediation	房地产业 Real Estate	其他服务业 Others	本市人均生产总值（元） Per Capita GDP (yuan)
1949	1.44	0.61	0.44	0.26	0.03	0.02	0.08	87
1950	1.79	0.70	0.50	0.28	0.06	0.05	0.20	91
1951	1.88	0.74	0.56	0.29	0.09	0.07	0.13	94
1952	2.17	0.83	0.64	0.31	0.06	0.08	0.25	103
1953	2.06	0.78	0.65	0.32	0.07	0.09	0.15	120
1954	2.38	0.87	0.70	0.34	0.10	0.11	0.26	124
1955	2.42	0.88	0.69	0.37	0.10	0.13	0.25	125
1956	3.03	1.08	0.81	0.44	0.13	0.14	0.43	135
1957	3.41	1.23	0.97	0.44	0.14	0.15	0.48	131
1958	4.85	1.75	1.53	0.46	0.21	0.14	0.76	170
1959	5.61	2.04	1.81	0.52	0.34	0.17	0.73	185
1960	6.34	2.04	1.82	0.53	0.57	0.16	1.22	193
1961	6.09	1.82	1.54	0.53	0.57	0.18	1.45	154
1962	5.53	1.61	1.23	0.66	0.46	0.18	1.39	139
1963	5.54	1.47	1.21	0.58	0.35	0.19	1.74	151
1964	6.14	1.70	1.52	0.52	0.58	0.18	1.64	169
1965	6.29	1.71	1.55	0.52	0.86	0.21	1.44	191
1966	5.68	1.41	1.33	0.50	0.35	0.22	1.87	191
1967	5.73	1.35	1.44	0.48	0.41	0.25	1.80	164
1968	5.26	1.22	1.18	0.46	0.56	0.30	1.54	131
1969	6.08	1.37	1.40	0.49	0.72	0.36	1.74	147
1970	6.59	1.41	1.52	0.50	0.85	0.40	1.91	172
1971	7.08	1.47	1.56	0.60	1.09	0.45	1.91	192
1972	7.88	1.61	1.72	0.66	0.96	0.52	2.41	185
1973	8.52	1.76	1.79	0.66	1.06	0.55	2.70	183
1974	9.27	1.83	1.81	0.64	1.23	0.62	3.14	177
1975	10.56	2.04	2.02	0.69	1.45	0.71	3.65	201
1976	10.92	1.94	2.04	0.67	1.59	0.78	3.90	199
1977	11.49	2.11	2.21	0.69	1.90	0.87	3.71	221
1978	12.43	2.38	2.34	0.78	2.00	0.88	4.05	287

注：本表人均生产总值按户籍人口计算。
Note: The per capita GDP hereof is calculated by registered population.

表2.2 地区生产总值构成（1949－1978年）
COMPOSITION OF GROSS DOMESTIC PRODUCT (1949-1978)

单位：% (%)

年 份 Year	本市 生产总值 Gross Domestic Product	其 中 of which			
		第一产业 Primary Industry	第二产业 Secondary Industry	其 中 of which	
				工 业 Industry	建筑业 Construction
1949	100.0	70.1	19.5	18.0	1.5
1950	100.0	68.1	20.0	18.4	1.6
1951	100.0	67.1	21.1	19.5	1.6
1952	100.0	66.0	21.9	20.0	1.9
1953	100.0	63.8	26.5	23.3	3.2
1954	100.0	60.9	28.6	26.3	2.3
1955	100.0	59.4	30.2	28.3	1.9
1956	100.0	56.9	31.6	29.2	2.4
1957	100.0	49.4	37.8	35.6	2.2
1958	100.0	44.3	41.7	38.8	2.9
1959	100.0	31.6	53.6	49.7	3.9
1960	100.0	28.6	55.1	51.2	3.9
1961	100.0	35.7	43.2	41.1	2.1
1962	100.0	39.5	38.5	37.5	1.0
1963	100.0	43.3	36.9	35.5	1.4
1964	100.0	41.0	40.1	38.3	1.8
1965	100.0	42.3	41.2	38.5	2.7
1966	100.0	40.8	44.8	41.7	3.1
1967	100.0	43.8	39.7	37.3	2.4
1968	100.0	53.7	27.6	26.2	1.4
1969	100.0	45.0	36.5	34.2	2.3
1970	100.0	39.9	43.6	40.3	3.3
1971	100.0	36.3	48.2	45.3	2.9
1972	100.0	36.7	45.9	43.4	2.5
1973	100.0	39.2	42.4	39.4	3.0
1974	100.0	40.3	39.4	36.9	2.5
1975	100.0	35.2	45.0	42.1	2.9
1976	100.0	35.7	43.9	41.2	2.7
1977	100.0	36.1	44.8	41.5	3.3
1978	100.0	34.6	48.1	44.0	4.1

表2.2 续表 continued

单位：% (%)

年 份 Year	第三产业 Tertiary Industry	其 中 of which					
		其 中 of which					
		交通运输、仓储及邮政业 Transport, Storage, Post	批发和零售业 Wholesale and Retail Trades	住宿和餐饮业 Hotels and Catering Services	金融业 Financial Intermediation	房地产业 Real Estate	其他服务业 Others
1949	10.4	4.4	3.2	1.9	0.2	0.1	0.6
1950	11.9	4.7	3.3	1.9	0.4	0.3	1.3
1951	11.8	4.6	3.5	1.8	0.6	0.4	0.9
1952	12.1	4.6	3.6	1.7	0.3	0.4	1.5
1953	9.7	3.7	3.1	1.5	0.3	0.4	0.7
1954	10.5	3.8	3.1	1.5	0.4	0.5	1.2
1955	10.4	3.8	3.0	1.6	0.4	0.6	1.0
1956	11.5	4.1	3.1	1.7	0.5	0.5	1.6
1957	12.8	4.6	3.7	1.7	0.5	0.6	1.7
1958	14.0	5.0	4.4	1.3	0.6	0.4	2.3
1959	14.8	5.4	4.8	1.4	0.9	0.4	1.9
1960	16.3	5.3	4.7	1.4	1.5	0.4	3.0
1961	21.1	6.3	5.3	1.8	2.0	0.6	5.1
1962	22.0	6.4	4.9	2.6	1.8	0.7	5.6
1963	19.8	5.3	4.3	2.1	1.3	0.7	6.1
1964	18.9	5.2	4.7	1.6	1.8	0.6	5.0
1965	16.5	4.5	4.0	1.4	2.2	0.5	3.9
1966	14.4	3.6	3.4	1.3	0.9	0.6	4.6
1967	16.5	3.9	4.1	1.4	1.2	0.7	5.2
1968	18.7	4.3	4.2	1.6	2.0	1.1	5.5
1969	18.5	4.2	4.3	1.5	2.2	1.1	5.2
1970	16.5	3.5	3.8	1.3	2.1	1.0	4.8
1971	15.5	3.2	3.4	1.3	2.4	1.0	4.2
1972	17.4	3.5	3.8	1.5	2.1	1.1	5.4
1973	18.4	3.8	3.9	1.4	2.3	1.2	5.8
1974	20.3	4.0	4.0	1.4	2.7	1.4	6.8
1975	19.8	3.8	3.8	1.3	2.7	1.3	6.9
1976	20.4	3.6	3.8	1.3	3.0	1.5	7.2
1977	19.1	3.5	3.7	1.1	3.2	1.4	6.2
1978	17.3	3.3	3.3	1.1	2.8	1.2	5.6

表2.3 地区生产总值指数（1949－1978年）（上年=100）

INDICES OF GROSS DOMESTIC PRODUCT (1949-1978) (PRECEDING YEAR =100)

年 份 Year	本市 生产总值 Gross Domestic Product	其 中 of which			
		第一产业 Primary Industry	第二产业 Secondary Industry	其 中 of which	
				工 业 Industry	建筑业 Construction
1949	100.0	100.0	100.0	100.0	100.0
1950	105.7	103.0	112.5	112.0	118.2
1951	103.4	104.0	110.9	111.2	107.7
1952	109.3	107.0	115.4	113.7	135.7
1953	111.2	103.4	135.2	131.1	177.1
1954	110.6	106.0	120.1	125.1	82.3
1955	102.7	100.2	109.6	111.9	82.4
1956	113.5	105.1	127.4	125.5	157.1
1957	102.3	97.3	108.3	110.3	83.4
1958	118.9	100.7	137.4	135.7	165.6
1959	97.4	67.8	123.9	123.4	130.3
1960	111.0	74.7	133.6	134.2	127.0
1961	64.8	83.7	58.2	59.4	41.4
1962	100.0	135.4	83.3	85.4	44.7
1963	114.9	124.0	109.3	108.1	154.4
1964	115.0	106.1	124.0	123.3	144.0
1965	114.5	109.8	122.2	119.2	185.6
1966	105.9	101.9	113.3	113.0	118.1
1967	90.2	99.4	82.9	83.9	70.5
1968	84.4	106.4	66.3	66.9	57.4
1969	112.1	91.4	135.8	134.3	163.7
1970	120.7	102.6	138.9	136.8	170.1
1971	111.9	100.4	125.2	127.0	102.3
1972	100.1	101.6	95.4	96.0	85.0
1973	103.2	109.5	96.3	94.5	127.1
1974	101.6	101.6	98.8	99.6	87.4
1975	111.8	92.8	130.4	130.6	128.4
1976	95.1	98.5	89.1	89.3	86.7
1977	120.0	111.8	134.2	132.4	162.3
1978	117.1	109.9	125.8	124.6	141.3

注：本表按可比价格计算（下表同）。
Note: The indices hereof are calculated at constant prices (the same below).

表2.3 续表 continued

年 份 Year	第三产业 Tertiary Industry	交通运输、仓储及邮政业 Transport, Storage, Post	批发和零售业 Wholesale and Retail Trades	住宿和餐饮业 Hotels and Catering Services	金融业 Financial Intermediation	房地产业 Real Estate	其他服务业 Others	本市人均生产总值 Per Capita GDP
	其 中 of which							
		其 中 of which						
1949	100.0	100.0	100.0	100.0	100.0	100.0	100.0	100.0
1950	118.6	127.6	105.6	107.4	197.3	250.4	102.5	102.2
1951	94.9	93.2	98.7	103.4	148.0	140.2	9.0	100.5
1952	120.1	113.0	116.0	106.7	65.9	114.5	380.3	106.3
1953	111.4	110.3	125.3	103.1	113.5	115.1	164.5	109.5
1954	112.4	109.3	106.4	106.1	140.1	122.2	112.6	109.1
1955	98.7	94.7	99.1	105.7	99.1	120.9	95.1	100.7
1956	118.4	118.0	113.9	118.9	130.0	111.9	132.9	109.1
1957	105.6	112.4	104.6	100.0	107.7	111.2	115.1	98.3
1958	134.9	139.0	138.0	104.5	146.7	91.6	218.4	118.6
1959	103.2	107.3	103.7	110.9	161.1	115.2	115.4	98.1
1960	101.1	102.3	102.6	102.0	163.1	90.4	122.4	113.4
1961	70.8	69.4	61.7	100.0	86.3	111.3	44.1	68.2
1962	105.1	92.0	91.9	123.1	77.8	98.5	101.0	102.8
1963	112.6	103.5	113.2	89.1	79.7	107.9	149.5	112.7
1964	109.0	102.5	97.7	89.5	173.1	95.7	124.2	110.8
1965	100.5	102.5	110.3	100.0	153.1	117.7	69.6	111.2
1966	85.3	96.8	107.2	98.0	40.8	105.2	104.2	102.8
1967	102.9	96.7	102.7	96.0	117.4	114.3	76.2	87.6
1968	101.6	98.3	84.3	95.8	136.1	121.9	76.5	81.9
1969	105.7	117.4	115.5	106.5	130.9	121.7	98.7	109.3
1970	101.9	109.6	108.1	102.0	118.5	111.6	131.7	117.2
1971	104.7	104.1	105.0	118.0	129.6	111.6	84.5	108.2
1972	111.9	110.4	110.1	108.5	88.7	114.1	111.5	97.3
1973	108.8	104.7	102.2	100.0	107.8	106.0	141.5	100.6
1974	109.0	107.3	100.5	96.9	115.8	112.8	112.7	99.1
1975	110.0	108.4	109.9	106.5	118.2	113.3	172.7	109.0
1976	104.4	105.3	100.5	98.5	109.9	108.4	80.5	94.0
1977	103.8	107.3	107.1	103.1	117.8	110.8	41.8	118.9
1978	105.1	101.7	103.5	116.4	103.7	100.4	150.8	117.2

注：本表人均生产总值按户籍人口计算。
Note: The per capita GDP hereof is calculated by registered population.

表2.4 地区生产总值指数（1949－1978年）（1949年=100）
INDICES OF GROSS DOMESTIC PRODUCT (1949-1978) (1949=100)

年 份 Year	本市生产总值 Gross Domestic Product	其 中 of which			
		第一产业 Primary Industry	第二产业 Secondary Industry	其 中 of which	
				工 业 Industry	建筑业 Construction
1949	100.0	100.0	100.0	100.0	100.0
1950	105.7	103.0	112.5	112.0	118.2
1951	109.3	107.1	124.8	124.5	127.3
1952	119.5	114.6	144.0	141.6	172.7
1953	132.9	118.5	194.7	185.6	305.9
1954	147.0	125.6	233.8	232.2	251.8
1955	151.0	125.9	256.2	259.8	207.5
1956	171.4	132.3	326.4	326.0	326.0
1957	175.3	128.7	353.5	359.6	271.9
1958	208.4	129.6	485.7	488.0	450.3
1959	203.0	87.9	601.8	602.2	586.7
1960	225.3	65.7	804.0	808.2	745.1
1961	146.0	55.0	467.9	480.1	308.5
1962	146.0	74.5	389.8	410.0	137.9
1963	167.8	92.4	426.1	443.2	212.9
1964	193.0	98.0	528.4	546.5	306.6
1965	221.0	107.6	645.7	651.4	569.0
1966	234.0	109.6	731.6	736.1	672.0
1967	211.1	108.9	606.5	617.6	473.8
1968	178.2	115.9	402.1	413.2	272.0
1969	199.8	105.9	546.1	554.9	445.3
1970	241.2	108.7	758.5	759.1	757.5
1971	269.9	109.1	949.6	964.1	774.9
1972	270.2	110.8	905.9	925.5	658.7
1973	278.8	121.3	872.4	874.6	837.2
1974	283.3	123.2	861.9	871.1	731.7
1975	316.7	114.3	1123.9	1137.7	939.5
1976	301.2	112.6	1001.4	1016.0	814.5
1977	361.4	125.9	1343.9	1345.2	1321.9
1978	423.2	138.4	1690.6	1676.1	1867.8

注：本表按可比价格计算（下表同）。
Note: The indices hereof are calculated at constant prices (the same below).

表2.4 续表 continued

年 份 Year	第三产业 Tertiary Industry	其中 of which						本市人均生产总值 Per Capita GDP
		交通运输、仓储及邮政业 Transport, Storage, Post	批发和零售业 Wholesale and Retail Trades	住宿和餐饮业 Hotels and Catering Services	金融业 Financial Intermediation	房地产业 Real Estate	其他服务业 Others	
1949	100.0	100.0	100.0	100.0	100.0	100.0	100.0	100.0
1950	118.6	127.6	105.6	107.4	197.3	250.4	102.5	102.2
1951	112.6	118.9	104.2	111.1	292.0	351.1	9.2	102.7
1952	135.2	134.4	120.9	118.5	192.4	402.0	35.0	109.2
1953	150.6	148.2	151.5	122.2	218.4	462.7	57.6	119.6
1954	169.3	162.0	161.2	129.7	306.0	565.4	64.9	130.5
1955	167.1	153.4	159.7	137.1	303.2	683.6	61.7	131.4
1956	197.8	181.0	181.9	163.0	394.2	764.9	82.0	143.4
1957	208.9	203.4	190.3	163.0	424.6	850.6	94.4	141.0
1958	281.8	282.7	262.6	170.3	622.9	779.1	206.2	167.2
1959	290.8	303.3	272.3	188.9	1003.5	897.5	238.0	164.0
1960	294.0	310.3	279.4	192.7	1636.7	811.3	291.3	186.0
1961	208.2	215.3	172.4	192.7	1412.5	903.0	128.5	126.9
1962	218.8	198.1	158.4	237.2	1098.9	889.5	129.8	130.5
1963	246.4	205.0	179.3	211.3	875.8	959.8	194.1	147.1
1964	268.6	210.1	175.2	189.1	1516.0	918.5	241.1	163.0
1965	269.9	215.4	193.2	189.1	2321.0	1081.1	167.8	181.3
1966	230.2	208.5	207.1	185.3	947.0	1137.3	174.8	186.4
1967	236.9	201.6	212.7	177.9	1111.8	1299.9	133.2	163.3
1968	240.7	198.2	179.3	170.4	1513.2	1584.6	101.9	133.7
1969	254.4	232.7	207.1	181.5	1980.8	1928.5	100.6	146.1
1970	259.2	255.0	223.9	185.1	2347.2	2152.2	132.5	171.2
1971	271.4	265.5	235.1	218.4	3042.0	2401.9	112.0	185.2
1972	303.7	293.1	258.8	237.0	2698.3	2740.6	124.9	180.2
1973	330.4	306.9	264.5	237.0	2908.8	2905.0	176.7	181.3
1974	360.1	329.3	265.8	229.7	3368.4	3276.8	199.1	179.7
1975	396.1	357.0	292.1	244.6	3981.4	3712.6	343.8	195.9
1976	413.5	375.9	293.6	240.9	4375.6	4024.5	276.8	184.1
1977	429.2	403.3	314.4	248.4	5154.5	4459.1	115.7	218.9
1978	451.1	410.2	325.4	289.1	5345.2	4476.9	174.5	256.6

注：本表人均地区生产总值按户籍人口计算。
Note: The per capita GDP hereof is calculated by registered population.

表2.5 地区生产总值（1978－2015年）
GROSS DOMESTIC PRODUCT (1978-2015)

单位：亿元 (100 million yuan)

年 份 Year	本市生产总值 Gross Domestic Product	其 中 of which				
		第一产业 Primary Industry	第二产业 Secondary Industry	其 中 of which		第三产业 Tertiary Industry
				工 业 Industry	建筑业 Construction	
1978	71.70	24.81	34.46	31.53	2.93	12.43
1979	80.98	28.79	38.21	35.00	3.21	13.98
1980	90.68	32.57	42.42	38.89	3.53	15.69
1981	97.20	36.32	43.69	40.07	3.62	17.19
1982	108.08	40.62	47.14	43.26	3.88	20.32
1983	120.01	45.44	50.56	46.20	4.36	24.01
1984	141.64	50.66	60.63	55.46	5.17	30.35
1985	164.32	53.73	73.49	66.16	7.33	37.10
1986	184.60	60.06	81.38	72.52	8.86	43.16
1987	206.73	62.69	90.77	79.66	11.11	53.27
1988	261.27	75.00	117.61	104.79	12.82	68.66
1989	303.75	81.99	135.84	123.86	11.98	85.92
1990	327.75	100.40	135.62	117.60	18.02	91.73
1991	374.18	109.49	154.00	135.14	18.86	110.69
1992	461.32	117.28	194.40	171.42	22.98	149.64
1993	608.53	141.99	272.17	241.15	31.02	194.37
1994	833.60	196.19	376.75	339.59	37.16	260.66
1995	1123.06	264.19	492.67	436.21	56.46	366.20
1996	1315.12	287.56	568.99	502.06	66.93	458.57
1997	1509.75	307.21	650.40	567.88	82.52	552.14
1998	1602.38	300.89	675.64	574.41	101.23	625.85
1999	1663.20	286.16	697.81	589.52	108.29	679.23
2000	1791.00	284.87	760.03	633.98	126.05	746.10
2001	1976.86	294.90	841.95	695.44	146.51	840.01
2002	2232.86	317.87	958.87	787.94	170.93	956.12
2003	2555.72	339.06	1135.31	933.75	201.56	1081.35
2004	3034.58	428.05	1376.91	1132.70	244.21	1229.62
2005	3467.72	463.40	1564.00	1293.81	270.19	1440.32
2006	3907.23	386.38	1871.65	1566.83	304.82	1649.20
2007	4676.13	482.39	2181.82	1817.80	364.02	2011.92
2008	5793.66	575.40	2586.58	2135.95	450.63	2631.68
2009	6530.01	606.80	2938.67	2407.30	531.37	2984.54
2010	7925.58	685.38	3531.10	2869.81	661.29	3709.10
2011	10011.37	844.52	4462.81	3610.23	852.58	4704.04
2012	11409.60	940.01	5174.81	4180.64	994.17	5294.78
2013	12783.26	1002.68	5812.29	4632.15	1180.14	5968.29
2014	14262.60	1061.03	6529.06	5175.80	1353.26	6672.51
2015	15717.27	1150.15	7069.37	5557.52	1511.85	7497.75

表2.5 续表 continued

单位：亿元 (100 million yuan)

年 份 Year	其 中 of which						本市人均生产总值（元）Per Capita GDP (yuan)
	其 中 of which						
	交通运输、仓储及邮政业 Transportation, Storage, Postal Services	批发和零售业 Wholesale and Retail Trades	住宿和餐饮业 Hotels and Catering Trade	金融业 Financial Intermediation	房地产业 Real Estate	其他服务业 Others Services	
1978	2.38	2.34	0.78	2.00	0.88	4.05	287
1979	2.69	2.59	0.92	2.21	0.99	4.58	321
1980	3.08	2.90	1.02	2.46	1.11	5.12	357
1981	3.39	3.22	1.07	2.73	1.12	5.66	379
1982	4.18	3.89	1.11	2.99	1.28	6.87	419
1983	5.94	4.49	1.24	3.83	1.44	7.07	461
1984	6.50	5.73	1.52	6.63	1.81	8.16	542
1985	6.97	8.90	1.80	7.40	2.09	9.94	624
1986	6.59	10.08	2.17	8.71	2.64	12.97	694
1987	6.82	12.30	2.71	14.91	3.59	12.94	766
1988	8.67	17.10	3.29	17.92	4.47	17.21	958
1989	12.18	21.61	3.89	24.78	4.95	18.51	1103
1990	11.93	17.19	5.41	26.21	5.73	25.26	1181
1991	12.34	20.33	6.35	31.65	7.23	32.79	1338
1992	21.59	33.03	7.23	40.30	7.30	40.19	1641
1993	22.68	49.63	9.37	52.91	9.12	50.66	2156
1994	27.43	64.66	12.78	74.91	11.03	69.85	2935
1995	47.22	85.53	19.00	97.77	17.43	99.25	3931
1996	63.40	110.22	23.46	103.84	25.22	132.43	4574
1997	81.14	130.86	30.91	116.53	32.60	160.10	5253
1998	87.08	142.99	31.68	126.66	45.00	192.44	5579
1999	94.39	151.89	33.62	120.18	50.69	228.46	5804
2000	101.25	163.38	35.93	118.53	65.45	261.56	6274
2001	128.26	178.39	38.46	125.90	76.38	292.62	6963
2002	151.54	195.64	42.36	134.52	90.48	341.58	7912
2003	167.22	216.35	47.11	147.04	113.69	389.94	9098
2004	190.62	246.52	57.67	162.38	129.12	443.31	10845
2005	218.97	277.68	66.56	185.18	143.88	548.05	12404
2006	259.59	314.33	77.24	213.70	158.20	626.14	13939
2007	293.63	369.91	101.51	238.73	198.65	809.49	16629
2008	377.32	464.98	136.02	315.36	194.68	1143.32	20490
2009	427.88	535.19	160.37	401.45	230.69	1228.96	22920
2010	501.47	682.37	182.98	543.56	299.43	1499.29	27596
2011	592.24	827.03	214.09	773.49	437.46	1859.73	34500
2012	604.08	923.79	236.14	934.38	608.50	1987.89	38914
2013	659.65	1117.79	290.93	1080.14	743.59	2076.19	43223
2014	705.83	1229.88	321.64	1225.27	817.04	2372.85	47850
2015	761.31	1345.38	355.76	1410.18	847.72	2758.88	52321

注：本表人均地区生产总值按常住人口计算。
Note: The per capita GDP hereof is calculated by registered population.

表2.6 地区生产总值构成（1978－2015年）
COMPOSITION OF GROSS DOMESTIC PRODUCT (1978-2015)

单位：% (%)

年 份 Year	本市生产总值 Gross Domestic Product	其 中 of which				
		第一产业 Primary Industry	第二产业 Secondary Industry	其 中 of which		第三产业 Tertiary Industry
				工 业 Industry	建筑业 Construction	
1978	100.0	34.6	48.1	44.0	4.1	17.3
1979	100.0	35.6	47.2	43.2	4.0	17.2
1980	100.0	35.9	46.8	42.9	3.9	17.3
1981	100.0	37.4	44.9	41.2	3.7	17.7
1982	100.0	37.6	43.6	40.0	3.6	18.8
1983	100.0	37.9	42.1	38.5	3.6	20.0
1984	100.0	35.8	42.8	39.2	3.6	21.4
1985	100.0	32.7	44.7	40.3	4.4	22.6
1986	100.0	32.5	44.1	39.3	4.8	23.4
1987	100.0	30.3	43.9	38.5	5.4	25.8
1988	100.0	28.7	45.0	40.1	4.9	26.3
1989	100.0	27.0	44.7	40.8	3.9	28.3
1990	100.0	30.6	41.4	35.9	5.5	28.0
1991	100.0	29.3	41.2	36.1	5.1	29.5
1992	100.0	25.4	42.1	37.2	4.9	32.5
1993	100.0	23.3	44.7	39.6	5.1	32.0
1994	100.0	23.5	45.2	40.7	4.5	31.3
1995	100.0	23.5	43.9	38.8	5.1	32.6
1996	100.0	21.9	43.3	38.2	5.1	34.8
1997	100.0	20.3	43.1	37.6	5.5	36.6
1998	100.0	18.8	42.2	35.8	6.4	39.0
1999	100.0	17.2	42.0	35.4	6.6	40.8
2000	100.0	15.9	42.4	35.4	7.0	41.7
2001	100.0	14.9	42.6	35.2	7.4	42.5
2002	100.0	14.2	42.9	35.3	7.6	42.9
2003	100.0	13.3	44.4	36.5	7.9	42.3
2004	100.0	14.1	45.4	37.3	8.1	40.5
2005	100.0	13.4	45.1	37.3	7.8	41.5
2006	100.0	9.9	47.9	40.1	7.8	42.2
2007	100.0	10.3	46.7	38.9	7.8	43.0
2008	100.0	9.9	44.6	36.9	7.7	45.5
2009	100.0	9.3	45.0	36.9	8.1	45.7
2010	100.0	8.6	44.6	36.2	8.4	46.8
2011	100.0	8.4	44.6	36.1	8.5	47.0
2012	100.0	8.2	45.4	36.6	8.8	46.4
2013	100.0	7.8	45.5	36.2	9.3	46.7
2014	100.0	7.4	45.8	36.3	9.5	46.8
2015	100.0	7.3	45.0	35.4	9.6	47.7

表2.6 续表 continued

单位：% (%)

年 份 Year	其 中 of which					
	其 中 of which					
	交通运输、仓储及邮政业 Transport, Storage, Postal Services	批发和零售业 Wholesale and Retail Trades	住宿和餐饮业 Hotels and Catering Trade	金融业 Financial Intermediation	房地产业 Real Estate	其他服务业 Other Services
1978	3.3	3.3	1.1	2.8	1.2	5.6
1979	3.3	3.2	1.1	2.7	1.2	5.7
1980	3.4	3.2	1.1	2.7	1.2	5.7
1981	3.5	3.3	1.1	2.8	1.2	5.8
1982	3.9	3.6	1.0	2.8	1.2	6.3
1983	4.9	3.7	1.0	3.2	1.2	6.0
1984	4.6	4.0	1.1	4.7	1.3	5.7
1985	4.2	5.4	1.1	4.5	1.3	6.1
1986	3.6	5.5	1.2	4.7	1.4	7.0
1987	3.3	5.9	1.3	7.2	1.7	6.4
1988	3.3	6.5	1.3	6.9	1.7	6.6
1989	4.0	7.1	1.3	8.2	1.6	6.1
1990	3.6	5.2	1.7	8.0	1.7	7.8
1991	3.3	5.4	1.7	8.5	1.9	8.7
1992	4.7	7.2	1.6	8.7	1.6	8.7
1993	3.7	8.2	1.5	8.7	1.5	8.4
1994	3.3	7.8	1.5	9.0	1.3	8.4
1995	4.2	7.6	1.7	8.7	1.6	8.8
1996	4.8	8.4	1.8	7.9	1.9	10.0
1997	5.4	8.7	2.0	7.7	2.2	10.6
1998	5.4	8.9	2.0	7.9	2.8	12.0
1999	5.7	9.1	2.0	7.2	3.0	13.8
2000	5.7	9.1	2.0	6.6	3.7	14.6
2001	6.5	9.0	1.9	6.4	3.9	14.8
2002	6.8	8.8	1.9	6.0	4.1	15.3
2003	6.5	8.5	1.8	5.8	4.4	15.3
2004	6.3	8.1	1.9	5.4	4.3	14.5
2005	6.3	8.0	1.9	5.3	4.1	15.9
2006	6.6	8.0	2.0	5.5	4.0	16.1
2007	6.3	7.9	2.2	5.1	4.2	17.3
2008	6.5	8.0	2.3	5.4	3.4	19.9
2009	6.6	8.2	2.5	6.1	3.5	18.8
2010	6.3	8.6	2.3	6.9	3.8	18.9
2011	5.9	8.3	2.1	7.7	4.4	18.6
2012	5.3	8.1	2.1	8.2	5.3	17.4
2013	5.2	8.7	2.3	8.4	5.8	16.3
2014	4.9	8.6	2.3	8.6	5.7	16.7
2015	4.8	8.6	2.3	9.0	5.4	17.6

表2.7 地区生产总值指数（1978－2015年）（上年=100）
INDICES OF GROSS DOMESTIC PRODUCT (1978-2015) (PRECEDING YEAR=100)

年 份 Year	本市生产总值 Gross Domestic Product	其 中 of which				
		第一产业 Primary Industry	第二产业 Secondary Industry	其 中 of which		第三产业 Tertiary Industry
				工 业 Industry	建筑业 Construction	
1978	117.1	109.9	125.8	124.6	141.3	105.1
1979	111.1	109.1	112.2	112.3	111.7	112.1
1980	107.7	104.4	109.1	109.0	110.0	109.9
1981	106.2	105.8	105.5	105.2	108.1	110.3
1982	108.9	107.5	107.6	107.7	107.1	115.8
1983	110.3	107.3	110.2	110.2	111.8	117.3
1984	115.9	106.5	121.0	121.1	119.8	121.4
1985	108.6	109.3	105.6	104.0	121.9	112.3
1986	108.6	110.3	106.5	105.4	115.9	110.4
1987	105.3	96.7	108.6	107.3	119.3	111.9
1988	109.5	103.5	113.3	114.2	106.2	109.9
1989	104.9	104.6	102.5	103.7	91.5	109.5
1990	107.0	107.8	108.0	104.0	144.2	104.8
1991	109.2	106.7	109.4	110.8	100.2	111.5
1992	116.5	101.8	121.9	122.3	118.7	124.2
1993	115.6	105.0	122.0	122.4	118.8	115.5
1994	113.5	102.9	116.4	117.7	105.8	117.6
1995	112.3	104.5	114.2	114.1	114.3	115.0
1996	111.4	104.8	112.2	112.3	111.3	114.5
1997	111.2	103.2	112.5	111.8	118.5	114.1
1998	108.6	102.1	107.2	105.2	122.8	114.0
1999	107.8	100.4	110.6	111.0	107.7	107.6
2000	108.7	101.4	110.8	110.8	110.7	109.1
2001	109.2	102.2	112.2	111.7	114.7	109.0
2002	110.5	104.2	114.3	114.2	114.7	108.9
2003	111.7	104.4	116.6	116.9	115.1	109.0
2004	112.4	104.8	116.9	117.3	114.9	109.8
2005	111.7	104.5	113.3	114.5	107.2	112.1
2006	112.4	94.5	117.1	118.2	111.9	113.2
2007	115.9	109.5	120.9	122.4	113.4	112.1
2008	114.5	106.8	118.2	119.9	109.2	112.2
2009	114.9	105.5	117.9	117.4	121.2	113.5
2010	117.1	106.1	122.7	122.9	121.4	112.4
2011	116.4	105.1	121.8	122.2	119.6	110.8
2012	113.6	105.3	115.6	115.9	113.9	112.0
2013	112.3	104.7	113.4	113.1	114.9	112.3
2014	110.9	104.4	112.7	112.3	114.2	110.0
2015	111.0	104.7	111.3	110.5	114.8	111.5

注：本表按可比价格计算(下表同）。
Note: The indices hereof are calculated at constant prices (the same below).

表2.7 续表 continued

年 份 Year	其 中 of which						本市人均生产总值 Per Capita GDP
	其 中 of which						
	交通运输、仓储及邮政业 Transportation, Storage, Postal Services	批发和零售业 Wholesale and Retail Trades	住宿和餐饮业 Hotels and Catering Trade	金融业 Financial Intermediation	房地产业 Real Estate	其他服务业 Others Services	
1978	101.7	103.5	116.4	103.7	100.4	150.8	117.2
1979	111.8	110.6	115.8	111.4	111.6	115.2	110.4
1980	105.9	106.3	113.6	107.4	106.8	122.4	107.1
1981	107.6	108.7	107.3	109.9	99.1	117.1	105.4
1982	115.5	115.3	107.0	108.3	111.4	120.9	108.0
1983	130.2	115.1	107.1	130.1	121.2	100.8	109.5
1984	108.1	124.0	124.2	171.5	122.6	112.7	115.5
1985	96.9	137.2	117.4	103.1	105.3	116.7	108.0
1986	99.7	106.6	117.4	111.9	118.5	117.5	107.5
1987	108.3	110.0	114.3	157.4	123.3	84.8	103.9
1988	105.9	122.8	119.1	104.0	105.9	112.5	108.2
1989	116.6	108.2	112.8	122.0	96.4	94.1	104.0
1990	100.7	83.5	133.5	108.6	116.8	134.7	106.1
1991	102.4	108.5	116.6	113.9	117.2	117.9	108.4
1992	133.5	142.3	116.4	120.4	96.4	123.3	115.8
1993	102.8	138.5	124.4	109.3	109.4	112.7	115.1
1994	109.1	104.1	133.3	115.3	102.8	139.8	112.8
1995	123.1	111.2	137.0	116.5	114.5	117.5	111.7
1996	115.6	115.9	120.3	104.0	131.5	121.3	110.7
1997	114.7	113.5	126.3	109.6	124.5	114.6	111.2
1998	104.1	115.0	104.4	110.4	122.4	120.8	108.7
1999	101.9	108.3	108.2	89.7	110.2	121.7	108.1
2000	104.0	112.2	108.1	101.8	111.6	114.5	109.1
2001	116.2	108.9	106.2	101.5	112.6	109.2	109.7
2002	105.2	110.1	109.5	107.9	113.8	110.8	111.1
2003	104.8	109.3	110.1	107.9	116.1	109.6	112.2
2004	114.6	110.8	118.0	105.9	103.7	111.2	112.8
2005	112.4	114.0	113.7	109.9	109.8	113.0	111.8
2006	120.3	111.4	115.2	112.4	107.7	112.6	112.2
2007	112.5	112.3	112.0	109.7	116.8	111.5	115.5
2008	113.7	116.9	113.0	112.9	89.1	114.8	113.9
2009	103.3	119.9	115.6	131.2	120.3	107.2	114.1
2010	113.8	117.5	101.4	119.8	107.3	108.4	116.2
2011	113.6	114.3	110.4	105.4	105.5	111.7	115.1
2012	109.1	111.7	108.1	120.8	107.0	112.0	112.4
2013	109.2	110.0	107.1	115.6	111.1	114.2	111.3
2014	107.4	109.1	107.5	112.3	107.6	111.4	110.0
2015	108.7	109.2	109.1	115.4	105.5	114.0	110.1

注：本表人均生产总值按常住人口计算。
Note: The per capita GDP hereof is calculated by registered population.

表2.8 地区生产总值指数（1978－2015年）（1978年=100）

INDICES OF GROSS DOMESTIC PRODUCT (1978-2015) (1978=100)

年份 Year	本市生产总值 Gross Domestic Product	其中 of which 第一产业 Primary Industry	第二产业 Secondary Industry	其中 of which 工业 Industry	建筑业 Construction	第三产业 Tertiary Industry
1978	100.0	100.0	100.0	100.0	100.0	100.0
1979	111.1	109.1	112.2	112.3	111.7	112.1
1980	119.7	113.9	122.4	122.4	122.9	123.2
1981	127.1	120.5	129.1	128.8	132.9	135.9
1982	138.4	129.5	138.9	138.7	142.3	157.4
1983	152.7	139.0	153.1	152.8	159.1	184.6
1984	177.0	148.0	185.3	185.0	190.6	224.1
1985	192.2	161.8	195.7	192.4	232.3	251.7
1986	208.7	178.5	208.4	202.8	269.2	277.9
1987	219.8	172.6	226.3	217.6	321.2	311.0
1988	240.7	178.6	256.4	248.5	341.1	341.8
1989	252.5	186.8	262.8	257.7	312.1	374.3
1990	270.2	201.4	283.8	268.0	450.0	392.3
1991	295.1	214.9	310.5	296.9	450.9	437.4
1992	343.8	218.8	378.5	363.1	535.2	543.3
1993	397.4	229.7	461.8	444.4	635.8	627.5
1994	451.0	236.4	537.5	523.1	672.7	737.9
1995	506.5	247.0	613.8	596.9	768.9	848.6
1996	564.2	258.9	688.7	670.3	855.8	971.6
1997	627.4	267.2	774.8	749.4	1014.1	1108.6
1998	681.4	272.8	830.6	788.4	1245.3	1263.8
1999	734.5	273.9	918.6	875.1	1341.2	1359.8
2000	798.4	277.7	1017.8	969.6	1484.7	1483.5
2001	871.9	283.8	1142.0	1083.0	1703.0	1617.0
2002	963.4	295.7	1305.3	1236.8	1953.3	1760.9
2003	1076.1	308.7	1522.0	1445.8	2248.2	1919.4
2004	1209.5	323.5	1779.2	1695.9	2583.2	2107.5
2005	1351.0	338.1	2015.8	1941.8	2769.2	2362.5
2006	1518.5	319.5	2360.5	2295.2	3098.7	2674.4
2007	1759.9	349.9	2853.8	2809.3	3513.9	2998.0
2008	2015.1	373.7	3373.2	3368.4	3837.2	3363.8
2009	2315.3	394.3	3977.0	3954.5	4650.7	3817.9
2010	2711.2	418.4	4879.8	4860.1	5645.9	4291.3
2011	3155.8	439.7	5943.6	5939.0	6752.5	4754.8
2012	3585.0	463.0	6870.8	6883.3	7691.1	5325.4
2013	4026.0	484.8	7791.5	7785.0	8837.1	5980.4
2014	4464.8	506.1	8781.0	8742.6	10092.0	6578.4
2015	4955.9	529.9	9773.3	9660.6	11585.6	7334.9

注：本表按可比价格计算(下表同）。
Note: The indices hereof are calculated at constant prices (the same below).

表2.8 续表 continued

年 份 Year	其 中 of which						本市人均生产总值 Per Capita GDP
	其 中 of which						
	交通运输、仓储及邮政业 Transportation, Storage, Postal Services	批发和零售业 Wholesale and Retail Trades	住宿和餐饮业 Hotels and Catering Trade	金融业 Financial Intermediation	房地产业 Real Estate	其他服务业 Others Services	
1978	100.0	100.0	100.0	100.0	100.0	100.0	100.0
1979	111.8	110.6	115.8	111.4	111.6	115.2	110.4
1980	118.4	117.6	131.5	119.6	119.2	141.0	118.2
1981	127.4	127.8	141.1	131.4	118.1	165.1	124.6
1982	147.1	147.4	151.0	142.3	131.6	199.6	134.6
1983	191.5	169.7	161.7	185.1	159.5	201.2	147.4
1984	207.0	210.4	200.8	317.4	195.5	226.8	170.2
1985	200.6	288.7	235.7	327.2	205.9	264.7	183.8
1986	200.0	307.8	276.7	366.1	244.0	311.0	197.6
1987	216.6	338.6	316.3	576.2	300.9	263.7	205.3
1988	229.4	415.8	376.7	599.2	318.7	296.7	222.1
1989	267.5	449.9	424.9	731.0	307.2	279.2	231.0
1990	269.4	375.7	567.2	793.9	358.8	376.1	245.1
1991	275.9	407.6	661.4	904.3	420.5	443.4	265.7
1992	368.3	580.0	769.9	1088.8	405.4	546.7	307.7
1993	378.6	803.3	957.8	1190.1	443.5	616.1	354.2
1994	413.1	836.2	1276.7	1372.2	455.9	861.3	399.5
1995	508.5	929.9	1749.1	1598.6	522.0	1012.0	446.2
1996	587.8	1077.8	2104.2	1662.5	686.4	1227.6	493.9
1997	674.2	1223.3	2657.6	1822.1	854.6	1406.8	549.2
1998	701.8	1406.8	2774.5	2011.6	1046.0	1699.4	597.0
1999	715.1	1523.6	3002.0	1804.4	1152.7	2068.2	645.4
2000	743.7	1709.5	3245.2	1836.9	1286.4	2368.1	704.1
2001	864.2	1861.6	3446.4	1864.5	1448.5	2586.0	772.4
2002	909.1	2049.6	3773.8	2011.8	1648.4	2865.3	858.1
2003	952.7	2240.2	4155.0	2170.7	1913.8	3140.4	962.8
2004	1091.8	2482.1	4902.9	2298.8	1984.6	3492.1	1086.0
2005	1227.2	2829.6	5574.6	2526.4	2179.1	3946.1	1214.1
2006	1476.3	3152.2	6421.9	2839.7	2346.9	4443.3	1362.2
2007	1660.8	3539.9	7192.5	3115.2	2741.2	4954.3	1573.3
2008	1888.3	4138.1	8127.5	3517.1	2442.4	5687.5	1792.0
2009	1950.6	4961.6	9395.4	4614.4	2938.2	6097.0	2044.7
2010	2219.8	5829.9	9526.9	5528.1	3152.7	6609.1	2375.9
2011	2521.7	6665.0	10515.7	5826.5	3327.0	7379.8	2735.8
2012	2751.2	7444.8	11367.5	7038.4	3559.9	8265.4	3075.0
2013	3004.3	8189.3	12174.6	8136.4	3955.0	9439.1	3422.5
2014	3226.6	8934.5	13087.7	9137.2	4255.6	10515.2	3764.8
2015	3507.3	9756.5	14278.7	10544.3	4489.7	11987.3	4145.0

注：本表人均生产总值按常住人口计算。
Note: The per capita GDP hereof is calculated by registered population.

表2.9 三次产业贡献率（1990 – 2015年）

SHARE OF THE CONTRIBUTIONS OF THE GROWTH OF THREE STRATA OF INDUSTRY TO THE INCREASE OF THE GDP (1990-2015)

单位：% (%)

年 份 Year	本市 生产总值 Gross Domestic Product	其 中 of which			
		第一产业 Primary Industry	第二产业 Secondary Industry	其 中 of which #工 业 Industry	第三产业 Tertiary Industry
1990	100.0	33.9	46.8	21.2	19.3
1991	100.0	22.5	42.2	42.1	35.3
1992	100.0	3.2	54.9	49.2	41.9
1993	100.0	8.5	61.2	55.0	30.3
1994	100.0	5.0	55.3	53.0	39.7
1995	100.0	7.8	53.8	48.1	38.4
1996	100.0	8.3	50.7	45.7	41.0
1997	100.0	5.3	53.2	45.0	41.5
1998	100.0	4.3	40.3	26.2	55.4
1999	100.0	0.8	64.4	58.5	34.8
2000	100.0	2.4	60.3	53.0	37.3
2001	100.0	3.7	55.9	44.7	40.4
2002	100.0	5.9	58.9	48.6	35.2
2003	100.0	5.2	63.5	53.7	31.3
2004	100.0	5.0	63.7	54.2	31.3
2005	100.0	4.6	55.1	50.2	40.3
2006	100.0	6.0	62.1	54.6	43.9
2007	100.0	6.7	61.6	55.1	31.7
2008	100.0	4.9	61.3	56.5	33.8
2009	100.0	3.6	60.7	50.5	35.7
2010	100.0	3.2	68.6	59.1	28.2
2011	100.0	2.7	73.3	63.3	24.0
2012	100.0	3.1	66.3	57.5	30.6
2013	100.0	2.7	51.0	40.4	46.3
2014	100.0	2.7	54.9	43.2	42.4
2015	100.0	2.7	49.4	36.9	47.9

表2.10 三次产业拉动力（1990－2015年）
CONTRIBUTION OF THE THREE STRATA OF INDUSTRY TO GDP GROWTH (1990-2015)

单位：% (%)

年份 Year	本市生产总值 Gross Domestic Product	其中 of which			
		第一产业 Primary Industry	第二产业 Secondary Industry	其中 of which #工业 Industry	第三产业 Tertiary Industry
1990	7.0	2.4	3.3	1.5	1.3
1991	9.2	2.1	3.9	3.9	3.2
1992	16.5	0.5	9.1	8.1	6.9
1993	15.6	1.3	9.5	8.6	4.8
1994	13.5	0.7	7.5	7.2	5.3
1995	12.3	1.0	6.6	5.9	4.7
1996	11.4	0.9	5.8	5.2	4.7
1997	11.2	0.6	6.0	5.0	4.6
1998	8.6	0.4	3.5	2.3	4.7
1999	7.8	0.1	5.0	4.6	2.7
2000	8.7	0.2	5.2	4.6	3.3
2001	9.2	0.3	5.1	4.1	3.8
2002	10.5	0.6	6.2	5.1	3.7
2003	11.7	0.6	7.4	6.3	3.7
2004	12.4	0.6	7.9	6.7	3.9
2005	11.7	0.5	6.4	5.9	4.8
2006	12.4	0.7	7.7	6.8	5.4
2007	15.9	1.1	9.8	8.8	5.0
2008	14.5	0.7	8.9	8.2	4.9
2009	14.9	0.5	9.0	7.5	5.4
2010	17.1	0.5	11.7	10.1	4.9
2011	16.4	0.4	12.0	10.4	4.0
2012	13.6	0.4	9.0	7.8	4.2
2013	12.3	0.3	6.3	5.0	5.7
2014	10.9	0.3	6.0	4.7	4.6
2015	11.0	0.3	5.4	4.1	5.3

表2.11 支出法地区生产总值（2013－2015年）
GROSS DOMESTIC PRODUCT BY EXPENDITURE APPROACH (2013-2015)

单位：亿元 (100 million yuan)

指　标	Item	2013	2014	2015
本市生产总值	Gross Domestic Product	12783.26	14262.60	15717.27
最终消费支出	Final Consumption Expenditures	6061.58	6764.67	7503.21
居民消费支出	Household Consumption Expenditures	4561.42	5145.33	5665.43
食品烟酒类支出	Food, Tobacco and Liquor	1562.99	1743.93	1907.83
衣着类支出	Clothing	521.64	608.24	666.65
居住（含自有住房服务）类支出	Housing (including Owner Occupied Housing)	502.82	559.46	617.65
生活用品及服务类支出	Living Goods and Services	351.99	376.64	411.47
交通和通信类支出	Traffic and Telecommunications	419.02	477.62	535.62
教育文化娱乐类支出	Education, Cluture and Entertainment	436.62	505.08	558.95
医疗保健类支出	Medical and Health Care	351.95	372.48	417.06
银行中介服务类支出	Financial Intermediation Services	158.22	184.37	206.66
保险服务支出	Consumption of Insurance Services	66.88	82.71	93.32
其他商品和服务类支出	Other Goods and Services	189.29	234.80	250.22
政府消费支出	Government Consumption	1500.16	1619.34	1837.78
资本形成总额	Gross Capital Formation	6984.76	7754.99	8438.04
固定资本形成总额	Gross Fixed Capital Formation	6646.79	7380.94	8042.53
存货增加	Increase of Inventories	337.97	374.05	395.51
货物和服务净流出	Net Exports of Goods and Services	-263.08	-257.06	-223.98

表2.12 分区域地区生产总值（2014－2015年）
GROSS DOMESTIC PRODUCT BY REGION (2014-2015)

单位：亿元 (100 million yuan)

指　标	Item	2014	2015	指　数 上年=100 Index Preceding Year=100
本市生产总值	**Gross Domestic Product**	**14262.60**	**15717.27**	**111.0**
#一小时经济圈	One-Hour Economic Circle	11005.24	12124.03	111.1
#都市发达经济圈	Developed Metropolitan Economic Circle	6288.15	6861.01	110.7
渝西经济走廊	West Chongqing Economic Corridor	3533.82	3974.22	111.6
三峡库区生态经济区	Ecological Economic Zone in Three Gorges Reservoir Area	4440.63	4882.04	111.0
#都市功能核心区	Core Metropolitan Function Area	2943.90	3098.58	109.4
都市功能拓展区	Extended Metropolitan Function Area	3344.25	3762.43	111.7
城市发展新区	Newly Developed Urban Area	4717.09	5263.02	111.6
渝东北生态涵养发展区	Northeastern Ecological Conservation Area	2466.05	2720.78	110.9
渝东南生态保护发展区	Southeastern Environment Protection Area	791.31	872.46	110.1
第一产业	**Primary Industry**	**1061.03**	**1150.15**	**104.7**
#一小时经济圈	One-Hour Economic Circle	612.94	662.33	104.4
#都市发达经济圈	Developed Metropolitan Economic Circle	102.38	107.91	102.4
渝西经济走廊	West Chongqing Economic Corridor	427.47	464.43	104.9
三峡库区生态经济区	Ecological Economic Zone in Three Gorges Reservoir Area	531.18	577.81	105.1
#都市功能核心区	Core Metropolitan Function Area			
都市功能拓展区	Extended Metropolitan Function Area	102.38	107.91	102.4
城市发展新区	Newly Developed Urban Area	510.56	554.42	104.8
渝东北生态涵养发展区	Northeastern Ecological Conservation Area	333.40	363.53	105.2
渝东南生态保护发展区	Southeastern Environment Protection Area	114.69	124.29	105.2
第二产业	**Secondary Industry**	**6529.06**	**7069.37**	**111.3**
#一小时经济圈	One-Hour Economic Circle	5066.77	5464.29	111.0
#都市发达经济圈	Developed Metropolitan Economic Circle	2515.53	2631.52	109.5
渝西经济走廊	West Chongqing Economic Corridor	1889.23	2128.43	112.6
三峡库区生态经济区	Ecological Economic Zone in Three Gorges Reservoir Area	2124.30	2309.42	112.5
#都市功能核心区	Core Metropolitan Function Area	646.39	542.31	103.6
都市功能拓展区	Extended Metropolitan Function Area	1869.14	2089.21	111.1
城市发展新区	Newly Developed Urban Area	2551.24	2832.77	112.6
渝东北生态涵养发展区	Northeastern Ecological Conservation Area	1108.76	1218.95	113.1
渝东南生态保护发展区	Southeastern Environment Protection Area	353.53	386.13	110.9
第三产业	**Tertiary Industry**	**6672.51**	**7497.75**	**111.5**
#一小时经济圈	One-Hour Economic Circle	5325.53	5997.41	111.8
#都市发达经济圈	Developed Metropolitan Economic Circle	3670.24	4121.58	111.8
渝西经济走廊	West Chongqing Economic Corridor	1217.12	1381.36	111.9
三峡库区生态经济区	Ecological Economic Zone in Three Gorges Reservoir Area	1785.15	1994.81	110.6
#都市功能核心区	Core Metropolitan Function Area	2297.51	2556.27	110.9
都市功能拓展区	Extended Metropolitan Function Area	1372.73	1565.31	113.5
城市发展新区	Newly Developed Urban Area	1655.29	1875.83	111.8
渝东北生态涵养发展区	Northeastern Ecological Conservation Area	1023.89	1138.30	110.2
渝东南生态保护发展区	Southeastern Environment Protection Area	323.09	362.04	110.7

表2.13 分经济类型地区生产总值（1996－2015年）
GROSS DOMESTIC PRODUCT BY STATUS OF REGISTRATION (1996-2015)

单位：亿元 (100 million yuan)

年 份 Year	本市生产总值 Gross Domestic Product	公有制经济 Public-owned Economy	非公有制经济 Non-public-owned Economy	其 中 of which	
				个体私营经济 Individual and Private	外商港澳台经济 Funded by HK, Macao, Taiwan & Foreign
1996	1315.12	987.66	327.46	286.70	40.76
1997	1509.75	1111.18	398.57	341.20	57.37
1998	1602.38	1104.04	498.34	442.26	56.08
1999	1663.20	1111.02	552.18	487.32	64.86
2000	1791.00	1156.99	634.01	560.58	73.43
2001	1976.86	1209.84	767.02	682.02	85.00
2002	2232.86	1295.06	937.80	799.36	138.44
2003	2555.72	1385.20	1170.52	955.84	214.68
2004	3034.58	1574.95	1459.63	1271.49	188.14
2005	3467.72	1719.99	1747.73	1511.93	235.80
2006	3907.23	1836.40	2070.83	1734.81	336.02
2007	4676.13	2099.58	2576.55	2118.29	458.26
2008	5793.66	2386.99	3406.67	2827.31	579.36
2009	6530.01	2613.93	3916.08	3197.94	718.14
2010	7925.58	3079.02	4846.56	3851.89	994.67
2011	10011.37	3836.12	6175.25	4894.32	1280.93
2012	11409.60	4303.91	7105.69	5598.64	1507.05
2013	12783.26	4921.56	7861.70	6263.79	1597.91
2014	14262.60	5519.63	8742.97	6988.67	1754.30
2015	15717.27	6081.48	9635.79	7807.63	1828.16

表2.13 续表 continued

单位：% (%)

年 份 Year	生产总值构成 Compositon of Gross Domestic Product	公有制经济 Public-owned Economy	非公有制经济 Non-public-owned Economy	其 中 of which 个体私营经济 Individual and Private	外商港澳台经济 Funded by HK, Macao, Taiwan & Foreign
1996	100.0	75.1	24.9	21.8	3.1
1997	100.0	73.6	26.4	22.6	3.8
1998	100.0	68.9	31.1	27.6	3.5
1999	100.0	66.8	33.2	29.3	3.9
2000	100.0	64.6	35.4	31.3	4.1
2001	100.0	61.2	38.8	34.5	4.3
2002	100.0	58.0	42.0	35.8	6.2
2003	100.0	54.2	45.8	37.4	8.4
2004	100.0	51.9	48.1	41.9	6.2
2005	100.0	49.6	50.4	43.6	6.8
2006	100.0	47.0	53.0	44.4	8.6
2007	100.0	44.9	55.1	45.3	9.8
2008	100.0	41.2	58.8	48.8	10.0
2009	100.0	40.0	60.0	49.0	11.0
2010	100.0	38.8	61.2	48.6	12.6
2011	100.0	38.3	61.7	48.9	12.8
2012	100.0	37.7	62.3	49.1	13.2
2013	100.0	38.5	61.5	49.0	12.5
2014	100.0	38.7	61.3	49.0	12.3
2015	100.0	38.7	61.3	49.7	11.6

年 份 Year	生产总值指数（上年=100） Compositon of Gross Domestic Product (Preceding Year =100)	公有制经济 Public-owned Economy	非公有制经济 Non-public-owned Economy	其 中 of which 个体私营经济 Individual and Private	外商港澳台经济 Funded by HK, Macao, Taiwan & Foreign
1996	111.4	107.3	126.1	127.8	115.1
1997	111.2	109.0	117.9	115.3	136.3
1998	108.6	101.7	127.9	132.6	100.1
1999	107.8	104.5	115.1	114.4	120.1
2000	108.7	105.1	115.9	116.1	114.3
2001	109.2	103.5	119.7	120.4	114.5
2002	110.5	104.7	119.6	114.7	159.3
2003	111.7	104.4	121.8	116.7	151.3
2004	112.4	107.6	118.0	125.9	83.0
2005	111.7	106.7	117.0	116.2	122.5
2006	112.4	106.6	118.2	114.5	142.2
2007	115.9	110.8	120.5	118.3	132.1
2008	114.5	105.1	122.2	123.4	116.9
2009	114.9	111.6	117.3	115.4	126.4
2010	117.1	113.5	119.6	116.4	133.9
2011	116.4	111.8	119.3	118.3	123.0
2012	113.6	107.8	116.8	114.2	126.5
2013	112.3	112.0	112.4	114.5	105.3
2014	110.9	110.5	111.1	111.4	109.9
2015	111.0	110.7	111.1	112.2	106.1

重/庆/统/计/年/鉴

主要统计指标解释

■ 国内（地区）生产总值（GDP）

是按市场价格计算的一个国家（或地区）所有常住单位在一定时期内生产活动的最终成果。国内（地区）生产总值有三种表现形态，即价值形态、收入形态和产品形态。从价值形态看，它是所有常住单位在一定时期内所生产的全部货物和服务价值超过同期中间投入的全部非固定资产货物和服务价值的差额，即所有常住单位的增加值之和；从收入形态看，它是所有常住单位在一定时期内所创造并分配给常住单位和非常住单位的初次收入之和；从产品形态看，它是所有常住单位在一定时期内最终使用的货物和服务价值减去货物和服务进口价值。在实际核算中，国内（地区）生产总值的三种表现形态表现为三种计算方法，即生产法、收入法和支出法。三种方法分别从不同的方面反映国内（地区）生产总值及其构成。

■ 三次产业

三次产业的划分是世界上较为常用的产业结构分类，但各国的划分不尽一致。我国的三次产业划分是：

第一产业是指农业、林业、畜牧业、渔业（不含农、林、牧、渔服务业）。

第二产业是指采矿业（不含开采辅助活动），制造业（不含金属制品、机械和设备修理业），电力、煤气及水的生产和供应业，建筑业。

第三产业是指除第一、二产业以外的其他行业。

■ 收入法国内（地区）生产总值

是从常住单位从事生产活动形式收入的角度来反映一个国家（或地区）一定时期内生产活动最终成果的一种方法，包括劳动者报酬、生产税净额、固定资产折旧、营业盈余四部分。计算公式为：

收入法国内（地区）生产总值=劳动者报酬+生产税净额+固定资产折旧+营业盈余

（1）劳动者报酬：指劳动者因从事生产活动所获得的全部报酬。包括劳动者获得的各种形式的工资、奖金和津贴，既包括货币形式的，也包括实物形式的，还包括劳动者所享受的公费医疗和医药卫生费、上下班交通补贴和单位支付的社会保险费、住房公积金等。对于个体经济来说，其所有者所获得的劳动报酬和经营利润不易区分，这两部分统一作为劳动者报酬处理。

（2）生产税净额：指生产税减生产补贴后的差额。生产税指政府对生产单位生产、销售和从事经营活动以及因从事生产活动使用某些生产要素（如固定资产、土地、劳动力）所征收的各种税、附加费和规费。生产补贴与生产税相反，是政府对生产单位的单方面转移支出，因此视为负生产税，包括政策亏损补贴、价格补贴等。

（3）固定资产折旧：指一定时期内为弥补固定资产损耗按照规定的固定资产折旧率提取的固定资产折旧，或按国民经济核算统一规定的折旧率虚拟计算的固定资产折旧。它反映了固定资产在当期生产中的转移价值。各类企业和企业化管理的事业单位的固定资产折旧指实际计提的折旧费；不计提折旧的政府机关、非企业化管理的事业单位和居民住房的固定资产折旧是按照统一规定的折旧率和固定资产原值计算的虚拟折旧。原则上，固定资产折旧应按固定资产当期的重置价值计算，但是我国目前尚不具备对全社会固定资产进行重估价的基础，所以暂时只能采用上述方法。

（4）营业盈余：指常住单位创造的增加值扣除劳动者报酬、生产税净额和固定资产折旧后的余额。它相当于企业的营业利润加上生产补贴，但要扣除从利润中开支的工资和福利等。

■ 支出法国内（地区）生产总值

是从最终使用的角度反映一个国家（或地区）一定时期内生产活动最终成果的一种方法，包括最终消费支出、资本形成总额及货物和服务净流出三部分。计算公式为：

支出法国内(地区)生产总值=最终消费支出+资本形成总额+货物和服务净流出

主要统计指标解释

■ 最终消费支出

指常住单位为满足物质、文化和精神生活的需要，从本国经济领土和国外购买的货物和服务的支出。它不包括非常住单位在本国经济领土内的消费支出。最终消费支出分为居民消费支出和政府消费支出。

（1）居民消费支出：指常住住户在一定时期内对于货物和服务的全部最终消费支出。居民消费支出除了直接以货币形式购买的货物和服务的消费支出外，还包括以其他方式获得的货物和服务的消费支出，即所谓的虚拟消费支出。居民虚拟消费支出包括如下几种类型：单位以实物报酬及实物转移的形式提供给劳动者的货物和服务；住户生产并由本住户消费了的货物和服务，其中的服务仅指住户的自有住房服务；金融机构提供的金融媒介服务；保险公司提供的保险服务。

（2）政府消费支出：指政府部门为全社会提供的公共服务的消费支出和免费或以较低的价格向居民住户提供的货物和服务的净支出，前者等于政府服务的产出价值减去政府单位所获得的经营收入的价值，后者等于政府部门免费或以较低价格向居民住户提供的货物和服务的市场价值减去向住户收取的价值。

■ 资本形成总额

指常住单位在一定时期内获得的减去处置的固定资产和存货的净额，包括固定资产形成总额和存货增加。

（1）固定资产形成总额：指常住单位在一定时期内获得的固定资产减处置的固定资产的价值总额。固定资产是通过生产活动生产出来的，且其使用年限在一年以上、单位价值在规定标准以上的资产，不包括自然资产。可分为有形固定资本形成总额和无形固定资本形成总额。有形固定资本形成总额包括一定时期内完成的建筑工程、安装工程和设备工器具购置(减处置)价值，以及土地改良、新增役、种、奶、毛、娱乐用牲畜和新增经济林木价值。无形固定资本形成总额包括矿藏的勘探、计算机软件等获得减处置。

（2）存货增加：指常住单位在一定时期内存货实物量变动的市场价值，即期末价值减期初价值的差额，再扣除当期由于价格变动而产生的持有收益。存货增加可以是正值，也可以是负值，正值表示存货上升，负值表示存货下降。存货包括生产单位购进的原材料、燃料和储备物资等存货，以及生产单位生产的产成品、在制品和半成品等存货。

■ 货物和服务净流出

指货物和服务流出减货物和服务流入的差额。流出包括常住单位向非常住单位出售或无偿转让的各种货物和服务的价值；流入包括常住单位从非常住单位购买或无偿得到的各种货物和服务的价值。由于服务活动的提供与使用同时发生，一般把常住单位从本地区外得到的服务作为流入，非常住单位从本地区得到的服务作为流出。

■ 产业部门贡献率

是各产业部门增加值可比价增量与国内生产总值可比价增量之比。

■ 产业部门拉动力

拉动力是指总的经济增长率中带动的百分点数，产业部门拉动力是指在GDP增长中各产业部门拉动的百分点数。其计算公式为：

拉动力（%）＝贡献率（%）×GDP增长率（%）

Explanatory Notes on Main Statistical Indicators

□ Gross Domestic Product (GDP)

Refers to the final products at market prices produced by all resident units in a country (or a region) during a certain period of time. Gross domestic product is expressed in three different perspectives value added, income, and products respectively. The form of value added refers to the total value of all products and services produced by all resident units during a certain period of time minus total value of intimidate input of materials and services of the nature of non-fixed assets or the summation of the value added of all resident units; the form of income includes all the income created by all resident units and distributed primarily to all resident and non-resident units; the form of products refers to all final goods and services of final use by all resident units plus the value of net exports of goods and services. In the practice of national accounting, gross domestic product is calculated with three approaches, i.e. product approach, income approach and expenditure approach, which reflect gross domestic product and its composition from different aspects.

□ Three Strata of Industry

Classification of economic activities into three strata of industry is a common practice in the world, although the grouping varies to some extent form country to country. In China economic activities are categorized into the following three strata of industry:

Primary industry refers to agriculture, forestry, animal husbandry and fishery and services in support of these industries(not including in support of agriculture, forestry, animal husbandry and fishery industries).

Secondary industry refers to mining and quarrying (not including support activities for mining), manufacturing (not including repair service of metal products, machinery and equipment), production and supply of electricity, water and gas, and construction.

Tertiary industry refers to all other economic activities not included in the primary or secondary industries.

□ GDP by Income Approach

Efers to the method of measuring the final results of production activities of a country (region) during a given period from the income items produced by all resident units. It includes laborers' remuneration, net taxes on production, depreciation of fixed assets and operating surplus, i.e.:

GDP by income approach =compensation of employee + net taxes on production + depreciation of fixed assets + operating surplus

(I) Compensation of Employee refers to the total payment of various forms to employees for the productive activities they are engaged in. It includes wages, bonuses and allowances, which the employees earn in cash or in kind. It also includes the free medical services provided to the employees and the medicine expenses, transport subsidies and social insurance, and housing fund paid by the employers. As regards the individual economy, since compensation of employees is not easily distinguishable from the operating surplus, both parts are treated as compensation of employees.

(II) Net Taxes on Production refers to the difference of the taxes on production minus the subsidies on production. The taxes on production refers to the various taxes, extra charges and fees levied on the production units on their production, sale and business activities as well as on some factors of production, such as fixed assets, land and labor force, used in the production activities they are engaged in. In contrast to the taxes on production, the subsidies on production is the unilateral transfer of part of the government's revenue to the production units and is therefore treated as the negative taxes on production, They include subsidies on the loss due to implementation of government policies, price subsidies, etc.

(III) Depreciation of Fixed Assets refers to the depreciation of fixed assets drawn in accordance with the stipulated depreciation rate for the purpose of compensating the wear loss of the fixed assets or the depreciation of fixed assets calculated in a fictitious way in accordance with the stipulated unified depreciation rate in the national economic accounting system. It reflects the value of transfer of the fixed assets in the production of the current period. The depreciation of fixed assets in various enterprises and institutions managed as enterprises refers to the depreciation expenses actually drawn and calculated as part of the cost. In the units, which do not draw the depreciation expenses, such as government agencies, institutions not managed as enterprises as well as the houses of residents, the depreciation of fixed assets is the fictitious depreciation, which is calculated in accordance with the stipulated unified depreciation rate. In principle, the depreciation of fixed assets should be calculated on the basis of the re-purchased value of the fixed assets. However, there is no actual condition to re-evaluate all the fixed assets in China. Therefore, the above-mentioned methods are temporarily adopted at present.

(IV) Operating Surplus refers to the balance of the value added created by the resident units deducting the laborers' remuneration, net taxes on production ant the depreciation of fixed assets. It is equivalent to the business profit of the enterprises plus subsidies on production, but the wages and welfare expenses paid from the profits should be deducted.

□ GDP by Expenditure Approach

Refers to the method of measuring the final results of production activities of a country (region) during a given period from the perspective of final use. It includes final consumption expenditure, total capital formation and net export of goods and services, i.e.:

GDP by expenditure approach = final consumption expenditure + gross capital formation + net export of goods and services

□ Final Consumption Expenditure

Refers to the total expenditure of resident units on final consumption of goods and services from domestic economic territory and abroad to meet the requirements of material, cultural and spiritual life. It excludes the expenditure of non-resident units on consumption in the economic territory of the country. The final consumption expenditure is broken down into household consumption expenditure and government consumption expenditure.

(I) Household consumption Expenditure refers to the total expenditure of resident households on the final consumption of goods and services. In addition to the consumption of goods and services bought by the households directly with money, the households consumption expenditure also includes expenditure on goods and services obtained by the households in other ways, i.e. the so-called fictitious consumption expenditure, which includes the following types: (a) the goods and services provided to the households by the employer in the form of payment in kind and transfer in kind; (b) the goods and services produced and consumed by the households themselves, in which the services refer only to the owner-occupied housing and domestic and individual services provided by the paid household workers; (c) financial intermediate services provided by the financial institutions; (d) the insurance services provided by insurance companies.

(II) Government consumption Expenditure refers to the expenditure on the consumption of the public services provided by the government to the whole society and the net expenditure on the goods and services provided by the government to the households for free charge or at lower prices. The former equals to the output value of the government services minus the value of operating in come obtained by the government departments. The latter equals to the market value of the goods and services provided by the government to the households minus the value received by the government from the households.

□ Gross Capital Formation

Refers to the net amount of the fixed assets and stock acquired minus those disposed, including the gross fixed assets formation and changes in inventories.

(I) Gross fixed capital formation refer to the value of fixed assets purchased, transferred in by the resident units and those produced and used by themselves deducting the value of fixed assets sold and transferred out. It can by classified into total tangible assets formation and total intangible assets formation. The total tangible assets formation include the value of the construction projects, installation projects completed and the equipment, apparatus and instruments purchased as well as the value of land improved, the value of draught animals, breeding stock, milk, wool and recreational animals and the newly increased economic forest in a certain period. The total intangible assets formation includes the prospecting of minerals, the acquisition of computer software, the originals of recreational works and works of literature and arts minus the disposal of them.

(II) Changes in Inventories refers to the market value of the change in the physical volume of inventory of resident units during a given period, i.e. the difference between the values at the beginning and the end of the period minus the gains due to the change in prices. The changes in inventories can have a positive or a negative value. A positive value indicates an increase in inventory while a negative value indicates a decrease in inventory. The inventory includes raw materials, fuels and reserve materials

EXPLANATORY NOTES TO MAJOR STATISTICAL INDICATORS

purchased by the production units as well as the inventory of finished products, semi-finished products and work-in-progress.

□ Net Export of Goods and Services

Refers to the difference of the exports of goods and services minus the imports of goods and services. The imports include the value of various goods and services sold or gratuitously transferred by the resident units to the non-resident units. The imports include the value of various goods and services purchased or gratuitously acquired by the resident units from the non-resident units. Because the provision of services and the use of them happen simultaneously, the import and export of services by the resident units from abroad is usually treated as import while the acquisition of services by non-resident units in this country is usually treated as export. The export and import of goods are calculated at FOB.

□ Share of the Contributions of the Industry

Refers to the proportion of the increment of the value-added of each industry to the increase of GDP.

□ Contribution of the Industry

Contribution is the driven percentage points to GDP growth. Contribution of the industry is the driven percentage points of each industry to GDP growth. Its calculation formula is:

contribution (%) = share of contribution (%) × GDP growth rate (%)

第3章

人口与就业

POPULATION AND EMPLOYMENT

简要说明
BRIEF INTRODUCTION

本章内容主要包括全市的户籍人口、常住人口、第五、六次人口普查的主要数据，以及计划生育、就业、工资等情况，由市统计局人口就业处整理编辑。

户籍统计人口资料由市公安局提供；计划生育资料由市卫生和计划生育委员会提供；失业资料由市人力资源和社会保障局提供；常住人口、人口普查主要数据、就业和工资资料由市统计局人口就业处提供。

The data in this chapter include the basic statistics on the registered population, resident population and the main indicators in 5th and 6th population censuses, as well as the statistics on family planning, employment and wages. All the data are prepared and compiled by Division of Population and Employment Statistics, Chongqing Municipal Bureau of Statistics.

The data on registered population are provided by Chongqing Municipal Putlie Security Burean; the data on family planning are provided by Chongqing Population and Family Planning Commission; the data on unemployment are provided by Chongqing Municipal Human Resources and Social Security Bureau and the main indicators of resident population, population censuses, employment and wages are provided by Division of Population and Employment Statistics, Chongqing Municipal Bureau of Statistics.

表3.1 主要年份总户数、总人口（户籍统计）
TOTAL HOUSEHOLDS AND TOTAL POPULATION IN MAJOR YEARS (HOUSEHOLD REGISTRATION)

单位：万人 (10 000 persons)

年 份 Year	总户数（万户）Total Number of Households (10 000 households)	总人口 Total Population	按性别分 By Sex		按农业、非农业分 By Residence	
			男 Male	女 Female	农 业 Agriculture	非农业 Non-agriculture
1952	401.93	1776.52	927.91	848.61		
1957	434.66	2005.18	1040.82	964.36	1692.77	312.41
1962	442.01	1797.19	916.99	880.20	1528.95	268.24
1965	455.55	1974.89	1010.19	964.70	1685.08	289.81
1970	518.02	2289.64	1173.57	1116.07	1989.66	299.98
1975	579.36	2592.59	1332.89	1259.70	2280.39	312.20
1978	601.07	2635.56	1357.98	1277.58	2304.66	330.90
1980	610.19	2664.79	1376.22	1288.57	2291.51	373.28
1985	684.46	2768.26	1437.35	1330.91	2310.89	457.37
1986	716.53	2807.60	1458.75	1348.85	2343.23	464.37
1987	751.96	2845.14	1478.88	1366.26	2370.06	475.08
1988	784.83	2873.34	1494.20	1379.14	2390.36	482.98
1989	812.65	2897.01	1507.74	1389.27	2405.25	491.76
1990	833.78	2920.90	1520.83	1400.07	2427.92	492.98
1991	844.66	2938.99	1531.11	1407.88	2439.61	499.38
1992	849.77	2950.78	1538.46	1412.32	2438.94	511.84
1993	855.75	2964.92	1546.50	1418.42	2438.27	526.65
1994	870.20	2985.59	1558.05	1427.54	2440.41	545.18
1995	879.35	3001.77	1566.86	1434.91	2442.33	559.44
1996	888.56	3022.77	1577.97	1444.80	2445.65	577.12
1997	897.78	3042.92	1588.10	1454.82	2448.34	594.58
1998	907.17	3059.69	1596.88	1462.81	2445.66	614.03
1999	922.73	3072.34	1602.42	1469.92	2437.18	635.16
2000	938.87	3091.09	1611.68	1479.41	2430.20	660.89
2001	950.56	3097.91	1614.91	1483.00	2408.39	689.52
2002	961.69	3113.83	1623.13	1490.70	2392.38	721.45
2003	977.01	3130.10	1631.66	1498.44	2376.18	753.92
2004	988.59	3144.23	1637.18	1507.05	2358.40	785.83
2005	1010.41	3169.16	1649.26	1519.90	2351.88	817.28
2006	1030.66	3198.87	1662.77	1536.10	2353.44	845.43
2007	1056.97	3235.32	1681.10	1554.22	2358.35	876.97
2008	1080.15	3257.05	1690.56	1566.49	2349.67	907.38
2009	1110.70	3275.61	1697.69	1577.92	2326.92	948.69
2010	1154.83	3303.45	1709.03	1594.42	2196.45	1107.00
2011	1205.20	3329.81	1720.53	1609.28	2052.17	1277.64
2012	1220.64	3343.44	1725.87	1617.57	2026.19	1317.25
2013	1236.78	3358.42	1731.82	1626.60	2014.37	1344.05
2014	1248.67	3375.20	1738.87	1636.33	2003.08	1372.12
2015	1254.54	3371.84	1736.49	1635.35	1980.82	1391.02

表3.2 主要年份人口自然变动（户籍统计）
POPULATION NATURAL DYNAMICS IN MAJOR YEARS (HOUSEHOLD REGISTRATION)

单位：万人、‰ (10 000 persons, ‰)

年 份 Year	出 生 Birth		死 亡 Death		自然增长 Natural Growth	
	人 口 Population	出生率 Birth Rate	人 口 Population	死亡率 Death Rate	人 口 Population	自然增长率 Natural Growth Rate
1957	54.20	27.32	21.78	10.98	32.42	16.34
1962	43.72	24.36	27.87	15.53	15.85	8.83
1965	74.01	38.03	21.43	11.01	52.58	27.02
1970	87.78	38.99	22.11	9.82	65.67	29.17
1975	72.03	28.06	21.33	8.31	50.70	19.75
1978	26.09	9.91	17.18	6.52	8.91	3.39
1980	29.68	11.16	17.19	6.46	12.49	4.70
1985	36.13	13.10	18.76	6.80	17.37	6.30
1986	54.47	19.54	18.36	6.59	36.11	12.95
1987	48.72	17.24	18.42	6.52	30.30	10.72
1988	38.58	13.49	19.43	6.79	19.15	6.70
1989	39.79	13.79	19.99	6.93	19.80	6.86
1990	42.53	14.62	19.59	6.73	22.94	7.89
1991	37.61	12.83	19.20	6.55	18.41	6.28
1992	35.62	12.09	20.89	7.09	14.73	5.00
1993	35.75	12.09	20.23	6.84	15.52	5.25
1994	40.05	13.46	19.95	6.70	20.10	6.76
1995	39.39	13.16	21.45	7.17	17.94	5.99
1996	41.06	13.63	21.62	7.18	19.44	6.45
1997	36.99	12.20	20.95	6.91	16.04	5.29
1998	35.51	11.64	21.64	7.09	13.87	4.55
1999	30.68	10.01	20.68	6.74	10.00	3.27
2000	35.22	11.43	24.59	7.98	10.63	3.45
2001	26.26	8.48	18.76	6.06	7.50	2.42
2002	28.65	9.20	18.07	5.80	10.58	3.40
2003	30.00	9.61	18.05	5.78	11.95	3.83
2004	33.72	10.74	23.44	7.47	10.28	3.27
2005	30.66	9.71	13.88	4.40	16.78	5.31
2006	36.57	11.49	14.89	4.68	21.68	6.81
2007	44.66	13.88	16.56	5.15	28.10	8.73
2008	43.26	13.33	24.56	7.57	18.70	5.76
2009	40.82	12.50	26.13	8.00	14.69	4.50
2010	62.83	19.10	38.97	11.85	23.86	7.25
2011	41.27	12.44	19.55	5.90	21.72	6.54
2012	36.76	11.02	23.83	7.14	12.93	3.88
2013	35.81	10.69	20.17	6.02	15.64	4.67
2014	39.74	11.80	22.55	6.70	17.19	5.10
2015	37.34	11.07	23.82	7.06	13.52	4.01

表3.3 常住人口及城镇化率（1996－2015年）
RESIDENT POPULATION AND URBANIZATION RATE (1996-2015)

单位：万人 (10 000 persons)

年 份 Year	常住人口 Resident Population	其 中 of which 城 镇 Urban	 乡 村 Rural	城镇化率（%） Urbanization Rate (%)
1996	2875.30	848.21	2027.09	29.5
1997	2873.36	890.74	1982.62	31.0
1998	2870.75	935.86	1934.89	32.6
1999	2860.37	981.11	1879.26	34.3
2000	2848.82	1013.88	1834.94	35.6
2001	2829.21	1058.12	1771.09	37.4
2002	2814.83	1123.12	1691.71	39.9
2003	2803.19	1174.55	1628.64	41.9
2004	2793.32	1215.42	1577.90	43.5
2005	2798.00	1265.95	1532.05	45.2
2006	2808.00	1311.29	1496.71	46.7
2007	2816.00	1361.35	1454.65	48.3
2008	2839.00	1419.09	1419.91	50.0
2009	2859.00	1474.92	1384.08	51.6
2010	2884.62	1529.55	1355.07	53.0
2011	2919.00	1605.96	1313.04	55.0
2012	2945.00	1678.11	1266.89	57.0
2013	2970.00	1732.76	1237.24	58.3
2014	2991.40	1783.01	1208.39	59.6
2015	3016.55	1838.41	1178.14	60.9

表3.4 1%人口抽样调查（2014－2015年）
1% SAMPLE SURVEY OF POPULATION (2014-2015)

单位：万人 (10 000 persons)

项　目	Item	2014	2015
常住人口	Resident Population	2991.40	3016.55
#城　镇	Urban	1783.01	1838.41
乡　村	Rural	1208.39	1178.14
#男　性	Male	1512.41	1525.77
女　性	Female	1478.99	1490.78
#0-14岁	Aged 0-14	491.49	497.43
15-64岁	Aged 15-64	2140.64	2152.01
65岁及以上	Aged 65 and Over	359.27	367.11
外出人口	Population Outside Residential Area	1049.23	1069.43
#外出至市外	Outside Chongqing	509.62	505.50
市外外来人口	Population from Other Areas to Chongqing	146.28	150.21
城镇化率（%）	Urbanization Rate (%)	59.6	60.9
都市功能核心区	Core Metropolitan Function Area	99.85	100.00
都市功能拓展区	Extended Metropolitan Function Area	78.70	79.33
城市发展新区	Newly Developed Urban Area	56.35	57.98
渝东南生态保护发展区	Southeastern Environment Protection Area	35.99	37.24
渝东北生态涵养发展区	Northeastern Ecological Conservation Area	43.23	44.53
出生人口	Births	31.80	33.19
出生率(‰)	Birth Rate (‰)	10.67	11.05
死亡人口	Deaths	21.01	21.60
死亡率(‰)	Death Rate (‰)	7.05	7.19
自然增长人口	Natural Growth	10.79	11.59
自然增长率（‰）	Natural Growth Rate (‰)	3.62	3.86

表3.5 第五次人口普查基本情况
BASIC STATISTICS ON THE 5TH NATIONAL POPULATION CENSUSES

指 标	Item	2000
总人口（万人）	**Total Population (10 000 persons)**	**2848.82**
男	Male	1460.57
女	Female	1388.25
性别比（女=100）	Sex Ratio (female=100)	105.21
家庭户户数（万户）	**Family Households (10 000 households)**	**923.4**
家庭户规模（人/户）	**Average Family Household Size (person/household)**	**3.02**
各年龄组人口（万人）	**Population by Age Group (10 000 persons)**	
0-14岁	Aged 0-14	665.20
15-64岁	Aged 15-64	1931.78
65岁及以上	Aged 65 and Over	251.84
预期寿命（岁）	**Life Expectancy (years old)**	**71.9**
城乡人口（万人）	**Population by Residence (10 000 persons)**	
城镇人口	Urban Population	1013.88
乡村人口	Rural Population	1834.94
民族人口（万人，%）	**Population by Ethnicity (10 000 persons, %)**	
汉 族	Han	2664.50
占总人口比重	Percentage to Total Population	93.5
少数民族	Ethnic Minorities	184.32
占总人口比重	Percentage to Total Population	6.5
每十万人拥有的各种受教育程度人口（人）	**Population with Various Education Attainment Per 100 000 Population (person)**	
大专及以上	Junior College and Above	3154
高中和中专	Senior Secondary/Secondary Technical School	8815
初 中	Junior Secondary School	27190
小 学	Primary School	42863
文盲人口及文盲率	**Illiterate Population and Illiterate Rate**	
文盲人口（万人）	Illiterate Population (10 000 persons)	212.24
文盲率（%）	Illiterate Rate (%)	9.7

注：此表为常住人口推算数据。
Note: The data in the table above are calculated on the basis of resident population.

表3.6 第六次人口普查基本情况
BASIC STATISTICS ON THE 6TH NATIONAL POPULATION CENSUSES

指　标	Item	2010
总人口（万人）	**Total Population (10 000 persons)**	**2884.62**
男	Male	1460.89
女	Female	1423.73
性别比（女=100）	Sex Ratio (female=100)	102.61
家庭户户数（万户）	**Family Households (10 000 households)**	**1000.10**
家庭户规模（人/户）	**Average Family Household Size (person/household)**	**2.70**
各年龄组人口（万人）	**Population by Age Group (10 000 persons)**	
0-14岁	Aged 0-14	489.80
15-64岁	Aged 15-64	2061.41
65岁及以上	Aged 65 and Over	333.41
预期寿命（岁）	**Life Expectancy (years old)**	**75.7**
城乡人口（万人）	**Population by Residence (10 000 persons)**	
城镇人口	Urban Population	1529.55
乡村人口	Rural Population	1355.07
民族人口（万人，%）	**Population by Ethnicity (10 000 persons, %)**	
汉　族	Han	2690.91
占总人口比重	Percentage to Total Population	93.3
少数民族	Ethnic Minorities	193.71
占总人口比重	Percentage to Total Population	6.7
每十万人拥有的各种受教育程度人口（人）	**Population with Various Education Attainment Per 100 000 Population (person)**	
大专及以上	Junior College and Above	8478
高中和中专	Senior Secondary/Secondary Technical School	13223
初　中	Junior Secondary School	33441
小　学	Primary School	33653
文盲人口及文盲率	**Illiterate Population and Illiterate Rate**	
文盲人口（万人）	Illiterate Population (10 000 persons)	121.52
文盲率（%）	Illiterate Rate (%)	5.1

表3.7 六次人口普查主要指标
MAIN INDICATORS OF SIX POPULATION CENSUSES

单位：万人、% (10 000 persons, %)

普查时间	Census Time	总人口 Total Population 合 计 Total	男 Male	女 Female	性别比(女=100) Sex Ratio (female =100)	年平均增长率 Annual Average Growth Rate
第一次人口普查（1953年7月1日）	First Population Census (July 1, 1953)	1766.39	924.56	841.83	109.83	
第二次人口普查（1964年7月1日）	Second Population Census (July 1, 1964)	1889.17	969.02	920.15	105.31	0.61
第三次人口普查（1982年7月1日）	Third Population Census (July 1, 1982)	2705.89	1402.46	1303.43	107.60	2.02
第四次人口普查（1990年7月1日）	Fourth Population Census (July 1, 1990)	2886.62	1499.83	1386.79	108.15	0.81
第五次人口普查（2000年11月1日）	Fifth Population Census (November 1, 2000)	2848.82	1460.57	1388.25	105.21	-0.13
第六次人口普查（2010年11月1）	Sixth Population Census (November 1, 2010)	2884.62	1460.89	1423.73	102.61	0.12

表3.8 人口年龄结构和抚养比（1982－2015年）
AGE COMPOSITION AND DEPENDENCY RATIO OF POPULATION (1982-2015)

单位：万人 (10 000 persons)

年 份 Year	总人口(年末) Total Population (year-end)	按年龄组分 by Age 0-14岁 Aged 0-14 人口数 Population	比重 (%) Proportion	15-64岁 Aged 15-64 人口数 Population	比重 (%) Proportion	65岁及以上 Aged 65 and over 人口数 Population	比重 (%) Proportion	总抚养比 (%) Gross Dependency Ratio (%)	少儿抚养比 (%) Children Dependency Ratio (%)	老年抚养比 (%) Old Dependency Rati (%)
1982	2705.89	901.31	33.31	1676.02	61.94	128.56	4.75	61.45	53.78	7.67
1990	2886.62	626.27	21.70	2092.06	72.47	168.29	5.83	37.98	29.94	8.04
2000	2848.82	665.20	23.35	1931.78	67.81	251.84	8.84	47.47	34.43	13.04
2001	2829.21	643.93	22.76	1925.56	68.06	259.72	9.18	46.93	33.44	13.49
2002	2814.83	624.05	22.17	1922.81	68.31	267.97	9.52	46.40	32.46	13.94
2003	2803.19	615.58	21.96	1894.40	67.58	293.21	10.46	47.97	32.49	15.48
2004	2793.32	592.19	21.20	1896.66	67.90	304.47	10.90	47.27	31.22	16.05
2005	2798.00	576.39	20.60	1913.83	68.40	307.78	11.00	46.20	30.12	16.08
2006	2808.00	561.60	20.00	1934.71	68.90	311.69	11.10	45.14	29.03	16.11
2007	2816.00	543.49	19.30	1957.12	69.50	315.39	11.20	43.89	27.77	16.12
2008	2839.00	546.22	19.24	1973.39	69.51	319.39	11.25	43.86	27.68	16.18
2009	2859.00	544.93	19.06	1988.72	69.56	325.35	11.38	43.76	27.40	16.36
2010	2884.62	489.80	16.98	2061.41	71.46	333.41	11.56	39.93	23.76	16.17
2011	2919.00	493.02	16.89	2088.25	71.54	337.73	11.57	39.78	23.61	16.17
2012	2945.00	490.93	16.67	2113.04	71.75	341.03	11.58	39.37	23.23	16.14
2013	2970.00	487.08	16.40	2130.08	71.72	352.84	11.88	39.43	22.87	16.56
2014	2991.40	491.49	16.43	2140.64	71.56	359.27	12.01	39.74	22.96	16.78
2015	3016.55	497.43	16.49	2152.01	71.34	367.11	12.17	40.17	23.11	17.06

表3.9 计划生育基本情况（1986－2015年）
BASIC STATISTICS ON FAMILY PLANNING (1986-2015)

单位：万人、% (10 000 persons，%)

年 份 Year	政策性生育率 Policy Fertility Rate	已婚育龄妇女人数 Married Women at Childbearing Age	领独生子女证人数 Women with Only-child Certificates	领证率 Coverage of Only-child Certificates	采取节育措施人数 Women under Contraception	避孕率 Contraception Rate
1986	90.88	481.28	109.56	68.74	424.89	88.28
1987	90.16	503.67	126.44	71.91	451.19	89.58
1988	93.83	523.17	141.28	72.14	480.27	91.80
1989	92.78	540.80	151.72	70.35	491.35	90.86
1990	94.15	560.09	166.56	70.53	512.38	91.48
1991	95.11	577.54	178.27	69.31	527.88	91.40
1992	95.83	589.35	188.00	68.34	538.37	91.35
1993	93.23	599.23	199.97		548.27	91.50
1994	86.58	611.48	206.76		559.62	91.52
1995	89.22	625.71	220.32		573.38	91.64
1996	88.73	637.31	227.59	65.45	587.93	92.25
1997	91.94	644.56	230.99	64.11	588.75	91.34
1998	85.06	644.68	219.05	59.69	589.28	91.40
1999	94.09	640.70	214.79	57.43	587.94	91.77
2000	91.26	639.20	217.43	57.11	589.95	92.29
2001	91.05	632.25	203.30	53.04	583.65	92.31
2002	92.19	620.38	180.36	47.65	571.18	92.07
2003	92.39	622.26	195.38	51.11	571.87	91.90
2004	92.95	615.20	200.49	52.42	564.60	91.77
2005	92.57	618.97	212.37	55.08	569.74	92.05
2006	90.93	626.73	203.23	52.07	572.73	91.38
2007	75.62	637.95	198.86	51.62	579.79	90.88
2008	85.05	501.74	131.84	43.54	454.63	90.61
2009	89.91	494.34	138.22	46.04	449.13	90.85
2010	89.06	500.02	133.28	43.93	454.08	90.81
2011	86.95	495.79	124.73	41.89	440.87	88.92
2012	87.59	490.02	95.81	35.49	390.57	79.70
2013	86.83	503.86	94.38	34.84	404.37	80.25
2014	87.84	496.20	87.75	32.34	407.13	82.04
2015	88.83	488.64	82.02	31.84	384.42	78.67

表3.10 就业人员基本情况（1985－2015年）
BASIC STATISTICS ON EMPLOYMENT (1985-2015)

单位：万人 (10 000 persons)

年 份 Year	从业人员总计 Total Number of Employed Persons	其 中 of which #城 镇 Urban Areas	按经济类型分 By Ownership 国 有 State-owned	集 体 Collective-owned	私营和个体 Private and Individuals	其 他 Others
1985	1432.03	269.37				
1986	1469.13	275.35				
1987	1507.33	282.39				
1988	1512.49	288.70				
1989	1540.03	291.29				
1990	1569.34	296.92				
1991	1620.67	307.87				
1992	1662.58	313.51				
1993	1658.95	310.05				
1994	1729.55	326.75				
1995	1709.26	347.06				
1996	1719.43	463.98	198.16	1228.60	280.24	12.43
1997	1715.40	483.74	189.07	1201.03	307.29	18.01
1998	1710.97	505.22	175.52	1176.65	334.24	24.56
1999	1699.06	518.40	161.15	1151.98	354.15	31.78
2000	1661.16	528.97	149.28	1109.96	365.86	36.06
2001	1616.08	539.80	136.63	1058.10	379.86	41.49
2002	1551.77	549.17	130.66	975.92	395.96	49.23
2003	1499.99	560.28	125.88	903.90	412.41	57.80
2004	1471.34	573.97	124.72	854.48	425.18	66.96
2005	1456.30	589.27	123.50	822.48	437.72	72.60
2006	1454.77	602.99	123.90	789.42	457.52	83.93
2007	1468.87	631.65	115.79	765.19	484.88	103.01
2008	1492.43	665.74	119.83	746.54	514.89	111.17
2009	1513.00	696.82	119.79	727.99	546.66	118.56
2010	1539.95	733.70	125.29	701.34	583.02	130.30
2011	1585.16	790.70	131.00	647.82	628.15	178.19
2012	1633.14	856.17	128.53	627.67	662.74	214.20
2013	1683.51	923.28	121.22	593.75	696.83	271.71
2014	1696.94	954.34	114.87	565.16	727.17	289.74
2015	1707.37	986.87	119.55	535.27	765.30	287.25

表3.10 续表 continued

单位：万人 (10 000 persons)

年 份 Year	按产业分 By Sector			分产业比重（%） Compositon by Sector		
	第一产业 Primary Industry	第二产业 Secondary Industry	第三产业 Tertiary Industry	第一产业 Primary Industry	第二产业 Secondary Industry	第三产业 Tertiary Industry
1985	1042.22	223.37	166.44	72.8	15.6	11.6
1986	1048.32	241.66	179.15	71.4	16.4	12.2
1987	1064.06	258.93	184.34	70.6	17.2	12.2
1988	1056.49	262.83	193.17	69.8	17.4	12.8
1989	1082.41	263.81	193.81	70.3	17.1	12.6
1990	1103.04	263.86	202.44	70.3	16.8	12.9
1991	1130.47	275.72	214.48	69.8	17.0	13.2
1992	1118.59	277.77	266.22	67.3	16.7	16.0
1993	1088.70	287.88	282.37	65.6	17.4	17.0
1994	1062.90	301.13	365.52	61.5	17.4	21.1
1995	1018.30	310.88	380.08	59.6	18.2	22.2
1996	1001.89	320.31	397.23	58.3	18.6	23.1
1997	989.07	313.77	412.56	57.6	18.3	24.1
1998	979.48	303.18	428.31	57.3	17.7	25.0
1999	959.71	296.12	443.23	56.5	17.4	26.1
2000	920.92	290.23	450.01	55.4	17.5	27.1
2001	870.52	287.31	458.25	53.9	17.8	28.3
2002	801.04	285.09	465.64	51.6	18.4	30.0
2003	742.90	280.83	476.26	49.5	18.7	31.8
2004	704.22	280.73	486.39	47.8	19.1	33.1
2005	678.32	283.08	494.90	46.6	19.4	34.0
2006	664.35	286.46	503.96	45.7	19.7	34.6
2007	658.52	294.43	515.92	44.8	20.1	35.1
2008	652.19	307.66	532.58	43.7	20.6	35.7
2009	638.08	326.04	548.88	42.2	21.5	36.3
2010	621.29	351.86	566.80	40.3	22.9	36.8
2011	604.38	390.80	589.98	38.1	24.7	37.2
2012	592.59	422.73	617.82	36.3	25.9	37.8
2013	580.92	452.21	650.38	34.5	26.9	38.6
2014	555.59	464.48	676.87	32.7	27.4	39.9
2015	526.46	473.70	707.21	30.8	27.8	41.4

表3.11 就业人员年末数（1999－2015年）
NUMBER OF EMPLOYED PERSONS AT YEAR-END (1999-2015)

单位：万人 (10 000 persons)

指　标	Item	1999	2000	2001	2002	2003	2004	2005	2006	2007
从业人员总计	**Total Number of Employed Persons**	**1699.06**	**1661.16**	**1616.08**	**1551.77**	**1499.99**	**1471.34**	**1456.30**	**1454.77**	**1468.87**
城　镇	Urban	518.40	528.97	539.80	549.17	560.28	573.97	589.27	602.99	631.65
乡　村	Rural	1180.66	1132.19	1076.28	1002.60	939.71	897.37	867.03	851.78	837.22
按经济类型分	**By Ownership**									
国有经济	State-owned	161.15	149.28	136.63	130.66	125.88	124.72	123.50	123.90	115.79
集体经济	Collective-owned	1151.98	1109.96	1058.10	975.92	903.90	854.48	822.48	789.42	765.19
私　营	Private	66.43	74.92	84.44	95.22	105.95	112.91	118.48	130.28	151.49
个　体	Individual	287.72	290.94	295.42	300.74	306.46	312.27	319.24	327.24	333.39
其他经济	Others	31.78	36.06	41.49	49.23	57.80	66.96	72.60	83.93	103.01
#联　营	Joint Ownership	0.63	0.86	4.11	4.93	5.78	6.84	5.57	4.62	2.03
股份制	Shareholding	10.95	11.49	13.21	15.55	15.72	16.71	14.84	12.86	16.47
外商投资	Foreign-funded	2.42	2.74	2.86	2.91	3.23	4.16	4.86	5.01	7.06
港澳台投资	With Funds from Hong Kong, Macao and Taiwan	2.50	2.44	2.66	2.25	2.55	2.33	2.32	2.33	2.80
按行业分	**Grouped By Sector**									
第一产业	Primary Industry	959.71	920.92	870.52	801.04	742.90	704.22	678.32	664.35	658.52
第二产业	Secondary Industry	296.12	290.23	287.31	285.09	280.83	280.73	283.08	286.46	294.43
采矿业	Mining	17.89	16.59	15.72	15.14	14.00	14.14	14.66	14.77	16.83
制造业	Manufacturing	160.07	156.02	152.59	149.91	146.38	144.23	144.46	145.72	148.33
电力、热力、燃气及水生产和供应业	Electric Power, Heat, Gas and Water Production and Supply	6.18	6.20	6.22	6.26	6.27	6.32	6.52	6.85	7.14
建筑业	Construction	111.98	111.42	112.78	113.78	114.18	116.04	117.44	119.12	122.13
第三产业	Tertiary Industry	443.23	450.01	458.25	465.64	476.26	486.39	494.90	503.96	515.92
交通运输、仓储及邮政业	Transport, Storage and Post	40.02	40.23	40.93	41.02	42.11	43.25	44.29	45.05	46.17
信息传输、软件和信息技术服务业	Information Transmission, Software and Information Technology	5.60	5.91	6.03	6.14	6.34	6.58	7.03	7.39	8.09
批发与零售业	Wholesale and Retail Trade	113.05	115.65	117.43	118.87	120.03	121.16	122.88	125.63	127.29
住宿和餐饮业	Hotels and Catering Services	70.18	70.52	71.14	72.03	73.36	74.27	75.40	77.22	78.76
金融业	Financial Intermediation	6.38	6.41	6.46	6.53	6.61	6.65	6.76	6.90	8.03
房地产业	Real Estate	4.88	5.03	5.11	5.22	5.45	6.11	6.83	7.74	8.81
租赁与商务服务业	Leasing and Business Services	16.09	16.34	16.95	17.53	18.23	19.33	19.97	19.97	21.41
科学研究、技术服务业	Scientific Research and Technical Services	7.58	7.71	7.96	8.15	8.25	8.35	8.39	8.43	8.57
水利、环境和公共设施管理业	Management of Water Conservancy, Environment and Public Facilities	5.26	5.31	5.40	5.50	5.56	5.71	5.76	5.94	6.19
居民服务、修理和其他服务业	Services to Households, Repair and Other Services	108.75	110.16	112.59	115.05	118.23	122.36	124.75	126.15	126.62
教　育	Education	29.79	30.59	31.69	32.09	33.33	33.68	33.91	34.20	35.01
卫生和社会工作	Health and Social Work	12.98	13.00	13.08	13.18	13.41	13.50	13.51	13.65	13.94
文化、体育与娱乐业	Culture, Sports and Entertainment	2.73	2.74	2.79	2.84	2.88	2.94	2.96	3.05	3.44
公共管理、社会保障和社会组织	Public Management, Social Security and Social Organizations	19.94	20.41	20.69	21.49	22.47	22.50	22.46	22.64	23.59

表3.11 续表 continued 单位：万人 (10 000 persons)

指　标	Item	2008	2009	2010	2011	2012	2013	2014	2015
从业人员总计	**Total Number of Employed Persons**	**1492.43**	**1513.00**	**1539.95**	**1585.16**	**1633.14**	**1683.51**	**1696.94**	**1707.37**
城　镇	Urban	665.74	696.82	733.70	790.70	856.17	923.28	954.34	986.87
乡　村	Rural	826.69	816.18	806.25	794.46	776.97	760.23	742.60	720.50
按经济类型分	**By Ownership**								
国有经济	State-owned	119.83	119.79	125.29	131.00	128.53	121.22	114.87	119.55
集体经济	Collective-owned	746.54	727.99	701.34	647.82	627.67	593.75	565.16	535.27
私　营	Private	175.00	203.50	235.10	271.87	297.18	320.64	339.04	354.83
个　体	Individual	339.89	343.16	347.92	356.28	365.56	376.19	388.13	410.47
其他经济	Others	111.17	118.56	130.30	178.19	214.20	271.71	289.74	287.25
#联　营	Joint Ownership	1.95	2.56	2.36	1.55	1.60	0.41	0.50	0.38
股份制	Shareholding	21.04	22.48	24.91	30.00	36.15	34.43	39.58	38.54
外商投资	Foreign-funded	7.33	8.47	9.43	13.14	13.98	19.56	22.48	22.38
港澳台投资	With Funds from Hong Kong, Macao and Taiwan	2.40	3.89	5.20	14.55	16.67	17.95	17.46	15.80
按行业分	**Grouped By Sector**								
第一产业	Primary Industry	652.19	638.08	621.29	604.38	592.59	580.92	555.59	526.46
第二产业	Secondary Industry	307.66	326.04	351.86	390.80	422.73	452.21	464.48	473.70
采矿业	Mining	19.77	22.24	24.84	28.11	30.63	30.86	30.57	26.79
制造业	Manufacturing	152.11	159.37	168.67	190.51	206.49	216.36	224.97	236.13
电力、热力、燃气及水生产和供应业	Electric Power, Heat, Gas and Water Production and Supply	7.43	7.91	8.20	8.54	9.41	8.93	9.51	9.24
建筑业	Construction	128.35	136.52	150.15	163.64	176.20	196.06	199.43	201.54
第三产业	Tertiary Industry	532.58	548.88	566.80	589.98	617.82	650.38	676.87	707.21
交通运输、仓储及邮政业	Transport, Storage and Post	47.25	48.42	50.12	53.49	56.88	61.27	64.93	67.03
信息传输、软件和信息技术服务业	Information Transmission, Software and Information Technology	8.58	8.85	9.34	10.57	12.34	13.98	15.31	16.31
批发与零售业	Wholesale and Retail Trade	131.46	134.72	138.22	142.25	147.18	153.40	158.10	167.64
住宿和餐饮业	Hotels and Catering Services	80.28	82.64	85.07	88.22	91.19	92.94	94.64	94.82
金融业	Financial Intermediation	9.09	9.74	10.85	12.34	14.09	14.37	15.02	15.19
房地产业	Real Estate	10.24	12.02	14.66	16.83	19.63	24.69	26.31	26.73
租赁与商务服务业	Leasing and Business Services	22.50	23.41	24.63	26.31	28.20	31.34	32.72	34.99
科学研究、技术服务业	Scientific Research and Technical Services	8.75	8.93	9.05	9.44	10.51	11.64	12.59	13.36
水利、环境和公共设施管理业	Management of Water Conservancy, Environment and Public Facilities	6.44	6.78	7.03	7.45	8.13	8.52	9.18	10.53
居民服务、修理和其他服务业	Services to Households, Repair and Other Services	129.21	131.76	132.97	133.83	134.82	135.82	138.72	145.38
教　育	Education	36.02	36.91	38.17	39.88	41.74	44.48	47.05	48.23
卫生和社会工作	Health and Social Work	14.55	15.38	16.10	17.42	18.95	21.67	23.75	25.42
文化、体育与娱乐业	Culture, Sports and Entertainment	3.88	4.08	4.30	4.64	5.22	5.97	6.36	6.96
公共管理、社会保障和社会组织	Public Management, Social Security and Social Organizations	24.33	25.24	26.29	27.31	28.94	30.29	32.19	34.62

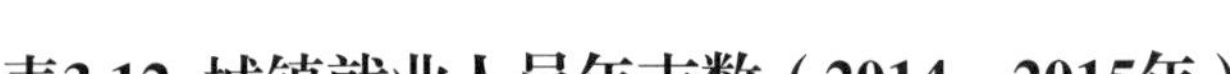

表3.12 城镇就业人员年末数（2014－2015年）
NUMBER OF EMPLOYED PERSONS IN URBAN UNITS AT YEAR-END (2014-2015)

单位：万人 (10 000 persons)

指 标	Item	2014	2015
从业人员总计	**Total Number of Employed Persons**	954.34	986.87
按经济类型分	**By Ownership**		
国有经济	State-owned	114.87	119.55
集体经济	Collective-owned	20.13	15.50
私 营	Private	286.56	302.75
个 体	Individual	243.04	261.82
其他经济	Others	289.74	287.25
#联 营	Joint Ownership	0.50	0.38
股份制	Shareholding	39.58	38.54
外商投资	Foreign-funded	22.48	22.38
港澳台投资	With Funds from Hong Kong, Macao and Taiwan	17.46	15.80
按行业分	**Grouped By Sector**		
第一产业	Primary Industry	36.12	35.02
第二产业	Secondary Industry	420.39	429.13
采矿业	Mining	24.08	20.85
制造业	Manufacturing	200.81	211.11
电力、热力、燃气及水生产和供应业	Electric Power, Heat, Gas and Water Production and Supply	9.36	9.15
建筑业	Construction	186.14	188.02
第三产业	Tertiary Industry	497.83	522.72
交通运输、仓储及邮政业	Transport, Storage and Post	41.57	43.54
信息传输、软件和信息技术服务业	Information Transmission, Software and Information Technology	15.09	16.04
批发与零售业	Wholesale and Retail Trades	110.52	117.77
住宿和餐饮业	Hotels and Catering Services	64.54	64.62
金融业	Financial Intermediation	15.02	15.19
房地产业	Real Estate	26.31	26.73
租赁与商务服务业	Leasing and Business Services	22.39	23.98
科学研究、技术服务业	Scientific Research and Technical Services	10.26	10.89
水利、环境和公共设施管理业	Management of Water Conservancy, Environment and Public Facilities	6.53	7.81
居民服务、修理和其他服务业	Services to Households, Repair and Other Services	87.47	92.76
教 育	Education	42.70	43.71
卫生和社会工作	Health and Social Work	21.43	22.96
文化、体育与娱乐业	Culture, Sports and Entertainment	5.72	6.26
公共管理、社会保障和社会组织	Public Management, Social Security and Social Organizations	28.28	30.46

表3.13 主要年份城镇非私营单位在岗职工人数
NUMBER OF ON-POST STAFF AND WORKERS OF URBAN NON-PRIVATE UNITS IN MAJOR YEARS

单位：万人 (10 000 persons)

年 份 Year	合 计 Total	按产业分 By Three Strata of Industry			按经济类型分 By Status of Registration		
		第一产业 Primary Industry	第二产业 Secondary Industry	第三产业 Tertiary Industry	国 有 State-owned	集 体 Collective--owned	其 他 Others
1949	5.34				5.34		
1952	47.62				47.62		
1957	71.19				71.19		
1962	80.79				80.79		
1965	91.96				91.96		
1970	109.98				109.98		
1975	127.99				127.99		
1978	154.44				154.44		
1980	220.06				162.97	57.09	
1985	257.63	4.80	144.90	107.93	186.74	70.81	0.08
1986	264.01	4.79	151.13	108.09	191.47	72.43	0.11
1987	270.46	5.39	153.80	111.27	196.79	73.36	0.31
1988	277.70	5.45	157.28	114.97	201.88	75.42	0.40
1989	280.69	5.66	158.65	116.38	205.98	74.01	0.70
1990	285.68	5.68	159.47	120.53	209.61	75.16	0.91
1991	293.59	5.68	163.94	123.97	215.78	76.58	1.23
1992	297.07	5.46	165.35	126.26	218.41	76.94	1.72
1993	290.02	4.16	164.74	121.12	215.05	70.79	4.18
1994	293.23	4.24	162.90	126.09	212.02	71.03	10.18
1995	294.25	4.35	160.58	129.32	212.34	69.85	12.06
1996	294.63	4.43	159.37	130.83	214.01	67.47	13.15
1997	289.29	4.13	153.73	131.43	211.13	61.64	16.52
1998	236.61	3.83	115.89	116.89	172.24	40.91	23.46
1999	222.34	3.58	106.07	112.69	158.64	35.54	28.16
2000	208.87	3.43	96.01	109.43	146.91	29.74	32.22
2001	201.23	2.94	91.73	106.56	134.79	23.77	42.67
2002	199.93	2.64	92.63	104.66	128.41	20.82	50.70
2003	204.99	2.46	97.56	104.97	121.27	18.94	64.78
2004	208.04	2.35	100.50	105.19	120.85	16.85	70.34
2005	209.66	2.14	101.00	106.52	120.09	13.66	75.91
2006	212.97	2.12	102.22	108.63	120.37	12.22	80.38
2007	220.84	1.80	104.87	114.17	112.55	10.63	97.66
2008	229.59	1.80	108.92	118.87	115.19	10.23	104.17
2009	234.90	1.68	111.88	121.34	114.32	9.88	110.70
2010	250.22	1.79	121.20	127.23	118.76	10.26	121.20
2011	292.10	1.51	149.34	141.25	116.47	9.88	165.75
2012	334.37	1.26	176.74	156.37	123.45	9.47	201.45
2013	375.36	1.07	194.49	179.80	114.74	8.47	252.15
2014	386.76	1.15	196.08	189.53	112.47	8.43	265.86
2015	385.08	1.15	190.33	193.60	113.47	7.88	263.73

注：“城镇非私营单位”与原“城镇经济单位”口径相同（以下各表同）。
Note: The scope of "urban economic units" is identical to the former "urban non-private units"(the same for the tables below).

表3.14 主要年份城镇非私营单位在岗职工工资总额

TOTAL WAGE BILL OF ON-POST STAFF AND WORKERS OF URBAN NON-PRIVATE ECONOMIC UNITS IN MAJOR YEARS

单位：万元 (10 000 yuan)

年 份 Year	合 计 Total Wages	按产业分 By Three Strata of Industry			按经济类型分 By Status of Registration		
		第一产业 Primary Industry	第二产业 Secondary Industry	第三产业 Tertiary Industry	国 有 State-owned	集 体 Collective--owned	其 他 Others
1949	1368				1368		
1952	18577				18577		
1957	37710				37710		
1962	45532				45532		
1965	51159				51159		
1970	60866				60866		
1975	74645				74645		
1978	91615				91615		
1980	159426				125305	34121	
1985	259688	4528	149468	105692	195684	63939	65
1986	300882	4960	177126	118796	233311	67396	175
1987	349808	5802	206458	137548	271210	78190	408
1988	435140	6771	256248	172121	340494	94048	598
1989	497553	7713	294228	195612	392179	104065	1309
1990	573310	8232	335056	230022	454776	116718	1816
1991	637968	9313	373271	255384	501204	134105	2659
1992	728780	10757	415886	302137	577638	146315	4827
1993	831520	8623	489684	333213	664939	152705	13876
1994	1144546	12990	618503	513053	902585	190980	50981
1995	1309344	15878	715405	578061	1016056	222720	70568
1996	1454905	18116	782060	654729	1132834	237510	84561
1997	1580484	17286	828011	735187	1225441	244245	110798
1998	1588049	18478	815904	753667	1223697	201028	163324
1999	1606804	19304	760591	826909	1207329	184757	214718
2000	1732318	20606	777295	934417	1290215	176693	265410
2001	1941508	21510	833110	1086888	1381940	158228	401340
2002	2196175	21857	921105	1253213	1520518	159655	516002
2003	2535070	22059	1104724	1408287	1661336	160049	713685
2004	2939800	23358	1291498	1624944	1904154	164332	871314
2005	3458237	23019	1503886	1931332	2224886	157943	1075408
2006	4034057	26173	1757357	2250527	2542465	165315	1326277
2007	4998743	27226	2111205	2860312	2814125	160900	2023718
2008	6137760	30232	2592679	3514849	3390954	177772	2569034
2009	7161387	31720	2989883	4139784	3855720	198908	3106759
2010	8629547	37250	3690436	4901861	4435431	242086	3952030
2011	11565329	48201	5241459	6275669	5206171	274421	6084737
2012	14791899	42564	6739973	8009362	6278652	280113	8233134
2013	18702874	37727	8741241	9923906	6475086	293061	11934727
2014	21584168	44340	9680243	11859585	7357033	341168	13885967
2015	23738675	47745	10266335	13424595	8419348	347442	14971885

表3.15 主要年份城镇非私营单位在岗职工平均工资

AVERAGE WAGE OF ON-POST STAFF AND WORKERSOF URBAN NON-PRIVATE UNITS IN MAJOR YEARS

单位：元 (yuan)

年 份	平均工资	按产业分 By Industry			按经济类型分 By Registration		
Year	Average Wages	第一产业 Primary Industry	第二产业 Secondary Industry	第三产业 Tertiary Industry	国 有 State-owned	集 体 Collective--owned	其 他 Others
1949	284				284		
1952	330				330		
1957	535				535		
1962	448				448		
1965	588				588		
1970	581				581		
1975	588				588		
1978	632				632		
1980	737				783	606	
1985	1038				1110	930	861
1986	1154	1034	1197	1100	1234	941	1842
1987	1309	1140	1354	1254	1397	1073	1943
1988	1588	1249	1647	1522	1708	1264	1685
1989	1782	1388	1863	1691	1923	1393	2380
1990	2025	1452	2106	1942	2189	1565	2256
1991	2203	1640	2308	2089	2356	1768	2485
1992	2468	1931	2526	2415	2661	1906	3273
1993	2833	1793	2967	2694	3068	2067	4704
1994	3925	3093	3776	4151	4227	2693	7100
1995	4508	3657	4423	4527	4789	3162	6346
1996	5010	4127	4889	5033	5352	3603	6607
1997	5502	4188	5412	5649	5828	4016	6845
1998	6433	4713	6529	6394	6732	4891	6907
1999	7182	5296	7184	7240	7541	5200	7641
2000	8020	5884	7704	8372	7431	4534	7450
2001	9523	6521	8925	10053	10035	6614	9503
2002	10960	7587	9905	11905	11745	7601	10339
2003	12440	8877	11425	13462	13616	8552	11316
2004	14357	9871	13125	15624	15847	9839	12831
2005	16630	10676	14962	18345	18614	11614	14373
2006	19215	12279	17434	21031	21402	13522	16805
2007	23098	14852	20703	25401	25365	15149	21336
2008	26985	16571	24134	29736	29761	17444	24864
2009	30965	18864	27445	34313	34023	20337	28723
2010	35326	20894	31555	39043	38075	24205	33552
2011	40042	31868	35592	45353	44585	28490	37543
2012	45392	34585	39477	52038	51675	30626	42173
2013	51015	36006	46476	55913	57271	34852	48684
2014	56852	38346	50471	63520	65794	40514	53527
2015	62091	41460	54308	69872	74665	44318	57206

表3.16 城镇非私营单位在岗职工人数（2014－2015年）
NUMBER OF ON-POST STAFF AND WORKERS IN NON-PRIVATE ECONOMIC UNITS (2014-2015)

单位：万人 (10 000 persons)

指 标	Item	合 计 Total		其 中 of which #国 有 State-owned		#集 体 Collective-owned	
		2014	2015	2014	2015	2014	2015
总 计	**Total**	**386.76**	**385.08**	**112.47**	**113.47**	**8.43**	**7.88**
按企业、事业、机关分	**By Corporation, Institution and Agency**						
企 业	Corporations	295.31	289.44	26.11	23.44	6.74	6.17
事 业	Institutions	65.73	67.67	61.65	63.53	1.64	1.62
机 关	Agencies	25.72	27.97	24.71	26.50	0.05	0.09
按行业分	**By Sector**						
第一产业	Primary Industry	1.15	1.15	0.79	0.79	0.04	0.04
第二产业	Secondary Industry	196.08	190.33	8.68	8.97	5.51	5.06
采矿业	Mining	8.88	7.22	0.68	0.60	0.39	0.23
制造业	Manufacturing	86.05	87.15	2.67	2.59	0.96	1.05
电力、热力、燃气及水生产和供应业	Electric Power, Heat, Gas and Water Production and Supply	6.67	6.33	0.81	0.83	0.11	0.11
建筑业	Construction	94.48	89.63	4.52	4.95	4.05	3.67
第三产业	Tertiary Industry	189.53	193.60	103.00	103.71	2.88	2.78
交通运输、仓储及邮政业	Transport, Storage and Post	25.5	25.19	7.62	6.56	0.27	0.26
信息传输、软件和信息技术服务业	Information Transmission, Software and Information Technology	4.59	4.61	0.35	0.36	0.05	0.03
批发与零售业	Wholesale and Retail Trades	22.12	21.56	1.64	1.58	0.43	0.37
住宿和餐饮业	Hotels and Catering Services	6.61	6.18	0.45	0.29	0.17	0.14
金融业	Financial Intermediation	8.92	8.84	3.81	3.80		
房地产业	Real Estate	11.89	12.09	0.68	0.40	0.14	0.12
租赁与商务服务业	Leasing and Business Services	10.43	10.51	2.16	0.97	0.12	0.12
科学研究、技术服务业	Scientific Research and Technical Services	7.33	7.61	3.69	3.74	0.07	0.07
水利、环境和公共设施管理业	Management of Water Conservancy, Environment and Public Facilities	4.89	5.68	3.50	3.95	0.31	0.28
居民服务、修理和其他服务业	Services to Households, Repair and Other Services	1.35	1.32	0.15	0.17	0.07	0.06
教 育	Education	38.28	38.84	35.28	35.28	0.09	0.09
卫生和社会工作	Health and Social Work	17.00	17.94	13.93	14.51	1.15	1.17
文化、体育与娱乐业	Culture, Sports and Entertainment	2.54	2.77	1.66	1.68	0.01	0.03
公共管理、社会保障和社会组织	Public Management, Social Security and Social Organization	28.08	30.46	28.08	30.42		0.04

表3.17 城镇非私营单位在岗职工工资总额（2014－2015年）
TOTAL WAGE BILL OF ON-POST STAFF AND WORKERS OF URBAN NON-PRIVATE ECONOMIC UNITS (2014-2015)

单位：万元 (10 000 yuan)

指　标	Item	合　计 Total		其 中 of which #国　有 State-owned		#集　体 Collective-owned	
		2014	2015	2014	2015	2014	2015
总　计	**Total**	**21584168**	**23738675**	**7357033**	**8419348**	**341168**	**347442**
按企业、事业、机关分	**By Corporation, Institution and Agency**						
企　业	Corporations	15850395	16895929	1886416	1868101	257877	253388
事　业	Institutions	4260543	5015349	4033602	4784020	81835	90520
机　关	Agencies	1473230	1827397	1437015	1767227	1456	3534
按行业分	**By Sector**						
第一产业	Primary Industry	44340	47745	33742	38518	1560	1544
第二产业	Secondary Industry	9680243	10266335	473373	520893	209981	211643
采矿业	Mining	439971	379991	42193	38698	14084	10178
制造业	Manufacturing	4572663	5114173	157359	167949	36066	39989
电力、热力、燃气及水生产和供应业	Electric Power, Heat, Gas and Water Production and Supply	480036	495743	49316	55162	4081	4542
建筑业	Construction	4187573	4276428	224505	259084	155750	156934
第三产业	Tertiary Industry	11859585	13424595	6849918	7859937	129627	134255
交通运输、仓储及邮政业	Transport, Storage and Post	1436693	1541379	484939	459015	10975	10377
信息传输、软件和信息技术服务业	Information Transmission, Software and Information Technology	393044	432772	19034	22249	3200	985
批发与零售业	Wholesale and Retail Trades	1058317	1139376	141891	150737	12126	10286
住宿和餐饮业	Hotels and Catering Services	229303	222337	15424	10874	5209	4905
金融业	Financial Intermediation	1339625	1408191	532018	560196	33	42
房地产业	Real Estate	657440	727525	36044	26035	8919	7260
租赁与商务服务业	Leasing and Business Services	419329	469986	86908	42832	3830	3913
科学研究、技术服务业	Scientific Research and Technical Services	617271	668535	311028	341399	3095	3496
水利、环境和公共设施管理业	Management of Water Conservancy, Environment and Public Facilities	197294	246733	143526	176255	9418	8663
居民服务、修理和其他服务业	Services to Households, Repair and Other Services	55310	58030	7128	8569	2623	2210
教　育	Education	2444780	2871025	2276826	2678939	4864	5823
卫生和社会工作	Health and Social Work	1247785	1475988	1080966	1283853	64686	73188
文化、体育与娱乐业	Culture, Sports and Entertainment	152322	171813	103122	109837	649	1348
公共管理、社会保障和社会组织	Public Management, Social Security and Social Organization	1611072	1990905	1611064	1989147		1759

表3.18 城镇非私营单位就业人员平均工资（2014－2015年）

AVERAGE WAGE OF EMPLOYED PERSONS OF URBAN NON-PRIVATE ECONOMIC UNITS (2014-2015)

单位：元 (yuan)

指　标	Item	就业人员平均工资 Average Wage of Employed Persons		其 中 of which #在岗职工平均工资 Average Wage of On-Post Employees		其 中 of which #国 有 State-owned		#集 体 Collective-owned	
		2014	2015	2014	2015	2014	2015	2014	2015
总　计	**Total**	**55588**	**60543**	**56852**	**62091**	**65794**	**74665**	**40514**	**44318**
按企业、事业、机关分	**By Corporation, Institution and Agency**								
企　业	Corporations	53800	57524	54850	58778	71950	79614	38175	41235
事　业	Institutions	63307	72163	65360	74697	66005	75918	50516	56192
机　关	Agencies	57199	65788	58623	67278	58628	67293	39059	50912
按行业分	**By Sector**								
第一产业	Primary Industry	38064	41146	38346	41460	42940	48862	37229	38109
第二产业	Secondary Industry	50086	53773	50471	54308	53308	58564	38109	41771
采矿业	Mining	48429	52541	48369	52236	52663	61172	37768	45237
制造业	Manufacturing	53207	57993	53397	58357	57632	63743	37483	38129
电力、热力、燃气及水生产和供应业	Electric Power, Heat, Gas and Water Production and Supply	70321	74068	71795	75812	60937	69518	37168	41934
建筑业	Construction	46037	48586	46333	48824	49461	53602	38313	42592
第三产业	Tertiary Industry	61279	67331	63520	69872	67055	76251	45182	49133
交通运输、仓储及邮政业	Traffic, Transport, Storage and Post	56039	60296	56896	61075	63565	68524	39893	39988
信息传输、软件和信息技术服务业	Information Transmission, Software and IT Service	84189	92958	84637	93489	56050	61547	35874	31082
批发与零售业	Wholesale and Retail Trades	48735	52454	49426	53185	86392	95288	28872	29196
住宿和餐饮业	Hotels and Catering Services	35076	35994	35054	35842	33913	37969	32493	34763
金融业	Financial Intermediation	115065	120355	154029	163441	140233	148216	30364	38545
房地产业	Real Estate	56872	59813	57894	60735	56969	65480	65916	62967
租赁与商务服务业	Leasing and Business Services	39615	44070	40866	45302	40651	44482	37044	37160
科学研究、技术服务业	Scientific Research and Technical Services	83498	87023	85121	88597	84959	91996	45991	47496
水利、环境和公共设施管理业	Management of Water Conservancy, Environment and Public Facilities	39051	42617	40642	44766	41055	45826	30950	31140
居民服务、修理和其他服务业	Services to Households, Repair and Other Services	40900	42910	41643	44038	46651	50584	39738	39964
教　育	Education	61875	71512	64180	74048	64870	75957	53096	64133
卫生和社会工作	Health and Social Work	73471	81600	74917	84069	79329	90723	56670	62624
文化、体育与娱乐业	Culture, Sports and Entertainment	59598	61544	60563	62575	62722	65547	46698	47975
公共管理、社会保障和社会组织	Public Management, Social Security and Social Organization	56512	64506	57859	65880	57860	65891		55822

表3.19 城镇非私营单位就业人员工资总额（2014－2015年）
TOTAL WAGE BILL OF EMPLOYMENT OF URBAN NON-PRIVATE UNITS (2014-2015)

单位：万元 (10 000 yuan)

指 标	Item	合 计 Total		其 中 of which #国 有 State-owned		#集 体 Collective-owned	
		2014	2015	2014	2015	2014	2015
总 计	**Total**	**22586420**	**24933928**	**7524592**	**8602272**	**364655**	**377210**
按企业、事业、机关分	**By Corporation, Institution and Agency**						
企 业	Corporations	16707710	17939590	1918863	1907396	277680	280250
事 业	Institutions	4378936	5137332	4143446	4898830	85489	93424
机 关	Agencies	1499774	1857006	1462283	1796046	1486	3536
按行业分	**By Sector**						
第一产业	Primary Industry	44843	48211	33990	38775	1560	1543
第二产业	Secondary Industry	10224995	10965394	487645	541783	227730	236547
采矿业	Mining	446524	389767	42439	38933	14084	10178
制造业	Manufacturing	4698790	5261960	161511	170852	37268	41369
电力、热力、燃气及水生产和供应业	Electric Power, Heat, Gas and Water Production and Supply	496323	508182	49717	55622	4116	4680
建筑业	Construction	4583358	4805485	233978	276376	172262	180320
第三产业	Tertiary Industry	12316582	13920323	7002957	8021714	135365	139120
交通运输、仓储及邮政业	Transport, Storage and Post	1514521	1626175	495692	471466	11740	11114
信息传输、软件和信息技术服务业	Information Transmission, Software and Information Technology	395824	435898	19306	22300	3200	985
批发与零售业	Wholesale and Retail Trades	1079259	1162312	144331	153524	12263	10450
住宿和餐饮业	Hotels and Catering Services	234931	229227	16070	11346	5846	5417
金融业	Financial Intermediation	1461024	1532052	532723	560384	33	43
房地产业	Real Estate	674451	744385	37698	27341	8968	7370
租赁与商务服务业	Leasing and Business Services	468317	531596	88392	43273	3957	3981
科学研究、技术服务业	Scientific Research and Technical Services	633201	688653	318073	350000	3115	3499
水利、环境和公共设施管理业	Management of Water Conservancy, Environment and Public Facilities	212633	264976	156084	192022	9517	8926
居民服务、修理和其他服务业	Services to Households, Repair and Other Services	59060	62399	7513	8963	2972	2560
教 育	Education	2505845	2927578	2332668	2729696	4962	6006
卫生和社会工作	Health and Social Work	1284230	1516581	1110891	1318536	68143	75663
文化、体育与娱乐业	Culture, Sports and Entertainment	154817	175912	105055	112042	649	1348
公共管理、社会保障和社会组织	Public Management, Social Security and Social Organization	1638469	2022579	1638461	2020821		1758

表3.20 城镇登记失业人数（1985－2015年）
NUMBER OF REGISTERED UNEMPLOYED PERSONS IN URBAN AREAS (1985-2015)

单位：万人、%（10 000 persons，%）

年 份 Year	登记失业人数 Registered Unemployed Persons	其 中 of which #女 性 Female	按失业时间分 By Unemployment Period 6个月以上 Over 6 Months	6个月以下 Less than 6 Months	登记失业率 Registered Unemployment Rate
1985	6.46				2.3
1986	6.00				2.1
1987	6.29				2.2
1988	6.25				2.1
1989	8.43				2.8
1990	8.81				2.9
1991	9.42				3.0
1992	10.01				3.1
1993	10.23				3.2
1994	10.80				3.2
1995	10.47				2.9
1996	10.95				3.0
1997	10.85	6.18	6.92	3.93	3.5
1998	10.10	5.71	6.46	3.64	3.5
1999	10.08	5.48	6.15	3.93	3.5
2000	10.15	5.26	5.30	4.85	3.5
2001	13.72	7.24	7.72	6.00	3.9
2002	16.18	7.70	7.79	8.39	4.1
2003	16.16	8.20	8.62	7.54	4.1
2004	16.76	8.19	9.44	7.32	4.12
2005	16.89	8.27	9.67	7.22	4.12
2006	15.41	8.12	8.98	6.43	4.00
2007	14.13	7.60	8.01	6.12	3.98
2008	13.02	6.94	6.27	6.75	3.96
2009	13.44	6.55	6.02	7.42	3.96
2010	13.02	6.20	4.06	8.96	3.90
2011	12.96	7.01	3.34	9.62	3.50
2012	12.43	5.93	1.25	11.18	3.30
2013	12.07	6.44	1.07	11.00	3.40
2014	13.42	6.87	0.62	12.80	3.46
2015	14.26	7.55	0.81	13.45	3.60

重/庆/统/计/年/鉴

主要统计指标解释

人口数

指一定时点、一定地区范围内的有生命的个人的总和。年度统计的年末人口数是指每年12月31日24时的人口数。

出生率（又称粗出生率）

指在一定时期内（通常为一年）一定地区内出生人数与同期内平均人数（或期中人数）之比，一般用千分率表示。本资料中的出生率指年出生率。计算公式为：

出生率=年出生人数/年平均人数×1000‰

式中：出生人数是指活产婴儿，即胎儿脱离母体时（不管怀孕月数）有过呼吸或其他生命现象。年平均人数是年初、年底人口数的平均数，也可用年中人口数代替。

死亡率（又称粗死亡率）

指在一定时期内（通常为一年）一定地区的死亡人数与同期平均人数（或期中人数）之比，一般用千分率表示。本资料中的死亡率指年死亡率。计算公式为：

死亡率=年死亡人数/年平均人数×1000‰

人口自然增长率

指在一定时期内（通常为一年）人口自然增加数（出生人数减死亡人数）与该时期内平均人数（或期中人数）之比，一般用千分率表示。计算公式为：

人口自然增长率=(本年出生人数-本年死亡人数)/年平均人数×1000‰=人口出生率-人口死亡率

总抚养比

也称总负担系数。指人口总体中非劳动年龄人口数与劳动年龄人口数之比。通常用百分比表示。说明每100名劳动年龄人口大致要负担多少名非劳动年龄人口。用于从人口角度反映人口与经济发展的基本关系。计算公式为：

$$GDR=\frac{P_{0\sim14}+P_{65^+}}{P_{15\sim64}}\times100\%$$

其中：GDR为总抚养比；

P0～14为0～14岁少年儿童人口数；

P65⁺为65岁及65岁以上的老年人口数；

P15～64为15～64岁劳动年龄人口数。

老年人口抚养比

也称老年人口抚养系数。指某一人口中老年人口数与劳动年龄人口数之比。通常用百分比表示。用以表明每100名劳动年龄人口要负担多少名老年人。老年人口抚养比是从经济角度反映人口老化社会后果的指标之一。计算公式为：

$$ODR=\frac{P_{65^+}}{P_{15\sim64}}\times100\%$$

其中：ODR为老年人口抚养比；

P65⁺为65岁及65岁以上的老年人口数；

P15～64为15～64岁的劳动年龄人口数。

少年儿童抚养比

称少年儿童抚养系数。指某一人口中少年儿童人口数与劳动年龄人口数之比。通常用百分比表示。以反映每100名劳动年龄人口要负担多少名少年儿童。计算公式为：

$$CDR=\frac{P_{0\sim14}}{P_{15\sim64}}\times100\%$$

其中：CDR为少年儿童抚养比；

P0～14为0～14岁少年儿童人口数；

P15～64为15～64岁劳动年龄人口数。

常住人口

常住人口在人口调查中的定义为下列几款人：（1）居住本乡镇街道，户口在本乡镇街道或户口在本乡镇街道，但人离开本乡镇街道不满半年的人；（2）居住本乡镇街道，离开户口登记地半年以上的人；（3）居住本乡镇街道，户口待定的人；（4）原住本乡镇街道，现在国外工作学习的人。

主要统计指标解释

文盲人口

文盲人口是指15岁以上不识字或识字很少的人口。

文盲率

文盲率是指文盲人口占15岁及以上人口比重。

城镇人口和乡村人口

城镇人口是指居住在城区和镇区范围内的全部人口；乡村人口是除上述人口以外的全部人口。

历年城乡人口数据是按照当时国家《统计上划分城乡的规定》计算。

三次普查之间年份的城乡人口根据1990年和2000年人口普查数据进行了调整。

从业人员

指在16周岁及以上，从事一定社会劳动并取得劳动报酬或经营收入的人员。这一指标反映了一定时期内全部劳动力资源的实际利用情况，是研究我国基本国情国力的重要指标。

在岗职工

指在国有、城镇集体、联营、股份制、外商和港、澳、台投资、其他单位（不包括私营单位和个体经营户）及其附属机构工作，并由其支付工资的各类人员。不包括离休、退休、退职人员；再就业的离、退休人员；在城镇单位中工作的外方及港、澳、台人员；其他按有关规定不列入职工统计范围的人员。（1998年及以后的数据均为在岗职工数据，其他相关指标如职工工资总额，职工平均工资等指标也从1998年按此口径进行了相应调整）。

国有单位

指资产归国家所有的经济组织。包括按《中华人民共和国企业法人登记管理条例》规定登记注册的非公司制的经济组织，以及中央、地方各级国家机关、事业单位和社会团体。

集体单位

指生产资料归集体所有，并按《中华人民共和国企业法人登记管理条例》规定登记注册的经济组织。

在岗职工工资总额

指各单位在一定时期内直接支付给本单位全部职工的劳动报酬总额。工资总额的计算原则应以直接支付给职工的全部劳动报酬为根据。各单位支付给职工的劳动报酬以及其他根据有关规定支付的工资，不论是计入成本的还是不计入成本的，不论是以货币形式支付的还是以实物形式支付的，均包括在工资总额内。

在岗职工平均工资

指企业、事业、机关单位的职工在一定时期内平均每人所得的工资额。它表明一定时期职工工资收入的高低程度，是反映职工工资水平的主要指标，计算公式为：

职工平均工资=报告期实际支付的全部职工工资总额/报告期全部职工平均人数

就业人员工资总额

指各单位在一定时期内直接支付给本单位全部就业人员的劳动报酬总额。包括在岗职工工资总额和其他就业人员劳动报酬总额。

城镇登记失业人员

指在劳动年龄（16周岁至退休年龄）内，有劳动能力，有就业要求，处于无业状态并在公共就业服务机构进行失业登记的城镇常住人员。其中，没有就业经历的城镇户籍人员，在户籍所在地登记；农村进城务工人员和其他非本地户籍人员在常住地稳定就业满6个月的，失业后可以在常住地登记。

城镇登记失业率

指报告期末，登记失业人数占期末城镇就业人员总数与期末实有城镇登记失业人数之和的比重。计算公式为：

城镇登记失业率=期末实有登记失业人数/(期末就业人员总数+期末实有登记失业人数)×100%

Explanatory Notes on Main Statistical Indicators

Total population

Refers to the total number of people alive at a certain point of time within a given area.The annual statistics on total population is taken at midnight, the 31st of December.

Birth Rate (or Crude Birth Rate)

Refers to the ratio of the number of births to the average population during a certain period of time (usually a year), which is often expressed in ‰. Birth rate in the chapter refers to annual birth rate. The following formula is used:

Birth Rate = Number of Births / Average Number of Population × 1000‰

Number of Births refers to live births, i.e. the births when babies had showed any vital phenomena regardless of the length of pregnancy.

Annual Average Number of Population is the average of the number of population at the beginning of the year and that at the end of the year. Sometimes it is substituted for with the mid-year population.

Death Rate (or Crude Death Rate)

Refers to the ratio of the number of deaths to the average population (or mid-year population) during a certain period of time (usually a year), which is often expressed in ‰. Death rate in the chapter refers to annual death rate. The following formula is used:

Death Rate = Number of Deaths / Annual Average Number of Population × 1000‰

Natural Growth Rate of Population

Refers to the ratio of natural increase in population (number of births minus number of deaths) in a certain period of time (usually a year) to average population (or mid-year population) of the same period, which is often expressed in ‰. The following formulas are applied:

Natural Growth of Population = Number of Births - Number of Deaths / Average number of Population × 1000‰

Natural Growth Rate of Population = Birth Rate - Death Rate

Gross Dependency Ratio

Also called gross dependency coefficient, refers to the ratio of non-working-age population to the working-age population, express in %. Describing in general the number of non-working-age population that every 100 people at working ages will take care of, this indicator reflects the basic relation between population and economic development from the demographic perspective. The gross dependency ratio is calculated with the following formula:

$$GDR = \frac{P_{0\sim14} + P_{65^+}}{P_{15\sim64}} \times 100\%$$

Where: GDR is the gross dependency ratio,

P0-14 is the population of children aged 0-14,

$P65^+$ is the elderly population aged 65 and over, and

P15-64 is the working-age population aged 15-64.

Old Dependency Ratio

Also called old dependency coefficient, refers to the ratio of the elderly population to the working-age population, express in %. It describes the number of the elderly population that every 100 people at working ages will take care of. Old dependency ratio is one of the indicators reflecting the social implication of population aging from the economic perspective. The old dependency ratio is calculated with the following formula:

$$ODR = \frac{P_{65^+}}{P_{15\sim64}} \times 100\%$$

Where: ODR is the old dependency ratio,

$P65^+$ is the elderly population aged 65 and over, and

P15-64 is the working-age population aged 15-64.

Children Dependency Ratio

Also called children dependency coefficient, refers to the ratio of the children population to the working-age population, express in %. It describes the number of children population that every 100 people at working ages will take care of. The children dependency ratio is calculated with the following formula:

$$CDR = \frac{P_{0\sim14}}{P_{15\sim64}} \times 100\%$$

EXPLANATORY NOTES TO
MAJOR STATISTICAL INDICATORS

Where: CDR is the children dependency ratio,
P0-14 is the children population aged 0-14, and
P15-64 is the working-age population aged 15-64.

Resident Population

According to survey of population, it includes the following main items: 1) population who reside in this township or town (sub-district) with residence registered in this area, or population who have residence registered in this township or town (sub-district) but have been away from this area for less than half a year; 2) population having actually resided in this township or town (sub-district) for over half a year with residence registered in other area; 3) population residing in this townships or towns (sub-district) with residence not registered; 4) population with residence registered in this township or town (sub-district) who work or study abroad.

The Illerate Population

Refers to those over 15 years of age who have inability to read or write, or can read or write only a few words.

Illiteracy Rate

Refers to the percentage of the illiterate population in the total population above 15 years of age.

Urban Population and Rural Population

Urban population refers to all people residing in the urban and township areas, while rural population refers to population other than urban population.

Statistics on urban and rural population over the years are compiled in line with the regulations of statistical classification on urban and rural population stipulated by the government, which were in effect at different times.

Figures on urban/rural population for the years between the 3 censuses are adjusted in accordance with the 1990 and 2000 population census data.

Employees

Refer to the persons aged 16 and over who are engaged in social working and receive remuneration payment or earn business income. This indicator reflects the actual utilization of total labor force during a certain period of time and is often used for the research on China's economic affairs and national power.

On-post Staff and Workers

Refer to persons working in, and receive payment from units of state ownership, collective ownership, joint ownership, share holding ownership, foreign ownership, and ownership by entrepreneurs from Hong Kong, Macao, and Taiwan, and other types of ownership and their affiliated units(excluding private enterprises and owners of self-employed). They exclude: retirees; re-employed retirees; foreigners and persons from Hong Kong, Macao and Taiwan who work in urban units; 8) other persons not to be included by relevant regulations. (Data of 1998 and afterward refer to fully employed staff and workers. Other related statistics such as total wage bill and average wage are adjusted since 1998 accordingly).

State-owned Units

Refer to economic units whose assets are owned by the state. Included are non-corporation units registered according to Regulation of the People's Republic of China on the Registration of Enterprises and Corporations, state organs, institutions and social organizations at the central and local levels.

Collective Units

Refer to economic units registered according to Regulation of the People's Republic of China on the Registration of Enterprises and Corporations where the means of production are collectively owned.

Total Wages of Bill On-post

Refers to total remuneration payment to staff and workers in various units during a certain period of time. The calculation of total wages is based on the total remuneration payment to the staff and workers. Therefore, all the wages and salaries and other payments to staff and workers are included in the total wage bill regardless of sources, reckoning the cost of production or not, category, listing as items of premium taxation or not, and forms, paying in cash or in kind.

Average Earning On-post

Refers to average earning level in money terms per employee in the enterprise, institutions, and government agencies, which reflects the general level of wage income during a certain period of time and is calculated as follows:

Average Earning of Employees=Total Earning of Employees at Reference Period/Average Number of Employees at Reference Period

□ Total Salary of Employed Personnel

Refers to the sum of the labor remuneration paid to all the employed personnel by the employing organizations in a specific period of time, including the sum of employee salaries and the sum of labor remuneration of other employed personnel.

□ Registered Unemployed Persons in Urban Areas

Refers to the unemployed urban resident population at the labor age (from 16 to the age of retirement), with labor capability and employment demand, who have been registered at the public employment service institutions. Among whom, the urban resident population without employment experience shall be registered at the place of household registration; the off-farm workers and other persons with the household registration at other places who have been employed for 6 consecutive months may be registered at the place of their usual residence.

□ Registered Unemployment Rate in Urban Areas

Refers to the ratio of the number of the registered unemployed persons at the end of the reference period to the sum of total employment and the number of the registered unemployed persons at the end of the reference period. The formula is as the follows:

Registered urban unemployment rate = number of registered urban unemployed persons at the end of reference period / (total employment+ number of registered urban unemployed persons at the end of reference period) × 100%

第 4 章

固定资产投资

INVESTMENT IN FIXED ASSETS

简要说明 BRIEF INTRODUCTION

本章内容主要包括全社会固定资产投资、建设项目投资、房地产开发和商品房销售情况，由市统计局固定资产投资处整理提供。

The data in this chapter cover the total investment in fixed assets, investment in construction, real estate development, sales of commercialized buildings. All the data are prepared and provided by Division of Statistics of Investment in Fixed Assets, Chongqing Municipal Bureau of Statistics.

表4.1 主要年份全社会固定资产投资
TOTAL INVESTMENT IN FIXED ASSETS IN THE WHOLE COUNTRY IN MAJOR YEARS

单位：万元 (10 000 yuan)

年 份 Year	固定资产投资额总计 Total Investment in Fixed Assets	新增固定资产 Newly Increased Fixed Assets	固定资产投资按构成分 Investment in Fixed Assets by Structure		
			建筑安装工程 Construction and Installation	设备工具器具购置 Purchase of Equipment and Instruments	其他费用 Others
1949	39	37	39		
1952	9535	7107	7027	1751	757
1957	21330	20591	12563	6636	2131
1962	7769	7650	5853	1654	262
1965	37677	32844	24658	10280	2739
1970	62448	44331	26528	31658	4262
1975	64359	29973	26446	26539	11374
1978	59026	46834	37630	16958	4438
1980	102789	101499	71220	26265	5304
1985	364822	265993	238027	101461	25334
1986	420675	343008	265430	124895	30350
1987	482445	345528	329053	114844	38548
1988	558331	378150	374833	148913	34585
1989	547540	405769	370687	140033	36820
1990	693140	462056	450344	192115	50681
1991	851614	636525	548518	234255	68841
1992	1063852	871892	703962	261333	98557
1993	1550546	1036205	1008107	389367	153072
1994	2029178	1377025	1336181	509362	183635
1995	2709663	1886888	1707448	737819	264396
1996	3207278	2306996	2076949	733537	342156
1997	3709485	3143528	2418273	879477	411735
1998	4981452	3693019	3248271	1083808	649373
1999	5628679	3706704	3860379	1080062	688238
2000	6558116	4364464	4599909	1055220	902987
2001	8018228	4722181	5460064	1435621	1122543
2002	9956645	6868792	6961365	1482391	1512889
2003	12693544	7244753	8608006	1594910	2490628
2004	16219203	8377655	10155324	2512064	3551815
2005	20063180	15268045	12487360	2990736	4585084
2006	24518351	13817208	15250559	3530668	5737124
2007	31615147	18087476	20238311	4438013	6938823
2008	40452509	16147872	26504524	5793319	8154666
2009	53179185	28027347	35607657	6552634	11018894
2010	69347966	35223421	47667591	7271738	14408637
2011	76858699	46195551	55881173	7582702	13394824
2012	93800012	58222256	66505055	10330139	16964818
2013	112050284	69175185	81449858	10974847	19625579
2014	132237463	84633240	95912383	13926790	22398290
2015	154803250	103875313	114845964	16448144	23509142

表4.1 续表1 continued1

单位：万元 (10 000 yuan)

年 份 Year	固定资产投资按城乡分 Investment in Fixed Assets by Region				
	城 镇 Urban Areas	其 中 of which		农 村 Rural Areas	其 中 of which
		建设项目 Construction Projects	房地产开发 Real Estate Development		农 户 Rural Households
1949					
1952					
1957					
1962					
1965					
1970					
1975					
1978					
1980					
1985					
1986					
1987					
1988					
1989					
1990					
1991					
1992					
1993					
1994					
1995					
1996	2286027	1729842	556185	921251	520639
1997	2747402	2072380	675022	962083	518255
1998	4012210	3039196	973014	969242	509535
1999	4504619	3379484	1125135	1124060	589147
2000	5313816	3917489	1396327	1244300	649150
2001	6720308	4753624	1966684	1297920	707500
2002	8568780	6109650	2459130	1387865	722554
2003	11375600	8096719	3278881	1317944	666529
2004	14771164	10720373	4050791	1448039	715951
2005	18384226	13206935	5177291	1678954	718040
2006	22914581	16618281	6296300	1603770	771833
2007	29713639	21214673	8498966	1901508	740000
2008	37815574	27905604	9909970	2636935	824161
2009	49587435	37198310	12389125	3591750	902424
2010	63429833	47227262	16202571	5918133	946416
2011	70990170	50839287	20150883	5868529	1064245
2012	84620348	59536848	25083500	9179664	1257960
2013	97890031	67762193	30127838	14160253	1442841
2014	132237463	95935132	36302331		
2015	154803250	117290438	37512812		

表4.1 续表2 continued2

单位：万元 (10 000 yuan)

年 份 Year	固定资产投资按登记注册类型分 Investment in Fixed Assets by Status of Registration						
	国 有 State-owned	集 体 Collective-owned	联 营 Joint	股份制 Share-holding	港澳台及外商投资 Funds from Hong Kong, Macao and Taiwan and Foreign-funded	私营个体 Private and Self-employed Individual	其 他 Others
1949	39						
1952	9535						
1957	21330						
1962	7769						
1965	37662	15					
1970	62447	1					
1975	64355	4					
1978	56823	2203					
1980	91150	4718				3692	
1985	243927	66862				44712	9321
1986	301256	60497				48260	10662
1987	345509	58155				67033	11748
1988	410106	56588				78012	13625
1989	405239	46813				82058	13430
1990	528648	49525				92235	22732
1991	639554	69943				120515	21602
1992	739230	137945				165300	21377
1993	979597	276425	2798	32512	25320	206511	27383
1994	1364920	353815	2598	8013	13340	243119	43373
1995	1433244	424399	5834	101846	232079	370479	141782
1996	1597680	513195	6857	100805	278214	598918	111609
1997	1763147	550970	11428	354040	154602	669117	31148
1998	2598535	599304	7963	691371	402084	637275	44920
1999	2839011	664552	9951	612007	353199	1097082	52877
2000	3132534	730555	31555	877503	319730	1381098	85141
2001	3849113	821206	65544	1077977	432826	1715384	56178
2002	4603442	884409	45739	1678915	731767	1989250	23123
2003	5517224	845591	30177	3055216	648829	2514803	81704
2004	6625116	958051	30942	4199655	1174341	3114906	116192
2005	7978697	698801	75405	5902555	1176890	4063795	167037
2006	10219239	383345	62156	7208381	1420900	4939191	285139
2007	12551060	497937	92315	8796251	2293560	7036673	347351
2008	16091842	489458	158560	10398474	3026064	9663932	624179
2009	23241164	513318	149177	12949452	3052163	12497309	776602
2010	30610270	741840	203204	16450400	4120685	15949286	1272281
2011	32146574	761211	360273	18903732	5125101	18129197	1432611
2012	39000336	1308198	394063	3661573	6098076	23594729	19743037
2013	44396867	1994934	436474	3354945	7441801	30958806	23466457
2014	47500861	2006144	193729	4237976	8870621	39180184	30247948
2015	56160204	2894831	140616	4457004	9525762	45186235	36438598

表4.1 续表3 continued3

单位：万元、万平方米 (10 000 yuan, 10 000 sq.m)

年 份 Year	固定资产投资按三次产业分 Investment in Fixed Assets by Strata of Industry			本年房屋施工面积 Floor Space of Buildings under Construction	其 中 of which	本年房屋竣工面积 Floor Space of Buildings Completed	其 中 of which
	第一产业 Primary Industry	第二产业 Secondary Industry	第三产业 Tertiary Industry		#住 宅 Residential Buildings		#住 宅 Residential Buildings
1949						1	
1952	37	4616	4882			5	1
1957	203	15421	5706			153	84
1962	314	6080	1375			18	7
1965	5130	25482	7065			103	43
1970	1291	56173	4984			121	49
1975	2716	54692	6951			95	39
1978	3790	45516	9720			121	39
1980	2101	69188	31500			323	166
1985	4848	184918	175056	2536		1341	680
1986	3359	238569	178747	2596		2141	1445
1987	4794	282515	195136	2752		2169	1474
1988	5490	346847	205994	2632		1970	1478
1989	5919	314655	226966	2400		1851	706
1990	13220	413776	266144	2522		2057	1620
1991	19966	487813	343835	2753		2258	1756
1992	20329	558021	485502	3228		2473	1947
1993	14208	701890	834448	3619		2631	1994
1994	14449	839691	1175038	4045		2926	2119
1995	17117	1066810	1625736	4964		3306	2503
1996	23128	1156837	2027313	6026	4164	4209	3313
1997	33820	1309109	2366556	6145	4198	4302	3363
1998	44133	1418980	3518339	6587	4474	4285	3267
1999	65652	1217277	4345750	7170	4799	4660	3527
2000	89657	1423981	5044478	8494	5931	5337	4087
2001	108038	1462479	6447711	8812	6055	4939	3664
2002	191128	1956665	7808852	10643	7305	6403	4665
2003	264249	3033987	9395308	10962	7398	5959	4293
2004	360891	4301999	11556313	11797	7835	5560	3962
2005	441953	5860896	13760331	13300	8792	6385	4341
2006	519301	7553189	16445861	14993	9693	5979	4098
2007	597371	10850790	20166986	16278	10912	5523	3810
2008	890989	14370570	25190950	17629	12091	5456	3990
2009	1991057	18914538	32273590	20131	13816	4961	3208
2010	2647737	24231237	42468992	25068	17698	6559	4983
2011	2787694	27847512	46223493	32627	20571	7404	5870
2012	3640128	30749632	59410252	30026	20739	6616	5174
2013	4415363	35342114	72292807	36640	23014	6552	4800
2014	4869094	41678702	85689667	36062	23348	6145	4570
2015	5332421	49979585	99491244	35533	21970	6949	4773

表4.2 全社会固定资产投资（2014－2015年）
TOTAL INVESTMENT IN FIXED ASSETS (2014-2015)

指 标	Item	投资额 Investment		构 成（%） Structure (%)	
		2014	2015	2014	2015
投资总额 （万元）	**Total Investment (10 000 yuan)**	**132237463**	**154803250**	**100.0**	**100.0**
按隶属关系分	**By Jurisdiction of Administration**				
中央项目	Central Investment	8876627	9498965	6.7	6.1
地方项目（包括无隶属关系的）	Local Investment (including non-governmentalinvestment)	123360836	145304285	93.3	93.9
按登记注册类型分	**By Status of Registration**				
内 资	Domestic -funded				
#国 有	State-owned	47500861	56160204	35.9	36.3
集 体	Collective -owned	2006144	2894831	1.5	1.9
联 营	Joint	193729	140616	0.1	0.1
股份制	Share-holding	4237976	4457004	3.2	2.9
私营个体	Private and Self-employed Individual	39180184	45186235	29.6	29.2
其 他	Others	30247948	36438598	22.9	23.5
港澳台投资经济	Funds from Hong Kong, Macao and Taiwan	4807524	6235960	3.6	4.0
外商投资经济	Foreign -funded	4063097	3289802	3.1	2.1
按构成分	**By Use of Funds**				
建筑工程	Construction	85797530	101955465	64.9	65.9
安装工程	Installation	10114853	12890499	7.6	8.3
设备工具器具购置	Purchase of Equipment and Instruments	13926790	16448144	10.5	10.6
其他费用	Others	22398290	23509142	16.9	15.2
新增固定资产（万元）	**Newly Increased Fixed Assets (10 000 yuan)**	**84633240**	**103875313**		
固定资产交付使用率（%）	**Rate of Fixed Assets Put into Use (%)**	**64**	**67**		
房屋建筑面积（万平方米）	**Floor Space of Buildings (10 000 sq.m)**				
施工面积	Floor Space of Buildings under Construction	36062	35533		
#住 宅	Residential Buildings	23348	21970		
竣工面积	Floor Space of Buildings Completed	6145	6949		
#住 宅	Residential Buildings	4570	4773		

表4.3 按行业分的全社会固定资产投资（2014－2015年）
TOTAL INVESTMENT IN FIXED ASSETS BY SECTOR (2014-2015)

单位：万元 (10 000 yuan)

行 业	Sector	2014	2015
总 计	**Total**	**132237463**	**154803250**
第一产业	Primary Industry	4869094	5332421
第二产业	Secondary Industry	41678702	49979585
工 业	Industry	41639080	49900873
采矿业	Mining	3236586	3202343
制造业	Manufacturing	33885645	41563006
电力、热力、燃气及水的生产和供应业	Production and Supply of Electricity,Heat, Gas & Water	4516849	5135524
建筑业	Construction	39622	78712
第三产业	Tertiary Industry	85689667	99491244
交通运输、仓储及邮政业	Transport, Storage and Post	14362143	17390464
信息传输、计算机服务和软件业	Information Transmission, Computer Services and Software	725421	1007238
批发与零售业	Wholesale and Retail Trades	2258374	2676237
住宿和餐饮业	Hotels and Catering Services	2141927	2791150
金融业	Financial Intermediation	37608	221419
房地产业	Real Estate	44514378	44813343
租赁与商务服务业	Leasing and Business Services	1071899	1921849
科学研究、技术服务与地质勘查业	Scientific Research, Technical Services and Geological Prospecting	333243	360820
水利、环境和公共设施管理业	Management of Water Conservancy, Environment and Public Facilities	15144035	21654122
居民服务和其他服务业	Services to Households and Other Services	286679	432159
教 育	Education	1864034	2071088
卫生、社会保障和社会福利业	Health, Social Security and Social Welfare	1001755	1211714
文化、体育与娱乐业	Culture, Sports and Entertainment	898849	1532405
公共管理与社会组织	Public Management and Social Organizations	1049322	1407236

表4.4 全社会固定资产投资资金来源（2014－2015年）
SOURCES OF FUNDS FOR INVESTMENT IN FIXED ASSETS (2014-2015)

单位：万元 (10 000 yuan)

指　标	Item	总　计 Total	
		2014	2015
本年资金来源合计	**Total Investment from All Sources in This Year**	**171405184**	**192859909**
上年末结余资金	Balance of the Previous Year	16249606	19398317
本年资金来源小计	Subtotal of Funds Invested in This Year	155155578	173461592
国家预算内资金	State Budgetary Appropriation	10649877	14967058
国内贷款	Domestic Loans	26519294	23267105
债　券	Bonds	51247	13750
利用外资	Foreign Investment	2826905	1401845
自筹资金	Self-raised Funds	83535038	99837452
其他资金来源	Others	31573217	33974382

表4.5 按行业分建设项目投资和建设总规模（2015年）

INVESTMENT IN CONSTRUCTION PROJECTS AND TOTAL CONSTRUCTION INVESTMENT SIZE BY SECTOR (2015)

指　标	Item	建设总规模 Total Investment in Construction	在建总规模 Total Investment in Projects under Construction
总　计	**Total**	**268546291**	**264442123**
第一产业	Primary Industry	8095145	8051395
第二产业	Secondary Industry	107149385	104523120
工　业	Industry	107130669	104389742
采矿业	Mining	5040339	4714694
制造业	Manufacturing	86458373	85061648
电力、热力、燃气及水的生产和供应业	Production and Supply of Electricity,Heat, Gas & Water	15631957	14613400
建筑业	Construction	18716	133378
第三产业	Tertiary Industry	153301761	151867608
交通运输、仓储及邮政业	Transport, Storage and Post	57822739	57411440
信息传输、计算机服务和软件业	Information Transmission, Computer Services and Software	2874836	2391734
批发与零售业	Wholesale and Retail Trades	5167834	5448043
住宿和餐饮业	Hotels and Catering Services	5001286	5026231
金融业	Financial Intermediation	386650	387850
房地产业	Real Estate	13246126	13066372
租赁与商务服务业	Leasing and Business Services	3607020	3649145
科学研究、技术服务与地质勘查业	Scientific Research, Technical Services and Geological Prospecting	756731	855820
水利、环境和公共设施管理业	Management of Water Conservancy, Environment and Public Facilities	50320153	49600888
居民服务和其他服务业	Services to Households and Other Services	674212	724212
教　育	Education	4285851	4230578
卫生、社会保障和社会福利业	Health, Social Security and Social Welfare	2886565	2889312
文化、体育与娱乐业	Culture, Sports and Entertainment	3535760	3476757
公共管理与社会组织	Public Management and Social Organizations	2735998	2709226

注：该表中数据不包含农户投资数据。
Note: The data of rural households is excluded herein.

单位：万元（10 000 yuan）

在建净规模 Net Investment in Projects under Construction	投资额 Investment	其中 of which			其中 of which		
		#新　建 New Constuction	#扩　建 Expansion	#改　建 Reconstruction	建筑安装工程投资 Construction and Installation	设备工器具购置 Purchase of Equipment and Instruments	其他费用 Other Expenses
175536645	**116166878**	**92264062**	**7613796**	**13523814**	**87398545**	**16062238**	**12706095**
6795994	5332421	4746501	236734	316196	4084366	355400	892655
73596107	49979585	36172131	3929456	8325065	33356746	13116322	3506517
73509361	49900873	36159393	3929456	8325065	33345008	13049548	3506317
3279107	3202343	1924549	592476	640660	2509505	570875	121963
62517292	41563006	29876382	3057774	7234792	26973467	11557235	3032304
7712962	5135524	4358462	279206	449613	3862036	921438	352050
86746	78712	12738			11738	66774	200
95144544	60854872	51345430	3447606	4882553	49957433	2590516	8306923
30005543	17390464	15363085	792921	991571	14077651	530696	2782117
880641	1007238	593417	360709	52097	468503	422215	116520
4299232	2676237	2054320	142229	376862	2061322	316844	298071
3375723	2791150	2234026	253576	235049	2276916	216401	297833
153005	221419	211975	3984	4260	113699	30510	77210
8653249	6176971	5578823	238749	211102	5385861	66415	724695
2720095	1921849	1694806	54723	157032	1604882	66603	250364
666706	360820	281286	12984	51050	242256	26305	92259
34624159	21654122	18042912	1191041	2307117	18059856	548086	3046180
595141	432159	312962	14387	101748	334831	34579	62749
3015899	2071088	1577761	172108	94219	1807080	81183	182825
2007638	1211714	824373	134303	98832	971339	145182	95193
2593771	1532405	1354454	43757	84040	1248741	58858	224806
1553742	1407236	1221230	32135	117574	1304496	46639	56101

表4.6 按行业分建设项目施工、投产项目个数（2015年）

NUMBER OF CONSTRUCTION PROJECTS UNDER CONSTRUCTION AND PUT INTO USE BY SECTOR (2015)

行　业	Sector	施工项目(个) Number of Projects under Construction (unit)	其中 of which #新开工 New Projects	全部建成投产项目(个) Number of Projects Completed & Put into Use (unit)	项目建成投产率(%) Rate of Projects Completed & Put into Use (%)
总　计	**Total**	**22815**	**17154**	**16296**	**71.4**
第一产业	Primary Industry	2057	1652	1603	77.9
第二产业	Secondary Industry	7534	5826	5717	75.9
工　业	Industry	7530	5823	5715	75.9
采矿业	Mining	525	421	422	80.4
制造业	Manufacturing	5971	4653	4560	76.4
电力、热力、燃气及水的生产和供应业	Production and Supply of Electricity,Heat, Gas & Water	1034	749	733	70.9
建筑业	Construction	4	3	2	50.0
第三产业	Tertiary Industry	13224	9676	8976	67.9
交通运输、仓储及邮政业	Transport, Storage and Post	2396	1858	1641	68.5
信息传输、计算机服务和软件业	Information Transmission, Computer Services and Software	566	250	133	23.5
批发与零售业	Wholesale and Retail Trades	563	458	421	74.8
住宿和餐饮业	Hotels and Catering Services	573	441	437	76.3
金融业	Financial Intermediation	14	9	9	64.3
房地产业	Real Estate	1427	903	1003	70.3
租赁与商务服务业	Leasing and Business Services	502	433	321	63.9
科学研究、技术服务与地质勘查业	Scientific Research, Technical Services and Geological Prospecting	75	57	51	68.0
水利、环境和公共设施管理业	Management of Water Conservancy, Environment and Public Facilities	5514	4134	3834	69.5
居民服务和其他服务业	Services to Households and Other Services	147	121	120	81.6
教　育	Education	517	377	322	62.3
卫生、社会保障和社会福利业	Health, Social Security and Social Welfare	310	222	202	65.2
文化、体育与娱乐业	Culture, Sports and Entertainment	266	162	205	77.1
公共管理与社会组织	Public Management and Social Organizations	354	251	277	78.2

注：该表中数据不包含农户投资。
Note: The data of rural households is excluded herein.

表4.7 房屋施工面积（2014－2015年）
TOTAL FLOOR SPACE OF BUILDINGS UNDER CONSTRUCTION (2014-2015)

单位：万平方米 (10 000 sq.m)

指 标	Item	房屋施工面积 Floor Space of Buildings under Construction		其 中 of which #住 宅 Residential Buildings	
		2014	2015	2014	2015
总 计	**Total**	**36062**	**35533**	**23348**	**21970**
#建设项目	Construction	6056	5151	1784	1273
房地产开发	Real Estate Development	28624	28986	20295	19390
农 户	Rural Households	1382	1397	1269	1307

表4.8 房屋竣工面积（2014－2015年）
TOTAL FLOOR SPACE OF BUILDINGS COMPLETED (2014-2015)

单位：万平方米 (10 000 sq.m)

指 标	Item	房屋竣工面积 Floor Space of Buildings Completed		其 中 of which #住 宅 Residential Buildings	
		2014	2015	2014	2015
总 计	**Total**	**6145**	**6949**	**4570**	**4773**
#建设项目	Construction	1251	1122	697	452
房地产开发	Real Estate Development	3718	4630	2771	3186
农 户	Rural Households	1176	1197	1102	1135

表4.9 房屋造价（2014－2015年）
COST OF COMPLETED BUILDINGS (2014-2015)

单位：元/平方米（yuan/sq.m）

指 标	Item	每平方米造价 Cost of Buildings per Sq. m		其 中 of which #住 宅 Residential Buildings	
		2014	2015	2014	2015
建设项目	Construction Projects	1974	2032	1547	1557
房地产开发	Real Estate Development	3344	3446	3234	3255

表4.10 建设项目投资（2014－2015年）
INVESTMENT IN CONSTRUCTION PROJECTS (2014-2015)

指　标	Item	2014	2015
投资总额（万元）	**Total Investment (10 000 yuan)**	**94759857**	**116166878**
#住　宅	Residential Buildings	1783918	1201238
按隶属关系分	**By Jurisdictionof Administration**		
中央项目	Central Investment	7709911	8335949
地方项目	Local Investment	87049946	107830929
按构成分	**By Use of Funds**		
建筑工程	Construction	62154948	78430305
安装工程	Installation	6579755	8968240
设备、工具、器具购置	Purchase of Equipment and Instruments	13519394	16062238
其他费用	Others	12505760	12706095
按建设性质分	**By Type of Construction**		
#新　建	New Construction Projects	72402012	92264062
扩　建	Expansion	9049806	7613796
改建和技术改造	Reconstruction and Technical Transformation	11202074	13523814
按国民经济行业分	**By Sector**		
第一产业	Primary Industry	4869094	5332421
第二产业	Secondary Industry	41678702	49979585
#工　业	Industry	41639080	49900873
第三产业	Tertiary Industry	48212061	60854872
新增固定资产（万元）	**Newly Increased Fixed Assets (10 000 yuan)**	**69029224**	**85454288**
建设项目（个）	**Construction Projects (unit)**		
施工项目	Projects under Construction	19677	22815
本年投产项目	Projects Completed in This Year	13921	16296
房屋建筑面积（万平方米）	**Floor Space of Buildings (10 000 sq.m)**		
施工面积	Floor Space under Construction	6056	5151
#住　宅	Residential Buildings	1784	1273
竣工面积	Floor Space Completed	1251	1122
#住　宅	Residential Buildings	697	452

注：该表数据中不含农户投资。
Note: The data of rural households is excluded herein.

表4.11 按行业分的建设项目投资（2015年）
INVESTMENT IN CONSTRUCTION PROJECTS BY SECTOR (2015)

单位：万元 (10 000 yuan)

行 业	Sector	施工项目个数（个）Number of In-process Project (unit)	计划总投资 Planned Total Investment	本年完成投资 Investment Completed in Current Year
总 计	**Total**	**22815**	**271875570**	**116166878**
第一产业	Primary Industry	2057	8111845	5332421
第二产业	Secondary Industry	7534	108620509	49979585
工 业	Industry	7530	108292131	49900873
采矿业	Mining	525	5069051	3202343
#石油和天然气开采业	Extraction of Petroleum and Natural Gas	48	2289165	1520157
制造业	Manufacturing	5971	87528151	41563006
#化学原料及化学制品制造业	Manufacture of Raw Chemical Materials and Chemical Products	184	3358798	1227330
医药制造业	Manufacture of Medicines	163	2438760	1366506
通用设备制造业	Manufacture of General Purpose Machinery	386	5291488	2865710
专用设备制造业	Manufacture of Special Purpose Machinery	284	3329339	1989344
电力、热力、燃气及水的生产和供应业	Production and Supply of Electricity,Heat, Gas and Water	1034	15694929	5135524
电力、热力的生产和供应业	Production and Supply of Electric Power and Heat Power	357	11594621	2840480
燃气生产和供应业	Production and Supply of Gas	165	1891492	971732
水的生产和供应业	Production and Supply of Water	512	2208816	1323312
建筑业	Construction	4	328378	78712
第三产业	Tertiary Industry	13224	155143216	60854872
交通运输、仓储及邮政业	Transport, Storage and Post	2396	58395458	17390464
#邮政业	Post	2	6100	6100
信息传输、软件和信息技术服务业	Information Transmission, Software and IT Service	566	2875836	1007238
#电信、广播电视和卫星传输服务	Telecommunication, Radio & Television and Satellite Transmission Service	525	2099307	677501
批发与零售业	Wholesale and Retail Trades	563	5534043	2676237
住宿和餐饮业	Hotels and Catering Services	573	5293599	2791150
金融业	Financial Intermediation	14	387850	221419
房地产业	Real Estate	1427	13305951	6176971
租赁与商务服务业	Leasing and Business Services	502	3720950	1921849
科学研究和技术服务业	Scientific Research and Technical Service	75	867687	360820
水利、环境和公共设施管理业	Management of Water Conservancy, Environment and Public Utilities	5514	50430687	21654122
居民服务、修理和其他服务业	Services to Households, Repair and Other Services	147	774212	432159
教 育	Education	517	4321066	2071088
卫生和社会工作	Health and Social Undertakings	310	2962598	1211714
#卫 生	Public Health	250	2625338	1015903
文化、体育与娱乐业	Culture, Sports and Entertainment	266	3536760	1532405
公共管理、社会保障和社会组织	Public Management, Social Security and Social Organization	354	2736519	1407236

注：该表数据中不含农户投资。
Note: The data of rural households is excluded herein.

表4.12 建设项目新增主要产品生产能力（2014－2015年）

NEWLY INCREASED PRODUCTION CAPACITY OF THE MAJOR PRODUCTS IN CONSTRUCTION PROJECTS (2014-2015)

能力名称	Item	2014	2015
铁合金（万吨/年）	Iron Alloy (10 000 tons/year)	71	5
原煤开采（万吨/年）	Coal Mining (10 000 tons/year)	509	335
发电机组容量（万千瓦）	Capacity of Power Generating Sets (10 000 kw/year)	799	338
火　电	Fire Power	309	200
水　电	Hydraulic Power	420	97
汽车制造（万辆/年）	Motor Vehicles (10 000 units/year)	14	
水　泥（万吨/年）	Cement (10 000 tons/year)	1001	742
新（扩）建港口码头年吞吐量（万吨）	Annual Handling Capacity of Newly Built (Expanded) Ports (10 000 tons)	130	56
泊　位（个）	Berths (unit)	2	7
新建公路（公里）	Length of New Highways (km)	6807	8823
改建公路（公里）	Length of Reconstructed Highways (km)	7208	8728
城市自来水供水能力（万吨/日）	Tap Water Supply Capacity (10 000 tons/day)	25	28

表4.13 基础设施建设投资额（2014－2015年）
INVESTMENT IN INFRASTRUCTURE CONSTRUCTION (2014-2015)

单位：万元 (10 000 yuan)

指 标	Item	2014	2015
合 计	**Total**	**33862274**	**43561421**
电力、热力、燃气及水的生产和供应业	Production and Supply of Electricity, Heat, Gas and Water	4516849	5135524
#电力、热力的生产和供应业	Production and Supply of Electric Power and Heat Power	2825275	2840480
燃气生产和供应业	Production and Supply of Gas	694811	971732
水的生产和供应业	Production and Supply of Water	996763	1323312
交通运输及邮政业	Transport, Storage and Post	13554824	15995491
#交通运输业	Transport	13550656	15989391
#城市公共交通业	City Public Transport	2348954	2528656
邮政业	Post	4168	6100
电信和其他信息传输服务业	Telecommunications and Other Information Transmission Services	642398	776284
水利、环境和公共设施管理业	Management of Water Conservancy, Environment and Public Facilities	15144035	21654122
#水利管理业	Management of Water Conservancy	2048822	2164391
生态保护和环境治理业	Ecology Protection and Environment Control	538208	589837
公共设施管理业	Management of Public Facilities	12557005	18899894

表4.14 房地产开发基本情况（1990－2015年）
BASIC STATISTICS ON REAL ESTATE DEVELOPMENT (1990-2015)

单位：万平方米（10 000 sq.m）

年 份 Year	企业数（个） Number of Enterprises (unit)	从业人员（人） Number of Employed Persons (person)	本年土地购置面积 Land Space Purchased This Year	本年完成投资总额（万元） Investment Completed This Year (10 000 yuan)	其 中 of which #住 宅 Residential Buildings	资金来源（万元） Sources of Funds (10 000 yuan)	房屋施工面积 Floor Space of Buildings under Construction	其 中 of which #住 宅 Residential Buildings
1990				17503	10600	17568	107.80	65.48
1991				19185	14040	18042	112.57	83.54
1992				33868	21239	33148	160.91	94.56
1993				123151	66833	107210	437.73	293.03
1994				279089	196411	377959	650.71	394.43
1995				468845	252085	612121	1267.96	810.36
1996	635	22512	588.65	556185	259881	836655	1424.35	855.64
1997	622	24911	259.49	675022	282592	1060761	1652.32	904.18
1998	991	50088	521.48	973014	440889	1391253	2058.35	1223.66
1999	1073	50526	624.53	1125135	523357	1504042	2103.76	1285.41
2000	1339	63925	619.21	1396327	728125	1784950	2833.42	1896.18
2001	1474	78961	870.34	1966684	1107126	2373982	3653.71	2508.30
2002	1559	76582	1320.26	2459130	1306998	3148171	4414.96	3081.57
2003	1597	54148	1637.19	3278881	1774341	4793499	5287.80	3747.34
2004	1828	70711	1137.61	4050791	2171303	6220133	6247.86	4544.54
2005	1862	70563	1385.40	5177291	3004026	8819371	7487.36	5514.75
2006	1936	70094	1467.69	6296300	3767847	9985438	8864.37	6655.00
2007	2039	87606	1737.74	8498966	5218209	15546697	10578.84	8179.29
2008	2280	86094	1164.41	9909970	6195250	15595559	11639.27	9166.21
2009	2359	87818	1227.79	12389125	7890183	22026661	13052.60	10338.12
2010	2391	86602	1354.93	16202571	10914854	34393672	17138.50	13744.78
2011	2453	94535	1664.55	20150883	14384457	44332807	20397.24	15923.84
2012	2552	89482	2183.07	25083500	17067687	51082969	22009.03	16997.85
2013	2594	93207	1896.65	30127838	20442392	58468351	26251.89	19248.95
2014	2695	94579	1864.59	36302331	24513660	67627353	28623.93	20294.49
2015	2585	95326	1626.77	37512812	23904910	66028296	28985.67	19390.32

表4.14 续表 continued

单位：万平方米（10 000 sq.m）

年 份 Year	房屋新开工面积 Floor Space of Buildings Started This Year	其 中 of which #住 宅 Residential Buildings	房屋竣工面积 Floor Space of Buildings Completed	其 中 of which #住 宅 Residential Buildings	商品房销售面积 Floor Space of Commercialized Buildings Sold	其 中 of which #住 宅 Residential Buildings	商品房销售额（万元）Sales of Commercialized Buildings (10 000 yuan)	其 中 of which #住 宅 Residential Buildings
1990			46.16	34.16	23.29		17648	
1991			37.33	28.61	27.48		20007	
1992			45.90	30.48	32.87		29583	
1993			81.05	66.01	37.39		42221	
1994			141.27	115.05	46.32		55336	
1995			258.25	208.70	114.61		116657	
1996	348.68	220.54	351.76	275.62	166.21	142.98	189856	145507
1997	470.34	299.69	459.92	358.36	260.78	215.33	313111	222376
1998	914.23	596.44	600.04	422.61	416.82	359.73	554786	417609
1999	847.51	608.43	619.56	438.56	429.98	364.56	591992	393569
2000	1290.05	969.26	849.42	622.08	579.96	491.09	783709	528698
2001	1661.19	1259.38	1020.63	738.41	746.05	635.04	1076534	719196
2002	1709.47	1277.55	1390.73	1033.60	1016.58	870.41	1581505	1111929
2003	2098.24	1580.04	1676.97	1231.75	1316.83	1132.95	2102260	1499915
2004	2191.00	1692.00	1585.98	1227.66	1329.32	1157.95	2327978	1817280
2005	2335.00	1825.00	2209.82	1713.55	2017.66	1792.41	4307679	3406768
2006	2709.28	2176.75	2224.84	1700.05	2228.46	2011.70	5056850	4186980
2007	3555.87	2903.82	2253.07	1769.19	3552.92	3310.13	9673125	8567327
2008	3508.62	2857.70	2367.94	1951.35	2872.19	2669.93	8000006	7048198
2009	3813.68	2989.72	2907.05	2384.51	4002.89	3771.22	13777615	12317053
2010	6312.64	5268.76	2626.59	2179.81	4314.39	3986.31	18469396	16106444
2011	6824.36	5214.42	3424.33	2826.78	4533.50	4063.42	21460860	18254119
2012	5813.48	4345.14	3990.63	3386.35	4522.40	4105.11	22973464	19724206
2013	7641.63	5387.60	3804.36	2867.45	4817.56	4359.19	26827626	22835658
2014	6254.04	4275.96	3717.78	2771.55	5100.39	4423.68	28149910	22532816
2015	5810.85	3668.92	4630.29	3185.90	5381.37	4477.71	29522124	22444311

表4.15 房地产开发主要指标（2014－2015年）
MAIN INDICATORS OF REAL ESTATE DEVELOPMENT (2014-2015)

指　标	Item	2014	2015
企业个数（个）	**Number of Enterprises (unit)**	**2695**	**2585**
内资企业	Domestic Funded	2560	2450
#国　有	State-owned	35	31
有限责任	Limited Liability	972	938
私　营	Private	1416	1353
港、澳、台投资企业	Enterprises with Funds from Hong Kong, Macao and Taiwan	96	99
外商投资企业	Foreign-Funded	39	36
从业人员（人）	**Number of Employees (person)**	**94579**	**95326**
内资企业	Domestic Funded	88658	88465
#国　有	State-owned	1266	1354
有限责任	Limited Liability	35300	34249
私　营	Private	46372	46349
港、澳、台投资企业	Enterprises with Funds from Hong Kong, Macao and Taiwan	4288	5226
外商投资企业	Foreign-Funded	1633	1635
土地开发及购置（万平方米）	**Land Development and Purchase (10 000 sq.m)**		
本年土地购置面积	Land Space Purchased in This Year	1864.59	1626.77
本年完成投资总额（万元）	**Investment Completed in This Year (10 000 yuan)**	**36302331**	**37512812**
按工程用途分	By Purpose of Projects		
住　宅	Residential Buildings	24513660	23904910
#别墅、高档公寓	Villas and High-Grade Flats	1743018	1625386
办公楼	Office Buildings	1769621	2035649
商业营业用房	Buildings for Commercial Use	5340012	6161906
其　他	Others	4679038	5410347
资金来源（万元）	**Total Funds by Source (10 000 yuan)**	**67627353**	**66028296**
#国内贷款	Domestic Loans	11907732	10330727
利用外资	Foreign Investment	1131313	659044
自筹资金	Self-raised Fund	18244123	16665327
房屋建筑面积（万平方米）	**Floor Space of Buildings (10 000 sq.m)**		
施工面积	Floor Space under Construction	28623.93	28985.67
#住　宅	Residential Buildings	20294.49	19390.32
竣工面积	Floor Space Completed	3717.78	5810.85
#住　宅	Residential Buildings	2771.55	3668.92
本年新开工面积	Floor Space Started in This Year	6254.04	4630.29
#住　宅	Residential Buildings	4275.96	3185.90
商品房销售	**Sales of Commercialized Buildings**		
商品房销售面积（万平方米）	Floor Space of Commercialized Buildings Sold (10 000 sq.m)	5100.39	5381.37
#住　宅	Residential Buildings	4423.68	4477.71
商品房销售额（万元）	Total Sales of Commercialized Buildings (10 000 yuan)	28149910	29522124
#住　宅	Residential Buildings	22532816	22444311
实收资本合计（万元）	**Total Capital Hold (10 000 yuan)**	**24597145**	**24965088**
资产负债率（%）	**Ratio of Liabilities to Assets (%)**	**71.6**	**72.6**
房地产开发经营情况（万元）	**Real Estate Development and Operation (10 000 yuan)**		
主营业务收入	Revenue from Major Business	24252482	22787014
#土地转让收入	Land Transferred	534899	514202

表4.16 商品房施工、竣工和销售面积情况（2014－2015年）

FLOOR SPACE OF COMMERCIALIZED BUILDINGS UNDER CONSTRUCTION, COMPLETED AND SOLD (2014-2015)

单位：万平方米（10 000 sq.m）

指　标	Item	2014	2015
商品房施工面积	**Floor Space of Commercialized Buildings under Construction**	**28623.93**	**28985.67**
#主城九区	9 Central Urban Districts	16821.28	16032.58
#住　宅	Residential Buildings	20294.49	19390.32
#别墅、高档公寓	Villas and High-Grade Flats	840.75	859.49
办公楼	Office Buildings	1072.22	1145.29
商业营业用房	Buildings for Commercial Use	3316.67	4111.50
商品房竣工面积	**Floor Space of Commercialized Buildings Completed**	**3717.78**	**4630.29**
#主城九区	9 Central Urban Districts	2174.14	2522.31
#住　宅	Residential Buildings	2771.55	3185.90
#别墅、高档公寓	Villas and High-Grade Flats	114.59	93.95
办公楼	Office Buildings	115.03	195.72
商业营业用房	Buildings for Commercial Use	340.59	606.07
商品房销售面积	**Floor Space of Commercialized Buildings Sold**	**5100.39**	**5381.37**
#主城九区	9 Central Urban Districts	2467.31	2453.16
#住　宅	Residential Buildings	4423.68	4477.71
#别墅、高档公寓	Villas and High-Grade Flats	155.64	154.87
办公楼	Office Buildings	98.15	115.84
商业营业用房	Buildings for Commercial Use	348.49	463.05

表4.17 房地产开发企业资产负债情况（2014－2015年）
ASSETS AND LIABILITIES OF ENTERPRISES FOR REAL ESTATE DEVELOPMENT (2014-2015)

单位：万元 (10 000 yuan)

指 标	Item	2014	2015
实收资本合计	Total Capital Held	24597145	24965088
资产总计	Total Assets	203326828	215567770
累计折旧	Total Depreciation	882989	912700
#本年折旧	Depreciation This Year	178165	171725
负债总计	Total Liabilities	145486884	156501695
所有者权益	Owners' Equity	57839945	59066075
资产负债率（%）	Assets Liability Ratio (%)	71.6	72.6

表4.18 房地产开发企业经营情况（2014－2015年）
OPERATING STATISTICS ON ENTERPRISES FOR REAL ESTATE DEVELOPMENT (2014-2015)

单位：万元 (10 000 yuan)

指 标	Item	2014	2015
主营业务收入	Revenue from Major Business	24252482	22787014
土地转让收入	Land Transferred	534899	514202
商品房屋销售收入	Commercialized Buildings Sold	22215540	20942957
房屋出租收入	Houses Leased	686500	723643
其他收入	Others	815544	606211
主营业务税金及附加	Tax and Extra Charges on Major Business	2046459	1797094
利润总额	Total Profits	2083724	1818227

重/庆/统/计/年/鉴

主要统计指标解释

■ 固定资产投资

以货币形式表现的在一定时期内建造和购置固定资产的工作量以及与此有关的费用的总称。该指标是反映固定资产投资规模、结构和发展速度的综合性指标，又是观察工程进度和考核投资效果的重要依据。

■ 固定资产投资

包括建设项目投资和房地产开发投资。

■ 建设项目

指各种登记注册类型的企业、事业、行政单位及个体户进行的计划总投资（或实际需要总投资）500万元及500万元以上的建设项目。（2010年及以前为50万元及50万元以上的建设项目，2011年开始为500万元及500万元以上的建设项目）。

■ 房地产开发投资

指各种登记注册类型的房地产开发公司、商品房建设公司及其他房地产开发法人单位和附属于其他法人单位实际从事房地产开发或经营的活动单位统一开发的包括统代建、拆迁还建的住宅、厂房、仓库、饭店、宾馆、度假村、写字楼、办公楼等房屋建筑物和配套的服务设施，土地开发工程（如道路、给水、排水、供电、供热、通讯、平整场地等基础设施工程）的投资；不包括单纯的土地交易活动。

■ 建设总规模

是指在报告期内所有施工项目的计划总投资。这个指标和施工项目相对应。

■ 在建总规模

是指在报告期末所有在建项目的计划总投资。

■ 在建净规模

是指报告期末所有在建项目建成投产尚需的投资总量。

在建净规模＝在建总规模－未投产项目（期末在建）累计完成投资。

■ 新增固定资产

指报告期内交付使用的固定资产价值。包括本年内建成投入生产或交付使用的工程投资和达到固定资产标准的设备、工具、器具的投资及有关应摊入的费用。该指标是反映固定资产投资成果的价值指标，也是反映建设进度，计算固定资产投资效果的重要指标。

■ 固定资产投资按构成分

固定资产投资活动按其工作内容和实现方式分为建筑安装工程，设备、工具、器具购置，其他费用三个部分。

（1）建筑安装工程（建筑工作量）：指各种房屋、建筑物的建造工程和各种设备、装置的安装工程。在安装工程中，不包括被安装设备本身的价值。

（2）设备、工具、器具购置：指把工业企业生产的产品转为固定资产的购置活动，包括建设单位或企业、事业单位购置或自制达到固定资产标准的设备、工具、器具的价值。新建单位及扩建单位的新建车间，按照设计或计划要求购置或自制的全部设备、工具、器具，不论是否达到固定资产标准均计入“设备、工具、器具购置”中。

（3）其他费用：指在固定资产建造和购置过程中发生的，除建筑安装工程和设备、工器具购置投资完成额以外的费用，不指经营中财务上的其他费用。

■ 固定资产投资按资金来源

根据固定资产投资的资金来源不同，分为国家预算内资金、国内贷款、利用外资、自筹资金和其他资金。

（1）本年资金来源合计：指固定资产投资单位在本年内收到的可用于固定资产建造和购置的各种资金，包括上年末结余资金、本年度内拨入或借入的资金以及各种方式筹集的资金。

（2）上年末结余资金：指上年资金来源中没有形成固定资产投资额而结余的资金。包括尚未用到工程上的材料价值、未开始安装的需要安装的设备价值及结存的现金和银行存款等。

主要统计指标解释

（3）本年资金来源小计：指固定资产投资单位在报告期收到的，用于固定资产投资的各种货币资金。包括国家预算内资金、国内贷款、债券、利用外资、自筹资金和其他资金。

①国家预算资金自2011年起，按照全国人大和国务院的要求，各级财政的所有资金，包括税收和非税收入，均必须纳入预算管理，我国已不存在预算外资金的概念，因此各级政府用于固定资产投资的财政资金均为预算资金。包括中央预算资金和地方预算资金，旧的国家预算内资金的内容和现中央预算资金的内容基本一致。国家预算包括一般预算、政府性基金预算、国有资本经营预算和社保基金预算。各类预算中用于固定资产投资的资金全部作为国家预算资金填报，其中一般预算中用于固定资产投资的部分包括基建投资、车购税、灾后恢复重建基金和其他财政投资。各级政府债券也应归入国家预算资金。

②国内贷款：指报告期固定资产投资单位向银行及非银行金融机构借入的用于固定资产投资的各种国内借款，包括：银行利用自有资金以及吸收的存款发放的贷款，上级主管部门拨入的国内贷款、国家专项贷款（包括煤代油贷款、劳改煤矿专项贷款等），地方财政专项资金安排的贷款、国内储备贷款、周转贷款等。

③债券：指企业（公司）或金融机构通过发行各种债券，筹集用于固定资产投资的资金。包括由银行代理国家专业投资公司发行的重点企业债券和基本建设债券。

④利用外资：指报告期收到的用于固定资产投资的境外资金（包括设备、材料、技术在内）。包括外商直接投资、对外借款（外国政府、国际金融组织贷款、出口信贷、外国银行商业贷款、对外发行债券和股票）以及外商其他投资（包括补偿贸易和加工装配由外商提供的设备价款、国际租赁）。

⑤自筹资金：指固定资产投资单位报告期收到的，由各地区、各部门及企事业单位筹集用于固定资产投资的预算外资金。

⑥其他资金来源：指在报告期收到的除以上各种资金以外其他用于固定资产投资的资金，包括社会集资，个人资金、无偿捐赠的资金及其他单位拨入的资金等。

■ 固定资产投资按建设性质分

（1）新建：一般是指从无到有、“平地起家”开始建设的企、事业和行政或独立的工程单位。有的单位原有的基础很小，经过建设后其新增加的固定资产价值超过原有固定资产价值（原值）三倍以上的也算新建。

（2）扩建：是指为扩大原有产品的生产能力、在厂内或其他地点增建主要生产车间（或主要工程）、独立的生产线或总厂之下的分厂的企业；事业单位和行政单位在原单位增建业务用房（如学校增建教学用房、医院增建门诊部或病床用房、行政机关增建办公楼等）也作为扩建。

（3）改建和技术改造：指现有企业、事业单位，对原有设施进行技术改造或更新（包括相应配套的辅助性生产、生活福利设施）的建设项目。现有企业、事业单位为适应市场变化的需要，而改变企业的主要产品种类（如军工企业转产民用品等）的建设项目，应作为改建。原有产品生产作业线由于各工序（车间）之间能力不平衡，为填平补齐充分发挥原有生产能力而增建不增加本企业主要产品设计能力的车间，也应作为改建。技术改造是指企业、事业单位在现有基础上，用先进的技术代替落后的技术，用先进的工艺和装备代替落后的工艺和装备，以改变企业落后的技术经济面貌，实现以内涵为主的扩大再生产，达到提高产品质量、促进产品更新换代、节约能源、降低消耗、扩大生产规模、全面提高社会经济效益的目的。技术改造具体包括以下内容：机器设备和工具的更新改造；生产工艺改革、节约能源和原材料的改造；厂房建筑和公共设施的改造；劳动条件和生产环境的改造等。

■ 新增生产能力（或工程效益）

指在本年度内按照新增生产能力（或工程效益）的计算条件和标准，实际建成投入生产或交付使用的生产能力（或工程效益），即通过固定资产投资活动而增加的设计能力。

计算新增生产能力（或工程效益）是以能独立发挥生产能力（或工程效益）的工程为对象，如一座矿井、一座转炉、一套化工装置、一条铁路专用线等。当工程建成，经有关部门验收鉴定合格，正式移交投入生产，即应计算新增生产能力（或效益）。

新增生产能力的数量，原则上应按设计（计划）

主要统计指标解释

能力计算。设计能力指设计中规定的主体工程（或主体设备）及相应配套的辅助工程（或配套设备）在正常情况下能够达到的生产能力。在建设过程中需要调整设计能力时，必须经原有设计的管理机关批准后，才能按批准修改后的能力计算。如尚未批准，仍按原设计能力计算，并加以说明。无设计（或计划）能力的，可根据验收时鉴定能力计算。

建成投产的工程，各生产环节的设备已经配齐，符合计算新增生产能力条件的，应该按工程的全部设计能力计算。各生产环节的设备虽未按设计全部配套建成，但保证生产所需的主体设备、配套设备、主体工程、附属工程都已部分完成，形成生产作业线，经负荷试运转交付使用单位正式投入生产的，只计算设备配齐部分的能力。这部分建成投入生产的工程，填报新增生产能力时，需附有计算依据，并说明工程或主要设备配齐部分的情况，以及尚未建成的工程主要内容或尚缺的设备情况。

■ 施工项目个数

指报告期内所有施工的建设项目个数，包括本年新开工的项目和以前年度开工在本年继续施工的建设项目。

■ 本年投产项目个数

按设计文件规定的全部生产能力（或效益）在本年内全部建成投产，经验收合格交付使用的建设项目个数。

■ 本年房屋施工面积

指报告期内施工的全部房屋建筑面积。包括本期新开工的面积和上期开工跨入本期继续施工的房屋面积，以及上期已停建在本期复工的房屋面积。本期竣工和本期施工后又停缓建的房屋，其建筑面积仍计入本期施工房屋面积中。

■ 本年房屋竣工面积

指在报告期内房屋建筑按照设计要求已全部完工，达到住人和使用条件，经验收鉴定合格（或达到竣工验收标准），可正式移交使用的各栋房屋建筑面积的总和。

■ 本年竣工房屋价值

指在报告期内竣工房屋本身的建造价值。竣工房屋价值按房屋设计和预算规定的内容计算。竣工房屋本身的基础、结构、房屋、装修以及水、电、卫等附属工程的建造价值，也包括作为房屋建筑组成部分而列入房屋建筑工程预算内的设备（如电梯、通风设备等）的购置和安装费用。不包括厂房内的工艺设备、工艺管线的购置和安装，工艺设备基础的建造，室外的水、暖、电、卫、道路工程、挡土墙等环境工程的费用，办公及生活用家具的购置等费用，购置土地的费用，迁移补偿费和场地平整的费用等。

■ 固定资产交付使用率

指一定时期新增固定资产与同期完成投资额的比率。该指标是反映固定资产动用速度，衡量建设过程中宏观投资效果的综合指标。由于新增固定资产是较长时期内形成的结果，而投资额则是当年完成的，因此，该指标一般适宜于反映较长时期内固定资产的动用情况。

■ 别墅、高档公寓

指建筑造价和销售价格明显高于一般商品住宅的商品住宅。别墅一般指地处郊区，独立成栋的商品住宅；高档公寓一般指地处市内高尚社区，高层或多层的商品住宅。别墅、高档公寓的确定标准：一是经有房地产投资计划审批权的主管部门审批建设的别墅、高档公寓开发项目；二是销售价格高于当地同等地段商品住宅平均销售价格一倍以上的别墅、公寓开发项目。该指标可以分析房地产投资结构，反映高收入家庭商品住宅的供求平衡情况。

■ 商品房销售面积

指报告期内出售商品房屋的合同总面积(即双方签署的正式买卖合同中所确定的建筑面积)。由现房销售建筑面积和期房销售建筑面积两部分组成。

（1）现房销售面积：是指在报告期内正式签订买卖合同、已经竣工达到入住条件的商品房屋建筑面积。包括以一次性付款方式和分期付款方式销售的现房建筑面积。

（2）期房销售面积：是指在报告期内正式签订买卖合同、正在建设尚未竣工交付使用的商品房屋

主要统计指标解释

建筑面积。包括以一次性付款方式和分期付款方式销售的商品房屋建筑面积。期房销售建筑面积竣工后不再结转为现房销售建筑面积。

完成开发土地面积

指报告期内对土地进行开发并已完成七通一平等前期开发工程，具备进行房屋建筑物施工或达到出让条件的土地面积。

本年购置土地面积

指在本年内通过各种方式获得土地使用权的土地面积。

CHONGQING STATISTICAL YEARBOOK

Explanatory Notes on Main Statistical Indicators

Total Investment in Fixed Assets

Refers to the volume of activities in construction and purchases of fixed assets and related fees, expressed in monetary terms. It is a comprehensive indicator which shows the size, structure and growth of the investment in fixed assets, providing basis for observing the progress of construction projects and evaluating results of investment.

Investment in Fixed Assets

Refers to investment in construction and investment in real estate development.

Investment of Construction

Refers to construction projects involving a total planned(or required)investment of 500,000 yuan and over by enterprises of various types of ownership, institutions, administrative units and individuals investment in real estate development,and private investment.

Investment in Real Estate Development

Refers to investment by real estate development companies, commercialized buildings construction companies and other real estate development units of various types of ownership in the construction of buildings, such as residential buildings, factory buildings, warehouses, hotels, guesthouses, holiday villages, office buildings, and the complementary service facilities and land development projects, such as roads, water supply, water drainage, power supply, heating supply, telecommunications, land leveling and other infrastructural projects. It does not include activities in pure land transactions.

Total Size of Construction

Refers to the planned total investment for all construction projects during the reference period. This item should correspond with projects under work.

Total Size of Investment in Projects under Construction

Refers to the planned total investment of all projects under construction at the end of the reference period.

Net Size of Investment in Projects under Construction

Refers to the outstanding requirement of investment of all projects under construction at the end of the reference period.

Net size of investment in projects under construction= Total size of investment – Accumulated completed investment of projects under construction

Newly Increased Fixed Assets

Refers to the newly increased value of fixed assets, constructed or purchased, that have been transferred to the investor and have been including equipment and instruments.This is an indicator that demnstrates the results of investment in fixed assets in monetary terms, and an important indicator to reflect the speed of construction and to calculate the efficiency of investment.

Investment in Fixed Assets by Structure

By their contents, investment activities are classified into 3 categories, i.e. construction and installation, purchase of equipment and instrument, and other expenses.

(I) Construction and installation (work volume of construction): refers to the construction of various houses and buildings and installation of various kinds of equipment and instruments. The value of equipment installed is not included in the value of installation projects.

(II) Purchase of equipment and instruments: refers to the purchase converting products produced by industrial enterprises to the purchase of fixed assets, including the total value of equipment, tools, and vessels purchased or self - produced. Equipment, tools and vessels purchased or self - produced for new workshops by newly established or expanded units are categorized as "purchase of equipment and instruments" no matter whether they come up to the standards for fixed assets or not.

(III) Other expenses: refer to expenses occurring during the construction or purchase of fixed assets other than construction, installation or purchase of equipment and instruments, excluding other expenses in financial management.

Sources of Funds for Investment in Fixed Assets

Are categorized as funds from the State budget, domestic loans, foreign investment, self-raised funds, and others, depending on the sources of investment.

(I) Total of source of funds in this year: refers to the various funds received by investing enterprises in this year for the purpose of construction and purchase of investment in fixed assets. It includes balance of funds brought forward from the previous year, funds appropriated and brought in this year, and funds collected by various ways.

(II) Balance of funds brought forward from the previous year: refers to the surplus funds which didn't form the investment in fixed assets in the sources of funds in previous year. It includes material values that will be used in the projects, facilities values that must be and will be installed, and surplus cashes and deposits in bank.

(III) Subtotal of source of funds in this year: refers to the monetary funds received by investing enterprises during the reference period for the purpose of investment in fixed assets. It includes funds from state budgetary appropriation, domestic loans, bonds, foreign investment, self-raised funds, and others.

(a) State budgetary appropriation consists of budgetary appropriation and loans from state budget. More specifically, it includes, from the budget of the central government, capital construction fund (operation fund and non-operational fund), special expenses (e.g. expenses on substituting petroleum with coal), loans from repayment, discount fund, expenses on innovation and trial production of new products, expenses on urban construction, expenses on temporary construction by trade departments, development fund for less developed areas, as well as local budgetary fund transferred from the central budget.

(b) Domestic loans refer to loans of various forms borrowed by investing units from banks and non-bank financial institutions during the reference period, including loans issued by banks from their self-owned funds and deposit, loans appropriated by higher responsible authorities, special loans by government (including loan for substituting petroleum with coal, special loan for reform-through-labour coal mines), loans arranged by local government from special funds, domestic reserve loan, and working loan, etc.

(c) Bonds refer to the funds collected by enterprises or financial institutions by bonds issuance for the purpose of investment in fixed assets. It includes emphasis enterprises bonds issued by banks substituting special nation investment enterprises and capital construction bonds.

(d) Foreign Investment refers to foreign funds received during the reference period for investment in fixed assets (covering equipment, materials and technology), including foreign direct investment, foreign borrowings (loans from foreign governments and international financial institutions, export credit, commercial loans from foreign banks, issuance of bonds and stocks overseas), and other foreign investment (covering facilities' funds provided by foreign investment by compensation trade and processing & assembly, as well as international lease).

(e) Self-raised funds refer to extra-budgetary funds for investment in fixed assets received by investing units from central government ministries, local governments, enterprises and institutions during the reference period.

(f) Others refer to funds for investment in fixed assets received from the sources other than those listed above, including funds raised from social and individuals, through donations, and funds transferred from other units.

Investment in Fixed Assets by Type of Construction

(I) New construction in general: refers to newly constructed enterprises, institutions, administrative agencies or independent projects from scratch. In case the asset of the existing unit is quite small, and the value of newly added fixed assets exceeds the original value of assets by three times, the expansion will be considered as new construction.

(II) Expansion: refers to construction of new major production workshop, branch factory or independent production line within a factory or in other locations, for the purpose of increasing the production capacity (or improving efficiency) of the original products. Newly constructed houses for the operation of institutions and administrative organizations (such as the newly constructed buildings for teaching in schools, buildings for clinics or wards in hospitals, buildings for administrative agencies, etc.) are also classified as expansion.

(III) Reconstruction and Technical Transformation: refer to construction projects by existing enterprises or institutions in innovation or technical transformation of the old facilities

EXPLANATORY NOTES TO MAJOR STATISTICAL INDICATORS

(including auxiliary production equipment and welfare facilities). Also considered as reconstruction is the construction of new workshops by the existing enterprises or institutions to change the variety of products to meet the market demand (such as the production of civil products by defence industries), or to bring the designed production capacity into full play through a more balanced production process on production lines. Technical transformation refers to replacement of old technology or equipment by new technology or equipment, in order to expand the reproduction through improvement of technology contents in production, to improve product quality, to promote new products, to save energy and reduce consumption and to improve overall social-economic efficiency. Contents of technical transformation include: updating of machinery, equipment and tools; reforming production process by using energy or materials saving technology; construction of factory workshops and transformation of public facilities; improvement of working conditions and environment, etc.

□ Newly Increased Production Capacity (or Project Efficiency)

Refers to the production capacity put into produce or put into use actually according to calculation conditions and standards of newly increased production capacity (or project efficiency) in the reference period, that is increase of designed capacity (or project efficiency) through investment in fixed assets.

The target of calculation of newly increased production capacity (project efficiency) is project can produce production capacity (or project efficiency) independently, such as a mineral well, a turn kiln, a set of chemical appliance, a special rail line, etc. When the project completes and has been checked, accepted and formally put into production, it can be calculate as newly increased production capacity (or project efficiency).

Newly increased production capacity is calculated according to design capacity (or plan capacity). Design capacity refers to the production capacity of major projects (or major facilities) and subsidiary projects (or subsidiary facilities) which can be come true in normal situation. When there are some changes in construction process of design capacity, the new capacity can be calculated after the approval of management. If it didn't have the approval, it must be calculated by original design capacity and give a explanation. If it hasn't design capacity, it can be calculated by the capacity according to checkout and verification.

Newly increased production capacity of projects completed and put into produce, whose facilities are assorted in every part and correspond with conditions of calculation is calculated by total design capacity. If the total facilities aren't assorted while a part of major and subsidiary facilities and projects complete that can meet the need of production and put into produce, the newly increased production capacity is calculated by capacity of assorted part. When newly increased production capacity is infilled and reported the projects put into produce must have calculation warranty and give an explanation of situation of projects and major parts assorted, major content of projects uncompleted and missing facilities.

□ Number of Projects under Construction

Refers to the number of projects having construction in the reference period, including new projects in current year and projects started in the reference period and continued in current year.

□ Number of Projects Put into Produce

Refers to the number of projects completed and have been checked, accepted and formally put into use in this year according to total production capacity (or efficiency) prescribed in design document.

□ Floor Space under Construction in this Year

Refers to total floor space of all buildings under construction during the reference period, including floor space of newly started buildings during the reference period, floor space of construction extended from the previous period to the current period, and floor space of construction suspended during the previous period and resumed in the current period. Floor space of construction completed in the current period, and floor space of construction started and then suspended in the current period are also included in the floor space under construction of the current year.

□ Floor Space of Buildings Completed in this Year

Refers to the floor space of all buildings completed in the reference period, which have been appraised and accepted (or come up to the designed standards) and have been transferred to the owners for use.

EXPLANATORY NOTES TO MAJOR STATISTICAL INDICATORS

Value of Buildings Completed in this Year

Refers to the intrinsic construction value of buildings completed in the reference period. It is figured by the rules of buildings design and budget, which not only includes the construction value of foundations, structure, furnishings, subsidiary projects such as water, electricity, toilet, etc. but also includes purchase and installation expenditures of facilities (such as lift, ventilation, etc.) listed into buildings budget as component of building construction. It excludes the purchase and installation of technical facilities, leads and lines in factories, construction of technical facilities' basis, expenditures of environment projects such as water, eructate, electricity, toilet, road projects, wall fended to earth outside, purchase of furniture in office or house, purchase of lands, as well as expenditures of move compensation and land leveling etc.

Rate of Projects of Fixed Assets Completed and Put into Operation

Refers to the ratio of the newly increased fixed assets to the total investment made in the same period. This is a comprehensive indicator reflecting the speed of the employment of fixed assets and the investment efficiency at the macro-level. As the newly increase fixed assets is the result of a long period while the investment is completed in the current year, this indicator is expected to be used to reflect the employment of fixed assets over a long period of time.

Villas, High-Grade Apartments

Refer to commercial houses whose construction costs and marketing prices are significantly higher than ordinary housing. Villas are independent structures generally located in the suburbs; high-grade apartments are multi-story buildings located in elegant urban neighborhoods. Criteria for villas and high-grade apartments include: I) projects for the construction of villas or high-grade apartments have to be approved by competent departments in charge of real estate development and investment plans, and II) prices for projects on villas or high-grade apartments are higher by over 100% compared with the average prices of ordinary commercial housing projects in similar location. This indicator helps to analyze the investment structure of the real estate industry and the demand and supply of housing for high-income households.

Floor Space of Commercial Buildings Actually Sold

Refers to the total contracted floor space of commercial buildings actually sold in reporting period(the floor space provided in the formal contract),which consists of the floor space of the sold completed buildings and the floor space of the sold forward-delivery buildings.

(I) Floor Space of Sold Completed Buildings refers to the floor space of the completed commercial buildings prepared for occupancy with the formally signed sales contract in the reporting period, including the floor space of the completed buildings purchased by one-off payment and by installment.

(II) Floor Space of Sold Forward-Delivery Buildings refers to the floor space of the uncompleted commercial buildings still under construction with the formally signed sales contract in the reporting period, including the floor space of the commercial buildings purchased by one-off payment and by installment. The floor space of sold forward-delivery buildings,afer completion,will not be carried forward into the floor space of sold completed buildings.

Developed Land Area Completed

Refers to the land area of land development and prophase development projects completed, which can carry out construction or remise.

Purchased Land Area in Current Year

Refers to the land area accessible by various means in current year.

第 5 章

能源消费

ENERGY CONSUMPTION

简要说明
BRIEF INTRODUCTION

本章主要内容包括能源消费及品种构成，能源消费弹性系数，平均每万元GDP能源消费量及日均能源消费量，综合能源平衡表，按工业行业分的能源消费量和工业产值综合能耗。

本章资料由市统计局能源资源统计处根据有关资料和调查结果编制。

The data in this chapter mainly cover energy consumption and its composition, the elasticity ratio of energy consumption, average energy consumption per 10,000 yuan of GDP, average daily energy consumption, overall energy balance sheet, energy consumption by industrial sector and comprehensive energy consumption per unit output value.

This chapter is compiled by Division of Industry and Transport Statistics, Chongqing Municipal Bureau of Statistics on the basis of the related materials and the results of surveys.

表5.1 主要年份能源消费总量
TOTAL CONSUMPTION OF ENERGY IN MAJOR YEARS

单位：万吨标准煤 (10 000 tons of SCE)

年 份 Year	能源消费总量 Total Consumption of Energy	其 中 of which			
		煤 炭 Coal	天然气 Natural Gas	油 料 Oil	一次电力及其他能源 Primary Electricity and Other Energy
1949	91.71	88.97		2.06	0.68
1952	155.47	150.64		3.43	1.40
1957	263.73	247.95	3.41	7.00	5.37
1962	476.37	429.30	18.20	14.21	14.66
1965	342.88	295.00	19.65	9.85	18.38
1970	469.56	379.80	50.13	14.04	25.59
1975	651.21	514.03	78.58	21.99	36.61
1978	889.20	703.87	103.87	32.20	49.26
1980	985.59	752.60	129.08	40.53	63.38
1981	1004.30	766.33	137.82	33.83	66.32
1982	1050.33	794.01	138.62	48.30	69.40
1983	1110.05	838.14	148.22	51.06	72.63
1984	1160.49	872.47	151.97	60.05	76.00
1985	1241.40	938.21	160.83	62.83	79.53
1986	1271.14	938.66	173.38	75.61	83.49
1987	1395.65	1036.28	195.61	76.12	87.64
1988	1513.18	1157.08	183.73	80.37	92.00
1989	1565.46	1194.44	190.36	84.08	96.58
1990	1516.59	1130.76	196.44	88.00	101.39
1991	1558.56	1151.68	197.06	96.63	113.19
1992	1601.01	1172.98	198.32	103.34	126.37
1993	1644.85	1194.68	200.89	108.20	141.08
1994	1696.72	1216.78	216.74	105.70	157.50
1995	1776.91	1239.85	258.36	102.87	175.83
1996	1871.09	1317.32	260.86	97.39	195.52
1997	2030.13	1383.98	282.80	145.47	217.88
1998	2119.46	1393.43	291.30	183.62	251.11
1999	2278.42	1495.55	308.19	196.34	278.34
2000	2410.82	1599.80	312.20	202.17	296.65
2001	2573.68	1700.43	322.51	206.20	344.54
2002	2823.05	1928.90	331.87	213.84	348.44
2003	3137.90	2206.42	349.11	220.81	361.56
2004	3368.41	2205.08	403.52	379.97	379.84
2005	3527.26	2265.63	472.15	411.86	377.62
2006	3891.22	2554.63	532.67	469.11	334.81
2007	4508.40	2706.06	578.95	549.12	674.27
2008	4706.65	2832.34	648.38	600.57	625.36
2009	5124.82	3108.52	657.91	619.75	738.64
2010	5810.82	3454.05	752.49	741.20	863.08
2011	6426.95	4116.99	821.82	912.06	576.08
2012	6798.25	4152.42	943.86	933.99	767.98
2013	7253.91	4584.83	959.97	1036.00	673.11
2014	7693.96	4641.78	1092.25	1034.39	925.53
2015	8068.14	4653.93	1175.32	1164.12	1074.77

注：1）本表各年能源品种均已折合为按当量值计算的吨标准煤。
2）按照新的方法制度和指标口径调整了2005年以来的历史数据。
Note: a) All sorts of energy consumption has been converted into tons of SCE calculated in equivalent value.
b) The data after 2005 has been adjusted according to the new statistical methods and coverage of indicators.

表5.2 规模以上工业按行业分能源消费量（2014－2015年）
ENERGY CONSUMPTION OF ENTERPRISES ABOVE DESIGNATED SIZE BY SECTOR (2014-2015)

行 业	Sector	原 煤（吨）Coal (ton)		焦 炭（吨）Coke (ton)	
		2014	2015	2014	2015
工业消费总量	**Total Industry Consumption**	**53605982**	**52283431**	**2211480**	**2048783**
采矿业	**Mining**	**22324732**	**21488301**	**42**	**1631**
煤炭开采和洗选业	Mining and Washing of Coal	21880510	21038878	19	10
石油和天然气开采业	Extraction of Petroleum and Natural Gas				
黑色金属矿采选业	Mining and Processing of Ferrous Metal Ores	19458	19475	23	11
有色金属矿采选业	Mining and Processing of Non-Ferrous Metal Ores				
非金属矿采选业	Mining and Processing of Non-metal Ores	424764	429948		1610
开采辅助活动	Auxiliary Minning Operations				
其他采矿业	Mining and Dressing of Other Ores				
制造业	**Manufacturing**	**18148608**	**17975055**	**2211438**	**2047152**
农副食品加工业	Processing of Food from Agricultural Products	161006	177342		
食品制造业	Manufacture of Foods	158955	159094	877	
酒、饮料和精制茶制造业	Manufacture of Beverage	80130	93328		
烟草制品业	Manufacture of Tobacco	9525	8132		
纺织业	Manufacture of Textile	99462	57486		
纺织服装、服饰业	Manufacture of Textile Garments, Footwear and Headgear	77	64		
皮革、毛皮、羽毛及其制品和制鞋业	Leather, Fur, Feather, Down and Related Products	9270	9727		
木材加工及木、竹、藤、棕、草制品业	Processing of Timber and Manufacture of Wood, Bamboo, Rattan, Palm, and Straw Products	15431	14149		
家具制造业	Manufacture of Furniture	4520	5113		
造纸及纸制品业	Manufacture of Paper and Paper Products	1268158	1605694		
印刷业、记录媒介的复制	Printing, Reproduction of Recording Media	10047	13859		
文教、工美、体育和娱乐用品制造业	Manufacture of Culture, Education and Sports Articles	838	853		
石油加工、炼焦及核燃料加工业	Processing of Petroleum, Coking, Processing of Nuclear Fuel	597206	662305		

汽　油（吨） Gasoline (ton)		煤　油（吨） Kerosene (ton)		柴　油（吨） Diesel Oil (ton)		天然气（万立方米） Natural Gas (10 000 cu.m)		电　力（万千瓦时） Electricity (10 000 kw.h)	
2014	2015	2014	2015	2014	2015	2014	2015	2014	2015
97187	**128451**	**3823**	**4828**	**241933**	**274654**	**553843**	**622184**	**5991911**	**6246045**
8361	**6614**	**162**	**323**	**34880**	**44473**	**3349**	**13548**	**243227**	**216635**
5602	5707	98	83	12914	12443			180409	150164
124	244			26	28	3314	13449	1516	1813
59	50			830	615	35	99	4062	3626
76	61			115	89			1732	1420
2501	552	64	240	20994	31298			55507	59612
81819	**114536**	**3620**	**4462**	**194240**	**214596**	**549610**	**585353**	**4748907**	**5082524**
3087	3303	5		2460	2541	5322	7023	60785	70220
1954	2084	2		3468	2638	4072	4457	27265	30595
1458	1293	1	1	2071	2362	3424	3511	28352	30080
211	225			504	245	697	727	6432	6423
569	596		1	349	292	747	1091	68322	67791
735	605			135	121	734	605	9401	9922
1230	1169			111	102	621	602	12814	13437
339	445			624	785	39	56	23894	22308
631	1109	3	3	476	437	44	46	8432	8252
662	678		2	7429	7296	1610	1721	180824	215936
1172	1396	11	2	635	671	1679	1252	19917	24895
80	136			8	62	68	100	2904	2842
196	551	20	30	2361	1343	165	145	5739	5326

表5.2 续表 continued

行　业	Sector	原　煤（吨）Coal (ton)		焦　炭（吨）Coke (ton)	
		2014	2015	2014	2015
化学原料及化学制品制造业	Manufacture of Raw Chemical Materials and Chemical Products	4070324	3895824	21560	137698
医药制造业	Manufacture of Medicines	121578	97053		
化学纤维制造业	Manufacture of Chemical Fibres				
橡胶和塑料制品业	Plastic Products	97812	108270	22	17
非金属矿物制品业	Manufacture of Non-metallic Mineral Products	7717179	7829219		
黑色金属冶炼及压延加工业	Smelting and Pressing of Ferrous Metals	791855	569271	2139201	1880185
有色金属冶炼及压延加工业	Smelting and Pressing of Nonferrous Metals	2870883	2595530	9798	31
金属制品业	Manufacture of Metal Products	13685	6588	253	10
通用设备制造业	Manufacture of General Purpose Machinery	10921	15523	15228	9500
专用设备制造业	Manufacture of Special Purpose Machinery	3827	4575	479	427
汽车制造业	Manufacture of Automobile	19627	19804	19816	17047
铁路、传播、航空航天和其他运输设备制造业	Manufacture of Railway ,Ship,Aeronautics and Other Transport Equipment	6550	3629	3863	1841
电气机械和器材制造业	Manufacture of Electrical Machinery and Equipment	1514	1809	242	274
计算机、通信和其他电子设备制造业	Manufacture of Communication Equipment, Computers and Other Electronic Equipment	2967	3756		
仪器仪表及文化、办公用机械制造业	Manufacture of Measuring Instruments and Machinery for Cultural Activity and Office Work	211	217	99	122
其他制造业	Other Manufactures	518	80		
废弃资源综合利用业	Comprehensive Utilization of Waste	4526	16752		
金属制品、机械和设备修理业	Repair of Metal Products, Machinery and Equipment	8	9		
电力、燃气及水的生产和供应业	**Electric Power, Gas and Water Production and Supply**	**13132643**	**12820075**		
电力、热力生产和供应业	Production and Supply of Electric Power and Heat Power	13132643	12820075		
燃气生产和供应业	Production and Supply of Gas				
水的生产和供应业	Production and Supply of Water				

汽 油（吨） Gasoline (ton)		煤 油（吨） Kerosene (ton)		柴 油（吨） Diesel Oil (ton)		天然气（万立方米） Natural Gas (10 000 cu.m)		电 力（万千瓦时） Electricity (10 000 kw.h)	
2014	2015	2014	2015	2014	2015	2014	2015	2014	2015
2758	4994	93	83	6502	6429	364239	393932	714511	819428
2000	1422	11	1	1396	1088	6523	7442	43829	52629
43	37	9	9	26	31			925	7970
2690	2726	55	28	2286	2902	2699	3139	122590	142953
3397	4959	103	148	115136	124712	74191	67950	770340	810890
2086	2141	133	23	6270	6251	9621	9925	758593	725149
670	834	3	3	1938	2436	18549	21212	902450	831090
2379	3123	105	88	2094	3063	13717	16994	86155	99113
4716	4852	294	191	6509	5727	2241	2715	71023	82289
2410	2741	24	95	1658	2086	449	435	41942	48273
30550	54877	773	771	16144	28044	22965	24980	405536	493800
8314	8642	1193	1108	8871	7145	10416	10722	158115	158562
4080	4422	44	27	2091	2503	3121	2527	70758	75268
1181	1911			752	2505	1416	1562	128073	204467
1923	2929	726	1807	520	464	61	44	10231	10324
22	57			9	21	150	405	920	1968
75	21	13	41	1395	284	31	33	4732	7052
201	258			11	10			3102	3272
7007	**7301**	**42**	**43**	**12813**	**15585**	**884**	**23283**	**999777**	**946886**
5668	5528	12	12	12383	15100	635	18657	918473	857764
905	934	29	30	262	317	248	4622	11976	12476
434	839	1	1	169	168	1	4	69327	76646

表5.3 规模以上工业企业产值综合能耗（2014－2015年）
COMPREHENSIVE ENERGY CONSUMPTION OF INDUSTRIAL ENTERPRISES ABOVE DESIGNATED SIZE PER UNIT OUTPUT VALUE (2014-2015)

行　业	Sector	综合能源消费量（吨标准煤）Comprehensive Energy Consumption (ton of SCE)		产值能耗（吨标准煤/万元）Energy Consumption per Unit Output Value (ton of SCE/10 000 yuan)	
		2014	2015	2014	2015
工业消费总量	**Total Industry Consumption**	**38634652**	**39594244**	**0.21**	**0.18**
采矿业	**Mining**	**2589663**	**2407448**	**0.50**	**0.42**
#煤炭开采和洗选业	Mining and Washing of Coal	2187114	1877650	0.60	0.53
石油和天然气开采业	Extraction of Petroleum and Natural Gas	44347	177293	0.11	0.29
黑色金属矿采选业	Mining and Processing of Ferrous Metal Ores	72763	54466	0.61	0.43
有色金属矿采选业	Mining and Processing of Non-Ferrous Metal Ores	2296	1788	0.04	0.03
非金属矿采选业	Mining and Processing of Non-metal Ores	283143	296252	0.29	0.21
制造业	**Manufacturing**	**28478866**	**29534685**	**0.17**	**0.15**
农副食品加工业	Processing of Food from Agricultural Products	272795	331717	0.04	0.04
食品制造业	Manufacture of Foods	221956	228637	0.12	0.10
饮料制造业	Manufacture of Beverage	140191	153913	0.08	0.08
烟草制品业	Manufacture of Tobacco	23297	22302	0.01	0.01
纺织业	Manufacture of Textile	167898	141284	0.08	0.07
纺织服装、服饰业	Manufacture of Textile Wearing Apparel, Footware and Caps	20415	18976	0.02	0.02
皮革、毛皮、羽毛及其制品和制鞋业	Manufacture of Leather, Fur, Feather and Related Products	32128	32981	0.02	0.02
木材加工及木、竹、藤、棕、草制品业	Processing of Timber and Manufacture of Wood, Bamboo, Rattan, Palm, and Straw Products	60412	54616	0.12	0.07
家具制造业	Manufacture of Furniture	14473	14757	0.01	0.01
造纸及纸制品业	Manufacture of Paper and Paper Products	1035247	1282674	0.42	0.46
印刷业、记录媒介的复制	Printing, Reproduction of Recording Media	55296	58395	0.05	0.03
文教体育用品制造业	Manufacture of Culture, Education and Sports Articles	5086	5619	0.01	0.01
石油加工、炼焦及核燃料加工业	Processing of Petroleum, Coking, Processing of Nuclear Fuel	206510	181470	0.33	0.27

表5.3 续表 continued

行 业	Sector	综合能源消费量（吨标准煤）Comprehensive Energy Consumption (ton of SCE)		产值能耗（吨标准煤/万元）Energy Consumption per Unit Output Value (ton of SCE/10 000 yuan)	
		2014	2015	2014	2015
化学原料及化学制品制造业	Manufacture of Raw Chemical Materials and Chemical Products	8451927	9479661	1.02	1.03
医药制造业	Manufacture of Medicines	238333	242198	0.06	0.05
化学纤维制造业	Manufacture of Chemical Fibres	3999	35490	0.07	0.26
橡胶和塑料制品业	Manufacture of Rubber and Plastics	275297	309614	0.06	0.06
非金属矿物制品业	Manufacture of Non-metallic Mineral Products	8489104	8594972	0.86	0.76
黑色金属冶炼及压延加工业	Smelting and Pressing of Ferrous Metals	3888403	3311685	0.53	0.46
有色金属冶炼及压延加工业	Smelting and Pressing of Nonferrous Metals	2815457	2638106	0.42	0.34
金属制品业	Manufacture of Metal Products	278460	327742	0.06	0.06
通用设备制造业	Manufacture of General Purpose Machinery	151127	168987	0.03	0.02
专用设备制造业	Manufacture of Special Purpose Machinery	64136	72592	0.02	0.02
汽车制造业	Manufacture of Transport Equipment	856425	994519	0.02	0.02
铁路、船舶、航空航天和其他运输设备制造业	Manufacture of Railway, Ship, Aviation and Transporting Equipment	358877	350070	0.03	0.02
电气机械及器材制造业	Manufacture of Electrical Machinery and Equipment	134862	133299	0.01	0.01
通信设备、计算机及其他电子设备制造业	Manufacture of Communication Equipment, Computers and Other Electronic Equipment	173831	272091	0.01	0.01
仪器仪表制造业	Manufacture of Measuring Instruments and Machinery for Cultural Activity and Office Work	17559	20682	0.01	0.01
其他制造业	Other Manufacture	8944	28747	0.08	0.04
废弃资源综合利用业	Comprehensive Utilization of Waste Resources	12310	22562	0.03	0.06
金属制品、机械和设备修理业	Repair of Metal Products, Machinery and Equipment	4112	4326	0.03	0.03
电力、热力、燃气及水的生产和供应业	**Electric Power, Heat Gas and Water Production and Supply**	**7566123**	**7652110**	**0.88**	**0.80**
电力、热力的生产和供应业	Production and Supply of Electric Power and Heat Power	7461878	7479022	1.04	1.00
燃气生产和供应业	Production and Supply of Gas	18737	77976	0.02	0.04
水的生产和供应业	Production and Supply of Water	85508	95112	0.32	0.32

表5.4 规模以上工业按行业分取水量（2015年）
WATER CONSUMPTION OF ENTERPRISES ABOVE DESIGNATED SIZE BY SECTOR (2015)

行业	Sector	取水量 Water Consumption			外供水量 Water Supply from Outside		
		报告期 Reporting Period	上年同期 Period of Previous Year	同比增长(%) Up YOY (%)	报告期 Reporting Period	上年同期 Period of Previous Year	同比增长(%) Up YOY (%)
工业取水量	**Total Water Consumption**	**165247.77**	**158260.96**	**4.41**	**103286.64**	**98499.72**	**4.86**
采矿业	**Mining**	**6034.42**	**6259.94**	**-3.60**	**107.12**	**176.34**	**-39.25**
#煤炭开采和洗选业	Mining and Washing of Coal	4106.94	4587.30	-10.47	107.12	176.34	-39.25
石油和天然气开采业	Extraction of Petroleum and Natural Gas	388.94	143.88	170.32			
黑色金属矿采选业	Mining and Processing of Ferrous Metal Ores	27.03	22.36	20.89			
有色金属矿采选业	Mining and Processing of Non-Ferrous Metal Ores	4.72	9.52	-50.42			
非金属矿采选业	Mining and Processing of Non-metal Ores	1506.80	1496.87	0.66			
制造业	**Manufacturing**	**41500.36**	**40658.68**	**2.07**	**2560.02**	**2584.94**	**-0.96**
农副食品加工业	Processing of Food from Agricultural Products	1205.06	1171.05	2.90	0.54		
食品制造业	Manufacture of Foods	711.98	712.78	-0.11	2.22		
酒、饮料和精制茶制造业	Liquor, Beverage and Refined Tea	1015.92	1012.61	0.33	74.62	72.84	2.44
烟草制品业	Manufacture of Tobacco	77.93	68.83	13.22			
纺织业	Manufacture of Textile	440.91	490.13	-10.04	11.64	11.65	-0.09
纺织服装、服饰业	Manufacture of Textile Wearing Apparel and Caps	97.00	103.32	-6.12			
皮革、毛皮、羽毛（绒）及其制品业和制鞋业	Manufacture of Leather, Fur, Feather and Related Products and footware	131.41	129.14	1.76	5.14	5.14	
木材加工及木、竹、藤、棕、草制品业	Processing of Timber, Manufacture of Wood, Bamboo, Rattan, Palm, and Straw Products	92.54	98.95	-6.48			
家具制造业	Manufacture of Furniture	49.67	50.11	-0.88			
造纸及纸制品业	Manufacture of Paper and Paper Products	4348.10	4782.04	-9.07			
印刷业、记录媒介的复制	Printing, Reproduction of Recording Media	139.63	142.45	-1.98			
文教、工美、体育和娱乐用品制造业	Manufacture of Culture, Education, Handicraft, Fine Arts, Sports and Entertainment Articles	20.00	18.56	7.76			
石油加工、炼焦及燃料加工业	Processing of Petroleum, Coking, Processing of Nuclear Fuel	163.83	196.60	-16.67			

注：由于国家统计局调整了工业用水量调查的方法制度，包括相关的指标口径和指标解释，故数据与往年公布的不可比。
Note: Due to the adjustment of the survey method and system of water consumption for industrial use by the NBS, including the statistic scope and data interpretation, the data hereof is incomparable with the date in the previous years.

表5.4 续表 continued

行　业	Sector	取水量 Water Consumption			外供水量 Water Supply from Outside		
		报告期 Reporting Period	上年同期 Period of Previous Year	同比增长(%) Up YOY (%)	报告期 Reporting Period	上年同期 Period of Previous Year	同比增长(%) Up YOY (%)
化学原料及化学制品制造业	Manufacture of Raw Chemical Materials and Chemical Products	12192.59	11338.80	7.53	357.17	358.95	-0.50
医药制造业	Manufacture of Medicines	1372.18	1305.70	5.09	10.08	7.84	28.57
化学纤维制造业	Manufacture of Chemical Fibres	44.70	6.17	624.47			
橡胶和塑料制品业	Manufacture of Rubber and Plastics	511.21	476.74	7.23			
非金属矿物制品业	Manufacture of Non-metallic Mineral Products	5050.16	4774.30	5.78	19.19	19.78	-2.98
黑色金属冶炼及压延加工业	Smelting and Pressing of Ferrous Metals	2515.00	2877.36	-12.59	103.24	130.40	-20.83
有色金属冶炼及压延加工业	Smelting and Pressing of Nonferrous Metals	3811.33	4268.34	-10.71	1883.25	1913.26	-1.57
金属制品业	Manufacture of Metal Products	445.09	407.11	9.33	60.15	57.41	4.77
通用设备制造业	Manufacture of General Purpose Machinery	454.52	468.09	-2.90			
专用设备制造业	Manufacture of Special Purpose Machinery	176.81	183.99	-3.90	0.07	0.07	
汽车制造业	Manufacture of Transport Equipment	2893.47	2610.35	10.85	3.34	7.38	-54.74
铁路、船舶、航空航天和其他运输设备制造业	Manufacture of Railway, Ship, Aviation and Other Transporting Equipment	1187.31	1281.38	-7.34	0.02		
电气机械和器材制造业	Manufacture of Electrical Machinery and Equipment	546.37	461.23	18.46			
计算机、通信和其他电子设备制造业	Manufacture of Communication Equipment, Computers and Other Electronic Equipment	1678.10	1104.16	51.98	29.35	0.21	13876.19
仪器仪表制造业	Manufacture of Measuring Instruments and Machinery for Cultural Activity and Office Work	65.14	80.32	-18.90			
其他制造业	Other Manufacture	39.94	27.79	43.72			
废弃资源综合利用业	Comprehensive Utilization of Waste Resources	20.34	7.79	161.10			
金属制品、机械和设备修理业	Repair of Metal Products, Machinery and Equipment	2.09	2.48	-15.73			
电力、热力、燃气及水的生产和供应业	**Electric Power, Heat Gas and Water Production and Supply**	**117712.99**	**111342.35**	**5.72**	**100619.50**	**95738.45**	**5.10**
电力、热力的生产和供应业	Production and Supply of Electric Power and Heat Power	9073.65	7931.49	14.40	1418.57	1372.49	3.36
燃气生产和供应业	Production and Supply of Gas	2422.65	2320.89	4.38	1910.13	1827.60	4.52
水的生产和供应业	Production and Supply of Water	106216.69	101089.98	5.07	97290.80	92538.36	5.14

表5.5 能源消费弹性系数（1985－2015年）
ELASTICITY RATIO OF ENERGY CONSUMPTION (1985-2015)

年 份 Year	能源消费比上年增长% Growth Rate of Energy Consumption over Preceding Year (%)	本市生产总值比上年增长% Growth Rate of GDP over Preceding Year (%)	能源消费弹性系数 Elasticity Ratio of Energy Consumption
1985	7.0	8.6	0.81
1986	2.4	8.6	0.28
1987	9.8	5.3	1.85
1988	8.4	9.5	0.89
1989	3.5	4.9	0.71
1990	-3.1	7.0	-0.45
1991	2.8	9.2	0.30
1992	2.7	16.5	0.17
1993	2.7	15.6	0.18
1994	3.2	13.5	0.23
1995	4.7	12.3	0.38
1996	5.3	11.4	0.46
1997	8.5	11.2	0.76
1998	4.4	8.6	0.51
1999	7.5	7.8	0.96
2000	5.8	8.7	0.67
2001	6.8	9.2	0.73
2002	9.7	10.5	0.92
2003	11.2	11.7	0.95
2004	9.9	12.4	0.80
2005	8.8	11.7	0.75
2006	9.3	12.4	0.75
2007	12.9	15.9	0.81
2008	6.9	14.5	0.48
2009	9.1	14.9	0.61
2010	11.8	17.1	0.69
2011	11.9	16.4	0.73
2012	5.5	13.6	0.40
2013	6.5	12.3	0.53
2014	6.8	10.9	0.62
2015	4.0	11.0	0.36

注：本市能源消费增长速度按等价值计算；生产总值增长速度按可比价格计算。
Note: The growth rate of energy consumption is calculated at equivalent value, while the growth rate of GDP is calculated at comparable prices.

表5.6 平均每万元本市生产总值能源消费量（2014－2015年）
AVERAGE ENERGY CONSUMPTION PER 10 000 YUAN OF GDP (2014-2015)

品 种	Type	2014	2015
单位生产总值能源消费量（吨标煤/万元）	**Energy Consumption per Unit of GDP (ton of SCE/10 000 yuan)**	**0.659**	**0.618**
煤 炭	Coal	0.356	0.322
天然气	Natural Gas	0.084	0.081
油 料	Oil	0.079	0.081
一次电力及其他能源	Primary Electricity and Other Energy	0.140	0.134

注：1）本表GDP按2010年价计算；能源品种均已折合为按等价值计算的吨标准煤。
2）按照新的方法制度和指标口径调整了同期数据。
Note: a) The data of GDP is calculated at the constant price of 2010; each type of energy in the table above has been converted into tons of SCE calculated in equivalent value.
b) The previous data has been adjusted according to the new statistical methods and coverage of indicators.

表5.7 平均每天主要能源消费量（2014－2015年）
AVERAGE DAILY ENERGY CONSUMPTION (2014-2015)

品 种	Type	2014	2015
每天能源消费量（万吨标煤/天）	**Average Daily Energy Consumption (10 000 tons of SCE/day)**	**23.54**	**24.48**
煤 炭	Coal	12.72	12.75
天然气	Natural Gas	2.99	3.19
油 料	Oil	2.83	3.22
一次电力及其他能源	Primary Electricity and Other Energy	5.00	5.32

注：1)本表能源品种均已折合为按等价值计算的吨标准煤。
2)按照新的方法制度和指标口径调整了同期数据。
Note: a) All sorts of energy in the table has been converted into tons of SCE calculated in equivalent value.
b) The previous data has been adjusted according to the new statistical methods and coverage of indicators.

表5.8 综合能源平衡表（2014－2015年）
OVERALL ENERGY BALANCE SHEET (2014-2015)

单位：万吨标准煤 (10 000 tons of SCE)

项 目	Item	2014		2015	
		按当量值计算 Equivalent Weight	按等价值计算 Equivalent Value	按当量值计算 Equivalent Weight	按等价值计算 Equivalent Value
可供消费的能源总量	**Total Energy Available for Consumption**	**7693.97**	**8592.73**	**8068.14**	**8933.77**
#一次能源生产量	Primary Energy Output	4214.17	4715.54	4273.05	4671.95
调进量	Imports	4516.35	4989.05	4303.47	4828.93
调出量（-）	Exports (-)	-1052.42	-1127.74	-620.24	-678.97
能源消费总量	**Total Energy Consumption**	**7693.97**	**8592.73**	**8068.14**	**8933.77**
终端消费	End-use Consumption	6632.88	8328.41	6935.19	8606.25
第一产业	Primary Industry	79.96	84.38	83.65	88.55
第二产业	Secondary Industry	4600.05	5713.43	4659.75	5844.04
第三产业	Tertiary Industry	1089.68	1385.13	1176.47	1378.46
生活消费	Household Consumption	863.19	1145.47	1015.31	1295.20
城 镇	Urban	462.53	630.92	536.38	704.78
乡 村	Rural	400.66	514.55	478.93	590.41
加工转换投入（-）产出（+）量	Input (-) and Output (+) during the Process of Enery Conversion	-999.11	-105.04	-1068.51	-163.38
损失量	Energy Losses	61.97	159.28	64.43	164.14

表5.9 电力平衡表（2014－2015年）
ELECTRICITY BALANCE SHEET (2014-2015)

单位：亿千瓦小时 (100 million kwh)

项　目	Item	2014	2015
可供量	**Total Energy Available for Consumption**	**867.21**	**875.37**
生产量	Output	674.99	644.64
水　电	Hydropower	240.77	195.10
火　电	Thermal Power	432.47	447.45
核　电	Nuclear Power		
风　电	Wind Power	1.75	2.09
外省（区、市）调入量	Imports	230.78	259.76
本省（区、市）调出量（-）	Exports (-)	-38.56	-29.03
消费量	Total Energy Consumption	867.21	875.37
在消费量中：	Consumption by Sector		
农、林、牧、渔、水利业	Agriculture, Forestry, Animal Husbandry, Fishery and Water Conservancy	2.14	2.42
工　业	Industry	562.11	612.67
建筑业	Construction	23.51	22.07
交通运输、仓储和邮政业	Transport, Storage and Post	16.47	17.86
批发、零售业和住宿、餐饮业	Wholesale and Retail Trades, Hotels and Catering Services	43.82	47.93
其他行业	Other Sectors	82.62	34.06
生活消费	Household Consumption	136.54	138.36
在消费量中：	Consumption by Usage		
终端消费	End-use Consumption	820.14	826.08
#工　业	Industry	515.04	563.38
输配电损失量	Losses in Transmission	47.07	49.29

重/庆/统/计/年/鉴

主要统计指标解释

■ 能源消费总量

指一定时期内全国（地区）物质生产部门、非物质生产部门和生活消费的各种能源的总和，是观察能源消费水平、构成和增长速度的总量指标。能源消费总量包括：煤和原油及其制品、天然气、电力。不包括：低热值燃料、生物质能和太阳能等的利用。能源消费总量分为终端能源消费量、能源加工转换损失量和损失量三部分。

（1）终端能源消费量：指一定时期内全国（地区）生产和生活消费的各种能源在扣除了用于加工转换二次能源消费量和损失量以后的数量。

（2）能源加工转换损失量：指一定时期内全国（地区）投入加工转换的各种能源数量之和与产出各种能源产品之和的差额，是观察能源在加工转换过程中损失量变化的指标。

（3）能源损失量：指一定时期内能源在输送、分配、储存过程中发生的损失和由客观原因造成的各种损失量。不包括各种气体能源放空、放散量。

■ 能源消费弹性系数

是反映能源消费增长速度与国民经济增长速度之间比例关系的指标。计算公式为：

能源消费弹性系数=能源消费量平均增长速度/国民经济年平均增长速度

Explanatory Notes on Main Statistical Indicators

□ Total Energy Consumption

Refers to the total consumption of energy of various kinds by material production sectors, non-material production sectors and households in the country (region) in a given period of time. It is a comprehensive indicator to show the scale, composition and development of energy consumption. The total energy consumption includes that of coal, crude oil and their products, natural gas and electricity. However, it excludes the consumption of fuel of low calorific value, bio-energy and solar energy. Total domestic energy consumption can be divided into three parts:

(I) Final energy consumption: refers to the total energy consumption by material production sectors, non-material production sectors and households in the country (region) in a given period of time, but excludes the consumption in conversion of the primary energy into the secondary energy and the loss in the process of energy conversion.

(II) Loss during the process of energy conversion: refers to the total input of various kinds of energy for conversion, minus the total output of various kinds of energy in the country in a given period of time. It is an indicator to show the loss that occurs during the process of energy conversion.

(III) Loss: refers to the total of the loss of energy during the course of energy transport, distribution and storage and the loss caused by any objective reason in a given period of time. The loss of various kinds of gas due to gas discharges and stocktaking is excluded.

□ Elasticity Ratio of Energy Consumptiont

Is an indicator to show the relationship between the growth rate of energy consumption and the growth rate of the national economy. The formula is:

Elasticity Ratio of Energy Consumption=Average annual Growth Rate of Energy Consumption/ Average Annual Growth Rate of National Economy.

第 6 章

财　政

GOVERNMENT FINANCE

简要说明
BRIEF INTRODUCTION

本章资料包括全市财政收入和支出情况、国税和地税税收收入情况，由市统计局综合处分别根据市财政局、市国税局和市地税局的有关资料整理编辑。

The data in this chapter include the revenue and expenditure of the municipal government, and the revenue from national taxation and local taxation. The data is sorted and compiled by Division of Comprehensive Statistics of Chongqing Municipal Bureau of Statistics on the basis of the materials from Chongqing Municipal Bureau of Finance, Chongqing Municipal Office of SAT and Chongqing Local Taxation Bureau.

表6.1 财政收入及支出（1994－2015年）
GOVERNMENT REVENUE AND EXPENDITURE (1994-2015)

单位：万元 (10 000 yuan)

年 份 Year	财政收入 Government Revenue	其 中 of which #地方财政一般预算收入 General Budgetary Revenue of local Government	基金预算收入 Budgetary Revenue from Funds	#中央两税（四税）收入 Revenue from the 2 (4) Taxes of Central Government	#地方财政一般预算支出 General Budgetary Expenditure of Local Government	基金预算支出 Budgetary Expenditure for Funds
1994	716172	366325		349847	560818	
1995	837748	460052		377696	662235	
1996	942682	549412		393270	794216	
1997	1180555	593060	152236	435259	1010110	141517
1998	1338867	711287	146759	480821	1257608	101866
1999	1402935	767341	131571	504023	1502365	121320
2000	1632353	872442	172128	587783	1876433	148173
2001	1961761	1061243	202847	697671	2375486	180044
2002	2694610	1260674	317977	991425	3058591	392083
2003	3412781	1615618	453697	1205457	3415775	497789
2004	4629591	2006241	1018198	1435206	3957233	893988
2005	5811921	2568072	1381552	1656599	4873543	1379973
2006	7421702	3177165	2117414	1944772	5942543	2259393
2007	10572948	4427000	3458604	2491920	7683886	3339659
2008	12901828	5775738	3857654	3023634	10160112	4325469
2009	15353975	6818189	4838943	3403122	13180913	4879759
2010	29751187	10182938	9722944	4687841	17691065	9776826
2011	35236522	14883336	14205767	5607771	25702404	13896341

年 份 Year	财政收入 Government Revenue	其 中 of which #地方公共财政预算收入 Public Budgetary Revenue of Local Government	政府性基金预算收入 Budgetary Revenue from Governmental Funds	国有资本经营预算收入 State-owned Capital Operational Budgetary Revenue	#中央四税收入 Revenue from the 4 Taxes of Central Government	#地方公共财政预算支出 Public Budgetary Expenditure of Local Government	政府性基金预算支出 Budgetary Expenditure from Governmental Funds	国有资本经营预算支出 State-owned Capital Operational Budgetary Expenditure
2012	37268412	14658509	14808929	1911999	5888975	27177878	15114916	1131344
2013	41055563	16932438	16698044	659489	6765592	30622848	17353191	646773

注：财政收入2002年前为地方财政收入与中央两税（增值税和消费税）之和，2002年起为地方财政收入、中央四税收入和其他中央收入之和。其中其他中央收入不含关税，自2003年起包含车辆购置税(以下各表同）。2012年同期数已按公共财政预算口径作相应调整。

Note: Government revenue before 2002 is the sum of revenue of local government and revenue from the 2 taxes of Central Government (value-added tax and consumption tax), whereas it has been the sum of revenue of local government, revenue from the 4 taxes of Central Government and other revenue of Central Government since 2002. Other revenue of Central Government does not include tariff, while vehicle purchasing tax has been included since 2003 (the same applies to the following tables). The data of 2012 has been adjusted in accordance with the statistic scope of public financial budget.

年 份 Year	#地方一般公共预算收入 General Public Budgetary Revenue of Local Government	基金预算收入 Budgetary Revenue from Funds	国有资本经营预算收入 State-owned Capital Operational Budgetary Revenue	#中央四税收入 Revenue from the 4 Taxes of Central Government	#地方一般公共预算支出 General Public Budgetary Expenditure of Local Government	政府性基金预算支出 Budgetary Expenditure from Governmental Funds	国有资本经营预算支出 State-owned Capital Operational Budgetary Expenditure
2013	16868717	16726787	659489	6765586	30589372	17353191	646772
2014	19220159	18412843	680138	7767125	33043884	18600130	663118
2015	21548276	16642130	905730	8759172	37919973	17531573	748848

注：2013年同期数已按一般公共预算口径作相应调整。

Note: The data of 2013 has been adjusted in accordance with the statistic scope of general public budget.

表6.2 财政收入占地区生产总值的比重（1994－2013年）
PERCENTAGE OF GOVERNMENT REVENUE TO GROSS DOMESTIC PRODUCT (1994-2013)

年 份 Year	财政收入 （亿元） Government Revenue (100 million yuan)	地区生产总值 （亿元） Gross Domestic Product (100 million yuan)	财政收入占本市 生产总值的比重（%） Percentage of Government Revenue to GDP (%)
1994	71.62	833.60	8.59
1995	83.77	1123.06	7.46
1996	94.27	1315.12	7.17
1997	118.06	1509.75	7.82
1998	133.89	1602.38	8.36
1999	140.29	1663.20	8.43
2000	163.24	1791.00	9.11
2001	196.18	1976.86	9.92
2002	269.46	2232.86	12.07
2003	341.28	2555.72	13.35
2004	462.96	3034.58	15.26
2005	581.19	3467.72	16.76
2006	742.17	3907.23	18.99
2007	1057.29	4676.13	22.61
2008	1290.18	5793.66	22.27
2009	1535.40	6530.01	23.51
2010	2975.12	7894.24	37.69
2011	3523.65	10011.37	35.20
2012	3726.84	11409.60	32.66
2013	4105.56	12656.69	32.44

表6.3 财政收入（2014－2015年）
GOVERNMENT REVENUE (2014-2015)

单位：万元 (10 000 yuan)

项　目	Item	2014	2015
一般公共预算收入	**Public Government Budget Revenue**	**19220159**	**21548276**
#市　级	Municipal Level	7416190	8163387
税收收入	Total Tax Revenue	12818300	14509282
增值税	Value-added Tax	1532904	1759246
营业税	Business Tax	4440908	4688240
企业所得税	Corporate Income Tax	1577211	1794248
个人所得税	Individual Income Tax	432419	503607
资源税	Resource Tax	97066	117633
城市维护建设税	City Maintenance and Construction Tax	743543	787924
房产税	House Property Tax	403655	524611
印花税	Stamp Tax	206839	205617
城镇土地使用税	Urban Land Use Tax	633560	1213096
土地增值税	Land Appreciation Tax	962163	943636
车船税	Tax on Vehicles and Boat Operation	83282	100295
耕地占用税	Farm Land Occupation Tax	382624	487986
契　税	Deed Tax	1289625	1344757
烟叶税	Tobacco Leaf Tax	32501	38386
非税收入	Total Non-tax Revenue	6401859	7038994
专项收入	Special Program Receipts	485298	1062737
行政性收费收入	Charge of Administrative and Institutional Units	3488619	3123814
罚没收入	Penalty Receipts	325041	396044
国有资源（资产）有偿使用收入	Income from Use of State-owned Resources (Assets)	1701918	2070449
其他收入	Other Revenue	400983	385950
基金预算收入	**Budgetary Revenue of Funds**	**18412843**	**16642130**
#新增建设用地土地有偿使用费	Land Use Fee for Additional Construction Land	250768	220162
国有土地使用权出让收入	Transferring Fee of Use Rights of State-owned Land	16650373	15529194
国有资本经营预算收入	**State-owned Capital Operational Budgetary Revenue**	**680138**	**905730**
中央四税收入	**Revenue from 4 Taxes of Central Government**	**7767125**	**8759172**
增值税收入	Revenue from VAT	3299061	3693003
消费税收入	Revenue from Consumption Tax	1400622	1482526
企业所得税收入	Revenue from Corporate Income Tax	2418818	2828228
个人所得税收入	Revenue from Individual Income Tax	648624	755415
其他中央收入	**Other Revenue of Central Government**	**924634**	**794554**
#车辆购置税	Vehicle Purchase Tax	742568	636946

注：其他中央收入不含关税。
Note: Other revenue of Central Government excludes tariff.

表6.4 财政支出（2014－2015年）
GOVERNMENT EXPENDITURE (2014-2015)

单位：万元 (10 000 yuan)

项 目	Item	2014	2015
一般公共预算支出	**General Public Budgetary Expenditure**	**33043884**	**37919973**
#市 级	Municipal Level	10079263	10852719
一般公共服务	Expenditure for General Public Services	2882680	2701678
外交支出	Expenditure for Foreign Affairs	1698	2615
国防支出	Expenditure for National Defense	68585	73998
公共安全	Expenditure for Public Security	1595637	2032900
教 育	Expenditure for Education	4699807	5362416
科学技术	Expenditure for Science and Technology	381647	456689
文化体育与传媒	Expenditure for Culture, Sport and Media	360226	470116
社会保障和就业	Expenditure for Social Security and Employment Effort	5029361	5696345
医疗卫生与计划生育支出	Expenditure for Medical and Health Care, Family Planning	2463353	3139772
节能环保	Expenditure for Environment Protection	1055083	1407293
城乡社区事务	Expenditure for Urban and Rural Community Affairs	5777898	6278224
农林水事务	Expenditure for Agriculture, Forestry and Water Conservancy	2916154	3313253
交通运输	Expenditure for Transportation	2608682	2940572
资源勘探信息等支出	Expenditure for Affairs of Exploration, Power and Information	1476613	1934978
商业服务业等支出	Expenditure for Affairs of Commerce and Services	347877	419161
金融支出	Expenditure for Finance	97583	135063
援助其他地区支出	Expenditure for Other Regional Assistance	18911	18195
国土资源气象等事务	Expenditure for Affairs of Land and Weather	390227	371204
住房保障支出	Expenditure for Affairs of Housing Security	643858	858973
粮油物资储备支出	Expenditure for Affairs of Management of Grain & Oil Resources	103986	133883
债务付息支出	Interest Payment of Debts	87102	130256
其他支出	Other Expenditure	36916	43000
政府性基金预算支出	**Governmental Fund Budgetary Expenditure**	**18600130**	**17531573**
#文化体育与传媒	Expenditure for Culture, Sport and Media	23274	4014
社会保障和就业	Expenditure for Social Security and Employment Effort	100835	153622
城乡社区事务	Expenditure for Urban and Rural Community Affairs	17373823	16019547
农林水事务	Expenditure for Agriculture, Forestry and Water Conservancy	451517	1045753
交通运输	Expenditure for Transportation	499662	77421
资源勘探信息等支出	Expenditure for Affairs of Exploration, Power and Information	6562	14792
国有资本经营预算支出	**State-owned Capital Operational Budgetary Expenditure**	**663118**	**748848**

表6.5 国税和地税税收收入（1996－2015年）
REVENUE FROM NATIONAL AND LOCAL TAXATION (1996-2015)

单位：万元 (10 000 yuan)

年 份 Year	国税税收收入 Revenue from National Taxation	其 中 of which #增值税 Value-added Tax	#消费税 Consumption Tax	地税税收收入 Revenue from Local Taxation	其 中 of which #营业税 Business Tax	#企业所得税 Corporate Income Tax	#个人所得税 Individual Income Tax
1996	611211	455912	92966	266489	130952	33616	17748
1997	645914	489770	108411	324758	155607	47121	29468
1998	715077	529607	123846	382948	195747	41808	42562
1999	881410	692354	120696	436999	218101	52873	54910
2000	929759	680489	144660	500530	243476	68614	72133
2001	1128638	795789	164879	602387	278516	97553	105450
2002	1295409	915425	193646	732964	367458	91953	120326
2003	1559085	1112204	217868	894415	466393	100102	148386
2004	1900477	1366125	257385	1115549	585415	125572	168282
2005	2139060	1525267	278540	1356424	702018	152846	203950
2006	2559190	1803377	346133	1660513	858693	181691	224558
2007	3261800	2240634	424683	2245537	1171243	233743	308283
2008	3922674	2658088	489991	2861162	1450449	319964	386364
2009	4411106	2892068	610367	3461226	1855471	334508	504270
2010	6084441	3612557	855149	5586777	2424494	531854	649130
2011	7244401	3929354	888068	8197820	3439157	834238	869476
2012	7834154	4232685	1027334	8961259	3680459	827224	823474
2013	9129810	4937562	1249298	10247289	4231794	1000961	938227
2014	10781244	5847262	1403446	11530080	4439832	1175547	1080974
2015	11881783	6394495	1488306	12932781	4688241	1222111	1258985

注：国税收入对外公布数据从2001年起均包含车辆购置税，故对以前年度数据进行了调整。
Note: The released data of national taxation has included vehicle purchasing tax since 2001, so the data of the previous years is adjusted.

表6.6 国税税收收入（2014－2015年）
REVENUE FROM NATIONAL TAXATION (2014-2015)

单位：万元 (10 000 yuan)

项 目	Item	2014	2015
税收收入合计	**Total Revenue from Taxation**	**10781244**	**11881783**
按税种分	**By Tax Category**		
增值税收入	Value-added Tax	5847262	6394495
#一般纳税人	General Taxpayer	4584376	5167102
消费税收入	Consumption Tax	1403446	1488306
企业所得税	Corporate Income Tax	2787896	3362002
内 资	Domestic Enterprise	1737570	2105685
外 资	Foreign-Funded Enterprise	1050326	1256317
个人所得税	Individual Income Tax	74	36
城市维护建设税	City Maintenance and Construction Tax		
车辆购置税	Vehicle Purchasing Tax	742566	636944
按行业分	**By Sector**		
第一产业	Primary Industry	6687	5510
第二产业	Secondary Industry	6261044	6758332
工 业	Industry	6223707	6697236
建筑业	Construction	37337	61096
第三产业	Tertiary Industry	4513513	5117941
交通运输仓储及邮政业	Transport, Storage and Post	226386	232915
批发和零售业	Wholesale and Retail Trades	1788375	2233136
金融业	Financial Intermediation	769513	954544
信息传输、计算机服务和软件业	Information Transmission, Computer Services and Software	118021	169102
住宿和餐饮业	Hotel and Catering Services	4026	5160
文化、体育和娱乐业	Culture, Sports and Entertainment	11675	11188
租赁和商务服务业	Leasing and Business Services	184791	237407
房地产业	Real Estate	513952	481714
其他行业	Other Trades	896774	792775

表6.7 按企业类型分的国税税收收入（2015年）
REVENUE FROM NATIONAL TAXATION BY STATUS OF REGISTRATION (2015)

单位：万元 (10 000 yuan)

项　目	Item	合　计 Total	内资企业 Domestic-funded				
			国有企业 State-owned	集体企业 Collective-owned	股份合作企业 Cooperative	联营企业 Joint Ownership	股份公司 Share-holding corporations
总　计	**Total**	**11881783**	**1628979**	**15970**	**12432**	**3566**	**4828405**
增值税收入	Value-added Tax	6394495	953678	15518	12086	2366	2467793
消费税收入	Consumption Tax	1488306	433291	6	137	1	670264
营业税	Business Tax						
企业所得税	Corporate Income Tax	3362002	241270	367	96	1197	1682321
个人所得税	Individual Income Tax	36					
资源税	Resource Tax						
固定资产投资方向调节税	Fixed Asset Investment Regulation Tax						
城市维护建设税	City Maintenance and Construction Tax						
车辆购置税	Vehicle Purchasing Tax	636944	740	79	113	2	8027

表6.7　续表 continued

项　目	Item	内资企业 Domestic-funded		港澳台投资企业 Funds from Hong Kong, Macao & Taiwan	外商投资企业 Foreign-funded	个体经营 Self-employed Individuals	附：乡镇企业 Township Enterprises
		私营企业 Private	其他企业 Others				
总　计	**Total**	**970961**	**91971**	**617260**	**3036022**	**676217**	
增值税收入	Value-added Tax	789210	30412	278184	1738440	106808	
消费税收入	Consumption Tax	3326		2238	377857	1186	
营业税	Business Tax						
企业所得税	Corporate Income Tax	176107	4327	336772	919545		
个人所得税	Individual Income Tax					36	
资源税	Resource Tax						
固定资产投资方向调节税	Fixed Asset Investment Regulation Tax						
城市维护建设税	City Maintenance and Construction Tax						
车辆购置税	Vehicle Purchasing Tax	2318	57232	66	180	568187	

表6.8 地税税收收入（2014－2015年）
REVENUE FROM LOCAL TAXATION (2014-2015)

单位：万元 (10 000 yuan)

项　目	Item	2014	2015
税收收入合计	**Total**	**11530080**	**12932781**
#中央级	Central Government	1353911	1488657
重庆市级	Chongqing Municipal Government	3436326	3778261
区县级	District and County Governments	6739843	7665863
按税种分	**By Tax Category**	**11530080**	**12932781**
营业税	Business Tax	4439832	4688241
企业所得税	Corporate Income Tax	1175547	1222111
个人所得税	Individual Income Tax	1080974	1258985
资源税	Resource Tax	97066	117633
固定资产投资方向调节税	Fixed Asset Investment Regulation Tax		
城市维护建设税	City Maintenance and Construction Tax	742415	787431
房产和城市房地产税	House Property and Urban Real Estate Tax	403653	524612
印花税	Stamp Tax	206838	205616
城镇土地使用税	Urban Land Use Tax	633560	1213096
土地增值税	Land Appreciation Tax	962164	943636
车船税	Tax on Vehicles and Boat Operation	83280	100291
屠宰税	Slaughter Tax		
烟叶税	Tobacco Leaf Tax	32501	38386
耕地占用税	Farm Land Occupation Tax	382624	487985
契　税	Deed Tax	1289626	1344758
按行业分	**By Sector**	**11530080**	**12932781**
第一产业	Primary Industry	17055	29054
第二产业	Secondary Industry	3038830	3487233
工　业	Industry	1294596	1353326
建筑业	Construction	1744234	2133907
第三产业	Tertiary Industry	8474195	9416494
交通运输仓储及邮政业	Transport, Storage and Post	219579	202585
批发和零售业	Wholesale and Retail Trades	423311	464364
金融业	Financial Intermediation	1516314	1944875
信息传输、计算机服务和软件业	Information Transmission, Computer Services and Software	133258	119435
住宿和餐饮业	Hotel and Catering Services	141890	133140
文化、体育和娱乐业	Culture, Sports and Entertainment	27197	33346
租赁和商务服务业	Leasing and Business Services	682297	1027960
房地产业	Real Estate	4325445	4157019
其他行业	Other Trades	1004904	1333770

表6.9 按企业类型分的地税税收收入（2015年）
REVENUE FROM LOCAL TAXATION BY STATUS OF REGISTRATION (2015)

单位：万元 (10 000 yuan)

项　目	Item	合　计 Total	内资企业 Domestic-funded 国有企业 State-owned	集体企业 Collective-owned	股份合作企业 Cooperative	联营企业 Joint Ownership	股份公司 Share-holding corporations
总　计	**Total**	**12932781**	**923800**	**60252**	**24544**	**19435**	**8267787**
营业税	Business Tax	4688241	322540	29616	13047	3424	3062303
企业所得税	Corporate Income Tax	1222111	64775	12264	1802	3726	896608
个人所得税	Individual Income Tax	1258985	112835	5836	3288	646	657345
资源税	Resource Tax	117633	26363	952	66	576	69275
固定资产投资方向调节税	Fixed Asset Investment Regulation Tax						
城市维护建设税	City Maintenance and Construction Tax	787431	125898	3221	1944	564	397341
房产和城市房地产税	House Property and Urban Real Estate Tax	524612	42649	2442	1045	826	319079
印花税	Stamp Tax	205616	20895	518	779	585	108419
城镇土地使用税	Urban Land Use Tax	1213096	91643	1874	848	1825	949180
土地增值税	Land Appreciation Tax	943636	8944	2852	1235	459	598040
车船税	Tax on Vehicles and Boat Operation	100291	29	51	1		97172
屠宰税	Slaughter Tax						
烟叶税	Tobacco Leaf Tax	38386	38386				
耕地占用税	Farm Land Occupation Tax	487985	43467	2	12	582	282903
契　税	Deed Tax	1344758	25376	624	477	6222	830122

表6.9　续表 continued

项　目	Item	内资企业 Domestic-funded 私营企业 Private	其他企业 Others	港澳台投资企业 Funds from Hong Kong, Macao & Taiwan	外商投资企业 Foreign-funded	个体经营 Self-employed Individuals	附：乡镇企业 Township Enterprises
总　计	**Total**	**1498135**	**613146**	**556200**	**495091**	**474391**	
营业税	Business Tax	667497	117670	195905	145759	130480	
企业所得税	Corporate Income Tax	201658	38311	139	2828		
个人所得税	Individual Income Tax	102705	126736	41626	75659	132309	
资源税	Resource Tax	13138	1282	1602	1406	2973	
固定资产投资方向调节税	Fixed Asset Investment Regulation Tax						
城市维护建设税	City Maintenance and Construction Tax	95754	9227	26248	113988	13246	
房产和城市房地产税	House Property and Urban Real Estate Tax	47366	18659	30101	27638	34807	
印花税	Stamp Tax	23476	7923	8591	32043	2387	
城镇土地使用税	Urban Land Use Tax	60828	43432	34174	27797	1495	
土地增值税	Land Appreciation Tax	115221	67888	89126	40696	19175	
车船税	Tax on Vehicles and Boat Operation	377	8	12	2406	235	
屠宰税	Slaughter Tax						
烟叶税	Tobacco Leaf Tax						
耕地占用税	Farm Land Occupation Tax	4195	153463	39	43	3279	
契　税	Deed Tax	165920	28547	128637	24828	134005	

重/庆/统/计/年/鉴

主要统计指标解释

■ 财政收入

指国家财政参与社会产品分配所取得的收入，是实现国家职能的财力保证。主要包括：

（1）各项税收：包括国内增值税、国内消费税、进口货物增值税和消费税、出口货物退增值税和消费税、营业税、企业所得税、个人所得税、资源税、城市维护建设税、房产税、印花税、城镇土地使用税、土地增值税、车船税、船舶吨税、车辆购置税、关税、耕地占用税、契税、烟叶税等。

（2）非税收入：包括专项收入、行政事业性收费、罚没收入和其他收入。

■ 财政支出

指国家财政将筹集起来的资金进行分配使用，以满足经济建设和各项事业的需要。主要包括：

（1）一般公共服务：指政府提供基本公共管理与服务的支出，包括人大事务、政协事务、政府办公厅（室）及相关机构事务、发展与改革事务、统计信息事务、财政事务、税收事务、审计事务、海关事务、人力资源事务、纪检监察事务、人口与计划生育事务、商贸事务、知识产权事务、工商行政管理事务、国土资源事务、海洋管理事务、测绘事务、地震事务、气象事务、民族事务、宗教事务、港澳台侨事务、档案事务、共产党事务、民主党派事务及工商联事务、群众团体事务、彩票事务等。

（2）外交：指政府外交事务支出，包括外交行政管理、驻外机构、对外援助、国际组织、对外合作与交流、边界勘界联检等方面的支出。

（3）国防：指政府用于国防方面的支出，包括用于现役部队、预备役部队、民兵、国防科研事业、专项工程、国防动员等方面的支出。

（4）公共安全：指政府维护社会公共安全方面的支出，包括武装警察、公安、国家安全、检察、法院、司法行政、监狱、劳教、国家保密、缉私警察等。

（5）教育：指政府教育事务支出，包括教育行政管理、学前教育、小学教育、初中教育、普通高中教育、普通高等教育、初等职业教育、中专教育、技校教育、职业高中教育、高等职业教育、广播电视教育、留学生教育、特殊教育、干部继续教育、教育机关服务等。

（6）科学技术：指用于科学技术方面的支出，包括科学技术管理事务、基础研究、应用研究、技术研究与开发、科技条件与服务、社会科学、科学技术普及、科技交流与合作等。

（7）文化教育与传媒：指政府在文化、文物、体育、广播影视、新闻出版等方面的支出。

（8）社会保障和就业：指政府在社会保障与就业方面的支出，包括社会保障和就业管理事务、民政管理事务、财政对社会保险基金的补助、补充全国社会保障基金、行政事业单位离退休、企业改革补助、就业补助、抚恤、退役安置、社会福利、残疾人事业、城市居民最低生活保障、其他城镇社会救济、农村社会救济、自然灾害生活救助、红十字事务等。

（9）医疗卫生：指政府医疗卫生方面的支出，包括医疗卫生管理事务支出、医疗服务支出、医疗保障支出、疾病预防控制支出、卫生监督支出、妇幼保健支出、农村卫生支出等。

（10）环境保护：指政府环境保护支出，包括环境保护管理事务支出、环境监测与监察支出、污染治理支出、自然生态保护支出、天然林保护工程支出、退耕还林支出、风沙荒漠治理支出、退牧还草支出、已垦草原退耕还草、能源节约利用、污染减排、可再生能源和资源综合利用等支出。

（11）城乡社区事务：指政府城乡社区事务支出，包括城乡社区管理事务支出、城乡社区规划与管理支出、城乡社区公共设施支出、城乡社区住宅支出、城乡社区环境卫生支出、建设市场管理与监督支出等。

（12）农林水事务：指政府农林水事务支出，包括农业支出、林业支出、水利支出、扶贫支出、农业综合开发支出等。

（13）交通运输：指政府交通运输和邮政业方面的支出，包括公路运输支出、水路运输支出、铁路运输支出、民用航空运输支出、邮政业支出等。

主要统计指标解释

（14）工业商业金融等事务：指政府对工业、商业及金融等方面的支出，包括采掘业支出、制造业支出、建筑业支出、工业和信息产业监管支出、国有资产监管支出、商业流通事务支出、金融业监管支出、旅游业管理与服务支出等。

中央财政收入和地方财政收入

指按现行分税制财政体制划分的中央本级收入和地方本级收入。属于中央财政的收入包括关税，进口货物增值税和消费税，出口货物退增值税和消费税，消费税，铁道部门、各银行总行、各保险公司总公司等集中交纳的营业税和城市维护建设税，增值税75%部分，纳入共享范围的企业所得税60%部分，未纳入共享范围的中央企业所得税、中央企业上交的利润，个人所得税60%部分，车辆购置税，船舶吨税，证券交易印花税97%部分，海洋石油资源税，中央非税收入等。属于地方财政的收入包括营业税（不含铁道部门、各银行总行、各保险公司总公司集中交纳的营业税），地方企业上交利润，城市维护建设税（不含铁道部门、各银行总行、各保险公司总公司集中交纳的部分），房产税，城镇土地使用税，土地增值税，车船税，耕地占用税，契税，烟叶税，印花税，增值税25%部分，纳入共享范围的企业所得税40%部分，个人所得税40%部分，证券交易印花税3%部分，海洋石油资源税以外的其他资源税，地方非税收入等。

中央财政支出和地方财政支出

指根据政府在经济和社会活动中的不同职责，划分中央和地方政府的责权，按照政府的责权划分确定的支出。中央财政支出包括一般公共服务，外交支出，国防支出，公共安全支出，以及中央政府调整国民经济结构、协调地区发展、实施宏观调控的支出等。地方财政支出包括一般公共服务，公共安全支出，地方统筹的各项社会事业支出等。

Explanatory Notes on Main Statistical Indicators

Government Revenue

Refers to income for the government finance through participating in the distribution of social products. It is the financial guarantee to ensure government functioning. The contents of government revenue include the following main items:

(I) Various tax revenues, including domestic value added tax (VAT), domestic consumption tax, VAT and consumption tax from imports, VAT and consumption tax rebate for exports, business tax, corporate income tax, individual income tax, resource tax, city maintenance and construct tax, house property tax, stamp tax, urban land use tax, land appreciation tax, tax on vehicles and boat operation, ship tonnage tax, vehicle purchase tax, tariffs, farm land occupation tax, deed tax, and tobacco leaf tax, etc.

(II) Non-tax revenue, including special program receipts, charge of administrative and institutional units, penalty receipts and others non-tax receipts.

Government Expenditure

Refers to the distribution and use of the funds which the government finance has raised, so as to meet the needs of economic construction and various causes. It includes the following main items:

(I) Expenditure for general public services: It refers to the spending on the basic public management and services which provided by governments, including the expense on affairs of People's Congress, affairs of People's Political Consultative Conference, affairs of government general office and relative institutions, affairs of development and reform, affairs of statistics, affairs of finance, affairs of taxation, affairs of audit, affairs of customs, affairs of human resources and social security, affairs of discipline inspection and supervision, affairs of population and family planning, affairs of commerce and trade, affairs of intellectual property, affairs of administration for industry and commerce, affairs of land and resources, affairs of oceanic administration, affairs of surveying and mapping, affairs of earthquake, ethnic affairs, religious affairs, affairs of Hong Kong, Macao, Taiwan, and Overseas Chinese, affairs of archives administration, affairs of Chinese Communist Party, affairs of democratic parties and federation of industry and commerce, affairs of mass organization, and affairs of lottery, etc.

(II) Expenditure for foreign affairs: It refers to the spending of government on foreign affairs, including the expense on administration of foreign affairs, missions overseas, external assistance, international organizations, foreign cooperation and communication, surveying and joint inspection on borderline, etc.

(III) Expenditure for national defence: It refers to the spending of government on national defence, including the expense on active force, reserve force, militia, scientific research on national defence, special projects, mobilization of national defence, etc.

(IV) Expenditure for public security: It refers to the spending of government on maintaining social and public security, including the expense on armed police force, public security, state security, prosecution, courts, justice, prison, labour education and rehabilitation, protection of state secrecy, anti-smuggling police, etc.

(V) Expenditure for education: It refers to the spending of government on education, including the expense on the administration of education, pre-primary education, primary education, secondary education, high school education, regular higher education, primary vocational education, secondary vocational education, technical school education, vocational high school education and higher vocational education, radio and television education, student abroad education, special education, on the job training of cadres, education authorities services, etc.

(VI) Expenditure for science and technology: It refers to the spending of government on science and technology (S&T), including the expense on the administration of S&T, basic research, applied research, research and development, conditions and services of S&T, popularization of social science, science and technology, exchanges and cooperation of S&T, etc.

(VII) Expenditure for culture, sport and media: It refers to the spending of government on culture, cultural heritage, sports, radio, film, television, press and publication, etc.

(VIII) Expenditure for social safety net and employment effort: It refers to the spending of government on social safety net and employment, including the expense on administration of social safety net and employment, civil affairs, budgetary subsidy on the social insurance funds, subsidy on National Social Security Fund, retirees of administrative units and institutions, subsidy on enterprise reform, subsidy on employment effort, pension, placement of ex-serviceman, social welfare, the handicapped undertakings, the system of cost of living allowances for urban residents, other urban social relief, rural social relief, living relief of natural disasters, affairs of Red Cross Society, etc.

(IX) Expenditure for medical and health care: It refers to the spending of government on medical and health care, including the expense on administration of medical and health care, medical services, health care, disease prevention and control, health inspection and supervision, women and children's health, rural health care, etc.

(X) Expenditure for environment protection: It refers to the spending of government on environment protection, including the expense on administration of environment protection, environment monitoring and supervision, pollution control, natural ecology protection, project of virgin forests protection, reforesting farmland, controlling the sources of dust storms, returning pastureland to grassland, returning pastureland to grassland, returning cultivated land to grassland, energy conservation, emissions reduction, comprehensive utilization of renewable energy and resources, etc.

(XI) Expenditure for urban and rural community affairs: It refers to the spending of government on urban and rural community affairs, including the expense on administration of urban and rural community, planning and management of urban and rural community, public facilities of urban and rural community, housing of urban and rural community, sanitation of urban and rural community, management and supervision on the construction market, etc.

(XII) Expenditure for agriculture, forestry and water conservancy: It refers to the spending of government on agriculture, forestry and water conservancy, including the expense on agriculture, forestry, water conservancy, poverty alleviation, comprehensive agricultural development, etc.

(XIII) Expenditure for transportation: It refers to the spending of government on transportation and postal services, including the expense on road transportation, waterway transportation, railway transportation, civil aviation transportation, and postal services.

(XIV) Expenditure for industry, commerce and banking: It refers to the spending of government on industry, commerce and banking, including the expense on mining, manufacturing, construction, industry and information technology supervision and administration, State-owned assets supervision and administration, commerce and circulation affairs, financial intermediation supervision and administration, tourism administration and service, etc.

□ Revenue of the Central Government and Revenue of the Local Governments

Refers to the revenue collected by the Central Government and that by the local governments as defined by the decentralized taxation system. In accordance with this system, the revenue of the Central Government includes tariff, VAT and consumption tax from imports, VAT and consumption tax rebate for exports, consumption tax, business tax and city maintenance and construct tax from the Ministry of Railways, head offices of banks, head offices of insurance company, which are handed over to the government in a centralized way, 75% of the value added tax, 60% the share part of the corporate income tax, unshared part of corporate income tax of the central enterprises, profit handed in by the central enterprises, 60% of individual income tax, vehicle purchase tax, ship tonnage tax, 97% of stamp tax on securities transactions, resource tax on the offshore petroleum resources. The revenue of the local governments includes business tax (excluding the part of the Ministry of Railways, head offices of banks, head offices of insurance company, which are handed over to the government in a centralized way), profit handed in by the local enterprises, city maintenance and construct tax (excluding the part of the Ministry of Railways, head offices of banks, head offices of insurance company, which are handed over to the government in a centralized way), house property tax, urban land use tax, land appreciation tax, tax on vehicles and boat operation, farm land occupation tax, deed tax, and tobacco leaf tax, stamp tax, 25% of the value added tax, 40% the share part of the corporate income tax, 40% of individual income tax, 3% of stamp tax on securities transactions, resource tax other than the tax on offshore petroleum resources, local non-tax revenue, etc.

□ Revenue of the Central Government and Expenditure of the Local Governments

According to the different functions of the Central Government and local governments in economic and social activities, the rights of affairs administration are demarcated between those of the Central Government and those of local governments; and the classification of the expenditure between the Central Government and local governments are made on the basis of the classification of the rights of affairs administration between them. The expenditure of the Central Government includes the expenditure for general public services, expenditure for foreign affairs, expenditure for public security, and the expenditure of the Central Government for adjusting the national economic structure; coordinating the development among different regions; and exercising macroeconomic regulation. The expenditure of the local governments includes mainly the expenditure for general public services, expenditure for public security, and expenditures for social development which are planned by local governments, etc.

第 7 章

人民生活与物价

PEOPLE'S LIVING CONDITIONS AND PRICE OF GOODS

简要说明
BRIEF INTRODUCTION

本章资料反映全市城乡居民生活状况，主要内容包括城乡居民家庭基本情况、恩格尔系数、住户存款、年收入支出及其构成、主要商品购买数量、耐用消费品的拥有量，以及居民消费价格指数、商品零售价格指数、工业生产者价格指数、固定资产投资价格指数、住宅销售价格指数等。居民住户调查资料是抽样调查汇总的结果，价格调查是一种非全面调查，采用重点调查和典型调查相结合的方法。

城镇常住居民和农村常住居民生活状况和价格调查的数据来源于国家统计局重庆调查总队。城乡居民物质生活情况和居民储蓄由市统计局综合处整理编辑。

The data in this chapter present the living conditions of the urban and rural households in Chongqing, including basic conditions of urban and rural households, Engle's coefficient, saving deposits, annual income & expenditure and their compositions, purchases of major commodities, possession of durable consumer goods, as well as consumer price indices, retail price indices, purchasing price index, price indices of investment in fixed assets and price index of residential real estate sales, etc. The data of urban and rural households are the results of sample survey, while price survey is an incomplete survey, where the main unit survey and typical survey are combined.

The data about the living conditions of urban and rural residents and price survey are provided by NBS Survey Office in Chongqing. The data of material & cultural life and saving deposits of urban & rural residents are sorted and compiled by Division of Comprehensive Statistics, Chongqing Municipal Bureau of Statistics.

表7.1 城乡居民物质文化生活情况（2014－2015年）
MATERIAL AND CULTURAL LIFE OF URBAN & RURAL RESIDENTS (2014-2015)

指　标	Item	2014	2015
就　业	**Employment**		
每一城镇常住劳动力负担人数（人）	Number of Dependents per Urban Employee (person)	1.38	1.36
每一农村常住劳动力负担人数（人）	Number of Dependents per Rural Laborer (person)	1.47	1.44
城镇登记失业率（%）	Registered Urban Unemployment Rate (%)	3.46	3.60
收入和支出	**Income and Expenditure**		
城镇非私营单位在岗职工平均工资（元）	Annual Average Wage of On-Post Staff and Workers of Urban Non-private Units (yuan)	56852	62091
城镇常住居民人均可支配收入（元）	Annual per Capita Disposable Income of Urban Households (yuan)	25147	27239
农民常住居民人均可支配收入（元）	Annual per Capita Net Income of Rural Households (yuan)	9490	10505
城镇常住居民人均消费性支出（元）	Annual per Capita Consumption Expenditure of Urban Households (yuan)	18279	19742
农村常住居民人均生活消费支出（元）	Annual per Capita Living Expenditure of Rural Households (yuan)	7983	8938
城镇常住居民家庭恩格尔系数（%）	Engle's Coefficient of Urban Households (%)	34.5	33.6
农村常住居民家庭恩格尔系数（%）	Engle's Coefficient of Rural Households (%)	40.5	40.0
人均住户存款（元）	Per Capita Saving Deposits of Residents (yuan)		36204
住　房	**Housing**		
城镇常住居民人均住房建筑面积（平方米）	Per Capita Residential Floor Space of Urban Residents (sq.m)	35.63	35.16
农村常住居民人均住房建筑面积（平方米）	Per Capita Living Space of Rural Residents (sq.m)	54.13	52.17
交通邮电	**Transport, Postal and Telecommunication Services**		
人均道路面积（平方米）	Per Capita Area of Paved Roads (sq.m)	11.25	11.50
平均每百人拥有移动电话（部）	Number of Mobile Telephones Owned per 100 Persons (unit)	86.58	92.45
每人平均交寄函件（件）	Number of Letters Mailed Per Capita (unit)	1.57	1.03
城市公用事业	**City Public Utilities**		
用水普及率（%）	Percentage of Population with Access to Tap Water (%)	95.80	96.55
燃气普及率（%）	Percentage of Population with Access to Gas (%)	93.73	94.64
人均公共绿地面积（平方米）	Per Capita Public Green Area (sq.m)	16.54	16.10
教　育	**Education**		
学龄儿童入学率（%）	Enrollment Ratio of School-Aged Children (%)	99.99	99.99
每万人口中在校大学生（人）	Number of Undergraduates Per 10 000 Population (person)	302	308
文　化	**Culture**		
每百户城镇常住家庭拥有彩色电视机（台）	Number of Color TV Sets Per 100 Urban Households (unit)	131.75	129.76
每百户农村常住家庭拥有彩色电视机（台）	Number of Color TV Sets Per 100 Rural Households (unit)	110.51	111.26
广播人口覆盖率（%）	Rate of Radio Broadcast Coverage of the Population (%)	98.44	98.62
电视人口覆盖率（%）	Rate of TV Coverage of the Population (%)	98.95	99.07
卫　生	**Public Health**		
每万人拥有医院、卫生院病床（张）	Number of Beds of Hospitals and Health Centers Per 10 000 Population (bed)	44.06	48.75
每万人拥有执业（助理）医师（人）	Number of Licensed (Assistant) Doctors Per 10 000 Population (person)	17.19	18.10

表7.2 个人存款年末余额（1980－2015年）

YEAR-END SAVINGS DEPOSIT OF RMB OF HOUSEHOLDS (1980-2015)

年份 Year	个人储蓄存款年末余额（亿元） Year-end Savings Deposit of RMB of Households (100 million yuan)	其中 of which 定期 Time Deposits	活期 Demand Deposits	人均个人储蓄存款余额（元） Per Capita Balance of Savings Deposit of RMB (yuan)
1980	6.22			23
1981	8.35			31
1982	10.56			39
1983	13.34			49
1984	18.39			67
1985	25.41			92
1986	34.79			124
1987	44.46			156
1988	50.50	40.65	9.85	176
1989	68.17	55.75	12.42	235
1990	92.17	77.63	14.54	316
1991	121.95	103.36	18.59	415
1992	154.45	128.64	25.81	523
1993	198.05	160.51	37.54	668
1994	285.40	231.23	54.17	956
1995	401.45	331.09	70.36	1337
1996	500.71	403.84	96.87	1656
1997	580.67	454.04	126.63	1908
1998	724.54	552.72	171.82	2368
1999	909.10	672.96	236.14	2959
2000	1085.36	774.38	310.98	3511
2001	1317.17	929.37	387.80	4252
2002	1595.01	1082.90	512.11	5122
2003	1896.56	1265.52	631.04	6059
2004	2189.73	1469.99	719.74	6964
2005	2545.85	1740.13	805.72	8033
2006	2949.05	1999.88	949.17	9219
2007	3228.15	2099.55	1128.60	9978
2008	3988.96	2640.70	1348.26	12247
2009	4908.68	3060.01	1848.67	14986
2010	5839.66	3475.19	2364.47	17677
2011	6990.25	4106.17	2708.61	20993
2012	8361.64	4996.24	3166.45	25009
2013	9622.31	5735.53	3693.17	28651
2014	10774.12	6422.07	3845.29	31921

年份 Year	住户存款 Savings deposit of RMB of households	其中 of which 定期及其他存款 Time deposits and other deposits	活期 Demand Deposits	人均住户存款 Per Capita Saving Deposits of RMB of Residents (yuan)
2015	12207.28	7968.14	4239.15	36204

注：因人民银行统计口径调整，2015年前起取消个人储蓄存款统计项，新建立了住户存款项目，下设活期存款、定期及其他存款两个分项。

Note: Due to the changes of the PBoC's statistical indicators, two sub-items including demand deposits, time deposits and other deposits were built under the item of savings deposit of RMB of households since 2015.

表7.3 城乡居民家庭人均收入及恩格尔系数（1978－2012年）

PER CAPITA ANNUAL INCOME AND ENGLE'S COEFFICIENT OF URBAN AND RURAL HOUSEHOLDS (1978-2012)

年份 Year	城镇居民家庭人均可支配收入 Per Capita Annual Disposable Income of Urban Households		农村居民家庭人均纯收入 Per Capita Annual Net Income of Rural Households		城镇居民家庭恩格尔系数（%）Engle's Coefficient of Urban Households (%)	农村居民家庭恩格尔系数（%）Engle's Coefficient of Rural Households (%)
	绝对数（元）Value (yuan)	指数（2007=100）Index（2007=100）	绝对数（元）Value (yuan)	指数（1978=100）Index（1978=100）		
1978			126.01	100.0		74.0
1979			150.18	119.2		72.9
1980			163.33	129.6		68.1
1985			325.24	258.1		63.9
1986			358.86	284.8		63.4
1987			385.82	306.2		62.2
1988			457.54	363.1		60.5
1989			510.09	404.8		61.7
1990			586.73	465.6		63.6
1991			628.89	499.1		63.8
1992			677.46	537.6		62.8
1993			748.08	593.7		61.3
1994			1018.24	808.1		63.5
1995			1270.41	1008.2		64.7
1996			1479.05	1173.8		63.2
1997			1692.36	1343.0		65.8
1998			1801.17	1429.4		61.3
1999			1835.54	1456.7		60.7
2000			1892.44	1501.8		53.6
2001			1971.18	1564.3		54.1
2002			2097.58	1664.6		55.8
2003			2214.55	1757.4		52.5
2004			2510.41	1992.2		56.0
2005			2809.32	2229.4		52.8
2006			2873.83	2280.6		52.2
2007	12590.78	100.0	3509.29	2784.9	37.2	54.5
2008	14367.55	114.1	4126.21	3274.5	39.6	53.3
2009	15748.67	125.1	4478.35	3554.0	37.7	49.1
2010	17532.43	139.2	5276.66	4187.5	37.6	48.3
2011	20249.70	160.8	6480.41	5142.8	39.1	46.8
2012	22968.14	182.4	7383.27	5859.3	41.5	44.2

表7.4 居民人均收支及恩格尔系数（2013–2015年）
PER CAPITA RESIDENTS INCOME AND EXPENDITURE AND ENGLE COEFFICIENT (2013-2015)

年 份 Year	居民人均可支配收入（元） Per Capita Annual Disposable Income（yuan）			居民人均消费支出（元） Per Capita Annual Living Expenditure (yuan)			恩格尔系数（%） Engle Coefficient (%)		
	全体居民 Total	城镇常住居民 Permanent Urban Residents	农村常住居民 Permanent Rural Residents	全体居民 Total	城镇常住居民 Permanent Urban Residents	农村常住居民 Permanent Rural Residents	全体居民 Total	城镇常住居民 Permanent Urban Residents	农村常住居民 Permanent Rural Residents
2013	16569	23058	8493	12600	17124	6971	35.8	35.0	38.1
2014	18352	25147	9490	13811	18279	7983	36.0	34.5	40.5
2015	20110	27239	10505	15140	19742	8938	35.2	33.6	40.0

表7.5 居民家庭基本情况（2014–2015年）
BASIC CONDITIONS OF RESIDENT HOUSEHOLDS (2014-2015)

指 标	Item	2014	2015
平均每户常住人口（人）	**Average Permanent Population Per Household (person)**		
全体居民	Total Residents	2.94	2.99
城镇常住居民	Permanent Urban Residents	2.98	3.00
农村常住居民	Permanent Rural Residents	2.90	2.97
平均每户常住劳动力（人）	**Average Number of Full/Semi Permanent Laborers Per Household (person)**		
全体居民	Total Residents	2.07	2.14
城镇常住居民	Permanent Urban Residents	2.15	2.20
农村常住居民	Permanent Rural Residents	1.97	2.06
平均每户常住成员从业人数（人）	**Average Number of Permanent Employed Persons Per Household (person)**		
全体居民	Total Residents	1.73	1.74
城镇常住居民	Permanent Urban Residents	1.63	1.61
农村常住居民	Permanent Rural Residents	1.86	1.93
平均每人住房建筑面积（平方米）	**Per Capita Residential Floor Space (sq.m)**		
全体居民	Total Residents	43.66	42.41
城镇常住居民	Permanent Urban Residents	35.63	35.16
农村常住居民	Permanent Rural Residents	54.13	52.17

注：从2012年四季度起，国家统计局对分别进行的城乡住户调查实施了一体化改革，统一了城乡居民收入指标名称、分类和统计标准，建立了城乡统一的一体化住户调查制度（即《住户收支与生活状况调查》），本年鉴所载2013-2014年城乡住户收支与生活状况有关指标及数据资料均取自一体化改革后的住户调查。

Note: Starting from the 4th quarter of 2012, the NBS carried out the integrated reform on the urban and rural household survey, unified the index titles, categories and statistical standards of urban and rural residents income, and established the integrated urban and rural household survey system (Household Income & Expenditure and Living Conditions Survey). The indices and data concerning the urban and rural households income & expenditure and living conditions 2013-2014 herein are collected from the household survey after the integrated reform.

表7.6 全体居民人均可支配收入与现金可支配收入情况（2014–2015年）

PER CAPITA ANNUAL DISPOSABLE INCOME AND CASH DISPOSABLE INCOME OF HOUSEHOLDS（2014-2015）

单位：元 (yuan)

指 标	Item	2014	2015
可支配收入	**Per Capita Annual Disposable Income**	**18352**	**20110**
工资性收入	Income from Wages and Salaries	9889	10674
经营净收入	Income from Household Operations	2981	3315
第一产业	Primary Industry	1322	1427
第二产业	Secondary Industry	180	148
第三产业	Tertiary Industry	1479	1740
财产净收入	Income from Properties	1256	1367
转移净收入	Income from Transfers	4226	4754
#现金可支配收入	**Per Capita Cash Disposable Income**	**16915**	**18705**
现金工资性收入	Income from Wages and Salaries	9853	10626
现金经营净收入	Income from Household Operations	2539	2954
第一产业	Primary Industry	729	899
第二产业	Secondary Industry	200	167
第三产业	Tertiary Industry	1609	1888
现金财产净收入	Income from Properties	500	560
现金转移净收入	Income from Transfers	4023	4565

表7.7 全体居民人均收支构成情况（2014–2015年）

COMPOSITION OF PER CAPITA CASH INCOME AND CASH EXPENDITURE OF HOUSEHOLDS（2014-2015）

单位：%

指　标	Item	2014	2015
可支配收入（可支配收入=100）	**Composition of Per Capita Annual Disposable Income**	**100.0**	**100.0**
工资性收入	Income from Wages and Salaries	53.9	53.1
经营净收入	Income from Household Operations	16.2	16.5
财产净收入	Income from Properties	6.8	6.8
转移净收入	Income from Transfers	23.0	23.6
消费支出（消费支出=100）	**Composition of Per Capita Annual Consumption Expenditure**	**100.0**	**100.0**
食品烟酒	Food, Alcohol and Tobacco	36.0	35.2
衣　着	Clothing	9.2	8.8
居　住	Garments	18.5	18.1
生活用品及服务	Household Facilities, Articles and Services	7.1	7.0
交通通信	Transport, Post and Communication Services	10.7	11.5
教育文化娱乐	Educational, Cultural and Recreational Services	9.6	10.0
医疗保健	Medicine and Medical Service	7.0	7.4
其他用品及服务	Miscellaneous Commodities Services	1.9	1.9

表7.8 按收入五等份分组的全体居民家庭收入支出情况（2015年）

PER CAPITA ANNUAL INCOME AND EXPENDITURE OF HOUSEHOLDS BY INCOME QUINTILE (2015)

单位：元 (yuan)

指 标	Item	低收入户（20%） Low Income Households (20%)	中低收入户（20%） Lower Middle Income Households (20%)	中等收入户（20%） Middle Income Households (20%)	中高收入户（20%） Upper Middle Income Households (20%)	高收入户（20%） High Income Households (20%)
可支配收入	**Per Capita Annual Disposable Income**	**6221**	**11518**	**18109**	**26341**	**43661**
工资性收入	Income from Wages and Salaries	2477	4832	10119	14543	24545
经营净收入	Income from Household Operations	1848	3031	3040	3163	6059
财产净收入	Income from Properties	174	440	1134	1917	3662
转移净收入	Income from Transfers	1722	3215	3815	6718	9395
消费支出	**Per Capita Annual Living Expenditure for Consumption**	**7390**	**9997**	**13661**	**18646**	**29069**
食品烟酒	Food, Alcohol and Tobacco	2944	3891	5243	6638	8745
衣 着	Clothing	457	695	1222	1779	2862
居 住	Garments	1282	1735	2476	3512	5281
生活用品及服务	Household Facilities, Articles and Services	529	613	934	1259	2226
交通通信	Transport, Post and Communication Services	600	975	1241	2066	4372
教育文化娱乐	Educational, Cultural and Recreational Services	854	1116	1404	1757	2694
医疗保健	Medicine and Medical Service	617	824	911	1292	2160
其他用品及服务	Miscellaneous Commodities Services	106	147	230	344	729

表7.9 全体居民家庭人均主要食品消费量（2014–2015年）
PER CAPITA CONSUMPTION OF MAJOR FOODS BY HOUSEHOLDS（2014-2015）

单位：千克 (kg)

指　标	Item	2014	2015
粮　食（原粮）	**Grain (Unprocessed)**	**146.50**	**149.77**
蔬菜及菜制品	**Vegetables and Processed Products**	**129.28**	**135.23**
肉　类	**Meat, Poultry and Related Products**	**38.94**	**39.31**
猪　肉	Pork	33.52	33.67
牛　肉	Beef	1.26	1.26
羊　肉	Mutton	0.35	0.52
其他肉类及制品	Poultry	3.81	3.86
蛋类及蛋制品	**Eggs and Processed Products**	**9.12**	**10.14**
奶和奶制品	**Milk and Dairy Products**	**16.33**	**16.25**
水产品	**Aquatic Products**	**9.58**	**9.89**
油脂类	**Edible Oil**	**15.62**	**14.36**
干鲜水果类	**Fruits and Processed Products**	**37.14**	**39.63**

表7.10 全体居民家庭平均每百户年末耐用消费品拥有量（2014–2015年）

NUMBER OF DURABLE CONSUMER GOODS OWNED PER 100 HOUSEHOLDS AT YEAR-END（2014-2015）

指　标	Item	2014	2015
家用汽车（辆）	Automobile (unit)	12.38	15.39
摩托车（辆）	Motorcycle (unit)	25.99	27.31
洗衣机（台）	Washing Machine (unit)	84.16	86.57
电冰箱（柜）（台）	Refrigerator (unit)	93.31	95.74
微波炉（台）	Microwave Oven (unit)	41.86	42.94
彩色电视机（台）	Color TV Set (unit)	122.40	121.83
空　调（台）	Air Conditioner (unit)	106.29	115.54
热水器（台）	Water Heater (unit)	72.77	76.52
排油烟机（台）	Exhaust Fan (unit)	35.92	36.52
移动电话（部）	Mobile Telephone (set)	220.30	232.23
计算机（台）	Computer (unit)	46.24	49.31
健身器材（套）	Fitness Equipment (unit)	2.83	2.60

表7.11 城镇常住居民人均可支配收入与现金可支配收入情况（2014–2015年）

PER CAPITA ANNUAL DISPOSABLE INCOME AND CASH DISPOSABLE INCOME OF URBAN HOUSEHOLDS（2014-2015）

单位：元 (yuan)

指　标	Item	2014	2015
可支配收入	**Per Capita Annual Disposable Income**	**25147**	**27239**
工资性收入	Income from Wages and Salaries	15020	15936
经营净收入	Income from Household Operations	2658	2974
第一产业	Primary Industry	197	285
第二产业	Secondary Industry	258	192
第三产业	Tertiary Industry	2204	2497
财产净收入	Income from Properties	2026	2175
转移净收入	Income from Transfers	5443	6154
#现金可支配收入	**Per Capita Cash Disposable Income**	**23602**	**25639**
现金工资性收入	Income from Wages and Salaries	14963	15861
现金经营净收入	Income from Household Operations	2791	3109
第一产业	Primary Industry	113	180
第二产业	Secondary Industry	289	218
第三产业	Tertiary Industry	2390	2711
现金财产净收入	Income from Properties	690	770
现金转移净收入	Income from Transfers	5158	5900

表7.12 城镇常住居民人均收支构成情况（2014–2015年）

COMPOSITION OF PER CAPITA CASH INCOME AND CASH EXPENDITURE OF URBAN HOUSEHOLDS（2014-2015）

单位：%

指　标	Item	2014	2015
可支配收入	**Composition of Per Capita Annual Disposable Income**	**100.0**	**100.0**
工资性收入	Income from Wages and Salaries	59.7	58.5
经营净收入	Income from Household Operations	10.6	10.9
财产净收入	Income from Properties	8.1	8.0
转移净收入	Income from Transfers	21.6	22.6
消费支出	**Composition of Per Capita Annual Consumption Expenditure**	**100.0**	**100.0**
食品烟酒	Food, Liquor and Tobacco	34.5	33.6
衣　着	Clothing	10.3	9.8
居　住	Garments	19.3	18.6
生活用品及服务	Household Facilities, Articles and Services	7.1	6.9
交通通信	Transport, Post and Communication Services	11.0	12.1
教育文化娱乐	Educational, Cultural and Recreational Services	9.4	9.9
医疗保健	Medicine and Medical Service	6.5	7.1
其他用品及服务	Miscellaneous Commodities Services	2.0	2.0

表7.13 按收入五等份分组的城镇常住居民家庭收入支出情况（2015年）

PER CAPITA ANNUAL INCOME AND EXPENDITURE OF URBAN HOUSEHOLDS BY INCOME QUINTILE (2015)

单位：元 (yuan)

指　标	Item	低收入户（20%） Low Income Households（20%）	中低收入户（20%） Lower Middle Income Households（20%）	中等收入户（20%） Middle Income Households（20%）	中高收入户（20%） Upper Middle Income Households（20%）	高收入户（20%） High Income Households（20%）
可支配收入	**Per Capita Annual Disposable Income**	**12531**	**20486**	**26213**	**32979**	**50683**
工资性收入	Income from Wages and Salaries	7762	12740	15172	18868	28783
经营净收入	Income from Household Operations	1419	1947	1959	3380	7147
财产净收入	Income from Properties	867	1548	1946	2641	4504
转移净收入	Income from Transfers	2484	4251	7136	8090	10249
消费支出	**Per Capita Annual Living Expenditure for Consumption**	**12074**	**15081**	**18534**	**23501**	**33357**
食品烟酒	Food, Alcohol and Tobacco	4481	5655	6759	7484	9678
衣　着	Clothing	1103	1530	1736	2251	3448
居　住	Garments	2252	2934	3512	4231	6157
生活用品及服务	Household Facilities, Articles and Services	666	948	1318	1468	2819
交通通信	Transport, Post and Communication Services	1036	1323	1940	3269	5105
教育文化娱乐	Educational, Cultural and Recreational Services	1441	1550	1686	2381	2993
医疗保健	Medicine and Medical Service	927	877	1265	1892	2286
其他用品及服务	Miscellaneous Commodities Services	168	264	319	526	870

表7.14 城镇常住居民家庭人均主要食品消费量（2014–2015年）
PER CAPITA CONSUMPTION OF MAJOR FOODS BY URBAN HOUSEHOLDS（2014-2015）

单位：千克 (kg)

指　标	Item	2014	2015
粮　食（原粮）	**Grain (Unprocessed)**	**114.06**	**114.67**
蔬菜及菜制品	**Vegetables and Processed Products**	**134.80**	**135.66**
肉　类	**Meat, Poultry and Related Products**	**42.40**	**41.79**
猪　肉	Pork	34.27	33.74
牛　肉	Beef	1.98	1.89
羊　肉	Mutton	0.49	0.68
其他肉类及制品	Poultry	5.66	5.49
蛋类及蛋制品	**Eggs and Processed Products**	**9.42**	**10.06**
奶和奶制品	**Milk and Dairy Products**	**22.63**	**22.39**
水产品	**Aquatic Products**	**12.20**	**11.97**
油脂类	**Edible Oil**	**16.38**	**15.04**
干鲜水果类	**Fruits and Processed Products**	**46.49**	**48.03**

表7.15 城镇常住居民家庭平均每百户年末耐用消费品拥有量（2014–2015年）
NUMBER OF DURABLE CONSUMER GOODS OWNED PER 100 URBAN HOUSEHOLDS AT YEAR-END（2014-2015）

指　标	Item	2014	2015
家用汽车（辆）	Automobile (unit)	17.53	20.94
摩托车（辆）	Motorcycle (unit)	16.63	17.65
洗衣机（台）	Washing Machine (unit)	94.92	95.39
电冰箱（柜）（台）	Refrigerator (unit)	98.68	99.84
微波炉（台）	Microwave Oven (unit)	62.09	62.92
彩色电视机（台）	Color TV Set (unit)	131.75	129.76
空　调（台）	Air Conditioner (unit)	160.65	170.10
热水器（台）	Water Heater (unit)	91.07	93.11
排油烟机（台）	Exhaust Fan (unit)	57.43	57.44
移动电话（部）	Mobile Telephone (set)	228.34	237.65
计算机（台）	Computer (unit)	69.46	72.10
健身器材（套）	Fitness Equipment (unit)	4.66	3.95

表7.16 农村常住居民人均可支配收入与现金可支配收入情况（2014–2015年）
PER CAPITA ANNUAL DISPOSABLE INCOME AND CASH DISPOSABLE INCOME OF RURAL HOUSEHOLDS（2014-2015）

单位：元 (yuan)

指　标	Item	2014	2015
可支配收入	**Per Capita Annual Disposable Income**	**9490**	**10505**
工资性收入	Income from Wages and Salaries	3196	3583
经营净收入	Income from Household Operations	3402	3775
第一产业	Primary Industry	2789	2966
第二产业	Secondary Industry	79	89
第三产业	Tertiary Industry	535	719
财产净收入	Income from Properties	252	278
转移净收入	Income from Transfers	2639	2869
#现金可支配收入	**Per Capita Cash Disposable Income**	**8193**	**9362**
现金工资性收入	Income from Wages and Salaries	3189	3572
现金经营净收入	Income from Household Operations	2209	2746
第一产业	Primary Industry	1532	1869
第二产业	Secondary Industry	86	98
第三产业	Tertiary Industry	592	780
现金财产净收入	Income from Properties	253	278
现金转移净收入	Income from Transfers	2543	2767

表7.17 农村常住居民人均收支构成情况（2014–2015年）

COMPOSITION OF PER CAPITA CASH INCOME AND CASH EXPENDITURE OF RURAL HOUSEHOLDS（2014-2015）

单位：%

指　标	Item	2014	2015
可支配收入	**Composition of Per Capita Annual Disposable Income**	**100.0**	**100.0**
工资性收入	Income from Wages and Salaries	33.7	34.1
经营净收入	Income from Household Operations	35.8	35.9
财产净收入	Income from Properties	2.7	2.6
转移净收入	Income from Transfers	27.8	27.3
消费支出	**Composition of Per Capita Annual Consumption Expenditure**	**100.0**	**100.0**
食品烟酒	Food, Liquor and Tobacco	40.5	40.0
衣　着	Clothing	6.1	5.9
居　住	Garments	16.2	16.6
生活用品及服务	Household Facilities, Articles and Services	7.1	7.3
交通通信	Transport, Post and Communication Services	9.8	9.9
教育文化娱乐	Educational, Cultural and Recreational Services	10.1	10.3
医疗保健	Medicine and Medical Service	8.5	8.3
其他用品及服务	Miscellaneous Commodities Services	1.7	1.6

表7.18 按收入五等份分组的农村常住居民家庭收入支出情况（2015年）

PER CAPITA ANNUAL INCOME AND EXPENDITURE OF RURAL HOUSEHOLDS BY INCOME QUINTILE (2015)

单位：元 (yuan)

指　标	Item	低收入户（20%）Low Income Households (20%)	中低收入户（20%）Lower Middle Income Households (20%)	中等收入户（20%）Middle Income Households (20%)	中高收入户（20%）Upper Middle Income Households (20%)	高收入户（20%）High Income Households (20%)
可支配收入	**Per Capita Annual Disposable Income**	**4404**	**7791**	**10017**	**13074**	**21440**
工资性收入	Income from Wages and Salaries	1830	2869	3618	4724	5923
经营净收入	Income from Household Operations	1268	2539	3199	4079	9831
财产净收入	Income from Properties	82	173	211	381	698
转移净收入	Income from Transfers	1224	2210	2989	3890	4988
消费支出	**Per Capita Annual Living Expenditure for Consumption**	**6486**	**7782**	**8631**	**10199**	**13295**
食品烟酒	Food, Alcohol and Tobacco	2592	3114	3401	4148	5280
衣　着	Clothing	367	468	506	616	803
居　住	Garments	1101	1375	1415	1737	2013
生活用品及服务	Household Facilities, Articles and Services	474	590	587	731	1008
交通通信	Transport, Post and Communication Services	559	629	874	969	1687
教育文化娱乐	Educational, Cultural and Recreational Services	765	846	1063	922	1100
医疗保健	Medicine and Medical Service	543	638	630	933	1143
其他用品及服务	Miscellaneous Commodities Services	86	122	156	143	262

表7.19 农村常住居民家庭人均主要食品消费量（2014–2015年）
PER CAPITA CONSUMPTION OF MAJOR FOODS BY RURAL HOUSEHOLDS（2014-2015）

单位：千克(kg)

指　标	Item	2014	2015
粮　食（原粮）	**Grain (Unprocessed)**	**188.81**	**197.07**
蔬菜及菜制品	**Vegetables and Processed Products**	**122.07**	**134.65**
肉　类	**Meat, Poultry and Related Products**	**34.42**	**35.97**
猪　肉	Pork	32.54	33.58
牛　肉	Beef	0.31	0.41
羊　肉	Mutton	0.17	0.31
其他肉类及制品	Poultry	1.40	1.66
蛋类及蛋制品	**Eggs and Processed Products**	**8.72**	**10.26**
奶和奶制品	**Milk and Dairy Products**	**8.12**	**7.97**
水产品	**Aquatic Products**	**6.16**	**7.09**
油脂类	**Edible Oil**	**14.62**	**13.44**
干鲜水果类	**Fruits and Processed Products**	**24.94**	**28.31**

表7.20 农村常住居民家庭平均每百户年末耐用消费品拥有量（2014-2015年）
NUMBER OF DURABLE CONSUMER GOODS OWNED PER 100 RURAL HOUSEHOLDS AT YEAR-END（2014-2015）

指　标	Item	2014	2015
家用汽车（辆）	Automobile (unit)	5.82	7.99
摩托车（辆）	Motorcycle (unit)	37.90	40.20
洗衣机（台）	Washing Machine (unit)	70.47	74.80
电冰箱（柜）（台）	Refrigerator (unit)	86.49	90.27
微波炉（台）	Microwave Oven (unit)	16.14	16.30
彩色电视机（台）	Color TV Set (unit)	110.51	111.26
空　调（台）	Air Conditioner (unit)	37.13	42.82
热水器（台）	Water Heater (unit)	49.49	54.41
排油烟机（台）	Exhaust Fan (unit)	8.55	8.64
移动电话（部）	Mobile Telephone (set)	210.07	225.01
计算机（台）	Computer (unit)	16.70	18.92
健身器材（套）	Fitness Equipment (unit)	0.50	0.80

表7.21 主要年份居民消费价格指数和商品零售价格指数
CONSUMER PRICE INDICES AND GENERAL RETAIL PRICE INDICES IN MAJOR YEARS

年 份 Year	以1950年为100 1950=100		以1978年为100 1978=100		以上年为100 Preceding Year=100	
	居民消费价格指数 Consumer Price Index	商品零售价格指数 Retail Price Index	居民消费价格指数 Consumer Price Index	商品零售价格指数 Retail Price Index	居民消费价格指数 Consumer Price Index	商品零售价格指数 Retail Price Index
1951						
1952	106.1	108.7			97.3	97.2
1957	114.0	116.5			104.6	103.9
1962	145.8	158.1			95.2	95.0
1965	125.1	133.1			98.0	98.2
1970	129.2	137.9			99.6	99.5
1975	131.2	140.2			100.3	100.3
1978	135.4	145.1	100.0	100.0	102.9	103.2
1980	148.3	160.1	109.5	110.3	107.9	108.6
1985	179.4	191.7	132.4	132.0	109.9	110.0
1986	186.9	199.8	138.0	137.5	104.2	104.2
1987	205.2	220.8	151.5	151.9	109.8	110.5
1988	251.8	272.2	185.9	187.3	122.7	123.3
1989	294.9	317.1	217.7	218.2	117.1	116.5
1990	299.0	317.4	220.7	218.4	101.4	100.1
1991	319.9	336.8	236.1	231.7	107.0	106.1
1992	355.7	369.8	262.5	254.4	111.2	109.8
1993	422.2	430.1	311.6	295.9	118.7	116.3
1994	547.6	544.1	404.1	374.3	129.7	126.5
1995	653.8	632.8	482.5	435.3	119.4	116.3
1996	717.2	671.4	529.3	461.9	109.7	106.1
1997	741.2	682.6	546.8	470.4	103.3	101.7
1998	714.5	645.1	527.1	444.5	96.4	94.5
1999	709.5	622.5	523.4	428.9	99.3	96.5
2000	686.1	594.5	506.1	409.6	96.7	95.5
2001	697.8	588.6	514.7	405.5	101.7	99.0
2002	695.0	582.1	512.6	401.0	99.6	98.9
2003	699.2	579.2	515.7	399.0	100.6	99.5
2004	725.1	587.3	534.8	404.6	103.7	101.4
2005	730.9	579.7	539.1	399.3	100.8	98.7
2006	748.4	589.0	552.0	405.7	102.4	101.6
2007	783.6	610.8	577.9	420.7	104.7	103.7
2008	827.5	641.3	610.3	441.7	105.6	105.0
2009	814.3	624.0	600.5	429.8	98.4	97.3
2010	840.3	634.6	619.8	437.1	103.2	101.7
2011	884.9	664.2	652.6	457.4	105.3	104.7
2012	907.7	674.7	669.5	464.7	102.6	101.6
2013	931.8	687.0	687.2	473.2	102.7	101.8
2014	948.2	693.0	699.3	477.3	101.8	100.9
2015	960.1	694.4	708.1	478.3	101.3	100.2

表7.22 居民消费价格分类指数（2014－2015年）
CONSUMER PRICE INDICES BY CATEGORY (2014-2015)

上年=100 (preceding year =100)

项　目	Item	2014	2015
居民消费价格指数	**Consumer Price Index**	**101.8**	**101.3**
食　品	Food	103.3	101.8
#粮　食	Grain	101.8	102.3
油　脂	Oil and Fat	94.7	96.1
肉禽及其制品	Meat, Poultry and Processed Products	99.4	106.7
蛋	Eggs	103.5	95.7
水产品	Aquatic Products	104.7	102.3
菜	Vegetables	105.7	100.6
#鲜　菜	Fresh Vegetables	105.4	100.3
茶及饮料	Tea and Beverages	101.6	100.4
干鲜瓜果	Dried and Fresh Melons and Fruits	117.7	102.4
#鲜　果	Fresh Fruits	123.9	103.0
液体乳及乳制品	Milk and Processed Products	108.5	94.9
在外用膳食品	Dinning Out	102.5	101.4
其它食品	Other Foods	101.5	98.4
烟　酒	Tobacco, Liquor	97.8	99.1
#烟　草	Tobacco	99.7	102.8
酒	Liquor	94.5	92.6
衣　着	Clothing	102.0	102.8
#服　装	Garments	102.3	103.1
家庭设备用品及维修服务	Household Facilities, Articles and Service	100.5	100.0
#耐用消费品	Durable Consumer Goods	100.6	98.9
家庭服务及加工维修服务	Household Services and Maintenance and Renovation	106.0	102.9
医疗保健和个人用品	Health Care and Personal Articles	101.7	102.6
#医疗保健	Health Care	102.8	104.1
个人用品及服务	Personal Articles and Services	99.8	99.9
交通和通信	Transportation and Communications	100.3	98.0
#交　通	Transportation	102.0	97.6
通　信	Telecommunication	98.5	98.4
娱乐教育文化用品及服务	Recreational, Educational and Cultural Articles and Services	100.1	101.2
#教　育	Education	101.1	103.2
居　住	Residence	101.6	101.2

表7.23 商品零售价格分类指数（2014－2015年）
RETAIL PRICE INDICES BY CATEGORY (2014-2015)

上年=100 (preceding year =100)

项　目	Item	2014	2015
商品零售价格总指数	**General Retail Price Index**	**100.9**	**100.2**
食　品	Food	101.8	101.4
饮料、烟酒	Beverages, Tobacco and Liquor	99.2	99.6
服装、鞋帽	Garments, Shoes and Hats	102.1	102.9
纺织品	Textiles	98.2	100.0
家用电器及音像器材	Household Appliances and Video Materials	98.7	97.8
文化办公用品	Cultural and Office Appliances	99.7	100.1
日用品	Articles for Daily Use	100.3	101.2
体育娱乐用品	Sports and Recreation Articles	99.8	100.0
交通、通信用品	Transportation and Communication Articles	98.5	96.4
家　具	Furniture	100.3	101.4
化妆品	Cosmetics	100.9	100.2
金银珠宝	Gold, Silver and Jewelry	94.3	95.4
中西药品及医疗保健用品	Traditional Chinese & Western Medicines and Health Care Articles	104.3	105.5
书报杂志及电子出版物	Books, Newspaper, Magazines and Electronic Publications	100.9	103.0
燃　料	Fuels	99.4	93.4
建筑材料及五金电料	Building Materials and Hardware	102.6	99.5

表7.24 农产品生产价格指数（2004－2015年）
PRODUCER PRICE INDICES FOR AGRICULTURAL PRODUCTS (2004－2015)

上年=100 (preceding year =100)

指 标	Item	2004	2005	2006	2007	2008	2009	2010	2011	2012	2013	2014	2015
合 计	**Total**	**125.5**	**100.0**	**93.6**	**121.8**	**120.4**	**89.0**	**103.2**	**120.2**	**104.6**	**103.0**	**100.2**	**102.4**
农业产品	**Farm Products**	**120.3**	**102.2**	**100.4**	**108.6**	**108.9**	**104.2**	**109.1**	**113.8**	**106.0**	**103.1**	**102.6**	**100.6**
#谷 物	Cereal	139.6	101.3	97.3	108.2	108.5	100.4	108.4	114.4	108.0	102.5	100.3	102.6
#小 麦	Wheat	131.6	102.7	95.1	103.9	106.4	103.5	104.3	110.6	112.0		100.0	
稻 谷	Rice	141.5	101.2	97.8	108.2	109.2	100.8	106.8	116.2	107.1	101.7	99.4	103.7
玉 米	Corn	130.4	101.7	94.9	109.0	106.2	97.9	113.4	111.4	109.4	104.4	102.6	100.4
大 豆	Beans	122.1	97.4	100.0	107.9	115.4	98.9	106.6	111.5	105.8	102.8	104.4	102.4
油 料	Oil-bearing Crops	123.2	93.1	102.8	120.1	118.9	80.3	108.8	109.0	105.7	106.8	101.2	107.7
蔬 菜	Vegetables	106.0	103.8	102.5	109.8	106.6	110.5	107.9	111.1	108.7	103.7	104.2	98.0
水果及坚果	Fruits and Nuts	103.0	103.4	101.3	104.5	109.2	107.0	111.2	119.5	93.75	108.0	104.8	108.2
饲养动物及其产品	**Animal Husbandry Products**	**128.8**	**98.8**	**89.8**	**128.8**	**126.1**	**80.8**	**98.4**	**126.6**	**103.3**	**102.9**	**97.6**	**104.4**
#活 猪	Pig	131.2	97.5	86.9	132.2	127.2	77.1	94.4	134.5	101.8	101.7	92.9	105.3
牛	Cattle and Buffaloes	101.7	103.9	101.6	120.6	116.0	104.2	103.4	107.6	104.9	109.3	110.1	99.7
羊	Sheep and Goats	111.1	102.8	101.2	108.0	128.9	100.7	100.0	116.6	115.7	110.4	107.9	95.0
活家禽	Poultry	117.2	104.3	100.2	116.2	111.7	102.8	105.6	111.8	107.1	105.3	106.8	102.3
禽 蛋	Eggs	111.9	103.9	98.9	110.1	112.1	101.9	104.2	105.6	104.7	104.4	104.2	105.4
渔业产品	**Fishery Products**	**107.8**	**105.7**	**101.7**	**105.9**	**110.3**	**104.7**	**102.2**	**108.2**	**108.1**	**102.0**	**104.7**	**101.2**
养殖淡水鱼	Bred Freshwater Fish								108.6	108.2	102.0	101.8	101.2
捕捞淡水鱼	Fished Freshwater Fish								110.5	104.1		107.0	

注：根据新《农业产值和价格综合统计报表制度》，原“肉禽（毛重）”指标替换为“活家禽”，原“淡水鱼”指标替换为“养殖淡水鱼”和“捕捞淡水鱼”。2011年采用新指标指数，2010年及以前采用旧指标指数。
Note: In accordance with the "Comprehensive Statistic Reporting Rules for Agriculture Output and Price", the former "poultry (gross weight)" is replaced by "poultry", while the former "freshwater fish" is replaced by "bred freshwater fish" and "fished freshwater fish". The new indices are used since 2011 while the old indices are used for the data before 2010.

表7.25 工业生产者购进价格指数（2014－2015年）
PURCHASING PRICE INDICES OF RAW MATERIALS, FUELS AND POWER (2014-2015)

上年=100 (preceding year =100)

指　标	Item	2014	2015
工业生产者购进价格指数	**Purchasing Price Indices of Raw Material, Fuel and Power**	**98.1**	**97.1**
燃料、动力类	Fuel and Power	98.2	96.8
黑色金属材料类	Ferrous Metals	94.9	90.5
有色金属材料及电线类	Nonferrous Metals and Wires	96.7	95.4
化工原料类	Raw Chemical Materials	98.6	96.1
木材及纸浆类	Timber and Paper Pulp	99.3	99.3
建筑材料及非金属类	Building Materials and Non-metal Minerals	99.4	98.7
其他工业原材料及半成品类	Other Industrial Raw Materials and Semi-products	98.4	98.7
农副产品类	Agricultural Products	104.0	101.6
纺织原料类	Textile Materials	100.7	100.7

表7.26 工业生产者出厂价格指数（2014－2015年）
PRODUCER PRICE INDICES FOR INDUSTRIAL PRODUCTS BY CATEGORY (2014-2015)

指　标	Item	2014	2015
工业生产者出厂价格指数	**Producer Price Index for Industrial Products**	**98.3**	**97.2**
生产资料	Means of Production	98.2	96.6
采掘工业	Mining and Quarrying Industry	94.7	93.0
原料工业	Raw Materials Industry	97.9	95.7
加工工业	Processing Industry	98.5	97.0
生活资料	Consumer Goods	98.6	98.8
食　品	Food	100.5	100.6
衣　着	Clothing	100.9	100.4
一般日用品	Articles for Daily Use	100.9	99.2
耐用消费品	Durable Consumer Goods	96.7	97.5

表7.27 按工业行业分工业生产者出厂价格指数（2014－2015年）

PRODUCER PRICE INDICES FOR INDUSTRIAL PRODUCTS BY SECTOR (2014-2015)

上年=100 (preceding year =100)

行　业	Sector	2014	2015
工业生产者出厂价格指数	**Producer Price Index for Industrial Products**	**98.3**	**97.2**
煤炭开采和洗选业	Mining and Washing of Coal	92.6	90.8
石油和天然气开采业	Extraction of Petroleum and Natural Gas	99.6	93.9
黑色金属矿采选业	Mining and Processing of Ferrous Metal Ores	93.4	88.7
有色金属矿采选业	Mining and Processing of Non-Ferrous Metal Ores	96.2	95.3
非金属矿采选业	Mining and Processing of Nonmetal Ores	99.4	99.3
农副食品加工业	Processing of Food from Agricultural Products	99.9	99.0
食品制造业	Manufacture of Foodstuff	102.2	101.1
酒、饮料和精制茶制造业	Manufacture of Liquor, Beverages and Refined Tea	100.7	97.7
烟草制品业	Manufacture of Tobacco	100.0	100.0
纺织业	Manufacture of Textile	99.0	96.6
纺织服装、服饰业	Manufacture of Textile Wearing Apparel and Dress Adornment	99.8	98.9
皮革、毛皮、羽毛及其制品和制鞋业	Manufacture of Leather, Fur, Feather and Related Products and Footware	100.4	99.5
木材加工及木竹藤棕草制品业	Processing of Timber, Manufacture of Wood, Bamboo, Rattan, Palm and Straw Products	100.1	97.5
家具制造业	Manufacture of Furniture	101.6	101.6
造纸和纸制品业	Manufacture of Paper and Paper Products	97.3	97.9
印刷和记录媒介复制业	Printing, Reproduction of Recording Media	99.3	97.9
文教、工美、体育和娱乐用品制造业	Manufacture of Articles of Culture, Education, Handicraft, Fine Arts, Sports and Entertainment	96.5	100.5
石油加工、炼焦和核燃料加工业	Processing of Petroleum, Coking, Processing of Nuclear Fuel	95.3	94.3
化学原料和化学制品制造业	Manufacture of Raw Chemical Materials and Chemical Products	98.3	97.5
医药制造业	Manufacture of Medicines	101.2	101.4
化学纤维制造业	Manufacture of Chemical Fibers	96.5	85.6
橡胶和塑料制品业	Manufacture of Rubber and Plastics	98.7	97.4
非金属矿物制品业	Manufacture of Non-metallic Mineral Products	100.2	96.7
黑色金属冶炼和压延加工业	Smelting and Pressing of Ferrous Metals	95.3	86.3
有色金属冶炼和压延加工业	Smelting and Pressing of Nonferrous Metals	96.4	94.0
金属制品业	Manufacture of Metal Products	100.1	98.4
通用设备制造业	Manufacture of General Purpose Machinery	99.7	98.9
专用设备制造业	Manufacture of Special Purpose Machinery	100.0	98.9
汽车制造业	Manufacture of Motor Vehicles	97.6	97.9
铁路、船舶、航空航天和其他运输设备制造业	Manufacture of Railway, Ship, Aviation and Other Transporting Equipment	98.3	99.2
电气机械和器材制造业	Manufacture of Electrical Machinery and Equipment	99.3	98.8
计算机、通信和其他电子设备制造业	Manufacture of Communication Equipment, Computers and Other Electronic Equipment	97.6	97.6
仪器仪表制造业	Manufacture of Instrument and Apparatus	99.6	98.4
其他制造业	Other Manufacture	99.0	100.0
废弃资源综合利用业	Comprehensive Utilization of Waste Resources	96.7	80.5
金属制品、机械和设备修理业	Repair of Metal Products, Machinery and Equipment	97.3	97.9
电力、热力的生产和供应业	Production and Supply of Electric Power and Heat Power	98.8	97.6
燃气生产和供应业	Production and Supply of Gas	102.6	103.1
水的生产和供应业	Production and Supply of Water	100.4	100.7

表7.28 固定资产投资价格指数（1994－2015年）
PRICE INDICES OF INVESTMENT IN FIXED ASSETS (1994-2015)

上年=100 (preceding year =100)

年份 Year	固定资产投资 Investment in Fixed Assets	其中 of which		
		建筑安装工程 Construction and Installation	设备工、器具 Purchase of Equipment and Instruments	其他费用 Others
1994	108.9	109.4	107.4	109.8
1995	104.2	101.2	107.8	114.0
1996	108.1	108.5	100.4	129.1
1997	101.7	103.2	97.6	103.4
1998	98.7	100.0	94.9	99.5
1999	100.5	100.7	97.7	104.4
2000	102.5	103.1	97.0	108.7
2001	100.8	101.4	96.8	103.3
2002	100.7	101.9	96.2	100.4
2003	102.9	104.7	96.7	101.3
2004	105.1	107.0	98.8	102.7
2005	102.3	102.2	99.7	104.6
2006	101.7	101.1	100.7	104.3
2007	105.5	106.0	100.2	107.8
2008	110.2	113.7	100.6	106.6
2009	97.8	97.0	97.7	100.2
2010	102.1	102.7	99.6	101.9
2011	105.9	107.8	101.1	102.5
2012	101.8	102.1	99.1	101.9
2013	100.5	100.5	98.7	101.5
2014	100.3	100.4	99.7	100.4
2015	98.2	97.5	99.4	100.8

表7.29 住宅销售价格指数（1998－2015年）
SALES PRICE INDICES OF HOUSES (1998-2015)

上年=100 (preceding year =100)

年 份 Year	新建住宅 New Buildings	二手住宅 Second-hand Houses
1998	105.6	
1999	102.8	
2000	102.5	
2001	102.5	
2002	102.9	
2003	108.5	
2004	114.7	
2005	107.0	106.1
2006	103.2	101.9
2007	108.0	104.5
2008	107.2	103.8
2009	101.3	103.7
2010	110.8	107.4
2011	104.1	100.6
2012	99.2	99.6
2013	106.7	102.6
2014	102.2	100.9
2015	95.0	97.1

主要统计指标解释

城乡居民储蓄存款余额

指某一时点城乡居民存入银行及农村信用社的储蓄金额，包括城镇居民储蓄存款和农民个人储蓄存款，不包括居民的手存现金和工矿企业、部队、机关、团体等单位存款。

居民可支配收入

指居民在调查期内获得的、可用于最终消费支出和储蓄的总和，即居民可以用来自由支配的收入。可支配收入既包括现金，也包括实物收入。按照收入的来源，可支配收入包含四项，分别为：工资性收入、经营净收入、财产净收入和转移净收入。

居民消费支出

指居民用于满足家庭日常生活消费需要的全部支出，包括用于消费品的支出和用于服务性消费的支出。根据用途不同，消费支出可划分为食品烟酒、衣着、居住、生活用品及服务、交通通信、教育文化娱乐、医疗保健、其他用品及服务八大类。

家庭收入分组方法

是将所有调查户按家庭人均可支配收入由低到高排队，按各20%的比例分为低收入户、中低收入户、中等收入户、中高收入户、高收入户等五组。

恩格尔系数

指食品烟酒支出金额在消费性总支出金额中所占的比例。计算公式为：

恩格尔系数=食品烟酒支出总额/消费性支出总额x100%

居民消费价格指数

居民消费价格指数是度量一组代表性消费商品及服务项目价格水平随着时间而变动的相对数，反映居民家庭购买的消费品及服务价格水平的变动情况。它是宏观经济分析和决策、价格总水平监测和调控以及国民经济核算的重要指标。其按年度计算的变动率通常被用来作为反映通货膨胀（或紧缩）程度的指标。

商品零售价格指数

商品的零售价格是商品在流通过程中最后一个环节的价格，是工业、商业、餐饮业和其他零售企业向城乡居民、机关团体出售生活消费品和办公用品的价格。通过系统地调查、搜集和整理市场商品零售价格资料，编制商品零售价格指数，以此反映市场商品零售价格的变动趋势和变动程度。其目的在于掌握商品价格的变动趋势，为国家宏观调控和国民经济核算提供参考依据。

农产品生产价格指数

是反映一定时期内，农产品生产者出售农产品价格水平变动趋势及幅度的相对数。该指数可以客观反映全国农产品生产价格水平和结构变动情况，满足农业与国民经济核算需求。其中某代表品生产价格指数是通过对全部有出售该产品行为的调查单位的个体指数进行几何平均求得的，类价格指数是通过对其所属的类（或代表品）的价格指数进行加权平均求得的。季度累计价格指数的计算方法与分季指数的计算方法相同。

工业生产者价格指数

即原来的工业品价格指数。它是反映工业产品价格变化趋势和变动幅度的统计指标，是工业企业的产品价格在不同时间和空间条件下平均变动的相对数。工业生产者价格包括工业品第一次出售时的出厂价格和企业作为中间投入的原材料、燃料、动力购进价格，简称为工业生产者出厂价格和工业生产者购进价格。工业生产者价格指数是进行国民经济核算和经济管理的重要依据。

主要统计指标解释

固定资产投资价格指数

是反映全社会及各类工程固定资产投资中涉及的各类投资品和取费项目价格的变动趋势和变动幅度的相对数。编制固定资产投资价格指数可以消除按现价计算的固定资产投资指标中的价格变动因素。

住宅销售价格指数

是综合反映住宅商品价格水平总体变化趋势和变化幅度的相对数。中国住宅销售价格指数由70个大中城市的新建住宅销售价格指数和二手住宅销售价格指数组成。

Explanatory Notes on Main Statistical Indicators

Saving Deposits of Urban and Rural Residents

Refer to the total value of savings deposits of urban and rural households in banks and rural credit cooperatives at a given point of time, including the saving deposits of urban residents and the saving deposits of rural residents. The cash in hand by residents and the deposits of organizations such as enterprises, military units, government agencies, institutions, etc. are not included.

Disposable Income of Households

Refers to the total income of the residents earned in the period of survey that can be used for the final consumption expenditure and saving, i.e. the income freely disposable by the residents. The disposable income includes the income both in cash and in kind. By the source of income, the disposable income comprises 4 categories, namely income from wages and salary, income from business, income from properties and income from transfers.

Consumption Expenditure of Households

Refers to total expenditure of the sample households for consumption in daily life, including expenditure on consumption goods and services. By the purpose of consumption, the consumption expenditure comprises eight categories such as food, cigarette and alcohol, clothing, housing, household appliances and services, transport and communications, education, cultural and recreation services, health care and medical services, and miscellaneous goods and services.

Households by Income Group

All sample households are grouped, by per capita disposable income of the household, into groups of low income, lower middle income, middle income, upper middle income and high income, each group consisting of 20% all households respectively.

Engel Coefficient

Refers to the percentage of expenditure on food, cigarette and alcohol in the total consumption expenditure, using the following formula:

Engel Coefficient = (expenditure on food, cigarette and alcohol / total consumption expenditure) x 100%

Consumer Price Index

Reflects the relative change in prices of consumer goods and services in a certain period of time, Formation of consumer price index aims to study the impact of consumer price changes on the actual living cost of urban and rural residents and to provide scientific basis for central government and relevant departments in drawing up consumer up consumer policy, price policy, wage policy and monetary policy and in accounting the nation economy. It is also a key index reflecting the fluctuation of inflation.

Retail Price Index

Refers to the prices at which industrial, commercial, catering and other retail enterprises sell daily consumer goods and products for office use to urban and rural residents and institutions and social organizations. It reflects the general change in prices of retail commodities in a certain period of time. Formation of retail price index aims to keep abreast of price fluctuation of retail commodities and provide the reference basis for the central government in working out economic policies.

Producer Price Indices for Farm Products

Reflect the trend and degree of changes in producers' prices received by farmers when they sell farm products during a given period. These indices depict the change in the level and struture of producer prices for farm products of the country and meet the needs of agricultural statistics and national accounts statistics. The producer price index for a given product is calculated as the geometrical mean of individual indices for all surveyed units which sell such product, and the indices for a product category is obtained as the weighted mean of price indices for all products in the category. Method for calculating accumulative quarterly indices is the same as for calculating the individual quarterly indices.

EXPLANATORY NOTES TO MAJOR STATISTICAL INDICATORS

Producer Price Index

Formerly Industrial Product Price Index, is a statistic indicator reflecting the fluctuating tendency and extent of the price of manufactured goods. It is a relative ratio of the average price fluctuation of manufactured goods in different times and places.The price of manufactured goods includes the factory price of the manufactured goods at the first sale and the price of the raw materials, fuel and power purchased by the enterprises as intermediate input, which is an important basis for national economic accounting and economic administration.

Price Indices of Investment in Fixed Assets

Is a relative ratio reflecting the trend and degree of changes in prices of investment goods and charging projects in fixed assets of various engineering projects during a given period. This indicator is used to remove the factor of price change in the aggregates of investment at current prices.

Price Index of Residential Real Estate Sales

Is a relative ratio reflecting the general trend and variation degrees of the sales price of the residential real estate. This index of China is composed of the sales price of residential real estate and the sales price of second-hand residential real estate in 70 medium-large cities.

第 8 章

城镇建设

URBAN CONSTRUCTION

简要说明 BRIEF INTRODUCTION

本章资料反映全市城镇建设的基本情况。

城镇建设资料主要包括城镇建设用地、基础设施水平、市政设施、园林绿化、供水供气、公共交通、基础设施建设投资等，由市统计局固定资产投资处根据市建设委员会、市国土资源和房屋管理局资料整理提供。

The data in this chapter show the basic conditions of urban construction in Chongqing.

The statistics on urban construction mainly include the data of land for urban construction, urban infrastructure, municipal infrastructure, parks and green areas, tap water and gas supply, public traffic, investment in infrastructure construction. The data concerned are provided by Chongqing Construction Commission and Chongqing Administration of Land, Resources and Housing, and sorted and compiled by Division of Statistics of Investment in Fixed Assets, Chongqing Municipal Bureau of Statistics.

表8.1 城市建设用地（2015年）
LAND FOR URBAN CONSTRUCTION (2015)

单位：平方公里 (sq.km)

项 目	Item	全 市 Total	其 中 of which #区合计 Total of Districts
建成区面积	**Built-up Area**	**1529.15**	**1329.45**
建设用地面积	**Land for Urban Construction**	**1301.20**	**1115.93**
居住用地	Land for Residence	412.80	350.77
公共管理与公共服务用地	Land for Public Management and Public Services	113.14	98.38
商业服务业设施用地	Land for Commercialized Service Facilities	81.82	70.07
工业用地	Land for Industry	256.81	235.96
物流仓储用地	Land for Logistics and Warehousing	29.28	25.88
道路与交通设施用地	Land for Road and Traffic Facilities	219.14	192.59
公用设施用地	Land for Public Facilities	42.02	31.10
绿化与广场用地	Land for Greening and Squares	146.19	111.18

注：“区合计”数为23个市辖区合计（下表同）。
Note: "Total of Districts" refers to the total data of 19 municipal districts (the same below).

表8.2 城市基础设施水平（2014－2015年）
STATISTICS ON URBAN INFRASTRUCTURE (2014-2015)

项 目	Item	全 市 Total		其 中 of which #区合计 Total of Districts	
		2014	2015	2014	2015
人均日生活用水量（升）	Per Capita Daily Water Consumption (liter)	138.03	144.24	146.13	151.97
用水普及率（%）	Water Coverage Rate (%)	95.80	96.55	96.78	96.87
燃气普及率（%）	Gas Coverage Rate (%)	93.73	94.64	94.27	95.34
人均道路面积（平方米）	Per Capita Road Surface Area (sq.m)	11.25	11.50	11.68	12.05
污水处理厂集中处理率（%）	Rate of Intensive Treatment by Wastewater Treatment Plant (%)	92.25	93.67	91.94	93.50
人均公园绿地面积（平方米）	Per Capita Area of Public Green Land (sq.m)	16.54	16.10	17.30	16.99
建成区绿地率（%）	Green Space Rate of Built District (%)	37.39	37.02	37.91	37.38
建成区绿化覆盖率（%）	Green Coverage Rate of Built District (%)	40.55	40.04	41.00	40.30

注：人均数为户籍人口口径。
Note: The data of average population refers to registration statistics.

表8.3 城市市政设施（2014－2015年）
MUNICIPAL INFRASTRUCTURE (2014-2015)

项　目	Item	全　市 Total		其　中 of which #区合计 Total of Districts	
		2014	2015	2014	2015
道路长度（公里）	Length of Paved Roads (km)	8531	9095	6893	7712
道路面积（万平方米）	Area of Paved Roads (10 000 sq.m)	17312	18328	14528	16128
#人行道	Sidewalk	4989	5405	4114	4706
桥梁数（座）	Number of Bridges (unit)	1654	1697	1379	1433
#立交桥	Overpass	274	273	268	270
路灯盏数（盏）	Number of Street Lights (unit)	559885	611463	449583	511560
排水管道长度（公里）	Length of Drainpipes (km)	14135	15502	11081	12961
#污水管道	Sewage Pipes	7176	8041	5542	6576
污水年排放量（万立方米）	Annual Discharged Volume of Wastewater (10 000 cu.m)	105568	108016	93517	96951
污水处理厂处理总量（万立方米）	Total Volume of Wastewater Treated by Wastewater Treatment Plant (10 000 cu.m)	97389	101176	85981	90650

表8.4 城市园林绿化（2014－2015年）
PARKS AND GREEN LAND IN URBAN AREA (2014-2015)

指　标	Item	全　市 Total		其　中 of which #区合计 Total of Districts	
		2014	2015	2014	2015
绿化覆盖面积（公顷）	Green Covered Area (hectare)	68403	69962	58244	61327
#建成区	Built District	59615	61221	50493	53579
园林绿地面积（公顷）	Area of Public Green Land (hectare)	62241	63717	53017	55934
#建成区	Built District	54972	56612	46680	49698
公园绿地面积（公顷）	Area of Parks and Green Land (hectare)	25448	25657	21517	22733
公园个数（个）	Number of Parks and Zoos (unit)	444	464	313	349
公园面积（公顷）	Area of Parks and Zoos (hectare)	13156	13378	10726	11502

表8.5 城市供水及供气情况（2014 – 2015年）
BASIC STATISTICS ON TAP WATER AND GAS SUPPLY IN URBAN AREA (2014-2015)

指　标	Item	全　市 Total		其　中 of which #区合计 Total of Districts	
		2014	2015	2014	2015
城市供水	**Tap Water Supply in Urban Area**				
年末供水综合生产能力（万立方米/日）	Production Capacity of Tap Water Supply at Year-end (10 000 cu.m/day)	585.76	592.97	506.89	529.92
年末供水管道长度（公里）	Length of Water Supply Pipelines at Year-end (km)	14724	17684	11601	15054
供水总量（万立方米）	Total Volume of Water Supply (10 000 cu.m)	128097	134940	112859	121494
#生产运营用水	For Production Use	21444	30003	29474	28394
公共服务用水	For Public Services	12759	14713	11343	13557
居民家庭用水	For Residential Use	61287	66023	52682	58128
其他用水	Others	5450	6715	4444	5784
用水户数（户）	Households with Access to Tap Water (household)	4147370	4758117	3310044	3940725
#家庭用户	Residential Households	3733484	4270964	2997376	3624217
用水人口（万人）	Number of Residents with Access to Tap Water (10 000 persons)	1471.09	1538.15	1203.44	1296.13
城市供气	**Gas Supply in Urban Area**				
天然气供气总量（万立方米）	Total Volume of Natural Gas Supply (10 000 cu.m)	358912	378720	321485	349378
#家庭用量	For Residential Use	136214	150170	114724	131562
天然气用气户数（户）	Households with Access to Natural Gas (household)	5021172	5589434	4301196	4983397
#家庭用户	Residential Households	4708896	5303004	4032021	4728290
天然气用气人口（万人）	Population with Access to Natural Gas (10 000 persons)	1276.62	1354.63	1070.92	1180.56
天然气汽车加气站（个）	Number of CNG Stations for Motor Vehicles (unit)	94	101	81	88
液化石油气供气总量（吨）	Total Volume of Liquefied Petroleum Gas Supply (ton)	122263	100120	95672	76435
#家庭用量	For Residential Use	57146	50680	37173	32805
液化石油气用气户数（户）	Households with Access to Liquefied Petroleum Gas (household)	504561	498346	287418	309181
#家庭用户	Residential Households	371318	367992	206569	220700
液化石油气用气人口（万人）	Population with Access to Liquefied Petroleum Gas (10 000 persons)	165.48	153.17	101.34	95.05

表8.6 城市公共交通情况（2014－2015年）
BASIC STATISTICS ON PUBLIC TRANSPORTATION IN URBAN AREA (2014-2015)

指 标	Item	2014	2015
公共汽车	**Public Vehicles**		
年末营运线路网长度（公里）	Year-end Length of Public Transport Network under Operation (km)	14986	15750
公共汽车（辆）	Number of Public Vehicles (unit)	12470	12837
#天然气燃料车	CNG Vehicles	10156	9529
客运量（万人次）	Passenger Volume (10 000 person-times)	268736	267440
轻 轨	**Light Rail Transits**		
通车里程（公里）	Length of Light Rail Transits under Operation (km)	202	202
车辆数（辆）	Number of Vehicles (unit)	888	1208
客运量（万人次）	Passengers Traffic (10 000 person-times)	51710	63247
出租汽车	**Taxis**		
车辆数（辆）	Number of Vehicles (unit)	23050	23544

表8.7 公用事业和市政建设投资额（2014－2015年）
INVESTMENT IN PUBLIC UTILITIES AND MUNICIPAL CONSTRUCTION (2014-2015)

单位：万元 (10 000 yuan)

指 标	Item	2014	2015
公用事业	**Public Utilities**		
供 水	Tap Water Supply	119163	221008
燃 气	Gas Supply	189769	161450
轨道交通	Rail Transit	1793105	2275772
市政建设	**Municipal Construction**		
园林绿化	Parks and Green Land	594502	660343
市容环境卫生	City Appearance and Environmental Sanitation	46870	39048

重/庆/统/计/年/鉴

主要统计指标解释

供水综合生产能力

指按供水设施取水、净化、送水、出厂输水干管等环节设计能力计算的综合生产能力。包括在原设计能力基础上，经挖、革、改增加的生产能力。计算时，以四个环节中最薄弱的环节为主确定能力。

供水管道长度

指从送水泵到用户水表之间所有管道的长度。不包括新安装尚未使用的管道。

供水总量

指报告期供水企业（单位）供出的全部水量。包括有效供水量和漏损水量。

生活用水量

包括公共服务用水和居民家庭用水。公共服务用水指为城市社会公共生活服务的用水。包括行政事业单位、部队营区和公共设施服务、社会服务业、批发零售贸易业、旅馆饮食业及其他公共服务业等单位用水。居民家庭用水指城市范围内所有居民家庭的日常生活用水。包括城市居民、农民家庭、公共供水站用水。

城市人口用水普及率

指城市用水人口数与城市人口总数之比。计算公式为：

用水普及率=（城市用水人口数/城市人口数）×100%

全年供气总量

指全年燃气企业（单位）向用户供应的燃气数量，包括销售量和损失量。

城市用气普及率

指报告期末使用燃气的城市人口数与城市人口总数的比率。计算公式为：

用气普及率=城市用气人口数/城市人口总数×100%

道路长度

指年末道路长度和与道路相通的广场、桥梁、隧道的长度，按车行道中心线计算。在统计时只统计路面宽度在3.5米（含3.5米）以上的各种铺装道路，包括开放型工业区和住宅区道路在内。

道路面积

为车行道与人行道面积之和。

城市桥梁

指为跨越天然或人工障碍物而修建的构筑物。包括跨河桥、立交桥、人行天桥以及人行地下通道等。包括永久性桥和半永久性桥。

城市排水管道长度

指所有排水总管、干管、支管、检查井及连接井进出口等长度之和。

年末运营车数

指年末公交企业（单位）用于运营业务的全部车辆数。以企业（单位）固定资产台帐中已投入运营的车辆数为准。

城市园林绿地面积

指报告期末用作园林和绿化的各种绿地面积。包括公共绿地、居住区绿地、单位附属绿地、防护绿地、生产绿地、道路绿地和风景林地面积。不包括：

（1）屋顶绿化、垂直绿化、阳台绿化和室内绿化。

（2）以物质生产为主的林地、耕地、牧草地、果园和竹园等。

（3）城市总体规划中不列入绿地的水域。

公共绿地

指向公众开放的市级、区级、居住区级各类公园、街旁游园，包括其范围内的水域。其中居住区级公园应不小于1万平方米，街旁游园的宽度不小于8米，面积不小于400平方米。

Explanatory Notes on Main Statistical Indicators

☐ Production Capacity of Water Supply

Refers to the designed comprehensive production capacity of water facilities, covering the 4 links of water collection, purification, conveyance, and outflow through trunk pipelines. Increase capacity through transformation and innovation projects is included as well. The capacity is determined mainly on the weakest of the above-mentioned 4 links.

☐ Length of Water Supply Pipelines at the Year-end

Refers to the total length of all the pipelines between the water pumps and the user's water meters, excluding pipelines newly installed but not used yet.

☐ Annual Volume of Water Supply

Refers to the total volume of water supplied by water-works (units) during the reference period, including both the effective water supply and loss during the water supply.

☐ Consumption of Water for Residential Use

Refers to the water consumption of households for daily life and the water consumption of public service facilities. The latter refers to water consumption for urban public services, including the consumption of government agencies and public institutions, military barracks, public facilities, wholesale and retail outlets, restaurants, hotels, and other units providing public services. Household water consumption refers to consumption of water for daily life of all households in the boundary of cities, including households of urban residents and farmers, and public water supply stations.

☐ Percentage of Urban Population with Access to Tap Water

Refers to the ratio of the urban population with access to tap water to the total urban population. The formula is:

Percentage of Population with access to Tap Water = Urban Population with Access to Tap Water / Urban Population ×100%

☐ Volume of Gas Supply

Refers to the total volume of gas provided to users by gas-producing enterprises (units) in a year, including the volume sold and the volume lost.

☐ Percentage of Urban Population with Access to Gas

Refers to the ratio of the urban population with access to gas to the total urban population at the end of the reference period. The formula is:

Percentage of population with access to gas = (Urban population with access to gas / Urban population) ×100%

☐ Length of Roads

Refers to the length of roads with paved surface including squares bridges and tunnels connected with roads by the end of the year. Length of the roads is measured by the central lines for vehicles for paved roads with a width of 3.5 meters and over, including roads in open-ended factory compounds and residential quarters.

☐ Area of Roads

Is the summed of carriageway and sidewalk.

☐ Urban Bridges

Refer to bridges built to cross over natural or man-made barriers, including bridges over rivers, overpasses for traffic and for pedestrian, underpasses for pedestrian, etc. Both permanent and semi-permanent bridges are included.

☐ Length of Urban Sewage Pipes

Refers to the total length of general drainage, trunks, branch and inspection wells, connection wells, inlets and outlets, etc.

☐ Number of Vehicles under Operation at the Year-end

Refers to the total number of vehicles under operation by public transport enterprises (units) at year-end, based on the records of operational vehicles by the enterprises (units).

EXPLANATORY NOTES TO MAJOR STATISTICAL INDICATORS

□ Area of Urban Gardens and Green Areas

Refers to the total area occupied for green projects at the end of the reference period, including public green land, green land in residential quarters, green land attached to institutions, protection green land, production green land, roadside green land and forest in scenic spots. It does not include the following:

(I) Greenery and plants on roofs, balconies, indoors and vertical green areas;

(II) Forest, cultivated land, grassland, orchards and bamboo grooves that are for production purpose;

(III) Water areas that are not included in urban master plan as green land.

□ Public Green Area

Refers to green areas open to the public such as municipal, community and neighborhood parks and roadside parks, including waters within parks. Neighborhood parks should occupy an area larger than 10,000 square meters, and the width of roadside parks should occupy an area larger than 400 square meters, with a width of more that 8 meters.

第 9 章

资源和环境

RESOURCES AND ENVIRONMENT

简要说明 BRIEF INTRODUCTION

资源主要内容包括自然资源、自然地理、气象状况。自然资源中土地、矿产资源数据由市国土资源和房屋管理局提供，林木资源数据由市林业局提供，水资源数据由市水利局提供。气象状况由市气象局提供。

自然地理、气象综合资料，由市统计局综合处根据有关部门资料进行整理和编辑。环境主要内容包括工业废水、废气、固体废物的排放处理和利用，工业污染治理投资，生活污染物排放等，由市统计局能源资源统计处根据市环境保护局、市水利局、市林业局等部门的资料整理提供。

The scope of resources mainly covers natural resources, natural geography and climate. The data of land and mineral resources in natural resources are provided by Chongqing Municipal Bureau of Land & Resources and House Administration; the data of forest resources are provided by Chongqing Forestry Administration; the data of water resources are provided by Chongqing Water Resources Bureau; and the data of climate are provided by Chongqing Meteorological Bureau.

The data of natural environment and climate are provided by the departments concerned and sorted and compiled by Division of Comprehensive Statistics of Municipal Bureau of Statistics. The statistics of environment mainly includes the discharge, treatment and utilization of industrial waste water, waste gas and solid wastes, the investment in industrial pollution treatment and the discharge of domestic pollutants, which are provided by Chongqing Environmental Protection Bureau, Chongqing Water Resources Bureau and Chongqing Forestry Administration, and sorted and compiled by Division of Energy Resource Statistics, Municipal Bureau of Statistics.

表9.1 自然资源（2014－2015年）
NATURAL RESOURCES (2014-2015)

项 目	Item	2014	2015
林木资源	**Forest Resources**		
活立木总蓄积量（万立方米）	Total Standing Forest Stock (10 000 cu.m)	19772.6	19772.6
森林面积（万公顷）	Forest Area (10 000 hectares)	355.6	370.8
森林覆盖率（%）	Forest Coverage Rate (%)	43.1	45.0
水资源（当年量）	**Water Resources (current quantity)**		
降水深（毫米）	Precipitation (mm)	1270.0	1048.3
地表径流量（亿立方米）	Surface Runoff (100 million cu.m)	642.58	456.16
地下水量（亿立方米）	Groundwater Resources (100 million cu.m)	121.82	103.3
水力资源蕴藏量（万千瓦）	Hydropower Resources (10 000 kw)	2342	2342
#技术可开发量	Technical Developable Resources	1235	1235
主要矿产资源（保有基础储量）	**Major Mineral Resources (Retained Basic Reserves)**		
天然气（亿立方米）	Natural Gas (100 million cu.m)	2456.55	2641.81
页岩气（亿立方米）	Shale gas (100 million cu.m)	254.63	3805.98
煤（万吨）	Coal (10 000 tons)	411200.00	421056.55
铁（矿石万吨）	Iron Ore (ore, 10 000 tons)	29900.00	30441.13
锰（矿石万吨）	Manganese Ore (ore, 10 000 tons)	5540.21	5922.06
锌（金属万吨）	Zinc Ore (metal, 10 000 tons)	29.92	18.77
铝 土（矿石万吨）	Aluminum Ore (ore, 10 000 tons)	12314.38	12928.91
汞（吨）	Mercury (ton)	14267.00	15623.56
锶（天青石万吨）	Strontium Ore (ore, 10 000 tons)	240.49	1218.04
熔剂用灰岩（矿石万吨）	Limestone for Flux (ore, 10 000 tons)	23100.00	23788.22
冶金用白云岩（矿石万吨）	Dolomite for Metallurgy (ore, 10 000 tons)	8200.00	8297.20
冶金用石英砂岩（矿石万吨）	Quartzite for Metallurgy (ore, 10 000 tons)	220.90	197.45
陶瓷用砂岩（矿石万吨）	Sandstone for Ceramics (ore, 10 000 tons)	1586.20	1586.20
耐火粘土（矿石万吨）	Refractory Clay (ore, 10 000 tons)	8381.55	8381.55
重晶石（矿石万吨）	Barytes (ore, 10 000 tons)	812.44	856.48
毒重石（矿石万吨）	Witherite (ore, 10 000 tons)	1834.89	1821.76
盐 矿（矿石万吨）	Salt Mine (ore, 10 000 tons)	499700.00	499398.83

注：天然气、页岩气数据为剩余技术可采储量，其他主要矿产资源为保有资源储量。
Note: The data of natural and Shale gas are technical recoverable reserves, and the data of other mineral resources are resource reserves.

表9.2 自然地理（2015年）
NATURAL ENVIRONMENT (2015)

位置：重庆位于北纬28度10分-32度13分，东经105度11分-110度11分之间，地处较为发达的东部地区和资源丰富的西部地区的结合部，东邻湖北、湖南，南靠贵州，西接四川，北连陕西，是长江上游最大的经济中心、西南工商业重镇和水陆交通枢纽。1997年3月14日，第八届全国人民代表大会第五次会议通过了设立重庆直辖市的决议，与北京、天津、上海同为四大直辖市。

面积：重庆幅员面积8.24万平方公里，南北长450公里，东西宽470公里。2015年全市共辖23个区：万州区、黔江区、涪陵区、渝中区、大渡口区、江北区、沙坪坝区、九龙坡区、南岸区、北碚区、渝北区、巴南区、长寿区、江津区、合川区、永川区、南川区、綦江区、大足区、璧山区、铜梁区、潼南区、荣昌区；15个县（自治县）：梁平县、城口县、丰都县、垫江县、武隆县、忠县、开县、云阳县、奉节县、巫山县、巫溪县、石柱土家族自治县、秀山土家族苗族自治县、酉阳土家族苗族自治县、彭水苗族土家族自治县。

地势：重庆地势由南北向长江河谷逐级降低，西北部和中部以丘陵、低山为主，东南部靠大巴山和武陵山两座大山脉。

河流：主要河流有长江、嘉陵江、乌江、涪江、綦江、大宁河等。

气候：重庆属中亚热带湿润季风气候区，具有夏热冬暖，光热同季，无霜期长，雨量充沛，湿润多阴等特点。2015年平均气温19.6℃，年总降雨量1448.7毫米。

Location:

Chongqing is located at 28°10'～32°13' north latitude and 105°11'～110°11' east longitude. As a joint between the eastern areas with developed economy and the western areas with rich resources, with Hubei and Hunan on its east, Guizhou on its south, Sichuan on its west and Shaanxi on its north, Chongqing is the largest economic center in the upper reaches of the Yangtze River, an important industrial and commercial city in the southwest and a hub of land and water communications. On March 14, 1997, the resolution to establish Chongqing Municipality was passed on the 5th Session of the 8th National People's Congress, and Chongqing became the fourth municipality directly under the Central Government after Beijing, Tianjin and Shanghai.

Area:

Chongqing covers an area of 82,400 square kilometers, stretching 450 kilometers from north to south and 470 kilometers from east to west. In 2015, Chongqing has 23 districts, namely Wanzhou, Qianjiang, Fuling ,Yuzhong, Dadukou, Jiangbei, Shapingba, Jiulongpo, Nan'an, Beibei, Yubei, Banan, Changshou, Jiangjin, Hechuan, Yongchuan, Nanchuan, Qijiang , Dazu, Bishan,Tongliang, Tongnan, Rongchang, and 15 counties, namely Liangping, Chengkou, Fengdu, Dianjiang, Wulong, Zhongxian, Kaixian, Yunyang, Fengjie, Wushan, Wuxi, Shizhu Tujia Autonomous County, Xiushan Tujia Autonomous County, Youyang Tujia Autonomous County, Pengshui Miao Autonomous County.

Topography:

The altitude of Chongqing declines gradually from the north and the south to the valley of the Yangtze River. There are mainly hills and low mountains in the northwest and central areas of Chongqing, while the two large mountains of Daba and Wuling are in the southeast of Chongqing.

River:

The rivers stretching through Chongqing mainly include Yangtze River, Jialing River, Wujiang River, Fujiang River, Qijiang River and Daning River.

Climate:

Chongqing has a humid subtropical monsoon climate, hot in summer and warm in winter with the rainy season coinciding with the hot season. It has the characteristics of long frost-free period, plenty of rainfall and a lot of humid and cloudy days. The annual average temperature of 2015 is 19.6℃, with the annual precipitation of 1448.7mm..

表9.3 气象基本情况（1951－2015年）
BASIC STATISTICS ON CLIMATE (1951-2015)

年 份 Year	降水量 （毫米） Precipitation (mm)	平均气温 （摄氏度） Average Temperature (℃)	日照时数 （时） Sunshine Hours (hour)	平均相对湿度 (%) Average Relative Humidity (%)	平均风速 （米/秒） Average Wind Speed (m/s)	平均气压 （百帕） Average Air Pressure (100 pa)
1951	1043.4	18.4		81	1.0	
1952	1227.9	18.5	1198.6	81	1.0	
1953	852.1	18.8	1245.6	80	0.9	
1954	1112.8	17.9	1061.2	81	0.9	981.2
1955	927.4	18.2	1388.6	77	0.8	982.0
1956	1497.4	18.2	1433.2	76	1.4	982.8
1957	1171.9	17.9	1094.2	80	1.3	983.3
1958	740.7	18.6	1260.7	77	1.4	983.3
1959	915.7	18.7	1378.3	76	1.4	983.0
1960	1026.0	18.4	1102.0	78	1.4	983.5
1961	787.7	18.7	1338.8	77	1.5	982.8
1962	1210.4	18.0	1323.9	80	1.4	983.3
1963	1072.8	18.9	1370.4	77	1.4	982.4
1964	1031.6	18.2	1170.4	80	1.5	982.9
1965	1318.9	18.1	1009.5	81	1.4	983.4
1966	958.9	18.6	1278.9	78	1.4	982.7
1967	1046.0	18.1	1216.3	79	1.4	983.4
1968	1384.5	17.7	1054.6	82	1.2	983.5
1969	1080.5	18.6	1357.1	76	1.2	982.8
1970	1097.5	18.1	1197.9	79	1.1	983.5
1971	854.3	18.6	1370.6	76	1.3	983.4
1972	1171.8	18.4	1284.1	78	1.3	982.9
1973	1092.3	18.9	1349.4	78	1.3	983.2
1974	1258.0	17.8	1068.3	79	1.3	983.0
1975	1025.4	18.5	1202.5	78	1.2	982.9
1976	1044.9	17.7	1129.2	79	1.1	983.5
1977	1151.2	18.1	1234.8	79	1.1	984.0
1978	1057.2	18.8	1495.7	77	1.2	983.5

注：此表为重庆市区资料。
Note: The table above shows the data of the downtown area of Chongqing.

9.3 续表 continued

年份 Year	降水量（毫米） Precipitation (mm)	平均气温（摄氏度） Average Temperature (℃)	日照时数（时） Sunshine Hours (hour)	平均相对湿度（%） Average Relative Humidity (%)	平均风速（米/秒） Average Wind Speed (m/s)	平均气压（百帕） Average Air Pressure (100 pa)
1979	1160.0	18.4	1222.2	80	1.1	983.4
1980	1062.6	18.2	1071.8	79	1.4	983.6
1981	1157.9	18.1	1188.0	79	1.4	983.5
1982	1185.2	17.7	992.3	81	1.1	983.6
1983	1138.1	18.1	954.4	80	0.9	983.9
1984	1035.1	17.8	1028.7	79	1.1	983.1
1985	1004.0	17.9	997.1	79	1.3	983.3
1986	1141.4	17.8	946.1	80	1.3	984.2
1987	910.2	18.6	946.3	78	1.2	983.4
1988	1254.0	18.0	840.6	80	1.1	983.6
1989	1137.4	17.7	855.0	81	1.0	983.8
1990	956.7	18.7	1083.7	79	1.2	983.2
1991	1180.6	18.2	874.8	81	1.1	983.5
1992	987.4	18.1	975.0	78	1.6	984.0
1993	1164.3	17.8	894.6	81	1.5	984.0
1994	982.5	18.7	1063.8	80	1.4	983.2
1995	923.5	18.3	993.6	79	1.3	983.7
1996	1398.3	17.7	899.4	81	1.3	983.6
1997	898.8	18.5	943.0	79	1.4	983.8
1998	1508.0	19.2	941.9	79	1.5	983.0
1999	1305.6	18.5	833.6	81	1.5	983.2
2000	1010.9	18.2	961.1	80	1.4	983.0
2001	814.8	18.8	1050.4	78	1.6	983.3
2002	1430.6	18.8	1117.1	80	1.6	983.3
2003	1025.0	18.9	875.7	80	1.6	983.2
2004	1182.1	18.4	974.7	78	1.3	984.0
2005	1019.8	18.6	903.9	77	1.4	982.5
2006	839.6	19.2	1114.3	75	1.4	982.9
2007	1439.2	19.0	856.2	81	1.3	983.3
2008	985.3	18.6	703.8	82	1.3	983.9
2009	1198.9	19.0	943.9	80	1.4	982.8
2010	1044.7	18.7	910.6	78	1.3	983.0
2011	992.8	17.7	1270.2	74	1.2	971.1
2012	1104.4	18.3	812.0	72	1.4	982.7
2013	1026.9	19.9	1187.5	71	1.4	982.6
2014	1452.5	18.6	598.4	79	1.3	983.6
2015	1448.7	19.6	1129.8	75	1.4	983.3

表9.4 全年气象情况（2015年）
STATISTICS ON THE CLIMATE OF THE CURRENT YEAR (2015)

月 份 Month	降水量（毫米） Precipitation (mm)	平均气温（摄氏度） Average Temperature (℃)	日照时数（时） Sunshine Hours (hour)	平均相对湿度（%） Average Relative Humidity (%)	平均风速（米/秒） Average Wind Speed (m/s)	平均气压（百帕） Average Air Pressure (100 pa)	雨日数（天） Days of Rain (day)
全 年 Total	1448.7	19.6	1129.8	75.1	1.4	983.3	134
1	24.0	9.9	22.6	79.6	1.2	992.3	7
2	7.1	11.8	41.6	72.5	1.3	988.3	3
3	20.6	16.5	120.1	66.4	1.5	985.5	5
4	104.6	20.8	173.5	68.4	1.5	981.8	12
5	99.0	23.1	108.6	72.2	1.4	977.4	16
6	256.6	25.9	97.2	80.3	1.4	973.5	22
7	238.1	28.2	206.5	70.1	1.4	974.4	9
8	206.3	27.9	153.5	71.9	1.5	976.5	14
9	340.7	24.0	55.3	80.5	1.4	981.2	17
10	100.3	20.6	97.5	78.4	1.4	987.1	11
11	19.4	16.4	16.4	80.2	1.4	987.6	6
12	32.0	10.1	37.0	80.7	1.2	994.0	12

表9.5 环境保护情况（2014－2015年）
ENVIRONMENTAL PROTECTION (2014-2015)

项　目	Item	2014	2015
环保投资（亿元）	Investment in Environmental Protection (100 million yuan)	293.69	399.24
水资源总量（亿立方米）	Total Water Resources (100 million cu.m)	642.58	456.16
用水总量（亿立方米）	Total Use of Water (100 million cu.m)	80.47	79.98
生活污水排放量（万吨）	Discharged Volume of Domestic Sewage (10 000 tons)	110705.20	114117.59
化学需氧量排放量（万吨）	Discharged Volume of COD (10 000 tons)	38.64	37.98
二氧化硫排放量（万吨）	Discharged Volume of SO_2 (10 000 tons)	52.69	49.58
#生活二氧化硫排放量（万吨）	Discharged Volume of SO_2 from Daily Life (10 000 tons)	5.21	6.90
饮用水源水质达标率（%）	Rate of Drinking Water Sources up to Standard (%)	97.3	100.0
工业污染治理施工项目数（个）	On-going Projects of Industrial Pollution Treatment (unit)	73	92
工业污染治理项目完成投资（万元）	Completed Investment in Projects of Industrial Pollution Treatment (10 000 yuan)	50284	59883
工业污染治理竣工项目数（个）	Completed Projects of Industrial Pollution Treatment (unit)	34	117
工业固体废物综合利用率（%）	Rate of Industrial Solid Wastes Comprehensively Utilized (%)	84.2	84.5
森林覆盖率（%）	Forest Coverage (%)	43.1	45.0
自然保护区数（个）	Number of Nature Reserves (unit)	58	58
自然保护区面积（万公顷）	Area of Nature Reserves (10 000 hectares)	85.68	85.68
保护区面积占土地总面积比重（%）	Percentage of Nature Reserves to Total Land Area (%)	10.4	10.4
主城区区域环境噪声平均值（分贝）	Average Noises in Downtown (db)	53.7	53.6
主城区道路交通噪声（分贝）	Traffic Noises in Downtown (db)	66.6	67.3
主城区大气可吸入颗粒年日均值（毫克/立方米）	Annual Average Daily Inhalable Motes in Atmosphere in Downtown (mg/cu.m)	0.098	0.087
主城区二氧化硫年日均值（毫克/立方米）	Annual Average Daily SO_2 Concentration in Downtown (mg/cu.m)	0.024	0.016
主城区二氧化氮年日均值（毫克/立方米）	Annual Average Daily NO_2 Concentration in Downtown (mg/cu.m)	0.039	0.045
主城区环境空气质量优良天数比例（%）	Proportion of High Air Quality Days in Downtown (%)	67.4	80.0

表9.6 工业“三废”排放处理及综合利用情况（1995－2015年）

DISCHARGE, TREATMENT AND COMPREHENSIVE UTILIZATION OF WASTE GAS, WASTE WATER AND SOLID WASTES (1995-2015)

年 份 Year	工业废水排放总量（万吨） Total Volume of Industrial Waste Water Discharged (10 000 tons)	工业废气（万吨） Industrial Waste Gas (10 000 tons) 工业废气排放总量（亿标立方米） Total Volume of Industrial Waste Gas Discharged (100 million cu.m)	工业二氧化硫排放量 Volume of SO_2 Discharged	工业烟（粉）尘排放量 Volume of Industrial Dusts and Fume Discharged
1995	95590	1979.00	71.45	22.39
1996	93889	1697.00	72.16	22.36
1997	101324	1794.00	71.43	33.18
1998	93997	1712.76	73.64	28.65
1999	90220	1839.33	75.88	26.44
2000	84344	1907.90	66.42	22.01
2001	81214	1856.24	56.94	21.41
2002	79872	1978.89	55.18	20.31
2003	81973	2276.94	59.97	22.23
2004	83031	3540.86	64.11	21.98
2005	84885	3654.55	68.32	21.28
2006	85866	5066.96	71.08	20.01
2007	69003	7616.62	68.31	18.23
2008	67027	7350.73	62.72	15.33
2009	65684	12586.52	58.61	10.77
2010	45180	10943.13	57.27	8.36
2011	33954	9121.07	53.13	17.12
2012	30611	8359.88	50.98	16.61
2013	33450	9532.44	49.44	17.98
2014	34968	9289.60	47.48	21.47
2015	35524	9928.07	42.68	19.64

年 份 Year	工业固体废物（万吨） Industrial Solid Wastes (10 000 tons) 产生量 Produced Volume	排放量 Discharged Volume	处置量 Treated Volume	综合利用量 Comprehensively Utilized Volume	综合利用率（%） Rate of Comprehensive Utilization (%)
1995	1092	230	68.34	467.79	50.37
1996	1174	229	61.06	510.06	58.10
1997	1279	273	49.16	623.00	54.27
1998	1368	229	43.75	597.00	61.78
1999	1512	291	42.40	655.47	64.32
2000	1305	238	37.64	626.01	71.00
2001	1300	168	87.85	881.64	65.30
2002	1348	160	68.78	960.95	68.20
2003	1336	142	73.54	967.98	68.43
2004	1489	118	62.09	1093.35	70.93
2005	1777	184	122.41	1329.39	72.07
2006	1815	133	123.99	1367.71	73.70
2007	2087	138	162.73	1623.36	76.71
2008	2311	149	73.24	1850.57	79.07
2009	2552	150	126.68	2076.74	79.80
2010	2869	134	155.20	2348.27	80.40
2011	3346	24	561.89	2590.56	76.86
2012	3164	5	487.18	2606.19	81.56
2013	3208	11	428.35	2728.19	84.01
2014	3105	7	422.44	2670.15	84.19
2015	2828	7	382.71	2423.85	84.45

表9.7 重点调查工业废气排放及处理情况（2015年）
WASTE GAS DISCHARGE AND TREATMENT BY THE INDUSTRIAL ENTERPRISES UNDER MAJOR SURVEY (2015)

行　业	Sector	汇总工业企业数（个） Number of Industrial Enterprises (unit)	废气治理设施数（套） Number of Facilities for Waste Gas Treatment (set)
总　计	**Total**	**3644**	**5249**
采矿业	**Mining and Quarrying**	**409**	**40**
煤炭开采和洗选业	Mining and Washing of Coal	371	25
石油和天然气开采业	Extraction of Petroleum and Natural Gas	5	1
黑色金属矿采选业	Mining and Processing of Ferrous Metal Ores	11	5
有色金属矿采选业	Mining and Processing of Non-Ferrous Metal Ores	5	
非金属矿采选业	Mining and Processing of Nonmetal Ores	10	6
开采辅助活动	Mining Support Activities	6	3
其他采矿业	Mining of Other Ores	1	
制造业	**Manufacturing**	**3204**	**5049**
农副食品加工业	Processing of Food from Agricultural Products	387	131
食品制造业	Manufacture of Foods	89	71
酒、饮料和精制茶制造业	Liquor, Beverage and Refined Tea	279	74
烟草制品业	Manufacture of Tobacco	7	43
纺织业	Manufacture of Textile	76	31
纺织服装、服饰业	Textile and Garments	6	2
皮革、毛皮、羽毛及其制品和制鞋业	Manufacture of Leather, Fur, Feather and Related Products	19	6
木材加工和木、竹、藤、棕、草制品业	Processing of Timber, Manufacture of Wood, Bamboo,Rattan, Palm and Straw Products	32	32
家具制造业	Manufacture of Furniture	5	8
造纸及纸制品业	Manufacture of Paper and Paper Products	69	62
印刷和记录媒介复制业	Printing, Reproduction of Recording Media	19	15
文教、工美、体育和娱乐用品制造业	Manufacture of Culture, Education, Handicraft, Fine Arts, Sports and Entertainment Articles	1	2
石油加工、炼焦及核燃料加工业	Processing of Petroleum, Coking, Processing of Nuclear Fuel	11	9
化学原料及化学制品制造业	Manufacture of Raw Chemical Materials and Chemical Products	178	409
医药制造业	Manufacture of Medicines	84	103
化学纤维制造业	Manufacture of Chemical Fibers	2	12
橡胶和塑料制品业	Manufacture of Rubber and Plastics	55	105
非金属矿物制品业	Manufacture of Non-metallic Mineral Products	1127	1987
黑色金属冶炼及压延加工业	Smelting and Pressing of Ferrous Metals	70	158
有色金属冶炼及压延加工业	Smelting and Pressing of Nonferrous Metals	44	106
金属制品业	Manufacture of Metal Products	147	319
通用设备制造业	Manufacture of General Purpose Machinery	99	141
专用设备制造业	Manufacture of Special Purpose Machinery	16	21
汽车制造业	Manufacture of Motor Vehicles	177	604
铁路、船舶、航空航天和其他运输设备制造业	Manufacture of Railway, Ship, Aviation and Other Transporting Equipment	78	168
电气机械和器材制造业	Manufacture of Electrical Machinery and Equipment	32	125
计算机、通信和其他电子设备制造业	Manufacture of Communication Equipment, Computers and Other Electronic Equipment	41	212
仪器仪表制造业	Manufacture of Measuring Instruments and Machinery	11	45
其他制造业	Other Manufacture	25	26
废弃资源综合利用业	Comprehensive Utilization of Waste Resources	14	22
金属制品、机械和设备修理业	Repair of Metal Products, Machinery and Equipment	4	
电力、热力、燃气及水生产和供应业	**Production and Supply of Electric Power and Heat Power**	**31**	**160**
电力、热力的生产和供应业	Production and Supply of Electric Power and Heat Power	30	160
燃气生产和供应业	Production and Supply of Gas	1	
水的生产和供应业	Production and Supply of Water		

工业废气排放总量（亿标立方米） Total Volume of Industrial Waste Gas Discharged (100 million cu.m)	工业二氧化硫产生量（吨） Volume of Sulfur Dioxide Produced (ton)	工业二氧化硫排放量（吨） Volume of Sulphur Dioxide Discharged (ton)	工业烟（粉）尘产生量（吨） Volume of Fume and Dust Produced (ton)	工业烟（粉）尘排放量（吨） Volume of Fume and Dust Discharged (ton)
9916.95	**1128959.78**	**394598.09**	**15236618.83**	**180199.20**
24.98	**11962.32**	**6394.43**	**1632.78**	**1012.70**
15.05	3818.50	3702.41	966.28	814.02
	2105.38	1126.38	74.30	74.30
0.96	117.45	77.33	59.60	14.00
2.36	12.48	12.48	519.75	97.53
6.61	5908.51	1475.83	12.85	12.85
7691.31	**354967.03**	**243144.83**	**9662681.95**	**135810.74**
31.86	4428.44	3581.48	4114.99	1666.37
72.90	22473.78	4090.76	155901.73	2340.70
18.04	3331.95	2986.51	3348.59	913.76
42.83	492.34	201.58	832.60	58.82
22.51	5015.32	4876.43	3233.54	965.05
0.51	231.03	63.22	194.16	9.82
2.61	1802.60	1802.60	340.57	81.03
13.80	716.99	709.29	6406.18	738.38
4.78	80.97	80.97	192.34	83.66
130.96	22999.49	7862.32	192300.89	1632.17
39.16	166.68	166.68	18.60	8.10
4.98			48.47	7.12
21.19	2391.53	1591.53	1585.63	358.22
726.78	56427.69	31558.09	333914.82	12696.12
58.23	4967.08	4260.20	11270.80	948.53
122.30	26478.73	2453.73	178040.65	3550.64
114.91	5938.48	3094.88	9605.87	1562.21
3943.70	150234.85	136367.95	8297761.75	72865.66
944.07	34047.63	26967.40	436973.43	31241.17
78.35	8586.20	7398.05	13526.06	1037.18
67.50	1431.46	1431.46	1638.31	554.07
51.05	87.66	87.47	1347.41	466.81
8.47	4.89	4.89	103.35	57.70
838.81	626.04	352.13	5439.56	1119.95
64.33	469.95	344.79	610.52	223.67
118.14	349.33	349.33	343.28	311.25
67.71	9.93	9.93	266.84	71.94
6.22	2.46	2.46	75.41	8.42
16.80	852.44	395.94	647.48	57.49
57.79	320.95	52.63	2598.10	174.74
0.02	0.14	0.14	0.02	0.02
2200.66	**762030.44**	**145058.83**	**5572304.11**	**43375.77**
2200.63	762029.94	145058.33	5572304.11	43375.77
0.03	0.50	0.50		

表9.8 重点调查工业固体废物产生及处理利用情况（2015年）
GENERATION, TREATMENT AND UTILIZATION OF SOLID WASTES OF THE INDUSTRIAL ENTERPRISES UNDER MAJOR SURVEY (2015)

行 业	Sector	企业数（个） Number of Enterprises (unit)
总 计	**Total**	**3644**
采矿业	**Mining and Quarrying**	**409**
煤炭开采和洗选业	Mining and Washing of Coal	371
石油和天然气开采业	Extraction of Petroleum and Natural Gas	5
黑色金属矿采选业	Mining and Processing of Ferrous Metal Ores	11
有色金属矿采选业	Mining and Processing of Non-Ferrous Metal Ores	5
非金属矿采选业	Mining and Processing of Nonmetal Ores	10
开采辅助活动	Mining Support Activities	6
其他采矿业	Mining of Other Ores	1
制造业	**Manufacturing**	**3204**
农副食品加工业	Processing of Food from Agricultural Products	387
食品制造业	Manufacture of Foods	89
酒、饮料和精制茶制造业	Liquor, Beverage and Refined Tea	279
烟草制品业	Manufacture of Tobacco	7
纺织业	Manufacture of Textile	76
纺织服装、服饰业	Textile and Garments	6
皮革、毛皮、羽毛及其制品和制鞋业	Manufacture of Leather, Fur, Feather and Related Products	19
木材加工和木、竹、藤、棕、草制品业	Processing of Timber, Manufacture of Wood, Bamboo, Rattan, Palm and Straw Products	32
家具制造业	Manufacture of Furniture	5
造纸及纸制品业	Manufacture of Paper and Paper Products	69
印刷和记录媒介复制业	Printing, Reproduction of Recording Media	19
文教、工美、体育和娱乐用品制造业	Manufacture of Culture, Education, Handicraft, Fine Arts, Sports and Entertainment Articles	1
石油加工、炼焦及核燃料加工业	Processing of Petroleum, Coking, Processing of Nuclear Fuel	11
化学原料及化学制品制造业	Manufacture of Raw Chemical Materials and Chemical Products	178
医药制造业	Manufacture of Medicines	84
化学纤维制造业	Manufacture of Chemical Fibers	2
橡胶和塑料制品业	Manufacture of Rubber and Plastics	55
非金属矿物制品业	Manufacture of Non-metallic Mineral Products	1127
黑色金属冶炼及压延加工业	Smelting and Pressing of Ferrous Metals	70
有色金属冶炼及压延加工业	Smelting and Pressing of Nonferrous Metals	44
金属制品业	Manufacture of Metal Products	147
通用设备制造业	Manufacture of General Purpose Machinery	99
专用设备制造业	Manufacture of Special Purpose Machinery	16
汽车制造业	Manufacture of Motor Vehicles	177
铁路、船舶、航空航天和其他运输设备制造业	Manufacture of Railway, Ship, Aviation and Other Transporting Equipment	78
电气机械和器材制造业	Manufacture of Electrical Machinery and Equipment	32
计算机、通信和其他电子设备制造业	Manufacture of Communication Equipment, Computers and Other Electronic Equipment	41
仪器仪表制造业	Manufacture of Measuring Instruments and Machinery	11
其他制造业	Other Manufacture	25
废弃资源综合利用业	Comprehensive Utilization of Waste Resources	14
金属制品、机械和设备修理业	Repair of Metal Products, Machinery and Equipment	4
电力、热力、燃气及水生产和供应业	**Production and Supply of Electric Power and Heat Power**	**31**
电力、热力的生产和供应业	Production and Supply of Electric Power and Heat Power	30
燃气生产和供应业	Production and Supply of Gas	1
水的生产和供应业	Production and Supply of Water	

工业固体废物产生量（万吨） Volume of Industrial Solid Waste Produced (10 000 tons)	其 中 of which #危险废物产生量 Volume of Hazardous Wastes Produced	工业固体废物综合利用量（万吨） Volume of Industrial Solid Wastes Comprehensively Utilized (10 000 tons)	工业固体废物贮存量（万吨） Volume of Industrial Solid Wastes in Stock (10 000 tons)	工业固体废物处置量（万吨） Volume of Industrial Solid Wastes Treated (10 000 tons)	工业固体废物倾倒丢弃量（万吨） Volume of Industrial Solid Waste Dumped (10 000 tons)
2673.44	**45.23**	**2283.70**	**53.56**	**372.27**	**6.20**
407.04	**0.27**	**384.66**	**3.47**	**15.78**	**4.17**
393.44	0.26	371.14	3.47	15.78	4.09
2.26		2.21			0.05
6.51		6.51			
4.82		4.79			0.03
	0.01				
1285.64	**40.37**	**944.89**	**18.22**	**321.78**	**1.13**
6.42		5.41	0.01	0.69	0.38
23.44	0.01	23.31		0.10	0.04
16.67		12.44		4.22	0.02
0.52		0.36		0.16	
1.92		1.81		0.11	
0.32		0.31			0.01
0.11		0.10			
1.10		0.95		0.15	
0.11		0.11			
104.40	0.01	90.13	0.01	14.22	0.03
0.44	0.08	0.33		0.11	
6.70	0.01	6.70		0.01	
336.67	6.85	143.36	1.07	192.20	0.04
6.62	0.34	5.82	0.01	0.79	
69.67	23.83	69.00		0.67	
7.42	0.15	4.67		2.75	
198.12	0.07	195.46		2.63	0.03
397.81	0.02	311.30		86.12	0.39
52.40	0.13	30.44	17.00	4.78	0.18
4.83	1.30	4.37	0.01	0.46	
3.39	0.18	1.79		1.60	
0.21	0.02	0.11		0.11	
34.85	2.91	29.62	0.01	5.47	
2.71	0.12	2.24	0.01	0.48	
1.19	0.24	1.14	0.04		
5.64	3.49	2.83	0.03	2.79	
0.12	0.01	0.10		0.02	
0.85	0.03	0.28		0.57	
0.98	0.55	0.40	0.02	0.58	
980.76	**4.59**	**954.15**	**31.86**	**34.72**	**0.90**
980.76	4.59	954.15	31.86	34.72	0.90

表9.9 重点调查工业废水排放及处理情况（2015年）

WASTE WATER DISCHARGE AND TREATMENT BY THE INDUSTRIAL ENTERPRISES UNDER MAJOR SURVEY (2015)

行业	Sector	企业数（个） Number of Enterprises (unit)	工业废水排放总量（万吨） Total Volume of Waste Water Discharged (10 000 tons)	废水治理设施数（套） Number of Facilities for Waste Water Control (set)
总计	**Total**	**3644**	**32838.43**	**1876**
采矿业	**Mining and Quarrying**	**409**	**10718.71**	**223**
煤炭开采和洗选业	Mining and Washing of Coal	371	10617.00	202
石油和天然气开采业	Extraction of Petroleum and Natural Gas	5	45.06	3
黑色金属矿采选业	Mining and Processing of Ferrous Metal Ores	11	9.52	2
有色金属矿采选业	Mining and Processing of Non-Ferrous Metal Ores	5		2
非金属矿采选业	Mining and Processing of Nonmetal Ores	10	18.71	8
开采辅助活动	Mining Support Activities	6	28.41	6
其他采矿业	Mining of Other Ores	1		
制造业	**Manufacturing**	**3204**	**20979.37**	**1597**
农副食品加工业	Processing of Food from Agricultural Products	387	1993.42	204
食品制造业	Manufacture of Foods	89	799.57	55
酒、饮料和精制茶制造业	Liquor, Beverage and Refined Tea	279	1025.80	86
烟草制品业	Manufacture of Tobacco	7	16.01	4
纺织业	Manufacture of Textile	76	442.76	29
纺织服装、服饰业	Textile and Garments	6	31.61	7
皮革、毛皮、羽毛及其制品和制鞋业	Manufacture of Leather, Fur, Feather and Related Products	19	50.13	7
木材加工和木、竹、藤、棕、草制品业	Processing of Timber, Manufacture of Wood, Bamboo, Rattan, Palm and Straw Products	32	18.40	7
家具制造业	Manufacture of Furniture	5	4.78	2
造纸及纸制品业	Manufacture of Paper and Paper Products	69	4793.02	47
印刷和记录媒介复制业	Printing, Reproduction of Recording Media	19	15.57	12
文教、工美、体育和娱乐用品制造业	Manufacture of Culture, Education, Handicraft, Fine Arts, Sports and Entertainment Articles	1		
石油加工、炼焦及核燃料加工业	Processing of Petroleum, Coking, Processing of Nuclear Fuel	11	370.12	7
化学原料及化学制品制造业	Manufacture of Raw Chemical Materials and Chemical Products	178	3329.39	155
医药制造业	Manufacture of Medicines	84	1075.37	78
化学纤维制造业	Manufacture of Chemical Fibers	2	1524.41	3
橡胶和塑料制品业	Manufacture of Rubber and Plastics	55	140.57	30
非金属矿物制品业	Manufacture of Non-metallic Mineral Products	1127	1008.63	151
黑色金属冶炼及压延加工业	Smelting and Pressing of Ferrous Metals	70	315.57	69
有色金属冶炼及压延加工业	Smelting and Pressing of Nonferrous Metals	44	359.42	50
金属制品业	Manufacture of Metal Products	147	407.36	88
通用设备制造业	Manufacture of General Purpose Machinery	99	283.26	76
专用设备制造业	Manufacture of Special Purpose Machinery	16	54.51	16
汽车制造业	Manufacture of Motor Vehicles	177	1121.60	184
铁路、船舶、航空航天和其他运输设备制造业	Manufacture of Railway, Ship, Aviation and Other Transporting Equipment	78	247.74	85
电气机械和器材制造业	Manufacture of Electrical Machinery and Equipment	32	142.42	39
计算机、通信和其他电子设备制造业	Manufacture of Communication Equipment, Computers and Other Electronic Equipment	41	1235.36	65
仪器仪表制造业	Manufacture of Measuring Instruments and Machinery	11	31.73	15
其他制造业	Other Manufacture	25	122.17	13
废弃资源综合利用业	Comprehensive Utilization of Waste Resources	14	15.46	10
金属制品、机械和设备修理业	Repair of Metal Products, Machinery and Equipment	4	3.22	3
电力、热力、燃气及水生产和供应业	**Production and Supply of Electric Power and Heat Power**	**31**	**1140.35**	**56**
电力、热力的生产和供应业	Production and Supply of Electric Power and Heat	30	1122.10	55
燃气生产和供应业	Production and Supply of Gas	1	18.25	1
水的生产和供应业	Production and Supply of Water			

表9.10 工业污染治理项目及投资情况（2014－2015年）
INDUSTRIAL POLLUTION TREATMENT PROJECTS AND INVESTMENT (2014-2015)

项　目	Item	2014	2015
企业数（个）	**Number of Enterprises (unit)**	**105**	**108**
施工项目数（个）	**Number of Projects under Construction (unit)**	**73**	**92**
治理废水	Treatment of Waste Water	19	14
治理废气	Treatment of Waste Gas	32	67
治理固体废物	Treatment of Solid Wastes	3	5
治理噪声	Treatment of Noise Pollution	4	1
治理其他	Treatment of Other Pollution	15	5
资金来源合计（万元）	**Total Funds (10 000 yuan)**	**50284**	**59885**
排污费补助	Pollution Discharge Fees Subsidy	154	352
政府其他补助	Other Government Subsidy	5846	1197
企业自筹	Self-raised Fund	44284	58336
资金使用合计（万元）	**Total Expenditures (10 000 yuan)**	**50284**	**59885**
治理废水	Treatment of Waste Water	4954	11891
治理废气	Treatment of Waste Gas	34278	44432
治理固体废物	Treatment of Solid Wastes	4636	2838
治理噪声	Treatment of Noise Pollution	132	120
治理其他	Treatment of Other Pollution	6284	604
本年竣工项目数（个）	**Number of Projects Completed in Current Year (unit)**	**34**	**48**
当年竣工项目新增设计处理利用"三废"能力	**Newly Added Designed Capacity of the Projects Completed in Current Year for the Treatment and Utilization of "Three Wastes"**		
废　水（吨/日）	Waste Water (ton/day)	16095	41039
废　气（万标立方米/时）	Waste Gas (10 000 cu.m/hour)	828	1340
固体废物（吨/日）	Solid Wastes (ton/day)		

表9.11 生活污染物排放情况（2014－2015年）
DISCHARGE OF DOMESTIC POLLUTANTS (2014-2015)

项　目	Item	2014	2015
生活污水排放量（万吨）	Volume of Domestic Waste Water Discharged (10 000 tons)	110705	114117
生活污水中化学需氧量排放量（吨）	Discharge of CCD in Domestic Waste Water (ton)	212662	211324
生活二氧化硫排放量（吨）	Discharge of Sulfur Dioxide from Daily Life (ton)	52129	68991
生活烟尘排放量（吨）	Discharge of Dust from Daily Life (ton)	4105	5382

重/庆/统/计/年/鉴

主要统计指标解释

■ 自然资源

指人类可以直接从自然界获得，并用于生产和生活的物质资源。自然资源一般可以分成可再生资源和非再生资源两大类。可再生资源指在较短时间内可以再生、可以循环利用的资源，包括土地资源、水资源、气候资源、生物资源和海洋资源等。非再生资源指在使用后不能再生的资源，包括矿产资源和地热能源。

■ 土地资源

土地指陆地的表层部分，它主要由岩石、岩石的风化物和土壤构成。土地资源按利用类型可以分为农用地、建筑用地和未利用地。农用地包括耕地、园地、林地、牧草地和水面。建筑用地包括居民点及工矿用地、交通用地和水利设施用地。未利用地指农用地和建筑用地以外的土地，包括滩涂、荒漠、戈壁、冰川和石山等。

■ 耕地面积

指经过开垦用以种植各种农作物并经常进行耕耘的土地面积，包括种有作物的土地面积、休闲地、新开荒地和抛荒未满三年的土地面积。

■ 林业用地面积

指生长乔木、竹类、灌木、沿海红树林等林木的土地面积，包括有林地、灌木林、疏林地、未成林造林地、迹地、苗圃等。

■ 草地面积

指牧区和农区用于放牧牲畜或割草，植被盖度在5%以上的草原、草坡、草山等面积。包括天然的和人工种植或改良的草地面积。

■ 森林资源

指森林、林木、林地以及依托森林、林木、林地生存的野生动物、植物和微生物。林木指树木和竹子。森林指以乔木为主体的植物群落，是集生的乔木及与共同作用的植物、动物、微生物和土壤、气候等的总体。

■ 活立木总蓄积量

指一定范围内土地上全部树木蓄积的总量，包括森林蓄积、疏林蓄积、散生木蓄积和四旁（村旁、路旁、水旁、宅旁）树蓄积。

■ 森林面积

指由乔木树种构成，郁闭度0.2以上（含0.2）的林地或冠幅宽度10米以上的林带的面积，即有林地面积。森林面积包括天然起源和人工起源的针叶林面积、阔叶林面积、针阔混交林面积和竹林面积，不包括灌木林地面积和疏林地面积。

■ 森林蓄积量

指一定森林面积上存在着的林木树干部分的总材积。它是反映一个国家或地区森林资源总规模和水平的基本指标之一，也是反映森林资源的丰富程度、衡量森林生态环境优劣的重要依据。

■ 森林覆盖率

指一个国家或地区森林面积占土地面积的百分比。森林覆盖率是反映森林资源的丰富程度和生态平衡状况的重要指标。在计算森林覆盖率时，森林面积包括郁闭度0.2以上的乔木林地面积和竹林地面积、国家特别规定的灌木林地面积、农田林网以及四旁（村旁、路旁、水旁、宅旁）林木的覆盖面积。计算公式为：

森林覆盖率（%）=森林面积/土地总面积×100%

■ 水资源

水在自然界中以固体、液体和气态三种聚集状态存在，分布于海洋、陆地（包括土壤）以及大气之中，通过水循环形成水资源。水资源包括经人类控制并直接可供灌溉、发电、给水、航运、养殖等用途的地表水和地下水，以及江河、湖泊、井、泉、潮汐、港湾和养殖水域等。水资源是发展国民经济不可缺少的重要自然资源。

主要统计指标解释

地表水和地下水

陆地上的水因空间分布不同，可以分为地表水和地下水。地表水指分别存在于河流、湖泊、沼泽、冰川和冰盖等水体中水分的总称，又称陆地水。地下水指储存在地面以下饱和岩土孔隙、裂隙及溶洞中的水。

径流

指大气降水扣除损耗外，从地表和地下向流域出口断面汇集的水流。径流可分为地表径流、地下径流和壤中流。地表径流指沿地表向河流、湖泊、沼泽、海洋等汇集的水流；地下径流指沿潜水层或隔水层间的含水层，向河流、湖泊、沼泽、海洋等汇集的地下水水流。

径流量

指在一定时段内通过河流某一过水断面的水量，用以反映一个国家或地区水资源的丰歉程度。计算公式为：

径流量=降水量－蒸发量

矿产资源

矿产指由地质作用形成，具有利用价值的，呈固态、液态、气态的自然资源，是社会生产发展的重要物质基础。目前我国已发现矿种有170多种，按其特点和用途，可分为能源矿产（如煤炭、石油、天然气、地热）、金属矿产（如铁矿、锰矿、铜矿、铅矿、铝土矿）、非金属矿产（如金刚石、石灰石、粘土）和水气矿产（如地下水、矿泉水、二氧化碳气）四大类。其中：金属矿产按其物质成份和性质又可分为：黑色金属矿产、有色金属矿产、贵金属矿产、稀有金属矿产、稀土金属矿产、分散元素金属矿产六类。

矿产基础储量

基础储量是查明矿产资源的一部分。它能满足现行采矿和生产所需的指标要求，是控制的、探明的并通过可行性或预可行性研究认为属于经济的、边界经济的部分，用未扣除设计、采矿损失的数量表示。

气候

指地球与大气之间长期能量交换与质量交换所形成的一种自然环境状态，它是多种因素综合作用的结果。气候既是人类生活和生产的环境要素之一，又是供给人类生活和生产的重要资源。气温、降水、湿度等气象要素的多年平均值是用来描述一个地区气候状况的主要参数，而各种气象要素某年、某月的平均值（或总量）则可以反映出该时期天气气候状况的重要特征。

气温

指空气的温度，我国一般以摄氏度（℃）为单位表示。气象观测的温度表是放在离地面约1.5米处通风良好的百叶箱里测量的，因此，通常说的气温指的是离地面1.5米处百叶箱的温度。其统计计算方法为：

月平均气温是全月各日的平均气温相加，除以该月的天数而得。

年平均气温是将12个月的月平均气温累加后除以12而得。

相对湿度

指空气中实际所含水蒸气密度和同温度下饱和水蒸气密度的百分比值。其统计方法与气温相同。

降水量

指从天空降落到地面的液态或固态（经融化后）水，未经蒸发、渗透、流失而在地面上积聚的深度。其统计计算方法为：

月降水量是将全月各日的降水量累加而得。

年降水量是将12个月的月降水量累加而得。

日照时数

指太阳实际照射地面的时间。其统计方法与降水量相同。

化学需氧量(COD)排放量

为工业废水中COD排放量与生活污水中COD排放量之和。化学需氧量指用化学氧化剂氧化水中有机污染物时所需的氧量。一般利用化学氧化剂将废水中可氧化的物质（有机物、亚硝酸盐、亚铁盐、硫化物等）氧化分解，然后根据残留的氧化剂的量计算出氧的消耗量，来表示废水中有机物的含量，反映水体有机物污染程度。COD值越高，表示水中有机污染物污染越重。

二氧化硫排放量

指报告期内工业SO_2排放量与生活SO_2排放量之和。

主要统计指标解释

工业废水排放量

指经过企业厂区所有排放口排到企业外部的工业废水量。包括生产废水、外排的直接冷却水、超标排放的矿井地下水和与工业废水混排的厂区生活污水，不包括外排的间接冷却水（清污不分流的间接冷却水应计算在内）。

工业废水排放达标量

指报告期内废水中各项污染物指标都达到国家或地方排放标准的外排工业废水量，包括未经处理外排达标的，经废水处理设施处理后达标排放的，以及经污水处理厂处理后达标排放的。

工业废气排放量

指报告期内企业厂区内燃料燃烧和生产工艺过程中产生的各种排入空气的含有污染物的气体的总量，以标准状态（273K，101325Pa）计算。测算公式为：

工业废气排放量=燃料燃烧过程中废气排放量+生产工艺过程中废气排放量

工业二氧化硫排放量

指报告期内企业在燃料燃烧和生产工艺过程中排入大气的SO_2总量，计算公式为：

工业SO_2排放量=燃料燃烧过程中SO_2排放量+生产工艺过程中SO_2排放量

工业烟尘排放量

指企业厂区内的燃料燃烧过程中产生的烟气中夹带的颗粒物排放量。

工业粉尘排放量

指企业在生产工艺过程中排放的能在空气中悬浮一定时间的固体颗粒物排放量。如钢铁企业的耐火材料粉尘、焦化企业的筛焦系统粉尘、烧结机的粉尘、石灰窑的粉尘、建材企业的水泥粉尘等。不包括电厂排入大气的烟尘。

工业固体废物产生量

指报告期内企业在生产过程中产生的固体状、半固体状和高浓度液体状废弃物的总量，包括危险废物、冶炼废渣、粉煤灰、炉渣、煤矸石、尾矿、放射性废物和其他废物等；不包括矿山开采的剥离废石和掘进废石（煤矸石和呈酸性或碱性的废石除外）。酸性或碱性废石是指采掘的废石其流经水、雨淋水的PH值小于4或PH值大于10.5者。

工业固体废物综合利用量

指报告期内企业通过回收、加工、循环、交换等方式，从固体废物中提取或者使其转化为可以利用的资源、能源和其他原材料的固体废物量（包括当年利用往年的工业固体废物累计贮存量），如用作农业肥料、生产建筑材料、筑路等。综合利用量由原产生固体废物的单位统计。

工业固体废物贮存量

指报告期内企业以综合利用或处置为目的，将固体废物暂时贮存或堆存在专设的贮存设施或专设的集中堆存场所内的数量。专设的固体废物贮存场所或贮存设施必须有防扩散、防流失、防渗漏、防止污染大气、水体的措施。

工业固体废物处置量

指报告期内企业将固体废物焚烧或者最终置于符合环境保护规定要求的场所，并不再回取的工业固体废物量（包括当年处置往年的工业固体废物累计贮存量）。处置方法有填埋（其中危险废物应安全填埋）、焚烧、专业贮存场（库）封场处理、深层灌注、回填矿井及海洋处置（经海洋管理部门同意投海处理）等。

工业固体废物排放量

指报告期内企业将所产生的固体废物排到固体废物污染防治设施、场所以外的数量，不包括矿山开采的剥离废石和掘进废石（煤矸石和呈酸性或碱性的废石除外）。

“三废”综合利用产品产值

指报告期内利用“三废”（废液、废气、废渣）作为主要原料生产的产品产值（现行价），已经销售或准备销售的应计算产品产值，留作生产上自用的不应计算产品产值。

主要统计指标解释

城镇生活污水排放量

指城镇居民每年排放的生活污水。用人均系数法测算。测算公式为：

城镇生活污水排放量=城镇生活污水排放系数×市镇非农业人口×365

生活及其他烟尘排放量

指除工业生产活动以外的所有社会、经济活动及公共设施的经营活动中燃烧所排放的烟尘纯重量。以生活及其他煤炭消费量为基础进行测算。

Explanatory Notes on Main Statistical Indicators

Natural Resources

Refer to material resources that could be obtained from the nature by human being and used for production and living. Natural resources in general can be classified as renewable resources and non-renewable resources. Renewable resources refer to resources that could be renewed and recycled during a relatively short period of time, including land resource, water resource, climate resource, biology resource and marine resource. Non-renewable resources include resources that could not be renewed, such as minerals and geothermal resource.

Land Resource

Land refers to the surface of the earth, consisting of mainly rocks and its weathering and earth. Land resource can be classified, by its utilization, as land for agriculture, land for construction and unused land. Land for agriculture included cultivated land, plantation land, forestland, grassland and waters. Land for construction includes land for residential purpose, for manufacturing and mining, for transportation and for water-conservancy projects. Unused land refers to land other than land for agriculture and construction, including beaches, deserts, Gobi glaciers and rock mountains.

Area of Cultivated Land

Refers to area of land reclaimed for the regular cultivation of various farm crops, including crop-cover land, fallow, newly reclaimed land and land laid idle for less than 3 years.

Area of Afforestated Land

Refers to area for Land for trees bamboo, bushes and mangrove, including forest-covered land, bush-covered land, sparse forest land, land planned for afforestation and nurseries of young trees.

Area of Grassland

Refers to areas of grassland, grass-slopes and grass-covered hills with a vegetation-covering rate of over 5% that are used for animal husbandry or harvesting of grass. It includes natural, cultivated and improved grassland areas.

Forest Resource

Refers to forests, trees, forestland and wild animals, plants and microorganism that live on forest and trees. Trees include trees and bamboo. Forest refers to the population of clusters of trees and other plants, animals and microorganism as well as the earth and climate that have interactions with the trees.

Total Standing Stock Volume

Refers to the total stock volume of trees growing in land, including trees in forest, tress in sparse forest, scattered trees and trees planted by the side of villages, farm houses and along roads and rivers.

Forest Area

Refers to the area of forest where trees and bamboo grow with canopy density above 0.2, including land of natural woods and planted woods, but excluding bush land and thin forest land. It reflects the total areas of afforestation.

Stock Volume of Forest

Refers to total stock volume of wood growing in forest area, which shows the total size and level of forest resources of a country or a region. It is also an important indicator illustrating the richness of forest resource and the status of forest ecological environment.

Forest Coverage Rate

Refers to the ratio of area of afforested land to total land area. It is a very important indicator that reflects the status of abundance of forest resource and balance of the ecosystem. Forest area includes the area of trees and bamboo grow with canopy density above 0.2, the area of shrubby tree according to regulations of the government, the area of forest land inside farm land and the area of trees planted by the side of villages, farm houses and along roads and rivers.The formula for calculating forest coverage rate is as follows.

Forestry coverage rate (%) = (Area of Afforested Land / Area of Total Land) × 100%

EXPLANATORY NOTES TO MAJOR STATISTICAL INDICATORS

Water Resource

Water exists in the nature in solid, liquid and gaseous states, is distributed in the ocean, land (including earth) and air, and constitutes the water resource through the circulation of water. Water resource includes the surface water and ground water that is controlled by the human being for irrigation, power-generation, water supply, navigation and cultivation. It also includes rivers, Lakes, wells, springs, tides, and gulf and water area for cultivation. Water resource as an important natural resource is indispensable for the development of the national economy.

Surface Water and Ground Water

Water on earth can be divided into surface water and ground water according to its distribution. Surface water refers to moisture exists in rivers, lakes, swamps, glaciers, icecaps and so on. It is also called land water. The underground water refers to water deposited under-ground in the cranny and the hole of saturated rock soil and in water-eroded cave.

Runoff

Refers to the water gathered at the way out of the cross section of drainage area either from the surface or underground after deducting the wastage of the precipitation. Runoff can be divided into surface runoff, underground runoff and within soil runoff. Surface runoff refers to water flow to the rivers, lakes, swamps, and seas on the surface of the earth. Underground runoff refers to water flow to rivers, swamps, and seas through the water-bearing stratum of confined layer or unconfined layer.

Volume of Runoff

Refers to the total volume of water running through a certain cross section of a river during a certain period of time, reflecting the water resource condition in a country or a region. The formula for calculating volume or runoff is as follows:

Runoff=Precipitation-Evaporation

Mineral Resources

Refer to useful minerals, with solid state, liquid state, gaseity, due to the geological process. Minerals are important natural resources, and important material base for social development. At present, there are more than 170 types of minerals discovered in China. They can be categorized into four groups: energy producing minerals (including coal, petroleum, natural gas and terrestrial heat), metallic minerals (including iron, manganese, copper, lead and bauxite), non metallic minerals (including diamond, limestone and clay), and water/gas related minerals (including ground water, mineral water and carbon dioxide). Metallic minerals can be further classified as ferrous, non-ferrous, noble metal, rare metal, rare earth metal and dispersed metals.

Ensured Mineral Reserves

Refer to the actual mineral reserves, which equal to the proven mineral reserves (including industrial reserves and prospective reserves) minus extracted parts and underground losses.

Climate

Refers to the natural environmental status formed by the long-time exchange of energy and mass between the earth and the atmosphere, and is the result of interaction of many factors. Climate is both one of the environment factors and also the important resources for the living and production activities of the human being. The average values across several years of meteorological factors such as temperature, rainfall and humidity are used as important parameters to describe the climate of a region, while the average values (or total values) of a given year of month of meteorological factors reflect the key characteristics of climate for that period of time.

Temperature

Refers to the air temperature. China uses centigrade (°C) as the unit. The thermometry used for weather observation is put in a breezy shutter, which is 1.5 meters high from the ground. Therefore, the commonly used temperature refers to the temperature in the breezy shutter 1.5 meters away from the ground. The calculation method is as follows:

Monthly average temperature is the summation of average daily temperature of one month divided by the actual days of that particular month.

Annual average temperature is the summation of monthly average of a year divided by 12 months.

Relative Humidity

Refers to the ratio of actual water vapor pressure to the saturation water vapor pressure under the current temperature. The calculation method is the same as that of temperature.

Volume of Precipitation

Refers to the deepness of liquid state of solid state (thawed) water falling from the sky to the ground that has not been evaporated, infiltrated or run off. The calculation method is as follows:

Monthly precipitation is the summation of daily precipitation of a month.

Annual precipitation is the summation of 12 months' precipitation of a year.

□ Sunshine Hours

Refer to the actual hours of sun irradiating the earth. The calculation method is the same as that of the precipitation.

□ COD Emission

Refers to the total volume of COD emitted from industrial activities and life activities.COD refers to the amount of oxygen required when chemical oxidants are used to oxidize organic pollutants in water. Chemical oxidants are used to oxidize possible material in water, such as organic material, nitrite, ferrous salt, sulfide and so on. Then according to residual amount of oxidants to calculate consumption of oxygen, it is said that how much organic pollutants are in water. A higher value of COD corresponds to more serious pollution by organic pollutants.

□ SO_2 Emission

Refer to the total volume of SO_2 emitted from industrial activities and life activities within a given period of time.

□ Volume of Industrial Waste Water Discharged

Refers to the volume of industrial waste water discharged, through all outlets, to the outside of industrial enterprises, including waste water produced, direct - cooling water, underground water from mines that does not meet the standard of discharge, and the domestic sewage mixed up with industrial waste water when discharged, but excluding discharged indirect - cooling water.

□ Volume of Waste Water up to the Standard for Discharge

Refers to the volume of discharged industrial wastewater that, with or without treatment, has come up to the national or local standards for discharge.

□ Industrial Waste Air Emission

Refers to discharge into atmosphere of waste air containing pollutants generated from fuel burning and production process in enterprises within a given period of time. It is calculated at standard status (273K, 101325Pa) as:

Industrial waste air emission = emission through fuel burning + emission through production process

□ Industrial SO_2 Emission

Refers to volume of sulphur dioxide emission from fuel burning and production process in premises of enterprises for a given period of time. Its calculation formula is:

Industrial SO_2 Emission = SO_2 Emission from fuel burning + SO_2 Emission from production process

□ Industrial Soot Emission

Refers to volume of soot in smoke emitted in process of fuel burning in premises of enterprises.

□ Industrial Dust Emission

Refers to volume of dust emitted by production process of enterprises and suspended in the air for a given period of time, including dust from refractory material of iron and steel works, dust from coke-screening systems and sintering machines of coke plants, dust from lime kilns and dust from cement production in building material enterprises, but excluding soot and dust emitted from power plants.

□ Volume of Industrial Solid Wastes Produced

Refers to total volume of solid, semi-solid and high concentration liquid residues produced by industrial enterprises from production process in a given period of time, including hazardous wastes, slag, coal ash, gangue, tailings, radioactive residues and other wastes, but excluding stones stripped or dug out in mining (gangue and acid or alkaline stones not included). A stone is acid or alkaline depending on the pH value of the water below 4 or above 10.5 when the stone is in or soaked by the water.

EXPLANATORY NOTES TO MAJOR STATISTICAL INDICATORS

Volume of Industrial Solid Wastes Utilized in a Comprehensive Way

Refers to volume of solid wastes from which useful materials can be extracted or which can be converted into usable resources, energy or other materials by means of reclamation, processing, recycling and exchange (including utilizing in the year the stocks of industrial solid wastes of the previous year). Examples of such utilizations include fertilizers, building materials and road materials. The information shall be collected by the producing units of the wastes.

Volume of Industrial Solid Wastes Stored up

Refers to the volume of industrial solid wastes temporarily stored up or piled with special facilities or piled in the special sites for the purpose of utilization or treatment in future. The special facilities or special sites for storing up solid wastes should have the measures against spreading or being washed away to other places, permeating the soil or causing air pollution or water contamination.

Volume of Industrial Solid Wastes Treated

Refers to quantity of industrial solid wastes which are burnt or placed ultimately in the sites meeting the requirements for environmental protection and not salvaged or recycled (including disposition in the year of those wastes of previous years). The disposition includes landfill (Safe landfills should be conducted for hazardous wastes), incineration, containment spaces, deep underground disposal, backfill in mining pits and disposal at sea (accepted by management of sea).

Volume of Industrial Solid Wastes Discharged

Refers to volume of industrial solid wastes discharged by producing enterprises to disposal facilities or to other sites. The wastes exclude stones stripped or dug from mining (gangue and acid or alkaline waste stones not included).

Output Value of Products Made from Utilization of Waste Gas, Waste Water and Industrial Solid Wastes

Refers to the value of products (calculated at current prices) made by industrial enterprises using recovered waste water, waste gas or solid wastes as main raw materials. Only the value of the products, which have been sold or are ready, to be sold should be included. The value of the products, which will be used in the production of the enterprises, should not be included.

Urban Consumption Waste Water Discharge

Refers to annual discharge of consumption waste water by urban households. Its calculation formula is:

Discharge = Discharge of Consumption Wastewater by Urban Households × Urban Non-agricultural Population × 365

Soot Emission by Consumption and Others

Refers to net volume of soot emitted by fuel burning from all social and economic activities and operation of public facilities other than industrial activities. It is calculated on the basis of coal consumption by households and others.

第 10 章

要素市场

MARKETS OF KEY FACTORS

简要说明 BRIEF INTRODUCTION

本章资料中的国有土地使用权出让与划拨、城市房产市场交易情况由市统计局固定资产投资处根据市国土资源和房屋管理局资料整理提供，亿元以上商品市场由市统计局贸易外经处提供，技术市场由市统计局社会科技处根据市科学技术委员会资料整理提供，人才市场、劳动力市场和证券市场情况由市统计局综合处根据市人才交流服务中心、市就业服务管理局、市发展和改革委员会和重庆证监局资料整理编辑。

货币流通、保险业务和有价证券的相关资料详见第十七章金融。

The data on transaction and allotment of the right to use the state-owned land and the real estate markets in urban areas are sorted and compiled by Division of Statistics of Investment in Fixed Assets, Chongqing Municipal Bureau of Statistics on the basis of the data provided by Chongqing Administration of Land, Resources and Housing; the data of the transaction of the commodity markets with transaction value over 100 million yuan are provided by Division of Trade and External Economic Relations Statistics, Chongqing Municipal Bureau of Statistics; the data of transactions of technology exchanges are provided by Division of Social and Technology Statistics, Chongqing Municipal Bureau of Statistics on the basis of the data from Chongqing Science and Technology Commission; the data of the human resource markets, labor force markets and securities markets are sorted and compiled by Division of Comprehensive Statistics, Chongqing Municipal Bureau of Statistics on the basis of the data from Chongqing Human Resource Exchanges Service Center, Chongqing Administration of Employment Services, Chongqing Development and Reform Commission and China Securities Regulatory Commission Chongqing Bureau.

See Chapter 17 Financial Intermediation for the data on currency, insurance and securities.

表10.1 国有土地使用权出让与划拨情况（2014－2015年）
TRANSACTIONS AND ALLOTMENT OF THE RIGHT TO USE THE STATE-OWNED LAND (2014-2015)

指　标	Item	2014	2015
土地使用权出让	**Transaction of Right to Use State-owned Land**		
地　块（宗）	Land Parcel (parcel)	1775	1448
面　积（公顷）	Land Area (hectare)	7184	7075
出让价款（亿元）	Value of Transaction (100 million yuan)	1248	1379
土地使用权划拨	**Allotment of Right to Use State-owned Land**		
地　块（宗）	Land Parcel (parcel)	1145	895
面　积（公顷）	Land Area (hectare)	9558	4276

表10.2 城市房产市场交易情况（2014－2015年）
REAL ESTATE MARKETS IN URBAN AREA (2014-2015)

指　标	Item	2014	2015
房产转让	**Housing Transactions**		
成交面积（万平方米）	**Area of Transactions (10 000 sq.m)**	**2911.25**	**3052.65**
#住　宅	Residential Buildings	2301.89	2430.69
商品房（新建）	Commercialized Buildings	2252.96	2285.71
存量房（二手房）	Buildings in Stock	658.29	766.94
成交金额（亿元）	**Total Value of Transactions (100 million yuan)**	**1878.70**	**1936.48**
#住　宅	Residential Buildings	1366.07	1438.56
商品房	Commercialized Buildings	1608.29	1607.83
存量房	Buildings in Stock	270.41	328.65

注：本表为主城九区的数据。
Note: The table above shows the data of the 9 urban districts.

表10.3 亿元以上商品市场交易情况（2014－2015年）
TRANSACTIONS OF COMMODITY MARKETS WITH TRANSACTION VALUE OVER 100 MILLION YUAN (2014-2015)

指　标	Item	摊位数量（个） Number of Stands (unit)		总成交额(万元) Total Volume of Transactions (10 000 yuan)	
		2014	2015	2014	2015
合　计	**Total**	**101736**	**100207**	**34063093**	**34128682**
粮油、食品、饮料、烟酒类	Food, Beverages, Tobacco and Liquor	27424	27307	7402780	8697877
服装鞋帽、针、纺织品类	Clothing, Shoes, Hats and Textiles	21332	21146	5706185	6153157
化妆品类	Cosmetics	820	826	167189	189556
金银珠宝类	Gold, Silver and Jewelry	41	26	12663	12530
日用品类	Articles for Daily Use	5472	5474	856584	1103750
五金电料类	Hardwear and Electrical Materials	5826	5991	945986	1056038
体育、娱乐用品类	Sports and Entertainment Articles	320	339	65579	100117
书报杂志类	Newspapers and Magazines	92	53	3716	2212
电子出版物及音像制品类	E-journal and Video Products	80	93	11585	20394
家用电器和音像制品类	Household Electric Appliances and Video Products	874	1001	335788	394031
中西药品类	Traditional Chinese and Western Medicines	90	74	21433	21484
文化办公用品类	Cultural and Office Articles	2431	2474	376193	299779
家具类	Furniture	3748	3228	1665920	1981307
通讯器材类	Communication Appliances	1256	1084	439431	360178
木材及制品类	Wood and Wooden Products	616	542	220175	208891
石油及制品类	Petroleum and Related Products	12		120	
化工材料及制品类	Chemical Materials and Products	262	221	77549	77755
金属材料类	Metal Materials	5145	4289	7404801	5802460
建筑及装潢材料类	Building and Decoration Materials	9821	12127	2370227	2586398
机电产品及设备类	Mechanical and Electrical Products	4504	4408	1328145	1528488
#农机类	Agricultural Machinery	59	59	835	875
汽车类	Automobiles	5907	4847	2879955	2145505
种子饲料类	Seeds and Feedstuff	428	365	188599	154945
棉麻类	Cotton and Hemp	13	15	1737	1898
其他类	Others	5219	4274	1580303	1229442

表10.4 技术市场交易情况（2015年）
TRANSACTIONS OF TECHNOLOGY EXCHANGES (2015)

单位：项、万元 (item, 10 000 yuan)

指　标	Item	技术买方 Purchases of Technology		技术卖方 Sales of Technology	
		项　数 Number	金　额 Value	项　数 Number	金　额 Value
总　计	**Total**	**2706**	**1457012.84**	**2706**	**1457012.84**
#企业法人	Corporations	1200	1310405.96	1660	1096971.76
事业法人	Public Institutions	962	28152.40	1012	198000.30
机关法人	Governments	410	93967.25		
其他组织	Other Organizations	8	23397.55	34	162040.78
社团法人	Association Corporations	7	134.55		
自然人	Natural Persons	119	955.13		

表10.5 人才市场人才流动情况（2014－2015年）
HUMAN RESOURCE MARKETS AND EXCHANGES (2014-2015)

指　标	Item	2014	2015
人力资源服务机构（个）	Human Resource Service Agencies (unit)	501	727
公共就业服务机构（个）	Public Employment Service Agencies (unit)	34	13
人才公共服务机构（个）	Human Resource Public Service Agencies (unit)	22	7
综合性公共就业和人才服务机构（个）	Comprehensive Public Employment and Human Resources Service Organizations (unit)	2	25
国有性质的服务企业（个）	State-owned Service Corporations (unit)	61	80
民营性质的服务企业（个）	Private Service Corporations (unit)	360	571
外资性质的服务企业（个）	Foreign-funded Service Corporations (unit)	5	5
港资性质的服务企业（个）	Service Corporations with Investment from Hong Kong (unit)	2	1
澳资性质的服务企业（个）	Service Corporations with Investment from Macao (unit)		
台资性质的服务企业（个）	Service Corporations with Investment from Taiwan (unit)		
行业所属服务机构（个）	Service Corporations from Industry (unit)	3	3
民办非企业等其他性质的服务机构（个）	Other Private Non-corporate Service Corporations (unit)	12	23
设立人力资源市场个数（固定招聘场所）（个）	Number of Human Resource Markets (Fixed Recruitment Places) (unit)	535	442
举办人力资源招聘会（次）	Number of Job Fairs (time)	6087	5339
登记求职或要求流动人员　（人）	Number of Registered Persons in Need of New Job (person)	5255598	4635290
参加人力资源招聘会人数（人）	Persons Participating in Job Fairs (person)	1877948	3136003
参加人力资源招聘会用人单位数（个）	Enterprises Participating in Job Fairs (unit)	140166	144813
现存档案总量	Total Amount of Current Archives	105.38	120.60
当年流动人员职称评定（人）	Number of Exchanged Persons Evaluated for Professional Titles in Current Year (person)	4870	5666
评定高级职称人数	Senior Titles	522	788
评定中级职称人数	Medium Titles	1424	1842
评定初级职称人数	Junior Titles	2924	3036

注：2014年起，按照最新的人力资源服务机构划分标准进行统计。
Note: The data since 2014 has been calculated according to the new dividing standard of human resource services.

表10.6 公共就业服务机构介绍情况（2014－2015年）
STATISTICS ON THE PUBLIC JOB SERVICES AND INTERMEDIATION AGENCIES (2014-2015)

指 标	Item	2014	2015
公共就业服务机构（个）	Number of Job Services Agencies (unit)	41	52
#区县及以上	At District & County Level and above	41	52
登记招聘单位数（个）	Number of Registered Employers (unit)	76540	76860
登记招聘人数（人次）	Number of Persons to Be Employed (person-time)	1249355	1116542
登记求职人次（人次）	Number of Registered Job Applicants (person-time)	866891	830941
#女 性	Female	364738	405471
#城镇登记失业人员	Registered Unemployed Persons in Urban Areas	401766	501395
#高校毕业生	College Graduates	39111	19787
#农村劳动力	Rural Labor Force	327987	209238
职业指导人数（人次）	Number of Persons under Vocational Guidance (person-time)	594569	627664
介绍成功人次（人次）	Number of Persons Employed through Job Services (person-time)	321682	230692
#女 性	Female	126949	114129
#城镇登记失业人员	Registered Unemployed Persons in Urban Areas	146308	96712
#高校毕业生	College Graduates	19013	8085
#农村劳动力	Rural Labor Force	119692	102305

表10.7 证券市场基本情况（2014－2015年）
GENERAL STATISTICS ON SECURITIES MARKETS (2014-2015)

指 标	Item	2014	2015
境内上市公司总计（个）	Number of Listed Companies in Mainland (unit)	40	43
上交所（个）	Shanghai Stock Exchange (unit)	21	21
深交所（个）	Shenzhen Stock Exchange (unit)	19	22
#仅发A股公司	A Shares Only	37	40
#仅发B股公司	B Shares Only	1	1
#同时发A、B股公司	A&B Shares	1	1
#同时发A、H股公司	A&H Shares	1	1
股票市价总值（亿元）	Total Market Capitalization (100 million yuan)	4456.67	6495.93
#股票流通市值	Negotiable Market Capitalization (100 million yuan)	3344.32	4741.49
总股本（亿股）	Total Shares of Stocks Issued (100 million shares)	377.83	469.3
#流通股本	Negotiable Shares (100 million shares)	273.83	356.97
股票筹资额（亿元）	Raised Capital (100 million yuan)	180.83	127.01
A股	A Shares	180.83	127.01
B股	B Shares		
股票发行量（万股）	Issued Share (100 million shares)	525675	967462
A股	A Shares	525675	967462
B股	B Shares		
证券市场募集资金（亿元）	Raised Funds in Securities Market (100 million yuan)	239.73	697.16
#通过发行、配售股票筹集资金	Funds-raised from Issuing and Placing Stocks	180.83	127.01
#通过全国股转系统筹集资金	Funds-raised from National Equities Transfer System	0.05	8.55
#发行公司信用类债券筹集资金	Funds-raised from Issuing Companies' Debentures	58.85	561.60
证券公司总部（个）	Securities Head Offices (unit)	1	1
证券分公司（个）	Securities Branch Offices (unit)	13	17
证券营业部（个）	Securities Business Departments (unit)	160	171
投资者开户数（万户）	Number of Investors' Accounts (10000 accounts)	213.48	271.96
期货总成交额（亿元）	Trading Turnover of Future (100 million yuan)	12308.48	214436.71

第 11 章

农业和农村经济

AGRICULTURE AND RURAL ECONOMY

简要说明

BRIEF INTRODUCTION

本章反映全市农业生产和农村经济的基本情况，内容主要包括农村基本情况、农业生产条件与生产情况、农作物播种面积、农林牧渔产品产量、农林牧渔业产值、农业商品产值和商品率、乡镇企业等方面的统计资料。

本章资料由国家统计局重庆调查总队根据市农委、市林业局、市水利局和调查总队等资料整理提供。乡镇企业的有关情况由重庆市统计局综合处根据市乡镇企业管理局提供的资料整理、编辑。

The data in this chapter show the basic conditions of agricultural production and rural economy, including basic statistics on rural areas, basic conditions of agricultural production, sown area of farm crops, output of farming, forestry, animal husbandry and fishery products, gross output value of farming, forestry, animal husbandry and fishery, output value of agricultural commodities and rate of commercialization, and township-owned enterprises.

The data in this chapter are provided by Chongqing Agriculture Commission, Municipal Bureau of Forestry, Municipal Bureau of Water Conservancy and NBS Survey Office in Chongqing, and sorted and compiled by NBS Survey Office in Chongqing. The data of township-owned enterprises are provided by Municipal Administration of Township-owned Enterprises and sorted and compiled by Division of Comprehensive Statistics, Municipal Bureau of Statistics.

表11.1 主要年份农村基本情况
BASIC STATISTICS ON RURAL AREAS IN MAJOR YEARS

年 份 Year	乡村户数 （万户） Number of Rural Households (10 000 households)	乡村人口 （万人） Rural Population (10 000 persons)	乡村从业人员 （万人） Rural Employed Population (10 000 persons)
1949		1446.24	650.59
1952		1546.01	692.81
1957		1685.98	762.15
1962		1506.16	692.19
1965		1676.21	755.99
1970		1977.85	857.78
1975		2264.67	921.67
1978		2316.54	926.32
1980	534.19	2294.08	980.75
1985	573.00	2355.39	1114.34
1986	596.13	2365.34	1154.26
1987	626.70	2391.29	1184.92
1988	650.27	2412.04	1218.03
1989	671.51	2427.70	1249.12
1990	686.26	2446.38	1273.06
1991	697.61	2471.48	1314.79
1992	699.94	2476.10	1350.71
1993	700.88	2463.53	1352.26
1994	710.34	2482.05	1356.59
1995	706.86	2454.17	1349.34
1996	709.86	2464.23	1330.44
1997	708.64	2452.75	1320.91
1998	709.84	2445.12	1316.95
1999	710.99	2442.47	1342.99
2000	710.28	2440.32	1352.60
2001	714.67	2438.79	1345.15
2002	718.31	2443.21	1342.17
2003	718.65	2436.47	1340.25
2004	714.99	2425.25	1361.54
2005	718.84	2430.93	1366.91
2006	714.86	2418.40	1382.62
2007	717.49	2413.95	1378.29
2008	724.06	2405.64	1379.89
2009	723.55	2385.95	1379.94
2010	727.77	2366.66	1379.35
2011	721.14	2324.50	1369.98
2012	724.14	2303.10	1365.29
2013	717.99	2262.40	1328.79
2014	714.50	2246.31	1312.96
2015	713.87	2225.75	1309.23

表11.2 主要年份农业生产条件
CONDITIONS OF AGRICULTURAL PRODUCTION IN MAJOR YEARS

年 份 Year	有效灌溉面积（万公顷） Irrigated Area (10 000 hectares)	农用机械总动力（万千瓦） Total Agricultural Machinery Power (10 000 kw)	农村用电量（万千瓦时） Electricity Consumption in Rural Areas (10 000 kwh)	农用化肥施用量（折纯）（万吨） Consumption of Chemical Fertilizers (net) (10 000 tons)	农膜使用量（万吨） Consumption of Farm Plastic Film (10 000 tons)	农药使用量（万吨） Consumption of Chemical Pesticides (10 000 tons)
1949	5.48					
1952	6.73					
1957	13.40					
1962	21.31	4	1852			
1965	26.10	10	3791			
1970	31.92	22	12655			
1975	42.84	54	21045			
1978	56.27	101	28542	21.63	0.33	0.64
1980	60.42	155	37953	29.21	0.37	0.71
1985	60.98	219	63309	31.76	0.50	0.73
1986	60.12	240	71471	36.70	0.51	0.79
1987	59.27	259	83229	38.26	0.57	0.78
1988	58.41	278	79637	38.29	0.61	0.81
1989	57.56	291	89611	44.72	0.65	0.81
1990	58.02	300	97091	48.13	0.80	0.87
1991	58.55	316	104430	52.08	0.97	1.01
1992	58.96	324	115831	52.75	1.07	1.05
1993	59.26	343	134027	54.51	1.18	1.27
1994	59.53	366	160197	58.55	1.28	1.29
1995	59.79	386.05	174847	62.02	1.43	1.46
1996	60.08	409.91	196788	65.55	1.53	1.69
1997	61.14	454.07	227302	69.64	1.59	1.68
1998	61.41	506.64	242934	71.18	1.77	1.82
1999	62.05	558.54	260029	71.03	1.86	1.84
2000	62.60	586.47	278728	72.00	1.96	1.85
2001	63.19	628.07	301140	72.58	1.94	1.91
2002	64.12	665.57	338717	73.37	2.53	1.93
2003	64.97	695.67	366535	71.59	2.42	1.95
2004	61.68	728.31	384627	77.02	2.68	1.95
2005	61.81	775.96	428943	79.20	2.75	1.95
2006	62.13	820.01	460291	80.54	2.82	1.96
2007	63.37	860.31	484478	84.32	3.01	2.04
2008	65.89	903.15	550949	88.14	3.09	2.10
2009	67.20	967.41	614832	91.17	3.47	2.20
2010	68.53	1071.09	647738	91.82	3.66	2.10
2011	69.29	1141.00	703706	95.58	3.93	2.03
2012	70.30	1162.00	738000	96.02	4.09	1.95
2013	67.52	1198.88	761193	96.64	4.29	1.84
2014	67.73	1243.34	783145	97.26	4.38	1.84
2015	68.72	1299.73	781397	97.73	4.52	1.82

表11.3 农作物播种面积（1978－2015年）
SOWN AREA OF FARM CORPS (1978-2015)

单位：公顷 (hectare)

年份 Year	农作物 总播种面积 Total Sown Area	其中 of which						
		#粮食 Grain	其中 of which #稻谷 Rice	#油料 Oil-bearing Crops	其中 of which #油菜籽 Rapeseeds	#蔬菜 Vegetables	#烟叶 Tobacco
1978	3498061	3177221	849243	92351	71374	95954	26582
1980	3345304	3048196	828317	116577	89369	78400	10416
1985	3214717	2748498	820140	176866	137367	140569	30956
1986	3232433	2710205	819858	183859	143792	159811	40897
1987	3241258	2697509	807797	180579	143292	160867	41729
1988	3287399	2727164	821305	185171	150612	171444	54056
1989	3381959	2788700	836231	188593	154505	177979	75726
1990	3438950	2847370	821986	203171	168751	183873	66607
1991	3526637	2889404	816684	224412	188989	197049	70859
1992	3522037	2874889	819262	215622	179402	200686	81258
1993	3513064	2870480	804560	184964	147692	222621	82461
1994	3493884	2877837	800342	174643	135505	225902	54997
1995	3526684	2876853	799482	201550	162572	236283	58939
1996	3585745	2889834	802279	202483	159584	257106	77657
1997	3605420	2881902	797955	191800	152222	267203	99482
1998	3614446	2900656	794636	192330	148896	290397	56603
1999	3592496	2862143	788576	197151	151801	301389	63969
2000	3590815	2773404	776636	226384	173185	327094	70775
2001	3555871	2714600	763964	225046	167911	366330	55210
2002	3464566	2606866	757195	236325	173930	359674	56012
2003	3307179	2410369	738486	236724	176836	386990	57237
2004	3435957	2516507	749300	244129	173815	390237	52995
2005	3444733	2501263	747949	252421	187333	399970	51508
2006	3073880	2155500	672300	187290	133680	417414	48879
2007	3134700	2195800	652130	192920	135370	432906	43553
2008	3215064	2215407	673538	215531	150170	481563	47749
2009	3308300	2229493	682041	237025	173643	552233	52579
2010	3359387	2243887	683907	254993	191847	589093	42733
2011	3413088	2259413	686485	257096	196200	618631	46165
2012	3477694	2259606	686996	271016	204557	652660	49989
2013	3515790	2253905	688657	283508	215603	681707	49323
2014	3540352	2242522	689673	299963	232581	708068	45964
2015	3575797	2233958	688319	309315	242458	731667	45829

表11.4 主要年份农林牧渔产品产量

OUTPUT OF FARMING, FORESTRY, ANIMAL HUSBANDRY AND FISHERY IN MAJOR YEARS

年份 Year	粮食（万吨） Grain (10 000 tons)	其中 of which #稻谷 Rice	#豆类 Beans	油料（万吨） Oil-bearing Crops (10 000 tons)	其中 of which #油菜籽 Rapeseeds	麻类（吨） Fiber Crops (ton)	甘蔗（万吨） Sugarcane (10 000 tons)
1949	402.68	246.57		0.90		1416	8.78
1952	470.97	281.33		3.19		1889	10.61
1957	596.55	316.39		5.13		1811	6.86
1962	378.23	191.26		1.40		598	1.04
1965	566.17	293.32		3.87		1048	14.47
1970	564.37	307.80		2.68		666	9.00
1975	603.72	325.84		4.13		632	24.87
1978	814.71	345.07	29.07	7.71	6.03	1659	31.20
1980	835.43	341.59	22.20	11.57	9.28	6172	36.64
1985	948.97	461.73	22.26	18.12	13.63	25787	30.24
1986	1004.92	493.41	25.02	20.91	15.85	21719	31.42
1987	1004.51	499.56	22.34	20.89	16.14	35995	29.43
1988	958.02	503.00	20.53	19.25	14.94	31013	29.32
1989	1044.88	541.81	17.25	18.78	14.38	18932	24.41
1990	1085.07	550.40	19.93	22.02	17.74	12707	20.55
1991	1115.28	535.90	21.53	26.92	22.81	11487	26.07
1992	1050.24	509.07	18.48	25.18	21.40	9716	14.33
1993	1052.72	479.90	21.90	21.70	17.22	9257	12.30
1994	1134.10	523.13	25.94	19.26	15.31	11471	9.39
1995	1153.68	532.63	30.38	25.12	20.54	11092	8.76
1996	1172.14	542.64	20.10	23.60	18.66	10898	8.27
1997	1184.63	552.44	21.90	23.34	18.34	11175	8.08
1998	1155.36	519.38	22.17	25.11	19.03	7541	7.28
1999	1143.05	533.01	21.93	24.09	17.33	6826	7.59
2000	1131.21	525.43	24.60	31.06	22.61	8406	9.06
2001	1035.35	466.45	23.32	29.96	21.91	8857	10.08
2002	1082.15	484.42	27.78	35.04	25.84	12139	12.06
2003	1087.20	494.29	32.21	38.27	28.51	9620	11.35
2004	1144.57	509.55	38.11	41.75	30.99	10209	11.77
2005	1168.19	521.43	42.16	42.71	31.81	12362	11.46
2006	808.40	344.90	29.24	28.94	23.47	11846	10.16
2007	1088.00	491.59	35.12	30.68	23.19	15399	11.26
2008	1153.20	529.39	37.78	35.68	26.54	16982	11.18
2009	1137.20	511.30	39.83	40.54	30.95	15869	11.57
2010	1156.13	518.57	41.93	44.45	34.22	14700	11.68
2011	1126.90	493.50	43.49	46.51	35.14	14455	11.80
2012	1138.54	498.00	45.04	50.11	37.71	10186	11.88
2013	1148.13	503.08	46.03	53.14	40.11	9461	10.94
2014	1144.54	503.19	46.60	56.94	43.97	9046	10.29
2015	1154.89	506.36	47.94	59.87	46.73	8460	9.77

表11.4 续表1 continued1

年 份 Year	烟 叶 （吨） Tobacco (ton)	蔬 菜 （万吨） Vegetables (10 000 tons)	茶 叶 （吨） Tea (ton)	蚕 茧 （吨） Silkworm Cocoons (ton)	水 果 （万吨） Fruits (10 000 tons)	牛 奶 （吨） Cow Milk (ton)	禽 蛋 （万吨） Poultry Eggs (10 000 tons)
1949	8535		916	761	6.02	1171	
1952	9238		1059	1236	7.75	1292	
1957	8247		1914	1588	7.14	2621	
1962	2566		1981	1325	8.80	3925	
1965	4654		2369	2306	6.83	6576	
1970	1667		2927	6608	4.54	9651	
1975	8146		4884	10477	7.12	11940	
1978	22528	243.95	8004	15404	7.91	15891	4.46
1980	8098	229.86	9217	25751	15.69	17277	5.51
1985	36239	390.86	16172	33130	24.70	29677	8.77
1986	46724	421.94	16893	32693	28.61	32665	9.44
1987	44992	439.00	18267	35755	29.57	36474	9.98
1988	68928	460.93	18676	41748	20.50	39126	10.17
1989	62093	469.31	18568	42063	37.19	40308	11.24
1990	74393	499.61	18103	43502	35.08	46293	12.01
1991	98156	533.00	18264	47757	40.75	51988	12.94
1992	124705	541.38	17178	50686	41.38	56579	14.61
1993	113208	558.23	19522	54505	56.85	54880	15.71
1994	68904	569.83	21920	57408	52.87	48514	17.32
1995	77981	593.91	17452	27000	59.29	39153	19.18
1996	132355	637.03	15536	27402	56.62	40297	20.85
1997	164736	668.44	14996	28072	60.72	45129	23.50
1998	79970	711.30	15299	29226	74.10	46587	24.46
1999	95653	737.11	14441	24177	71.70	46614	26.29
2000	104082	775.42	14526	29098	81.68	55989	27.89
2001	80064	779.96	14142	32396	82.61	67791	29.79
2002	87052	833.84	14093	33856	113.41	80952	31.58
2003	86048	840.17	14320	27802	128.59	90608	35.36
2004	85036	863.57	16064	29376	137.22	85143	36.55
2005	90173	890.47	16545	31092	154.63	86076	39.15
2006	91945	888.76	17087	27488	145.74	83456	30.30
2007	71513	945.21	18853	29196	175.89	86095	32.30
2008	85513	994.52	21696	24388	193.28	77842	33.11
2009	99905	1177.45	22569	19464	212.87	79422	35.97
2010	81030	1309.54	25237	20321	238.47	79819	37.22
2011	93608	1407.97	27895	20118	261.16	80000	37.42
2012	102908	1509.34	31372	20594	291.19	77300	40.05
2013	96604	1600.64	34200	18161	318.86	67976	41.09
2014	84391	1689.11	33753	17714	347.61	56901	43.21
2015	86759	1780.47	35173	17681	375.85	54453	45.36

注：2006年起禽蛋产量已根据第二次农业普查数据重新进行了调整。
Note: Output of Poultry Eggs has been adjusted according to the sencond National Agricultural Census since 2006.

表11.4 续表2 continued2

年 份 Year	水产品（吨） Aquatic Products (ton)	肉猪出栏头数（万头） Number of Slaughtered Fattened Hogs (10 000 heads)	猪年末头数（万头） Number of Hogs at Year End (10 000 heads)	大牲畜年末存栏头数（万头） Number of Large Animals at Year End (10 000 heads)	其中 of which #牛 Cattle and Buffaloes	肉类总产量（万吨） Output of Meat (10 000 tons)	其中 of which #猪 肉 Pork
1949	3576	174.70		107.90		11.00	
1952	4119	254.80		122.50		16.00	
1957	6515	345.10		131.20		21.70	
1962	3791	76.90		115.60		6.90	
1965	6964	421.50		128.00		25.60	
1970	7649	414.50		150.20		23.10	
1975	10797	489.90		151.10		28.10	
1978	14362	542.70	914.98	142.15	141.58	40.51	37.38
1980	17734	797.63	1165.05	141.75	141.19	59.89	55.92
1985	42838	1140.06	1353.02	128.91	127.62	84.45	79.96
1986	47805	1190.22	1377.37	129.39	128.10	88.56	83.15
1987	51854	1243.78	1418.69	128.24	126.96	92.76	86.89
1988	58419	1345.77	1448.48	128.35	127.07	99.85	94.02
1989	65707	1375.38	1471.66	127.92	126.64	102.41	96.09
1990	65482	1375.79	1429.13	129.18	127.63	102.92	96.12
1991	71813	1429.45	1440.56	129.77	128.21	107.45	99.87
1992	74459	1469.47	1444.16	130.80	128.84	111.47	102.66
1993	89227	1492.99	1438.96	130.54	129.24	113.73	104.30
1994	103492	1555.69	1476.05	132.50	132.41	121.61	108.48
1995	121289	1610.14	1489.55	136.61	135.72	127.22	112.27
1996	140656	1637.51	1477.06	140.43	137.89	133.22	114.18
1997	160692	1699.74	1475.25	144.01	141.04	141.86	119.66
1998	178607	1720.14	1492.95	152.48	149.24	140.00	121.61
1999	191313	1703.19	1512.18	163.88	160.58	140.50	120.61
2000	200345	1724.96	1509.91	167.45	164.05	143.91	122.45
2001	196967	1746.85	1533.03	168.63	165.05	147.88	124.87
2002	211568	1781.69	1548.89	170.52	166.85	152.40	127.48
2003	224893	1828.49	1583.03	172.58	169.31	159.51	131.82
2004	239255	1909.32	1640.75	173.56	170.08	167.01	136.43
2005	250568	2006.39	1708.80	174.48	170.69	178.39	144.46
2006	226129	1732.70	1377.40	97.71	94.00	151.50	124.80
2007	255372	1783.20	1422.94	98.15	94.44	159.27	130.27
2008	190600	1898.67	1566.47	107.36	103.61	177.58	140.65
2009	203900	2003.11	1604.07	122.85	119.39	187.72	146.52
2010	224300	2010.51	1557.87	131.39	128.08	192.46	147.55
2011	275600	2020.87	1540.57	127.86	124.53	196.28	148.55
2012	330720	2050.76	1524.31	133.58	130.51	201.21	150.73
2013	385000	2104.46	1502.25	139.68	136.66	207.85	154.95
2014	443409	2150.83	1483.76	143.64	140.66	214.21	158.54
2015	480863	2119.89	1450.39	151.43	148.58	213.82	156.15

注：本表中除水产品外，其余数据从2006年起已根据第二次农业普查数据重新进行了调整。
Note: Except the data of aquatic products, the other data in this table have been adjusted according to the Second National Agricultural Census since 2006.

表11.5 主要年份农林牧渔业总产值

GROSS OUTPUT VALUE OF FARMING, FORESTRY, ANIMAL HUSBANDRY AND FISHERY IN MAJOR YEARS

单位：万元 (10 000 yuan)

年 份 Year	农林牧渔业总产值 Gross Output Value	其 中 of which				
		农 业 Farming	林 业 Forestry	牧 业 Animal Husbandry	渔 业 Fishery	农林牧渔服务业 Agricultural Services
1949	142123	111424	3837	26293	568	
1952	186367	140707	6523	38205	932	
1957	240351	176658	10816	51916	961	
1962	153506	120349	4605	28245	307	
1965	165688	122775	5799	36617	497	
1970	269234	192504	11128	64604	998	
1975	295062	210016	18048	65660	1338	
1978	357616	262881	17236	75731	1768	
1980	417925	296840	16160	102514	2411	
1985	739003	477570	43546	208842	9044	
1986	801998	516990	42045	231097	11867	
1987	902072	564063	40932	282816	14262	
1988	1104369	641751	49662	393394	19561	
1989	1243819	706771	49328	463300	24420	
1990	1460003	858133	55308	518757	27805	
1991	1595286	938353	60038	565193	31702	
1992	1713839	995009	70992	612498	35340	
1993	2073607	1197742	77531	749776	48558	
1994	2831816	1552652	86981	1127394	64789	
1995	3778259	2278927	106732	1304229	88371	
1996	4249903	2713807	115493	1311666	108937	
1997	4393508	2678892	117313	1468914	128389	
1998	4288839	2549365	150929	1444758	143787	
1999	4168780	2496237	115588	1409527	147428	
2000	4126272	2447376	108236	1419910	150750	
2001	4311666	2503968	112044	1544041	151613	
2002	4609755	2640760	135143	1661965	171887	
2003	4885655	2701156	145824	1776384	183251	79040
2004	6127723	3329516	184814	2309374	212464	91555
2005	6621943	3583035	199704	2494965	237959	106280
2006	5752428	3230078	223069	2042194	159087	98000
2007	7207260	4095523	178527	2644768	184442	104000
2008	8713871	4730118	217986	3441474	211481	112811
2009	9131080	5311679	258084	3194244	242699	124374
2010	10211328	6233343	304021	3265542	272083	136339
2011	12653319	7512246	380907	4253262	349432	157471
2012	14020347	8418088	434776	4539045	449928	178510
2013	15137376	9091758	480170	4828044	538155	199249
2014	15949591	9678717	535593	4863605	649279	222398
2015	17381486	10336848	604358	5428960	749120	262200

注：1）按照国民经济行业分类标准（GB/T4754-2002），从2003年起增加了农林牧渔服务业（下表同）。
2）2006年以来为第二次农普衔接数。从2007年起，因口径变化，对农业和林业总产值进行了调整。

Note: a) According to the national standard of industry classification (GB/T4754-2002), the gross output value has included agricultural services since 2003 (the same below).
b) The numbers after 2006 are the coordination numbers of the Second National Agricultural Census. The total output value of agriculture and forestry has been modified since 2007 due to the change of statistical scope.

表11.6 主要年份农林牧渔业总产值增幅（上年=100）

GROSS OUTPUT VALUE INDICES OF FARMING FORESTRY ANIMAL HUSBANDRY AND FISHERY IN MAJOR YEARS (PRECEDING YEAR=100)

年份 Year	农林牧渔业总产值 Gross Output Value	其中 of which				
		农业 Farming	林业 Forestry	牧业 Animal Husbandry	渔业 Fishery	农林牧渔服务业 Agricultural Services
1952	119.9	116.8	123.7	135.7	111.2	
1957	129.0	126.7	144.5	133.4	156.4	
1962	63.9	69.9	58.0	39.4	49.5	
1965	151.1	137.2	125.4	275.5	194.9	
1970	101.5	100.3	88.5	109.7	107.3	
1975	108.2	110.6	129.7	94.6	134.0	
1978	123.2	126.7	119.1	109.7	121.2	
1980	115.3	105.9	99.6	165.8	121.0	
1985	144.1	130.9	210.2	169.8	292.2	
1986	105.8	106.3	83.9	109.3	119.4	
1987	102.7	102.1	89.0	106.3	110.3	
1988	101.8	97.3	99.1	111.7	115.2	
1989	106.4	108.4	99.9	103.0	111.0	
1990	102.7	101.1	96.4	106.4	106.8	
1991	106.2	105.3	102.1	108.2	113.9	
1992	101.9	98.7	110.4	107.3	100.9	
1993	104.1	103.4	104.8	104.6	120.8	
1994	105.6	103.5	101.8	109.0	115.4	
1995	106.3	105.1	106.7	107.7	116.8	
1996	102.8	101.8	101.3	103.6	116.2	
1997	103.3	102.0	95.8	105.4	115.7	
1998	102.4	101.5	117.2	101.6	112.4	
1999	99.8	100.7	75.7	100.4	108.5	
2000	101.0	100.3	86.6	102.9	104.5	
2001	102.1	100.3	109.7	104.1	101.9	
2002	101.7	99.7	102.3	104.2	105.6	
2003	104.6	103.5	119.6	104.8	106.8	
2004	105.7	105.5	108.8	104.9	108.4	116.5
2005	105.2	103.9	100.8	106.9	106.0	113.3
2006	96.8	94.9	99.9	99.6	89.0	105.7
2007	109.5	114.8	105.1	101.6	110.2	106.0
2008	107.1	107.7	104.5	106.7	104.0	104.3
2009	106.4	106.8	106.6	105.7	108.8	104.8
2010	105.9	106.7	110.2	103.8	110.0	104.4
2011	104.8	105.2	111.0	102.5	118.4	105.0
2012	105.1	105.1	109.9	103.4	120.0	104.0
2013	104.6	104.3	108.0	103.5	117.0	105.3
2014	104.3	103.9	108.0	103.5	115.2	105.3
2015	104.6	104.6	109.3	102.5	114.0	109.4

注：本表指数按可比价计算；其中1952年以1949年为100。
Note: Indices of this table are calculated at constant prices. The index of 1952 is calculated with the index of 1949 equal to 100.

表11.7 农林牧渔业总产值（2014－2015年）
GROSS OUTPUT VALUE OF FARMING FORESTRY ANIMAL HUSBANDRY AND FISHERY (2014-2015)

单位：万元 (10 000 yuan)

指　标	Item	农林牧渔业总产值 Gross Output Value		指　数 上年=100 Index Preceding Year=100
		2014	2015	
总　计	**Total**	**15949591**	**17381486**	**104.6**
农　业	Farming	9678717	10336848	104.6
谷物及其他作物	Cereal and Other Crops	3869642	3506380	88.7
#谷　物	Cereal	2033877	1947604	
豆　类	Beans	328398	224036	
油　料	Oil-bearing Crops	420446	344906	
烟　草	Tobacco	209833	207614	
蔬菜园艺作物	Vegetables and Gardening	4193033	4502722	107.6
#蔬　菜（含菜用瓜）	Vegetables (including Melons as Vegetables)	3834875	4102311	
花　卉	Flowers	111647	120000	
水果、坚果、饮料和香料作物	Fruits, Nuts, Drinks and Spices	1452554	1714670	112.1
#水果、坚果（含果用瓜）	Fruits and Nuts (including Melons as Fruits)	1097531	1360411	
茶及其他饮料	Tea and Other Drinks	130336	139624	
#茶	Tea	130336	139624	
中药材	Traditional Chinese Medical Materials	163487	613076	340.7
林　业	Forestry	535593	604359	109.3
林木的培育和种植	Forest Cultivation	266779	523064	188.5
#造　林	Afforestation	96040	353547	
竹木采运	Bamboo Felling and Transportation	46597	71295	151.5
林产品	Forest Products	222218	10000	4.5
牧　业	Animal Husbandry	4863605	5428960	102.5
牲畜饲养	Livestock Raising	391424	509454	121.6
#牛	Cattle	271729	333089	
奶产品	Milk Products	22872	27250	
猪的饲养	Hog Raising	2477381	2810361	101.7
家禽饲养	Poultry Raising	1684139	1814868	102.7
#禽　蛋	Poultry Eggs	532010	482489	
狩猎和捕捉动物	Animal Hunting			
其他畜牧业	Others	310660	294277	82.4
#蚕　茧	Silkworm Cocoons	58188	58347	
渔　业	Fishery	649279	749120	114.0
#内陆水域水产品	Aquatic Products in Inland Water Areas	649279	749120	
#养　殖	By Breeding	594491	652835	
#鱼　类	Fish	636865	734797	
农林牧渔服务业	Agricultural Services	222398	262200	109.4

注：本表数据绝对值按现价计算，中类指标指数按可比价计算，部分指标数据较上年变化较大系核算方法变化所致。
Note: The absolute figures in this table are calculated at current prices whereas the indices are calculated at constant prices.

表11.8 农村基本情况（2014－2015年）
BASIC STATISTICS ON RURAL AREAS (2014-2015)

指　标	Item	2014	2015
户　数（万户）	**Number of Households (10 000 households)**	**714.50**	**713.87**
人　口（万人）	**Population (10 000 persons)**	**2246.31**	**2225.75**
乡村从业人员（万人）	**Rural Employed Population (10 000 persons)**	**1312.96**	**1309.23**
按性别分	By Sex		
男	Male	697	696.86
女	Female	615.96	612.37
按产业分	By Sector		
#第一产业	Primary Industry	562.53	556.95
农村基础设施（个）	**Rural Infrastructure (unit)**		
自来水受益村数	Number of Villages with Access to Tap Water	6708	7074
通有线电视村数	Number of Villages with Access to Cable Televisions	7123	7318
通宽带村数	Number of Villages with Access to Internet	7241	7388

注：从2001年起，民政部门调整乡、镇、村的区划，村个数均比往年减少。
Note: The number of villages is less than that in previous years due to the administrative adjustment since 2001.

表11.9 农业生产条件（2014－2015年）
CONDITIONS OF AGRICULTURAL PRODUCTION (2014-2015)

指　标	Item	2014	2015
农业机械化情况	**Agricultural Mechanization**		
农业机械总动力（万千瓦）	Total Agricultural Machinery Power (10 000 kw)	1243.34	1299.73
农用大中型拖拉机数（万台）	Number of Large and Medium-sized Agricultural Tractors (10 000 units)	0.38	0.41
小型拖拉机数（万台）	Number of Small Tractors (10 000 units)	0.80	0.84
农用排灌动力机械台数（万台）	Number of Drainage and Irrigation Engines (10 000 units)	100.20	100.96
农用水泵（万台）	Pumps (10 000 units)	100.23	101.34
机动脱粒机（万台）	Motorized Threshing Machines (10 000 units)	74.15	74.95
农用运输车（万辆）	Farm Tracks (10 000 vehicles)	4.43	4.61
农业主要能源及物耗	**Main Agricultural Energy and Material Consumption**		
农村用电量（万千瓦时）	Electricity Consumed in Rural Areas (10 000 kwh)	783145	781397
乡村办电站（个）	Power Stations in Rural Areas (unit)		
乡村办电站发电量（万千瓦时）	Capacity of Power Station in Rural Areas (10 000 kwh)		
有效灌溉面积（万公顷）	Irrigated Area (10 000 hectare)	67.73	68.72
化肥施用量（折纯量）（万吨）	Consumption of Chemical Fertilizer (net) (10 000 tons)	97.26	97.73
#氮　肥	Nitrogenous Fertilizer	49.88	49.64
磷　肥	Phosphate Fertilizer	17.91	17.84
钾　肥	Potash Fertilizer	5.42	5.57
复合肥	Compound Fertilizer	24.05	24.66
农用塑料薄膜使用量（万吨）	Consumption of Farm Plastic Film (10 000 tons)	4.38	4.52
#地膜使用量	Consumption of Farm Plastic Film	2.30	2.38
地膜覆盖面积（公顷）	Area Covered by Farm Plastic Film (hectare)	237447	244539
农用柴油使用量（万吨）	Consumption of Diesel Oil (10 000 tons)	22.46	21.39
农药使用量（万吨）	Consumption of Chemical Pesticides (10 000 tons)	1.84	1.82

表11.10 主要农作物播种面积及产量（2014－2015年）
SOWN AREA AND OUTPUT OF MAJOR FARM CROPS (2014-2015)

指 标	Item	播种面积(公顷) Sown Area (hectare)		总产量(吨) Total Output (ton)		单位产量(公斤/公顷) Yield Per Unit (kg/ha)	
		2014	2015	2014	2015	2014	2015
粮 食	**Grain**	**2242522**	**2233958**	**11445396**	**11548879**	**5103.8**	**5169.7**
谷 物	Cereal	1276878	1262213	7968368	8001560	6240.5	6339.3
稻 谷	Rice	689673	688319	5031855	5063595	7296.0	7356.5
#中 稻	Middle Rice	689673	688319	5031855	5063595	7296.0	7356.5
小 麦	Wheat	86980	69697	269560	228545	3099.1	3279.1
玉 米	Corn	467873	470844	2559712	2597283	5471.0	5516.2
高 粱	Sorghum	25178	25660	93232	96872	3703.0	3775.2
其他谷物	Other Cereal	7174	7694	14009	15264	1952.7	1983.9
豆 类	Beans	237507	240667	466032	479368	1962.2	1991.8
#大 豆	Soybean	103432	104363	203757	207642	1970.0	1989.6
薯 类	Tubers	728137	731078	3010996	3067950	4135.2	4196.5
#马铃薯	Potato	358314	363693	1224001	1280653	3416.0	3521.2
油 料	**Oil-bearing Crops**	**299963**	**309315**	**569359**	**598721**	**1898.1**	**1935.6**
#花 生	Peanut	56602	56921	116441	119448	2057.2	2098.5
油菜籽	Rapeseed	232581	242458	439652	467256	1890.3	1927.2
芝 麻	Sesame Seed	6977	6638	7050	6766	1010.4	1019.3
麻 类	**Fiber Crops**	**5657**	**5340**	**9046**	**8460**	**1599.1**	**1584.3**
#苎 麻	Ramie	5588	5275	8944	8362	1600.5	1585.2
黄红麻	Jute and Ambary Hemp	61	58	95	92	1549.0	1586.2
糖 料（甘蔗）	**Sugar Crops (sugarcane)**	**2659**	**2386**	**102927**	**97729**	**38713.2**	**40959.3**
烟 叶	**Tobacco**	**45964**	**45829**	**84391**	**86759**	**1836.0**	**1893.1**
#烤 烟	Flue-cured Tobacco	39878	40136	70943	73757	1779.0	1837.7
蔬菜、瓜果	**Vegetables and Melons**	**729050**	**752551**	**17336091**	**18228064**	**23779.0**	**24221.7**
#蔬 菜（含菜用瓜）	Vegetables (including Melons as Vegetables)	708068	731667	16891140	17814742	23855.0	24348.2

表11.11 林牧渔业生产情况（2014－2015年）
OUTPUT OF FORESTRY, ANIMAL HUSBANDRY AND FISHERY (2014-2015)

指 标	Item	2014	2015
林 业（公顷）	**Forestry (hectare)**		
当年造林面积	Increased Forest Area in Current Year	215756	221696
年末封山育林面积）	Year-end Area of Hillsides Closed for Afforestation		
零星（四旁）植树（万株）	Scattered (Four-side) Tree Planting (10 000 plants)	6740	11306
育苗面积	Seeding Raising Area	23010	57009
当年苗木产量（万株）	Output of Plants in Current Year (10 000 plants)	57820	74919
中幼林抚育作业面积	Actual Tending Area for Young and Middle Forest	125029	133384
牧 业	**Animal Husbandry**		
年末大牲畜总头数（万头）	Number of Large Animals (year-end, 10 000 heads)	143.64	151.43
年末生猪存栏头数（万头）	Number of Hogs (year-end, 10 000 heads)	1483.76	1450.39
年末羊只数（万只）	Number of Sheep and Goats (year-end, 10 000 heads)	209.58	225.58
年内出栏肥猪头数（万头）	Number of Slaughtered Fattened Hogs (10 000 heads)	2150.83	2119.89
年内出栏羊只数（万只）	Number of Slaughtered Sheep and Goats (10 000 heads)	249.89	274.31
年内出栏家禽（万只）	Number of Slaughtered Poultry (10 000 heads)	23601.30	24206.63
渔 业（公顷）	**Fishery (hectare)**		
水产品养殖面积	Cultured Areas of Aquatic Products	93602	96675
#池 塘	Ponds	53813	56171
水 库	Reservoirs	28925	28798

表11.12 林牧渔业主要产品产量（2014－2015年）
OUTPUT OF THE MAJOR PRODUCTS OF FORESTRY, ANIMAL HUSBANDRY AND FISHERY (2014-2015)

单位：吨 (ton)

指 标	Item	2014	2015
水 果	Fruits	3476148	3758483
#柑 桔	Citrus	2072409	2249450
肉 类	Meat	2142054	2138183
#猪 肉	Pork	1585394	1561507
禽 肉	Meat of Poultry	366389	375809
兔 肉	Meat of Rabbit	66077	69169
牛 奶	Cow Milk	56901	54453
蜂 蜜	Honey	17854	18990
水产品	Aquatic Products	443409	480863
#养 殖	Cultured Aquatic Products	423076	460505
年末实有茶园面积（公顷）	Area of Tea Plantations (year-end) (hectare)	37711	39863
#本年采摘面积	Picked Area in Current Year	28449	28660
年末果园面积（公顷）	Area of Orchards (year-end) (hectare)	315384	295537
#梨 园	Pear	35807	34953
柑 桔	Citrus	192492	177958

表11.13 主要农产品产量与建国以来最高年产量的比较（2015年）
OUTPUT OF MAJOR AGRICULTURAL PRODUCTS IN COMPARISONWITH THE PEAK YEAR SINCE THE FOUNDATION OF PRC (2015)

单位：万吨 (10 000 tons)

指标	Item	2015	建国以来最高产量 Output in the Peak Year Since the Foundation of PRC		2015年为建国以来最高年份的比重(%) 2015 as Percentage of Peak Year (%)
			年份 Year	产量 Output	
粮食总产量	Total Output of Grain	1154.89	1997	1184.63	97.5
#稻谷	Rice	506.36	1997	552.44	91.7
小麦	Wheat	22.85	1995	156.24	14.6
玉米	Corn	259.73	2013	258.08	100.6
豆类	Beans	47.94	2014	46.6	102.9
薯类	Tubers	306.80	2014	301.10	101.9
油菜籽	Rapeseed	46.73	2014	43.97	106.3
麻类	Fiber Crops	0.85	1985	2.60	32.7
甘蔗	Sugarcane	9.77	1980	36.64	26.7
烤烟	Flue-cured Tobacco	7.38	1997	11.00	67.1
蔬菜类	Vegetables	1780.47	2014	1689.11	105.4
年末生猪存栏头数（万头）	Number of Hogs (year-end, 10 000 heads)	1450.39	2005	1708.80	84.9
肉类	Meat	213.82	2014	214.21	99.8
#猪肉	Pork	156.15	2014	158.54	98.5
禽肉	Meat of Poultry	37.58	2014	36.64	102.6
奶类	Milk	5.45	2003	9.06	60.2
禽蛋	Poultry Eggs	45.36	2014	43.21	105.0
水产品	Aquatic Products	48.09	2014	44.34	108.5
蚕茧	Silkworm Cocoon	1.77	1994	5.74	30.8
茶叶	Tea	3.52	2013	3.42	102.9
水果	Fruits	375.85	2014	347.61	108.1

表11.14 农业商品产值和商品率（2014－2015年）
OUTPUT VALUE OF AGRICULTURAL COMMODITIES AND RATE OF COMMERCIALIZATION (2014-2015)

指标	Item	农业商品产值（万元） Output Value of Agricultural Commodities (10 000 yuan)		农业商品率（%） Rate of Commercialization (%)	
		2014	2015	2014	2015
总计	**Total**	**10144245**	**11252296**	**64.5**	**65.7**
农业	Farming	5363191	5840319	55.4	56.5
#粮食	Grain	1070493	1321546	34.6	35.6
蔬菜	Vegetables	2496503	2777264	66.5	67.7
水果	Fruits	750419	1679278	74.5	75.8
林业	Forestry	373376	426073	69.7	70.5
牧业	Animal Husbandry	3875216	4364884	79.7	80.4
#猪	Hogs	1969518	2253909	79.5	80.2
渔业	Fishery	532462	621020	82.0	82.9

表11.15 中小企业主要指标（2015年）
MAIN INDICATORS OF MEDIUM AND SMALL-SIZED ENTERPRISES (2015)

指　标	Item	2015
新设立中小微企业户数（万户）	Number of Newly Established Medium, Small and Mini-sized Enterprises (10 000 units)	11.7
新增中小企业从业人员（万人）	Employment of Newly Established Medium and Small-sized Enterprises (10 000 persons)	50.3
中小工业总产值（亿元）	Gross Output Value of Medium and Mini-sized Enterprises (100 million yuan)	15436.1
中小企业增加值（亿元）	Added Value of Medium and Mini-sized Enterprises (100 million yuan)	6215.7
非公经济上交税收（亿元）	Taxes Paid by Non-public Economies (100 million yuan)	1447.7

重/庆/统/计/年/鉴

主要统计指标解释

农林牧渔业总产值

指以货币表现的农、林、牧、渔业全部产品和对农林牧渔业生产活动进行的各种支持性服务活动的价值总量，它反映一定时期内农林牧渔业生产总规模和总成果。1957年以前的农林牧渔业总产值中包括了厩肥和农民自给性手工业(如农民自制衣服、鞋、袜，自己从事粮食初步加工等)。1958年及以后，林业中增加了村及村以下竹木采伐产值；牧业中取消了厩肥产值；副业中取消了农民自给性手工业产值，增加了村及村以下办的工业产值； 渔业中增加了海洋捕捞水产品产值。1980年及以后，在副业中增加了农民家庭兼营工业商品部分的产值。从1984年起村及村以下工业产值划归工业。从1993年起取消副业，将野生动物的捕猎划入牧业、野生植物采集和农民家庭兼营商品性工业划归农业。从2003年起，执行新的国民经济行业分类标准，农林牧渔业总产值中包括了农林牧渔服务业产值。林业中增加了森林采运业产值。农业中取消了家庭兼营商品性工业产值，将野生林产品的采集划归林业。第一次农业普查以后，由于畜牧业产品年报数据与普查数据之间存在一定的差距，国家统计局农调总队对畜牧业年报数据与普查数据进行衔接，相应的畜牧业产值进行调整。第二次农业普查后，国家统计局再次对种植业、畜牧业、林业、渔业、服务业数据进行了衔接与调整。

农林牧渔业总产值的计算方法通常是按农、林、牧、渔业产品及其副产品的产量分别乘以各自单位产品价格求得；少数生产周期较长，当年没有产品或产品产量不易统计的，则采用间接方法匡算其产值；然后将五业产值相加即为农林牧渔业总产值。

粮食产量

指全社会的产量。包括国有经济经营的、集体统一经营的和农民家庭经营的粮食产量，还包括工矿企业办的农场和其他生产单位的产量。粮食除包括稻谷、小麦、玉米、高粱、谷子及其他杂粮外，还包括薯类和豆类。其产量计算方法，豆类按去豆荚后的干豆计算；薯类（包括甘薯和马铃薯，不包括芋头和木薯）1963年以前按每4公斤鲜薯折 1 公斤粮食计算，从1964年开始及以后改为按5公斤鲜薯折 1 公斤粮食计算。城市郊区作为蔬菜的薯类（如：马铃薯等）按鲜品计算，并且不作粮食统计。其他粮食一律按脱粒后的原粮计算。1989年以前全国粮食产量数据主要靠全面报表取得，1989年开始使用抽样调查数据。

油料产量

指全部油料作物的生产量。包括花生、油菜籽、芝麻、向日葵籽，胡麻籽（亚麻籽）和其他油料。不包括大豆，也不包括木本油料和野生油料。花生以带壳干花生计算。

水产品产量

指人工养殖的水产品和天然生长的水产品的捕捞量。包括海水的鱼类、虾蟹类、贝类和藻类以及内陆水域的鱼类、虾蟹类和贝类，不包括淡水生植物。水产品产量是通过各级水产和统计部门逐级上报取得数据。1995年及以前，贝类中牡蛎按鲜肉计算；蚶、蛤、蛙按 5 斤鲜品折 1 斤计算。1996年以后则统一按鲜品计算。

肉产量

指各种牲畜及家禽、兔等动物肉产量总计。猪、羊、骡、骆驼肉产量按去掉头蹄下水后带骨肉的胴体重量计算，牛肉产量按去骨后的净肉重量计算，兔禽肉产量按屠宰后去毛和内脏后的重量计算，可用住户调查资料推算。

期初（末）畜禽存栏头（只）数

指报告期初（末）农村各种合作经济组织和国营农场、农民个人、机关、团体、学校、工矿企业，部队等单位以及城镇居民饲养的大牲畜、猪、羊、家禽等畜禽的存栏头（只）数。

农作物播种面积

实际播种或移植有农作物的面积，凡是实际种植有农作物的面积，不论种植在耕地上还是种植在非耕地上，均包括在农作物播种面积中。在播种季节基本结束后，因遭灾而重新改种和补种的农作物面积，也包括在内。它是反映我国耕地面积利用情况的一个重要指标。目前，农作物播种面积主要包括粮食、棉花、油料、糖料、麻类、烟叶、蔬菜和瓜类、药材和其它农作物九大类。

■ 有效灌溉面积

指具有一定的水源，地块比较平整，灌溉工程或设备已经配套，在一般年景下当年能够进行正常灌溉的耕地面积。在一般情况下，有效灌溉面积应等于灌溉工程或设备已经配备，能够进行正常灌溉的水田和水浇地面积之和。它是反映我国耕地抗旱能力的一个重要指标。

■ 农用化肥施用量

指本年内实际用于农业生产的化肥数量，包括氮肥、磷肥，钾肥和复合肥。化肥施用量要求按折纯量计算数量。折纯法化肥施用量是把氮肥、磷肥和钾肥分别按含氮、含五氧化二磷、含氧化钾的百分之一百成份折算后的数量。复合肥按其所含主要成分折算。公式为：

折纯量=实物量×某种化肥有效成份含量的百分比

■ 农业机械总动力

指主要用于农、林、牧、渔业的各种动力机械的动力总和。包括耕作机械、排灌机械、收获机械、农用运输机械、植物保护机械、牧业机械、林业机械、渔业机械和其他农业机械［内燃机按引擎马力折成瓦（特）计算，电动机按功率折成瓦（特）计算］。不包括专门用于乡、镇、村、组办工业、基本建设、非农业运输、科学试验和教学等非农业生产方面用的动力机械与作业机械。

■ 乡村从业人员

指乡村人口中劳动年龄在16周岁以上实际参加生产经营活动并取得实物或货币收入的人员，包括劳动年龄内经常参加劳动的人员，也包括超过劳动年龄但经常参加劳动的人员，但不包括户口在家的在外学生、现役军人和丧失劳动能力的人，也不包括待业人员和家务劳动者。从业人员按从事主业时间最长（时间相同按收入）分为农业从业人员、工业从业人员、建筑业从业人员、交通运输业、仓储及邮电通信业从业人员、批零贸易及餐饮业从业人员、其他非农行业从业人员。

Explanatory Notes on Main Statistical Indicators

□ Gross Output Value of Farming Forestry, Animal Husbandry and Fishery

Refers to the total value of products of farming, forestry, animal husbandry and fishery, and total value of services rendered to support farming, forestry, animal husbandry and fishery activities. It reflects the total scale and results of agricultural production during a given period. Prior to 1957, Chinas gross agricultural output value included barnyard manure and handicraft products for self-consumption (clothes, shoes, stockings, and initial grain processing undertaken by peasants). Since 1958, cutting and felling of bamboo and trees by villages and other cooperative organizations under villages have been included in forestry; value of barnyard manure has been excluded from animal husbandry; self consumed handicrafts has been excluded from sideline occupations, while the output value of industries run by villages and cooperative organizations under village had been included in sideline occupations and the output value of fish catches by motor fishing boats has been added to fishery. Since 1980, the value of handicraft products made for sale by individuals in households had been added to sideline occupations. Since 1984, industries run by villages and under villages have been included in the sector of industry. Since 1993, the subdivision of sideline occupations has been canceled, and the hunting of wild animals has been classified into animal husbandry, and the gathering of wild plants and commodity industry run by rural household have been included in farming. A new industrial classification of economic activities was introduced in 2003. Under the new classification, value of services to farming, forestry, animal husbandry and fishery is included in the gross output value of agriculture, value of wood felling and transport is included in forestry, value of industrial output by rural households is not included in agriculture, and the collection of wild forest products is taken from agriculture and included in the forestry. The first agriculture census of China revealed some discrepancy between the production of animal products from the annual reports and that from the census. Efforts were made by the Rural Socio-economic Survey Organization of NBS to adjust the output value of animal husbandry to make the figures from the annual reports consistent with the census data. After the Second Agriculture Census of China, the National Bureau of Statistics adjustment the data of farming, animal husbandry, forestry, fisheries and services once again.

Gross output value of agriculture is obtained by first multiplying the output of each product or by product by its price, resulting in the output value of each single item. For a small number of products, annual output of which is not available or difficult to get due to the long production (growing) process involved, the output value is estimated through an indirect approach. The sum of output value of all products of farming, forestry, animal husbandry and fishery is then equal to the gross output value of agriculture.

□ Grain Yield

Refers to the total output in the whole country including grains produced by state farms, collective units, rural households, as well as by farms affiliated to industrial and mining enterprises and other production units. Grain includes rice, wheat, corn, sorghum, millet and other miscellaneous grains as well as tubers and bean. Output of beans refers to dry beans without pods. The output of tubers (sweet potatoes and potatoes, not including taros and cassava) was converted into that of grain at the ratio 4:1, i.e. 4 kilograms of fresh tubers was equivalent to 1 kilogram of grain up to 1963. Since 1964 the ratio for conversion has been 5:1. Tubers supplied as vegetables (such as potatoes) in cities and suburbs are calculated as fresh vegetables and their output is not included in the output of grain. Output of all other grains refers to husked grain. Data on grain production before 1989 were obtained through Comprehensive Statistical Reporting System. Since 1989, data from sample surveys are used.

□ Yield of Oil-bearing Crops

Refers to the total yield of oil-bearing crops of various kinds, including peanuts, (dry, in shell) rapeseeds, sesame, sunflower seeds, flax seeds, and other oil-bearing crops. Soybeans, oil-bearing woody plants, and oil-bearing crops are not included.

□ Output of Aquatic Products

Refers to catches of both artificially cultured and naturally grown aquatic products, including fish, shrimps, crabs and shellfish in sea and inland water as well as seaweed. Freshwater plants are not included. Data on output of aquatic products are reported by aquatic product and statistical agencies level by level. Before 1995, among the shellfish, the oyster was counted as fresh meat; 5 kilograms of ark shell, clams and frogs are equivalent to 1 kilogram of fresh aquatic products; they are all counted as fresh aquatic products since 1996.

□ Output of Meat

Refers to the total meat of livestock. Data, which refers to the meat of slaughtered hogs, cattle, sheep and goats with head, feet and offal taken away, and refers to the meat of slaughtered animials such as rabbit with feather, visceral taken away.

□ Number of Livestock or Poultry in Hand at the Beginning (or End) of the Reference Period

Refers to the total number of large animals, pigs, sheep, fowls, etc., raised by rural cooperative organizations, state farms, rural individuals, government agencies, schools, industrial and mining enterprises, army, and urban residents at the beginning (or end) of the reference period.

□ Sown Area of Crops

Refers to area of land sown or trans-planted with crops regardless of being in cultivated area or non-cultivated area. Area of land resown due to natural disasters is also included. At present, the sown area of crops mainly include the following 9 categories of crops: grain, cotton, oil-bearing crops, sugar crops, fiber crops, Tobacco, Vegetables and melons, medicinal materials and other farm crops.

□ Irrigated Area

Refers to areas that are effectively irrigated, i.e. level land, which has water source and complete sets of irrigation facilities to lift and move adequate water for irrigation purpose under normal conditions. Under normal conditions, irrigated area is the sum of watered fields and irrigated fields where irrigation systems or equipment have been installed for regular irrigation purpose. This important indicator reflects drought resistance capacity of the cultivated land in China.

□ Consumption of Chemical Fertilizers for Farming

Refers to the quantity of chemical fertilizers applied in agriculture in the year, including nitrogenous fertilizer, phosphate fertilizer, potash fertilizer, and compound fertilizer. The consumption of chemical fertilizers is required in calculation to convert the gross weight into weight containing 100% effective component (e.g. 100% nitrogen content in nitrogenous fertilizer, 100% phosphorous pentoxide content in phosphate fertilizer, 100% potassium oxide content in potash fertilizer). Compound fertilizer is converted with its major component. The formula is:

Volume of effective component= physical quantity × effective component of certain chemical fertilizer (%)

□ Total Power of Farm Machinery

Refers to total mechanical power of machinery used in farming, forestry, animal husbandry, and fishery, including sloughing, irrigation and drainage, harvesting, transport, plant protection, stockbreeding, forestry and fishery. The power of internal combustion engines is required to convert horsepower into watts and the power of electric motors is required to be converted into watts. Machinery employed for non-agricultural purposes, such as the machines used in township-run and village-run industry, construction, non-agricultural transport, scientific experiments and teaching, is excluded.

□ Rural Employed Persons

Refer to rural labor forces aged over 16 years old who are engaged in real production and management activities and receive payment in kind or wages, including those covered within the age frame and regularly participating in production activities, and those who are out of the range of age frame and also participating in production activities regularly. Excluding students studying in other places with their permanent residence registered in local areas, servicemen and persons incapable of working; also excluding those who are waiting for jobs and those engaged in household work. Persons employed are classified as rural employed persons; industrial employed persons; construction industry employed persons; transport, storage and telecommunications industries employed persons; whole sales and retail sales trade and catering industry employed persons and other non-agricalture employed persons according to the longest period of employment in major activities (or using income indicator when period of employment is the same).

第 12 章

工 业

INDUSTRY

简要说明
BRIEF INTRODUCTION

本章资料主要包括工业企业主要指标，规模以上（即指年主营业务收入2000万元及以上）工业企业单位数、主要经济指标和效益指标，国有控股工业企业的主要经济指标和效益指标，私营工业企业的主要经济指标和效益指标，外商投资和港澳台投资企业的主要经济指标和效益指标，大中型工业企业的主要经济指标和效益指标，主要工业产品产量以及占全国当年产量的比重。本章资料由市统计局工业处整理提供。

The data in this chapter cover the main indicators of industrial enterprises; the number, main economic indicators and benefit indicators of enterprises above designated size (enterprises with annual revenue from principal business 20 million yuan and above); the main economic indicators and benefit indicators of state-holding industrial enterprises, private industrial enterprises, industrial enterprises with Hong Kong, Macao, Taiwan and foreign funds and large and medium-sized industrial enterprises; the output of major industrial products and their percentage to nation total in this year. The data in this chapter are sorted and provided by Division of Industry Statistics, Chongqing Municipal Bureau of Statistics.

表12.1 工业企业主要指标（1978－2015年）
MAJOR INDICATORS OF INDUSTRIAL ENTERPRISES (1978-2015)

单位：万元 (10 000 yuan)

年 份 Year	单位数（个） Number of Enterprises (unit)	从业人员平均人数（人） Average Emloyment (person)	工业总产值 Industrial Gross Output Value	
			绝对值 Value	指 数（上年=100） Index Preceding Year=100
1978	8037	951217	643444	100.0
1980	10963	998963	772307	104.6
1985	9924	1251649	1408126	117.2
1986	12454	1473491	1604215	104.1
1987	11556	1511086	1921043	112.4
1988	11303	1552189	2529674	116.1
1989	10976	1587712	2991130	102.4
1990	10763	1610473	2993490	100.7
1991	10780	1652984	3424558	111.8
1992	9693	1662144	4191279	116.3
1993	9083	1752822	5847377	118.2
1994	9713	1692108	7185418	115.4
1995	11474	1724173	7651109	115.2
1996	2332	1474400	7304148	
1997	2210	1428600	7947952	114.4
1998	2000	1164200	7667894	100.7
1999	1975	1004400	8585525	118.9
2000	2040	907900	9623226	113.6
2001	2054	841900	10728325	115.5
2002	2072	820103	12283741	119.8
2003	2243	843341	15889928	126.7
2004	2634	900546	21427261	129.9
2005	2946	924204	25258684	118.6
2006	3214	968440	32142340	127.4
2007	3942	1082675	43632489	133.6
2008	6119	1321310	57558984	129.3
2009	6412	1372758	67729015	115.2
2010	7130	1465587	91435532	128.4
2011	4778	1457566	118470581	128.2
2012	4985	1549702	130951235	118.0
2013	5559	1694189	157854080	114.5
2014	6158	1771250	187823331	114.6
2015	6608	1819621	214000118	112.4

注：1）本表统计口径1996年以前为全部独立核算工业企业，1996年-2006年为全部国有及规模以上（即年主营业务收入在500万元及以上）非国有工业企业，2007年为规模以上（即年主营业务收入在500万元及以上）工业企业，2011年为规模以上（即年主营业务收入在2000万元及以上）工业企业（下表同）。
2）工业总产值的绝对值按现价计算。由于工业统计制度变更，工业总产值指数2003年及以前按可比价计算，2004年起按现价计算。

Note: a) The statistic scope of this table is all the industrial enterprises with independent accounting system before 1996, is all the state-owned industrial enterprises and non-state-owned industrial enterprises over designated size (with annual revenue from principal business 5 million yuan and above) from 1996 to 2006, and is the industrial enterprises over designated size (with annual revenue from principal business 5 million yuan and above) in 2007 and is the industrial enterprises over designated size (with annual revenue from principal business 20 million yuan and above) in 2011 (the same below).
b) Gross output value of industry are calculated at current prices. As industry statistic system has been changed, the index of industrial gross output value in 2003 and previous years is calculated at constant prices, while the index is calculated at current prices since 2004.

表12.1 续表 continued

单位：万元 (10 000 yuan)

年 份 Year	年末固定资产 Year-end Fixed Assets		流动资产合计 Total Circulating Assets	主营业务收入 Revenue from Principal Business	利税总额 Total Pre-tax Profits	利润总额 Total Profits
	原 值 Original Value	净 值 Net Value				
1978	706016	475301	298093	595593	119300	
1980	823370	540178	329897	708120	146213	
1985	1339800	923111	604983	1449426	260677	
1986	1445859	970019	743986	1559353	225749	
1987	1635303	1135872	908572	1897962	251220	
1988	1830786	1254850	1062157	2472560	358610	
1989	2063326	1405200	1441939	2734475	365348	
1990	2314886	1490850	1942657	2782262	253309	
1991	2585930	1647544	2418353	3338105	291455	
1992	2947902	1784094	2852708	4167995	365134	
1993	3424857	2106423	3484050	6124846	551046	
1994	4953046	2967592	4631636	6294911	573144	
1995	7307273	4057468	5702467	7524836	580345	
1996	7708153	5398622	5749079	7113430	480449	-49429
1997	8578673	5952377	6959065	7981695	460736	-116702
1998	9866758	6940364	7202796	7809127	393220	-193078
1999	10840971	7604150	7733524	8546131	572648	-67491
2000	11515782	7848443	8157646	9593576	855670	156449
2001	12056356	7958216	8874861	10732455	1016889	238170
2002	12730167	8282507	9228472	12357157	1320260	405426
2003	13424490	8576299	10305605	15950727	1910901	859689
2004	14970250	9738481	11641381	21088433	2420163	1155898
2005	16779752	11001178	13571979	25151726	2564825	1155912
2006	20266728	13551444	15484263	32008042	3192103	1557631
2007	24067348	16421036	18541937	42629860	5025623	2405387
2008	30254424	20829025	24807777	56676087	6017115	3086786
2009	34109428	22757818	28630140	66247114	7105030	3560249
2010	44634155	29639590	36084780	90390303	10118841	5185939
2011	50234507	30341715	45089210	113823442	11643029	6603471
2012	58315944	36101279	53572842	128803222	12244123	6453886
2013	72786258	46301592	62293267	155817793	17342546	9076025
2014	85835043	54276237	71747271	186886282	22189470	12296456
2015	103933391	65401572	80949784	209022428	24492098	14118589

表12.2 主要工业产品产量（1978－2015年）

OUTPUT OF MAJOR INDUSTRIAL PRODUCTS (1978-2015)

年 份 Year	天然气（亿立方米） Natural Gas (100 million cu.m)	发电量（亿千瓦时） Electricity (100 million kwh)	钢 材（万吨） Steel Products (10 000 tons)	铝 材（万吨） Aluminum Products (10 000 tons)	水 泥（万吨） Cement (10 000 tons)	汽 车（万辆） Motor Vehicles (10 000 units)	其中 of which #轿 车（万辆） Cars (10 000 units)	摩托车（万辆） Motorcycles (10 000 units)
1978	0.09	29.60	73.09	1.47	96.14	0.16		
1980	15.78	33.32	76.52	2.27	129.10	0.23		0.27
1985	24.47	36.67	86.35	4.50	262.78	0.89		47.18
1986	25.88	41.96	94.99	4.55	269.20	0.61		31.94
1987	28.39	54.73	111.36	5.00	308.29	0.90		27.14
1988	29.44	66.38	121.06	5.01	353.43	1.66		44.47
1989	31.96	72.64	102.59	4.99	345.39	2.02		36.85
1990	34.59	73.75	109.61	3.97	351.85	2.18		38.22
1991	35.86	84.05	105.67	5.51	428.56	3.04		48.48
1992	36.44	91.95	112.24	5.55	517.31	4.56		69.37
1993	37.14	118.41	162.74	5.79	562.32	6.82		120.38
1994	41.87	124.36	130.74	6.19	642.62	8.77		170.23
1995	45.00	127.62	120.68	5.93	820.57	11.47		220.17
1996	26.10	128.73	117.55	7.36	648.76	12.41	1.34	177.36
1997	30.69	139.88	116.08	9.31	862.10	16.07	2.89	177.04
1998	33.24	158.67	131.01	10.62	1173.59	15.74	3.56	126.90
1999	34.74	158.27	135.10	12.11	1197.60	21.85	4.46	174.93
2000	38.98	167.90	156.98	13.98	1402.78	24.59	4.82	191.07
2001	41.88	170.41	161.42	16.82	1511.18	24.38	4.31	253.53
2002	45.41	184.75	201.48	19.94	1679.52	33.13	6.78	323.42
2003	47.29	188.64	235.24	21.60	1927.00	40.45	12.06	441.32
2004	51.57	232.82	288.10	26.23	1906.23	42.89	15.73	473.07
2005	57.09	234.03	294.70	39.36	2100.69	42.15	15.33	420.84
2006	70.88	275.44	382.87	66.41	2533.84	51.99	26.30	534.60
2007	71.11	325.22	436.57	81.13	2819.92	70.80	41.80	638.25
2008	79.50	396.64	487.20	79.76	3230.51	76.64	40.72	774.90
2009	75.70	428.26	477.44	75.15	3610.99	118.65	63.30	761.74
2010	67.48	456.71	699.91	102.79	4598.04	161.58	85.17	849.23
2011	62.94	529.57	948.17	134.45	4935.15	172.20	93.67	879.59
2012	55.76	536.53	1150.22	94.41	5499.59	184.46	102.40	877.51
2013	50.91	586.13	1290.55	109.79	6120.40	215.06	108.14	810.94
2014	48.05	644.50	1323.45	133.41	6666.61	262.89	111.32	844.62
2015	69.31	682.63	1411.46	171.37	6798.83	304.51	108.79	841.64

表12.2 续表 continued

年份 Year	电子计算机整机（万台） Computers (10 000 sets)	打印机（万台） Marking Machine (10 000 sets)	移动通信手持机（手机）（万台） Mobile Telephones (10 000 sets)	维纶纤维（万吨） PVA Fiber (10 000 tons)	硫酸（万吨） Sulphuric Acid (10 000 tons)	啤酒（万千升） Beer (10 000 kiloliters)	卷烟（亿支） Cigarettes (100 million pieces)	农用化肥（万吨） Chemical Fertilizer (10 000 tons)
1978					12.76		87.70	20.23
1980					15.85		115.75	13.10
1985					15.09	3.47	246.70	15.23
1986					20.86	4.16	314.90	17.28
1987					23.25	5.18	346.95	21.70
1988					25.31	6.26	355.65	21.55
1989					27.33	5.90	356.20	21.60
1990					25.24	5.91	357.85	24.58
1991					33.10	6.67	368.85	28.24
1992					34.28	7.74	439.10	28.86
1993					25.96	15.61	437.10	31.73
1994					25.31	16.69	430.65	35.59
1995					48.84	18.89	502.25	54.37
1996				1.71	51.29	28.54	453.91	78.97
1997				1.23	52.00	40.05	507.38	66.07
1998				0.90	59.47	50.66	369.35	73.40
1999				0.63	61.83	50.81	482.85	74.27
2000				0.77	50.65	50.42	343.50	72.26
2001				1.03	65.77	39.91	338.50	77.57
2002				1.11	85.64	41.36	343.80	82.53
2003				1.18	99.18	44.42	387.50	89.97
2004				1.30	135.51	46.21	386.32	104.22
2005				1.56	150.08	53.87	396.08	121.89
2006				1.52	190.44	64.73	406.00	127.82
2007				1.57	223.78	76.49	426.00	154.20
2008				1.47	172.31	68.01	451.00	127.06
2009			374.93	1.23	202.29	72.77	476.00	152.00
2010	193.43		650.26	1.26	222.00	75.20	501.00	181.49
2011	2547.82		592.48	1.55	176.76	77.31	516.00	169.52
2012	4160.88	901.35	1095.76	1.41	221.54	77.23	551.00	206.63
2013	5593.34	1943.69	3695.78	1.79	209.35	80.04	571.00	204.33
2014	6446.78	1616.29	9418.24	1.62	202.83	73.72	576.00	213.99
2015	6180.79	1447.71	17605.08	1.34	204.16	76.71	546.50	214.85

表12.3 工业企业经济效益指标（1992－2015年）
INDICATORS ON ECONOMIC BENEFIT OF INDUSTRIAL ENTERPRISES (1992-2015)

单位：%（%）

年 份 Year	经济效益综合指数 Comprehensive Index of Economic Benefits	总资产贡献率 Ratio of Total Assets to Industrial Output Value	资本保值增值率 Ratio of Assets Appreciation YOY	资产负债率 Asset-Liability Ratio
1992	76.2			
1993	84.6			
1994	83.9			
1995	73.0			
1996	63.8	2.8	125.7	68.6
1997	60.3	2.7	113.9	68.4
1998	57.3	5.0	103.0	68.3
1999	67.7	5.5	101.4	67.1
2000	87.1	6.3	112.1	64.8
2001	95.2	6.9	108.3	62.7
2002	109.8	7.8	120.7	61.3
2003	129.7	9.9	115.8	60.8
2004	140.9	10.6	120.2	60.8
2005	139.4	10.0	116.2	59.7
2006	153.7	10.5	114.4	59.8
2007	187.7	12.6	118.2	59.7
2008	204.0	12.2	117.6	60.0
2009	204.4	12.1	114.6	60.3
2010	226.0	13.6	125.0	60.3
2011	244.1	13.7	120.5	60.7
2012	262.5	12.6	121.1	63.0
2013	254.1	14.2	118.0	63.8
2014	284.9	15.4	115.8	62.4
2015		14.9	112.5	61.9

表12.3 续表 continued

年 份 Year	流动资产周转率（次） Turnover Ratio of Circulating Assets (time)	成本费用利润率 Ratio of Profits to Cost	全员劳动生产率（元/人年） Overall Labor Productivity (yuan/person-year)	产品销售率 Sales as Percentage of Output
1992	1.4	3.2	7296	97.0
1993	1.6	3.1	10758	97.1
1994	1.4	2.7	12638	96.4
1995	1.2	0.7	11804	96.3
1996	1.3	-1.2	13546	96.5
1997	1.2	-1.8	14972	95.6
1998	1.1	-2.4	16690	97.2
1999	1.1	-1.1	23385	97.5
2000	1.2	1.7	31081	99.1
2001	1.2	2.3	37750	97.9
2002	1.3	3.4	46464	98.1
2003	1.5	5.7	55957	97.8
2004	1.8	5.8	66148	99.9
2005	1.9	4.9	77511	98.8
2006	2.1	5.2	87750	98.4
2007	2.3	6.1	127993	97.1
2008	2.4	5.8	156167	98.0
2009	2.3	5.8	159484	98.3
2010	2.5	6.1	183031	98.1
2011	2.6	6.0	213463	97.4
2012	2.4	5.4	223843	97.8
2013	2.5	6.2	230218	98.0
2014	2.7	7.0	270083	98.2
2015	2.6	7.2	297050	97.9

注：1）经济效益综合指数1997年前由资金利税率、增加值率、流动资产周转率、成本费用利润率、全员劳动生产率、产品销售率等六项指标构成，从1997年起由总资产贡献率、资本保值增值率、资产负债率、流动资产周转率、成本费用利润率、全员劳动生产率、产品销售率等七项指标构成。

2）由于部分指标无法取得，因此2008年资本保值增值率、全员劳动生产率采用2008年12月快报数代替，其余指标均取自2008年经济普查数。

Note: a) Comprehensive index of economic benefits before 1997 are composed of 6 items, namely ratio of pretax profits to total industrial assets, ratio of value-added to gross industrial output value, turnover ratio of circulating assets, ratio of profits to cost, overall labor productivity and sales as percentage of output, and since 1997 are composed of 7 items, namely ratio of total assets to industrial output value, ratio of assets appreciation YOY, asset-liability ratio, turnover ratio of circulating assets, ratio of profits to cost, overall labor productivity and sales as percentage of output.

b) Because some of the indices are not available, the index of industrial gross output value, value-added of industry and its index in 2008 are replaced by the accumulated value in December 2008, and other indices are the data from the census of economy in 2008.

表12.4 规模以上工业企业单位数（2014－2015年）
NUMBER OF INDUSTRIAL ENTERPRISES ABOVE DESIGNATED SIZE (2014-2015)

单位：个 (unit)

指 标	Item	2014	2015
总 计	**Total**	**6158**	**6608**
#国有控股企业	State-holding Enterprises	497	512
#亏损企业	Loss-generating Enterprises	607	663
按登记注册类型分	**By Status of Registration**		
内资企业	Domestic-funded Enterprises	5787	6217
国有企业	State-owned Enterprises	38	45
集体企业	Collective-owned Enterprises	44	40
股份合作企业	Cooperative Share Holding Enterprises	18	15
国有联营	State Joint Ownership Enterprises		
集体联营	Collective Joint Ownership Enterprises	2	2
国有与集体联营	Joint State-Collective Enterprises		
其他联营	Other Joint Ownership Enterprises	1	1
国有独资公司	Soly State-funded Corporations	141	133
其他有限责任公司	Other Limited Liability Corporations	1503	1658
股份有限公司	Share-holding Corporations Ltd.	170	194
私营独资	Soly Private-funded Enterprises	281	260
私营合作	Cooperative Private Enterprises	58	49
私营有限责任公司	Private Limited Liability Corporations	3277	3557
私营股份有限公司	Private Share-holding Corporations Ltd.	239	246
其他内资	Other Enterprises	15	17
港澳台商投资企业	Enterprises Funded by Hong Kong, Macao and Taiwan	147	155
合资经营	Joint-ventures	66	69
合作经营	Cooperative Enterprises	2	2
独 资	Enterprises with Sole Investment	76	79
投资股份有限公司	Share-holding Corporations Ltd.	3	3
其 他	Others		2
外商投资企业	Foreign-funded Enterprises	224	236
中外合资经营	Joint-ventures	114	114
中外合作经营	Cooperative Enterprises	6	7
外资企业	Enterprises with Sole Investment	96	102
外商投资股份有限公司	Share-holding Corporations Ltd.	7	9
其 他	Others	1	4
按轻重工业分	**By Light and Heavy Industries**		
轻工业	Light Industry	2167	2335
重工业	Heavy Industry	3991	4273
按企业规模分	**By Size**		
大型企业	Large	227	235
中型企业	Medium	1107	1127
小型企业	Small	4621	4992
微型企业	Mini	203	254

表12.5 规模以上工业企业主要产品产量占全国的比重（2015年）

OUTPUT OF MAJOR INDUSTRIAL PRODUCTS OF INDUSTRIA ENTERPRISES ABOVE DESIGNATED SIZED AS PERCENTAGE OF NATION TOTAL (2015)

产 品	Products	全 国 Nation Total	重 庆 Chongqing	重庆占全国比重(%) Chongqing as % of Nation Total
维纶纤维（万吨）	PVA Fiber (10 000 tons)	10.00	1.34	13.4
布（亿米）	Cloth (100 million m)	709.60	4.88	0.7
蚕 丝（万吨）	Silk (10 000 tons)	17.21	0.46	2.7
原 盐（万吨）	Salt (10 000 tons)	5975.00	246.68	4.1
卷 烟（亿支）	Cigarettes (100 million pieces)	25890.60	546.50	2.1
白 酒（万千升）	Liquor (10 000 kiloliters)	1312.80	20.39	1.6
啤 酒（万千升）	Beer (10 000 kiloliters)	4715.70	76.71	1.6
软饮料（万吨）	Soft Beverage (10 000 tons)	17661.00	280.12	1.6
乳制品（万吨）	Dairy Products (10 000 tons)	2782.50	20.45	0.7
发电量（亿千瓦小时）	Electricity (100 million kwh)	56183.70	682.63	1.2
天然气（亿立方米）	Natural Gas (100 million cu.m)	1271.40	69.31	5.5
生 铁（万吨）	Pig Iron (10 000 tons)	69141.50	366.61	0.5
粗 钢（万吨）	Crude Steel (10 000 tons)	80382.30	690.41	0.9
成品钢材（万吨）	Steel Products (10 000 tons)	112349.50	1411.46	1.3
铝 材（万吨）	Auminum Products (10 000 tons)	5236.10	171.37	3.3
水 泥（万吨）	Cement (10 000 tons)	234796.10	6798.83	2.9
硫 酸（万吨）	Sulphuric Acid (10 000 tons)	8975.50	204.16	2.3
纯 碱（万吨）	Soda Ash (10 000 tons)	2591.70	120.04	4.6
烧 碱（万吨）	Caustic Soda (10 000 tons)	3028.10	33.26	1.1
农用化学肥料（万吨）	Chemical Fertilizer (10 000 tons)	7627.40	214.85	2.8
合成氨（万吨）	Synthetic Ammonia (10 000 tons)	5791.40	216.23	3.7
中成药（万吨）	Traditional Chinese Medicine (10 000 tons)	327.70	10.78	3.3
冰醋酸（万吨）	Glacial Acetic Acid (10 000 tons)	586.80	39.34	6.7
精甲醇（万吨）	Refined Methanol (10 000 tons)	4010.90	196.41	4.9
涂 料（万吨）	Paint (10 000 tons)	1717.60	26.13	1.5
卫生陶瓷（万件）	Toilet Wares (10 000 tons)	19894.10	309.47	1.6
变压器（万千伏安）	Transformers (10 000 kilovolt-amperes)	165398.00	5515.71	3.3
汽 车（万辆）	Motor Vehicles (10 000 units)	2484.10	304.51	12.3
#轿 车	Cars	1169.80	108.79	9.3
摩托车（万辆）	Motorcycles (10 000 units)	2502.80	841.64	33.6
微型计算机设备（万台）	Microcomputers (10 000 sets)	31418.80	6180.79	19.7
显示器（万台）	Display (10 000 sets)	17365.40	1949.78	11.2
打印机（万台）	Marking Machine (10 000 sets)	5425.70	1447.71	26.7
移动通信手持机（手机）（万台）	Mobile Telephone (10 000 sets)	181913.80	17605.08	9.7

表12.6 规模以上工业企业主要经济指标（2015年）
MAIN ECONOMIC INDICATORS OF INDUSTRIAL ENTERPRISES ABOVE DESIGNATED SIZE (2015)

指标	Item	单位数（个） Number of Enterprises (unit)
总计	**Total**	**6608**
按登记注册类型分	**By Status of Registration**	
内资企业	Domestic-funded Enterprises	6217
#国有企业	State-owned	45
集体企业	Collective-owned	40
港澳台投资企业	Funded by Hong Kong, Macao and Taiwan	155
外商投资企业	Foreign-funded	236
按轻、重工业分	**By Light and Heavy Industries**	
轻工业	Light Industry	2335
重工业	Heavy Industry	4273
按企业规模分	**By Size**	
大型企业	Large	235
中型企业	Medium	1127
小型企业	Small	4992
微型企业	Mini	254
按行业分	**By Sector**	
煤炭开采和洗选业	Mining and Washing of Coal	273
石油和天然气开采业	Extraction of Petroleum and Natural Gas	2
黑色金属矿采选业	Mining and Processing of Ferrous Metal Ores	18
有色金属矿采选业	Mining and Processing of Non-Ferrous Metal Ores	3
非金属矿采选业	Mining and Processing of Nonmetal Ores	126
开采辅助活动	Mining Support Activities	
其他采矿业	Mining of Other Ores	
农副食品加工业	Processing of Food from Agricultural Products	480
食品制造业	Manufacture of Foods	158
酒、饮料和精制茶制造业	Liquor, Beverage and Refined Tea	97
烟草制品业	Manufacture of Tobacco	4
纺织业	Manufacture of Textile	95
纺织服装、鞋、帽制造业	Manufacture of Textile Wearing Apparel, Footware and Caps	73
皮革、毛皮、羽毛（绒）及其制品业	Manufacture of Leather, Fur, Feather and Related Products	81
木材加工及木竹藤棕草制品业	Processing of Timber, Manufacture of Wood, Bamboo, Rattan, Palm and Straw Products	79
家具制造业	Manufacture of Furniture	68
造纸及纸制品业	Manufacture of Paper and Paper Products	97
印刷业、记录媒介的复制	Printing, Reproduction of Recording Media	112
文教、工美、体育和娱乐用品制造业	Manufacture of Culture, Education, Handicraft, Fine Arts, Sports and Entertainment Articles	36
石油加工、炼焦及核燃料加工业	Processing of Petroleum, Coking, Processing of Nuclear Fuel	22
化学原料及化学制品制造业	Manufacture of Raw Chemical Materials and Chemical Products	301
医药制造业	Manufacture of Medicines	126
化学纤维制造业	Manufacture of Chemical Fibers	4
橡胶和塑料制品业	Manufacture of Rubber and Plastics	280
非金属矿物制品业	Manufacture of Non-metallic Mineral Products	662
黑色金属冶炼及压延加工业	Smelting and Pressing of Ferrous Metals	152
有色金属冶炼及压延加工业	Smelting and Pressing of Nonferrous Metals	121
金属制品业	Manufacture of Metal Products	282
通用设备制造业	Manufacture of General Purpose Machinery	347
专用设备制造业	Manufacture of Special Purpose Machinery	237
汽车制造业	Manufacture of Motor Vehicles	853
铁路、船舶、航空航天和其他运输设备制造业	Manufacture of Railway, Ship, Aviation and Other Transporting Equipment	543
电气机械及器材制造业	Manufacture of Electrical Machinery and Equipment	264
通信设备、计算机及其他电子设备制造业	Manufacture of Communication Equipment, Computers and Other Electronic Equipment	297
仪器仪表及文化、办公用机械制造业	Manufacture of Measuring Instruments and Machinery for Cultural Activity and Office Work	93
其他制造业	Other Manufacture	18
废弃资源综合利用业	Comprehensive Utilization of Waste Resources	21
金属制品、机械和设备修理业	Repair of Metal Products, Machinery and Equipment	8
电力、热力的生产和供应业	Production and Supply of Electric Power and Heat Power	87
燃气生产和供应业	Production and Supply of Gas	55
水的生产和供应业	Production and Supply of Water	33

单位：万元 (10 000 yuan)

从业人员平均人数（万人）Average Employment (10 000 persons)	工业总产值 Gross Industrial Output Value	工业销售产值 Sales Value of Industry	其　中 of which	实收资本 Paid-in Capital	其　中 of which	
			#出口交货值 Value of Export Delivery		#国家资本 State Capital	#外商资本 Foreign Capital
181.96	**214000118**	**209448131**	**26663176**	**28633719**	**7691562**	**2084700**
151.30	163191372	159667668	7374114	22718014	7017465	127715
2.47	1676913	1629040	26455	771786	649919	
0.65	331273	326142		28435		
12.66	17946085	17631743	10702700	2506851	327683	185418
17.99	32862662	32148720	8586363	3408855	346414	1771567
57.63	55314457	53647590	3099563	5739971	517641	201076
124.34	158685662	155800541	23563613	22893749	7173921	1883624
63.89	91913402	90826409	20445457	12212245	4062866	754863
59.45	57964049	56308569	4209767	7319983	1901291	664733
58.30	62131893	60358433	1855390	8962950	1696365	642745
0.31	1990775	1954721	152563	138542	31040	22360
11.21	3503236	3482876	1046	1307906	686383	
0.15	610907	610976		26515	18396	
0.35	126349	107391		28891	18845	
0.08	56565	56878		2030		
1.43	1433667	1409109		172796	46695	
0.00						
0.00						
7.74	9226366	8919385	136005	492150	21787	28574
3.24	2356687	2321291	53326	225135	8934	2596
2.53	1984618	1914353	55650	306859	30327	70120
0.41	1588103	1564057		142544	81959	
2.00	1917014	1901680	104471	135405	941	8875
2.38	1258602	1216590	172604	86472	4000	6810
2.93	1843255	1815639	57154	43603	10274	100
1.06	876350	861878	19707	75028	2896	
1.03	703688	691927		93233	104	
2.04	2771051	2682150	39998	810541	8	2487
1.84	1746032	1735361	119460	221291	14363	12974
1.20	1002295	983747	101003	56519		
0.31	668823	677440		69849		
7.62	9232799	8805878	432640	2472632	603890	521744
5.44	5611571	5228392	228335	729128	52223	2785
0.13	133835	106429	96	61800		
4.88	4891766	4828207	170967	629536	35544	169513
12.54	11444194	11186069	136434	2179393	228659	149459
4.13	7010235	6900508	134717	784477	35329	
3.28	7574237	7368594	408462	1021903	522971	35
6.38	5900027	5792783	116289	578570	175599	8122
7.22	6894763	6616010	485196	970866	419032	85506
4.08	4068138	3920711	210012	986117	85606	24025
32.63	46000803	45603144	713494	3500652	556558	621582
15.78	14625940	14183649	1930433	1601873	308557	42653
7.28	11166670	10930440	211257	888653	133966	12861
18.67	33238219	32607354	20506329	3180055	231489	246483
2.32	1654666	1622413	54994	310292	49502	32398
1.05	738292	692444	54898	234502	120724	
0.21	350811	348725		93917		
0.34	174186	172631		10542		
4.31	7488259	7468985	2300	3394882	2855727	
0.96	1806813	1795715	5902	372127	210444	35000
0.75	320288	316326		335038	119831	

表12.6 续表1 continued1

指 标	Item	资 产 Total Assets
总 计	**Total**	**178460780**
按登记注册类型分	**By Status of Registration**	
内资企业	Domestic-funded Enterprises	147982772
#国有企业	State-owned	3639179
集体企业	Collective-owned	194768
港澳台投资企业	Funded by Hong Kong, Macao and Taiwan	10605215
外商投资企业	Foreign-funded	19872793
按轻、重工业分	**By Light and Heavy Industries**	
轻工业	Light Industry	39142978
重工业	Heavy Industry	139317801
按企业规模分	**By Size**	
大型企业	Large	84920194
中型企业	Medium	43912214
小型企业	Small	48120743
微型企业	Mini	1507629
按行业分	**By Sector**	
煤炭开采和洗选业	Mining and Washing of Coal	6078462
石油和天然气开采业	Extraction of Petroleum and Natural Gas	2362730
黑色金属矿采选业	Mining and Processing of Ferrous Metal Ores	221389
有色金属矿采选业	Mining and Processing of Non-Ferrous Metal Ores	50693
非金属矿采选业	Mining and Processing of Nonmetal Ores	949078
开采辅助活动	Mining Support Activities	
其他采矿业	Mining of Other Ores	
农副食品加工业	Processing of Food from Agricultural Products	3421678
食品制造业	Manufacture of Foods	1492041
酒、饮料和精制茶制造业	Liquor, Beverage and Refined Tea	1513549
烟草制品业	Manufacture of Tobacco	1171245
纺织业	Manufacture of Textile	880234
纺织服装、鞋、帽制造业	Manufacture of Textile Wearing Apparel, Footware and Caps	488365
皮革、毛皮、羽毛（绒）及其制品业	Manufacture of Leather, Fur, Feather and Related Products	553476
木材加工及木竹藤棕草制品业	Processing of Timber, Manufacture of Wood, Bamboo, Rattan, Palm and Straw Products	474781
家具制造业	Manufacture of Furniture	465216
造纸及纸制品业	Manufacture of Paper and Paper Products	2633995
印刷业、记录媒介的复制	Printing, Reproduction of Recording Media	1142083
文教、工美、体育和娱乐用品制造业	Manufacture of Culture, Education, Handicraft, Fine Arts, Sports and Entertainment Articles	588658
石油加工、炼焦及核燃料加工业	Processing of Petroleum, Coking, Processing of Nuclear Fuel	282324
化学原料及化学制品制造业	Manufacture of Raw Chemical Materials and Chemical Products	10869831
医药制造业	Manufacture of Medicines	5067205
化学纤维制造业	Manufacture of Chemical Fibers	216471
橡胶和塑料制品业	Manufacture of Rubber and Plastics	3107214
非金属矿物制品业	Manufacture of Non-metallic Mineral Products	11256409
黑色金属冶炼及压延加工业	Smelting and Pressing of Ferrous Metals	7235289
有色金属冶炼及压延加工业	Smelting and Pressing of Nonferrous Metals	5389726
金属制品业	Manufacture of Metal Products	4374131
通用设备制造业	Manufacture of General Purpose Machinery	5778916
专用设备制造业	Manufacture of Special Purpose Machinery	3253955
汽车制造业	Manufacture of Motor Vehicles	35729040
铁路、船舶、航空航天和其他运输设备制造业	Manufacture of Railway, Ship, Aviation and Other Transporting Equipment	13803779
电气机械及器材制造业	Manufacture of Electrical Machinery and Equipment	7569780
通信设备、计算机及其他电子设备制造业	Manufacture of Communication Equipment, Computers and Other Electronic Equipment	14455635
仪器仪表及文化、办公用机械制造业	Manufacture of Measuring Instruments and Machinery for Cultural Activity and Office Work	1664570
其他制造业	Other Manufacture	1162685
废弃资源综合利用业	Comprehensive Utilization of Waste Resources	207950
金属制品、机械和设备修理业	Repair of Metal Products, Machinery and Equipment	91432
电力、热力的生产和供应业	Production and Supply of Electric Power and Heat Power	18660081
燃气生产和供应业	Production and Supply of Gas	1901908
水的生产和供应业	Production and Supply of Water	1894778

单位：万元 (10 000 yuan)

其 中 of which	固定资产 Fixed Assets		负 债	其 中 of which
#流动资产 Circulating Assets	原 值 Original Value	净 值 Net Value	Total Liabilities	#流动负债 Total Circulating Liabilities
80949784	**103933391**	**65401572**	**110537508**	**82449118**
65924767	85520908	54373311	90100080	67112702
1326743	2513165	1615107	2699755	2032207
99953	67927	34025	135875	117704
4738232	7178347	3867680	6544002	4239492
10286785	11234136	7160581	13893427	11096924
19669469	19994511	11550323	20267808	16069607
61280314	83938880	53851249	90269700	66379511
39591665	48469623	29516328	54463670	40524747
20248098	26747932	15859206	26684888	21011138
20338354	28520090	19901277	28399778	20509602
771667	195747	124762	989172	403631
1732106	2663015	1678966	3137527	1634287
129979	2595128	2202355	1472995	1280132
101118	90683	68310	180937	156892
20851	21271	17870	41515	34990
363008	468576	247686	451229	329241
1478370	2233453	1392258	1395638	1092329
664813	772533	528462	694420	510800
720521	982494	567821	823259	762633
842153	474138	237753	624940	451793
345010	565356	439537	374519	301434
295359	196448	126839	213763	186162
299718	926671	176642	238157	166632
206250	288901	194654	230399	180228
188197	173536	136906	165401	132433
1009515	1669967	1113022	1429567	879484
569903	783791	380982	546154	462992
204270	387409	293221	184064	148720
152765	116661	58326	150111	120220
3259259	8591118	5431009	7400358	5164865
2367092	2610776	1472684	2442521	1981871
81646	111389	100525	91473	60909
1372117	2179774	1269496	1841294	1222948
4815034	6916546	4477590	7083418	5638964
2237030	6856480	4240878	5531073	3983612
1997521	3740521	2539418	3621903	2453051
2258641	1988067	1449149	2758594	2296837
3620596	2210919	1344153	3417792	2888929
1792115	1218591	851214	1757549	1445363
20246672	14699125	9130557	22877730	19818688
8062886	5356665	2620600	8519906	6992157
4894817	2059552	1217246	4538495	3482349
8469921	7167223	4618073	9674195	6580897
1184103	433469	223587	926072	827882
644988	484969	301740	859826	740018
65378	77114	40447	91138	58035
40858	58677	45103	48169	37256
2763973	19700506	12832469	12613641	6592712
914859	856311	506311	1127037	810903
536368	1205537	827717	960730	539469

表12.6 续表2 continued2

指　标	Item	所有者权益 Creditors' Equity
总　计	**Total**	**67541501**
按登记注册类型分	**By Status of Registration**	
内资企业	Domestic-funded Enterprises	57544725
#国有企业	State-owned	941236
集体企业	Collective-owned	39756
港澳台投资企业	Funded by Hong Kong, Macao and Taiwan	4061212
外商投资企业	Foreign-funded	5935564
按轻、重工业分	**By Light and Heavy Industries**	
轻工业	Light Industry	18776158
重工业	Heavy Industry	48765343
按企业规模分	**By Size**	
大型企业	Large	30469318
中型企业	Medium	17207823
小型企业	Small	19723233
微型企业	Mini	141127
按行业分	**By Sector**	
煤炭开采和洗选业	Mining and Washing of Coal	2874299
石油和天然气开采业	Extraction of Petroleum and Natural Gas	889736
黑色金属矿采选业	Mining and Processing of Ferrous Metal Ores	39913
有色金属矿采选业	Mining and Processing of Non-Ferrous Metal Ores	6253
非金属矿采选业	Mining and Processing of Nonmetal Ores	497375
开采辅助活动	Mining Support Activities	
其他采矿业	Mining of Other Ores	
农副食品加工业	Processing of Food from Agricultural Products	2022675
食品制造业	Manufacture of Foods	843505
酒、饮料和精制茶制造业	Liquor, Beverage and Refined Tea	688279
烟草制品业	Manufacture of Tobacco	546305
纺织业	Manufacture of Textile	498141
纺织服装、鞋、帽制造业	Manufacture of Textile Wearing Apparel, Footware and Caps	274601
皮革、毛皮、羽毛（绒）及其制品业	Manufacture of Leather, Fur, Feather and Related Products	309248
木材加工及木竹藤棕草制品业	Processing of Timber, Manufacture of Wood, Bamboo, Rattan, Palm and Straw Products	239907
家具制造业	Manufacture of Furniture	299815
造纸及纸制品业	Manufacture of Paper and Paper Products	1193272
印刷业、记录媒介的复制	Printing, Reproduction of Recording Media	596212
文教、工美、体育和娱乐用品制造业	Manufacture of Culture, Education, Handicraft, Fine Arts, Sports and Entertainment Articles	401416
石油加工、炼焦及核燃料加工业	Processing of Petroleum, Coking, Processing of Nuclear Fuel	131610
化学原料及化学制品制造业	Manufacture of Raw Chemical Materials and Chemical Products	3450499
医药制造业	Manufacture of Medicines	2624684
化学纤维制造业	Manufacture of Chemical Fibers	124998
橡胶和塑料制品业	Manufacture of Rubber and Plastics	1221414
非金属矿物制品业	Manufacture of Non-metallic Mineral Products	4142170
黑色金属冶炼及压延加工业	Smelting and Pressing of Ferrous Metals	1701714
有色金属冶炼及压延加工业	Smelting and Pressing of Nonferrous Metals	1725505
金属制品业	Manufacture of Metal Products	1604256
通用设备制造业	Manufacture of General Purpose Machinery	2372742
专用设备制造业	Manufacture of Special Purpose Machinery	1488466
汽车制造业	Manufacture of Motor Vehicles	12848659
铁路、船舶、航空航天和其他运输设备制造业	Manufacture of Railway, Ship, Aviation and Other Transporting Equipment	5194135
电气机械及器材制造业	Manufacture of Electrical Machinery and Equipment	2984105
通信设备、计算机及其他电子设备制造业	Manufacture of Communication Equipment, Computers and Other Electronic Equipment	4780047
仪器仪表及文化、办公用机械制造业	Manufacture of Measuring Instruments and Machinery for Cultural Activity and Office Work	736711
其他制造业	Other Manufacture	289704
废弃资源综合利用业	Comprehensive Utilization of Waste Resources	114784
金属制品、机械和设备修理业	Repair of Metal Products, Machinery and Equipment	43263
电力、热力的生产和供应业	Production and Supply of Electric Power and Heat Power	6048153
燃气生产和供应业	Production and Supply of Gas	774870
水的生产和供应业	Production and Supply of Water	918061

单位：万元 (10 000 yuan)

主营业务收入 Revenue from Principal Business	主营业务成本 Cost of Principal Business	主营业务税金及附加 Tax and Extra Charges of Principal Business	本年应交增值税 VAT Payable	利润总额 Total After-tax Profits	利税总额 Total Pre-tax Profits	应付职工薪酬 Total Wages
209022428	**176650570**	**2936474**	**7409210**	**14118589**	**24492098**	**11812547**
158733866	133819352	2228115	6029557	10656942	18941609	9714105
1612427	1462423	6324	54248	-74154	-9299	233609
326371	274997	6476	12101	14128	32761	28101
17646597	16103300	42047	275034	661059	978866	805955
32641965	26727917	666312	1104619	2800588	4571622	1292488
53380796	43732496	1131797	2185239	4108895	7436431	3385120
155641632	132918074	1804678	5223970	10009694	17055667	8427427
90930060	77296026	1939627	2913460	5449441	10316855	4974055
57196598	48247784	430783	2376885	4310485	7123229	3733756
58904129	49237346	555812	2087968	4352780	7003686	3086160
1991641	1869413	10253	30896	5883	48328	18577
3445512	2877446	60118	285434	228450	578583	701183
610992	429427	28166	4087	158325	190578	22267
112633	70877	1638	12364	-1785	12345	17228
60832	56932	1498	5013	2676	9187	4358
1383772	1089329	33770	64159	107787	206275	77937
8830725	7612940	56876	310033	622760	990446	413593
2412396	1926103	21230	108058	199136	330388	174356
1956175	1452114	59255	92712	159057	311070	157714
1449225	535687	734977	114655	59559	910404	100038
1876390	1634304	12025	119573	148666	280269	100818
1196227	962651	11442	44152	102070	157664	115551
1854407	1620873	12012	52608	137420	202141	190084
830097	680539	7842	27594	67799	103360	53360
697046	530289	6480	24799	58716	89995	53895
2668416	2229584	11018	87168	248194	346388	111666
1714442	1425195	11297	64880	155226	231851	110346
982577	840035	4612	55422	118486	178578	58286
662902	578676	5886	14647	36943	58710	26493
8851348	7672124	72105	364083	164024	602011	521763
5186446	3946006	31554	332466	476907	840984	361387
108286	87769	1127	1386	11528	14041	8070
4706522	4008416	37432	163874	291383	492830	269047
11033512	9091439	96135	470355	831224	1398228	758859
6625143	6377610	30247	225802	-64407	191700	248618
7024915	6287386	46835	224900	341140	613043	214394
5750933	4909528	43196	220079	453475	717133	366069
6620401	5422436	52659	235862	476136	765318	443881
3752770	2943592	39007	182092	394800	616189	253778
46374927	36734606	1080318	1788287	4879111	7752463	2460840
13818098	11817652	80719	464047	820487	1366525	855167
11527457	9846237	53038	361743	818491	1233752	440155
32532064	30075597	127663	379748	966603	1474368	1057853
1547094	1229615	7904	64908	109301	182197	184958
738800	667300	2202	6501	26559	35806	92181
331905	261738	3962	25785	34871	64619	10138
172568	148907	1538	12436	12602	26582	28746
7409740	6608962	35452	360748	342512	740950	560850
1848658	1702735	10370	27041	83403	121204	109655
316075	257913	2871	9711	38955	53925	76964

表12.7 规模以上工业企业经济效益指标（2015年）
INDICATORS ON ECONOMIC BENEFIT OF INDUSTRIAL ENTERPRISES ABOVE DESIGNATED SIZE (2015)

指 标	Item	总资产贡献率 Ratio of Total Assets to Industrial Output Value
总 计	**Total**	**14.9**
按登记注册类型分	**By Status of Registration**	
内资企业	Domestic-funded Enterprises	14.0
#国有企业	State-owned	1.3
集体企业	Collective-owned	17.3
港澳台投资企业	Funded by Hong Kong, Macao and Taiwan	10.0
外商投资企业	Foreign-funded	23.6
按轻、重工业分	**By Light and Heavy Industries**	
轻工业	Light Industry	20.0
重工业	Heavy Industry	13.4
按企业规模分	**By Size**	
大型企业	Large	13.0
中型企业	Medium	17.6
小型微型企业	Small&Mini	15.7
按行业分	**By Sector**	
煤炭开采和洗选业	Mining and Washing of Coal	10.4
石油和天然气开采业	Extraction of Petroleum and Natural Gas	8.8
黑色金属矿采选业	Mining and Processing of Ferrous Metal Ores	7.9
有色金属矿采选业	Mining and Processing of Non-Ferrous Metal Ores	18.1
非金属矿采选业	Mining and Processing of Nonmetal Ores	23.2
开采辅助活动	Mining Support Activities	
其他采矿业	Mining of Other Ores	
农副食品加工业	Processing of Food from Agricultural Products	29.8
食品制造业	Manufacture of Foods	23.3
酒、饮料和精制茶制造业	Liquor, Beverage and Refined Tea	22.4
烟草制品业	Manufacture of Tobacco	79.4
纺织业	Manufacture of Textile	32.9
纺织服装、鞋、帽制造业	Manufacture of Textile Wearing Apparel, Footware and Caps	33.2
皮革、毛皮、羽毛（绒）及其制品业	Manufacture of Leather, Fur, Feather and Related Products	37.4
木材加工及木竹藤棕草制品业	Processing of Timber, Manufacture of Wood, Bamboo, Rattan, Palm and Straw Products	23.3
家具制造业	Manufacture of Furniture	20.8
造纸及纸制品业	Manufacture of Paper and Paper Products	14.1
印刷业、记录媒介的复制	Printing, Reproduction of Recording Media	21.6
文教、工美、体育和娱乐用品制造业	Manufacture of Culture, Education, Handicraft, Fine Arts, Sports and Entertainment Articles	30.3
石油加工、炼焦及核燃料加工业	Processing of Petroleum, Coking, Processing of Nuclear Fuel	22.4
化学原料及化学制品制造业	Manufacture of Raw Chemical Materials and Chemical Products	7.5
医药制造业	Manufacture of Medicines	17.8
化学纤维制造业	Manufacture of Chemical Fibers	6.6
橡胶和塑料制品业	Manufacture of Rubber and Plastics	17.4
非金属矿物制品业	Manufacture of Non-metallic Mineral Products	14.1
黑色金属冶炼及压延加工业	Smelting and Pressing of Ferrous Metals	3.7
有色金属冶炼及压延加工业	Smelting and Pressing of Nonferrous Metals	13.4
金属制品业	Manufacture of Metal Products	17.4
通用设备制造业	Manufacture of General Purpose Machinery	13.7
专用设备制造业	Manufacture of Special Purpose Machinery	19.8
汽车制造业	Manufacture of Motor Vehicles	22.2
铁路、船舶、航空航天和其他运输设备制造业	Manufacture of Railway, Ship, Aviation and Other Transporting Equipment	10.8
电气机械及器材制造业	Manufacture of Electrical Machinery and Equipment	17.5
通信设备、计算机及其他电子设备制造业	Manufacture of Communication Equipment, Computers and Other Electronic Equipment	10.9
仪器仪表及文化、办公用机械制造业	Manufacture of Measuring Instruments and Machinery for Cultural Activity and Office Work	11.7
其他制造业	Other Manufacture	3.9
废弃资源综合利用业	Comprehensive Utilization of Waste Resources	32.3
金属制品、机械和设备修理业	Repair of Metal Products, Machinery and Equipment	29.2
电力、热力的生产和供应业	Production and Supply of Electric Power and Heat Power	6.2
燃气生产和供应业	Production and Supply of Gas	6.4
水的生产和供应业	Production and Supply of Water	3.3

单位：% (%)

资本保值增值率 Ratio of Assets Appreciation YOY	资产负债率 Asset-Liability Ratio	流动资产周转率（次） Turnover Ratio of Circulating Assets (time)	成本费用利润率 Ratio of Profits to Cost	全员劳动生产率（元/人年） Overall Labor Productivity (yuan/person-year)	产品销售率 Sales as Percentage of Output
112.5	**61.9**	**2.6**	**7.2**	**297050**	**97.9**
112.9	60.9	2.4	7.1	293147	97.8
127.3	74.2	1.3	-4.0	157664	97.2
96.5	69.8	3.3	4.6	148336	98.5
112.0	61.7	3.8	3.9	217827	98.3
109.0	69.9	3.2	9.3	385618	97.8
113.6	51.8	2.8	8.4	273254	97.0
112.1	64.8	2.6	6.8	308079	98.2
107.1	64.1	2.3	6.3	333443	98.8
105.7	60.8	2.9	8.1	258692	97.1
126.6	59.2	2.9	7.7	296285	97.2
99.4	51.6	2.2	6.4	149972	99.4
1237.7	62.3	4.8	28.4	2115660	100.0
80.6	81.7	1.5	-1.2	234145	85.0
120.0	81.9	2.9	4.6	207691	100.6
113.2	47.5	3.9	8.6	279540	98.3
115.4	40.8	6.0	7.6	276409	96.7
129.4	46.5	3.7	9.0	197589	98.5
99.8	54.4	2.7	9.1	270412	96.5
103.8	53.4	1.8	8.6	2707636	98.5
99.1	42.6	5.5	8.7	260504	99.2
86.8	43.8	4.1	9.4	159041	96.7
114.1	43.0	6.3	7.9	191264	98.5
115.4	48.5	4.0	9.0	224581	98.4
138.2	35.6	3.7	9.3	186868	98.3
105.3	54.3	2.7	10.2	364473	96.8
128.4	47.8	3.0	9.9	289202	99.4
122.2	31.3	4.8	13.7	255522	98.2
95.3	53.2	4.3	6.0	448861	101.3
100.1	68.1	2.8	1.9	290640	95.4
118.0	48.2	2.2	10.0	307924	93.2
179.0	42.3	1.3	12.0	221225	79.5
112.9	59.3	3.5	6.6	269280	98.7
107.9	62.9	2.3	8.2	269398	97.7
80.4	76.5	3.0	-1.0	354243	98.4
101.3	67.2	3.7	4.9	510331	97.3
111.0	63.1	2.6	8.6	263841	98.2
111.0	59.1	1.9	7.7	259689	96.0
129.7	54.0	2.1	11.8	304216	96.4
119.6	64.0	2.3	11.5	371512	99.1
113.6	61.7	1.7	6.2	244694	97.0
111.2	60.0	2.4	7.6	327976	97.9
134.8	66.9	3.9	3.1	243317	98.1
107.7	55.6	1.3	7.5	198187	98.1
132.7	74.0	1.2	3.3	275680	93.8
94.5	43.8	5.1	11.9	532464	99.4
116.5	52.7	4.2	7.9	188834	99.1
101.2	67.6	2.7	4.8	551486	99.7
102.5	59.3	2.1	4.6	453509	99.4
114.3	50.7	0.8	10.4	209301	98.8

表12.7 续表 continued

指 标	Item	销售利润率 Rate of Return on Sale
总 计	**Total**	**6.8**
按登记注册类型分	**By Status of Registration**	
内资企业	Domestic-funded Enterprises	6.7
#国有企业	State-owned	-4.6
集体企业	Collective-owned	4.3
港澳台投资企业	Funded by Hong Kong, Macao and Taiwan	3.8
外商投资企业	Foreign-funded	8.6
按轻、重工业分	**By Light and Heavy Industries**	
轻工业	Light Industry	7.7
重工业	Heavy Industry	6.4
按企业规模分	**By Size**	
大型企业	Large	6.0
中型企业	Medium	7.5
小型微型企业	Small&Mini	7.2
按行业分	**By Sector**	
煤炭开采和洗选业	Mining and Washing of Coal	6.6
石油和天然气开采业	Extraction of Petroleum and Natural Gas	25.9
黑色金属矿采选业	Mining and Processing of Ferrous Metal Ores	-1.6
有色金属矿采选业	Mining and Processing of Non-Ferrous Metal Ores	4.4
非金属矿采选业	Mining and Processing of Nonmetal Ores	7.8
开采辅助活动	Mining Support Activities	
其他采矿业	Mining of Other Ores	
农副食品加工业	Processing of Food from Agricultural Products	7.1
食品制造业	Manufacture of Foods	8.3
酒、饮料和精制茶制造业	Liquor, Beverage and Refined Tea	8.1
烟草制品业	Manufacture of Tobacco	4.1
纺织业	Manufacture of Textile	7.9
纺织服装、鞋、帽制造业	Manufacture of Textile Wearing Apparel, Footware and Caps	8.5
皮革、毛皮、羽毛（绒）及其制品业	Manufacture of Leather, Fur, Feather and Related Products	7.4
木材加工及木竹藤棕草制品业	Processing of Timber, Manufacture of Wood, Bamboo, Rattan, Palm and Straw Products	8.2
家具制造业	Manufacture of Furniture	8.4
造纸及纸制品业	Manufacture of Paper and Paper Products	9.3
印刷业、记录媒介的复制	Printing, Reproduction of Recording Media	9.1
文教、工美、体育和娱乐用品制造业	Manufacture of Culture, Education, Handicraft, Fine Arts, Sports and Entertainment Articles	12.1
石油加工、炼焦及核燃料加工业	Processing of Petroleum, Coking, Processing of Nuclear Fuel	5.6
化学原料及化学制品制造业	Manufacture of Raw Chemical Materials and Chemical Products	1.9
医药制造业	Manufacture of Medicines	9.2
化学纤维制造业	Manufacture of Chemical Fibers	10.7
橡胶和塑料制品业	Manufacture of Rubber and Plastics	6.2
非金属矿物制品业	Manufacture of Non-metallic Mineral Products	7.5
黑色金属冶炼及压延加工业	Smelting and Pressing of Ferrous Metals	-1.0
有色金属冶炼及压延加工业	Smelting and Pressing of Nonferrous Metals	4.9
金属制品业	Manufacture of Metal Products	7.9
通用设备制造业	Manufacture of General Purpose Machinery	7.2
专用设备制造业	Manufacture of Special Purpose Machinery	10.5
汽车制造业	Manufacture of Motor Vehicles	10.5
铁路、船舶、航空航天和其他运输设备制造业	Manufacture of Railway, Ship, Aviation and Other Transporting Equipment	5.9
电气机械及器材制造业	Manufacture of Electrical Machinery and Equipment	7.1
通信设备、计算机及其他电子设备制造业	Manufacture of Communication Equipment, Computers and Other Electronic Equipment	3.0
仪器仪表及文化、办公用机械制造业	Manufacture of Measuring Instruments and Machinery for Cultural Activity and Office Work	7.1
其他制造业	Other Manufacture	3.6
废弃资源综合利用业	Comprehensive Utilization of Waste Resources	10.5
金属制品、机械和设备修理业	Repair of Metal Products, Machinery and Equipment	7.3
电力、热力的生产和供应业	Production and Supply of Electric Power and Heat Power	4.6
燃气生产和供应业	Production and Supply of Gas	4.5
水的生产和供应业	Production and Supply of Water	12.3

单位：% (%)

流动比率 Current Ratio	速动比率 Quick Ratio	产权比率 Equity Ratio	人均实现利税（元） Per Capita Pre-tax Profits (yuan)	从业人员人均工资（元） Per Capita Wages of Employees (yuan)
1.0	**0.8**	**1.6**	**135454**	**64918**
1.0	0.8	1.6	126086	64202
0.7	0.5	2.9	-3765	94663
0.9	0.6	3.4	50502	43318
1.1	0.9	1.6	77683	63644
0.9	0.7	2.3	254887	71828
1.2	1.0	1.1	129190	58743
0.9	0.7	1.9	138357	67780
1.0	0.8	1.8	162621	77850
1.0	0.8	1.6	120458	62803
1.0	0.8	1.5	121053	52966
1.1	0.9	1.1	51632	62572
0.1	0.1	1.7	1299100	151788
0.6	0.5	4.5	34942	48763
0.6	0.2	6.6	120725	57271
1.1	1.0	0.9	144001	54398
1.4	1.0	0.7	128102	53448
1.3	1.0	0.8	101893	53772
0.9	0.7	1.2	125685	62449
1.9	0.5	1.1	2199574	241697
1.1	0.8	0.8	140219	50439
1.6	1.0	0.8	66183	48486
1.8	1.4	0.8	69066	64946
1.1	0.8	1.0	97350	50250
1.4	1.1	0.6	87010	52108
1.2	0.9	1.2	169487	54634
1.2	0.9	0.9	125946	59938
1.4	1.1	0.5	148939	48613
1.3	0.6	1.1	188474	85049
0.6	0.5	2.1	82390	68430
1.2	0.9	0.9	154540	66389
1.3	0.9	0.7	105489	60630
1.1	0.9	1.5	100948	55107
0.9	0.7	1.7	111508	60518
0.6	0.3	3.3	46392	60149
0.8	0.6	2.1	187203	65398
1.0	0.8	1.7	112405	57365
1.3	0.9	1.4	106128	61461
1.2	0.9	1.2	151770	62246
1.0	0.8	1.8	237580	75408
1.2	1.0	1.6	86929	54183
1.4	1.1	1.5	169916	60478
1.3	1.1	2.0	83415	56653
1.4	1.1	1.3	78717	79840
0.9	0.6	3.0	33946	87392
1.1	0.9	0.8	306540	48095
1.1	0.9	1.1	78529	84923
0.4	0.4	2.1	177512	130049
1.1	1.1	1.5	126653	114486
1.0	0.9	1.1	71537	102101

表12.8 国有控股工业企业主要经济指标（2015年）

MAIN ECONOMIC INDICATORS OF STATE-HOLDING INDUSTRIAL ENTERPRISES (2015)

指 标	Item	单位数（个）Number of Enterprises (unit)
总 计	**Total**	**512**
按登记注册类型分	**By Status of Registration**	
内资企业	Domestic-funded Enterprises	481
#国有企业	State-owned	45
集体企业	Collective-owned	
港澳台投资企业	Funded by Hong Kong, Macao and Taiwan	9
外商投资企业	Foreign-funded	22
按轻、重工业分	**By Light and Heavy Industries**	
轻工业	Light Industry	113
重工业	Heavy Industry	399
按企业规模分	**By Size**	
大型企业	Large	75
中型企业	Medium	162
小型企业	Small	254
微型企业	Mini	21
按行业分	**By Sector**	
煤炭开采和洗选业	Mining and Washing of Coal	14
石油和天然气开采业	Extraction of Petroleum and Natural Gas	2
黑色金属矿采选业	Mining and Processing of Ferrous Metal Ores	1
有色金属矿采选业	Mining and Processing of Non-Ferrous Metal Ores	
非金属矿采选业	Mining and Processing of Nonmetal Ores	3
开采辅助活动	Mining Support Activities	
其他采矿业	Mining of Other Ores	
农副食品加工业	Processing of Food from Agricultural Products	21
食品制造业	Manufacture of Foods	8
酒、饮料和精制茶制造业	Liquor, Beverage and Refined Tea	5
烟草制品业	Manufacture of Tobacco	4
纺织业	Manufacture of Textile	1
纺织服装、鞋、帽制造业	Manufacture of Textile Wearing Apparel, Footware and Caps	1
皮革、毛皮、羽毛（绒）及其制品业	Manufacture of Leather, Fur, Feather and Related Products	3
木材加工及木竹藤棕草制品业	Processing of Timber, Manufacture of Wood, Bamboo, Rattan, Palm and Straw Products	
家具制造业	Manufacture of Furniture	
造纸及纸制品业	Manufacture of Paper and Paper Products	1
印刷业、记录媒介的复制	Printing, Reproduction of Recording Media	7
文教、工美、体育和娱乐用品制造业	Manufacture of Culture, Education, Handicraft, Fine Arts, Sports and Entertainment Articles	
石油加工、炼焦及核燃料加工业	Processing of Petroleum, Coking, Processing of Nuclear Fuel	2
化学原料及化学制品制造业	Manufacture of Raw Chemical Materials and Chemical Products	47
医药制造业	Manufacture of Medicines	14
化学纤维制造业	Manufacture of Chemical Fibers	
橡胶和塑料制品业	Manufacture of Rubber and Plastics	7
非金属矿物制品业	Manufacture of Non-metallic Mineral Products	34
黑色金属冶炼及压延加工业	Smelting and Pressing of Ferrous Metals	13
有色金属冶炼及压延加工业	Smelting and Pressing of Nonferrous Metals	15
金属制品业	Manufacture of Metal Products	15
通用设备制造业	Manufacture of General Purpose Machinery	25
专用设备制造业	Manufacture of Special Purpose Machinery	16
汽车制造业	Manufacture of Motor Vehicles	52
铁路、船舶、航空航天和其他运输设备制造业	Manufacture of Railway, Ship, Aviation and Other Transporting Equipment	19
电气机械及器材制造业	Manufacture of Electrical Machinery and Equipment	16
通信设备、计算机及其他电子设备制造业	Manufacture of Communication Equipment, Computers and Other Electronic Equipment	17
仪器仪表及文化、办公用机械制造业	Manufacture of Measuring Instruments and Machinery for Cultural Activity and Office Work	18
其他制造业	Other Manufacture	3
废弃资源综合利用业	Comprehensive Utilization of Waste Resources	
金属制品、机械和设备修理业	Repair of Metal Products, Machinery and Equipment	
电力、热力的生产和供应业	Production and Supply of Electric Power and Heat Power	76
燃气生产和供应业	Production and Supply of Gas	24
水的生产和供应业	Production and Supply of Water	28

单位：万元 (10 000 yuan)

从业人员平均人数（万人） Average Emloyment (10 000 persons)	工业总产值 Gross Output Value	工业销售产值 Sales Value of Industry	其 中 of which	实收资本 Paid-in Capital	其 中 of which	
			#出口交货值 Value of Export Delivery		#国家资本 State Capital	#外商资本 Foreign Capital
38.52	**53417630**	**52583941**	**800201**	**13909344**	**7403149**	**410313**
33.23	37827370	37211642	562252	12333667	6881072	111513
2.47	1676913	1629040	26455	771786	649919	
0.68	947292	933969	6019	475431	303521	39934
4.62	14642968	14438331	231930	1100246	218556	258865
5.98	6004263	5829334	201354	1269182	473576	31867
32.54	47413367	46754607	598847	12640162	6929573	378446
25.62	38354774	38060183	646208	8675995	4048668	342630
9.31	8582072	8180652	140376	2956226	1781834	37173
3.56	5855750	5719623	13617	2235121	1546136	30510
0.04	625034	623482		42001	26510	
3.99	664303	662727		1043747	686375	
0.15	610907	610976		26515	18396	
0.10	31702	29779		18845	18845	
0.19	309933	296024		43700	38695	
0.81	1184669	1161579	2970	51176	20024	
0.53	435759	424445	867	44860	6585	
0.09	55881	44279		27471	21249	
0.41	1588103	1564057		142544	81959	
0.02	54568	63877		900	900	
0.01	3942	3942		4000	4000	
0.19	73225	67915		10274	10274	
0.01	13367	13595		3000		
0.07	45641	48675	592	19714	3510	
0.16	152563	169529		33653		
2.90	3369133	3083775	99375	1048425	508848	14616
1.30	939292	877581	37593	202166	43344	
0.23	208466	201280		96058	24586	
1.36	1239730	1251080	93654	622436	206868	3798
1.46	1160726	1158145		493918	33280	
1.03	2107676	1985198	43992	697336	515808	
1.26	759081	731982	24940	238653	175567	
1.85	1365703	1268513	44636	445391	401564	20880
0.66	930202	894394	1167	106939	80408	5333
9.18	22345012	22448464	116980	1560572	496322	289822
1.41	1022905	989042	172738	476310	305671	31867
0.65	965555	925407	8942	163515	125693	
0.92	1240964	1156208	94545	1917810	226677	
1.11	831119	807498	14719	175534	48817	8997
0.87	592943	555194	40191	224152	120724	
4.22	7409208	7389935	2300	3366418	2855727	
0.68	1431648	1427973		290568	203604	35000
0.70	273705	270878		312745	118831	

表12.8 续表1 continued1

指标	Item	资产 Total Assets
总计	**Total**	**81082808**
按登记注册类型分	**By Status of Registration**	
内资企业	Domestic-funded Enterprises	71012862
#国有企业	State-owned	3639179
集体企业	Collective-owned	
港澳台投资企业	Funded by Hong Kong, Macao and Taiwan	1870016
外商投资企业	Foreign-funded	8199929
按轻、重工业分	**By Light and Heavy Industries**	
轻工业	Light Industry	7828098
重工业	Heavy Industry	73254710
按企业规模分	**By Size**	
大型企业	Large	52148664
中型企业	Medium	14163427
小型企业	Small	14417022
微型企业	Mini	353695
按行业分	**By Sector**	
煤炭开采和洗选业	Mining and Washing of Coal	3837714
石油和天然气开采业	Extraction of Petroleum and Natural Gas	2362730
黑色金属矿采选业	Mining and Processing of Ferrous Metal Ores	135020
有色金属矿采选业	Mining and Processing of Non-Ferrous Metal Ores	
非金属矿采选业	Mining and Processing of Nonmetal Ores	229343
开采辅助活动	Mining Support Activities	
其他采矿业	Mining of Other Ores	
农副食品加工业	Processing of Food from Agricultural Products	453478
食品制造业	Manufacture of Foods	305249
酒、饮料和精制茶制造业	Liquor, Beverage and Refined Tea	113050
烟草制品业	Manufacture of Tobacco	1171245
纺织业	Manufacture of Textile	14907
纺织服装、鞋、帽制造业	Manufacture of Textile Wearing Apparel, Footware and Caps	6091
皮革、毛皮、羽毛（绒）及其制品业	Manufacture of Leather, Fur, Feather and Related Products	56139
木材加工及木竹藤棕草制品业	Processing of Timber, Manufacture of Wood, Bamboo, Rattan, Palm and Straw Products	
家具制造业	Manufacture of Furniture	
造纸及纸制品业	Manufacture of Paper and Paper Products	20506
印刷业、记录媒介的复制	Printing, Reproduction of Recording Media	83848
文教、工美、体育和娱乐用品制造业	Manufacture of Culture, Education, Handicraft, Fine Arts, Sports and Entertainment Articles	
石油加工、炼焦及核燃料加工业	Processing of Petroleum, Coking, Processing of Nuclear Fuel	103584
化学原料及化学制品制造业	Manufacture of Raw Chemical Materials and Chemical Products	5302331
医药制造业	Manufacture of Medicines	1759097
化学纤维制造业	Manufacture of Chemical Fibers	
橡胶和塑料制品业	Manufacture of Rubber and Plastics	300972
非金属矿物制品业	Manufacture of Non-metallic Mineral Products	2720547
黑色金属冶炼及压延加工业	Smelting and Pressing of Ferrous Metals	4674844
有色金属冶炼及压延加工业	Smelting and Pressing of Nonferrous Metals	2147517
金属制品业	Manufacture of Metal Products	1299726
通用设备制造业	Manufacture of General Purpose Machinery	2656730
专用设备制造业	Manufacture of Special Purpose Machinery	1259020
汽车制造业	Manufacture of Motor Vehicles	18414883
铁路、船舶、航空航天和其他运输设备制造业	Manufacture of Railway, Ship, Aviation and Other Transporting Equipment	1517197
电气机械及器材制造业	Manufacture of Electrical Machinery and Equipment	2307149
通信设备、计算机及其他电子设备制造业	Manufacture of Communication Equipment, Computers and Other Electronic Equipment	4124061
仪器仪表及文化、办公用机械制造业	Manufacture of Measuring Instruments and Machinery for Cultural Activity and Office Work	956734
其他制造业	Other Manufacture	1066688
废弃资源综合利用业	Comprehensive Utilization of Waste Resources	
金属制品、机械和设备修理业	Repair of Metal Products, Machinery and Equipment	
电力、热力的生产和供应业	Production and Supply of Electric Power and Heat Power	18489119
燃气生产和供应业	Production and Supply of Gas	1404779
水的生产和供应业	Production and Supply of Water	1788511

单位：万元 (10 000 yuan)

其 中 of which	固定资产 Fixed Assets		负 债	其 中 of which
#流动资产 Circulating Assets	原 值 Original Value	净 值 Net Value	Total Liabilities	#流动负债 Total Circulating Liabilities
31030917	**51823495**	**35117096**	**54262845**	**38401853**
26433946	45255388	31168558	47121300	32470490
1326743	2513165	1615107	2699755	2032207
623501	1799922	821563	990047	740450
3973470	4768185	3126975	6151498	5190913
3790811	3911035	2381117	5019308	3735838
27240106	47912460	32735979	49243537	34666015
21867178	31566771	20072150	33339706	24810350
5738903	8697695	5762926	10468693	8022018
3225048	11490376	9233235	10067795	5368574
199788	68653	48786	386651	200911
1109065	1325783	707137	2187437	1101487
129979	2595128	2202355	1472995	1280132
47689	73665	61803	135181	115973
120516	113822	26484	184663	133776
167024	398067	226209	190616	130753
139220	156429	113913	263593	160780
57676	51936	36661	208287	202156
842153	474138	237753	624940	451793
13347	1800	1561	4930	4055
5578	1224	415	780	734
44922	12681	4268	29607	25858
11377	10914	8142	11854	11854
41299	52341	17988	55293	43623
56116	55084	16632	61030	59855
1311963	4566551	2955164	4104719	2834654
916567	736782	519902	1172311	929724
121501	212145	145413	223126	159939
1022536	1679375	1173421	2060138	1650151
1244700	3470381	3006437	3975126	2689794
546472	1797810	1301853	1629801	1264163
625150	693203	565570	941252	722421
1889309	795274	482825	1711437	1408102
797555	336163	223410	794401	662777
10407171	7248261	4408262	11446670	9893019
801932	669084	348862	1091711	886612
1724936	193343	118124	1963779	1685103
1673164	2214271	2001607	2071347	1008492
665957	209224	114820	585313	502996
586010	454481	280694	815411	701424
2725007	19533871	12707276	12499098	6534491
674459	570069	341312	836985	633196
510570	1120199	760824	909012	511969

表12.8 续表2 continued2

指 标	Item	所有者权益 Creditors' Equity
总 计	**Total**	**26866569**
按登记注册类型分	**By Status of Registration**	
内资企业	Domestic-funded Enterprises	23938169
#国有企业	State-owned	941236
集体企业	Collective-owned	
港澳台投资企业	Funded by Hong Kong, Macao and Taiwan	879969
外商投资企业	Foreign-funded	2048431
按轻、重工业分	**By Light and Heavy Industries**	
轻工业	Light Industry	2856959
重工业	Heavy Industry	24009610
按企业规模分	**By Size**	
大型企业	Large	18821752
中型企业	Medium	3675235
小型企业	Small	4364849
微型企业	Mini	4734
按行业分	**By Sector**	
煤炭开采和洗选业	Mining and Washing of Coal	1650277
石油和天然气开采业	Extraction of Petroleum and Natural Gas	889736
黑色金属矿采选业	Mining and Processing of Ferrous Metal Ores	-160
有色金属矿采选业	Mining and Processing of Non-Ferrous Metal Ores	
非金属矿采选业	Mining and Processing of Nonmetal Ores	44681
开采辅助活动	Mining Support Activities	
其他采矿业	Mining of Other Ores	
农副食品加工业	Processing of Food from Agricultural Products	263076
食品制造业	Manufacture of Foods	87798
酒、饮料和精制茶制造业	Liquor, Beverage and RRefined Tea	-95237
烟草制品业	Manufacture of Tobacco	546305
纺织业	Manufacture of Textile	9977
纺织服装、鞋、帽制造业	Manufacture of Textile Wearing Apparel, Footware and Caps	5311
皮革、毛皮、羽毛（绒）及其制品业	Manufacture of Leather, Fur, Feather and Related Products	26532
木材加工及木竹藤棕草制品业	Processing of Timber, Manufacture of Wood, Bamboo, Rattan, Palm and Straw Products	
家具制造业	Manufacture of Furniture	
造纸及纸制品业	Manufacture of Paper and Paper Products	8653
印刷业、记录媒介的复制	Printing, Reproduction of Recording Media	30368
文教、工美、体育和娱乐用品制造业	Manufacture of Culture, Education, Handicraft, Fine Arts, Sports and Entertainment Articles	
石油加工、炼焦及核燃料加工业	Processing of Petroleum, Coking, Processing of Nuclear Fuel	42554
化学原料及化学制品制造业	Manufacture of Raw Chemical Materials and Chemical Products	1216731
医药制造业	Manufacture of Medicines	586786
化学纤维制造业	Manufacture of Chemical Fibers	
橡胶和塑料制品业	Manufacture of Rubber and Plastics	77845
非金属矿物制品业	Manufacture of Non-metallic Mineral Products	654529
黑色金属冶炼及压延加工业	Smelting and Pressing of Ferrous Metals	699717
有色金属冶炼及压延加工业	Smelting and Pressing of Nonferrous Metals	517715
金属制品业	Manufacture of Metal Products	358474
通用设备制造业	Manufacture of General Purpose Machinery	958523
专用设备制造业	Manufacture of Special Purpose Machinery	464618
汽车制造业	Manufacture of Motor Vehicles	6973956
铁路、船舶、航空航天和其他运输设备制造业	Manufacture of Railway, Ship, Aviation and Other Transporting Equipment	405986
电气机械及器材制造业	Manufacture of Electrical Machinery and Equipment	343370
通信设备、计算机及其他电子设备制造业	Manufacture of Communication Equipment, Computers and Other Electronic Equipment	2052713
仪器仪表及文化、办公用机械制造业	Manufacture of Measuring Instruments and Machinery for Cultural Activity and Office Work	371421
其他制造业	Other Manufacture	251277
废弃资源综合利用业	Comprehensive Utilization of Waste Resources	
金属制品、机械和设备修理业	Repair of Metal Products, Machinery and Equipment	
电力、热力的生产和供应业	Production and Supply of Electric Power and Heat Power	5991734
燃气生产和供应业	Production and Supply of Gas	567793
水的生产和供应业	Production and Supply of Water	863512

单位：万元 (10 000 yuan)

主营业务收入 Revenue from Principal Business	主营业务成本 Cost of Principal Business	主营业务税金及附加 Tax and Extra Charges of Principal Business	利润总额 Total After-tax Profits	利税总额 Total Pre-tax Profits	应付职工薪酬 Total Wages
52989831	**43117798**	**1798034**	**3514078**	**7336528**	**3648096**
37400230	31843148	1190500	1375743	3862128	3073342
1612427	1462423	6324	-74154	-9299	233609
947414	799242	7287	98842	146038	90466
14642187	10475408	600248	2039494	3328362	484288
5687483	4096609	759047	234386	1280423	500688
47302348	39021189	1038988	3279692	6056105	3147408
37831722	29972850	1695657	2929285	6192496	2596435
8972266	7895502	47336	232814	593137	765635
5533807	4562419	54811	400032	598131	284616
652035	687027	230	-48053	-47235	1411
640711	647655	13099	-30661	41482	298255
610992	429427	28166	158325	190578	22267
37096	29484	498	-5053	-1049	7764
283497	242711	3806	6409	24264	12843
1126497	1024869	4684	58447	110312	39878
435744	351677	4407	20592	49120	39872
33662	21588	1678	-13683	-17024	3605
1449225	535687	734977	59559	910404	100038
50897	45679	11	694	803	192
3575	1175	34	151	523	951
65007	56830	190	3998	5603	7825
12820	10158	98	469	1326	1793
49498	32984	474	12620	16716	5456
179274	138206	3412	17230	28102	15991
3120233	2762389	11867	-110802	26857	221926
878844	641927	6601	29372	98440	89304
190512	180432	522	-8822	-3222	15638
1247294	1034712	9599	16714	87077	108479
1044072	1312115	1191	-388959	-375156	104688
1834836	1672512	14980	7252	53938	90089
713298	618428	6380	26641	47611	90362
1303415	1050472	5658	21769	60141	134263
879959	669948	10161	123292	174879	59071
22972519	17168975	881451	3048012	4901397	1039098
764265	674170	2657	-13675	10969	91747
1584349	1455599	2229	36524	51748	49651
1062569	1005750	1186	-12926	-78155	80856
735932	577561	3858	32187	66725	110972
596328	547596	463	14200	16603	82129
7330157	6546065	34357	333677	728742	556784
1482166	1404246	7346	39018	63305	94312
270589	226771	1996	31506	43470	71999

表12.9 国有控股工业企业经济效益指标（2015年）
INDICATORS ON ECONOMIC BENEFIT OF STATE-HOLDING INDUSTRIAL ENTERPRISES (2015)

指 标	Item	总资产贡献率 Ratio of Total Assets to Industrial Output Value
总 计	**Total**	**10.3**
按轻、重工业分	**By Light and Heavy Industries**	
轻工业	Light Industry	17.5
重工业	Heavy Industry	9.5
按企业规模分	**By Size**	
大型企业	Large	12.7
中型企业	Medium	6.0
小型微型企业	Small&Mini	6.0
按行业分	**By Sector**	
煤炭开采和洗选业	Mining and Washing of Coal	1.9
石油和天然气开采业	Extraction of Petroleum and Natural Gas	8.8
黑色金属矿采选业	Mining and Processing of Ferrous Metal Ores	2.0
有色金属矿采选业	Mining and Processing of Non-Ferrous Metal Ores	
非金属矿采选业	Mining and Processing of Nonmetal Ores	14.0
开采辅助活动	Mining Support Activities	
其他采矿业	Mining of Other Ores	
农副食品加工业	Processing of Food from Agricultural Products	24.5
食品制造业	Manufacture of Foods	18.0
酒、饮料和精制茶制造业	Liquor, Beverage and Refined Tea	-2.4
烟草制品业	Manufacture of Tobacco	79.4
纺织业	Manufacture of Textile	6.5
纺织服装、服饰业	Manufacture of Textile Wearing Apparel, Footware and Caps	8.2
皮革、毛皮、羽毛及其制品和制鞋业	Manufacture of Leather, Fur, Feather and Related Products	10.8
木材加工和木、竹、藤、棕、草制品业	Processing of Timber, Manufacture of Wood, Bamboo, Rattan, Palm and Straw Products	
家具制造业	Manufacture of Furniture	
造纸和纸制品业	Manufacture of Paper and Paper Products	7.9
印刷和记录媒介复制业	Printing, Reproduction of Recording Media	21.3
文教、工美、体育和娱乐用品制造业	Manufacture of Culture, Education, Handicraft, Fine Arts, Sports and Entertainment Articles	
石油加工、炼焦和核燃料加工业	Processing of Petroleum, Coking, Processing of Nuclear Fuel	28.9
化学原料和化学制品制造业	Manufacture of Raw Chemical Materials and Chemical Products	3.4
医药制造业	Manufacture of Medicines	7.2
化学纤维制造业	Manufacture of Chemical Fibers	
橡胶和塑料制品业	Manufacture of Rubber and Plastics	1.5
非金属矿物制品业	Manufacture of Non-metallic Mineral Products	5.9
黑色金属冶炼和压延加工业	Smelting and Pressing of Ferrous Metals	-7.0
有色金属冶炼和压延加工业	Smelting and Pressing of Nonferrous Metals	5.4
金属制品业	Manufacture of Metal Products	4.5
通用设备制造业	Manufacture of General Purpose Machinery	2.2
专用设备制造业	Manufacture of Special Purpose Machinery	14.3
汽车制造业	Manufacture of Motor Vehicles	26.5
铁路、船舶、航空航天和其他运输设备制造业	Manufacture of Railway, Ship, Aviation and Other Transporting Equipment	1.7
电气机械和器材制造业	Manufacture of Electrical Machinery and Equipment	3.6
计算机、通信和其他电子设备制造业	Manufacture of Communication Equipment, Computers and Other Electronic Equipment	-0.5
仪器仪表制造业	Manufacture of Measuring Instruments and Machinery for Cultural Activity and Office Work	7.8
其他制造业	Other Manufacture	2.4
废弃资源综合利用业	Comprehensive Utilization of Waste Resources	
金属制品、机械和设备修理业	Repair of Metal Products, Machinery and Equipment	
电力、热力生产和供应业	Production and Supply of Electric Power and Heat Power	6.2
燃气生产和供应业	Production and Supply of Gas	4.1
水的生产和供应业	Production and Supply of Water	2.8

单位：% (%)

资本保值增值率 Ratio of Assets Appreciation YOY	资产负债率 Asset-Liability Ratio	流动资产周转率（次） Turnover Ratio of Circulating Assets (time)	成本费用利润率 Ratio of Profits to Cost	全员劳动生产率（元/人年） Overall Labor Productivity (yuan/person-year)	产品销售率 Sales as Percentage of Output
106.7	**66.9**	**1.8**	**6.9**	**394030**	**98.4**
101.6	64.1	1.6	4.6	411000	97.1
107.3	67.2	1.8	7.2	390911	98.6
104.9	63.9	1.8	8.2	421932	99.2
85.5	73.9	1.6	2.6	256469	95.3
132.5	70.8	1.9	5.7	551219	97.9
92.5	57.0	0.9	-2.9	79802	99.8
1237.7	62.3	4.8	28.4	2115660	100.0
	100.1	1.6	-6.4	90376	93.9
100.6	80.5	2.5	2.2	312104	95.5
97.7	42.0	6.9	5.3	364623	98.1
51.9	86.4	3.2	4.9	200827	97.4
	184.2	0.6	-29.9	192375	79.2
103.8	53.4	1.8	8.6	2707636	98.5
85.8	33.1	3.8	1.4	730232	117.1
106.6	12.8	0.7	4.1	95751	100.0
116.8	52.7	2.3	4.1	121359	92.8
94.7	57.8	1.1	3.9	268871	101.7
129.3	65.9	1.2	29.4	196272	106.7
75.4	58.9	3.2	10.8	192264	111.1
77.0	77.4	2.5	-3.3	262369	91.5
107.0	66.6	1.0	3.3	219116	93.4
84.1	74.1	1.6	-4.3	232303	96.6
103.5	75.7	1.3	1.3	257857	100.9
63.4	85.0	0.9	-26.6	162752	99.8
100.0	75.9	3.8	0.4	452880	94.2
105.0	72.4	1.2	3.7	177359	96.4
100.9	64.4	0.7	1.7	205703	92.9
124.6	63.1	1.1	16.3	431893	96.2
115.1	62.2	2.3	15.0	628818	100.5
92.3	72.0	1.0	-1.6	195275	96.7
108.8	85.1	0.9	2.3	306566	95.8
135.3	50.2	0.6	-1.2	293014	93.2
103.3	61.2	1.1	4.5	198047	97.2
129.8	76.4	1.0	2.1	280948	93.6
101.2	67.6	2.7	4.7	555987	99.7
99.5	59.6	2.3	2.6	509743	99.7
114.7	50.8	0.7	9.3	194304	99.0

表12.9 续表 continued

指 标	Item	销售利润率 Rate of Return on Sale
总 计	**Total**	**6.6**
按轻、重工业分	**By Light and Heavy Industries**	
轻工业	Light Industry	4.1
重工业	Heavy Industry	6.9
按企业规模分	**By Size**	
大型企业	Large	7.7
中型企业	Medium	2.6
小型微型企业	Small&Mini	5.7
按行业分	**By Sector**	
煤炭开采和洗选业	Mining and Washing of Coal	-4.8
石油和天然气开采业	Extraction of Petroleum and Natural Gas	25.9
黑色金属矿采选业	Mining and Processing of Ferrous Metal Ores	-13.6
有色金属矿采选业	Mining and Processing of Non-Ferrous Metal Ores	
非金属矿采选业	Mining and Processing of Nonmetal Ores	2.3
开采辅助活动	Mining Support Activities	
其他采矿业	Mining of Other Ores	
农副食品加工业	Processing of Food from Agricultural Products	5.2
食品制造业	Manufacture of Foods	4.7
酒、饮料和精制茶制造业	Liquor, Beverage and Refined Tea	-40.7
烟草制品业	Manufacture of Tobacco	4.1
纺织业	Manufacture of Textile	1.4
纺织服装、服饰业	Manufacture of Textile Wearing Apparel, Footware and Caps	4.2
皮革、毛皮、羽毛及其制品和制鞋业	Manufacture of Leather, Fur, Feather and Related Products	6.2
木材加工和木、竹、藤、棕、草制品业	Processing of Timber, Manufacture of Wood, Bamboo, Rattan, Palm and Straw Products	
家具制造业	Manufacture of Furniture	
造纸和纸制品业	Manufacture of Paper and Paper Products	3.7
印刷和记录媒介复制业	Printing, Reproduction of Recording Media	25.5
文教、工美、体育和娱乐用品制造业	Manufacture of Culture, Education, Handicraft, Fine Arts, Sports and Entertainment Articles	
石油加工、炼焦和核燃料加工业	Processing of Petroleum, Coking, Processing of Nuclear Fuel	9.6
化学原料和化学制品制造业	Manufacture of Raw Chemical Materials and Chemical Products	-3.6
医药制造业	Manufacture of Medicines	3.3
化学纤维制造业	Manufacture of Chemical Fibers	
橡胶和塑料制品业	Manufacture of Rubber and Plastics	-4.6
非金属矿物制品业	Manufacture of Non-metallic Mineral Products	1.3
黑色金属冶炼和压延加工业	Smelting and Pressing of Ferrous Metals	-37.3
有色金属冶炼和压延加工业	Smelting and Pressing of Nonferrous Metals	0.4
金属制品业	Manufacture of Metal Products	3.7
通用设备制造业	Manufacture of General Purpose Machinery	1.7
专用设备制造业	Manufacture of Special Purpose Machinery	14.0
汽车制造业	Manufacture of Motor Vehicles	13.3
铁路、船舶、航空航天和其他运输设备制造业	Manufacture of Railway, Ship, Aviation and Other Transporting Equipment	-1.8
电气机械和器材制造业	Manufacture of Electrical Machinery and Equipment	2.3
计算机、通信和其他电子设备制造业	Manufacture of Communication Equipment, Computers and Other Electronic Equipment	-1.2
仪器仪表制造业	Manufacture of Measuring Instruments and Machinery for Cultural Activity and Office Work	4.4
其他制造业	Other Manufacture	2.4
废弃资源综合利用业	Comprehensive Utilization of Waste Resources	
金属制品、机械和设备修理业	Repair of Metal Products, Machinery and Equipment	
电力、热力生产和供应业	Production and Supply of Electric Power and Heat Power	4.6
燃气生产和供应业	Production and Supply of Gas	2.6
水的生产和供应业	Production and Supply of Water	11.6

单位：% (%)

流动比率 Current Ratio	速动比率 Quick Ratio	产权比率 Equity Ratio	人均实现利税（元） Per Capita Pre-tax Profits (yuan)	从业人员人均工资（元） Per Capita Wages of Employees (yuan)
0.8	**0.6**	**2.0**	**193800**	**94701**
1.0	0.7	1.8	215092	83716
0.8	0.6	2.1	189886	96720
0.9	0.7	1.8	244437	101338
0.7	0.6	2.9	66731	82279
0.6	0.5	2.4	161819	79556
1.0	0.9	1.3	10388	74687
0.1	0.1	1.7	1299100	151788
0.4	0.3	-843.8	-10740	79470
0.9	0.8	4.1	125137	66233
1.3	1.0	0.7	136137	49214
0.9	0.6	3.0	92994	75487
0.3	0.1	-2.2	-120465	39267
1.9	0.5	1.1	2199574	241697
3.3	2.6	0.5	40576	9692
7.6	7.2	0.2	41492	75500
1.7	1.0	1.1	30109	42049
1.0	0.5	1.4	94743	128050
1.0	0.7	1.8	250994	81925
0.9	0.3	1.4	180024	102439
0.5	0.4	3.4	17814	76521
1.0	0.8	2.0	75537	68527
0.8	0.5	2.9	-14194	68891
0.6	0.5	3.2	64023	79758
0.5	0.2	5.7	-256237	71503
0.4	0.3	3.2	52154	87109
0.9	0.7	2.6	37728	71563
1.3	1.0	1.8	32512	72582
1.2	1.0	1.7	264891	89191
1.1	0.8	1.6	533689	113142
0.9	0.7	2.7	7828	65263
1.0	0.8	5.7	84262	76943
1.7	1.5	1.0	-8532	88261
1.3	1.0	1.6	60217	100002
0.8	0.6	3.3	19057	94271
0.4	0.4	2.1	178332	131805
1.1	1.0	1.5	93757	139680
1.0	0.9	1.1	62475	103477

表12.10 私营工业企业主要经济指标（2015年）
MAIN ECONOMIC INDICATORS OF PRIVATE INDUSTRIAL ENTERPRISES (2015)

指　标	Item	单位数（个） Number of Enterprises (unit)
总　计	**Total**	**4112**
按登记注册类型分	**By Status of Registration**	
私营独资企业	Solely Private-funded Enterprises	260
私营合伙企业	Private Partnership Enterprises	49
私营有限责任公司	Private Limited Liability Companies	3557
私营股份有限公司	Private Share-holding Companies	246
按轻、重工业分	**By Light and Heavy Industries**	
轻工业	Light Industry	1557
重工业	Heavy Industry	2555
按企业规模分	**By Size**	
大型企业	Large	67
中型企业	Medium	566
小型企业	Small	3316
微型企业	Mini	163
按行业分	**By Sector**	
煤炭开采和洗选业	Mining and Washing of Coal	192
石油和天然气开采业	Extraction of Petroleum and Natural Gas	
黑色金属矿采选业	Mining and Processing of Ferrous Metal Ores	17
有色金属矿采选业	Mining and Processing of Non-Ferrous Metal Ores	1
非金属矿采选业	Mining and Processing of Nonmetal Ores	85
开采辅助活动	Mining Support Activities	
其他采矿业	Mining of Other Ores	
农副食品加工业	Processing of Food from Agricultural Products	333
食品制造业	Manufacture of Foods	101
酒、饮料和精制茶制造业	Liquor, Beverage and Refined Tea	61
烟草制品业	Manufacture of Tobacco	
纺织业	Manufacture of Textile	73
纺织服装、鞋、帽制造业	Manufacture of Textile Wearing Apparel, Footware and Caps	48
皮革、毛皮、羽毛（绒）及其制品业	Manufacture of Leather, Fur, Feather and Related Products	64
木材加工及木竹藤棕草制品业	Processing of Timber, Manufacture of Wood, Bamboo, Rattan, Palm and Straw Products	48
家具制造业	Manufacture of Furniture	58
造纸及纸制品业	Manufacture of Paper and Paper Products	63
印刷业、记录媒介的复制	Printing, Reproduction of Recording Media	71
文教、工美、体育和娱乐用品制造业	Manufacture of Culture, Education, Handicraft, Fine Arts, Sports and Entertainment Articles	25
石油加工、炼焦及核燃料加工业	Processing of Petroleum, Coking, Processing of Nuclear Fuel	13
化学原料及化学制品制造业	Manufacture of Raw Chemical Materials and Chemical Products	151
医药制造业	Manufacture of Medicines	65
化学纤维制造业	Manufacture of Chemical Fibers	2
橡胶和塑料制品业	Manufacture of Rubber and Plastics	187
非金属矿物制品业	Manufacture of Non-metallic Mineral Products	432
黑色金属冶炼及压延加工业	Smelting and Pressing of Ferrous Metals	104
有色金属冶炼及压延加工业	Smelting and Pressing of Nonferrous Metals	68
金属制品业	Manufacture of Metal Products	196
通用设备制造业	Manufacture of General Purpose Machinery	227
专用设备制造业	Manufacture of Special Purpose Machinery	153
汽车制造业	Manufacture of Motor Vehicles	497
铁路、船舶、航空航天和其他运输设备制造业	Manufacture of Railway, Ship, Aviation and Other Transporting Equipment	373
电气机械及器材制造业	Manufacture of Electrical Machinery and Equipment	177
通信设备、计算机及其他电子设备制造业	Manufacture of Communication Equipment, Computers and Other Electronic Equipment	127
仪器仪表及文化、办公用机械制造业	Manufacture of Measuring Instruments and Machinery for Cultural Activity and Office Work	46
其他制造业	Other Manufacture	10
废弃资源综合利用业	Comprehensive Utilization of Waste Resources	12
金属制品、机械和设备修理业	Repair of Metal Products, Machinery and Equipment	6
电力、热力的生产和供应业	Production and Supply of Electric Power and Heat Power	4
燃气生产和供应业	Production and Supply of Gas	20
水的生产和供应业	Production and Supply of Water	2

单位：万元 (10 000 yuan)

从业人员平均人数（万人）Average Emloyment (10 000 persons)	工业总产值 Gross Output Value	工业销售产值 Sales Value of Industry	其 中 of which	实收资本 Paid-in Capital	其 中 of which	
			#出口交货值 Value of Export Delivery		#国家资本 State Capital	#外商资本 Foreign Capital
81.42	**85845940**	**84128732**	**3788708**	**6321527**	**32297**	**12184**
3.79	2951860	2897532	13151	125580	2639	
1.08	596457	592546	2	37281		
70.89	75127049	73604093	3455321	5584505	29658	12184
5.65	7170575	7034561	320235	574161		
32.61	29911266	29227889	1579346	1875827	6775	8875
48.81	55934674	54900843	2209363	4445700	25521	3309
13.89	18716360	18450573	1178935	820831	7842	8875
28.85	27970283	27428660	1367991	1561321	2815	1281
38.48	38288017	37392729	1197112	3886753	21640	2028
0.20	871280	856771	44671	52621		
4.84	2026315	2016738		154099	8	
0.26	94647	77612		10046		
	6533	6533				
0.88	825523	814956		72163		
4.91	5422250	5282847	102875	266974	568	
1.72	1074796	1059514	4977	113354	2349	
1.25	1013196	979993	55650	125590	2895	
1.63	1634655	1610814	98558	114018		8875
1.08	575003	545434	92547	37302		
2.30	1584498	1567252	57154	23384		
0.63	572664	566353		41198		
0.86	569917	558916		67097	104	
0.75	763773	754368	1660	41305	8	
1.06	1023108	1010654	97865	92537	669	
0.74	813582	809722	82904	33369		
0.09	322202	320049		13273		
2.71	2682425	2623276	279379	289725	2351	
1.84	1789011	1696365	70179	169039	150	
0.09	107516	80110		61000		
2.70	2517898	2460102	35787	194088	21	2028
7.67	6778429	6643676	22668	744419	600	
1.91	4442579	4362056	134717	251179		
1.37	3345426	3295141	276715	154811		
3.88	3895541	3847565	76285	224847	32	
3.57	3419659	3324763	263933	260395	2150	1281
2.30	2404810	2343379	188043	658731	1661	
13.09	12550235	12256477	144213	610280	14250	
9.12	8637578	8449214	869085	544135		
3.84	6018199	5909001	92684	425557	4480	
3.06	7820758	7765588	708856	327352		
0.61	411796	401999	11370	53430		
0.13	104593	98238	14706	3565		
0.12	240581	239001		84934		
0.11	63656	62925		1360		
0.02	12005	12005		1938		
0.21	262435	257946	5902	54742		
0.03	18150	18150		293		

表12.10 续表1 continued1

指 标	Item	资 产 Total Assets
总 计	**Total**	**47755501**
按登记注册类型分	**By Status of Registration**	
私营独资企业	Solely Private-funded Enterprises	1335980
私营合伙企业	Private Partnership Enterprises	283542
私营有限责任公司	Private Limited Liability Companies	40750541
私营股份有限公司	Private Share-holding Companies	5385438
按轻、重工业分	**By Light and Heavy Industries**	
轻工业	Light Industry	16597115
重工业	Heavy Industry	31158386
按企业规模分	**By Size**	
大型企业	Large	13043644
中型企业	Medium	13859060
小型企业	Small	20138684
微型企业	Mini	714113
按行业分	**By Sector**	
煤炭开采和洗选业	Mining and Washing of Coal	1214057
石油和天然气开采业	Extraction of Petroleum and Natural Gas	
黑色金属矿采选业	Mining and Processing of Ferrous Metal Ores	86368
有色金属矿采选业	Mining and Processing of Non-Ferrous Metal Ores	3762
非金属矿采选业	Mining and Processing of Nonmetal Ores	434152
开采辅助活动	Mining Support Activities	
其他采矿业	Mining of Other Ores	
农副食品加工业	Processing of Food from Agricultural Products	1931078
食品制造业	Manufacture of Foods	628981
酒、饮料和精制茶制造业	Liquor, Beverage and Refined Tea	575192
烟草制品业	Manufacture of Tobacco	
纺织业	Manufacture of Textile	732595
纺织服装、鞋、帽制造业	Manufacture of Textile Wearing Apparel, Footware and Caps	229562
皮革、毛皮、羽毛（绒）及其制品业	Manufacture of Leather, Fur, Feather and Related Products	434274
木材加工及木竹藤棕草制品业	Processing of Timber, Manufacture of Wood, Bamboo, Rattan, Palm and Straw Products	304749
家具制造业	Manufacture of Furniture	397483
造纸及纸制品业	Manufacture of Paper and Paper Products	313862
印刷业、记录媒介的复制	Printing, Reproduction of Recording Media	477684
文教、工美、体育和娱乐用品制造业	Manufacture of Culture, Education, Handicraft, Fine Arts, Sports and Entertainment Articles	407886
石油加工、炼焦及核燃料加工业	Processing of Petroleum, Coking, Processing of Nuclear Fuel	58535
化学原料及化学制品制造业	Manufacture of Raw Chemical Materials and Chemical Products	1916921
医药制造业	Manufacture of Medicines	1185498
化学纤维制造业	Manufacture of Chemical Fibers	196286
橡胶和塑料制品业	Manufacture of Rubber and Plastics	1278456
非金属矿物制品业	Manufacture of Non-metallic Mineral Products	4884511
黑色金属冶炼及压延加工业	Smelting and Pressing of Ferrous Metals	1989934
有色金属冶炼及压延加工业	Smelting and Pressing of Nonferrous Metals	2162619
金属制品业	Manufacture of Metal Products	2067329
通用设备制造业	Manufacture of General Purpose Machinery	1700130
专用设备制造业	Manufacture of Special Purpose Machinery	1222257
汽车制造业	Manufacture of Motor Vehicles	8725881
铁路、船舶、航空航天和其他运输设备制造业	Manufacture of Railway, Ship, Aviation and Other Transporting Equipment	6698861
电气机械及器材制造业	Manufacture of Electrical Machinery and Equipment	2734829
通信设备、计算机及其他电子设备制造业	Manufacture of Communication Equipment, Computers and Other Electronic Equipment	1910940
仪器仪表及文化、办公用机械制造业	Manufacture of Measuring Instruments and Machinery for Cultural Activity and Office Work	256804
其他制造业	Other Manufacture	52714
废弃资源综合利用业	Comprehensive Utilization of Waste Resources	156211
金属制品、机械和设备修理业	Repair of Metal Products, Machinery and Equipment	27791
电力、热力的生产和供应业	Production and Supply of Electric Power and Heat Power	6482
燃气生产和供应业	Production and Supply of Gas	344913
水的生产和供应业	Production and Supply of Water	5918

单位：万元 (10 000 yuan)

其 中 of which	固定资产 Fixed Assets		负 债	其 中 of which
#流动资产 Circulating Assets	原 值 Original Value	净 值 Net Value	Total Liabilities	#流动负债 Total Circulating Liabilities
24093642	**26538466**	**15070853**	**26208253**	**20893217**
409481	840320	612372	471736	295965
68861	167664	97761	86820	46704
20658813	23085644	13062027	22661633	18120023
2956486	2444837	1298694	2988065	2430525
8436910	8927278	5017334	8128505	6612764
15656732	17611188	10053520	18079748	14280452
7380230	6965657	3338255	8279026	6687131
6266824	9235707	5330669	7212309	5456218
10086872	10253906	6354088	10376851	8675809
359715	83197	47842	340067	74059
387729	755449	505411	505138	299396
53429	17018	6507	45756	40919
2813			838	
175733	228575	153703	176292	122773
730236	1386005	852351	669597	506495
240507	322167	236246	245147	182790
305373	316599	205454	223527	177592
260763	488566	394590	285737	233822
129420	104663	66680	107638	89275
212744	891528	161748	170363	106502
134729	201569	132154	151447	108497
157062	143585	117081	134302	110197
142945	153437	106248	168798	119982
202629	376637	182287	221724	175843
97556	324503	246937	128842	114910
33979	20619	15626	34738	23187
847937	1184204	641332	1066274	972499
507452	500285	376095	497946	414249
73681	98369	89389	88287	58892
671884	894154	417589	611444	453713
2339736	2979720	1726778	2817320	2127749
703428	2893225	1025336	1159701	967253
913109	1105242	887614	1291994	672943
965114	938828	632781	1122810	934584
841122	765843	478040	887541	727140
600294	614231	430752	599610	459297
4873560	3878214	2399672	5947103	5045940
4211604	2848381	1325105	4099121	3655127
1608185	911621	582663	1363939	920119
1250522	758131	441644	984766	807110
172196	119552	55166	111831	103573
41471	10661	6813	19049	13227
38016	65577	30916	54877	31006
5494	24210	19182	8541	6148
1691	4429	2317	2261	1991
159164	207910	115007	203877	108474
337	4760	3642	77	9

表12.10 续表2 continued2

指　标	Item	所有者权益 Creditors' Equity
总　计	**Total**	**21232102**
按登记注册类型分	**By Status of Registration**	
私营独资企业	Solely Private-funded Enterprises	841411
私营合伙企业	Private Partnership Enterprises	184711
私营有限责任公司	Private Limited Liability Companies	17809299
私营股份有限公司	Private Share-holding Companies	2396682
按轻、重工业分	**By Light and Heavy Industries**	
轻工业	Light Industry	8347358
重工业	Heavy Industry	12884744
按企业规模分	**By Size**	
大型企业	Large	4764618
中型企业	Medium	6646750
小型企业	Small	9751820
微型企业	Mini	68915
按行业分	**By Sector**	
煤炭开采和洗选业	Mining and Washing of Coal	665207
石油和天然气开采业	Extraction of Petroleum and Natural Gas	
黑色金属矿采选业	Mining and Processing of Ferrous Metal Ores	40073
有色金属矿采选业	Mining and Processing of Non-Ferrous Metal Ores	
非金属矿采选业	Mining and Processing of Nonmetal Ores	256803
开采辅助活动	Mining Support Activities	
其他采矿业	Mining of Other Ores	
农副食品加工业	Processing of Food from Agricultural Products	1257903
食品制造业	Manufacture of Foods	383834
酒、饮料和精制茶制造业	Liquor, Beverage and RefinedTea	349654
烟草制品业	Manufacture of Tobacco	
纺织业	Manufacture of Textile	439283
纺织服装、鞋、帽制造业	Manufacture of Textile Wearing Apparel, Footware and Caps	121924
皮革、毛皮、羽毛（绒）及其制品业	Manufacture of Leather, Fur, Feather and Related Products	257982
木材加工及木竹藤棕草制品业	Processing of Timber, Manufacture of Wood, Bamboo, Rattan, Palm and Straw Products	153301
家具制造业	Manufacture of Furniture	263181
造纸及纸制品业	Manufacture of Paper and Paper Products	133907
印刷业、记录媒介的复制	Printing, Reproduction of Recording Media	254431
文教、工美、体育和娱乐用品制造业	Manufacture of Culture, Education, Handicraft, Fine Arts, Sports and Entertainment Articles	275867
石油加工、炼焦及核燃料加工业	Processing of Petroleum, Coking, Processing of Nuclear Fuel	23194
化学原料及化学制品制造业	Manufacture of Raw Chemical Materials and Chemical Products	812632
医药制造业	Manufacture of Medicines	687552
化学纤维制造业	Manufacture of Chemical Fibers	108000
橡胶和塑料制品业	Manufacture of Rubber and Plastics	653955
非金属矿物制品业	Manufacture of Non-metallic Mineral Products	2047662
黑色金属冶炼及压延加工业	Smelting and Pressing of Ferrous Metals	828388
有色金属冶炼及压延加工业	Smelting and Pressing of Nonferrous Metals	828308
金属制品业	Manufacture of Metal Products	933239
通用设备制造业	Manufacture of General Purpose Machinery	812587
专用设备制造业	Manufacture of Special Purpose Machinery	614708
汽车制造业	Manufacture of Motor Vehicles	2774087
铁路、船舶、航空航天和其他运输设备制造业	Manufacture of Railway, Ship, Aviation and Other Transporting Equipment	2572603
电气机械及器材制造业	Manufacture of Electrical Machinery and Equipment	1323710
通信设备、计算机及其他电子设备制造业	Manufacture of Communication Equipment, Computers and Other Electronic Equipment	924781
仪器仪表及文化、办公用机械制造业	Manufacture of Measuring Instruments and Machinery for Cultural Activity and Office Work	143186
其他制造业	Other Manufacture	20509
废弃资源综合利用业	Comprehensive Utilization of Waste Resources	99306
金属制品、机械和设备修理业	Repair of Metal Products, Machinery and Equipment	19251
电力、热力的生产和供应业	Production and Supply of Electric Power and Heat Power	4221
燃气生产和供应业	Production and Supply of Gas	141035
水的生产和供应业	Production and Supply of Water	5841

单位：万元 (10 000 yuan)

主营业务收入 Revenue from Principal Business	主营业务成本 Cost of Principal Business	主营业务税金及附加 Tax and Extra Charges of Principal Business	利润总额 Total After-tax Profits	利税总额 Total Pre-tax Profits	应付薪酬 Total Wages
83052030	**69850011**	**733771**	**6106253**	**10035120**	**4479084**
2916375	2327492	41937	286534	467873	189357
594181	465526	11931	57203	108143	57296
72516434	61243483	632635	5280226	8613606	3911569
7025040	5813510	47267	482290	845499	320862
29176849	24393892	232907	2175488	3572852	1747255
53875181	45456119	500864	3930765	6462268	2731829
18577434	16048100	117435	1044764	1807098	878320
27369571	22833857	255986	2251481	3718044	1674808
36261894	30240975	351840	2762976	4426378	1916014
843132	727079	8510	47032	83601	9942
2005201	1574054	34556	196372	414711	276113
75538	41393	1139	3268	13394	9464
6533	6041	31	257	564	
797052	608458	22328	82943	140045	44971
5209311	4452678	36322	365626	597696	257203
1071676	862850	8165	80374	123401	78393
978611	767784	23422	85104	154503	72374
1608403	1403011	11080	131478	254194	85085
535434	423877	5601	54741	78717	48898
1610849	1410260	10469	120794	174242	160366
540544	442509	5336	42855	66033	28196
562791	420994	4862	47225	71683	44676
753129	644664	3765	54696	87637	36539
1019685	861241	7060	71179	111407	54719
807308	704611	2914	83662	135999	39740
297732	278977	558	7081	11629	6286
2604811	2194741	41908	167669	300013	166465
1672290	1291949	13322	145143	249293	111705
80110	64077	447	10417	12001	4297
2437794	2051773	18072	191437	288365	142581
6452641	5403426	56174	493359	789490	429720
4206296	3827074	16513	239631	408519	99026
3198649	2840177	18805	195024	349447	67165
3852229	3255511	28970	343732	534763	206560
3262673	2651336	33466	294126	468135	199280
2242421	1783266	21838	229225	363987	129058
12117417	10253493	118744	828920	1377051	761386
8365782	7120188	40399	472018	806000	451273
5906336	4946055	36303	446362	694784	218896
7670367	6365616	102360	514303	788169	181824
404102	335489	1859	30888	46466	32945
103723	89189	1125	7577	12537	7222
244946	187626	2838	28264	52068	6573
62925	53704	548	5163	9685	6644
14692	13075	135	875	1229	727
253843	204469	2158	32248	43172	10176
18187	14378	179	2220	4091	2541

表12.11 私营工业企业经济效益指标（2015年）

INDICATORS ON ECONOMIC BENEFIT OF PRIVATE INDUSTRIAL ENTERPRISES (2015)

指标	Item	总资产贡献率 Ratio of Total Assets to Industrial Output Value
总计	**Total**	**22.3**
按轻、重工业分	**By Light and Heavy Industries**	
轻工业	Light Industry	22.7
重工业	Heavy Industry	22.0
按企业规模分	**By Size**	
大型企业	Large	15.0
中型企业	Medium	28.3
小型微型企业	Small&Mini	22.8
按行业分	**By Sector**	
煤炭开采和洗选业	Mining and Washing of Coal	35.5
石油和天然气开采业	Extraction of Petroleum and Natural Gas	
黑色金属矿采选业	Mining and Processing of Ferrous Metal Ores	17.1
有色金属矿采选业	Mining and Processing of Non-Ferrous Metal Ores	15.0
非金属矿采选业	Mining and Processing of Nonmetal Ores	33.0
开采辅助活动	Mining Support Activities	
其他采矿业	Mining of Other Ores	
农副食品加工业	Processing of Food from Agricultural Products	32.1
食品制造业	Manufacture of Foods	21.0
酒、饮料和精制茶制造业	Liquor, Beverage and Refined Tea	28.2
烟草制品业	Manufacture of Tobacco	
纺织业	Manufacture of Textile	35.8
纺织服装、服饰业	Manufacture of Textile Wearing Apparel, Footware and Caps	35.9
皮革、毛皮、羽毛及其制品和制鞋业	Manufacture of Leather, Fur, Feather and Related Products	41.0
木材加工和木、竹、藤、棕、草制品业	Processing of Timber, Manufacture of Wood, Bamboo, Rattan, Palm and Straw Products	23.2
家具制造业	Manufacture of Furniture	19.6
造纸和纸制品业	Manufacture of Paper and Paper Products	29.6
印刷和记录媒介复制业	Printing, Reproduction of Recording Media	25.1
文教、工美、体育和娱乐用品制造业	Manufacture of Culture, Education, Handicraft, Fine Arts, Sports and Entertainment Articles	33.6
石油加工、炼焦和核燃料加工业	Processing of Petroleum, Coking, Processing of Nuclear Fuel	21.2
化学原料和化学制品制造业	Manufacture of Raw Chemical Materials and Chemical Products	16.9
医药制造业	Manufacture of Medicines	22.6
化学纤维制造业	Manufacture of Chemical Fibers	6.2
橡胶和塑料制品业	Manufacture of Rubber and Plastics	24.1
非金属矿物制品业	Manufacture of Non-metallic Mineral Products	17.5
黑色金属冶炼和压延加工业	Smelting and Pressing of Ferrous Metals	21.7
有色金属冶炼和压延加工业	Smelting and Pressing of Nonferrous Metals	17.5
金属制品业	Manufacture of Metal Products	27.2
通用设备制造业	Manufacture of General Purpose Machinery	28.6
专用设备制造业	Manufacture of Special Purpose Machinery	31.1
汽车制造业	Manufacture of Motor Vehicles	17.1
铁路、船舶、航空航天和其他运输设备制造业	Manufacture of Railway, Ship, Aviation and Other Transporting Equipment	13.3
电气机械和器材制造业	Manufacture of Electrical Machinery and Equipment	26.5
计算机、通信和其他电子设备制造业	Manufacture of Communication Other Electronic Equipment	42.1
仪器仪表制造业	Manufacture of Measuring Cultural Activity and Office	18.9
其他制造业	Other Manufacture	25.6
废弃资源综合利用业	Comprehensive Utilization of Waste	34.9
金属制品、机械和设备修理业	Repair of Metal Products,	35.4
电力、热力生产和供应业	Production and Supply of Electric	19.1
燃气生产和供应业	Production and Supply of Gas	13.8
水的生产和供应业	Production and Supply of Water	69.3

单位：%（%）

资本保值增值率 Ratio of Assets Appreciation YOY	资产负债率 Asset-Liability Ratio	流动资产周转率（次） Turnover Ratio of Circulating Assets (time)	成本费用利润率 Ratio of Profits to Cost	全员劳动生产率（元/人年） Overall Labor Productivity (yuan/person-year)	产品销售率 Sales as Percentage of Output
117.7	**54.9**	**3.5**	**8.0**	**280436**	**98.0**
118.9	49.0	3.5	8.1	247780	97.7
116.9	58.0	3.5	7.9	302256	98.2
112.0	63.5	2.6	5.9	333082	98.6
112.9	52.0	4.4	9.0	262431	98.1
124.9	51.4	3.6	8.3	274965	97.7
110.7	41.6	5.2	11.1	201021	99.5
98.2	53.0	1.4	4.6	289099	82.0
120.0	22.3	2.3	4.1	33010	100.0
124.6	40.6	4.5	12.0	285318	98.7
120.1	34.7	7.2	7.6	257315	97.4
146.5	39.0	4.5	8.2	173375	98.6
128.7	38.9	3.2	9.8	279494	96.7
97.0	39.0	6.2	9.0	271870	98.5
93.3	46.9	4.2	11.4	160937	94.9
113.8	39.2	7.6	8.2	208812	98.9
113.9	49.7	4.0	8.7	239483	98.9
139.1	33.8	3.6	9.2	182834	98.1
107.7	53.8	5.3	7.9	280380	98.8
139.3	46.4	5.0	7.6	294196	98.8
133.5	31.6	8.3	11.6	329060	99.5
112.5	59.4	8.8	2.5	728674	99.3
94.6	55.6	3.1	6.9	265049	97.8
129.6	42.0	3.3	9.5	285354	94.8
179.0	45.0	1.1	14.9	265186	74.5
130.1	47.8	3.6	8.5	254250	97.7
109.5	57.7	2.8	8.4	260061	98.0
98.0	58.3	6.0	6.1	486045	98.2
99.7	59.7	3.5	6.5	530313	98.5
113.9	54.3	4.0	9.9	287670	98.8
120.8	52.2	3.9	10.0	261124	97.2
125.2	49.1	3.7	11.5	314308	97.5
134.3	68.2	2.5	7.3	258052	97.7
114.4	61.2	2.0	5.9	249441	97.8
110.1	49.9	3.7	8.2	333210	98.2
151.4	51.5	6.1	7.3	566251	99.3
114.1	43.6	2.4	8.3	198586	97.6
152.5	36.1	2.5	8.0	236755	93.9
95.8	35.1	6.5	13.2	656654	99.3
124.8	30.7	11.5	9.0	174582	98.9
89.4	34.9	8.7	6.4	284443	100.0
107.8	59.1	1.7	14.1	301872	98.3
111.2	1.3	54.0	14.1	350441	100.0

表12.11 续表 continued

指 标	Item	销售利润率 Rate of Return on Sale
总 计	**Total**	**7.4**
按轻、重工业分	**By Light and Heavy Industries**	
轻工业	Light Industry	7.5
重工业	Heavy Industry	7.3
按企业规模分	**By Size**	
大型企业	Large	5.6
中型企业	Medium	8.2
小型微型企业	Small&Mini	7.6
按行业分	**By Sector**	
煤炭开采和洗选业	Mining and Washing of Coal	9.8
石油和天然气开采业	Extraction of Petroleum and Natural Gas	
黑色金属矿采选业	Mining and Processing of Ferrous Metal Ores	4.3
有色金属矿采选业	Mining and Processing of Non-Ferrous Metal Ores	3.9
非金属矿采选业	Mining and Processing of Nonmetal Ores	10.4
开采辅助活动	Mining Support Activities	
其他采矿业	Mining of Other Ores	
农副食品加工业	Processing of Food from Agricultural Products	7.0
食品制造业	Manufacture of Foods	7.5
酒、饮料和精制茶制造业	Liquor, Beverage and Refined Tea	8.7
烟草制品业	Manufacture of Tobacco	
纺织业	Manufacture of Textile	8.2
纺织服装、服饰业	Manufacture of Textile Wearing Apparel, Footware and Caps	10.2
皮革、毛皮、羽毛及其制品和制鞋业	Manufacture of Leather, Fur, Feather and Related Products	7.5
木材加工和木、竹、藤、棕、草制品业	Processing of Timber, Manufacture of Wood, Bamboo, Rattan, Palm and Straw Products	7.9
家具制造业	Manufacture of Furniture	8.4
造纸和纸制品业	Manufacture of Paper and Paper Products	7.3
印刷和记录媒介复制业	Printing, Reproduction of Recording Media	7.0
文教、工美、体育和娱乐用品制造业	Manufacture of Culture, Education, Handicraft, Fine Arts, Sports and Entertainment Articles	10.4
石油加工、炼焦和核燃料加工业	Processing of Petroleum, Coking, Processing of Nuclear Fuel	2.4
化学原料和化学制品制造业	Manufacture of Raw Chemical Materials and Chemical Products	6.4
医药制造业	Manufacture of Medicines	8.7
化学纤维制造业	Manufacture of Chemical Fibers	13.0
橡胶和塑料制品业	Manufacture of Rubber and Plastics	7.9
非金属矿物制品业	Manufacture of Non-metallic Mineral Products	7.7
黑色金属冶炼和压延加工业	Smelting and Pressing of Ferrous Metals	5.7
有色金属冶炼和压延加工业	Smelting and Pressing of Nonferrous Metals	6.1
金属制品业	Manufacture of Metal Products	8.9
通用设备制造业	Manufacture of General Purpose Machinery	9.0
专用设备制造业	Manufacture of Special Purpose Machinery	10.2
汽车制造业	Manufacture of Motor Vehicles	6.8
铁路、船舶、航空航天和其他运输设备制造业	Manufacture of Railway, Ship, Aviation and Other Transporting Equipment	5.6
电气机械和器材制造业	Manufacture of Electrical Machinery and Equipment	7.6
计算机、通信和其他电子设备制造业	Manufacture of Communication Equipment, Computers and Other Electronic Equipment	6.7
仪器仪表制造业	Manufacture of Measuring Instruments and Machinery for Cultural Activity and Office Work	7.6
其他制造业	Other Manufacture	7.3
废弃资源综合利用业	Comprehensive Utilization of Waste Resources	11.5
金属制品、机械和设备修理业	Repair of Metal Products, Machinery and Equipment	8.2
电力、热力生产和供应业	Production and Supply of Electric Power and Heat Power	6.0
燃气生产和供应业	Production and Supply of Gas	12.7
水的生产和供应业	Production and Supply of Water	12.2

单位：%（%）

流动比率 Current Ratio	速动比率 Quick Ratio	产权比率 Equity Ratio	人均实现利税（元） Per Capita Pre-tax Profits (yuan)	从业人员人均工资（元） Per Capita Wages of Employees (yuan)
1.2	**0.9**	**1.2**	**123290**	**55015**
1.3	1.1	1.0	109570	53580
1.1	0.9	1.4	132457	55973
1.1	0.9	1.7	130139	63250
1.2	0.9	1.1	128882	58056
1.2	0.9	1.1	116660	49790
1.3	1.1	0.8	85760	57099
1.3	1.1	1.1	52403	37025
1.4	1.2	0.7	159341	51167
1.4	1.1	0.5	121666	52356
1.3	0.9	0.6	71791	45606
1.7	1.3	0.6	123316	57710
1.1	0.8	0.7	155909	52187
1.5	0.9	0.9	72900	45284
2.0	1.7	0.7	75731	69700
1.2	0.9	1.0	105072	44855
1.4	1.1	0.5	82889	51661
1.2	0.8	1.3	117021	48790
1.2	1.0	0.9	104908	51519
0.9	0.7	0.5	184330	53862
1.5	1.1	1.5	125990	68099
0.9	0.6	1.3	110661	61318
1.2	1.0	0.7	135294	60624
1.3	0.8	0.8	134535	48170
1.5	1.2	0.9	106813	52808
1.1	1.0	1.4	102923	56021
0.7	0.6	1.4	213389	51719
1.4	1.0	1.6	255128	48943
1.0	0.8	1.2	137681	53171
1.2	0.8	1.1	130961	55749
1.3	0.9	1.0	158249	56110
1.0	0.8	2.1	105257	58176
1.2	1.0	1.6	88348	49461
1.8	1.4	1.0	180913	56991
1.6	1.2	1.1	257425	59346
1.7	1.3	0.8	76153	53990
3.1	1.8	0.9	94546	54463
1.2	1.0	0.6	418891	52880
0.9	0.6	0.4	85860	58901
0.9	0.9	0.5	62371	36914
1.5	1.4	1.5	206563	48687
37.4	27.8		156160	96985

表12.12 内资工业企业主要经济指标（2015年）

MAIN ECONOMIC INDICATORS OF INDUSTRIAL ENTERPRISES WITH DOMESTIC FUNDS (2015)

指 标	Item	单位数（个） Number of Enterprises (unit)
总 计	**Total**	**6217**
按登记注册类型分	**By Status of Registration**	
#国有企业	State-owned	45
集体企业	Collective-owned	40
按轻、重工业分	**By Light and Heavy Industries**	
轻工业	Light Industry	2238
重工业	Heavy Industry	3979
按企业规模分	**By Size**	
大型企业	Large	173
中型企业	Medium	997
小型企业	Small	4803
微型企业	Mini	244
按行业分	**By Sector**	
煤炭开采和洗选业	Mining and Washing of Coal	273
石油和天然气开采业	Extraction of Petroleum and Natural Gas	2
黑色金属矿采选业	Mining and Processing of Ferrous Metal Ores	18
有色金属矿采选业	Mining and Processing of Non-Ferrous Metal Ores	3
非金属矿采选业	Mining and Processing of Nonmetal Ores	125
开采辅助活动	Mining Support Activities	
其他采矿业	Mining of Other Ores	
农副食品加工业	Processing of Food from Agricultural Products	469
食品制造业	Manufacture of Foods	154
酒、饮料和精制茶制造业	Liquor, Beverage and Refined Tea	86
烟草制品业	Manufacture of Tobacco	4
纺织业	Manufacture of Textile	94
纺织服装、鞋、帽制造业	Manufacture of Textile Wearing Apparel, Footware and Caps	65
皮革、毛皮、羽毛（绒）及其制品业	Manufacture of Leather, Fur, Feather and Related Products	81
木材加工及木竹藤棕草制品业	Processing of Timber, Manufacture of Wood, Bamboo, Rattan, Palm and Straw Products	78
家具制造业	Manufacture of Furniture	68
造纸及纸制品业	Manufacture of Paper and Paper Products	86
印刷业、记录媒介的复制	Printing, Reproduction of Recording Media	106
文教、工美、体育和娱乐用品制造业	Manufacture of Culture, Education, Handicraft, Fine Arts, Sports and Entertainment Articles	33
石油加工、炼焦及核燃料加工业	Processing of Petroleum, Coking, Processing of Nuclear Fuel	22
化学原料及化学制品制造业	Manufacture of Raw Chemical Materials and Chemical Products	274
医药制造业	Manufacture of Medicines	123
化学纤维制造业	Manufacture of Chemical Fibers	4
橡胶和塑料制品业	Manufacture of Rubber and Plastics	264
非金属矿物制品业	Manufacture of Non-metallic Mineral Products	640
黑色金属冶炼及压延加工业	Smelting and Pressing of Ferrous Metals	151
有色金属冶炼及压延加工业	Smelting and Pressing of Nonferrous Metals	114
金属制品业	Manufacture of Metal Products	275
通用设备制造业	Manufacture of General Purpose Machinery	326
专用设备制造业	Manufacture of Special Purpose Machinery	222
汽车制造业	Manufacture of Motor Vehicles	769
铁路、船舶、航空航天和其他运输设备制造业	Manufacture of Railway, Ship, Aviation and Other Transporting Equipment	527
电气机械及器材制造业	Manufacture of Electrical Machinery and Equipment	247
通信设备、计算机及其他电子设备制造业	Manufacture of Communication Equipment, Computers and Other Electronic Equipment	216
仪器仪表及文化、办公用机械制造业	Manufacture of Measuring Instruments and Machinery for Cultural Activity and Office Work	85
其他制造业	Other Manufacture	18
废弃资源综合利用业	Comprehensive Utilization of Waste Resources	21
金属制品、机械和设备修理业	Repair of Metal Products, Machinery and Equipment	8
电力、热力的生产和供应业	Production and Supply of Electric Power and Heat Power	85
燃气生产和供应业	Production and Supply of Gas	51
水的生产和供应业	Production and Supply of Water	30

单位：万元 (10 000 yuan)

从业人员平均人数（万人）Average Emloyment (10 000 persons)	工业总产值 Gross Output Value	工业销售产值 Sales Value of Industry	其 中 of which	实收资本 Paid-in Capital	其 中 of which	
			#出口交货值 Value of Export Delivery		#国家资本 State Capital	#外商资本 Foreign Capital
151.30	**163191372**	**159667668**	**7374114**	**22718014**	**7017465**	**127715**
2.47	1676913	1629040	26455	771786	649919	
0.65	331273	326142		28435		
52.41	49058097	47678356	2538458	4432445	474603	9053
98.89	114133275	111989312	4835656	18285569	6542862	118662
43.52	53013054	52443487	2437533	9254715	3642712	116575
51.73	50613644	49290835	3246147	5774500	1774445	6942
55.77	57803286	56191045	1642551	7577164	1571768	4198
0.29	1761388	1742302	47883	111634	28540	
11.21	3503236	3482876	1046	1307906	686383	
0.15	610907	610976		26515	18396	
0.35	126349	107391		28891	18845	
0.08	56565	56878		2030		
1.43	1425712	1401518		172796	46695	
7.48	8438968	8240399	132110	443921	20763	
2.99	2153963	2117508	51974	210678	8934	
1.87	1466066	1412671	55650	196968	24144	
0.41	1588103	1564057		142544	81959	
1.97	1888283	1873661	104471	134405	941	8875
1.68	937841	900827	104327	51074	4000	70
2.93	1843255	1815639	57154	43603	10274	100
1.04	858493	844091	19707	74428	2896	
1.03	703688	691927		93233	104	
1.19	1170258	1151452	25662	105969	8	
1.65	1603334	1591802	101001	181551	4363	
0.88	879871	875116	88744	40532		
0.31	668823	677440		69849		
7.23	8276198	7889325	427553	1703372	502895	
5.42	5596399	5213596	218199	724621	52223	7
0.13	133835	106429	96	61800		
3.73	3879211	3806920	38021	307921	25807	2028
11.54	10404872	10178327	35605	1562516	214959	
4.11	7004578	6894851	134717	783477	35329	
2.91	6566679	6371641	360081	911179	522971	
6.12	5711447	5605983	105970	536891	175599	2000
6.40	5824707	5558741	315274	764395	387282	1281
3.68	3762559	3627735	199102	900465	77606	
25.57	29344065	29277668	592714	2312873	375762	107652
14.93	13626495	13209877	1551150	1471304	284627	
6.03	9431152	9258887	166665	745655	133966	
5.71	12206851	11863898	2393037	2335808	227139	
2.04	1375690	1348337	30986	269384	47002	5702
1.05	738292	692444	54898	234502	120724	
0.21	350811	348725		93917		
0.34	174186	172631		10542		
4.13	7137924	7118650	2300	3217851	2680896	
0.71	1471851	1460754	5902	212237	105444	
0.66	249859	246022		230413	118531	

表12.12 续表1 continued1

指 标	Item	资 产 Total Assets
总 计	**Total**	**147982772**
按登记注册类型分	**By Status of Registration**	
#国有企业	State-owned	3639179
集体企业	Collective-owned	194768
按轻、重工业分	**By Light and Heavy Industries**	
轻工业	Light Industry	33451508
重工业	Heavy Industry	114531264
按企业规模分	**By Size**	
大型企业	Large	65745014
中型企业	Medium	37462700
小型企业	Small	43493835
微型企业	Mini	1281224
按行业分	**By Sector**	
煤炭开采和洗选业	Mining and Washing of Coal	6078462
石油和天然气开采业	Extraction of Petroleum and Natural Gas	2362730
黑色金属矿采选业	Mining and Processing of Ferrous Metal Ores	221389
有色金属矿采选业	Mining and Processing of Non-Ferrous Metal Ores	50693
非金属矿采选业	Mining and Processing of Nonmetal Ores	941928
开采辅助活动	Mining Support Activities	
其他采矿业	Mining of Other Ores	
农副食品加工业	Processing of Food from Agricultural Products	3067624
食品制造业	Manufacture of Foods	1342215
酒、饮料和精制茶制造业	Liquor, Beverage and Refined Tea	939473
烟草制品业	Manufacture of Tobacco	1171245
纺织业	Manufacture of Textile	859167
纺织服装、鞋、帽制造业	Manufacture of Textile Wearing Apparel, Footware and Caps	353403
皮革、毛皮、羽毛（绒）及其制品业	Manufacture of Leather, Fur, Feather and Related Products	553476
木材加工及木竹藤棕草制品业	Processing of Timber, Manufacture of Wood, Bamboo, Rattan, Palm and Straw Products	466613
家具制造业	Manufacture of Furniture	465216
造纸及纸制品业	Manufacture of Paper and Paper Products	547053
印刷业、记录媒介的复制	Printing, Reproduction of Recording Media	1002871
文教、工美、体育和娱乐用品制造业	Manufacture of Culture, Education, Handicraft, Fine Arts, Sports and Entertainment Articles	462634
石油加工、炼焦及核燃料加工业	Processing of Petroleum, Coking, Processing of Nuclear Fuel	282324
化学原料及化学制品制造业	Manufacture of Raw Chemical Materials and Chemical Products	9104652
医药制造业	Manufacture of Medicines	5052976
化学纤维制造业	Manufacture of Chemical Fibers	216471
橡胶和塑料制品业	Manufacture of Rubber and Plastics	2014602
非金属矿物制品业	Manufacture of Non-metallic Mineral Products	9142973
黑色金属冶炼及压延加工业	Smelting and Pressing of Ferrous Metals	7211299
有色金属冶炼及压延加工业	Smelting and Pressing of Nonferrous Metals	4795119
金属制品业	Manufacture of Metal Products	4258350
通用设备制造业	Manufacture of General Purpose Machinery	5006928
专用设备制造业	Manufacture of Special Purpose Machinery	2894909
汽车制造业	Manufacture of Motor Vehicles	26241541
铁路、船舶、航空航天和其他运输设备制造业	Manufacture of Railway, Ship, Aviation and Other Transporting Equipment	13055275
电气机械及器材制造业	Manufacture of Electrical Machinery and Equipment	6350738
通信设备、计算机及其他电子设备制造业	Manufacture of Communication Equipment, Computers and Other Electronic Equipment	7760246
仪器仪表及文化、办公用机械制造业	Manufacture of Measuring Instruments and Machinery for Cultural Activity and Office Work	1486245
其他制造业	Other Manufacture	1162685
废弃资源综合利用业	Comprehensive Utilization of Waste Resources	207950
金属制品、机械和设备修理业	Repair of Metal Products, Machinery and Equipment	91432
电力、热力的生产和供应业	Production and Supply of Electric Power and Heat Power	18118937
燃气生产和供应业	Production and Supply of Gas	1152123
水的生产和供应业	Production and Supply of Water	1488804

单位：万元 (10 000 yuan)

其 中 of which	固定资产 Fixed Assets		负 债	其 中 of which
#流动资产 Circulating Assets	原 值 Original Value	净 值 Net Value	Total Liabilities	#流动负债 Total Circulating Liabilities
65924767	**85520908**	**54373311**	**90100080**	**67112702**
1326743	2513165	1615107	2699755	2032207
99953	67927	34025	135875	117704
17087723	16800537	9560913	17213677	13759850
48837045	68720372	44812398	72886403	53352852
30228592	36695977	22380663	40983588	30543031
16973920	22711338	13684500	22849058	17890978
18061688	25941899	18197059	25437927	18339545
660567	171694	111089	829507	339148
1732106	2663015	1678966	3137527	1634287
129979	2595128	2202355	1472995	1280132
101118	90683	68310	180937	156892
20851	21271	17870	41515	34990
362038	468576	247686	443496	329241
1223057	2090800	1309731	1162861	867687
605865	670007	464617	649428	465808
498319	520296	339925	517575	457886
842153	474138	237753	624940	451793
336547	537231	430220	367437	299247
193830	162116	107571	156743	136080
299718	926671	176642	238157	166632
204504	281920	188232	229896	179796
188197	173536	136906	165401	132433
260297	272039	200748	272689	218180
502195	684245	330322	468815	390652
135271	351376	262521	147612	127824
152765	116661	58326	150111	120220
2871464	6954387	4327882	6393195	4683288
2357909	2606250	1470312	2434365	1973725
81646	111389	100525	91473	60909
1035302	1389655	673374	1056554	749829
4029042	5555286	3625038	5697374	4503138
2218211	6845210	4235707	5508084	3983612
1761865	3331688	2318968	3204087	2141811
2196742	1898998	1404394	2698509	2239497
3119398	1891241	1161117	2973590	2488080
1548459	1105007	767524	1551746	1241503
15079840	9789716	5897689	16172596	13993523
7613506	5138145	2516160	8049248	6585099
4219906	1644651	929874	3939174	3084395
4484421	3177799	2542662	4275911	3040155
1036978	379464	196199	847630	754697
644988	484969	301740	859826	740018
65378	77114	40447	91138	58035
40858	58677	45103	48169	37256
2659106	18510460	12421365	12375698	6406371
603733	610854	367670	726350	535242
467207	860240	570863	677228	362740

表12.12 续表2 continued2

指　标	Item	所有者权益 Creditors' Equity
总　计	**Total**	**57544725**
按登记注册类型分	**By Status of Registration**	
#国有企业	State-owned	941236
集体企业	Collective-owned	39756
按轻、重工业分	**By Light and Heavy Industries**	
轻工业	Light Industry	16138819
重工业	Heavy Industry	41405905
按企业规模分	**By Size**	
大型企业	Large	24774220
中型企业	Medium	14594139
小型企业	Small	18058177
微型企业	Mini	118188
按行业分	**By Sector**	
煤炭开采和洗选业	Mining and Washing of Coal	2874299
石油和天然气开采业	Extraction of Petroleum and Natural Gas	889736
黑色金属矿采选业	Mining and Processing of Ferrous Metal Ores	39913
有色金属矿采选业	Mining and Processing of Non-Ferrous Metal Ores	6253
非金属矿采选业	Mining and Processing of Nonmetal Ores	497375
开采辅助活动	Mining Support Activities	
其他采矿业	Mining of Other Ores	
农副食品加工业	Processing of Food from Agricultural Products	1901399
食品制造业	Manufacture of Foods	738672
酒、饮料和精制茶制造业	Liquor, Beverage and Refined Tea	419886
烟草制品业	Manufacture of Tobacco	546305
纺织业	Manufacture of Textile	484156
纺织服装、鞋、帽制造业	Manufacture of Textile Wearing Apparel, Footware and Caps	196659
皮革、毛皮、羽毛（绒）及其制品业	Manufacture of Leather, Fur, Feather and Related Products	309248
木材加工及木竹藤棕草制品业	Processing of Timber, Manufacture of Wood, Bamboo, Rattan, Palm and Straw Products	232242
家具制造业	Manufacture of Furniture	299815
造纸及纸制品业	Manufacture of Paper and Paper Products	263208
印刷业、记录媒介的复制	Printing, Reproduction of Recording Media	534340
文教、工美、体育和娱乐用品制造业	Manufacture of Culture, Education, Handicraft, Fine Arts, Sports and Entertainment Articles	311844
石油加工、炼焦及核燃料加工业	Processing of Petroleum, Coking, Processing of Nuclear Fuel	131610
化学原料及化学制品制造业	Manufacture of Raw Chemical Materials and Chemical Products	2692484
医药制造业	Manufacture of Medicines	2618611
化学纤维制造业	Manufacture of Chemical Fibers	124998
橡胶和塑料制品业	Manufacture of Rubber and Plastics	939286
非金属矿物制品业	Manufacture of Non-metallic Mineral Products	3414777
黑色金属冶炼及压延加工业	Smelting and Pressing of Ferrous Metals	1700714
有色金属冶炼及压延加工业	Smelting and Pressing of Nonferrous Metals	1548715
金属制品业	Manufacture of Metal Products	1548561
通用设备制造业	Manufacture of General Purpose Machinery	2044956
专用设备制造业	Manufacture of Special Purpose Machinery	1335223
汽车制造业	Manufacture of Motor Vehicles	10066295
铁路、船舶、航空航天和其他运输设备制造业	Manufacture of Railway, Ship, Aviation and Other Transporting Equipment	4934930
电气机械及器材制造业	Manufacture of Electrical Machinery and Equipment	2364384
通信设备、计算机及其他电子设备制造业	Manufacture of Communication Equipment, Computers and Other Electronic Equipment	3482941
仪器仪表及文化、办公用机械制造业	Manufacture of Measuring Instruments and Machinery for Cultural Activity and Office Work	636828
其他制造业	Other Manufacture	289704
废弃资源综合利用业	Comprehensive Utilization of Waste Resources	114784
金属制品、机械和设备修理业	Repair of Metal Products, Machinery and Equipment	43263
电力、热力的生产和供应业	Production and Supply of Electric Power and Heat Power	5744953
燃气生产和供应业	Production and Supply of Gas	425772
水的生产和供应业	Production and Supply of Water	795589

单位：万元 (10 000 yuan)

主营业务收入 Revenue from Principal Business	主营业务成本 Cost of Principal Business	主营业务税金及附加 Tax and Extra Charges of Principal Business	利润总额 Total After-tax Profits	利税总额 Total Pre-tax Profits	应付职工薪酬 Total Wages
158733866	**133819352**	**2228115**	**10656942**	**18941609**	**9714105**
1612427	1462423	6324	-74154	-9299	233609
326371	274997	6476	14128	32761	28101
47353837	38718441	1091980	3605562	6702086	3057991
111380029	95100911	1136135	7051380	12239523	6656113
52182202	44261975	1288181	2692787	5893305	3563845
50061486	42286493	394842	3746481	6265600	3234665
54746304	45639682	535016	4210652	6730191	2899602
1743873	1631202	10076	7022	52514	15992
3445512	2877446	60118	228450	578583	701183
610992	429427	28166	158325	190578	22267
112633	70877	1638	-1785	12345	17228
60832	56932	1498	2676	9187	4358
1376727	1081805	33767	109146	207667	77937
8137516	6998459	55332	589517	947261	393144
2137404	1719932	19325	172703	288254	156638
1402497	1065658	39665	135386	245199	106447
1449225	535687	734977	59559	910404	100038
1848371	1611743	11691	145892	275522	99735
881491	696937	10186	82888	120159	75627
1854407	1620873	12012	137420	202141	190084
811874	666826	7570	65636	99649	52482
697046	530289	6480	58716	89995	53895
1144676	965449	6658	91896	147236	58568
1572233	1317482	10387	135482	204597	95525
872607	755260	3568	93095	148892	46428
662902	578676	5886	36943	58710	26493
7932326	6897753	65965	192676	575730	482501
5171650	3932542	31484	476954	840794	359890
108286	87769	1127	11528	14041	8070
3781507	3197630	33856	295027	455453	199639
9969176	8281098	86267	745509	1242590	670685
6619528	6371156	30247	-63495	192405	248088
6076595	5432649	37355	276754	510160	190806
5551421	4728030	42384	445169	704109	347173
5534789	4545004	46691	365479	633050	381235
3447719	2699763	36921	370587	578867	228949
29670422	24662264	466506	2532739	4015481	1799390
12879628	10995163	77585	772131	1288920	812634
9873703	8428060	46433	644453	995156	367597
11724329	9973758	119850	764404	1111169	376553
1275236	1008304	6842	89330	150339	161800
738800	667300	2202	26559	35806	92181
331905	261738	3962	34871	64619	10138
172568	148907	1538	12602	26582	28746
7059842	6332177	31843	283063	650375	542602
1484496	1381667	7517	50016	78961	62714
250994	206862	2619	28644	40627	64637

表12.13 内资工业企业经济效益指标（2015年）

INDICATORS ON ECONOMIC BENEFIT OF INDUSTRIAL ENTERPRISES WITH DOMESTIC FUNDS (2015)

指 标	Item	总资产贡献率 Ratio of Total Assets to Industrial Output Value
总 计	**Total**	**14.0**
按轻、重工业分	**By Light and Heavy Industries**	
轻工业	Light Industry	21.1
重工业	Heavy Industry	12.0
按企业规模分	**By Size**	
大型企业	Large	9.9
中型企业	Medium	18.2
小型微型企业	Small&Mini	16.6
按行业分	**By Sector**	
煤炭开采和洗选业	Mining and Washing of Coal	10.4
石油和天然气开采业	Extraction of Petroleum and Natural Gas	8.8
黑色金属矿采选业	Mining and Processing of Ferrous Metal Ores	7.9
有色金属矿采选业	Mining and Processing of Non-Ferrous Metal Ores	18.1
非金属矿采选业	Mining and Processing of Nonmetal Ores	23.5
开采辅助活动	Mining Support Activities	
其他采矿业	Mining of Other Ores	
农副食品加工业	Processing of Food from Agricultural Products	31.8
食品制造业	Manufacture of Foods	22.8
酒、饮料和精制茶制造业	Liquor, Beverage and Refined Tea	28.7
烟草制品业	Manufacture of Tobacco	79.4
纺织业	Manufacture of Textile	33.2
纺织服装、服饰业	Manufacture of Textile Wearing Apparel, Footware and Caps	35.2
皮革、毛皮、羽毛及其制品和制鞋业	Manufacture of Leather, Fur, Feather and Related Products	37.4
木材加工和木、竹、藤、棕、草制品业	Processing of Timber, Manufacture of Wood, Bamboo, Rattan, Palm and Straw Products	22.9
家具制造业	Manufacture of Furniture	20.8
造纸和纸制品业	Manufacture of Paper and Paper Products	28.2
印刷和记录媒介复制业	Printing, Reproduction of Recording Media	21.7
文教、工美、体育和娱乐用品制造业	Manufacture of Culture, Education, Handicraft, Fine Arts, Sports and Entertainment Articles	32.4
石油加工、炼焦和核燃料加工业	Processing of Petroleum, Coking, Processing of Nuclear Fuel	22.4
化学原料和化学制品制造业	Manufacture of Raw Chemical Materials and Chemical Products	8.5
医药制造业	Manufacture of Medicines	17.9
化学纤维制造业	Manufacture of Chemical Fibers	6.6
橡胶和塑料制品业	Manufacture of Rubber and Plastics	24.2
非金属矿物制品业	Manufacture of Non-metallic Mineral Products	15.1
黑色金属冶炼和压延加工业	Smelting and Pressing of Ferrous Metals	3.7
有色金属冶炼和压延加工业	Smelting and Pressing of Nonferrous Metals	12.7
金属制品业	Manufacture of Metal Products	17.5
通用设备制造业	Manufacture of General Purpose Machinery	13.2
专用设备制造业	Manufacture of Special Purpose Machinery	20.9
汽车制造业	Manufacture of Motor Vehicles	15.9
铁路、船舶、航空航天和其他运输设备制造业	Manufacture of Railway, Ship, Aviation and Other Transporting Equipment	10.8
电气机械和器材制造业	Manufacture of Electrical Machinery and Equipment	16.9
计算机、通信和其他电子设备制造业	Manufacture of Communication Equipment, Computers and Other Electronic Equipment	15.3
仪器仪表制造业	Manufacture of Measuring Instruments and Machinery for Cultural Activity and Office Work	10.9
其他制造业	Other Manufacture	3.9
废弃资源综合利用业	Comprehensive Utilization of Waste Resources	32.3
金属制品、机械和设备修理业	Repair of Metal Products, Machinery and Equipment	29.2
电力、热力生产和供应业	Production and Supply of Electric Power and Heat Power	5.9
燃气生产和供应业	Production and Supply of Gas	7.2
水的生产和供应业	Production and Supply of Water	2.8

单位：% (%)

资本保值增值率 Ratio of Assets Appreciation YOY	资产负债率 Asset-Liability Ratio	流动资产周转率（次） Turnover Ratio of Circulating Assets (time)	成本费用利润率 Ratio of Profits to Cost	全员劳动生产率（元/人年） Overall Labor Productivity (yuan/person-year)	产品销售率 Sales as Percentage of Output
112.9	**60.9**	**2.4**	**7.1**	**293147**	**97.8**
115.4	51.5	2.8	8.3	269495	97.2
112.0	63.6	2.3	6.7	305683	98.1
108.0	62.3	1.8	5.3	331221	98.9
104.2	61.0	3.0	8.0	263522	97.4
126.6	58.7	3.0	8.1	290927	97.3
99.3	51.6	2.2	6.4	149972	99.4
1237.7	62.3	4.8	28.4	2115660	100.0
80.6	81.7	1.5	-1.2	234145	85.0
120.0	81.9	2.9	4.6	207691	100.6
113.5	47.1	3.8	8.8	278481	98.3
114.7	37.9	6.7	7.8	265537	97.7
131.0	48.4	3.6	8.8	193774	98.3
101.7	55.1	2.8	11.0	277634	96.4
103.8	53.4	1.8	8.6	2707636	98.5
98.3	42.8	5.5	8.6	260097	99.2
90.0	44.4	4.6	10.5	170230	96.1
114.1	43.0	6.3	7.9	191264	98.5
114.0	49.3	4.0	8.9	223429	98.3
139.0	35.6	3.7	9.3	186868	98.3
106.1	49.9	4.4	8.8	268384	98.4
131.2	46.8	3.1	9.4	295634	99.3
131.7	31.9	6.5	12.0	299255	99.5
95.3	53.2	4.3	6.0	448861	101.3
88.0	70.2	2.8	2.5	274959	95.3
117.1	48.2	2.2	10.0	308571	93.2
179.0	42.3	1.3	12.0	221225	79.5
116.7	52.4	3.7	8.5	286727	98.1
109.1	62.3	2.5	8.1	265124	97.8
80.4	76.4	3.0	-1.0	355706	98.4
103.1	66.8	3.6	4.6	496958	97.0
110.0	63.4	2.5	8.7	266628	98.2
112.2	59.4	1.8	7.1	247431	95.4
127.9	53.6	2.2	12.1	312401	96.4
124.7	61.6	2.0	9.1	304141	99.8
112.6	61.7	1.7	6.3	240891	96.9
115.6	62.0	2.4	6.9	329865	98.2
143.5	55.1	2.6	7.0	466643	97.2
107.4	57.0	1.3	7.4	187713	98.0
132.7	74.0	1.2	3.3	275680	93.8
94.5	43.8	5.1	11.9	532464	99.4
116.5	52.7	4.2	7.9	188834	99.1
100.9	68.3	2.7	4.1	537597	99.7
102.2	63.0	2.5	3.4	496483	99.3
115.8	45.5	0.7	9.8	189542	98.5

表12.13 续表 continued

指　标	Item	销售利润率 Rate of Return on Sale
总　计	**Total**	**6.7**
按轻、重工业分	**By Light and Heavy Industries**	
轻工业	Light Industry	7.6
重工业	Heavy Industry	6.3
按企业规模分	**By Size**	
大型企业	Large	5.2
中型企业	Medium	7.5
小型微型企业	Small&Mini	7.5
按行业分	**By Sector**	
煤炭开采和洗选业	Mining and Washing of Coal	6.6
石油和天然气开采业	Extraction of Petroleum and Natural Gas	25.9
黑色金属矿采选业	Mining and Processing of Ferrous Metal Ores	-1.6
有色金属矿采选业	Mining and Processing of Non-Ferrous Metal Ores	4.4
非金属矿采选业	Mining and Processing of Nonmetal Ores	7.9
开采辅助活动	Mining Support Activities	
其他采矿业	Mining of Other Ores	
农副食品加工业	Processing of Food from Agricultural Products	7.2
食品制造业	Manufacture of Foods	8.1
酒、饮料和精制茶制造业	Liquor, Beverage and Refined Tea	9.7
烟草制品业	Manufacture of Tobacco	4.1
纺织业	Manufacture of Textile	7.9
纺织服装、服饰业	Manufacture of Textile Wearing Apparel, Footware and Caps	9.4
皮革、毛皮、羽毛及其制品和制鞋业	Manufacture of Leather, Fur, Feather and Related Products	7.4
木材加工和木、竹、藤、棕、草制品业	Processing of Timber, Manufacture of Wood, Bamboo, Rattan, Palm and Straw Products	8.1
家具制造业	Manufacture of Furniture	8.4
造纸和纸制品业	Manufacture of Paper and Paper Products	8.0
印刷和记录媒介复制业	Printing, Reproduction of Recording Media	8.6
文教、工美、体育和娱乐用品制造业	Manufacture of Culture, Education, Handicraft, Fine Arts, Sports and Entertainment Articles	10.7
石油加工、炼焦和核燃料加工业	Processing of Petroleum, Coking, Processing of Nuclear Fuel	5.6
化学原料和化学制品制造业	Manufacture of Raw Chemical Materials and Chemical Products	2.4
医药制造业	Manufacture of Medicines	9.2
化学纤维制造业	Manufacture of Chemical Fibers	10.7
橡胶和塑料制品业	Manufacture of Rubber and Plastics	7.8
非金属矿物制品业	Manufacture of Non-metallic Mineral Products	7.5
黑色金属冶炼和压延加工业	Smelting and Pressing of Ferrous Metals	-1.0
有色金属冶炼和压延加工业	Smelting and Pressing of Nonferrous Metals	4.6
金属制品业	Manufacture of Metal Products	8.0
通用设备制造业	Manufacture of General Purpose Machinery	6.6
专用设备制造业	Manufacture of Special Purpose Machinery	10.8
汽车制造业	Manufacture of Motor Vehicles	8.5
铁路、船舶、航空航天和其他运输设备制造业	Manufacture of Railway, Ship, Aviation and Other Transporting Equipment	6.0
电气机械和器材制造业	Manufacture of Electrical Machinery and Equipment	6.5
计算机、通信和其他电子设备制造业	Manufacture of Communication Equipment, Computers and Other Electronic Equipment	6.5
仪器仪表制造业	Manufacture of Measuring Instruments and Machinery for Cultural Activity and Office Work	7.0
其他制造业	Other Manufacture	3.6
废弃资源综合利用业	Comprehensive Utilization of Waste Resources	10.5
金属制品、机械和设备修理业	Repair of Metal Products, Machinery and Equipment	7.3
电力、热力生产和供应业	Production and Supply of Electric Power and Heat Power	4.0
燃气生产和供应业	Production and Supply of Gas	3.4
水的生产和供应业	Production and Supply of Water	11.4

单位：% (%)

流动比率 Current Ratio	速动比率 Quick Ratio	产权比率 Equity Ratio	人均实现利税（元） Per Capita Pre-tax Profits (yuan)	从业人员人均工资（元） Per Capita Wages of Employees (yuan)
1.0	**0.8**	**1.6**	**126086**	**64202**
1.2	1.0	1.1	127995	58342
0.9	0.7	1.8	125073	67309
1.0	0.8	1.7	137045	81896
1.0	0.7	1.6	121682	62534
1.0	0.8	1.5	121642	52008
1.1	0.9	1.1	51632	62572
0.1	0.1	1.7	1299100	151788
0.6	0.5	4.5	34942	48763
0.6	0.2	6.6	120725	57271
1.1	0.9	0.9	145221	54501
1.4	1.0	0.6	126666	52568
1.3	0.9	0.9	96377	52371
1.1	0.8	1.2	134413	56932
1.9	0.5	1.1	2199574	241697
1.1	0.8	0.8	139809	50609
1.4	0.9	0.8	71460	44976
1.8	1.4	0.8	69066	64946
1.1	0.8	1.0	95758	50425
1.4	1.1	0.6	87010	52108
1.2	0.9	1.0	123969	49304
1.3	0.9	0.9	123745	57771
1.1	0.9	0.5	169004	52699
1.3	0.6	1.1	188474	85049
0.6	0.5	2.4	83186	66741
1.2	0.9	0.9	155255	66435
1.3	0.9	0.7	105489	60630
1.4	1.1	1.1	121999	53472
0.9	0.8	1.7	107703	58132
0.6	0.3	3.2	46795	60320
0.8	0.6	2.1	175710	65632
1.0	0.8	1.7	115075	56728
1.3	0.9	1.5	99087	59608
1.3	0.9	1.2	158005	62216
1.1	0.9	1.6	157068	70375
1.2	1.0	1.6	86313	54414
1.4	1.1	1.7	165531	60968
1.5	1.2	1.2	206951	65916
1.4	1.1	1.3	73892	79442
0.9	0.6	3.0	33946	87392
1.1	0.9	0.8	306540	48095
1.1	0.9	1.1	78529	84923
0.4	0.4	2.2	163453	131400
1.1	1.1	1.7	110938	87994
1.3	1.2	0.9	61809	98338

表12.14 外商投资和港澳台投资工业企业主要经济指标（2015年）
MAIN ECONOMIC INDICATORS OF INDUSTRIAL ENTERPRISES WITH HONG KONG, MACAO, TAIWAN AND FOREIGN FUNDS (2015)

指　标	Item	单位数（个）Number of Enterprises (unit)
总　计	**Total**	**391**
按登记注册类型分	**By Status of Registration**	
#港澳台投资企业	Funded by Hong Kong, Macao and Taiwan	155
外商投资企业	Foreign-funded	236
按轻、重工业分	**By Light and Heavy Industries**	
轻工业	Light Industry	97
重工业	Heavy Industry	294
按企业规模分	**By Size**	
大型企业	Large	62
中型企业	Medium	130
小型企业	Small	189
微型企业	Mini	10
按行业分	**By Sector**	
煤炭开采和洗选业	Mining and Washing of Coal	
石油和天然气开采业	Extraction of Petroleum and Natural Gas	
黑色金属矿采选业	Mining and Processing of Ferrous Metal Ores	
有色金属矿采选业	Mining and Processing of Non-Ferrous Metal Ores	
非金属矿采选业	Mining and Processing of Nonmetal Ores	1
开采辅助活动	Mining Support Activities	
其他采矿业	Mining of Other Ores	
农副食品加工业	Processing of Food from Agricultural Products	11
食品制造业	Manufacture of Foods	4
酒、饮料和精制茶制造业	Liquor, Beverage and Refined Tea	11
烟草制品业	Manufacture of Tobacco	
纺织业	Manufacture of Textile	1
纺织服装、鞋、帽制造业	Manufacture of Textile Wearing Apparel, Footware and Caps	8
皮革、毛皮、羽毛（绒）及其制品业	Manufacture of Leather, Fur, Feather and Related Products	
木材加工及木竹藤棕草制品业	Processing of Timber, Manufacture of Wood, Bamboo, Rattan, Palm and Straw Products	1
家具制造业	Manufacture of Furniture	
造纸及纸制品业	Manufacture of Paper and Paper Products	11
印刷业、记录媒介的复制	Printing, Reproduction of Recording Media	6
文教、工美、体育和娱乐用品制造业	Manufacture of Culture, Education, Handicraft, Fine Arts, Sports and Entertainment Articles	3
石油加工、炼焦及核燃料加工业	Processing of Petroleum, Coking, Processing of Nuclear Fuel	
化学原料及化学制品制造业	Manufacture of Raw Chemical Materials and Chemical Products	27
医药制造业	Manufacture of Medicines	3
化学纤维制造业	Manufacture of Chemical Fibers	
橡胶和塑料制品业	Manufacture of Rubber and Plastics	16
非金属矿物制品业	Manufacture of Non-metallic Mineral Products	22
黑色金属冶炼及压延加工业	Smelting and Pressing of Ferrous Metals	1
有色金属冶炼及压延加工业	Smelting and Pressing of Nonferrous Metals	7
金属制品业	Manufacture of Metal Products	7
通用设备制造业	Manufacture of General Purpose Machinery	21
专用设备制造业	Manufacture of Special Purpose Machinery	15
汽车制造业	Manufacture of Motor Vehicles	84
铁路、船舶、航空航天和其他运输设备制造业	Manufacture of Railway, Ship, Aviation and Other Transporting Equipment	16
电气机械及器材制造业	Manufacture of Electrical Machinery and Equipment	17
通信设备、计算机及其他电子设备制造业	Manufacture of Communication Equipment, Computers and Other Electronic Equipment	81
仪器仪表及文化、办公用机械制造业	Manufacture of Measuring Instruments and Machinery for Cultural Activity and Office Work	8
其他制造业	Other Manufacture	
废弃资源综合利用业	Comprehensive Utilization of Waste Resources	
金属制品、机械和设备修理业	Repair of Metal Products, Machinery and Equipment	
电力、热力的生产和供应业	Production and Supply of Electric Power and Heat Power	2
燃气生产和供应业	Production and Supply of Gas	4
水的生产和供应业	Production and Supply of Water	3

单位：万元 (10 000 yuan)

从业人员平均人数（万人） Average Emloyment (10 000 persons)	工业总产值 Gross Output Value	工业销售产值 Sales Value of Industry	其 中 of which #出口交货值 Value of Export Delivery	实收资本 Paid-in Capital	其 中 of which #国家资本 State Capital	#外商资本 Foreign Capital
30.66	**50808747**	**49780463**	**19289062**	**5915706**	**674097**	**1956985**
12.66	17946085	17631743	10702700	2506851	327683	185418
17.99	32862662	32148720	8586363	3408855	346414	1771567
5.21	6256359	5969234	561106	1307526	43038	192023
25.45	44552387	43811229	18727957	4608180	631059	1764962
20.38	38900347	38382922	18007924	2957529	420154	638288
7.72	7350405	7017734	963619	1545483	126847	657791
2.53	4328607	4167388	212839	1385786	124597	638546
0.02	229387	212419	104680	26908	2500	22360
	7955	7591				
0.26	787398	678985	3895	48229	1024	28574
0.25	202724	203784	1352	14457		2596
0.66	518552	501682		109891	6184	70120
0.03	28731	28019		1000		
0.70	320762	315763	68277	35398		6740
0.02	17858	17787		600		
0.86	1600794	1530698	14336	704572		2487
0.19	142699	143558	18459	39740	10000	12974
0.32	122423	108631	12259	15987		
0.40	956601	916554	5087	769260	100996	521744
0.03	15172	14796	10136	4507		2777
1.15	1012555	1021286	132947	321615	9737	167485
1.00	1039322	1007741	100829	616876	13700	149459
0.02	5657	5657		1000		
0.37	1007558	996953	48381	110724		35
0.26	188580	186800	10319	41679		6122
0.83	1070056	1057269	169922	206470	31750	84225
0.40	305579	292975	10911	85652	8000	24025
7.07	16656738	16325476	120780	1187779	180796	513931
0.85	999445	973772	379284	130568	23931	42653
1.25	1735518	1671553	44591	142999		12861
12.96	21031369	20743456	18113292	844247	4350	246483
0.28	278976	274076	24008	40908	2500	26696
0.18	350335	350335		177031	174831	
0.25	334961	334961		159890	105000	35000
0.10	70429	70304		104625	1300	

表12.14 续表1 continued1

指　标	Item	资　产 Total Assets
总　计	**Total**	**30478008**
按登记注册类型分	**By Status of Registration**	
#港澳台投资企业	Funded by Hong Kong, Macao and Taiwan	10605215
外商投资企业	Foreign-funded	19872793
按轻、重工业分	**By Light and Heavy Industries**	
轻工业	Light Industry	5691470
重工业	Heavy Industry	24786537
按企业规模分	**By Size**	
大型企业	Large	19175180
中型企业	Medium	6449514
小型企业	Small	4626908
微型企业	Mini	226405
按行业分	**By Sector**	
煤炭开采和洗选业	Mining and Washing of Coal	
石油和天然气开采业	Extraction of Petroleum and Natural Gas	
黑色金属矿采选业	Mining and Processing of Ferrous Metal Ores	
有色金属矿采选业	Mining and Processing of Non-Ferrous Metal Ores	
非金属矿采选业	Mining and Processing of Nonmetal Ores	7150
开采辅助活动	Mining Support Activities	
其他采矿业	Mining of Other Ores	
农副食品加工业	Processing of Food from Agricultural Products	354054
食品制造业	Manufacture of Foods	149826
酒、饮料和精制茶制造业	Liquor, Beverage and Refined Tea	574076
烟草制品业	Manufacture of Tobacco	
纺织业	Manufacture of Textile	21067
纺织服装、鞋、帽制造业	Manufacture of Textile Wearing Apparel, Footware and Caps	134962
皮革、毛皮、羽毛（绒）及其制品业	Manufacture of Leather, Fur, Feather and Related Products	
木材加工及木竹藤棕草制品业	Processing of Timber, Manufacture of Wood, Bamboo, Rattan, Palm and Straw Products	8168
家具制造业	Manufacture of Furniture	
造纸及纸制品业	Manufacture of Paper and Paper Products	2086942
印刷业、记录媒介的复制	Printing, Reproduction of Recording Media	139212
文教、工美、体育和娱乐用品制造业	Manufacture of Culture, Education, Handicraft, Fine Arts, Sports and Entertainment Articles	126024
石油加工、炼焦及核燃料加工业	Processing of Petroleum, Coking, Processing of Nuclear Fuel	
化学原料及化学制品制造业	Manufacture of Raw Chemical Materials and Chemical Products	1765179
医药制造业	Manufacture of Medicines	14229
化学纤维制造业	Manufacture of Chemical Fibers	
橡胶和塑料制品业	Manufacture of Rubber and Plastics	1092611
非金属矿物制品业	Manufacture of Non-metallic Mineral Products	2113437
黑色金属冶炼及压延加工业	Smelting and Pressing of Ferrous Metals	23990
有色金属冶炼及压延加工业	Smelting and Pressing of Nonferrous Metals	594607
金属制品业	Manufacture of Metal Products	115781
通用设备制造业	Manufacture of General Purpose Machinery	771988
专用设备制造业	Manufacture of Special Purpose Machinery	359046
汽车制造业	Manufacture of Motor Vehicles	9487499
铁路、船舶、航空航天和其他运输设备制造业	Manufacture of Railway, Ship, Aviation and Other Transporting Equipment	748505
电气机械及器材制造业	Manufacture of Electrical Machinery and Equipment	1219042
通信设备、计算机及其他电子设备制造业	Manufacture of Communication Equipment, Computers and Other Electronic Equipment	6695389
仪器仪表及文化、办公用机械制造业	Manufacture of Measuring Instruments and Machinery for Cultural Activity and Office Work	178325
其他制造业	Other Manufacture	
废弃资源综合利用业	Comprehensive Utilization of Waste Resources	
金属制品、机械和设备修理业	Repair of Metal Products, Machinery and Equipment	
电力、热力的生产和供应业	Production and Supply of Electric Power and Heat Power	541144
燃气生产和供应业	Production and Supply of Gas	749785
水的生产和供应业	Production and Supply of Water	405974

单位：万元 (10 000 yuan)

其 中 of which	固定资产 Fixed Assets		负 债	其 中 of which
#流动资产 Circulating Assets	原 值 Original Value	净 值 Net Value	Total Liabilities	#流动负债 Total Circulating Liabilities
15025017	**18412483**	**11028261**	**20437428**	**15336416**
4738232	7178347	3867680	6544002	4239492
10286785	11234136	7160581	13893427	11096924
2581747	3193974	1989410	3054132	2309757
12443270	15218509	9038851	17383297	13026659
9363073	11773646	7135665	13480082	9981716
3274178	4036594	2174706	3835830	3120159
2276665	2578191	1704218	2961852	2170057
111101	24052	13673	159665	64484
971			7734	
255314	142653	82527	232777	224641
58949	102526	63845	44993	44993
222203	462198	227896	305683	304747
8463	28125	9317	7081	2187
101529	34331	19267	57020	50082
1746	6980	6422	503	432
749219	1397928	912274	1156878	661304
67707	99546	50660	77340	72340
68999	36034	30700	36452	20896
387795	1636731	1103127	1007163	481577
9184	4526	2372	8156	8146
336814	790119	596122	784740	473120
785992	1361260	852552	1386044	1135827
18819	11270	5171	22990	
235656	408833	220449	417816	311240
61899	89069	44754	60085	57340
501199	319679	183037	444201	400848
243656	113583	83689	205803	203861
5166832	4909409	3232868	6705133	5825165
449381	218520	104440	470657	407058
674911	414901	287372	599321	397955
3985501	3989425	2075411	5398284	3540743
147126	54005	27388	78442	73186
104868	1190046	411105	237944	186341
311126	245489	138641	400687	275661
69161	345297	256855	283502	176730

表12.14 续表2 continued2

指　标	Item	所有者权益 Creditors' Equity
总　计	**Total**	**9996776**
按登记注册类型分	**By Status of Registration**	
#港澳台投资企业	Funded by Hong Kong, Macao and Taiwan	4061212
外商投资企业	Foreign-funded	5935564
按轻、重工业分	**By Light and Heavy Industries**	
轻工业	Light Industry	2637338
重工业	Heavy Industry	7359438
按企业规模分	**By Size**	
大型企业	Large	5695098
中型企业	Medium	2613684
小型企业	Small	1665056
微型企业	Mini	22939
按行业分	**By Sector**	
煤炭开采和洗选业	Mining and Washing of Coal	
石油和天然气开采业	Extraction of Petroleum and Natural Gas	
黑色金属矿采选业	Mining and Processing of Ferrous Metal Ores	
有色金属矿采选业	Mining and Processing of Non-Ferrous Metal Ores	
非金属矿采选业	Mining and Processing of Nonmetal Ores	
开采辅助活动	Mining Support Activities	
其他采矿业	Mining of Other Ores	
农副食品加工业	Processing of Food from Agricultural Products	121276
食品制造业	Manufacture of Foods	104834
酒、饮料和精制茶制造业	Liquor, Beverage and Refined Tea	268393
烟草制品业	Manufacture of Tobacco	
纺织业	Manufacture of Textile	13985
纺织服装、鞋、帽制造业	Manufacture of Textile Wearing Apparel, Footware and Caps	77942
皮革、毛皮、羽毛（绒）及其制品业	Manufacture of Leather, Fur, Feather and Related Products	
木材加工及木竹藤棕草制品业	Processing of Timber, Manufacture of Wood, Bamboo, Rattan, Palm and Straw Products	7665
家具制造业	Manufacture of Furniture	
造纸及纸制品业	Manufacture of Paper and Paper Products	930064
印刷业、记录媒介的复制	Printing, Reproduction of Recording Media	61872
文教、工美、体育和娱乐用品制造业	Manufacture of Culture, Education, Handicraft, Fine Arts, Sports and Entertainment Articles	89572
石油加工、炼焦及核燃料加工业	Processing of Petroleum, Coking, Processing of Nuclear Fuel	
化学原料及化学制品制造业	Manufacture of Raw Chemical Materials and Chemical Products	758015
医药制造业	Manufacture of Medicines	6073
化学纤维制造业	Manufacture of Chemical Fibers	
橡胶和塑料制品业	Manufacture of Rubber and Plastics	282128
非金属矿物制品业	Manufacture of Non-metallic Mineral Products	727392
黑色金属冶炼及压延加工业	Smelting and Pressing of Ferrous Metals	1000
有色金属冶炼及压延加工业	Smelting and Pressing of Nonferrous Metals	176791
金属制品业	Manufacture of Metal Products	55695
通用设备制造业	Manufacture of General Purpose Machinery	327787
专用设备制造业	Manufacture of Special Purpose Machinery	153243
汽车制造业	Manufacture of Motor Vehicles	2782364
铁路、船舶、航空航天和其他运输设备制造业	Manufacture of Railway, Ship, Aviation and Other Transporting Equipment	259205
电气机械及器材制造业	Manufacture of Electrical Machinery and Equipment	619721
通信设备、计算机及其他电子设备制造业	Manufacture of Communication Equipment, Computers and Other Electronic Equipment	1297106
仪器仪表及文化、办公用机械制造业	Manufacture of Measuring Instruments and Machinery for Cultural Activity and Office Work	99883
其他制造业	Other Manufacture	
废弃资源综合利用业	Comprehensive Utilization of Waste Resources	
金属制品、机械和设备修理业	Repair of Metal Products, Machinery and Equipment	
电力、热力的生产和供应业	Production and Supply of Electric Power and Heat Power	303200
燃气生产和供应业	Production and Supply of Gas	349098
水的生产和供应业	Production and Supply of Water	122472

单位：万元 (10 000 yuan)

主营业务收入 Revenue from Principal Business	主营业务成本 Cost of Principal Business	主营业务税金及附加 Tax and Extra Charges of Principal Business	利润总额 Total After-tax Profits	利税总额 Total Pre-tax Profits	应付职工薪酬 Total Wages
50288562	**42831218**	**708359**	**3461647**	**5550488**	**2098442**
17646597	16103300	42047	661059	978866	805955
32641965	26727917	666312	2800588	4571622	1292488
6026959	5014055	39817	503332	734345	327129
44261603	37817162	668543	2958315	4816143	1771313
38747858	33034052	651446	2756655	4423550	1410210
7135112	5961291	35941	564004	857628	499091
4157825	3597664	20796	142127	273496	186558
247768	238211	177	-1139	-4186	2584
7045	7524	4	-1360	-1391	
693209	614482	1544	33244	43185	20449
274992	206170	1905	26433	42134	17719
553678	386456	19590	23671	65871	51268
28019	22561	334	2774	4747	1082
314736	265714	1256	19183	37505	39924
18223	13713	273	2163	3711	878
1523740	1264135	4360	156297	199151	53098
142208	107714	910	19744	27254	14822
109970	84775	1044	25391	29686	11859
919022	774371	6140	-28652	26281	39263
14796	13464	70	-47	190	1497
925016	810786	3576	-3644	37377	69408
1064336	810341	9869	85715	155638	88175
5615	6455		-912	-705	530
948320	854737	9480	64386	102883	23588
199512	181498	812	8307	13024	18896
1085612	877432	5969	110657	132269	62646
305051	243830	2085	24212	37321	24828
16704506	12072342	613812	2346372	3736983	661450
938470	822489	3134	48356	77606	42533
1653754	1418177	6605	174039	238596	72559
20807735	20101838	7814	202199	363199	681300
271858	221311	1062	19971	31859	23158
349898	276785	3609	59449	90575	18247
364161	321068	2853	33387	42242	46941
65080	51052	251	10311	13298	12326

表12.15 外商投资和港澳台投资工业企业经济效益指标（2015年）

INDICATORS ON ECONOMIC BENEFIT OF INDUSTRIAL ENTERPRISES WITH HONG KONG MACAO TAIWAN AND FOREIGN FUNDS (2015)

指 标	Item	总资产贡献率 Ratio of Total Assets to Industrial Output Value
总 计	**Total**	**18.8**
按轻、重工业分	**By Light and Heavy Industries**	
轻工业	Light Industry	13.7
重工业	Heavy Industry	20.0
按企业规模分	**By Size**	
大型企业	Large	23.5
中型企业	Medium	14.2
小型微型企业	Small&Mini	6.7
按行业分	**By Sector**	
煤炭开采和洗选业	Mining and Washing of Coal	
石油和天然气开采业	Extraction of Petroleum and Natural Gas	
黑色金属矿采选业	Mining and Processing of Ferrous Metal Ores	
有色金属矿采选业	Mining and Processing of Non-Ferrous Metal Ores	
非金属矿采选业	Mining and Processing of Nonmetal Ores	-15.5
开采辅助活动	Mining Support Activities	
其他采矿业	Mining of Other Ores	
农副食品加工业	Processing of Food from Agricultural Products	12.1
食品制造业	Manufacture of Foods	28.0
酒、饮料和精制茶制造业	Liquor, Beverage and Refined Tea	12.1
烟草制品业	Manufacture of Tobacco	
纺织业	Manufacture of Textile	22.8
纺织服装、服饰业	Manufacture of Textile Wearing Apparel, Footware and Caps	28.1
皮革、毛皮、羽毛及其制品和制鞋业	Manufacture of Leather, Fur, Feather and Related Products	
木材加工和木、竹、藤、棕、草制品业	Processing of Timber, Manufacture of Wood, Bamboo, Rattan, Palm and Straw Products	45.8
家具制造业	Manufacture of Furniture	
造纸和纸制品业	Manufacture of Paper and Paper Products	10.4
印刷和记录媒介复制业	Printing, Reproduction of Recording Media	20.9
文教、工美、体育和娱乐用品制造业	Manufacture of Culture, Education, Handicraft, Fine Arts, Sports and Entertainment Articles	22.5
石油加工、炼焦和核燃料加工业	Processing of Petroleum, Coking, Processing of Nuclear Fuel	
化学原料和化学制品制造业	Manufacture of Raw Chemical Materials and Chemical Products	2.5
医药制造业	Manufacture of Medicines	1.3
化学纤维制造业	Manufacture of Chemical Fibers	
橡胶和塑料制品业	Manufacture of Rubber and Plastics	4.9
非金属矿物制品业	Manufacture of Non-metallic Mineral Products	9.6
黑色金属冶炼和压延加工业	Smelting and Pressing of Ferrous Metals	-2.5
有色金属冶炼和压延加工业	Smelting and Pressing of Nonferrous Metals	18.4
金属制品业	Manufacture of Metal Products	12.0
通用设备制造业	Manufacture of General Purpose Machinery	17.4
专用设备制造业	Manufacture of Special Purpose Machinery	10.6
汽车制造业	Manufacture of Motor Vehicles	39.5
铁路、船舶、航空航天和其他运输设备制造业	Manufacture of Railway, Ship, Aviation and Other Transporting Equipment	10.8
电气机械和器材制造业	Manufacture of Electrical Machinery and Equipment	20.6
计算机、通信和其他电子设备制造业	Manufacture of Communication Equipment, Computers and Other Electronic Equipment	5.7
仪器仪表制造业	Manufacture of Measuring Instruments and Machinery for Cultural Activity and Office Work	18.2
其他制造业	Other Manufacture	
废弃资源综合利用业	Comprehensive Utilization of Waste Resources	
金属制品、机械和设备修理业	Repair of Metal Products, Machinery and Equipment	
电力、热力生产和供应业	Production and Supply of Electric Power and Heat Power	18.1
燃气生产和供应业	Production and Supply of Gas	5.1
水的生产和供应业	Production and Supply of Water	5.0

单位：% (%)

资本保值增值率 Ratio of Assets Appreciation YOY	资产负债率 Asset-Liability Ratio	流动资产周转率（次） Turnover Ratio of Circulating Assets (time)	成本费用利润率 Ratio of Profits to Cost	全员劳动生产率（元/人年） Overall Labor Productivity (yuan/person-year)	产品销售率 Sales as Percentage of Output
110.2	**67.1**	**3.4**	**7.3**	**316310**	**98.0**
103.9	53.7	2.4	8.9	311056	95.4
112.5	70.1	3.6	7.1	317386	98.3
103.6	70.3	4.2	7.6	338188	98.7
114.9	59.5	2.2	8.4	226350	95.5
126.3	64.3	1.9	3.2	413751	96.1
	108.2	7.3	-16.2	840193	95.4
127.0	65.8	2.7	5.0	589741	86.2
119.4	30.0	4.8	10.3	242941	100.5
96.9	53.3	2.6	4.6	249821	96.8
134.0	33.6	3.3	11.1	289036	97.5
80.0	42.3	3.1	6.5	132228	98.4
172.0	6.2	10.4	13.7	281402	99.6
105.1	55.4	2.1	11.2	497819	95.6
108.8	55.6	2.1	16.1	232473	100.6
98.4	28.9	1.6	28.2	134365	88.7
177.1	57.1	2.4	-3.0	577349	95.8
140.3	57.3	1.6	-0.3	174648	97.5
103.7	71.8	2.8	-0.4	212578	100.9
102.4	65.6	1.4	8.3	318605	97.0
67.6	95.8	0.3	-13.9	60714	100.0
87.5	70.3	4.1	7.2	615098	99.0
145.6	51.9	3.2	4.3	198591	99.1
104.1	57.5	2.2	11.2	354557	98.8
145.0	57.3	1.3	8.6	228373	95.9
105.3	70.7	3.3	16.3	615330	98.0
134.3	62.9	2.2	5.3	311630	97.4
91.2	49.2	2.5	11.3	318853	96.3
114.6	80.6	5.2	1.0	144877	98.6
110.3	44.0	1.9	7.9	274407	98.2
106.2	44.0	3.4	20.4	864560	100.0
103.0	53.4	1.2	9.3	328548	100.0
102.0	69.8	1.3	12.4	343893	99.8

表12.15 续表 continued

指　标	Item	销售利润率 Rate of Return on Sale
总　计	**Total**	**6.9**
按轻、重工业分	**By Light and Heavy Industries**	
轻工业	Light Industry	8.4
重工业	Heavy Industry	6.7
按企业规模分	**By Size**	
大型企业	Large	7.1
中型企业	Medium	7.9
小型微型企业	Small&Mini	3.2
按行业分	**By Sector**	
煤炭开采和洗选业	Mining and Washing of Coal	
石油和天然气开采业	Extraction of Petroleum and Natural Gas	
黑色金属矿采选业	Mining and Processing of Ferrous Metal Ores	
有色金属矿采选业	Mining and Processing of Non-Ferrous Metal Ores	
非金属矿采选业	Mining and Processing of Nonmetal Ores	-19.3
开采辅助活动	Mining Support Activities	
其他采矿业	Mining of Other Ores	
农副食品加工业	Processing of Food from Agricultural Products	4.8
食品制造业	Manufacture of Foods	9.6
酒、饮料和精制茶制造业	Liquor, Beverage and Refined Tea	4.3
烟草制品业	Manufacture of Tobacco	
纺织业	Manufacture of Textile	9.9
纺织服装、服饰业	Manufacture of Textile Wearing Apparel, Footware and Caps	6.1
皮革、毛皮、羽毛及其制品和制鞋业	Manufacture of Leather, Fur, Feather and Related Products	
木材加工和木、竹、藤、棕、草制品业	Processing of Timber, Manufacture of Wood, Bamboo, Rattan, Palm and Straw Products	11.9
家具制造业	Manufacture of Furniture	
造纸和纸制品业	Manufacture of Paper and Paper Products	10.3
印刷和记录媒介复制业	Printing, Reproduction of Recording Media	13.9
文教、工美、体育和娱乐用品制造业	Manufacture of Culture, Education, Handicraft, Fine Arts, Sports and Entertainment Articles	23.1
石油加工、炼焦和核燃料加工业	Processing of Petroleum, Coking, Processing of Nuclear Fuel	
化学原料和化学制品制造业	Manufacture of Raw Chemical Materials and Chemical Products	-3.1
医药制造业	Manufacture of Medicines	-0.3
化学纤维制造业	Manufacture of Chemical Fibers	
橡胶和塑料制品业	Manufacture of Rubber and Plastics	-0.4
非金属矿物制品业	Manufacture of Non-metallic Mineral Products	8.1
黑色金属冶炼和压延加工业	Smelting and Pressing of Ferrous Metals	-16.3
有色金属冶炼和压延加工业	Smelting and Pressing of Nonferrous Metals	6.8
金属制品业	Manufacture of Metal Products	4.2
通用设备制造业	Manufacture of General Purpose Machinery	10.2
专用设备制造业	Manufacture of Special Purpose Machinery	7.9
汽车制造业	Manufacture of Motor Vehicles	14.1
铁路、船舶、航空航天和其他运输设备制造业	Manufacture of Railway, Ship, Aviation and Other Transporting Equipment	5.2
电气机械和器材制造业	Manufacture of Electrical Machinery and Equipment	10.5
计算机、通信和其他电子设备制造业	Manufacture of Communication Equipment, Computers and Other Electronic Equipment	1.0
仪器仪表制造业	Manufacture of Measuring Instruments and Machinery for Cultural Activity and Office Work	7.4
其他制造业	Other Manufacture	
废弃资源综合利用业	Comprehensive Utilization of Waste Resources	
金属制品、机械和设备修理业	Repair of Metal Products, Machinery and Equipment	
电力、热力生产和供应业	Production and Supply of Electric Power and Heat Power	17.0
燃气生产和供应业	Production and Supply of Gas	9.2
水的生产和供应业	Production and Supply of Water	15.8

单位：% (%)

流动比率 Current Ratio	速动比率 Quick Ratio	产权比率 Equity Ratio	人均实现利税（元） Per Capita Pre-tax Profits (yuan)	从业人员人均工资（元） Per Capita Wages of Employees (yuan)
1.0	**0.8**	**2.0**	**181691**	**68447**
1.1	0.9	1.2	141205	62772
1.0	0.7	2.4	189983	69610
0.9	0.7	2.4	217242	69209
1.1	0.9	1.5	112258	64610
1.1	0.8	1.9	108146	73976
0.1	0.1	-13.2	-502259	18000
1.1	0.7	1.9	169490	78800
1.3	1.1	0.4	167465	70424
0.7	0.5	1.1	100801	78176
3.9	3.5	0.5	168943	38516
2.0	1.1	0.7	53536	56897
4.0	1.3	0.1	175877	41602
1.1	0.9	1.2	232654	62030
0.9	0.8	1.3	145354	79050
3.3	2.7	0.4	93351	37292
0.8	0.6	1.3	67832	99298
1.1	0.7	1.3	7236	56928
0.7	0.5	2.8	32536	60418
0.7	0.6	1.9	155312	87990
		23.0	-34390	25854
0.8	0.6	2.4	277239	63562
1.1	0.8	1.1	49888	72287
1.3	1.0	1.4	160617	75806
1.2	0.9	1.3	93984	62524
0.9	0.7	2.4	528959	93623
1.1	1.0	1.8	97770	50128
1.7	1.3	1.0	191091	58112
1.1	0.9	4.2	28961	52570
2.0	1.8	0.8	113822	82737
0.6	0.4	0.8	494404	99603
1.1	1.1	1.2	172347	191519
0.4	0.3	2.3	137803	127733

表12.16 大中型工业企业主要经济指标（2015年）
MAIN ECONOMIC INDICATORS OF LARGE & MEDIUM-SIZED INDUSTRIAL ENTERPRISES (2015)

指　标	Item	单位数(个) Number of Enterprises (unit)	从业人员平均人数(万人) Average Emloyment (10 000 persons)	工业总产值 Gross Output Value
总　计	**Total**	**1362**	**123.34**	**149877451**
按登记注册类型分	**By Status of Registration**			
内资企业	Domestic-funded Enterprises	1170	95.54	103626698
#国有企业	State-owned	21	2.16	1547803
集体企业	Collective-owned	6	0.30	99374
港澳台投资企业	Funded by Hong Kong, Macao and Taiwan	78	11.74	16447746
外商投资企业	Foreign-funded	114	16.36	29803007
按轻、重工业分	**By Light and Heavy Industries**			
轻工业	Light Industry	465	36.54	36297094
重工业	Heavy Industry	897	86.80	113580356

指　标	Item	固定资产净值 Net Value of Fixed Assets	负　债 Total Liabilities	其中 of which #流动负债 Total Circulating Liabilities
总　计	**Total**	**45375534**	**81148558**	**61535885**
按登记注册类型分	**By Status of Registration**			
内资企业	Domestic-funded Enterprises	36065163	63832646	48434010
#国有企业	State-owned	1168858	2003506	1615975
集体企业	Collective-owned	15025	57414	52863
港澳台投资企业	Funded by Hong Kong, Macao and Taiwan	3400596	5726757	3582619
外商投资企业	Foreign-funded	5909774	11589155	9519257
按轻、重工业分	**By Light and Heavy Industries**			
轻工业	Light Industry	7997221	14509804	11487335
重工业	Heavy Industry	37378312	66638753	50048550

单位：万元 (10 000 yuan)

工业销售产值 Sales Value of Industry	其 中 of which #出口交货值 Value of Export Delivery	实收资本 Paid-in Capital	其 中 of which #国家资本 State Capital	外商资本 Foreign Capital	资 产 Total Assets	其 中 of which #流动资产 Circulating Assets	固定资产原值 Original Value of Fixed Assets
147134978	**24655224**	**19532228**	**5964158**	**1419596**	**128832408**	**59839763**	**75217555**
101734322	5683680	15029215	5417157	123516	103207714	47202512	59407315
1510405	24155	711123	597797		2916358	1113769	1954377
99047		17784			60970	23511	31905
16250345	10607318	2128367	314729	161010	9179170	4040407	6465648
29150311	8364226	2374645	232272	1135070	16445524	8596844	9344592
35241868	2445573	3919674	389580	143189	27551702	14099385	14265101
111893110	22209651	15612554	5574578	1276407	101280706	45740378	60952454

所有者权益 Creditors' Equity	主营业务收入 Revenue from Principal Business	主营业务成本 Cost of Principal Business	主营业务税金及附加 Tax and Extra Charges of Principal Business	利润总额 Total After-tax Profits	利税总额 Total Pre-tax Profits	工资总额 Total Wages
47677141	**148126657**	**125543811**	**2370409**	**9759926**	**17440083**	**8707811**
39368359	102243688.1	86548467.8	1683023	6439268	12158905	6798510
912851	1500456	1367551	5317	-60646	-2922	213240
3556	98995	84602	1433	224	4696	11737
3452413	16282963	14953502	33088	574107	846527	746336
4856369	29600006	24041841	654298	2746551	4434651	1162965
13041897	35247109	28600630	962812	2740858	5243357	2334168
34635244	112879548	96943181	1407597	7019068	12196727	6373643

表12.17 大中型工业企业经济效益指标（2015年）
INDICATORS ON ECONOMIC BENEFIT OF LARGE & MEDIUM-SIZED INDUSTRIAL ENTERPRISES (2015)

指　标	Item	总资产贡献率 Ratio of Total Assets to Industrial Output Value
总　计	**Total**	**14.5**
按登记注册类型分	**By Status of Registration**	
内资企业	Domestic-funded Enterprises	12.9
#国有企业	State-owned	1.3
集体企业	Collective-owned	8.5
港澳台投资企业	Funded by Hong Kong, Macao and Taiwan	10.0
外商投资企业	Foreign-funded	27.4
按轻、重工业分	**By Light and Heavy Industries**	
轻工业	Light Industry	20.0
重工业	Heavy Industry	13.0

指　标	Item	销售利润率 Rate of Return on Sale
总　计	**Total**	**6.6**
按登记注册类型分	**By Status of Registration**	
内资企业	Domestic-funded Enterprises	6.3
#国有企业	State-owned	-4.0
集体企业	Collective-owned	0.2
港澳台投资企业	Funded by Hong Kong, Macao and Taiwan	3.5
外商投资企业	Foreign-funded	9.3
按轻、重工业分	**By Light and Heavy Industries**	
轻工业	Light Industry	7.8
重工业	Heavy Industry	6.2

单位：% (%)

资本保值增值率 Ratio of Assets Appreciation YOY	资产负债率 Asset-Liability Ratio	流动资产周转率（次） Turnover Ratio of Circulating Assets (time)	成本费用利润率 Ratio of Profits to Cost	全员劳动生产率（元/人年） Overall Labor Productivity (yuan/person-year)	产品销售率 Sales as Percentage of Output
106.6	**63.0**	**2.5**	**7.0**	**297413**	**98.2**
106.5	61.9	2.2	6.6	294454	98.2
62.5	68.7	1.5	-3.5	160837	97.6
91.2	94.2	4.3	0.2	98057	99.7
109.8	62.4	4.1	3.6	205548	98.8
104.7	70.5	3.5	10.2	380608	97.8
110.5	52.7	2.5	8.5	289281	97.1
105.2	65.8	2.5	6.5	300837	98.5

流动比率 Current Ratio	速动比率 Quick Ratio	产权比率 Equity Ratio	人均实现利税（元） Per Capita Pre-tax Profits (yuan)	从业人员人均工资（元） Per Capita Wages of Employees (yuan)
1.0	**0.8**	**1.7**	**142298**	**70598**
1.0	0.8	1.6	128701	71380
0.7	0.5	2.2	-1354	98846
0.4	0.3	16.2	15869	39665
1.1	0.9	1.7	72383	63549
0.9	0.7	2.4	271673	71101
1.2	1.0	1.1	143657	63878
0.9	0.7	1.9	141726	73426

表12.18 规模以上工业企业主要产品产量（2014－2015年）
OUTPUT OF MAJOR PRODUCTS OF INDUSTRIAL ENTERPRISES ABOVE DESIGNATED SIZE (2014-2015)

产　品	Products	2014	2015
化学纤维（万吨）	Chemical Fiber (10 000 tons)	5.01	5.84
纱（吨）	Yarn (ton)	197010	186598
布（万米）	Cloth (10 000 m)	57626.33	48829.00
印染布（万米）	Printed and Dyed Fabric (10 000 m)	18576.89	9510.00
毛　线（吨）	Knitting Wool (ton)	631	809
蚕　丝（吨）	Silk (ton)	4730	4632
丝织品（蚕丝及交织机织物（含蚕丝≥50%））（万米）	Silk Products (silk and mixture fabric (with content of silk ≥50%)) (10 000 m)	1737.96	2009.00
电视机（万部）	TV Sets (10 000 units)		
#彩色电视机	Color TV Sets		
微型计算机设备（台）	Microcomputers (units)	64467784	61807865
#笔记本计算机	Laptops	63488385	55751350
显示器（万台）	Display (10 000 setss)	1467.34	1949.78
打印机（万台）	Marking Machine (10 000 setss)	1616.29	1447.71
移动通信手持机（手机）（万台）	Mobile Telephones (10 000 setss)	9418.24	17605.08
摩托车（万辆）	Motorcycles (10 000 units)	859.43	841.64
机制纸及纸板（吨）	Machine-made Paper and Paperboard (ton)	3111882	2988674
日用陶瓷制品（万件）	Household Ceramics (10 000 pcs)	299	309
日用玻璃制品（吨）	Daily-use Glassware (ton)	415111	460561
合成洗涤剂（吨）	Synthetic Detergents (ton)	47624	41083
干电池（折一号电池）（万只）	Dry Cells (equivalent to No.1 battery) (10 000 units)	18452.70	22784.00
卷　烟（亿支）	Cigarettes (100 million pieces)	576.00	546.50
白　酒（万千升）	Liquor (10 000 kiloliters)	19.80	20.39
啤　酒（万千升）	Beer (10 000 kiloliters)	73.72	76.71
罐　头（吨）	Canned Food (ton)	93476	110674
食用植物油（吨）	Edible Vegetable Oil (ton)	899435	1172443
皮　鞋（万双）	Leather Shoes (10 000 pairs)	9142.00	9002.00
服　装（万件）	Garments (10 000 pcs)	10700.00	11984.00
乳制品（万吨）	Dairy Products (10 000 tons)	14.78	20.45
无酒精饮料（软饮料）（吨）	Non-alcoholic Beverage (soft) (ton)	2736151	2801220
焦　炭（万吨）	Coke (10 000 tons)	266.47	217.27
发电量（万千瓦时）	Electricity (10 000 kwh)	6445000	6826300
天然气（万立方米）	Natural Gas (10 000 cu.m)	480500	693100
生　铁（万吨）	Pig Iron (10 000 tons)	444.63	366.61
粗　钢（万吨）	Crude Steel (10 000 tons)	796.39	690.41
钢　材（万吨）	Steel Products (10 000 tons)	1323.45	1411.46
#大型钢材	Large	3.91	
中小型钢材	Medium	70.76	78.88
中厚钢板	Medium Rolled-steel	99.70	100.33
无缝钢管	Seamless Steel Pipe	18.20	20.33

表12.18 续表 continued

产 品	Products	2014	2015
铝 材（吨）	Auminum Products (ton)	1334066	1713675
硫 酸（吨）	Sulphuric Acid (ton)	2028291	2041568
盐 酸（吨）	Hydrochloric Acid (ton)	64914	54959
烧 碱（吨）	Caustic Soda (ton)	326747	332633
精甲醇（商品量）（吨）	Fine Methyl Alcohol (commodities) (ton)	1732524	1964103
涂 料（吨）	Paint (ton)	230907	261349
塑料制品（吨）	Plastics (ton)	230907	1491010
合成橡胶（吨）	Synthetic Rubber (ton)	25783	23070
化学原料药（吨）	Chemical Raw Material (ton)	16335	27653
中成药（吨）	Traditional Chinese Medicine (ton)	92732	107774
轮胎外胎（万条）	Tire (10 000 units)	2916.74	2156.26
水 泥（万吨）	Cement (10 000 tons)	6666.61	6798.83
人造板（立方米）	Artificial Boards (cu.m)	1037589.51	1171942.00
矿山设备（吨）	Mining Equipment (ton)	50671	63402
起重设备（起重机）（吨）	Hoist and Derrick (ton)	55349	73905
房间空气调节器（台）	Air-Conditioners (unit)	13630160	12423284
发电设备（千瓦）	Generating Equipment (kw)	1896728	2139726
交流电动机（万千瓦）	AC Motors (10 000 kw)	511.33	585.40
变压器（万千伏安）	Transformer Products (10 000 kva)	4064.57	5515.71
金属切削机床（台）	Metal-cutting Machines (unit)	4760	5492
汽 车（辆）	Motor Vehicles (unit)	2628864	3045134
#轿 车	Cars	1113229	1087869
内燃机（发动机）（万千瓦）	Internal Combustion Engines (10 000 kw)	22878.47	21082.98
泵（台）	Industry Pumps (unit)	641723	741821
风 机（台）	Air Pumps (unit)	154400	169258
气体压缩机（台）	Gas Compressors (unit)	2370690	2603103
轴 承（万套）	Bearings (10 000 sets)	11339.76	10358.00
工业锅炉（蒸吨）	Industry Boilers (ton)	981.25	834.00
民用钢质船舶（载重吨）	Civil Steel Ships (ton)	1400921	1016742
合成氨（吨）	Synthetic Ammonia (ton)	2141860	2162284
化 肥（100%）（吨）	Chemical Fertilizer (100%) (ton)	2139906	2148547
#氮 肥	Nitrogen Fertilizer	1587797	1498253
磷 肥	Phosphate Fertilizer	537871	565408
配混合饲料（吨）	Mingled Forage (ton)	3076177	3834889
化学农药原药（吨）	Chemical Pesticides (ton)	5854	10547

重/庆/统/计/年/鉴

主要统计指标解释

■ 工业

指从事自然资源的开采，对采掘品和农产品进行加工和再加工的物质生产部门。具体包括：（1）对自然资源的开采，如采矿、晒盐、森林采伐等（不包括禽兽捕猎和水产捕捞）；（2）对农副产品的加工、再加工，如粮油加工、食品加工、轧花、缫丝、纺织、制革等；（3）对采掘品的加工、再加工，如炼铁、炼钢、化工生产、石油加工、机器制造、木材加工等，以及电力、自来水、煤气的生产和供应等；（4）对工业品的修理、翻新，如机器设备的修理、交通运输工具（包括小卧车）的修理等。

工业统计调查单位为独立核算法人工业企业。

独立核算法人工业企业指从事工业生产经营活动的单位。独立核算法人工业企业应同时具备以下条件：①依法成立，有自己的名称、组织机构和场所，能够承担民事责任；②独立拥有和使用资产，承担负债，有权与其他单位签订合同；③独立核算盈亏，并能够编制资产负债表。

本年鉴中涉及的企业登记注册类型：

（1）国有企业：指企业全部资产归国家所有，并按《中华人民共和国企业法人登记管理条例》规定登记注册的非公司制的经济组织。不包括有限责任公司中的国有独资公司。

（2）集体企业：指企业资产归集体所有，并按《中华人民共和国企业法人登记管理条例》规定登记注册的经济组织。

（3）股份合作企业：指以合作制为基础，由企业职工共同出资入股，吸收一定比例的社会资产投资组建，实行自主经营，自负盈亏，共同劳动，民主管理，按劳分配与按股分红相结合的一种集体经济组织。

（4）联营企业：两个及两个以上相同或不同所有制性质的企业法人或事业单位法人，按自愿、平等、互利的原则，共同投资组成的经济组织称为联营企业。联营企业包括国有联营企业、集体联营企业、国有与集体联营企业和其他联营企业。

国有联营企业：指所有联营单位均为国有。

集体联营企业：指所有联营单位均为集体。

国有与集体联营企业：指联营单位既有国有也有集体。

其他联营企业：指上述三种联营企业之外的其他联营形式的企业。

（5）有限责任公司：根据《中华人民共和国公司登记管理条例》规定登记注册，由两个以上，五十个以下的股东共同出资，每个股东以其所认缴的出资额对公司承担有限责任，公司以其全部资产对其债务承担责任的经济组织称为有限责任公司。有限责任公司分为国有独资公司以及其他有限责任公司。

国有独资公司：指国家授权的投资机构或者国家授权的部门单独投资设立的有限责任公司。

其他有限责任公司：指国有独资公司以外的其他有限责任公司。

（6）股份有限公司：指根据《中华人民共和国公司登记管理条例》规定登记注册，其全部注册资本由等额股份构成并通过发行股票筹集资本，股东以其认购的股份对公司承担有限责任，公司以其全部资产对其债务承担责任的经济组织。

（7）私营企业：指由自然人投资设立或由自然人控股，以雇佣劳动为基础的营利性经济组织。包括按照《公司法》、《合伙企业法》、《私营企业暂行条例》以及《个人独资企业法》规定登记注册的私营有限责任公司、私营股份有限公司、私营合伙企业、私营独资企业和个人独资企业。

（8）其他内资企业：指上述第（1）至第（7）之外的其他内资经济组织。

（9）与港澳台商合资经营企业：指港澳台地区投资者与内地企业依照《中华人民共和国中外合资经营企业法》及有关法律的规定，按合同规定的比例投资设立、分享利润和分担风险的企业。

（10）与港澳台商合作经营企业：指港澳台地区投资者与内地企业依照《中华人民共和国中外合作经营企业法》及有关法律的规定，依照合作合同的约定进行投资或提供条件设立、分配利润和分担风险的企业。

（11）港澳台商独资经营企业：指依照《中华人民共和国外资企业法》及有关法律的规定，在内地由

主要统计指标解释

港澳台地区投资者全额投资设立的企业。

（12）港澳台商投资股份有限公司：指根据国家有关规定，经外经贸部依法批准设立，其中港、澳、台商的股本占公司注册资本的比例达25% 以上的股份有限公司。凡其中港、澳、台商的股本占公司注册资本的比例小于25%的，属于内资企业中的股份有限公司。

（13）中外合资经营企业：指外国企业或外国人与中国内地企业依照《中华人民共和国中外合资经营企业法》及有关法律的规定，按合同规定的比例投资设立、分享利润和分担风险的企业。

（14）中外合作经营企业：指外国企业或外国人与中国内地企业依照《中华人民共和国中外合作经营企业法》及有关法律的规定，依照合作合同的约定进行投资或提供条件设立、分配利润和分担风险的企业。

（15）外资企业：指依照《中华人民共和国外资企业法》及有关法律的规定，在中国内地由外国投资者全额投资设立的企业。

（16）外商投资股份有限公司：指根据国家有关规定，经外经贸部依法批准设立，其中外资的股本占公司注册资本的比例达25% 以上的股份有限公司。凡其中外资股本占公司注册资本的比例小于25%的，属于内资企业中的股份有限公司。

■ 国有控股企业

是指在企业的全部实收资本中，国有经济成分的出资人拥有的实收资本(股本)所占企业全部实收资本(股本)的比例大于50%的国有绝对控股。

在企业的全部实收资本中，国有经济成分的出资人拥有的实收资本(股本)所占比例虽未大于50%，但相对大于其他任何一方经济成分的出资人所占比例的国有相对控股；或者虽不大于其他经济成分，但根据协议规定拥有企业实际控制权的国有协议控股。

投资双方各占50%，且未明确由谁绝对控股的企业，若其中一方为国有经济成分的，一律按国有控股处理。

■ 轻工业

指主要提供生活消费品和制作手工工具的工业。按其所使用的原料不同，可分为两大类：(1)以农产品为原料的轻工业，是指直接或间接以农产品为基本原料的轻工业。主要包括食品制造、饮料制造、烟草加工、纺织、缝纫、皮革和毛皮制作、造纸以及印刷等工业；(2)以非农产品为原料的轻工业，是指以工业品为原料的轻工业。主要包括文教体育用品、化学药品制造、合成纤维制造、日用化学制品、日用玻璃制品、日用金属制品、手工工具制造、医疗器械制造、文化和办公用机械制造等工业。

■ 重工业

指为国民经济各部门提供物质技术基础的主要生产资料的工业。按其生产性质和产品用途，可以分为下列三类：(1)采掘(伐)工业，是指对自然资源的开采，包括石油开采、煤炭开采、金属矿开采、非金属矿开采等工业；(2)原材料工业，指向国民经济各部门提供基本材料、动力和燃料的工业。包括金属冶炼及加工、炼焦及焦炭、化学、化工原料、水泥、人造板以及电力、石油和煤炭加工等工业；(3)加工工业，是指对工业原材料进行再加工制造的工业。包括装备国民经济各部门的机械设备制造工业、金属结构、水泥制品等工业，以及为农业提供的生产资料如化肥、农药等工业。

根据上述划分原则，修理业中以重工业产品为修理作业对象的划为重工业，反之划为轻工业。

■ 工业总产值

指工业企业在本年内生产的以货币形式表现的工业最终产品和提供工业劳务活动的总价值量。

（1）工业总产值计算应遵循的原则

①工业生产的原则。即凡是企业在本年内生产的最终产品和提供的劳务，均应包括在内。其中的最终产品，不管是否在本年内销售，只要是本年内生产的，就应包括在内。凡不是工业生产的产品，均不得计入工业总产值。

②最终产品的原则。即企业生产的成品价值必须是本企业生产的，经检验合格不需再进行任何加工的最终产品。企业对外销售的半成品也应视为最终产品计入工业总产值。而在本企业内各车间转移的半成品和在制品只能计算其期末期初差额价值。

③“工厂法”原则。即以法人工业企业作为一个整体计算工业总产值，是其本年内生产的最终产品和提供劳务的总价值量。

主要统计指标解释

（2）工业总产值的内容

包括三部分：生产的成品价值、对外加工费收入、自制半成品在制品期末期初差额价值。

①成品价值：指企业在本年内生产，并在本年内不再进行加工，经检验合格、包装入库的已经销售和准备销售的全部工业成品(包括半成品)价值合计。成品价值中包括企业生产的自制设备及提供给本企业在建工程、其他非工业部门和生活福利部门等单位使用的成品价值，但不包括用订货者来料加工的成品(半成品)价值。

工业总产值是按现行价格计算的。成品价值按成品实物量乘以本年不含应交增值税(销项税额)的产品实际销售平均单价计算。会计核算中按成本价格转帐的自制设备和自产自用的成品，按成本价格计算生产成品价值。

②对外加工费收入：指企业在本年内完成的对外承做的工业品加工(包括用订货者来料加工生产)的加工费收入和对外工业品修理作业所收取的加工费收入。对外加工费收入按不含应交增值税(销项税额)的价格计算，可根据会计“产品销售收入”科目的有关资料取得。

对于以对外加工生产为主，对外加工费收入所占比重较大的企业，如果对外加工费收入出现跨年度支付的情况，为保证总产值生产口径计算的准确性，则应将对外加工费收入按实际情况调整，记录本年应实际收取的对外加工费收入。

③自制半成品在制品期末期初差额价值。为了使工业总产值与工业中间投入中的物耗价值一致，以便同口径地计算工业增加值，规定本指标的计算原则是：凡是企业会计产品成本核算中计算半成品、在制品成本，则工业总产值中必须包括自制半成品在制品期末期初差额价值。反之则不包括。

自制半成品在制品期末期初差额价值等于自制半成品在制品期末价值减去期初价值后的余额，如果期末价值小于期初价值，该指标为负值，企业在计算产值时，应按负值计算，不能作为零处理。

（3）工业总产值计算的几种具体规定

①凡自备原材料，不论其加工繁简程度如何，一律按全价，即包括自备原材料的价值，计算工业总产值。

②凡来料加工，加工企业一律按财务上结算的加工费计算工业总产值，即不包括定货者来料的价值。一般分两种情况：a、工业企业之间的来料加工，加工企业(即承包单位)按财务上结算的加工费计算工业总产值；委托加工的企业(即发包单位)按全价计算工业总产值。b、工业企业与非工业企业之间的来料加工，当工业企业作为加工企业时一律按加工费计算工业总产值。

③自制半成品、在制品期末期初差额价值，原则上应计入工业总产值，但如果会计产品成本核算中不计算自制半成品、在制品成本，则不计入工业总产值；如果会计产品成本核算中计算自制半成品、在制品成本的，则计入工业总产值。

工业销售产值

指以货币形式表现的，工业企业在本年内销售的本企业生产的工业产品或提供工业性劳务价值的总价值量。工业销售产值包括的内容为：（1）销售成品价值；（2）对外加工费收入。区分来料加工与自备原材料生产的依据同工业总产值中的规定。

出口交货值

指工业企业交给外贸部门或自营（委托）出口（包括销往香港、澳门、台湾），用外汇价格结算的产品价值，以及外商来样、来料加工、来件装配和补偿贸易等生产的产品价值。在计算出口交货值时，要把外汇价格按交易时的汇率折算成人民币计算。

资产合计

指企业拥有或控制的能以货币计量的经济资源，包括各种财产、债权和其他权利。资产按其流动性(即资产的变现能力和支付能力)划分为：流动资产、长期投资、固定资产、无形资产、递延资产和其他资产。根据会计“资产负债表”中“资产总计”项的期末数填列。

（1）流动资产：指企业可以在一年内或者超过一年的一个生产周期内变现或者耗用的资产，包括现金及各种存款、短期投资，应收及预付款项、存货等。根据会计“资产负债表”中“流动资产合计”项的期末数填列。

（2）固定资产：指企业使用期限超过一年的房屋、建筑物、机器、机械、运输工具以及其他与生产、经营有关的设备、器具、工具等。不属于生产经营主要设备的物品，单位价值在2000元以上，并且使用年限超过2年的，也应当作为固定资产。“固定资产合计”根据会计“资产负债表”中“固定资产合计”项的期末数填列。

主要统计指标解释

负债合计

指企业所承担的能以货币计量，将以资产或劳务偿付的债务，偿还形式包括货币、资产或提供劳务。

负债一般按偿还期长短分为流动负债和长期负债。根据会计“资产负债表”中“负债合计”的期末数填列。

（1）流动负债：指企业在一年内或超过一年的一个营业周期内需要偿还的债务，包括短期借款、应付票据、应付帐款、预收帐款、应付工资、应交税金、应付利润、预提费用等。根据企业会计“资产负债表”中“流动负债合计”的期末数填报。

（2）长期负债：指企业偿还期在一年以上或者超过一年的一个营业周期以上的债务，包括长期借款、长期应付款、应付债券等。根据会计“资产负债表”中的“长期负债合计”的期末数填报。

所有者权益

指所有者在企业资产中享有的经济利益，它等于企业资产减去负债后的余额。包括实收资本（或股本）、资本公积、盈余公积、未分配利润等。根据会计“资产负债表”中的“所有者权益合计”项的期末数填列。

主营业务收入

指企业经营主要业务所取得的收入总额。根据会计“利润表”中对应指标的本年累计数填列。若执行2006年《企业会计制度》的企业，用“营业收入”的本期累计数代替。

主营业务成本

指企业经营主要业务发生的实际成本。根据会计“利润表”中对应指标的本年累计数填列。若执行2006年《企业会计制度》的企业，用“营业成本”的本期累计数代替。

主营业务税金及附加

指企业经营主要业务应负担的营业税、消费税、城市维护建设税、资源税、土地增值税、教育费附加。根据会计“利润表”中对应指标的本年累计数填列。若执行2006年《企业会计制度》的企业，用“营业税金及附加”的本期累计数代替。

营业利润

指企业从事生产经营活动所取得的利润，即主营业务收入减主营业务成本和主营业务税金及附加，加其他业务利润，减去营业费用、管理费用、财务费用后的金额。本指标根据会计“利润表”中对应指标的“本年累计数”填列。

应交增值税

指企业按税法规定，从事货物销售或提供加工、修理修配劳务等增加货物价值的活动本期应交纳的税金。指企业在报告期应交增值税额。计算公式为：

本年应交增值税=销项税额-(进项税额-进项税额转出)-出口抵减内销产品应纳税额-减免税款+出口退税

利润总额

指企业在生产经营过程中各种收入扣除各种耗费后的盈余，反映企业在报告期内实现的亏盈总额，包括营业利润、补贴收入、投资净收益和营业外收支净额。根据会计“利润表”中的对应指标的本期累计数填列。

利税总额

指企业利润总额、产品销售税金及附加、应交增值税之和。

工业经济效益综合指数

是综合衡量地区工业经济效益总体水平的一种特殊相对数，是反映一定时期工业经济运行质量的主要指标。工业经济效益综合指数由总资产贡献率、资本保值增值率、资产负债率、流动资产周转率、成本费用利润率、全员劳动生产率和产品销售率的实际数值分别除以该项指标的全国标准值，并乘以各自的权数，加总后除以总权数求得。该指标可从静态水平和动态趋势上较为全面地反映各地区工业经济效益的变化情况，并可在一定程度上消除地区对比的不可比因素。

总资产贡献率

反映企业全部资产的获利能力，是企业经营业绩和管理水平的集中体现，是评价和考核企业盈利能力的核心指标。计算公式为：

总资产贡献率（%）=（利润总额+税金总额+利息支出）/平均资产总额×100%

主要统计指标解释

资本保值增值率

反映企业净资产的变动状况，是企业发展能力的集中体现。计算公式为：

资本保值增值率（%）＝报告期期末所有者权益/上年同期期末所有者权益×100%

资产负债率

该指标既反映企业经营风险的大小，也反映企业利用债权人提供的资金从事经营活动的能力。计算公式为：资产负债率（%）=负债总额/资产总额×100%

流动资产周转次数

指在一定时期内流动资产完成的周转次数，反映流动资产的周转速度。计算公式为：

流动资产周转次数＝产品销售收入/全部流动资产平均余额

成本费用利润率

在一定时期内实现的利润与成本费用之比，是反映工业生产成本及费用投入的经济效益指标，同时也是反映降低成本的经济效益的指标。计算公式为：

成本费用利润率（%）＝利润总额/成本费用总额×100%

全员劳动生产率

指根据产品的价值量指标计算的平均每一就业人员在单位时间内的产品生产量。是考核企业经济活动的重要指标，是企业生产技术水平、经营管理水平、职工技术熟练程度和劳动积极性的综合表现。目前，我国的全员劳动生产率是将工业企业的增加值除以同一时期全部就业人员的平均人数来计算的。计算公式为：

全员劳动生产率＝工业增加值/全部从业人员平均人数

产品销售率

指工业销售产值与同期全部工业总产值之比，反映工业产品已实现销售的程度，分析工业产销衔接情况，研究工业产品满足社会需求程度的指标。计算公式为：

产品销售率（%）＝现价工业销售产值/报告期现价工业总产值×100%

销售利润率

指企业利润与销售收入的比率。计算公式为：

销售利润率（%）＝利润/销售收入×100%

资本积累率

指企业所有者权益增长额与年初所有者权益的比率。计算公式为：

资本积累率（%）＝所有者权益增长额/年初所有者权益×100%

流动比率

指流动资产与流动负债的比率，它表明每一元流动负债有多少流动资产作为偿还的保证，反映企业用可在短期内转变为现金的流动资产偿还到期流动负债的能力。计算公式为：

流动比率＝流动资产/流动负债

速动比率

指企业速动资产与流动负债的比率。计算公式为：

速动比率＝速动资产/流动负债

产权比率

指企业负债总额与所有者权益的比率，是企业财务结构稳健与否的重要标志，也称资本负债率。计算公式为：

产权比率＝负债总额/所有者权益

Explanatory Notes on Main Statistical Indicators

Industry

Efers to the material production sector which is engaged in extraction of natural resources and processing and reprocessing of minerals and agricultural products, including; I) extraction of natural resources, such as mining, salt production, logging (but not including hunting and fishing); II) processing and reprocessing of farm and sideline produces, such as rice husking, flour milling, wine making, oil pressing, cotton ginning, silk reeling, spinning and weaving, and leather making; III) manufacture of industrial products, such as steel making, iron smelting, chemicals manufacturing, petroleum processing, machine building, timber processing; water and gas production and electricity generation and supply; IV) repairing of industrial products such as the repairing of machinery and means of transport (including cars). Prior to 1984, the rural industry run by villages and cooperative organizations under village was classified into agriculture. Since 1984, it has been grouped into industry.

In industrial statistics surveys, the units of enquiry are corporate industrial enterprises with independent accounting systems.

Corporate industrial enterprises with independent accounting systems refer to enterprises engaging in industrial production activities, which meet the following requirements: (I)They are established legally, having their own names, organizations, location and able to take civil liability; (II)They possess and use their assets independently, assume liabilities and are entitled to sign contracts with other units; (III)They are financially independent and compile their own balance sheets.

Types of enterprise registration involved in this yearbook are as the following:

(I) State-owned Enterprises: refer to non-corporation economic units where the entire assets are owned by the state and which have registered in accordance with the Regulation of the People's Republic of China on the Management of Registration of Corporate Enterprises. Excluded from this category are sole state-funded corporations in the limited liability corporations.

(II) Collective-owned Enterprises: refer to economic units where the assets are owned collectively and which have registered in accordance with the Regulation of the People's Republic of China on the Management of Registration of Corporate Enterprises.

(III) Cooperative Enterprises: refer to a form of collective economic units (enterprises) where capitals come mainly from employees as their shares, with certain proportion of capital from the outside, where production is organized on the basis of independent operation, independent accounting for profits and losses, joint work, democratic management, and a distribution system that integrates remuneration according to work with dividend according to capital share.

(IV) Joint Ownership Enterprises: refer to economic units established by two or more corporate enterprises or corporate institutions of the same or different ownership, through joint investment on the basis of equality, voluntary participation and mutual benefits. They include state joint ownership enterprises, collective joint ownership enterprises, joint state-collective enterprises, other joint ownership enterprises. They include:

a) State-owned joint-operation enterprises (joint operation between State-owned enterprises);

b) Collective joint-operation enterprises (joint operation between collective enterprises);

c) State-collective joint-operation enterprises (joint operation between state and collective enterprises);

d) Other joint-operation enterprises(joint operation exclude state and collective enterprises).

(V) Limited Liability Corporations: refer to economic units established with investment from 2-50 investors and registered in accordance with the Regulation of the People's Republic of China on the Management of Registration of Corporations, each investor bearing limited liability to the corporation depending on its share of investment, and the corporation bearing liability to its debt to the maximum of its total assets. Limited liability corporations include exclusive state-funded limited liability corporations and other limited liability corporations.

Exclusive state-funded limited liability corporations: State-authorized investment institutions or departments of State has authorized the establishment of a separate investment in the limited liability company.

Other limited liability corporations:corporation exclude exclusive state-funded limited liability company.

(VI) Share holding Corporations Ltd.: refer to economic units registered in accordance with the Regulation of the People's Republic of China on the Management of Registration of Corporations, with total registered capitals divided into equal shares and raised through issuing stocks. Each investor bears limited liability to the corporation depending on the holding of shares, and the corporation bears liability to its debt to the maximum of its total assets.

(VII) Private Enterprises: refer to profit-making economic units invested and established by natural persons, or controlled by natural persons using employed labor. Included in this category are private limited liability corporations, private share-holding corporations Ltd., private partnership enterprises and private-funded enterprises registered in accordance with the Corporation Law, Partnership Enterprises Law and Interim Regulations on Private Enterprise.

(VIII) Other Domestic-funded Enterprises: refer to domestic-funded economic units other than those mentioned above.

(IX) Joint-venture Enterprises with Funds from Hong Kong, Macao and Taiwan: refer to enterprises jointly established by invertors from Hong Kong, Macao and Taiwan with enterprises in the mainland of China in accordance with the Law of the People's Republic of China on Sino-foreign Joint Venture Enterprises and other relevant laws, where the share of investment, profits and risks is stipulated in the contract.

(X) Cooperative Enterprises with Funds from Hong Kong Macau and Taiwan: established by investors from Hong Kong, Macau and Taiwan with enterprises in the mainland of China in accordance with the Law of the People's Republic of China on Sino-foreign Cooperative Enterprises and other relevant laws, where the investment or provision of facilities, and the share of profits and risks is stipulated in the cooperative contract.

(XI) Enterprises with Sole (exclusive) Investment from Hong Kong, Macau and Taiwan: refer to enterprises established in the mainland of China with exclusive investment from investors from Hong Kong, Macau and Taiwan in accordance with the Law of the People's Republic of China on Foreign-Funded Enterprises and other relevant laws.

(XII) Share-holding Corporations Ltd. with Investment from Hong Kong, Macau and Taiwan: refer to share-holding corporations Ltd. established with the approval from the former Ministry of Foreign Trade and Economic Relations in line with relevant state regulations, where the share of investment from Hong Kong, Macau or Taiwan businessmen exceeds 25% of the total registered capital of the corporation. In case the share of investment from Hong Kong, Macau or Taiwan is less than 25% of the total registered capital, the enterprise is to be classified as domestic-funded share-holding corporation Ltd.

(XIII) Joint-venture Enterprises with Foreign Investment: refer to enterprises jointly established by foreign enterprises or foreigners with enterprises in the mainland of China in accordance with the Law of the People's Republic of China on Sino-foreign Joint Venture Enterprises and other relevant laws, where the share of investment, profits and risks is stipulated in the contract.

(XIV) Cooperation Enterprises with Foreign Investment: refer to enterprises jointly established by foreign enterprises or foreigners with enterprises in the mainland of China in accordance with the Law of the People's Republic of China on Sino-foreign Cooperative Enterprises and other relevant laws, where the investment or provision of facilities, and the share of profits and risks is stipulated in the cooperative contract.

(XV) Enterprises with Sole (exclusive) Foreign Investment: refer to enterprises established in the mainland of China with exclusive investment from foreign investors in accordance with the Law of the People's Republic of China on Foreign-Funded Enterprises and other relevant laws.

(XVI) Share-holding Corporations Ltd. with Foreign Investment: refer to share-holding corporations Ltd. established with the approval from the Ministry of Foreign Trade and Economic Relations in line with relevant state regulations, where the share of investment from foreign investors exceeds 25% of the total registered capital of the corporation. In case the share of foreign investment is less than 25% of the total registered capital, the enterprise is to be classified as domestic-funded share-holding corporation Ltd.

□ State-holding Enterprises

Refer to a classification of enterprises of mixed ownership. It means the state-owned asset of total assets is more than that of other owners. The classification shows the status of share held by state-owned economy.

□ Light Industry

Efers to the industry that produces consumer goods and hand tools. It consists of two categories, depending on the materials used:

(I) Industries using farm products as raw materials. These are the branches of light industry which directly or indirectly use farm products as basic raw materials, including the manufacture of food and beverages, tobacco processing, textile, clothing, fur and leather

EXPLANATORY NOTES TO MAJOR STATISTICAL INDICATORS

manufacturing, paper making, printing, etc.

(II) Industries using non-farm products as raw materials. These are the branches of light industry which use manufactured goods as raw materials, including the manufacture of cultural, educational articles and sports goods, chemicals, synthetic fibre, chemical products for daily use, glass products for daily use, metal products for daily use, hand tools, medical apparatus and instruments, and the manufacture of cultural and office machinery.

☐ Heavy Industry

Efers to the industry which produces capital goods, and provides various sectors of the national economy with necessary material and technical basis for production. It consists of the following three branches according to the purpose of production or the use of products:

(I) Mining, quarrying and logging industry, which refers to the industry that extracts natural resources, including extraction of petroleum, coal, metal and non-metal ores.

(II) Raw materials industry refers to the industry that provides various sectors of the national economy with raw materials, fuels and power. It includes smelting and processing of metals, coking and coke chemistry, chemical materials and building materials such as cement, plywood, and power, petroleum refining and coal dressing.

(III) Manufacturing industry which refers to the industry that processes raw materials. It includes machine-building industries which equip sectors of the national economy; industries producing metal structure and cement products; and industries producing means of agricultural production, such as chemical fertilizers and pesticides.

In accordance with the above principles of classification, the repairing trades, which are engaged primarily in repairing products of heavy industry, are classified as heavy industry while those which are engaged in repairing products of light industry are classified as light industry.

☐ Gross Industrial Output Value

Refers to the total volume of final industrial products produced and industrial services provided in this year.

(I) Principles for calculations

a) Statistics on industrial production follow the principle that all products produced by the enterprises and accepted through quality check during the reference period are to be included no matter whether they are sold or not during the reference period.

b) Determination of final products follows the principle that all products that are included in the calculation of gross industrial output value are the final products of the enterprise which have been accepted through quality check and require no further processing. If an enterprise has semi-finished products to sell, these intermediate products are considered as the final products of the enterprise.

Finished and semi-finished products which tranfer in the workshop can only calculate the difference value between the end and the beginning.

c) Gross industrial output value is calculated following the principle of factory approach, i.e. industrial enterprise is used as the basic accounting unit in calculating the gross industrial output value. By this approach, value of the same product is not to be double-counted, and the output value of different workshops (branch factories) within the enterprise should not be added. However, this approach allows the possibility of double counting between enterprises.

(II) Content

Gross industrial output value consists of 3 components: value of the finished products during the reference period, income from processing for external parties, and value of change in semi-finished products between the end and the beginning of the reference period.

a) Value of finished products during the reference period: refers to the value of all finished (semi-finished) industrial products that are produced during the reference period without the need for further processing, checked for acceptance, packed and put into the warehouse of the enterprise, including the value of own-produced equipment and the value of products provided to the projects under construction of the enterprise, and to other non-industrial or welfare units. Value of finished products does not include the value of finished products (semi-finished products) that are produced using the materials from the clients who place the orders.

Value of finished products during the reference period is calculated by the quantity of products produced using own materials multiplied by the average unit prices at which products are sold (excluding value-added tax). Own-produced equipment and products produced for own use are valued at cost prices as in the case of enterprise accounting.

b) Income from external processing: refers to income from contracted external processing of industrial products (including processing of industrial products using materials from the clients), and the income from industrial repairing work provided to other parties. Income from external processing is calculated using information from the item "products sales income" in the enterprise accounting at the prices with value-added tax excluded.

If the income from external processing is paid beyond one year, Enterprises which the share of income from processing service is significant should adjust and record actual income from external processing this year.

c) Value of change in semi-finished products between the end and the beginning of the reference period.If the enterprise accounting excludes the cost of semi-finished products,then it should not be included in the gross industrial output value,and the reverse if otherwise.

Value of change in semi-finished products between the end and the beginning of the reference period:refers to the value of change in semi-finished products between the end and the beginning of the reference period. If the value of the end is less than the beginning, the index is negative and not dealted as zero.

(III) Method of calculation

a) All products produced using own materials are to be calculated with full value in reporting the gross industrial output value irrespective of the complexity of production.

b) For external processing, it allows calculate using processing fee.There are two cases: a、Between industrial enterprises.For gross industrial output value, processing enterprises calculate using processing fee and Commissioned processing calculate using full price.b、Between industrial enterprise and non-industrial enterprise.When industrial enterprise is processing enterprise,it allows caluculate using processing fee.

c) The value of change in semi-finished products should be included in the gross industrial output value if it is included in the accounting record of the enterprise, otherwise it should not be included.

□ Industrial Sales Value

Is the total volume of industrial products produced and sold by industrial enterprises in a given period in monetary terms. It includes: (I) the value of finished-products; (II) the value for external processing. The difference between all products produced using own materials and external processing for calculation of industrial sales value is as same as the calculation of gross industry output value.

□ Value of Export Delivery

Refers to the value of products exported via foreign trade agencies or by the industrial enterprises on their own (including the export to Hong Kong, Macao and Taiwan), as well as the value of products in the productions like processing with foreign designs, processing on given materials, assembling of supplied parts and compensation trade, which is settled by foreign exchanges. The value of export delivery should be calculated in RMB according to the exchange rate at the time of trade.

□ Total Assets

Refer to all assets which are owned or controlled by enterprises, including circulating assets, long-term investment, fixed assets, intangible assets and deferred assets, other long-term assets, and deferred taxes, etc. The summation of above items is equal to total assets shown in the balance sheets of the enterprises. Total assets correspond to the summation item of total assets shown in the balance sheets of the enterprises

(I) Circulating assets (working capital) refer to assets which can be cashed in or spent or consumed in an operating cycle of one year or over one year, including cash, all kinds of deposits, short term investment, receivables, advance payment, stock, etc. Circulating assets correspond to the summation item of circulation assets shown in the balance sheets of the enterprises.

(II) Fixed assets refer to the assets with high unit value can keep its original body in use and last for a long period. Refers to the use of more than one year of housing, buildings, machines, machinery, transport equipment and other production and business-related equipment, apparatus, tools, etc. Some items which are not belong to the production and operation of major equipment, but the unit value of more than 2,000 yuan, and the use of more than two years, should also be as fixed assets. Fixed assets correspond to the summation item of fixed assets shown in the balance sheets of the enterprises.

□ Total Liabilities

Refer to the debts that enterprises are responsible for repayment, including liquid liabilities and long-term liabilities. The forms of reimbursement are including currency,assets and providing labor services.Total liabilities correspond to the summation item of liabilities shown in the balance sheets of the enterprises.

(I) Liquid liabilities (also called quick liabilities or immediate

EXPLANATORY NOTES TO MAJOR STATISTICAL INDICATORS

liabilities) refer to enterprises total debt payable within an operating cycle of one year or over one year, including short term loans, payables and advance payments, wages payable, taxes payable and profit payable, etc. Liquid liabilities correspond to the summation item of liquid liabilities shown in the balance sheets of the enterprises.

(II) Long-term liabilities refers to total debt payable within an operating cycle of one year or over one year, including long-term loans, payable liabilities, long-term payables, etc. Long-term liabilities correspond to the summation item of long-term shown in the balance sheets of the enterprises.

□ Creditors' Equity

Refers to investors' ownership of net assets of the enterprise. It is equal to the total assets of the enterprise minus its total liabilities, including the primary input from investors, capital accumulation fund, surplus accumulation fund and undistributed profit.It is the last digital of "creditors' equity" in "balance sheet". Creditors equity correspond to the summation item of creditors' equity shown in the balance sheets of the enterprises.

□ Revenue from Principal Business

Refers to the toal of revenue from principal business. It is the annual accumulation of the corresponding item in the "profit table" of the accountant. For enterprises that follow the 2006 Enterprise Accounting Standards, the year-end accumulation of Operating income is used as a substitute.

□ Cost of Principal Business

Refers to real costs from principal business. It is the annual accumulation of the corresponding item in the "profit table" of the accountant. For enterprises that follow the 2006 Enterprise Accounting Standards, the year-end accumulation of Operating costs is used as a substitute.

□ Tax and Extra Charges from Principal Business

Refer to the tax and charges including the business tax, consumption tax, city maintenance and construction tax, resources tax, land increasing value tax and extra charges for education and etc. It is the annual accumulation of the corresponding item in the "profit table" of the accountant. For enterprises that follow the 2006 Enterprise Accounting Standards, the year-end accumulation of tax and extra charges from the sales of products is used as a substitute.

□ Profit from business

Refers to the profits from operation activities, that is the main business income minus the cost of main business and main business tax and surcharges, add other business profits, minus operating expenses, management fees, finance charges. It is the annual accumulation of the corresponding item in the "profit table" of the accountant.

□ Value Added Tax Payable

Refers to the amount of the value-added tax, which should be paid by the enterprises in the reporting period.According to the tax laws, increasing the activities of the current value of the goods,such as the sale of goods or the provision of processing, repair workshop and other services should pay taxes.It is calculated as follows:

Value added tax payable=tax on sales-(tax on purchases-transferred tax on purchases)- Tax credits-tax cut +export rebate

□ Total Profits

Refers to the annual accumulation of the corresponding item in the "profit table" of the accountant. It is the profits gained from the revenues in the reference period, including business profits, subsidies, net income of investment and net income of other business.

□ Total Value of Profit and Tax (Pre-tax Profits)

Refers to the sum of the total profits, products sales tax and surcharges and the value added tax payable of industrial enterprises. It is also called Pre-tax profits.

□ Industrial Comprehensive Index of Economic Efficiency

Is a special kind of relative figure to comprehensively measure overall economic efficiency of regional industry, showing the quality of industrial economic efficiency of the reference period. Industrial comprehensive index of economic efficiency is calculated with 7 items of ratio of total assets to industrial output value, ratio of creditors' equity of current year to that of previous year, ratio of liabilities to assets, turnover ratio of output value, circulating funds, ratio of profits to cost, overall labor productivity, ratio of sales to products. The actual figure of every indicator above is divided by responding national standard numerical value, and the results multiply correlative weight coefficients, then the total number is divided by general weight coefficient. The index comprehensively reflects the changes of regional industrial economic efficiency in static and dynamic status, eliminating the incomparable factors at a certain extent.

☐ Ratio of Total Assets to Industrial Output Value

Reflects the profit-making capability of all assets of the enterprise and is a key indicator manifesting the performance and management and evaluating the profit-making potential of the enterprise. It is calculated as follows:

Ratio of Total Assets to Industrial Output (%) = [(Total profits + Total taxes + Interest payment) / average assets] × 100%

☐ Capital Maintenance and Appreciation Rate

Reflects the changes of an enterprise's net assets. It epitomizes the growth capability of an enterprise. Its calcuating formula is:

Capital Maintenance and appreciation rate = Ownership equity at the end of the reporting period/Ownership equity at the same period of the previous year.

☐ Ratio of Liabilities to Assets

Reflect both the operation risk and the capability of the enterprise in making use of the capital from the creditors. It is calculated as follows:

Ratio of liabilities to assets (%) = Total liabilities/total assets×100%

☐ Turnover Ratio of Circulating Funds

Refers to times of turnover of circulating funds in a given period of time, which reflects the speed of the turnover of working capital and is calculated as follows:

Turnover Ratio of Circulating Funds (%) = Sales Revenue of Products/Average Balance of Total Circulating Funds×100%

☐ Ratio of Profits to Costs

Refers to the ratio of profits realized in a given period to the total costs in the same period, which reflects the economic efficiency of input cost and is calculated as follows:

Ratio of Profits to Cost (%) =Total Profits/Total Costs×100%

☐ Overall Labor Productivity

Refers to the average output per employed person in industrial enterprises in value terms. At present, the value added and the average number of staff and workers of an industrial enterprises in a given period are used to calculate the overall labor productivity. The formula used is:

Overall Labor Productivity = (Value Added of Industry) / (Average Number of Staff and Workers)

☐ Ratio of Sales to Products

Refers to the ratio of total sales in a given period to the gross output value in the same period, which reflects the extent of industrial output sold and is calculated as follows:

Ratio of Sales to Products (%) =Total Sales (at Current Prices) / Gross Output Value (at Current Prices) ×100%

☐ Ratio of Profits to Sales

Refers to the ratio of total profits to the sales revenue in a given period and is calculated as follows:

Ratio of Profits to Sales (%) =Total Profits /Sales Revenue×100%

☐ Ratio of Accumulated Capital to Original Capital

Refers to the ratio of the increased volume of creditors' equity to the creditors' equity at the year's beginning. The formula used is:

Ratio of Accumulated Capital to Original Capital (%) = Increased Volume of Creditors' Equity / Creditors' Equity at Year's Beginning×100%

☐ Current Ratio

Refers to the ratio of the circulating assets to the circulating liabilities, i.e. the amount of circulating assets as the guarantee to pay off each yuan of circulating liabilities, which reflects the ability of the enterprise to pay off the due circulating liabilities with the circulating assets realizable in a short period of time. The formula is:

Current Ratio (%) = Circulating Assets / Circulating Liabilities

EXPLANATORY NOTES TO MAJOR STATISTICAL INDICATORS

□ Quick Ratio

Refers to the ratio of quick assets to circulating liabilities of the enterprise, and is calculated as the follows:

Quick Ratio = Quick Assets / Circulating Liabilities

□ Ratio of Equity to Production

Refers to the ratio of total liabilities to creditors' equity. It is the sign of financial stability of the enterprises, and also called ratio of total liabilities to total capital. The formula is:

Ratio of Equity to Production = Total Liabilities / Creditors' Equity

第 13 章

建筑业

CONSTRUCTION

本章资料包括全市按登记注册地统计的建筑业基本情况、建筑企业房屋施工及竣工面积和劳务分包建筑业企业主要指标、各类建筑施工企业主要经济指标等，由市统计局固定资产投资处提供。全市建筑业增加值情况参见本书第二章国民经济核算。

The data in this chapter include the general information of all the construction enterprises with the place of registration in Chongqing, the main indicators on the floor space of buildings under construction and completed of construction enterprises and on the labor subcontractors in construction industry, as well as the main economic indicators on various construction enterprises. The data in this chapter are provided by Division of Statistics of Investment in Fixed Assets, Chongqing Municipal Bureau of Statistics. See Chapter 2 National Economic Accounting of this book for the value added of construction industry.

表13.1 建筑业基本情况（1985－2015年）

BASIC STATISTICS ON CONSTRUCTION INDUSTRY (1985-2015)

年　份 Year	企业数 （个） Number of Enterprises (unit)	年末从业人数 （万人） Number of Employed Persons at Year-end (10 000 persons)	总产值 （万元） Gross Output Value (10 000 yuan)	房屋建筑施工面积 （万平方米） Floor Space of Buildings under Construction (10 000 sq.m)	房屋建筑竣工面积 （万平方米） Floor Space of Buildings Completed (10 000 sq.m)
1985	298	14.12	96201	684.85	340.18
1986	291	17.12	112719	674.54	345.37
1987	303	18.08	138515	740.55	350.79
1988	399	20.71	183070	866.76	372.69
1989	400	20.60	196510	853.54	391.35
1990	445	20.89	220685	905.58	450.19
1991	465	21.50	262155	915.31	458.23
1992	482	23.58	340256	1015.59	490.88
1993	607	22.47	426228	1238.22	537.78
1994	561	26.61	656959	1456.78	577.22
1995	556	28.24	810548	1678.02	656.38
1996	1473	64.43	2052964	4065.24	2276.97
1997	1501	68.98	2440552	4451.06	2562.73
1998	1655	80.46	2896198	5275.68	2837.02
1999	1735	75.49	3175927	5481.86	2974.82
2000	1785	73.37	3486579	6088.49	3083.72
2001	1721	83.99	4368064	7962.27	4341.38
2002	1778	82.05	5015839	8707.39	4711.06
2003	1760	81.80	5862095	9754.10	4939.62
2004	2442	86.91	6902774	10184.46	5167.65
2005	2310	83.10	7835658	10722.57	5155.18
2006	2455	86.72	8950918	11522.42	5309.27
2007	2486	96.97	11287118	13866.76	5750.65
2008	2483	105.42	14963195	15618.93	6485.30
2009	2465	118.88	19152495	16475.84	7473.16
2010	2467	139.33	25343196	19489.39	8292.00
2011	2530	134.84	33288252	21976.19	8989.56
2012	2575	138.59	39756696	26269.73	11601.82
2013	2578	170.45	47312167	29884.62	12240.32
2014	2591	167.45	55522069	32886.88	12815.64
2015	2628	177.17	62569430	32801.61	13542.58

注：1) 1993年实行一套表制度，附营建筑企业有所增加；1996年以前口径范围包括全民、城镇集体建筑安装企业，1996年-2001年为资质等级四级以上的建筑企业(下表同)。
2) 2002年起建筑业执行新建筑资质，2002年房屋建筑施工、竣工面积和2003年起所有数据不含劳务分包企业(下表同)。

Note: a) As the system of one suit of tables was implemented in 1993, the affiliated construction enterprises increased. The statistics scope before 1996 included the whole people-owned, collective-owned construction and installation enterprises; while the statistics scope from 1996 to 2001 included the construction and installation enterprises of qualification Grade-4 and above (the same below).
b) The new grade system was carried out in construction in 2002. The data of floor space under construction and completed in 2002, and all the data since 2003 exclude the data of labor subcontractors (the same below).

表13.2 建筑业企业房屋施工及竣工面积（2014－2015年）
FLOOR SPACE OF BUILDINGS UNDER CONSTRUCTION AND COMPLETED BY CONSTRUCTION ENTERPRISES (2014-2015)

指 标	Item	2014	2015
房屋建筑施工面积（万平方米）	**Floor Space of Buildings under Construction (10 000 sq.m)**	**32886.88**	**32801.61**
#本年新开工面积	Floor Space of Buildings Newly Started This Year	14524.33	14069.18
#实行投标承包面积	Floor Space Contracted by Bidding	19373.71	19490.20
房屋建筑竣工面积（万平方米）	**Floor Space of Buildings Completed (10 000 sq.m)**	**12815.64**	**13542.58**
住宅房屋	Residential Buildings	9843.20	9935.49
商业及服务用房屋	Buildings for Business and Services	738.43	898.20
#批发和零售业用房	Buildings for Wholesale and Retail	262.48	370.10
住宿和餐饮业用房	Buildings for Hotels and Catering Services	91.59	73.55
居民服务业用房	Buildings for Residential Services	377.39	419.89
办公用房	Office Buildings	485.90	453.44
科研、教育、医疗用房屋	Buildings for Scientific Research, Education, Medical Cares	303.26	393.00
#科学研究用房屋	Buildings for Scientific Research	37.42	13.54
教育用房屋	Buildings for Education	187.28	301.08
医疗用房屋（卫生医疗用房）	Buildings for Health and Medical Cares	78.55	78.37
文化、体育和娱乐用房	Buildings for Culture, Sports and Entertainment	74.67	51.61
厂房及建筑物	Works and Buildings	976.66	1379.95
#厂 房	Works	535.24	603.42
仓 库	Warehouses	46.54	46.59
其他未列明的房屋建筑物	Other Buildings	346.99	384.30

表13.3 劳务分包建筑业企业主要指标（2014－2015年）
MAIN INDICATORS ON LABOR SUBCONTRACTORS IN CONSTRUCTION INDUSTRY (2014-2015)

单位：万元 (10 000 yuan)

指 标	Item	2014	2015
企业数（个）	Number of Enterprises (unit)	307	284
年末从业人数（人）	Number of Employed Persons at Year-end (person)	182752	141460
企业总收入	Total Revenue	1286777	1045097
#劳务收入	Revenue from Labor Services	1282729	1043855
税 金	Tax	41117	42594
利润总额	Total Profits	15699	11032
从业人员劳动报酬	Earnings of Employed Persons	599937	581109

表13.4 建筑施工企业主要经济指标（2014－2015年）
MAIN ECONOMIC INDICATORS ON CONSTRUCTION ENTERPRISES (2014-2015)

指 标	Type	2014	2015
企业数（个）	**Number of Enterprises (unit)**	**2591**	**2628**
年末从业人数（万人）	**Number of Employed Persons at Year-end (10 000 persons)**	**167.45**	**177.17**
总产值（万元）	**Gross Output Value (10 000 yuan)**	**55522069**	**62569430**
按登记注册类型分	By Status of Registration		
内资企业	Domestic-funded Enterprises	55437083	62509224
#国 有	State-owned Enterprises	5699170	5893739
其他有限责任	Other Limited Liability Enterprises	26224192	28795400
私 营	Private Enterprises	20506187	24221531
按构成分	By Constitution		
#建筑工程	Construction	50038213	56822977
安装工程	Installation	3335376	3869943
按行业分	By Sector		
#房屋和土木工程建筑业	Construction of Buildings and Civil Engineering	51268518	58435917
#房屋工程建筑业	Buildings	41083836	47216352
建筑安装业	Construction Installation	2055091	1938448
建筑装饰业	Construction Decoration	1322604	1561510
按资质等级分	By Grade		
施工总承包	General Contractors of Construction	51477889	58295944
#一 级	First Grade	25413340	27230060
二 级	Second Grade	15688719	17790823
专业承包	Specialized Contractors of Construction	4044179	4273486
#一 级	First Grade	1689131	1933321
二 级	Second Grade	1198656	1201845
竣工产值（万元）	**Output Value of Completed Construction (10 000 yuan)**	**27559311**	**33068592**
按登记注册类型分	By Status of Registration		
内资企业	Domestic-funded Enterprises	27554367	33064157
#国 有	State-owned Enterprises	1990412	2568829
其他有限责任	Other Limited Liability Enterprises	12504552	14641487
私 营	Private Enterprises	11028202	13831536
按行业分	By Sector		
#房屋和土木工程建筑业	Construction of Buildings and Civil Engineering	25717536	30481491
#房屋工程建筑业	Buildings	21961685	26027163
建筑安装业	Construction Installation	833933	1095668
建筑装饰业	Construction Decoration	643860	1026288
按资质等级分	By Grade		
施工总承包	General Contractors of Construction	25968284	30750977
#一 级	First Grade	10801932	12193047
二 级	Second Grade	8524195	9730294
专业承包	Specialized Contractors of Construction	1591027	2317615
#一 级	First Grade	503171	843666
二 级	Second Grade	552178	639618
房屋建筑施工面积（万平方米）	**Floor Space of Buildings under Construction (10 000 sq.m)**	**32886.88**	**32801.61**
房屋建筑竣工面积（万平方米）	**Floor Space of Buildings Completed (10 000 sq.m)**	**12815.64**	**13542.58**
年末自有机械设备台数（万台）	**Number of Machinery and Equipment Self-owned (year-end) (10 000 sets)**		**17.93**
年末自有机械设备总功率（万千瓦）	**Total Power of Machinery and Equipment Self-owned (year-end) (10 000 kw)**		**416.63**

表13.5 国有建筑施工企业主要经济指标（2014－2015年）
MAIN ECONOMIC INDICATORS ON STATE-OWNED CONSTRUCTION ENTERPRISES (2014-2015)

指　标	Type	2014	2015
企业数（个）	**Number of Enterprises (unit)**	**98**	**94**
年末从业人数（万人）	**Number of Employed Persons at Year-end (10 000 persons)**	**10.23**	**10.60**
总产值（万元）	**Gross Output Value (10 000 yuan)**	**5699170**	**5893739**
按构成分	By Constitution		
#建筑工程	Construction	4996067	5354406
安装工程	Installation	261342	234733
按行业分	By Sector		
#房屋和土木工程建筑业	Construction of Buildings and Civil Engineering	5311211	5540135
#房屋工程建筑业	Buildings	1599117	1703962
建筑安装业	Construction Installation	89229	112872
建筑装饰业	Construction Decoration	4995	5238
按资质等级分	By Grade		
施工总承包	General Contractors of Construction	5408064	5517617
#一　级	First Grade	3602056	3568094
二　级	Second Grade	1266908	1036421
专业承包	Specialized Contractors of Construction	291106	376122
#一　级	First Grade	140624	217946
二　级	Second Grade	104051	78301
竣工产值（万元）	**Output Value of Completed Construction (10 000 yuan)**	**1990412**	**2568829**
按行业分	By Sector		
#房屋和土木工程建筑业	Construction of Buildings and Civil Engineering	1779311	2368127
#房屋工程建筑业	Buildings	473425	832405
建筑安装业	Construction Installation	28981	41391
建筑装饰业	Construction Decoration		
按资质等级分	By Grade		
施工总承包	General Contractors of Construction	1894380	2401685
#一　级	First Grade	1331144	1563473
二　级	Second Grade	267095	303442
专业承包	Specialized Contractors of Construction	96032	167144
#一　级	First Grade	23378	84141
二　级	Second Grade	67967	59553
房屋建筑施工面积（万平方米）	**Floor Space of Buildings under Construction (10 000 sq.m)**	**1094.16**	**972.22**
房屋建筑竣工面积（万平方米）	**Floor Space of Buildings Completed (10 000 sq.m)**	**201.18**	**309.54**
年末自有机械设备台数（万台）	**Number of Machinery and Equipment Self-owned (year-end) (10 000 sets)**		**1.36**
年末自有机械设备总功率（万千瓦）	**Total Power of Machinery and Equipment Self-owned (year-end) (10 000 kw)**		**56.79**

表13.6 其他有限责任制建筑施工企业主要经济指标（2014－2015年）
MAIN ECONOMIC INDICATORS ON OTHER CONSTRUCTION ENTERPRISES OF LIMITED LIABILITY (2014-2015)

指　标	Type	2014	2015
企业数（个）	**Number of Enterprises (unit)**	**860**	**891**
年末从业人数（万人）	**Number of Employed Persons at Year-end (10 000 persons)**	**75.39**	**74.59**
总产值（万元）	**Gross Output Value (10 000 yuan)**	**26224192**	**28795400**
按构成分	By Constitution		
#建筑工程	Construction	23689018	26084842
安装工程	Installation	1688626	1872821
按行业分	By Sector		
#房屋和土木工程建筑业	Construction of Buildings and Civil Engineering	24284155	27006349
#房屋工程建筑业	Buildings	19042150	21294279
建筑安装业	Construction Installation	965511	986630
建筑装饰业	Construction Decoration	610382	631789
按资质等级分	By Grade		
施工总承包	General Contractors of Construction	24488854	27052363
#一　级	First Grade	14776924	16007005
二　级	Second Grade	6404666	7060988
专业承包	Specialized Contractors of Construction	1735337	1743037
#一　级	First Grade	919179	982010
二　级	Second Grade	261361	285093
竣工产值（万元）	**Output Value of Completed Construction (10 000 yuan)**	**12504552**	**14641487**
按行业分	By Sector		
#房屋和土木工程建筑业	Construction of Buildings and Civil Engineering	11932643	13631370
#房屋工程建筑业	Buildings	10163379	11673596
建筑安装业	Construction Installation	340263	537640
建筑装饰业	Construction Decoration	174570	364327
按资质等级分	By Grade		
施工总承包	General Contractors of Construction	11918516	13831941
#一　级	First Grade	6262870	7420025
二　级	Second Grade	3794054	4031561
专业承包	Specialized Contractors of Construction	586036	809546
#一　级	First Grade	165331	248778
二　级	Second Grade	128185	212428
房屋建筑施工面积（万平方米）	**Floor Space of Buildings under Construction (10 000 sq.m)**	**16925.21**	**17527.08**
房屋建筑竣工面积（万平方米）	**Floor Space of Buildings Completed (10 000 sq.m)**	**5889.55**	**6308.10**
年末自有机械设备台数（万台）	**Number of Machinery and Equipment Self-owned (year-end) (10 000 sets)**		**9.50**
年末自有机械设备总功率（万千瓦）	**Total Power of Machinery and Equipment Self-owned (year-end) (10 000 kw)**		**183.52**

表13.7 私营建筑施工企业主要经济指标（2014－2015年）

MAIN ECONOMIC INDICATORS ON PRIVATE CONSTRUCTION ENTERPRISES (2014-2015)

指　标	Type	2014	2015
企业数（个）	**Number of Enterprises (unit)**	**1461**	**1472**
年末从业人数（万人）	**Number of Employed Persons at Year-end (10 000 persons)**	**73.02**	**82.88**
总产值（万元）	**Gross Output Value (10 000 yuan)**	**20506187**	**24221531**
按构成分	By Constitution		
#建筑工程	Construction	18767923	22017156
安装工程	Installation	1146035	1566032
按行业分	By Sector		
#房屋和土木工程建筑业	Construction of Buildings and Civil Engineering	18944203	22582230
#房屋工程建筑业	Buildings	18143683	21365025
建筑安装业	Construction Installation	748601	664806
建筑装饰业	Construction Decoration	597394	787326
按资质等级分	By Grade		
施工总承包	General Contractors of Construction	18884804	22436823
#一　级	First Grade	6386008	6957541
二　级	Second Grade	7234411	8579067
专业承包	Specialized Contractors of Construction	1621383	1784707
#一　级	First Grade	383515	507129
二　级	Second Grade	734387	758075
竣工产值（万元）	**Output Value of Completed Construction (10 000 yuan)**	**11028202**	**13831536**
按行业分	By Sector		
#房屋和土木工程建筑业	Construction of Buildings and Civil Engineering	10214678	12633681
#房屋工程建筑业	Buildings	9815240	11889356
建筑安装业	Construction Installation	357178	417017
建筑装饰业	Construction Decoration	332321	610713
按资质等级分	By Grade		
施工总承包	General Contractors of Construction	10313602	12699832
#一　级	First Grade	2761180	2909698
二　级	Second Grade	3953096	4843700
专业承包	Specialized Contractors of Construction	714600	1131704
#一　级	First Grade	156997	387242
二　级	Second Grade	327074	322618
房屋建筑施工面积（万平方米）	**Floor Space of Buildings under Construction (10 000 sq.m)**	**12503.98**	**11882.07**
房屋建筑竣工面积（万平方米）	**Floor Space of Buildings Completed (10 000 sq.m)**	**5859.60**	**6092.46**
年末自有机械设备台数（万台）	**Number of Machinery and Equipment Self-owned (year-end) (10 000 sets)**		**6.26**
年末自有机械设备总功率（万千瓦）	**Total Power of Machinery and Equipment Self-owned (year-end) (10 000 kw)**		**158.98**

表13.8 施工总承包建筑施工企业主要经济指标（2014－2015年）
MAIN ECONOMIC INDICATORS ON GENERAL CONTRACTORS OF CONSTRUCTION (2014-2015)

指 标	Type	2014	2015
企业数（个）	**Number of Enterprises (unit)**	**1638**	**1702**
年末从业人数（万人）	**Number of Employed Persons at Year-end (10 000 persons)**	**155.80**	**165.98**
总产值（万元）	**Gross Output Value (10 000 yuan)**	**51477889**	**58295944**
按登记注册类型分	By Status of Registration		
内资企业	Domestic-funded Enterprises	51396854	58239691
#国 有	State-owned Enterprises	5408064	5517617
其他有限责任	Other Limited Liability Enterprises	24488854	27052363
私 营	Private Enterprises	18884804	22436823
按构成分	By Constitution		
#建筑工程	Construction	47839636	54398702
安装工程	Installation	1887204	2441570
按行业分	By Sector		
#房屋和土木工程建筑业	Construction of Buildings and Civil Engineering	49676316	56646884
#房屋工程建筑业	Buildings	40589718	46694469
建筑安装业	Construction Installation	935401	928109
建筑装饰业	Construction Decoration	178301	280804
按资质等级分	By Grade		
#一 级	First Grade	25413340	27230060
二 级	Second Grade	15688719	17790823
竣工产值（万元）	**Output Value of Completed Construction (10 000 yuan)**	**25968284**	**30750977**
按登记注册类型分	By Status of Registration		
内资企业	Domestic-funded Enterprises	25968284	30750494
#国 有	State-owned Enterprises	1894380	2401685
其他有限责任	Other Limited Liability Enterprises	11918516	13831941
私 营	Private Enterprises	10313602	12699832
按行业分	By Sector		
#房屋和土木工程建筑业	Construction of Buildings and Civil Engineering	25205790	29838926
#房屋工程建筑业	Buildings	21810069	25847874
建筑安装业	Construction Installation	363042	456939
建筑装饰业	Construction Decoration	112641	119110
按资质等级分	By Grade		
#一 级	First Grade	10801932	12193047
二 级	Second Grade	8524195	9730294
房屋建筑施工面积（万平方米）	**Floor Space of Buildings under Construction (10 000 sq.m)**	**32019.60**	**32298.59**
房屋建筑竣工面积（万平方米）	**Floor Space of Buildings Completed (10 000 sq.m)**	**12658.50**	**13253.83**
年末自有机械设备台数（万台）	**Number of Machinery and Equipment Self-owned (year-end) (10 000 sets)**		**14.79**
年末自有机械设备总功率（万千瓦）	**Total Power of Machinery and Equipment Self-owned (year-end) (10 000 kw)**		**381.01**

表13.9 专业承包建筑施工企业主要经济指标（2014－2015年）
MAIN ECONOMIC INDICATORS ON SPECIALIZED CONTRACTORS OF CONSTRUCTION (2014-2015)

指 标	Type	2014	2015
企业数（个）	**Number of Enterprises (unit)**	**953**	**926**
年末从业人数（万人）	**Number of Employed Persons at Year-end (10000 persons)**	**11.65**	**11.19**
总产值（万元）	**Gross Output Value (10 000 yuan)**	**4044180**	**4273486**
按登记注册类型分	By Status of Registration		
内资企业	Domestic-funded Enterprises	4040229	4269533
#国 有	State-owned Enterprises	291106	376122
其他有限责任	Other Limited Liability Enterprises	1735338	1743037
私 营	Private Enterprises	1621383	1784707
按构成分	By Constitution		
#建筑工程	Construction	2198577	2424275
安装工程	Installation	1448172	1428372
按行业分	By Sector		
#房屋和土木工程建筑业	Construction of Buildings and Civil Engineering	1592202	1789033
#房屋工程建筑业	Buildings	494118	521883
建筑安装业	Construction Installation	1119690	1010339
建筑装饰业	Construction Decoration	1144303	1280707
按资质等级分	By Grade		
#一 级	First Grade	1689131	1933321
二 级	Second Grade	1198656	1201845
竣工产值（万元）	**Output Value of Completed Construction (10 000 yuan)**	**1591027**	**2317615**
按登记注册类型分	By Status of Registration		
内资企业	Domestic-funded Enterprises	1586083	2313663
#国 有	State-owned Enterprises	96032	167144
其他有限责任	Other Limited Liability Enterprises	586036	809546
私 营	Private Enterprises	714600	1131704
按行业分	By Sector		
#房屋和土木工程建筑业	Construction of Buildings and Civil Engineering	511746	642566
#房屋工程建筑业	Buildings	151616	179288
建筑安装业	Construction Installation	470891	638729
建筑装饰业	Construction Decoration	531219	907179
按资质等级分	By Grade		
#一 级	First Grade	503171	843666
二 级	Second Grade	552178	639618
房屋建筑施工面积（万平方米）	**Floor Space of Buildings under Construction (10 000 sq.m)**	**867.28**	**503.02**
房屋建筑竣工面积（万平方米）	**Floor Space of Buildings Completed (10 000 sq.m)**	**157.14**	**288.75**
年末自有机械设备台数（万台）	**Number of Machinery and Equipment Self-owned (year-end) (10 000 sets)**		**3.14**
年末自有机械设备总功率（万千瓦）	**Total Power of Machinery and Equipment Self-owned (year-end) (10 000 kw)**		**35.62**

表13.10 房屋和土木工程建筑施工企业主要经济指标（2014－2015年）
MAIN ECONOMIC INDICATORS ON CONSTRUCTION ENTERPRISES OF BUILDINGS AND CIVIL ENGINEERING (2014-2015)

指 标	Type	2014	2015
企业数（个）	**Number of Enterprises (unit)**	**1684**	**1743**
年末从业人数（万人）	**Number of Employed Persons at Year-end (10 000 persons)**	**154.97**	**164.20**
总产值（万元）	**Gross Output Value (10 000 yuan)**	**51268518**	**58435917**
按登记注册类型分	By Status of Registration		
内资企业	Domestic-funded Enterprises	51268518	58435435
#国 有	State-owned Enterprises	5311211	5540135
其他有限责任	Other Limited Liability Enterprises	24284155	27006349
私 营	Private Enterprises	18944203	22582230
按构成分	By Constitution		
#建筑工程	Construction	48143445	54880761
安装工程	Installation	1595759	2184992
按资质等级分	By Grade		
施工总承包	General Contractors of Construction	49676316	56646884
#一 级	First Grade	24932059	26663433
二 级	Second Grade	14993848	17083986
专业承包	Specialized Contractors of Construction	1592202	1789033
#一 级	First Grade	806478	946371
二 级	Second Grade	455076	460258
竣工产值（万元）	**Output Value of Completed Construction (10 000 yuan)**	**25717536**	**30481491**
按登记注册类型分	By Status of Registration		
内资企业	Domestic-funded Enterprises	25717536	30481009
#国 有	State-owned Enterprises	1779311	2368127
其他有限责任	Other Limited Liability Enterprises	11932643	13631370
私 营	Private Enterprises	10214678	12633681
按资质等级分	By Grade		
施工总承包	General Contractors of Construction	25205790	29838926
#一 级	First Grade	10677132	12004162
二 级	Second Grade	8165795	9319580
专业承包	Specialized Contractors of Construction	511745	642566
#一 级	First Grade	171945	216485
二 级	Second Grade	157216	112005
房屋建筑施工面积（万平方米）	**Floor Space of Buildings under Construction (10 000 sq.m)**	**32530.10**	**32352.20**
房屋建筑竣工面积（万平方米）	**Floor Space of Buildings Completed (10 000 sq.m)**	**12675.49**	**13202.46**
年末自有机械设备台数（万台）	**Number of Machinery and Equipment Self-owned (year-end) (10 000 sets)**		**15.02**
年末自有机械设备总功率（万千瓦）	**Total Power of Machinery and Equipment Self-owned (year-end) (10 000 kw)**		**397.51**

表13.11 建筑安装企业主要经济指标（2014－2015年）
MAIN ECONOMIC INDICATORS ON CONSTRUCTION ENTERPRISES OF INSTALLATION (2014-2015)

指　标	Type	2014	2015
企业数（个）	**Number of Enterprises (unit)**	**342**	**336**
年末从业人数（万人）	**Number of Employed Persons at Year-end (10 000 persons)**	**6.25**	**6.97**
总产值（万元）	**Gross Output Value (10 000 yuan)**	**2055091**	**1938448**
按登记注册类型分	By Status of Registration		
内资企业	Domestic-funded Enterprises	1974055	1882678
#国　有	State-owned Enterprises	89229	112872
其他有限责任	Other Limited Liability Enterprises	965511	986630
私　营	Private Enterprises	748601	664806
按构成分	By Constitution		
#建筑工程	Construction	598411	640497
安装工程	Installation	1311498	1256254
按资质等级分	By Grade		
施工总承包	General Contractors of Construction	935401	928109
#一　级	First Grade	356174	360492
二　级	Second Grade	284311	310107
专业承包	Specialized Contractors of Construction	1119690	1010339
#一　级	First Grade	260946	244802
二　级	Second Grade	337128	336138
竣工产值（万元）	**Output Value of Completed Construction (10 000 yuan)**	**833933**	**1095668**
按登记注册类型分	By Status of Registration		
内资企业	Domestic-funded Enterprises	833933	1095668
#国　有	State-owned Enterprises	28981	41391
其他有限责任	Other Limited Liability Enterprises	340263	537640
私　营	Private Enterprises	357178	417017
按资质等级分	By Grade		
施工总承包	General Contractors of Construction	363042	456939
#一　级	First Grade	34216	93544
二　级	Second Grade	88114	150808
专业承包	Specialized Contractors of Construction	470891	638729
#一　级	First Grade	111164	147035
二　级	Second Grade	144180	214938
房屋建筑施工面积（万平方米）	**Floor Space of Buildings under Construction (10 000 sq.m)**	**297.36**	**298.54**
房屋建筑竣工面积（万平方米）	**Floor Space of Buildings Completed (10 000 sq.m)**	**103.52**	**211.93**
年末自有机械设备台数（万台）	**Number of Machinery and Equipment Self-owned (year-end) (10 000 sets)**		**0.63**
年末自有机械设备总功率（万千瓦）	**Total Power of Machinery and Equipment Self-owned (year-end) (10 000 kw)**		**8.40**

表13.12 建筑装饰企业主要经济指标（2014－2015年）

MAIN ECONOMIC INDICATORS ON CONSTRUCTION ENTERPRISES OF DECORATION (2014-2015)

指　标	Type	2014	2015
企业数（个）	**Number of Enterprises (unit)**	**435**	**422**
年末从业人数（万人）	**Number of Employed Persons at Year-end (10 000 persons)**	**4.82**	**4.67**
总产值（万元）	**Gross Output Value (10 000 yuan)**	**1322604**	**1561510**
按登记注册类型分	By Status of Registration		
内资企业	Domestic-funded Enterprises	1319414	1558640
#国　有	State-owned Enterprises	4995	5238
其他有限责任	Other Limited Liability Enterprises	610382	631789
营　私	Private Enterprises	597394	787326
按构成分	By Constitution		
#建筑工程	Construction	752907	976100
安装工程	Installation	338789	341494
按资质等级分	By Grade		
施工总承包	General Contractors of Construction	178301	280804
#一　级	First Grade	125106	206135
二　级	Second Grade	40279	62296
专业承包	Specialized Contractors of Construction	1144303	1280707
#一　级	First Grade	571915	689011
二　级	Second Grade	372829	353283
竣工产值（万元）	**Output Value of Completed Construction (10 000 yuan)**	**643860**	**1026288**
按登记注册类型分	By Status of Registration		
内资企业	Domestic-funded Enterprises	639676	1023418
#国　有	State-owned Enterprises		
其他有限责任	Other Limited Liability Enterprises	174570	364327
私　营	Private Enterprises	332321	610713
按资质等级分	By Grade		
施工总承包	General Contractors of Construction	112641	119110
#一　级	First Grade	90584	95341
二　级	Second Grade	14234	16757
专业承包	Specialized Contractors of Construction	531219	907179
#一　级	First Grade	193386	448868
二　级	Second Grade	235759	278329
房屋建筑施工面积（万平方米）	**Floor Space of Buildings under Construction (10 000 sq.m)**	**14.80**	**83.41**
房屋建筑竣工面积（万平方米）	**Floor Space of Buildings Completed (10 000 sq.m)**	**0.50**	**70.23**
年末自有机械设备台数（万台）	**Number of Machinery and Equipment Self-owned (year-end) (10 000 sets)**		**2.04**
年末自有机械设备总功率（万千瓦）	**Total Power of Machinery and Equipment Self-owned (year-end) (10 000 kw)**		**7.31**

表13.13 建筑施工企业按资质等级分主要财务和经济效益指标（2015年）

MAIN INDICATORS ON FINANCE AND ECONOMIC BENEFIT OF CONSTRUCTION ENTERPRISES BY GRADE (2015)

单位：万元 (10 000 yuan)

指 标	Item	合 计 Total	其中 of which 施工总承包 General Contractors	专业承包 Specialized Contractors
企业数（个）	Number of Enterprises (unit)	2628	1702	926
年末从业人数（万人）	Number of Employed Persons at Year-end (10 000 persons)	177.17	165.98	11.19
自有固定资产原价	Original Value of Fixed Assets Owned	4839383	4180211	659173
自有固定资产净价	Net Value of Fixed Assets Owned	3014123	2624209	389914
总产值	Gross Output Value	62569430	58295944	4273486
实收资本	Paid-in Capital	7778367	6887338	891030
资产合计	Total Assets	49449142	44121058	5328084
#流动资产	Current Assets	40598128	36040015	4558113
固定资产	Fixed Assets	4225997	3765769	460227
负债合计	Total Liabilities	34866293	31161957	3704336
流动负债	Current Liabilities	30523722	27447743	3075979
非流动负债	Non-current Liabilities	2314816	2203959	110857
所有者权益	Creditors' Equity	14582850	12959102	1623748
利税总额	Total Pre-tax Profits	5045264	4651250	394014
#利润总额	Total Profits	3065432	2815921	249511
营业收入	Operating Revenue	54583682	50420017	4163664
#主营业务收入	Revenue from Major Business	54534517	50375440	4159077
房屋建筑施工面积（万平方米）	Floor Space of Buildings under Construction (10 000 sq.m)	32801.61	32298.59	503.02
房屋建筑竣工面积（万平方米）	Floor Space of Buildings Completed (10 000 sq.m)	13542.58	13253.83	288.75
全员劳动生产率：	Overall Labor Productivity			
按总产值计算（元/人）	In Terms of Gross Output Value (yuan/person)	312848	312141	322827
房屋建筑面积竣工率（%）	Rate of Floor Space of Buildings Completed (%)	41.3	41.0	57.4
资产负债率（%）	Asset-Liability Ratio (%)	70.5	70.6	69.5

表13.14 建筑施工企业按行业分主要财务和经济效益指标（2015年）
MAIN INDICATORS ON FINANCE AND ECONOMIC BENEFIT OF CONSTRUCTION ENTERPRISES BY SECTOR (2015)

单位：万元 (10 000 yuan)

指　标	Item	合　计 Total	其　中 of which		
			房屋和土木工程建筑业 Building and Civil Engineering	建筑安装业 Construction Installation	建筑装饰业 Construction Decoration
企业数（个）	Number of Enterprises (unit)	2628	1743	336	422
年末从业人数（万人）	Number of Employed Persons at Year-end (10 000 persons)	177.17	164.20	6.97	4.67
自有固定资产原价	Original Value of Fixed Assets Owned	4839383	3977199	601003	130029
自有固定资产净价	Net Value of Fixed Assets Owned	3014123	2417564	440244	74689
总产值	Gross Output Value	62569430	58435917	1938448	1561510
实收资本	Paid-in Capital	7778367	6683692	564908	332632
资产合计	Total Assets	49449142	44007001	3043101	1569956
#流动资产	Current Assets	40598128	36305771	2222457	1403988
固定资产	Fixed Assets	4225997	3447381	588797	98221
负债合计	Total Liabilities	34866293	31295681	2083219	999696
流动负债	Current Liabilities	30523722	27491606	1638441	945749
非流动负债	Non-current Liabilities	2314816	1876646	372721	28650
所有者权益	Creditors' Equity	14582850	12711319	959882	570260
利税总额	Total Pre-tax Profits	5045264	4656819	250982	92240
#利润总额	Total Profits	3065432	2803594	190668	43321
营业收入	Operating Revenue	54583682	50392828	1920365	1570986
#主营业务收入	Revenue from Major Business	54534517	50350423	1915556	1570537
房屋建筑施工面积（万平方米）	Floor Space of Buildings under Construction (10 000 sq.m)	32801.61	32352.20	298.54	83.41
房屋建筑竣工面积（万平方米）	Floor Space of Buildings Completed (10 000 sq.m)	13542.58	13202.46	211.93	70.23
全员劳动生产率：	Overall Labor Productivity				
按总产值计算（元/人）	In Terms of Gross Output Value (yuan/person)	312848	316437	257410	254371
房屋建筑面积竣工率（%）	Rate of Floor Space of Buildings Completed (%)	41.3	40.8	71.0	84.2
资产负债率（%）	Asset-Liability Ratio (%)	70.5	71.1	68.5	63.7

主要统计指标解释

建筑业统计单位

指从事房屋、构筑物建造和设备安装活动的法人企业。建筑业法人企业应具有建筑业资质并能够独立核算，同时其应具备以下条件：①依法成立，有自己的名称、组织机构和场所，能够承担民事责任；②独立拥有和使用资产，承担负债，有权与其他单位签订合同；③独立核算盈亏，能够编制资产负债表。

建筑业总产值

是以货币形式表现的建筑业企业在一定时期内生产的建筑业产品和提供的服务的总和。建筑业总产值包括：

（1）建筑工程产值：指列入建筑工程预算内的各种工程价值。

（2）安装工程产值：指设备安装工程价值，不包括被安装设备本身的价值。

（3）其他产值：建筑业总产值中除建筑工程、安装工程以外的产值。包括房屋构筑物修理产值、非标准设备制造产值、总包企业向分包企业收取的管理费以及不能明确划分的施工活动所完成的产值。

① 房屋构筑物修理产值：指房屋和构筑物修理所完成的产值，但不包括被修理房屋、构筑物本身价值和生产设备的修理产值。

② 非标准设备制造产值：指加工制造没有定型的非标准生产设备的加工费和原材料价值(如化工厂、炼油厂用的各种罐、槽，矿井生产统一使用的各种漏斗、三角槽、阀门等)以及附属加工厂为本企业承建工程制作的非标准设备的价值。

建筑业增加值

指建筑业企业在报告期内以货币形式表现的建筑业生产经营活动的最终成果。

从2004年第一次全国经济普查开始，建筑业现价增加值按生产法和分配法(收入法)两种方法计算，以收入法的计算结果为准，即从收入的角度出发，根据生产要素在生产过程中应得的收入份额计算。具体计算方法：经济普查年度建筑业增加值按照《经济普查年度GDP核算方案》计算，非经济普查年度建筑业增加值按照《非经济普查年度GDP核算方案》计算。

房屋建筑施工面积

指在报告期内施过工的全部房屋建筑面积，包括本期新开工的房屋面积、上期施工跨入本期继续施工的房屋面积、上期停缓建在本期恢复施工的房屋面积、本期竣工的房屋面积及本期施工后又停缓建的房屋面积。

房屋建筑竣工面积

指在报告期内房屋建筑按照设计要求全部完工，达到了使用条件，经验收鉴定合格，正式移交使用单位的房屋建筑面积。

Explanatory Notes on Main Statistical Indicators

Statistical Unit in the Construction Industry

Refers to a corporate enterprise engaged in the construction of buildings and structures and in the installation of equipment. A corporate construction enterprise should have qualification certificates with independent accounting system, and should meet the following 3 requirements: a) being set up in line with relevant legal basis, having its full name, organization and location, and capable of taking civil liabilities; b) independently possessing and using its assets and assuming its liabilities, and entitled to sign contracts with other institutions; and c) making independent accounts of its profits and losses, and capable of compiling its own balance sheet.

Gross Output Value of Construction

Refers to total of construction products and services, expressed in money terms, produced or rendered by construction and installation enterprises during a given period of time. It includes:

(I) Output value of construction projects: the value of projects covered by the project budgets;

(II) Output value of installation projects: the value of the installation of equipment, (excluding the value of the equipment to be installed);

(III) Other output values: the output value of construction industry apart from that of construction projects and installation projects. It includes: output value of repair of buildings and structures; output value of non-standard equipment manufacturing; overhead expenses received by contracted enterprises from the sub-contracted enterprises and the completed output value of construction activities for which there is no clear definition.

a) Output value of repair of buildings and structures: the value created through the repairs of buildings or structures. It does not include the value of buildings or structures being repaired and the value of the repair of production equipment;

b) Output value of manufactured non-standard equipment: the value of non-standard production equipment, including raw materials and manufacturing cost, made for the construction project (i.e., chemical plant; kettles or tanks used by refineries; various fillers, triangle tanks, valves used by mines). It also includes the output value of equipment manufactured by subsidiary workshops.

Value-added of Construction

Refers to the final result of the activities of production and operation of enterprises of the construction industry in monetary terms during the reference period.

Starting from the 2004 economic census, value-added of construction is calculated by both production approach and income approach, with the figures from the income approach as the final figures., Under the income approach,, calculation starts from the perspective of income and is based on the share of income derived from the production process by the relevant factors of production. Specifically, value-added of construction for the Census years is calculated in accordance with the Programme of Compilation of GDP and National Accounts for the Year of Economic Census, and value-added of construction for other years is calculated in accordance with the Programme of Compilation of GDP and National Accounts for the Non Economic Census Years.

Floor Space of Buildings Under Construction

Refers to floor space of buildings under construction during the reference period, including the floor space of buildings for which construction has newly started; buildings for which construction has started earlier and is continuing during the reference period; and buildings for which construction has been suspended earlier but has restarted during the reference period; buildings completed during the reference period; and buildings under construction but construction has subsequently been during the reference period.

Floor Space of Buildings Completed

Refers to the floor space of buildings that are completed in the reference period in accordance with the requirements of the design, up to the standard for being put into use, and having been checked and accepted by departments concerned as qualified ones.

第 14 章

运输和邮电

TRANSPORT, POSTAL AND TELECOMMUNICATION SERVICES

简要说明

BRIEF INTRODUCTION

本章反映全市交通运输业和邮电通信业情况，主要包括货物和旅客运输量、港口吞吐量、交通基础设施和运输营运工具、民用车辆和船舶、主要港口码头泊位和仓库、邮电业务、电信主要通信能力和邮电通信水平。本章资料由市统计局服务业统计处负责整理编辑。

交通运输有关资料来源于市交通委员会、市公安局、成都铁路局、民航重庆安全监督管理局和市统计局。邮电通信业资料来源于市邮政局和市通信管理局。

The data in this chapter show the conditions of transport, postal and telecommunication services, mainly covering the data of freight and passenger traffic, freight handled at ports, transport infrastructure and means, civil motor vehicles and transport vessels, berths and warehouses at major ports, business volume of postal and telecommunication services, main communication capacity of telecommunications and level of postal and telecommunication services. The data in this chapter are sorted and compiled by Division of Service Statistics, Chongqing Municipal Bureau of Statistics.

The data of transport are provided by Communications Commission of Chongqing Municipality, Chongqing Public Security Bureau, Chengdu Railway Bureau, CAAC Chongqing Safety Supervision and Administrative Bureau and Chongqing Municipal Bureau of Statistics. The data of postal and telecommunication services are provided by Post Bureau of Chongqing and Chongqing Communications Administration.

表14.1 主要年份客货运输量及周转量
PASSENGER AND FREIGHT TRAFFIC AND PASSENGER-KILOMETERS AND FREIGHT TON-KILOMETERS IN MAJOR YEARS

年 份 Year	客运量（万人）Passenger Traffic (10 000 persons)	旅客周转量（万人公里）Passenger-kilometers (10 000 person-km)	货运量（万吨）Freight Traffic (10 000 tons)	货物周转量（万吨公里）Freight ton-kilometers (10 000 ton-km)
1952	82		134	31531
1957	121		842	632103
1962	965	12619	808	147390
1965	1707	23268	2365	141406
1970	2136	27461	2536	111415
1975	3602	40180	3226	276337
1978	5294	293741	4816	1189803
1980	7846	417025	4469	1106294
1985	16923	975571	13513	2004938
1986	18308	1119673	14860	2184266
1987	21002	1160714	15618	2296505
1988	21119	1206942	22881	2470614
1989	22692	1185786	20764	2676052
1990	20332	1068775	15546	2452448
1991	26598	1176783	16186	2702591
1992	32924	1543492	17419	3005694
1993	34025	1724473	18841	3282548
1994	36340	1890785	21130	3077590
1995	39731	2104270	22796	3359847
1996	42370	2094740	24339	3150421
1997	46199	2242533	23979	2972254
1998	49020	2346281	25328	2684566
1999	52442	2434000	25190	2742000
2000	56969	2577859	26852	3063900
2001	59244	2662900	28212	3253200
2002	61918	2776900	29787	3376300
2003	58290	2526100	32565	3680300
2004	63495	2994200	36434	5180300
2005	60436	3018038	39200	6248968
2006	61228	3015761	42808	8213853
2007	77187	3938936	49973	10497955
2008	107191	4430156	63651	14864332
2009	114598	4814394	68491	16442995
2010	126804	5497718	81385	20103977
2011	141499	6808274	96782	25302835
2012	157800	7553916	86398	26480626
2013	66645	6520061	87115	22932580
2014	70056	7257895	97287	25888734
2015	64164	7895976	103739	27045100

注：1) 1996年起铁路数据按重庆现地域进行了调整。
2) 2013年，据交通专项调查数据，对公路、水路客（货）运量和客（货）运周转量进行了调整。
Note: a) The data of railway have been adjusted according to present administrative divisions of Chongqing since 1996.
b) The data of freight traffic and freight ton-kilometers were adjusted according to the transport survey data in 2013.

表14.2 主要年份港口吞吐量和公路线路里程

VOLUME OF FREIGHT HANDLED IN COASTAL PORTS AND LENGTH OF HIGHWAYS IN MAJOR YEARS

年份 Year	港口货物吞吐量（万吨） Freight Handled in Coastal Ports (10 000 tons)	其中 of which 进港 In-port	出港 Out-port	公路线路里程（公里） Length of Highways (km)	其中 of which 高速公路 Expressways
1952	61.80	26.60	35.20	743	
1957	356.10	73.10	283.00	1021	
1962	173.50	93.40	80.10	6044	
1965	217.10	115.70	101.40	7221	
1970	267.00	161.00	106.00	7538	
1975	228.90	108.90	120.00	9753	
1978	369.80	184.10	185.70	15421	
1980	378.20	194.10	184.10	16811	
1985	438.30	195.40	242.90	19377	
1986	532.70	303.40	229.30	19666	
1987	553.70	292.28	261.42	19942	
1988	570.30	296.14	274.16	20609	
1989	651.93	330.74	321.19	20944	
1990	572.50	275.70	296.80	21162	
1991	566.10	262.77	303.33	21474	
1992	664.90	326.80	338.10	21804	
1993	687.70	299.50	388.20	21990	
1994	665.65	289.26	376.39	22148	
1995	853.00	390.00	463.00	22556	
1996	1076.00	492.00	584.00	26892	114
1997	2548.70	977.20	1571.50	27045	114
1998	2477.30	1186.60	1290.70	27210	134
1999	2599.84	1610.44	989.40	28086	134
2000	2448.00	1485.00	963.00	30354	232
2001	2839.87	1690.39	1149.48	30654	320
2002	3004.00	1718.41	1285.59	31060	399
2003	3243.76	1796.24	1447.52	31407	580
2004	4539.00	2337.09	2201.91	32344	714
2005	5251.30	2758.11	2493.19	98218	748
2006	5420.43	2747.65	2672.78	100299	778
2007	6433.54	3330.46	3103.08	104705	1049
2008	7892.80	4349.38	3543.42	108632	1165
2009	8611.62	4833.29	3778.33	110951	1577
2010	9668.42	5682.24	3986.18	116949	1861
2011	11605.67	7338.72	4266.95	118562	1861
2012	12502.40	7670.01	4832.39	120728	1909
2013	13676.00	8618.55	5057.34	122846	2312
2014	14664.78	8946.76	5718.03	127392	2401
2015	15750.07	9532.33	6217.75	140551	2525

注：2006年起，公路线路里程包括村道，2005年数据按同口径进行了调整。
Note: The length of highways has included village roads since 2006, and the data of 2005 has been adjusted according to the same scope.

表14.3 主要年份邮电通信指标
INDICATORS OF POSTAL AND TELECOMMUNICATION SERVICES IN MAJOR YEARS

年 份 Year	邮政局、所（个） Number of Postal Offices (unit)	邮电业务总量（万元） Total Business Volume of Postal and Telecommunication Services (10 000 yuan)	其 中 of which #电 信 Telecommunication Services	邮电业务收入（万元） Business Revenue from Postal and Telecommunication Services (10 000 yuan)	其 中 of which #电 信 Telecommunication Services
1952	1023	12		133	
1957	1846	33		874	
1962	1747	102		1000	
1965	1751	245		1461	
1970	2166	267		1371	
1975	1933	2190		1726	
1978	1925	2650		2103	
1980	1917	5071		2650	
1985	1853	7268		5796	
1986	1862	8264		6840	
1987	1896	9719		7675	
1988	1918	11853		10120	
1989	2025	14351		11734	
1990	2056	18999		14222	
1991	2047	23708		20585	
1992	2075	31305		27608	
1993	2041	47627		41653	
1994	1957	70543		71212	
1995	2220	109627		157568	
1996	2314	159929		167313	
1997	1821	233471	211458	223052	184899
1998	1958	345932	319375	264846	219493
1999	1958	519537	490494	401767	349001
2000	2018	858200	822824	544369	482075
2001	2154	706000	635041	663200	593050
2002	2202	867600	791573	770500	695409
2003	2218	1213062	1128172	870787	788000
2004	2121	1686491	1592416	1006050	918555
2005	2068	2101467	1996000	1121730	1030130
2006	2008	2761750	2634708	1197759	1099750
2007	1981	3658095	3505910	1315347	1194089
2008	1927	4247535	4065296	1518100	1397500
2009	1838	4898417	4646833	1633300	1477100
2010	1775	1997363	1795756	1790807	1598773
2011	1678	2426432	2167301	2023921	1776624
2012	1635	2771655	2458900	2311346	2006441
2013	1684	3298926	2907701	2573186	2187644
2014	1720	4180875	3710644	2696119	2218948
2015	1756	5523531	4913412	2824637	2220727

注：1996年前邮政电信合营，1996年前电信数据包含在邮电通信指标中；邮电业务总量2001年前为1990年不变价口径，2001年至2009年为2000年不变价口径；2010年及以后为2010年不变价口径。

Note: Before 1996, postal services and telecommunication services were managed together, so the data of telecommunication services before 1996 was included in the postal and telecommunication services. The data of total business volume of postal and telecommunication services before 2001 were calculated at 1990 constant price, the data from 2001 to 2009 were calculated at 2000 constant price, while the data of 2010 and afterwards were calculated at 2010 constant price.

表14.4 邮电业务主要指标（1985－2015年）

MAIN INDICATORS OF POSTAL AND TELECOMMUNICATION SERVICES (1985-2015)

年份 Year	函件（万件） Number of Letters (10 000 pcs)	特快专递（万件） Pieces of Express Mail Services (10 000 pcs)	邮政部门报刊累计数（万份） Accumulated Issue of Newspapers and Magazines (10 000 copies)	长途电话（万分钟） Long-distance Calls (10 000 minutes)	移动电话用户（万户） Mobile Telephone Subscribers (10 000 subscribers)	固定互联网络用户（万户） Subscribers of Internet Services (10 000 subscribers)	本地电话年末用户（万户） Subscribers of Local Telephone at Year-end (10 000 subscribers)	其中 of which #城市电话用户 Urban Fixed Telephone Subscribers
1985	8961		32750	477			3.80	3.10
1986	10210		34696	515			4.83	3.42
1987	11755	1	36902	595			5.39	3.93
1988	12432	1	40591	707			6.07	4.58
1989	11609	2	16162	724			6.62	5.17
1990	11544	2	16037	873	0.08		7.25	5.70
1991	11539	3	17540	1227	0.09		8.87	7.15
1992	13618	7	18216	2132	0.15		12.63	10.69
1993	16013	22	18464	3519	0.59		18.53	16.30
1994	16519	40	15491	7022	1.73		29.00	25.39
1995	14633	52	16453	11650	3.62		37.24	32.10
1996	14100	63	15572	18288	9.00	0.03	66.50	56.33
1997	12159	68	28025	23527	19.15	0.20	126.25	108.91
1998	12715	97	30922	23912	40.73	0.76	156.28	123.52
1999	13266	145	33532	22210	79.90	2.49	197.88	148.22
2000	11542	210	31232	23424	160.00	10.00	268.43	186.93
2001	13561	260	27506	22555	245.80	28.60	337.70	221.40
2002	18038	235	27177	23607	424.70	55.60	413.63	262.34
2003	20497	272	25945	23408	619.40	88.65	533.40	343.80
2004	18426	334	19833	26115	811.61	122.16	642.39	425.49
2005	12499	348	22369	27450	943.40	128.66	688.91	456.51
2006	9553	386	22455	27018	1064.60	140.60	725.50	469.07
2007	6579	520	22178	28379	1176.90	169.30	723.13	459.27
2008	5476	1608	23475	233680	1281.70	189.57	688.10	435.10
2009	5218	2240	25281	254955	1440.92	203.80	627.73	397.80
2010	4927	2829	24942	386223	1664.40	263.10	582.70	376.40
2011	6146	4068	31217	582024	1801.19	326.78	571.25	384.54
2012	5706	5498	32440	936647	2069.65	388.07	575.71	409.31
2013	5348	10615	34834	746564	2380.78	505.00	580.33	430.29
2014	4700	13886	35824	807641	2589.89	539.70	582.97	441.22
2015	3119	20525	36334	894215	2788.78	696.50	564.98	436.64

注：1）2008年起对长途电话通话时长统计口径作了调整，同时长途电话计量单位改为通话时长计量（万分钟）。1985年-2007年长途电话计量单位为（万次）；
2）2009年起特快专递包括快递公司数据，2008年数据按同口径进行了调整。

Note: a) Since 2008, the data of long-distance calls has been calculated by hold-on time (10 000 min). From 1985 to 2007, the data of long-distance calls was calculated at 10 000 times.
b) Since 2009, the data of express mail services has included the data of express delivery companies and the data of 2008 has been adjusted according to the same scope.

表14.5 交通基础设施和交通运输营运工具（2014－2015年）
TRANSPORT INFRASTRUCTURE AND TRANSPORT MEANS (2014-2015)

指　标	Item	2014	2015
交通基础设施	**Transport Infrastructure**		
公路线路里程（公里）	Length of Highways (km)	127392	140551
按行政等级分	By Administrative Level		
#国　道	National	3147	7714
省　道	Provincial	8629	9781
按技术等级分	By Technical Level		
等级公路	Expressway and Class I-IV Highways	98680	111875
#高速公路	Expressway	2401	2525
一级公路	First Class	662	789
二级公路	Second Class	7766	7611
等外公路	Highways Below Class IV	28712	28676
公路桥梁数量（座）	Number of Highway-bridges (unit)	10238	11600
公路桥梁总延米（延米）	Extended Length of Highway-bridges (extended meter)	711530	760912
铁路营运里程（公里）	Length of Railways in Operation (km)	1774	1929
内河航道里程（公里）	Length of Navigable Inland Waterways (km)	4451	4451
#等级航道	Standard Waterways	1866	1866
与重庆正班通航城市（个）	Number of Navigable Cities from Chongqing (city)	147	149
国　内	Domestic Routes	105	110
国　际（地区）	International (regional) Routes	42	39
交通运输营运工具	**Transport Means**		
公路营运载货汽车（辆）	Business Trucks (unit)	271343	267121
公路营运载客汽车（辆）	Business Buses and Cars (unit)	55184	19946
运输船舶实有数（艘）	Transportation Vessels (unit)	3531	3566
机动船	Motor Vessels	3478	3512
驳　船	Barges	53	54
重庆机场飞行起降架次（万架次）	Throughput of Civil Aircrafts in Chongqing Airport (10 000 flights)	23.81	26.59

表14.6 民用车辆、船舶拥有量（2014－2015年）
POSSESSION OF CIVIL MOTOR VEHICLES AND TRANSPORT VESSELS (2014-2015)

指　标	Item	2014	2015
民用车辆拥有量（辆）	**Possession of Civil Motor Vehicles (unit)**	**4410723**	**4623231**
#私人民用车辆拥有量	Private Vehicles	3928035	4133418
#载客汽车	Buses and Cars	1717215	2118172
载货汽车	Trucks	184823	194085
#汽　车	Motor Vehicles	2371706	2789703
载客汽车	Buses and Cars	1983773	2394274
载货汽车	Trucks	369367	374163
其它汽车	Others	18566	21266
摩托车	Motorcycles	2002261	1797144
民用船舶拥有量（艘）	**Possession of Civil Transport Vessels (unit)**	**3531**	**3566**
#私人船舶拥有量	Private Vessels	1168	1071
#机动船	Motor Vessels	1160	1063
#客　船	Passenger Vessels	584	555
货　船	Cargo Vessels	576	505
驳　船	Barges	8	8
#机动船	Motor Vessels	3478	3512
#客　船	Passenger Vessels	1014	1028
货　船	Cargo Vessels	2436	2457
驳　船	Barges	53	54

表14.7 客货运输量、周转量及港口吞吐量（2014－2015年）

PASSENGER AND FREIGHT TRAFFIC, PASSENGER-KILOMETERS AND FREIGHT TON-KILOMETERS AND VOLUME OF FREIGHTS HANDLED IN COASTAL PORTS (2014-2015)

指　标	Item	2014	2015
客运量总计（万人）	**Total Passenger Traffic (10 000 persons)**	**70056.08**	**64163.53**
铁　路	Railway	4056.70	3993.60
公　路	Highway	63630.00	57555.67
水　路	Waterway	712.13	732.03
民　航	Civil Aviation	1657.25	1882.23
旅客周转量总计（亿人公里）	**Total Passenger-kilometers (100 million person-km)**	**725.79**	**794.03**
铁　路	Railway	142.34	151.03
公　路	Highway	352.58	376.45
水　路	Waterway	7.57	6.08
民　航	Civil Aviation	223.31	260.48
货运量总计（万吨）	**Total Freight Traffic (10 000 tons)**	**97286.97**	**103844.35**
铁　路	Railway	1951.68	1861.51
公　路	Highway	81206.00	86931.07
水　路	Waterway	14117.00	15039.60
民　航	Civil Aviation	12.29	12.18
货物周转量总计（亿吨公里）	**Total Freight Ton-kilometers (100 million ton-km)**	**2588.87**	**2711.32**
铁　路	Railway	157.98	158.22
公　路	Highway	797.80	851.23
水　路	Waterway	1631.33	1700.08
民　航	Civil Aviation	1.77	1.79
港口货物吞吐量（万吨）	**Total Cargo Handled at Ports (10 000 tons)**	**14664.78**	**15750.07**
#集装箱	Containers	1194.35	1229.68
进港量	In-port	8946.76	9532.33
出港量	Out-port	5718.03	6217.75
空港吞吐量	**Throughput of Airports**		
旅　客（万人）	Passengers (10 000 persons)	2973.26	3309.82
货　物（万吨）	Cargo (10 000 tons)	30.47	32.14

注：1) 2012年将四川航空纳入统计范围，交通运输客运货运量（周转量）同期出现相应变化。
2) 2011年起，空港吞吐量包含黔江武陵机场。

Note: a) Sichuan Airline was taken into statistics in 2012, so the data of passenger and freight traffic (turnover) in 2012 was changed.
b) The data of Qianjiang Wuling Airport has been included in the throughput of airports since 2011.

表14.8 港口码头泊位数（2014－2015年）
NUMBER OF BERTHS IN COASTAL PORTS (2014-2015)

指　标	Item	2014	2015
码头岸线长度（米）	**Length of Quay Line (m)**	**91322**	**90920**
生产用	For Productive Use	70501	69984
非生产用	For Non-productive Use	20821	20936
泊位个数（个）	**Number of Berths (unit)**	**1185**	**1175**
生产用	For Productive Use	824	812
非生产用	For Non-productive Use	361	363

表14.9 主要港口码头仓库（2014－2015年）
WAREHOUSES IN MAIN COASTAL PORTS (2014-2015)

指　标	Item	2014	2015
年末职工人数（人）	Number of Staff and Workers at Year-end (person)	6503	5064
仓库总面积（平方米）	Total Area of Warehouses (sq.m)	77900	137900
堆场总面积（平方米）	Total Area of Stacking Yard (sq.m)	971800	971800
集装箱吞吐量（吨）	Containers Handled in Coastal Ports (ton)	10782513	10741331
国际集装箱	International Containers	4419665	4482540
国内集装箱	Domestic Containers	6362848	6258791
集装箱吞吐量（TEU）	Containers Handled in Coastal Ports (TEU)	896632	858385
国际集装箱	International Containers	442627	422411
国内集装箱	Domestic Containers	454005	435974

注：TEU是“折合20英尺标准箱”的英文缩写。
Note: TEU is the abbreviation of " Twenty-foot Equivalent Unit".

表14.10 邮电业务基本情况（2014－2015年）
BASIC CONDITIONS OF POSTAL AND TELECOMMUNICATION SERVICES (2014-2015)

指　标	Item	2014	2015
邮政局（所）数（处）	Number of Postal Offices (unit)	1720	1756
邮电业务总量（万元）	Business Volume of Postal and Telecommunication Services (10 000 yuan)	4180875	5523531
邮　政	Postal Services	470231	610119
电　信	Telecommunication Services	3710644	4913412
函　件（万件）	Number of Letters (10 000 pcs)	4700	3119
包　件（万件）	Number of Parcels (10 000 pcs)	107	81
特快专递（万件）	Pieces of Express Mail Services (10 000 pcs)	13886	20525
邮政部门报刊累计数（万份）	Accumulated Issue of Newspapers and Magazines (10 000 copies)	35824	36334
长途电话（万分钟）	Long-distance Calls (10 000 min)	807641	894215
本地固定电话用户（万户）	Number of Fixed Telephone Subscribers at Year-end (10 000 subscribers)	582.97	564.98
城市电话用户	Urban Fixed Telephone Subscribers	441.22	436.64
#住宅电话	Household Fixed Telephone Subscribers	295.68	302.68
乡村电话用户	Rural Fixed Telephone Subscribers	141.75	128.34
#住宅电话	Household Fixed Telephone Subscribers	121.54	115.20
公用电话（万户）	Public Telephones (10 000 subscribers)	27.93	14.19
移动电话年末用户（万户）	Mobile Telephone Subscribers at Year-end (10 000 subscribers)	2589.89	2788.78
固定互联网络用户（万户）	Internet Subscribers (10 000 subscribers)	539.70	696.50

注：邮电业务总量2010年起为2010年不变价口径。
Note: The data of total business volume of postal and telecommunication services in 2010 was calculated at 2010 constant price.

表14.11 快递业务量（1997－2015年）
BUSINESS VOLUME OF EXPRESS SERVICES (1997-2015)

年 份 Year	快 递（万件）Pieces of Express Mail Services (10 000 pcs)	快递业务收入（万元）Revenue from Express Service (10 000 yuan)
1997	67.0	2127.0
1998	98.0	3201.0
1999	144.0	4245.0
2000	208.0	7544.0
2001	260.0	10484.0
2002	229.0	6600.0
2003	271.0	8031.0
2004	335.0	7611.0
2005	349.0	8401.0
2006	385.0	11153.0
2007	519.0	13941.0
2008	1651.3	35346.1
2009	2240.0	48879.2
2010	2829.4	60268.1
2011	4068.3	76828.8
2012	5497.9	103426.5
2013	10614.8	136957.5
2014	13886.3	201060.0
2015	20525.4	286533.2

表14.12 电信主要通信能力（2014－2015年）
MAIN COMMUNICATION CAPACITY OF TELECOMMUNICATIONS (2014-2015)

项 目	Item	2014	2015
长话业务电路（2M）	Capacity of Long-distance Telephone Lines (2M)	698864	957923
固定交换机容量（万门）	Capacity of Local Telephone Exchanges (10 000 lines)	857	452
移动用户交换机容量（万户）	Capacity of Mobile Telephone Exchanges (10 000 subscribers)	4160	3888
移动电话基站数（个）	Number of Base Stations of Mobile Telephones (unit)	73968	89833
移动电话信道数（万个）	Number of Signal Channels of Mobile Telephones (10 000 lines)	192	196
短信息中心容量（万条）	Capacity of SMS Center (10 000 messages)	11700	12420
光缆线路长度（万公里）	Length of Optical Cable Lines (km)	59	65

注：长话业务电路（2M）口径调整，指标包含原数据通信网长途电路，对2012年及同期数据进行了修正。
Note: The statistic scope of Capacity of Long-distance Telephone Lines (2M) was adjusted, which includes the previous data of Long-distance Lines in Telecommunication Network. The data in 2012 and the previous year have been adjusted.

表14.13 邮电通信水平（2014－2015年）
POSTAL AND TELECOMMUNICATION SERVICES AVAILABLE (2014-2015)

项 目	Item	2014	2015
平均每一邮政局所服务面积（平方公里）	Average Area Served by Every Post Office (sq.km)	47.91	46.92
平均每一邮政局所服务人口（万人）	Average Population Served by Every Post Office (10 000 persons)	1.74	1.72
平均每百人邮电业务总量（元）	Total Business Volume of Postal and Telecommunication Services per 100 Persons (yuan)	139763	183108
平均每人每年发函件数（件）	Annual Average Number of Letters Mailed Per Capita (piece)	1.57	1.03
平均每人每年自邮政部门订报刊数（份）	Annual Average Number of Newspapers and Magazines Subscribed from Postal Departments Per Capita (piece)	11.98	12.04
平均每百人拥有电话机（含移动）（部）	Number of Telephone Sets (including mobile phones) Owned Per 100 Persons (unit)	106.07	111.18
平均每百人拥有移动电话（部）	Number of Mobile Telephones Owned Per 100 Persons (unit)	86.58	92.45

注：人均指标按年末常住人口计算。
Note: The per capital indicators are calculated upon the permanent population at year-end.

主要统计指标解释

■ 货（客）运量

指在一定时期内，各种运输工具实际运送的货物（旅客）数量。是反映运输业为国民经济和人民生活服务的数量指标，也是制定和检查运输生产计划，研究运输发展规模和速度的重要指标。货运按吨计算，客运按人计算。货物不论运输距离长短或货物类别，均按实际重量统计；旅客不论行程远近或票价多少，均按一人一次作为客运量统计。半价票，小孩票也按一人统计。

■ 货物（旅客）周转量

指在一定时期内，由各种运输工具运送的货物（旅客）数量与其相应运输距离的乘积之总和。是反映运输业生产总成果的重要指标，也是编制和检查运输生产计划，计算运输效率、劳动生产率以及核算运输单位成本的主要基础资料。通常以吨公里和人公里为计算单位。计算货物周转量通常按发出站与到达站之间的最短距离，也就是计费距离计算。计算公式为：

货物（旅客）周转量=Σ货物（旅客）运输量×运输距离

■ 公路里程

指在一定时期内实际达到《公路工程技术标准JTG B01-2003》规定的等级公路，并经公路主管部门正式验收交付使用的公路里程数。包括大中城市的郊区公路以及通过小城镇街道部分的公路里程和公路桥梁长度、隧道长度、渡口宽度等，不包括大中城市的街道、厂矿、林区生产用道和农业生产用道的里程。两条或多条公路共同经由同一路段，只计算一次，不得重复计算里程长度。它是反映公路建设发展规模的重要指标，也是计算运输网密度等指标的基础资料。

■ 内河航道里程

也称内河通航里程，指在一定时期内，能通航运输船舶及排筏的天然河流、湖泊水库、运河及通航渠道的长度。包括全年季节性通航累计三个月以上的航道，不包括仅供零散流放竹、木排的河道。它是反映内河水运网规模、水平和发展情况的主要指标。

■ 民用汽车拥有量

指报告期末，在公安交通管理部门按照《机动车注册登记工作规范》，已注册登记领有民用车辆牌照的全部汽车数量。汽车拥有量统计的主要分类：根据汽车结构分为载客汽车、载货汽车及其他汽车；根据汽车所有者不同分为个人（私人）汽车、单位汽车；根据汽车的使用性质分为营运汽车、非营运汽车和特种汽车；根据汽车大小规格不同载客汽车分为大型、中型、小型和微型，载货汽车分为重型、中型、轻型和微型。

■ 邮电业务总量

指以货币表现的邮电通信企业为社会提供各类邮电通信服务的总数量。邮电业务量按专业分类包括函件、包件、汇票、报刊发行、邮政快件、特快专递、邮政储蓄、集邮、传真、长途电话、出租电路、移动电话、分组交换数据通信、出租代维等。计算方法为各类产品乘以相应的平均单价（不变价）之和，再加上出租电路和设备、代用户维护电话交换机和线路等的服务收入。它综合反映了一定时期邮电业务发展的总成果，是研究邮电业务量构成和发展趋势的重要指标。计算公式为：

邮电业务总量=Σ（各类邮电业务量×不变单价）＋出租代维及其他业务收入=邮政业务总量＋电信业务总量

■ 本地电话用户

指接入本地电信运营商固定电话网上的电话用户。包括：住宅用户、单位用户、公用电话用户等。按电话用户位置又分为城市电话用户和乡村电话用户。1997年以前，“市内电话用户”是指接入县城及县以上城市的电话网上的电话用户；“农村电话用户”是指接入县邮电局农话台及县以下农村电话交换点，以县城为中心（除市话用户外）联通县、乡

主要统计指标解释

（镇）、行政村、村民小组的用户。从1997年起，电话用户数分组调整为以用户所在区域划分为“城市电话用户”和“乡村电话用户”，与过去的按市内电话和农村电话划分方法不同。而电话用户总数、电话机总部数统计范围不变。

■ 城市电话用户

指直辖市、省辖市、地级市、县级市的市区、市郊区及县城（包括县人民政府所在地的县城关区或行政建制相当于县人民政府所在地的镇）范围内接入局用交换机的电话用户数，包括分布在农村地区的独立工矿区、林区、驻军等接入局用交换机的电话用户数。

■ 乡村电话用户

指县城关区以下的集镇和农村接入局用交换机的电话用户数。

■ 住宅电话用户

指安装在居民住宅或农民家里并按照住宅电话用户登记注册和收费的电话用户。包括私人付费、单位付费和按规定免费的住宅电话用户。

■ 移动电话用户

指通过移动电话交换机进入移动电话网、占用移动电话号码的各类电话用户。包括签约用户和智能网预付费用户。一个移动电话号码统计为一户。

■ 局用交换机容量

是指安装在电信运营企业内用于接续本地固定电话的电话交换机容量、有倍增设备按倍增后的数量计数。包括现用和备用的人工或自动交换机的全部容量。不包括用户交换机容量。

■ 移动电话交换机容量

指移动电话交换机根据一定话务模型和交换机处理能力计算出来的最大同时服务用户的数量。

Explanatory Notes on Main Statistical Indicators

□ Freight (Passenger) Traffic

Refers to the volume of freight (passenger) transported with various means. Freight transport is calculated in tons and passenger traffic is calculated in the number of persons. Despite the type of freight and traveling distance, the freight transport is calculated in the actual weight of the goods; and despite the traveling distance and ticket price, the passenger traffic is calculated by the principle that one person can be counted only once in one travel. The passenger who travels with a half-price ticket or a child ticket is also calculated as one person. The freight (passenger) traffic provides a quantitative measure to show how the transport industry serves the national economy and people, and is also an important indicator for planning the transport industry and for studying the development scale and speed of the transport industry.

□ Freight Ton-kilometers (Passenger-kilometers)

Refer to the sum of the products of the volume of transported cargo (passengers) multiplying by the transport distance. It is an important indicator to reflect the achievement of transportation industry. Normally, the shortest distance between the departure station and the destination station (i.e., the payable distance) is the basis to calculate the freight ton-kilometers. This is an important indicator to show the total results of the transport industry, to prepare and examine the transport plan and to measure the efficiency, the labour productivity and the unit cost of transport. The formula is as follows:

Freight Ton-kilometers (Passenger-Kilometers) = ∑ [Freight (Passenger) Traffic × Distance of Transportation]

□ Length of Highways

Refers to the length of highways which are built in conformity with the grades specified by the highway engineering standard formulated by the Ministry of Communications, and have been formally checked and accepted by the departments of highways and put into use. The length of highways includes that of the suburb highways at large and medium-sized cities, highways passing through streets at small cities and towns, and also the length of bridge and ferries. It does not include the length of streets in big and medium-sized cities and highways built for the production purpose at factories, mines, forest areas and agricultural areas. If two more highways go the same section of the way, the length of the section is only calculated for once and no duplication is allowed. The length of highways is an important indicator to show the development of the highway construction and to provide essential information to calculate the transport network density.

□ Length of Navigable Inland Waterways

An indicator reflecting the size and development of inland water network, it refers to the length of the natural rivers, lakes, reservoirs, canals, and ditches open to navigation during a given period, which enables the transport by ships and rafts. It includes the channels open to navigation for over an accumulative 3 months in a year, yet this does not include the river courses which are only used to float odd logs and bamboo rafts.

□ Possession of Civil Motor Vehicles

Refer to the total numbers of vehicles that are registered and received vehicles' license tags according to the Work Standard for Motor Vehicles Registration formulated by transport management office under department of public security at the end of reference period. They are divided into following categories according to the structure of motor vehicles: passenger vehicles, trucks and others; and private vehicles and vehicles for units use according to ownerships; working vehicles, non-working vehicles and special motor vehicles according to kind of usage; large passenger vehicles, medium passenger vehicles and small passenger vehicles, heavy trucks, light-heavy trucks and light trucks according to sizes of vehicles.

□ Business Volume of Postal and Telecommunication Services

Refers to the total amount of post and telecommunications services, expressed in value terms, provided by the post and telecommunications departments for the society. Postal and telecommunication services can be classified as letters, parcels, remittance, issue of newspapers and magazines, fast mail service, express mail service, saving deposits, stamps for collection, public and individual telegraph service, facsimiles, long-distance

EXPLANATORY NOTES TO MAJOR STATISTICAL INDICATORS

telephone service, leasing of telephone lines, urban paging service, mobile telephone service, data transfer and transmission, etc.. The accounting approach is to multiply the service products of all types with their average unit price (constant price) to get sum of business value, plus income from other services such as leasing of telephone lines and equipment, maintenance of telephone switchboards and lines on behalf of customers. This indicator reflects the overall results of post and telecommunications service during a given period, and is important to study the composition of business service and the development of post and telecommunications service. The formula is as follows:

Business Volume of Postal and Telecommunication Services = $\sum$ (Transaction of Post and Telecommunication Services × Constant Price) + Income from Leasing, Maintenance and other Services = Business Volume of Postal Services + Business Volume of Telecommunication Services

□ Local Telephone Subscribers

Refer to subscribers that are connected to the local telecommunication service provider through fix line network, including household subscribers, institutional subscribers and public telephones. They are also classified as city subscribers and rural subscribers according to locations. Before 1997, city subscribers referred to those connected to city telephone networks in county towns and cities, while village subscribers referred to those connected to village telephone stations at and below counties. Since 1997, the classification of telephone subscribers was modified on the basis of physical location of the subscribers as urban telephone subscribers and rural telephone subscribers, which is different from the previous classification of categorizing local telephones and rural telephones, while the definition of total subscribers and total number of telephones remain unchanged.

□ Urban Telephone Subscribers

Refer to subscribers telephone subscribers, located at municipalities, cities under the jurisdiction of province, cities at prefectural level, downtown and suburb of city at county level town and county towns (including country towns where county government located, and towns of county level according to the administrative organizational system), that are connected to the public line telephone network, including rural mineral area, forest area, military area.

□ Rural Telephone Subscribers

Refer to telephone subscribers, located at counties (towns) and villages outside the range of cities according to administrative jurisdiction.

□ Household Telephone Subscribers

Refer to telephone sets installed in resident dwellings, including those with telephone charges paid by individuals, by public units and free of charge.

□ Mobile Telephone Subscribers

Refer to the persons who own mobile telephone numbers and are connected with the mobile telephone communication network through the mobile telephone switchboards, including contracted subscribers and pre-paid subscribers for intelligent network. One mobile telephone is taken as a subscriber.

□ Capacity of Office Telephone Exchanges

Refers to the capacity (measured in gate) of telephone exchanges installed in the offices of telecommunication service providers for communication between fixed telephones. It includes the capacity of both manual and automatic exchanges in use and for stand-by purpose, excluding the capacity of subscribers exchanges.

□ Capacity of Mobile Telephone Exchanges

Refers to the capacity of the maximum services provided to subscribers at one time basing on a certain model and transacting capacity of the mobile telephone exchanges.

第15章

国内贸易

DOMESTIC TRADE

简要说明 BRIEF INTRODUCTION

本章主要内容有社会消费品零售总额，批发和零售业商品销售总额，限额以上批发零售和住宿餐饮业企业财务状况、限额以上住宿业和限额以上餐饮业基本经营情况，以及限额以上批发和零售业、住宿和餐饮业连锁经营情况。本章资料由市统计局贸易外经处提供。

The data in this chapter cover the total sales of the consumer goods, total sales of wholesale and retail trade, the financial indicators of wholesale and retail, hotel and catering enterprises above designated size，the operation of hotels and the enterprises in catering trade above designated size, and the operation of chain enterprises above designated size in wholesale, retail, hotel and catering trade. All the data in this chapter are provided by Division of Trade and External Economic Relations Statistics, Municipal Bureau of Statistics.

表15.1 社会消费品零售总额（1949－2015年）

TOTAL RETAIL SALES OF CONSUMER GOODS (1949-2015)

单位：万元 (10 000 yuan)

年 份 Year	社会消费品零售总额 Total Retail Sales of Consumer Goods	其 中 of which 国有经济 State-owned	集体经济 Collective-owned	个体及私营经济 Self-employed Individual and Private	外资及港澳台经济 Funded by Hong Kong,Macao, Taiwan & Foreign Entrepreneurs	其 他 Others
1949	46167					
1950	50695					
1951	55644					
1952	61973	19332	9941	32009		691
1953	77007	28033	13017	34889		1068
1954	83302	38415	19862	23381		1644
1955	84015	37910	18769	25264		2072
1956	98852	50892	39094	4648		4218
1957	108061	55533	43171	4458		4899
1958	119981	72248	40787	2705		4241
1959	141591	106899	26508	3006		5178
1960	156655	116749	28958	7877		3071
1961	133022	101961	20412	8403		2246
1962	124248	87477	27335	6987		2449
1963	112094	74490	31651	3913		2040
1964	122995	85845	32817	2405		1928
1965	134722	94009	35935	2318		2460
1966	147697	103011	38259	3585		2842
1967	155358	110170	40829	1502		2857
1968	132702	91591	37960	535		2616
1969	152531	110384	38638	638		2871
1970	163612	118044	40460	2120		2988
1971	172626	124688	42034	2739		3165
1972	191113	135637	45994	5863		3619
1973	195825	141100	48694	2376		3655
1974	197474	140839	50050	2682		3903
1975	217537	148811	53318	11876		3532
1976	218022	111129	95330	8200		3363
1977	233979	118830	102849	8402		3898
1978	250188	126981	112537	6599		4071
1979	301563	156918	130798	8043		5804
1980	366349	178516	162400	17649		7784
1981	405952	193060	180443	24020		8429

表15.1 续表 continued

单位：万元 (10 000 yuan)

年 份 Year	社会消费品零售总额 Total Retail Sales of Consumer Goods	其 中 of which				
		国有经济 State-owned	集体经济 Collective -owned	个体及私营经济 Self-employed Individual and Private	外资及港澳台经济 Funded by Hong Kong,Macao, Taiwan & Foreign Entrepreneurs	其 他 Others
1982	431269	201845	188198	30649		10577
1983	466704	212294	190909	53632		9869
1984	538909	229611	202957	93137		13204
1985	690779	256981	261103	155266		17429
1986	780787	290656	260816	207041		22274
1987	926227	343448	302177	253031		27571
1988	1191747	430347	372593	350032		38775
1989	1332450	445314	380342	344338		162456
1990	1371244	464257	370361	352587		184039
1991	1569138	524150	448634	359098		237256
1992	2031140	661857	554059	494300		320924
1993	2573768	933913	704291	492283	2372	440909
1994	3343325	1079062	664616	880747	3166	715734
1995	4161295	1004126	752266	1223620	23727	1157556
1996	4986299	1106800	792017	1550975	25224	1511283
1997	5681890	1137394	853410	1529836	34914	2126336
1998	6193991	1029384	710562	2103320	82477	2268248
1999	6670104	1129936	643832	2562478	115128	2218730
2000	7199508	1075849	675284	2855855	163455	2429065
2001	7823114	1190283	634269	3243281	205648	2549633
2002	8535962	1166478	544491	3717999	208733	2898261
2003	9346711	1117167	406950	4449249	221716	3151629
2004	10683290	864210	201479	7404246	210630	2002725
2005	12278119	1062661	210209	8242314	266333	2496602
2006	14315133	1741735	235363	9545634	345925	2446476
2007	17111165	1446490	254185	11391396	523912	3495182
2008	21471209	1215973	366449	13829885	751017	5307885
2009	25150155	1120799	316943	17276857	1808557	4626999
2010	30511078	1902684	456845	19040132	837470	8273947
2011	37823300	3206202	536627	23684988	2761399	7634084
2012	44029922	3308480	563925	25858861	3207278	11091378
2013	50557683	2410511	584603	33794724	1693685	12074160
2014	57106660	2512026	616649	36266710	1853831	15857444
2015	64240226	2867787	678242	40497664	2148777	18047756

注：2009年-2013年已根据三经普调整。
Note: The data of 2009-2013 has been adjusted according to the result of the 3rd National Economic Census.

表15.2 社会消费品零售总额（2014－2015年）
TOTAL RETAIL SALES OF CONSUMER GOODS (2014-2015)

单位：万元 (10 000 yuan)

指　标	Item	2014	2015
总　计	**Total**	**57106660**	**64240226**
按销售单位所在地分	**By Location**		
城　镇	City	54277348	61055788
#城　区	County	37930363	42675134
乡　村	Under County Level	2829312	3184438
按登记注册类型分	**By Status of Registration**		
国有经济	State-owned	2512026	2867787
集体经济	Collective-owned	616649	678242
个体及私营经济	Individual and Private	36266710	40497664
外资及港澳台经济	Funded by Hong Kong, Macao, Taiwan & Foreign Entrepreneurs	1853831	2148777
其他经济	Others	15857444	18047756
按行业分	**By Sector**		
批发和零售业	Wholesale and Retail Trades	49045298	55065363
住宿和餐饮业	Hotels and Catering Services	8061362	9174863

表15.3 限额以上住宿和餐饮业法人企业基本经营情况（2014－2015年）
BASIC CONDITIONS OF ENTERPRISES ABOVE DESIGNATED SIZE OF HOTELS AND CATERING SERVICES (2014-2015)

指　标	Item	2014	2015
营业额（万元）	Business Revenue (10 000 yuan)	2592949	3029109
客房收入	From Hotel Rooms	471287	527205
餐费收入	From Meals	1928504	2298302
商品销售收入	From Commodities	108723	123900
其他收入	Other Income	84435	79702
住宿餐饮设施	Infrastructure of Hotels and Catering Services		
床位数（个）	Number of Beds (unit)	115679	155936
餐位数（位）	Number of Catering Seats (unit)	788791	874477

表15.4 批发和零售业商品销售总额（2015年）
TOTAL SALES OF ENTERPRISES IN WHOLESALE AND RETAIL TRADES (2015)

单位：万元 (10 000 yuan)

指 标	Item	销售总额 Total Sales	其 中 of which	
			批 发 Wholesale	零 售 Retail
总 计	**Total**	**198130107**	**143064744**	**55065363**
限额以上批发和零售法人企业	**Enterprises above Designated Size in Wholesales and Retail Trade**	**102752499**	**67631503**	**35120996**
按登记注册类型分	**By Status of Registration**			
内资企业	Domestic-funded Enterprises			
国有企业	State-owned Enterprises	9753956	8291849	1462107
集体企业	Collective-owned Enterprises	276154	187260	88894
股份合作企业	Cooperative Enterprises	130060	49423	80637
联营企业	Joint-owned Enterprises	2478		2478
有限责任公司	Limited-liability Companies	47258078	32865409	14392669
股份有限公司	Share Holding Corporation Ltd.	10432471	4183379	6249092
私营企业	Private Enterprises	30309156	19602353	10706803
其他企业	Other Enterprises	379190	189297	189893
港澳台商投资企业	Enterprises Funded by Hong Kong, Macao and Taiwan	2632809	1626375	1006434
外商投资企业	Foreign-funded Enterprises	1578147	636158	941989
按行业分	**By Sector**			
农、林、牧产品批发业	Wholesale of Farm, Forestry and Animal Husbandry Products	880394	754627	125767
食品、饮料及烟草制品批发业	Wholesale of Food, Beverages and Tobacco	14219653	13501178	718475
纺织、服装及家电用品批发业	Wholesale of Textiles, Garments and Household Electrical Appliances	4994378	4478910	515468
文化、体育用品及器材批发业	Wholesale of Cultural, Sports Appliances and Equipment	769016	755472	13544
医药及医疗器材批发业	Wholesale of Medicines and Medical Appliances	5929126	5193433	735693
矿产品、建材及化工产品批发业	Wholesale of Mineral Products, Building Materials and Chemical Products	28330650	25984471	2346179
机械设备、五金交电及电子产品批发业	Wholesale of Machinery, Hardware and Electronic Products	11929484	11206754	722730
贸易经纪与代理业	Trade Broker and Agency	17231	16881	350
其他批发业	Other Wholesale not Classified Elsewhere	1286920	1166446	120474
综合零售业	Retail Trades	8324824	556464	7768360
食品、饮料及烟草制品专门零售业	Special Retail of Food, Beverages and Tobacco	1408520	348755	1059765
纺织、服装及日用品专门零售业	Special Retail of Textiles, Garments and Daily Consumer Articles	1153781	66141	1087640
文化、体育用品及器材专门零售业	Retail of Cultural, Sports Appliances and Equipment	645678	236222	409456
医药及医疗器材专门零售业	Retail of Medicines and Medical Appliances	2607672	744006	1863666
汽车、摩托车、燃料及零配件专门零售业	Retail of Motor Vehicles, Motorcycles, Fuel and Parts	13624485	1328384	12296101
家用电器及电子产品专门零售业	Special Retail of Household Electrical Appliances and Electronic Products	2950380	350881	2599499
五金、家具及室内装修材料专门零售业	Special Retail of Hardware, Furniture and Decoration Materials	3297518	889069	2408449
货摊、无店铺及其他零售业	Stalls, Non-shop and Other Retails	382789	53409	329380

表15.5 限额以上批发和零售业主要商品分类销售额（2014－2015年）

SALES OF MAIN COMMODITIES OF THE ENTERPRISES ABOVE DESIGNATED SIZE IN WHOLESALE AND RETAIL TRADES BY CATEGORY (2014-2015)

单位：亿元（100 million yuan)

指　标	Item	销售额 Total Sales		其中 of which 批发 Wholesale		其中 of which 零售 Retail	
		2014	2015	2014	2015	2014	2015
总　计	**Total**	**10105.82**	**11330.18**	**6453.30**	**7255.44**	**3652.52**	**4074.74**
粮油、食品、饮料、烟酒类	Grain and Oil, Food, Beverages, Tobacco and Liquor	1836.63	2137.34	1307.11	1537.47	529.52	599.87
#肉禽蛋类	Meat, Poultry and Eggs	131.00	189.25	77.56	126.92	53.44	62.33
其他食品类	Other Food	858.18	967.88	488.83	387.27	369.34	580.61
饮料类	Beverages	53.43	64.09	20.05	22.11	33.38	41.98
烟酒类	Tobacco and Liquor	794.02	916.12	720.67	831.07	73.35	85.05
服装鞋帽、针、纺织品类	Clothing, Shoes, Hats and Textiles	382.03	495.73	50.66	145.66	331.37	350.07
服装类	Clothing	272.05	357.22	16.22	88.83	255.83	268.39
鞋帽类	Shoes and Hats	54.06	76.09	2.99	21.47	51.07	54.62
针、纺织品类	Knitwear and Textiles	55.92	62.41	31.45	35.35	24.47	27.06
化妆品类	Cosmetics	55.17	82.96	23.42	45.67	31.75	37.29
金银珠宝类	Gold, Silver and Jewelry	116.73	105.13	69.37	61.23	47.36	43.90
日用品类	Articles for Daily Use	188.01	231.01	33.92	60.97	154.08	170.04
#儿童玩具类	Children Toys	6.96	8.18	0.89	1.14	6.07	7.04
五金、电料类	Hardware and Electrical Materials	56.85	73.72	25.32	37.16	31.53	36.56
体育、娱乐用品类	Sports and Recreation Articles	6.25	9.32	0.94	3.59	5.31	5.73
书报杂志类	Newspapers and Magazines	38.20	40.68	20.10	21.28	18.10	19.40
电子出版物及音像制品类	E-journal and Video Products	3.93	3.39	1.25	1.15	2.68	2.24
家用电器和音像器材类	Household Appliances and Video Appliances	497.28	474.74	204.52	172.46	292.76	302.28
中西药品类	Traditional Chinese and Western Medicines	660.28	749.81	424.10	478.51	236.18	271.30
#西　药	Western Medicines	512.82	569.67	333.18	367.49	179.64	202.18
中草药及中成药	Traditional Chinese Medicines	83.70	83.69	53.03	52.28	30.67	31.41
文化办公用品类	Cultural and Office Articles	149.61	194.12	62.30	77.51	87.31	116.61
家具类	Furniture	233.95	274.31	57.89	67.89	176.06	206.42
通讯器材类	Communication Appliances	200.34	378.70	128.03	271.59	72.31	107.11
煤炭及制品类	Coal and Related Products	375.55	411.73	362.26	397.10	13.29	14.63
木材及制品类	Wood and Wooden Products	20.63	25.34	20.63	25.34		
石油及制品类	Petroleum and Related Products	1089.97	1019.00	677.37	598.80	412.60	420.20
化工材料及制品类	Chemical Materials and Related Products	604.58	702.73	604.58	702.73		
#化肥类	Fertilizers	208.97	204.81	208.97	204.81		
金属材料类	Metal Materials	1176.18	1138.45	1176.18	1138.45		
建筑及装潢材料类	Building and Decoration Materials	272.40	358.30	154.04	210.70	118.36	147.60
机电产品设备类	Mechanical and Electrical Products	328.45	315.89	272.57	249.99	55.88	65.90
#农机类	Agricultural Machinery	11.67	12.31	11.67	12.31		
汽车类	Automobiles	1395.97	1630.04	461.49	572.06	934.48	1057.98
种子饲料类	Seed and Feedstuff	11.44	38.30	11.44	38.30		
棉麻类	Cotton, Hemp	8.05	5.95	7.67	5.61	0.38	0.34
其他类	Others	397.33	433.73	296.13	334.48	101.20	99.25

表15.6 限额以上批发业法人企业财务状况（2015年）
FINANCIAL INDICATORS OF WHOLESALE ENTERPRISES ABOVE DESIGNATED SIZE (2015)

指　标	Item	法人企业数（个）Number of Enterprises (unit)	流动资产合计 Total Circulating Assets	固定资产合计 Total Fixed Assets
总　计	**Total**	**2360**	**21999662**	**1683353**
按批发行业小类分	**By Wholesale Sector**			
农、林、牧产品批发	Wholesale of Farm, Forestry and Animal Husbandry Products	78	213854	52422
谷物、豆及薯类批发	Wholesale of Cereal, Bean and Tubers	19	61415	18339
种子批发	Wholesale of Seeds	11	14383	5772
饲料批发	Wholesale of Feedstuff	9	5111	1113
棉、麻批发	Wholesale of Cotton and Fiber Crops	3	25943	12864
林业产品批发	Wholesale of Forestry Products	11	66445	4440
牲畜批发	Wholesale of Livestock	8	4647	4050
其他农牧产品批发	Wholesale of Other Farm Products and Livestock Products	17	35910	5842
食品、饮料及烟草制品批发	Wholesale of Food, Beverages and Tobacco	385	2877245	760734
米、面制品及食用油批发	Wholesale of Rice, Flour and Edible Oil	78	474459	110118
糕点、糖果及糖批发	Wholesale of Cake, Candy and Sugar	15	36885	7868
果品、蔬菜批发	Wholesale of Fruits and Vegetables	61	338996	338102
肉、禽、蛋、奶及水产品批发	Wholesale of Meat, Poultry, Eggs and Aquatic Products	49	114795	18936
盐及调味品批发	Wholesale of Salts and Condiments	18	144426	24396
营养和保健品批发	Wholesale of Nutraceutical Products	9	18973	4697
酒、饮料及茶叶批发	Wholesale of Liquor, Beverages and Tea	78	128831	20001
烟草制品批发	Wholesale of Tobacco	39	1529913	215045
其他食品批发	Wholesale of other Food	38	89968	21572
纺织、服装及家庭用品批发	Wholesale of Textiles, Garments and Household Articles	113	1794947	47738
纺织品、针织品及原料批发	Wholesale of Textiles, Knitwear and Raw Materials	13	114625	1162
服装批发	Wholesale of Garments	13	538721	6538
鞋帽批发	Wholesale of Shoes and Hats	4	12475	55
化妆品及卫生用品批发	Wholesale of Cosmetics and Sanitary Articles	14	103754	8564
厨房、卫生间用具及日用杂货批发	Wholesale of Kitchen Utensils, Toilet Ware and Daily Consumer Articles Sundry Goods	11	41795	2575
灯具、装饰物品批发	Wholesale of Light Fittings and Decorative Articles	4	79306	799
家用电器批发	Wholesale of Household Electrical Appliances	39	760648	27009
其他家庭用品批发	Wholesale of Other Household Articles	15	143622	1035
文化、体育用品及器材批发	Wholesale of Cultural and Sports Articles and Equipment	38	560270	15980
文具用品批发	Wholesale of Cultural Articles	7	18915	882
体育用品及器材批发	Wholesale of Sports Articles	2	41718	180
图书批发	Wholesale of Books	3	39379	437
首饰、工艺品及收藏品批发	Wholesale of Jewelry, Handicrafts and Collections	20	443551	13006
其他文化用品批发	Wholesale of Other Cultural Goods	6	16708	1476
医药及医疗器材批发	Wholesale of Medicines and Medical Appliances	253	2236786	102484
西药批发	Wholesale of Western Medicines	182	1865057	85413
中药批发	Wholesale of Traditional Chinese Medicines	27	104851	3491
医疗用品及器材批发	Wholesale of Medical Articles and Appliances	44	266878	13580

单位：万元 (10 000 yuan)

累计折旧	其 中 of which	资产总计	负债合计	实收资本	主营业务收入	主营业务成本	主营业务税金及附加	其他业务利润
Total Depreciation	本年折旧 Depreciation in This Year	Total Assets	Total Liabilities	Paid-in Capital	Revenue of Principal Business	Cost of Principal Business	Taxes and Extra Charges on Principal Business	Profits from Other Business
717050	**127593**	**26940232**	**18917267**	**3580522**	**63642040**	**57678862**	**829943**	**724740**
21809	2841	358837	185468	74228	855578	784191	4069	319
12788	1147	139974	62758	18071	384218	365424	1547	203
1334	270	27903	12644	12522	42002	34772	540	2
216	82	7304	4382	2105	70008	65698	740	93
1439	560	50955	23735	10620	80197	77468	76	
1737	207	76639	49798	14525	72783	62733	223	20
349	86	8907	4232	2160	39435	30298	445	
3947	489	47154	27920	14225	166935	147797	497	
295596	48656	4745101	1836185	446025	13197305	10639589	646097	686039
33741	4855	868527	430200	67300	1990295	1893056	9625	3227
3074	460	47112	36176	3754	158615	147567	326	419
12190	5972	1033246	241172	117968	1773747	1400323	4843	56
9660	1620	154893	85075	47388	717737	553242	1624	714
13920	2036	283463	137312	71127	473691	425766	3050	2206
1767	619	24151	15047	4387	52589	45359	319	774
11065	2696	219268	163129	29249	666588	594065	2988	1594
201438	25179	1992532	653067	75401	6895542	5167544	621194	676197
8742	5220	121909	75006	29451	468502	412668	2129	851
19364	3183	1903839	1575631	103699	4605774	4157863	11335	3024
1160	161	119194	97765	16908	331365	304782	110	23
4234	361	563450	431880	14548	1835835	1620330	5837	
177	40	12548	10029	1320	13355	11441	88	
2246	375	113849	92902	7580	261398	197264	1898	159
757	115	44448	41894	4464	61973	53430	536	
120	102	80615	76527	1515	123830	111303	391	
10198	1916	822532	691112	53397	1815723	1716193	2299	2842
471	113	147204	133522	3967	162296	143120	176	
12620	2919	589971	422484	63405	738191	626339	1796	2040
304	136	21358	14874	6751	43470	40179	106	
197	18	41898	42179	222	19190	16467	116	
636	139	44564	45882	10200	36959	23217	96	1538
10958	2573	463740	304530	44964	597597	510323	1430	20
524	53	18412	15020	1268	40975	36152	48	483
38317	10611	2665098	1882807	900946	5295817	4847561	12523	9048
27108	6851	2109498	1626562	763920	4233954	3907831	9325	3280
2970	1577	125532	94229	21293	670518	625115	1660	444
8239	2183	430068	162017	115733	391346	314615	1537	5323

表15.6 续表1 continued1

指 标	Item	法人企业数（个）Number of Enterprises (unit)	流动资产合计 Total Circulating Assets	固定资产合计 Total Fixed Assets
矿产品、建材及化工产品批发	Wholesale of Mineral Products, Building Materials and Chemical Products	1050	8890134	540264
煤炭及制品批发	Wholesale of Coal and Related Products	212	1391635	81227
石油及制品批发	Wholesale of Petroleum and Related Products	94	1724456	262699
非金属矿及制品批发	Wholesale of Nonmetal Mineral and Related Products	12	74541	3050
金属及金属矿批发	Wholesale of Metal and Metal Mineral	255	1764656	41499
建材批发	Wholesale of Building Materials	250	2372395	83930
化肥批发	Wholesale of Fertilizers	66	484848	23047
农药批发	Wholesale of Pesticides	1	1248	1137
农用薄膜批发	Wholesale of Films for Agriculture	2	5571	32
其他化工产品批发	Wholesale of Other Chemical Products	158	1070784	43646
机械设备、五金产品及电子产品批发	Wholesale of Machinery, Hardware and Electronic Products	343	5189031	111926
农业机械批发	Wholesale of Agricultural Machinery	22	25653	6347
汽车批发	Wholesale of Automobiles	99	1324366	35034
汽车零配件批发	Wholesale of Automobile Fittings	47	334276	6433
摩托车及零配件批发	Wholesale of Motorcycle and Fittings	41	1614483	30286
五金产品批发	Wholesale of Hardware	27	52217	3752
电气设备批发	Wholesale of Electric Equipment	12	52101	2447
计算机、软件及辅助设备批发	Wholesale of Computers, Software and Assistant Equipment	10	741348	5717
通讯及广播电视设备批发	Wholesale of Communication, Broadcast and TV Equipment	17	596112	3781
其他机械设备及电子产品批发	Wholesale of Other Machinery and Electronic Products	68	448474	18131
贸易经纪与代理	Trade Broker and Agency	5	38299	12
贸易代理	Trade Agency	5	38299	12
其他批发业	Other Wholesales	95	199097	51793
再生物资回收与批发	Wholesale of Recycled Materials	74	160643	46954
其他未列明批发业	Other Wholesale not Classified Elsewhere	21	38454	4840
按登记注册类型分	**By Status of Registration**			
内资企业	Domestic-funded Enterprises	2337	21094381	1626793
国有企业	State-owned Enterprises	66	1624568	243700
集体企业	Collective-owned Enterprises	14	27420	1567
股份合作企业	Cooperative Enterprises	10	4663	5884
联营企业	Joint-owned Enterprises			
国有联营企业	State Joint-owned Enterprises			
集体联营企业	Collective Joint-owned Enterprises			
国有与集体联营企业	Joint State-collective Enterprises			
其他联营企业	Other Joint-owned Enterprises			

单位：万元 (10 000 yuan)

累计折旧 Total Depreciation	其 中 of which 本年折旧 Depreciation in This Year	资产总计 Total Assets	负债合计 Total Liabilities	实收资本 Paid-in Capital	主营业务收入 Revenue of Principal Business	主营业务成本 Cost of Principal Business	主营业务税金及附加 Taxes and Extra Charges on Principal Business	其他业务利润 Profits from Other Business
272919	47240	10633825	8253509	1204920	26607460	25174812	74627	14344
44607	7557	1637124	1273201	196465	4238644	3858409	22570	1645
132271	19027	2458914	1754778	233894	6003701	5658494	12481	1560
1451	362	80358	43211	25212	123514	116608	231	433
25866	6121	1979043	1546545	268205	6794847	6589493	10292	5193
27914	6357	2599969	2116900	320808	3455414	3222555	20594	1038
13990	3296	561522	423345	49515	1594020	1513924	5205	209
75	42	2446	928	336	21200	20379	17	
21	4	5632	4059	550	7425	6306	20	
26724	4473	1308817	1090541	109934	4368696	4188644	3216	4265
45808	9403	5588436	4569589	706235	11089082	10341252	68671	8983
2654	382	39008	17403	4947	148616	132617	2064	167
9959	1723	1406244	1286873	77670	2786111	2520733	50993	3776
3120	1310	343922	254265	18024	1201905	1081592	1124	296
8084	2014	1771019	1484047	270892	2256077	2131751	4740	76
2414	708	61643	33356	20520	135666	119549	1608	
3867	659	80812	56403	19470	65674	58326	297	
1746	260	775569	454370	205829	1754836	1701925	1088	248
1381	224	610053	567186	33784	1509601	1449866	808	3397
12584	2125	500167	415685	55099	1230596	1144893	5949	1023
2	1	40655	32313	6542	21576	18094	12	
2	1	40655	32313	6542	21576	18094	12	
10614	2741	414470	159282	74524	1231256	1089162	10813	944
8376	2277	366822	132041	62003	985035	871637	9968	782
2238	463	47648	27241	12521	246222	217525	845	162
702680	123829	25902272	18278857	3424722	61152484	55400131	827378	724686
223352	27558	2171218	774251	103019	7404472	5651004	617772	676569
1581	248	33316	24122	3706	200112	181892	2817	279
4812	1437	10666	3086	2372	83056	69357	1352	

表15.6 续表2 continued2

指 标	Item	法人企业数（个） Number of Enterprises (unit)	流动资产合计 Total Circulating Assets	固定资产合计 Total Fixed Assets
有限责任公司	Limited Liability Corporations	949	12363977	890123
国有独资公司	State Sole Funded Corporations	51	3660972	102970
其他有限责任公司	Other Limited Liability Corporations	898	8703004	787153
股份有限公司	Share-holding Corporations Ltd.	70	565906	125191
私营企业	Private Enterprises	1208	6462647	352821
私营独资企业	Private-funded Enterprises	25	21605	2836
私营合伙企业	Private Partnership Enterprises	8	5685	3944
私营有限责任公司	Private Limited Liability Corporations	1136	6045532	323746
私营股份有限公司	Private Share-holding Corporations Ltd.	39	389825	22296
其他企业	Other Enterprises	20	45201	7508
港、澳、台商投资企业	Enterprises with Funds from Hong Kong, Macao and Taiwan	10	593102	41713
与港澳台商合资经营企业	Joint-venture Enterprises	3	35262	957
与港澳台商合作经营企业	Cooperative Enterprises			
港澳台商独资企业	Enterprises with Sole Fund	5	442889	2771
港澳台商投资股份有限公司	Share-holding Corporations Ltd. with Investment	1	17648	30867
其他港澳台投资企业	Other Enterprises with Funds from Hong Kong, Macao and Taiwan	1	97303	7119
外商投资企业	Foreign-funded Enterprises	13	312179	14846
中外合资经营企业	Joint-venture Enterprises	5	108180	12284
中外合作经营企业	Cooperative Enterprises			
外资企业	Enterprises with Sole Fund	5	171568	1231
外商投资股份有限公司	Share-holding Corporations Ltd. with Foreign Investment	1	31	31
其他外商投资企业	Other Foreign-funded Enterprises	2	32401	1301
按控股情况分	**Trade Broker and Agency**			
国有控股	State-holding	236	6827844	577781
集体控股	Collective-holding	60	724675	24504
私人控股	Private-holding	1825	10785707	563269
港澳台商控股	Held by Corporation from Hong Kong, Macao and Taiwan	9	563642	40775
外商控股	Foreign-holding	9	200473	1270
其 他	Other	221	2897322	475755
按经营形式分	**By Form of Business**			
独立门店	Independent Store	1667	9983558	752886
连锁总店	Central Shop of Chain Stores	32	2688933	189442
连锁门店	Branch Shop of Chain Stores	13	295570	8767
其 他	Other	648	9031601	732257
按单位规模分	**By Size of Enterprise**			
大 型	Large	65	6448026	778937
中 型	Medium	784	10931573	596716
小 型	Small	1356	4002380	293446
微 型	Micro	155	617683	14254

单位：万元 (10 000 yuan)

累计折旧 Total Depreciation	其中 of which 本年折旧 Depreciation in This Year	资产总计 Total Assets	负债合计 Total Liabilities	实收资本 Paid-in Capital	主营业务收入 Revenue of Principal Business	主营业务成本 Cost of Principal Business	主营业务税金及附加 Taxes and Extra Charges on Principal Business	其他业务利润 Profits from Other Business
264444	48010	14955754	11182301	1471594	31344078	29156383	104069	33478
61909	5534	4190125	3351218	300071	5773910	5471411	9442	2894
202535	42477	10765629	7831082	1171523	25570168	23684973	94627	30584
53188	10386	1059261	670748	179247	3226594	3040610	13112	4294
152981	35507	7616999	5609815	1638996	18709378	17148899	80817	10009
985	227	25875	12577	4831	254050	227390	1240	222
1270	604	9779	2837	6748	32390	28234	682	9
139298	31350	7110438	5218697	1588862	17508950	16075917	71117	8470
11428	3326	470907	375703	38556	913988	817359	7778	1308
2323	682	55057	14535	25788	184794	151986	7439	57
9230	2537	648124	410366	65048	1636831	1514645	1712	54
439	30	41880	27698	8200	260136	256258	119	35
828	383	450294	312804	29391	975556	923610	476	20
1781	975	49250	466	8463	137373	109841	69	
6182	1150	106700	69398	18994	263766	224936	1049	
5140	1227	389836	228045	90753	852725	764085	853	1
4260	1007	157543	90904	35684	369578	324998	446	1
634	118	198234	116809	54662	296203	267327	191	
20	20	340		307	3233	1800		
226	83	33719	20331	100	183711	169961	215	
377291	50482	8713293	5785416	710385	20297258	17876286	636633	688689
13892	2703	819545	653659	67481	1953115	1873457	5877	655
244419	56827	12592709	9400763	2325376	28753627	26354452	163764	24875
8858	2513	613558	379253	66603	1389084	1261530	1764	20
684	141	227456	137424	62519	448992	416524	257	
71906	14926	3973669	2560752	348158	10799965	9896612	21647	10503
350288	68247	12055812	8676525	1662183	35189443	32219488	340816	42372
150217	15903	3440180	1719360	82827	4867651	3768270	328679	662641
9545	1397	319885	275600	10425	543585	490788	8328	213
206999	42045	11124355	8245783	1825087	23041361	21200315	152119	19514
312557	43885	8570677	5221260	677153	16071400	13888722	395135	682678
290250	58024	12922701	9817554	1986369	31765892	29373582	317839	25422
102255	23917	4690046	3233675	829121	14065236	12800103	88984	13712
11987	1766	756808	644778	87879	1739513	1616454	27986	2928

表15.6 续表3 continued3

指 标	Item	销售费用 Selling Expense	管理费用 Overhead	其中 of which 税金 Tax
总 计	**Total**	**1473765**	**955773**	**46119**
按批发行业小类分	**By Wholesale Sector**			
农、林、牧产品批发	Wholesale of Farm, Forestry and Animal Husbandry Products	13058	18915	714
谷物、豆及薯类批发	Wholesale of Cereal, Bean and Tubers	3925	5724	383
种子批发	Wholesale of Seeds	1751	1424	113
饲料批发	Wholesale of Feedstuff	951	893	5
棉、麻批发	Wholesale of Cotton and Fiber Crops	574	963	7
林业产品批发	Wholesale of Forestry Products	1828	2716	42
牲畜批发	Wholesale of Livestock	1878	825	48
其他农牧产品批发	Wholesale of Other Farm Products and Livestock Products	2150	6370	117
食品、饮料及烟草制品批发	Wholesale of Food, Beverages and Tobacco	353119	400999	12648
米、面制品及食用油批发	Wholesale of Rice, Flour and Edible Oil	40885	28466	1177
糕点、糖果及糖批发	Wholesale of Cake, Candy and Sugar	5830	3242	102
果品、蔬菜批发	Wholesale of Fruits and Vegetables	27841	21286	1204
肉、禽、蛋、奶及水产品批发	Wholesale of Meat, Poultry, Eggs and Aquatic Products	16146	16954	1418
盐及调味品批发	Wholesale of Salts and Condiments	14376	14857	682
营养和保健品批发	Wholesale of Nutraceutical Products	3502	1730	81
酒、饮料及茶叶批发	Wholesale of Liquor, Beverages and Tea	31711	13174	1155
烟草制品批发	Wholesale of Tobacco	181520	294475	6458
其他食品批发	Wholesale of other Food	31308	6816	372
纺织、服装及家庭用品批发	Wholesale of Textiles, Garments and Household Articles	196452	39891	4148
纺织品、针织品及原料批发	Wholesale of Textiles, Knitwear and Raw Materials	2378	3747	863
服装批发	Wholesale of Garments	84191	7125	1643
鞋帽批发	Wholesale of Shoes and Hats	660	401	2
化妆品及卫生用品批发	Wholesale of Cosmetics and Sanitary Articles	35234	5578	3
厨房、卫生间用具及日用杂货批发	Wholesale of Kitchen Utensils, Toilet Ware and Daily Consumer Articles Sundry Goods	3789	2656	7
灯具、装饰物品批发	Wholesale of Light Fittings and Decorative Articles	5042	2184	8
家用电器批发	Wholesale of Household Electrical Appliances	54345	15851	1583
其他家庭用品批发	Wholesale of Other Household Articles	10813	2350	38
文化、体育用品及器材批发	Wholesale of Cultural and Sports Articles and Equipment	53388	14772	87
文具用品批发	Wholesale of Cultural Articles	1490	1011	
体育用品及器材批发	Wholesale of Sports Articles	620	509	
图书批发	Wholesale of Books	8403	2996	13
首饰、工艺品及收藏品批发	Wholesale of Jewelry, Handicrafts and Collections	40767	8385	64
其他文化用品批发	Wholesale of Other Cultural Goods	2109	1872	10
医药及医疗器材批发	Wholesale of Medicines and Medical Appliances	168699	100271	5666
西药批发	Wholesale of Western Medicines	106497	74137	4445
中药批发	Wholesale of Traditional Chinese Medicines	19824	8411	369
医疗用品及器材批发	Wholesale of Medical Articles and Appliances	42379	17723	852

单位：万元 (10 000 yuan)

财务费用 Financial Cost	公允价值变动收益 Profit from Fair Value Changes	投资收益 Profit from Investment	营业利润 Business Profit	营业外收入 Non-business Income	其中 of which 政府补助 government subsidies	利润总额 Total Profits	应交所得税 Payable Income Tax	应付职工薪酬(本年贷方累计发生额) Payroll Payable	应交增值税 VAT Payable
232505	**-1263**	**45862**	**2516589**	**130094**	**61733**	**2377446**	**305068**	**830217**	**1014396**
3441		3223	32477	7491	6385	33289	4028	15028	3244
1002		84	5813	5470	4767	8277	1437	4708	1118
311		16	3192	519	490	2975	78	1751	617
198			1319	6		1182	142	525	302
356		3119	3878	263	263	4131	229	745	322
670			4187	125	7	7316	602	1665	466
141			6185	806	806	3288	409	1010	171
763	5		7903	302	53	6120	1131	4624	248
2109	-45	20464	1195129	47653	21463	1152120	159591	361191	317967
5954	-47	12448	28548	13919	11310	41601	4941	26149	6055
434	7		1549	200	7	1801	76	4643	1081
13690	1	815	307201	191	98	302512	523	16641	3397
3843			127187	539	32	128046	19118	10748	2735
3543		4035	16682	1154	59	14887	1336	13869	10133
275	10	10	1858	23	8	1482	53	1479	791
3925	-12	40	30980	2127	162	17958	1616	10646	8402
-30431	1	3101	663555	26537	9458	624658	127393	265874	269802
877	2	10	17570	2963	331	19175	4536	11143	15572
12582	14	1592	193029	8953	3916	182996	32085	48338	116977
3784			16564	89	56	17	59	1944	659
1175	14	263	117598	4416	3010	121635	22796	1836	96029
24			742	64		742	3	210	387
-392			22133	1688	2	24082	3685	7996	9925
1032		229	759	109	3	867	65	1947	306
1613			3298	21		3143	974	2395	2039
1420		1100	30017	2442	845	29950	3959	25836	6849
3927			1918	124		2561	543	6175	782
993		-153	41201	3963	62	43041	5342	35997	3774
432			281	2		279	57	1144	416
708			770			744	25	710	117
477		-153	2736	10		2732	164	10757	209
-732			36245	3504	22	39220	4900	22074	2778
108			1170	448	40	67	196	1313	254
39392		11131	120073	4453	711	118181	12452	82654	73411
35637		169	80346	2316	370	77013	9801	61330	54409
1446		-43	14236	99		14279	458	9712	8286
2309		11005	25491	2039	341	26890	2193	11612	10716

表15.6 续表4 continued4

指 标	Item	销售费用 Selling Expense	管理费用 Overhead	其中 of which 税金 Tax
矿产品、建材及化工产品批发	Wholesale of Mineral Products, Building Materials and Chemical Products	342152	213345	14129
煤炭及制品批发	Wholesale of Coal and Related Products	58188	46414	3343
石油及制品批发	Wholesale of Petroleum and Related Products	122267	32980	2186
非金属矿及制品批发	Wholesale of Nonmetal Mineral and Related Products	1426	2432	200
金属及金属矿批发	Wholesale of Metal and Metal Mineral	59497	39291	2422
建材批发	Wholesale of Building Materials	38399	42413	3549
化肥批发	Wholesale of Fertilizers	17967	13829	667
农药批发	Wholesale of Pesticides	135	139	24
农用薄膜批发	Wholesale of Films for Agriculture	23	51	
其他化工产品批发	Wholesale of Other Chemical Products	44250	35797	1738
机械设备、五金产品及电子产品批发	Wholesale of Machinery, Hardware and Electronic Products	323011	133256	6514
农业机械批发	Wholesale of Agricultural Machinery	5040	2359	260
汽车批发	Wholesale of Automobiles	117017	35889	2924
汽车零配件批发	Wholesale of Automobile Fittings	51928	18337	645
摩托车及零配件批发	Wholesale of Motorcycle and Fittings	44928	16287	898
五金产品批发	Wholesale of Hardware	1805	3659	323
电气设备批发	Wholesale of Electric Equipment	3319	1605	75
计算机、软件及辅助设备批发	Wholesale of Computers, Software and Assistant Equipment	34583	7279	363
通讯及广播电视设备批发	Wholesale of Communication, Broadcast and TV Equipment	24661	27351	106
其他机械设备及电子产品批发	Wholesale of Other Machinery and Electronic Products	39732	20488	921
贸易经纪与代理	Trade Broker and Agency	352	2012	
贸易代理	Trade Agency	352	2012	
其他批发业	Other Wholesales	23535	32313	2212
再生物资回收与批发	Wholesale of Recycled Materials	11027	13600	1846
其他未列明批发业	Other Wholesale not Classified Elsewhere	12508	18713	366
按登记注册类型分	**By Status of Registration**			
内资企业	Domestic-funded Enterprises	1382813	929488	45547
国有企业	State-owned Enterprises	193779	301042	7153
集体企业	Collective-owned Enterprises	3904	3100	37
股份合作企业	Cooperative Enterprises	2550	1750	275
联营企业	Joint-owned Enterprises			
国有联营企业	State Joint-owned Enterprises			
集体联营企业	Collective Joint-owned Enterprises			
国有与集体联营企业	Joint State-collective Enterprises			
其他联营企业	Other Joint-owned Enterprises			

单位：万元 (10 000 yuan)

财务费用 Financial Cost	公允价值变动收益 Profit from Fair Value Changes	投资收益 Profit from Investment	营业利润 Business Profit	营业外收入 Non-business Income	其中 of which 政府补助 government subsidies	利润总额 Total Profits	应交所得税 Payable Income Tax	应付职工薪酬(本年贷方累计发生额) Payroll Payable	应交增值税 VAT Payable
143222	110	7406	659240	27946	8596	573324	52740	163012	172823
31387	33	7658	231293	6537	3127	215284	10471	22883	65316
14378	1	2804	141166	3348	67	96970	11601	52241	43682
124		3765	6639	35		6909	236	1185	965
20854	-22	-7677	67506	5775	3237	56161	7856	24449	22614
44834		12	100061	1236	537	86746	11484	24346	22816
8122	97	128	34767	9369	792	54341	3835	10788	3627
63			467			467	117	52	
178			847			847		111	69
23283		716	76494	1647	836	55601	7140	26956	13734
28446	-1338	1614	188561	26366	19238	205646	35553	109343	310752
497		35	6273	423	387	7134	584	2468	3041
8607		3401	58868	4876	1160	59474	13012	19025	258849
-658			38355	914	285	38500	8315	14830	8281
7713	-1338	-2048	45555	2358	1707	47283	6781	32132	13927
1009			7158	4		6376	410	2694	1334
181			1946	18	17	1520	170	4274	714
6671		2	3347	14680	14664	17570	3087	7206	4587
1096			5743	1392	750	7220	430	3883	8153
3329		225	21317	1701	268	20569	2763	22830	11867
-301			1407	1	1	1408	10	437	10
-301			1407	1	1	1408	10	437	10
2621	-4	585	85473	3268	1361	67440	3269	14218	15440
2405	-4	551	77686	3236	1354	61305	2519	9540	13122
216		34	7787	32	7	6135	751	4677	2318
225964	-1263	45670	2432253	114314	49290	2278478	293271	802562	1004183
-29189	2	3260	671043	30805	12930	628093	129027	272945	270790
224		418	8625	3		8845	910	2177	3132
972			6913	5		6918	195	1069	1177

表15.6 续表5 continued5

指 标	Item	销售费用 Selling Expense	管理费用 Overhead	其中 of which 税金 Tax
有限责任公司	Limited Liability Corporations	651260	329901	20309
国有独资公司	State Sole Funded Corporations	122308	53369	3337
其他有限责任公司	Other Limited Liability Corporations	528952	276532	16972
股份有限公司	Share-holding Corporations Ltd.	92768	26611	1591
私营企业	Private Enterprises	432929	261395	16081
私营独资企业	Private-funded Enterprises	3000	2089	246
私营合伙企业	Private Partnership Enterprises	914	819	144
私营有限责任公司	Private Limited Liability Corporations	408579	244493	13450
私营股份有限公司	Private Share-holding Corporations Ltd.	20437	13994	2241
其他企业	Other Enterprises	5622	5688	101
港、澳、台商投资企业	Enterprises with Funds from Hong Kong, Macao and Taiwan	35245	10609	389
与港澳台商合资经营企业	Joint-venture Enterprises	1389	1398	227
与港澳台商合作经营企业	Cooperative Enterprises			
港澳台商独资企业	Enterprises with Sole Fund	12326	2575	162
港澳台商投资股份有限公司	Share-holding Corporations Ltd. with Investment	502	503	
其他港澳台投资企业	Other Enterprises with Funds from Hong Kong, Macao and Taiwan	21029	6133	
外商投资企业	Foreign-funded Enterprises	55707	15677	183
中外合资经营企业	Joint-venture Enterprises	16110	11978	162
中外合作经营企业	Cooperative Enterprises			
外资企业	Enterprises with Sole Fund	30966	3093	21
外商投资股份有限公司	Share-holding Corporations Ltd. with Foreign Investment	390	250	
其他外商投资企业	Other Foreign-funded Enterprises	8241	356	
按控股情况分	**Trade Broker and Agency**			
国有控股	State-holding	431601	419761	15607
集体控股	Collective-holding	18880	17729	553
私人控股	Private-holding	659464	432921	23691
港澳台商控股	Held by Corporation from Hong Kong, Macao and Taiwan	35160	9744	290
外商控股	Foreign-holding	36264	3752	107
其 他	Other	292395	71866	5872
按经营形式分	**By Form of Business**			
独立门店	Independent Store	742779	488486	27374
连锁总店	Central Shop of Chain Stores	145174	180881	4733
连锁门店	Branch Shop of Chain Stores	15540	9336	89
其 他	Other	570272	277070	13924
按单位规模分	**By Size of Enterprise**			
大 型	Large	556563	339770	10350
中 型	Medium	642780	407182	22347
小 型	Small	251173	186354	12728
微 型	Micro	23249	22468	693

单位：万元（10 000 yuan）

财务费用 Financial Cost	公允价值变动收益 Profit from Fair Value Changes	投资收益 Profit from Investment	营业利润 Business Profit	营业外收入 Non-business Income	其中 of which 政府补助 government subsidies	利润总额 Total Profits	应交所得税 Payable Income Tax	应付职工薪酬（本年贷方累计发生额） Payroll Payable	应交增值税 VAT Payable
169468	117	41658	984624	64905	26599	922894	89309	272707	347690
41593		15309	92673	22634	15308	119452	16394	50396	92092
127875	117	26349	891952	42271	11291	803442	72916	222310	255598
5087	10	10190	55018	3325	1345	44506	4634	36726	31657
78637	-1392	-9856	692337	14446	7608	653673	68131	212866	346128
365			20305	5		16717	2905	1645	1653
594		814	1634	797	321	739	29	1614	94
73330	-1392	-12581	618545	13317	7221	584017	61590	200547	311198
4347		1911	51852	326	67	52200	3607	9060	33183
765			13692	824	808	13548	1065	4073	3610
4482			69878	4434	1194	73436	5352	16984	4414
410			909	71	56	209	147	872	333
3993			31969	2764	1138	34731	5205	2400	4081
16			26442			26442		174	
63			10557	1599		12053		13537	
2059		193	14459	11347	11249	25532	6445	10671	5799
2494			13650	275	208	13705	4615	7373	3964
-578		6	-4968	11032	11032	6014	1797	2597	209
			793	19		793		150	
144		187	4984	20	8	5021	34	552	1626
28144	4	28319	918584	64722	33940	838644	160058	393722	408161
12366	98	561	25150	9440	386	26213	3671	12317	11347
147660	-1306	3103	1005766	28127	9907	951855	105189	317310	485185
4402		114	75991	4361	1138	80249	5162	16647	4473
-152		6	-8796	11103	11082	2235	1868	4171	238
40086	-59	13760	499893	12342	5280	478251	29119	86050	104993
155216	-1313	934	1207643	48095	24159	1106180	110488	430971	567122
-23201		10425	475388	16207	1190	445747	108335	152370	174547
-588	1	900	21149	834	127	13962	2210	12333	4736
101077	49	33604	812409	64958	36257	811557	84035	234543	267991
6551	-1454	31404	931064	41959	16939	944647	148497	344244	429799
158502	155	11778	870565	66712	35269	764471	72539	356247	379380
63118	37	2663	666864	19601	9084	619415	74379	119076	172402
4333		17	48096	1823	441	48913	9654	10650	32815

表15.7 限额以上零售业法人企业财务状况（2015年）
FINANCIAL INDICATORS OF RETAIL ENTERPRISES ABOVE DESIGNATED SIZE (2015)

指 标	Item	法人企业数（个） Number of Enterprises (unit)	流动资产合计 Total Circulating Assets	固定资产合计 Total Fixed Assets
总 计	**Total**	**3180**	**8769062**	**1871625**
按零售行业小类分	**By Retail Sector**			
综合零售	Comprehensive Retails	369	2157689	500321
百货零售	Department Stores	204	1832342	352151
超级市场零售	Supermarkets	105	298032	130971
其他综合零售	Other Comprehensive Retails	60	27315	17198
食品、饮料及烟草制品专门零售	Special Retail of Food, Beverages and Tobacco	361	279065	86321
粮油零售	Retail of Grains and Edible Oil	50	60448	13152
糕点、面包零售	Retail of Cakes and Bread	14	17668	7962
果品、蔬菜零售	Retail of Fruits and Vegetables	43	38955	9889
肉、禽、蛋、奶及水产品零售	Retail of Meat, Poultry, Eggs and Aquatic Products	63	50337	16368
营养和保健品零售	Retail of Nutraceutical Products	10	3994	1156
酒、饮料及茶叶零售	Retail of Liquor, Beverages and Tea	93	52017	20286
烟草制品零售	Retail of Tobacco	3	8226	140
其他食品零售	Retail of Other Food	85	47421	17369
纺织、服装及日用品专门零售	Special Retail of Textile, Garments and Daily Consumer Articles	203	485792	119812
纺织品及针织品零售	Retail of Textiles and Knitwear	28	12395	3334
服装零售	Retail of Garments	109	275499	74346
鞋帽零售	Retail of Shoes and Hats	14	113945	28554
化妆品及卫生用品零售	Retail of Cosmetics and Sanitary Articles	11	9572	928
钟表、眼镜零售	Retail of Clocks, Watches and Glasses	15	62323	10215
箱、包零售	Retail of Suitcases and Bags	2	967	1
厨房用具及日用杂品零售	Retail of Kitchen Utensils and Daily Consumer Articles Sundry Goods	9	5508	1675
自行车零售	Retail of Bicycles	1	129	184
其他日用品零售	Retail of Other General Merchandise	14	5455	574
文化、体育用品及器材专门零售	Special Retail of Cultural and Sports Articles	76	363274	93999
文具用品零售	Retail of Cultural Articles	38	24664	4964
体育用品及器材零售	Retail of Sports Articles	4	3603	180
图书、报刊零售	Retail of Books, Newspapers and Magazines	12	298926	86084
音像制品及电子出版物零售	Retail of Video Products and E-journals	1	32	1
珠宝首饰零售	Retail of Jewelry	13	20333	2130
工艺美术品及收藏品零售	Retail of Handicrafts and Collections	6	1038	585
乐器零售	Retail of Musical Instrument	1	287	20
照相器材零售	Retail of Cameras			
其他文化用品零售	Retail of Other Cultural Goods	1	14393	36
医药及医疗器材专门零售	Special Retail of Medicine and Medical Appliances	153	1358875	68215
药品零售	Retail of Medicine	130	1298395	65681
医疗用品及器材零售	Retail of Medical Articles and Appliances	23	60480	2534
汽车、摩托车、燃料及零配件专门零售	Special Retail of Automobiles, Motorcycles, Fuel and Spare Parts	1032	3059373	599339
汽车零售	Retail of Automobiles	741	2697686	388751
汽车零配件零售	Retail of Automobile Fittings	35	20904	3866
摩托车及零配件零售	Retail of Motorcycles and Parts	137	68472	8485
机动车燃料零售	Retail of Motor Fuel	119	272312	198237

单位：万元（10 000 yuan）

累计折旧 Total Depreciation	其 中 of which 本年折旧 Depreciation in This Year	资产总计 Total Assets	负债合计 Total Liabilities	实收资本 Paid-in Capital	主营业务收入 Revenue of Principal Business	主营业务成本 Cost of Principal Business	主营业务税金及附加 Taxes and Extra Charges on Principal Business	其他业务利润 Profits from Other Business
892899	**150968**	**13444907**	**8970056**	**3479649**	**31423453**	**27265092**	**283593**	**252116**
386546	42362	3218548	2273448	498209	7024584	6000202	55300	179018
288407	28674	2539958	1732884	323269	4560888	3868480	40501	127492
92939	12523	627841	514751	160698	2200206	1901555	9457	49892
5200	1165	50748	25813	14242	263489	230167	5342	1635
29017	7099	529286	255317	112515	1355637	1148728	11820	6293
7143	1044	119213	63390	9102	214683	195591	1140	1311
3548	1194	31677	11567	3532	77550	46704	1967	102
3455	530	91826	36957	19301	128224	109113	885	137
6648	1694	77599	41014	26463	420108	364801	2782	2421
236	107	6459	3088	1153	25364	22789	222	
3590	1076	80476	43222	14341	219713	180684	2847	1681
197	47	11009	4880	4050	61847	54295	487	
4200	1407	111027	51199	34573	208150	174752	1490	642
17424	4373	731762	522626	457498	1022845	774458	12326	5485
853	303	16556	10923	3233	46720	38317	274	
8272	1915	454332	319709	420418	685484	514901	9423	4412
5917	1231	156834	120359	22364	116671	91990	853	
575	52	10513	7577	1605	29806	24191	328	28
1141	697	77887	54517	6118	95957	68252	880	1027
		968	823	150	4913	4147	15	
200	88	7752	4934	1862	14823	11603	242	
6	6	313	47	10	1065	854	3	
462	82	6607	3737	1738	27406	20205	308	18
65499	1021	694364	398268	34369	637808	451297	3902	4364
2870	594	30774	18429	4585	97431	76683	2042	36
113	65	3938	4350	680	6453	5046	38	
61525	260	610347	353888	17562	446443	297266	165	2470
2	1	33	79	100	923	502	1	
854	52	23258	14834	4345	66539	56543	1439	1858
99	35	4115	2023	1697	8357	6975	95	
5	2	307	227		500	270	1	
31	13	21594	4439	5400	11162	8013	121	
50369	7370	1814899	1232336	194665	2332052	2073179	6810	14718
49023	6992	1750271	1186937	185118	2217329	1977103	6380	12930
1346	379	64628	45399	9547	114723	96076	430	1788
252315	67610	4476938	3184638	1770656	12731855	11769342	42043	21817
139393	46451	3440806	2462592	1543320	9265062	8572551	32700	17641
2416	1001	27574	21111	5245	160744	140954	1103	1936
4566	1034	82197	35646	20116	481021	436248	2267	604
105940	19125	926361	665290	201976	2825029	2619589	5974	1635

表15.7 续表1 continued1

指　标	Item	法人企业数（个）Number of Enterprises (unit)	流动资产合计 Total Circulating Assets	固定资产合计 Total Fixed Assets
家用电器及电子产品专门零售	Special Retail of Household Electrical Appliances and Electronic Products	450	450713	69427
家用视听设备零售	Retail of Household Audio and Video Appliances	93	77454	21803
日用家电设备零售	Retail of Household Electrical Appliances	162	188608	17940
计算机、软件及辅助设备零售	Retail of Computers, Software and Assistant Equipment	117	86138	15713
通信设备零售	Retail of Communication Equipment	51	81889	13114
其他电子产品零售	Retail of Other Electronic Products	27	16625	857
五金、家具及室内装饰材料专门零售	Special Retail of Hardware, Furniture and Decoration Materials	425	449377	317728
五金零售	Retail of Hardware	83	66842	12545
灯具零售	Retail of Light Fittings	25	13945	3635
家具零售	Retail of Furniture	99	269409	244856
涂料零售	Retail of Paint	4	517	737
卫生洁具零售	Retail of Sanitary Ware	4	684	202
木质装饰材料零售	Retail of Wooden Decorative Materials	25	5937	3227
陶瓷、石材装饰材料零售	Retail of Ceramics and Stone Decorative Materials	45	21454	9875
其他室内装饰材料零售	Retail of Other Indoor Decoration Materials	140	70591	42653
货摊、无店铺及其他零售业	Stall, Non-shop and Other Retails	111	164904	16463
货摊食品零售	Retail of Food by Mobile Stalls			
货摊纺织、服装及鞋零售	Retail of Textiles, Garments and Shoes by Mobile Stalls			
货摊日用品零售	Retail of Daily Consumer Articles by Mobile Stalls			
互联网零售	E-commerce Retails	36	51697	1844
邮购及电视、电话零售	Retails by Post, TV and Telephone			
旧货零售	Retail of Used Goods	1	5168	97
生活用燃料零售	Retail of Fuel for Daily Use	28	12548	5824
其他未列明零售业	Other Retails not Classified Elsewhere	46	95492	8699
按登记注册类型分	**By Status of Registration**			
内资企业	Domestic-funded Enterprises	3134	8273854	1672796
国有企业	State-owned Enterprises	25	78029	76422
集体企业	Collective-owned Enterprises	15	10247	3087
股份合作企业	Cooperative Enterprises	13	7793	2679
联营企业	Joint-owned Enterprises	2	365	55
国有联营企业	State Joint-owned Enterprises			
集体联营企业	Collective Joint-owned Enterprises	2	365	55
国有与集体联营企业	Joint State-collective Enterprises			
其他联营企业	Other Joint-owned Enterprises			
有限责任公司	Limited Liability Corporations	976	3331747	635411
国有独资公司	State Sole Funded Corporations	17	88638	27906
其他有限责任公司	Other Limited Liability Corporations	959	3243109	607506
股份有限公司	Share-holding Corporations Ltd.	66	2029935	345093
私营企业	Private Enterprises	2008	2701920	605582
私营独资企业	Private-funded Enterprises	185	48775	32661
私营合伙企业	Private Partnership Enterprises	8	1918	742
私营有限责任公司	Private Limited Liability Corporations	1724	2528321	554384
私营股份有限公司	Private Share-holding Corporations Ltd.	91	122907	17795
其他企业	Other Enterprises	29	113819	4466
港、澳、台商投资企业	Enterprises Funded by Hong Kong, Macao and Taiwan	29	282376	91262
与港澳台商合资经营企业	Joint-venture Enterprises	6	88069	26278

单位：万元（10 000 yuan）

累计折旧 Total Depreciation	其中 of which 本年折旧 Depreciation in This Year	资产总计 Total Assets	负债合计 Total Liabilities	实收资本 Paid-in Capital	主营业务收入 Revenue of Principal Business	主营业务成本 Cost of Principal Business	主营业务税金及附加 Taxes and Extra Charges on Principal Business	其他业务利润 Profits from Other Business
26929	6079	835856	454316	172789	2766471	2461883	25104	17592
8274	2065	361802	136667	70354	868420	762160	5767	
9392	1840	223140	155897	44436	970993	850612	12816	6779
5142	1036	116106	72220	31999	535677	490972	2598	751
3532	1011	116539	75876	22576	296235	269084	3619	9792
589	127	18269	13656	3423	95146	89055	304	271
55366	13201	900984	491086	195911	3184557	2284979	119580	1551
3500	703	85657	50064	25705	371424	330947	7321	1047
712	123	18952	11329	4170	37911	31552	445	
41585	9629	629455	352574	121613	1986951	1280713	96663	30
117	23	1406	438	273	3732	2884	87	13
24	8	885	430	214	3645	2584	37	
558	322	11667	5574	1403	47326	37193	1420	
2194	749	33068	9147	11856	158858	133399	2214	
6678	1644	119895	61530	30678	574711	465707	11392	461
9433	1852	242269	158022	43038	367645	301024	6709	1278
538	265	65148	53141	11038	82753	65075	636	389
97	19	5285	5235	500	7032	6198	8	
2766	407	22630	11901	5390	91120	73408	587	864
6033	1162	149206	87746	26111	186740	156344	5478	26
759078	139649	12648615	8527352	2909964	30264813	26316729	271808	229929
45929	4640	244587	145732	36849	1336408	1262152	2907	2079
1261	375	14030	8373	3324	66433	55264	1216	40
962	289	11461	6110	3969	47481	40266	423	
77	17	475	334	126	2478	2160	72	
77	17	475	334	126	2478	2160	72	
297445	63705	5118619	3451957	761238	12464203	11002962	70631	76264
11207	7379	263953	207300	26665	405693	366951	904	1117
286238	56326	4854666	3244657	734574	12058511	10636011	69727	75147
203899	27004	3158646	2017778	307728	5756834	5103836	27560	120275
206864	42717	3970927	2777065	1787084	10408617	8703320	166663	31261
30052	2736	95916	32169	25901	497302	402963	9246	1516
401	98	2701	322	1200	22869	19991	138	
168607	38163	3719463	2655868	1723855	9348087	7800295	151555	27832
7804	1721	152847	88706	36127	540360	480071	5725	1914
2643	902	129871	120002	9647	182359	146770	2335	10
84286	4498	420205	238125	432076	667463	545252	7966	8292
2709	1826	128605	91869	16133	177853	143142	1525	752

表15.7 续表2 continued2

指　标	Item	法人企业数（个）Number of Enterprises (unit)	流动资产合计 Total Circulating Assets	固定资产合计 Total Fixed Assets
与港澳台商合作经营企业	Cooperative Enterprises			
港澳台商独资企业	Enterprises with Sole Fund	22	194097	64725
港澳台商投资股份有限公司	Share-holding Corporations Ltd. with Investment			
其他港澳台投资企业	Other Enterprises with Funds from Hong Kong, Macao and Taiwan	1	210	260
外商投资企业	Foreign-funded Enterprises	17	212832	107567
中外合资经营企业	Joint-venture Enterprises	2	18856	1007
中外合作经营企业	Cooperative Enterprises	1	32594	12564
外资企业	Enterprises with Sole Fund	12	147360	84235
外商投资股份有限公司	Share-holding Corporations Ltd. with Foreign Investment	1	3322	23
其他外商投资企业	Other Foreign-funded Enterprises	1	10700	9738
按控股情况分	**By Holding Entity of Share**			
国有控股	State-holding	130	2871313	617976
集体控股	Collective-holding	38	25984	7203
私人控股	Private-holding	2743	4209507	919426
港澳台商控股	Held by Corporation from Hong Kong, Macao and Taiwan	27	254248	91709
外商控股	Foreign-holding	15	194898	97163
其　他	Other	227	1213113	138148
按经营形式分	**By Form of Business**			
独立门店	Independent Store	2777	5116850	982269
连锁总店	Central Shop of Chain Stores	104	1782674	493448
连锁门店	Branch Shop of Chain Stores	57	143887	84131
其　他	Other	242	1725651	311777
按单位规模分	**By Size of Enterprise**			
大　型	Large	64	3108275	806146
中　型	Medium	585	3467045	595415
小　型	Small	1833	1935062	374389
微　型	Micro	698	258681	95675
按零售业态分	**By Type of Retail Business**			
有店铺零售	In-store Retail	3109	8679865	1865669
食杂店	Grocery Store	36	9797	3219
便利店	Convenience Store	33	19956	5579
折扣店	Discount Store	2	20213	111
超　市	Super Market	217	195053	55691
大型超市	Large Super Market	36	306497	143896
仓储会员店	Warehouse Membership Store	8	9102	1817
百货店	Department Store	233	1890417	354536
专业店	Specialized Store	1404	3568920	621056
专卖店	Exclusive Store	854	2097752	323996
家居建材商店	Home Furnishing Store	192	297511	209744
购物中心	Shopping Center	15	144544	98138
厂家直销中心	Factory Outlet Center	79	120102	47886
无店铺零售	Off-store Retail	71	89198	5956
电视购物	TV Shopping			
邮　购	Mail Order	1		
网上商店	Online Shop	44	65690	3794
自动售货亭	Automatic Vending Machine			
电话购物	Telephone Order	1	82	115

单位：万元 (10 000 yuan)

累计折旧 Total Depreciation	其中 of which 本年折旧 Depreciation in This Year	资产总计 Total Assets	负债合计 Total Liabilities	实收资本 Paid-in Capital	主营业务收入 Revenue of Principal Business	主营业务成本 Cost of Principal Business	主营业务税金及附加 Taxes and Extra Charges on Principal Business	其他业务利润 Profits from Other Business
81536	2668	291130	145983	415760	488557	401467	6385	7539
40	3	470	274	182	1053	642	56	
49535	6821	376086	204579	137609	491177	403111	3820	13896
3245	97	21436	7716	12302	21908	16344	92	
32738	2570	49220	23412	24251	95530	79543	957	7130
12828	3663	277531	158079	82557	343199	277156	2741	3775
245	12	4545	3969	3500	6489	5600		379
479	479	23354	11403	15000	24050	24468	30	2612
370507	48786	4796434	3193938	466164	9530071	8545523	33604	133285
3555	773	35964	21925	8160	237637	205899	7706	97
334245	75160	6348482	4201748	2222183	17128676	14556969	216799	86132
84139	4388	390375	212843	445310	656626	549904	7614	10904
46056	6368	343295	186481	112307	700759	599921	3997	11284
54396	15494	1530358	1153121	225525	3169685	2806876	13875	10415
428676	87127	7019234	4579081	2506779	19498064	16889763	230203	52339
333653	36062	3174132	2147256	243689	6680066	5656442	33570	180140
30694	6165	524210	263748	428677	1275908	1103833	11035	5673
99876	21614	2727332	1979971	300503	3969415	3615054	8785	13964
473255	65749	5606545	3644298	529141	12522059	10510340	138428	192777
222261	48570	4822669	3607302	931135	10639944	9553081	62725	49278
110237	32024	2617321	1530650	1875031	6994891	6111597	67144	9885
87146	4625	398371	187806	144342	1266560	1090074	15296	177
890103	150012	13333244	8891112	3457058	31030075	26914241	282261	250861
828	309	18443	7249	9448	68445	56146	992	
2903	718	29319	13610	11780	143057	117389	1076	1421
486	43	21148	13761	2508	119542	91280	864	3750
38627	4794	333815	174731	110514	1034133	888114	17956	6515
116639	15028	720867	588300	167855	2201492	1895402	7088	57784
850	93	11668	7873	2220	42219	36265	142	22
248912	25262	2525503	1752329	299130	4201767	3526887	44244	118336
306754	55864	5827049	3730064	1875833	12823979	11426411	64618	30579
120066	34669	2778477	1982883	746722	7422499	6761448	33621	30903
39603	7633	595882	322437	103266	2280689	1545283	106937	404
7475	3100	284394	166012	98995	317768	229384	2777	28
6958	2500	186682	131862	28788	374487	340232	1948	1119
2795	956	111663	78944	22591	393378	350852	1332	1255
1013	485	81161	56805	14139	347605	308703	1135	389
12	6	197	67	130	712	534	1	1

表15.7 续表3 continued3

指 标	Item	销售费用 Selling Expense	管理费用 Overhead	其中 of which 税金 Tax
总 计	**Total**	**1776868**	**816250**	**36368**
按零售行业小类分	**By Retail Sector**			
综合零售	Comprehensive Retails	797042	219073	9717
百货零售	Department Stores	535202	157138	8215
超级市场零售	Supermarkets	251740	55749	1243
其他综合零售	Other Comprehensive Retails	10101	6186	258
食品、饮料及烟草制品专门零售	Special Retail of Food, Beverages and Tobacco	67478	37999	2530
粮油零售	Retail of Grains and Edible Oil	4523	5909	202
糕点、面包零售	Retail of Cakes and Bread	17534	4450	109
果品、蔬菜零售	Retail of Fruits and Vegetables	1958	3480	539
肉、禽、蛋、奶及水产品零售	Retail of Meat, Poultry, Eggs and Aquatic Products	16730	7388	627
营养和保健品零售	Retail of Nutraceutical Products	671	869	35
酒、饮料及茶叶零售	Retail of Liquor, Beverages and Tea	9949	7522	502
烟草制品零售	Retail of Tobacco	4107	1274	23
其他食品零售	Retail of Other Food	12005	7108	493
纺织、服装及日用品专门零售	Special Retail of Textile, Garments and Daily Consumer Articles	96431	83367	2109
纺织品及针织品零售	Retail of Textiles and Knitwear	3192	2296	65
服装零售	Retail of Garments	69718	63687	1177
鞋帽零售	Retail of Shoes and Hats	3298	8538	464
化妆品及卫生用品零售	Retail of Cosmetics and Sanitary Articles	2285	1354	13
钟表、眼镜零售	Retail of Clocks, Watches and Glasses	15334	5761	188
箱、包零售	Retail of Suitcases and Bags	312	155	
厨房用具及日用杂品零售	Retail of Kitchen Utensils and Daily Consumer Articles Sundry Goods	958	615	91
自行车零售	Retail of Bicycles	34	25	3
其他日用品零售	Retail of Other General Merchandise	1301	936	109
文化、体育用品及器材专门零售	Special Retail of Cultural and Sports Articles	32499	24190	765
文具用品零售	Retail of Cultural Articles	4796	4313	94
体育用品及器材零售	Retail of Sports Articles	1332	524	
图书、报刊零售	Retail of Books, Newspapers and Magazines	20861	15757	48
音像制品及电子出版物零售	Retail of Video Products and E-journals	184	206	
珠宝首饰零售	Retail of Jewelry	4476	2280	198
工艺美术品及收藏品零售	Retail of Handicrafts and Collections	474	371	14
乐器零售	Retail of Musical Instrument	55	11	
照相器材零售	Retail of Cameras			
其他文化用品零售	Retail of Other Cultural Goods	321	728	410
医药及医疗器材专门零售	Special Retail of Medicine and Medical Appliances	112710	58781	3212
药品零售	Retail of Medicine	105946	53249	3091
医疗用品及器材零售	Retail of Medical Articles and Appliances	6764	5532	121
汽车、摩托车、燃料及零配件专门零售	Special Retail of Automobiles, Motorcycles, Fuel and Spare Parts	356769	222472	9511
汽车零售	Retail of Automobiles	257225	195693	6992
汽车零配件零售	Retail of Automobile Fittings	4782	4410	78
摩托车及零配件零售	Retail of Motorcycles and Parts	9824	7477	721
机动车燃料零售	Retail of Motor Fuel	84938	14892	1721

单位：万元 (10 000 yuan)

财务费用 Financial Cost	公允价值变动收益 Profit from Fair Value Changes	投资收益 Profit from Investment	营业利润 Business Profit	营业外收入 Non-business Income	其中 of which 政府补助 government subsidies	利润总额 Total Profits	应交所得税 Payable Income Tax	应付职工薪酬(本年贷方累计发生额) Payroll Payable	应交增值税 VAT Payable
179999	**983**	**46046**	**1320341**	**49769**	**20215**	**1208966**	**147200**	**1032139**	**554498**
29545	547	7213	136871	21579	14290	126227	20696	405296	111012
19258	547	5000	88877	14651	11070	86291	15069	268475	81573
8885		2212	37648	5957	3201	33126	4878	130044	26914
1402		1	10347	972	18	6810	749	6777	2525
9534	134	1308	78355	4264	2378	73690	4743	45548	14425
1495	24	-22	7248	1615	1288	8177	196	4936	760
241	1	1	6665	587	486	6749	936	7467	605
1521	78	3	11309	803	6	9529	157	3292	620
2669	-8	160	25707	582	252	24744	1932	11273	4821
191	1	293	912	120		782	21	845	136
1693	39	47	16182	68	19	15270	836	7339	3931
455			1226	2		1228	176	1763	564
1270		826	9106	488	326	7210	488	8632	2988
18563	13	2672	54344	1074	278	52188	5866	71245	22787
209			2433	3	3	2350	85	1951	639
13399		1169	28013	897	253	26861	3086	53088	17035
2022	13	1322	11291	53		11279	1749	4944	1339
108		1	1685	1		1348	125	1237	678
2567		180	5656	72	8	5432	778	8060	1985
1			283	4	1	287		177	721
124			1281	30		1137	4	603	293
47			102			102		67	23
86			3598	14	13	3393	39	1120	74
-4074		-1	43767	1511	180	42725	1843	31815	3685
1320			8303	2	2	6718	824	4443	998
63			-538	4		-544	2	536	44
-5854			30093	1171	88	30535	271	22979	416
1			31	1	1	32		140	
214		-1	3436	20		3437	556	2242	1643
29			412	41	40	447	79	522	109
3			201					35	3
150			1829	272	50	2101	112	918	472
23904	138	17190	83383	3378	453	82160	7055	70031	30472
22833	138	17190	78680	3293	421	77434	6318	66456	28024
1070			4703	85	32	4726	737	3576	2448
66081	113	13831	304788	9708	869	257759	33701	246694	274696
58214	80	13818	183929	5457	765	164068	28582	189446	129002
723			11066	121	30	11466	1416	2953	637
2164			23025	1239	12	17440	939	12588	8831
4980	33	13	86767	2891	62	64785	2764	41707	136227

表15.7 续表4 continued4

指 标	Item	销售费用 Selling Expense	管理费用 Overhead	其中 of which 税金 Tax
家用电器及电子产品专门零售	Special Retail of Household Electrical Appliances and Electronic Products	135202	54459	2170
家用视听设备零售	Retail of Household Audio and Video Appliances	51698	11703	432
日用家电设备零售	Retail of Household Electrical Appliances	49766	22974	818
计算机、软件及辅助设备零售	Retail of Computers, Software and Assistant Equipment	13339	9056	617
通信设备零售	Retail of Communication Equipment	18402	8931	245
其他电子产品零售	Retail of Other Electronic Products	1997	1796	57
五金、家具及室内装饰材料专门零售	Special Retail of Hardware, Furniture and Decoration Materials	159220	101753	5809
五金零售	Retail of Hardware	9066	6635	181
灯具零售	Retail of Light Fittings	884	1669	98
家具零售	Retail of Furniture	126134	62107	3622
涂料零售	Retail of Paint	155	100	5
卫生洁具零售	Retail of Sanitary Ware	60	80	6
木质装饰材料零售	Retail of Wooden Decorative Materials	2870	1823	76
陶瓷、石材装饰材料零售	Retail of Ceramics and Stone Decorative Materials	3050	3710	393
其他室内装饰材料零售	Retail of Other Indoor Decoration Materials	17000	25630	1429
货摊、无店铺及其他零售业	Stall, Non-shop and Other Retails	19517	14155	545
货摊食品零售	Retail of Food by Mobile Stalls			
货摊纺织、服装及鞋零售	Retail of Textiles, Garments and Shoes by Mobile Stalls			
货摊日用品零售	Retail of Daily Consumer Articles by Mobile Stalls			
互联网零售	E-commerce Retails	12476	4226	32
邮购及电视、电话零售	Retails by Post, TV and Telephone			
旧货零售	Retail of Used Goods	503	196	75
生活用燃料零售	Retail of Fuel for Daily Use	3191	3082	255
其他未列明零售业	Other Retails not Classified Elsewhere	3347	6651	184
按登记注册类型分	**By Status of Registration**			
内资企业	Domestic-funded Enterprises	1646747	746421	33790
国有企业	State-owned Enterprises	43136	9157	692
集体企业	Collective-owned Enterprises	3172	3456	56
股份合作企业	Cooperative Enterprises	920	1381	126
联营企业	Joint-owned Enterprises	117	86	
国有联营企业	State Joint-owned Enterprises			
集体联营企业	Collective Joint-owned Enterprises	117	86	
国有与集体联营企业	Joint State-collective Enterprises			
其他联营企业	Other Joint-owned Enterprises			
有限责任公司	Limited Liability Corporations	705390	304456	11432
国有独资公司	State Sole Funded Corporations	18616	7937	273
其他有限责任公司	Other Limited Liability Corporations	686774	296519	11159
股份有限公司	Share-holding Corporations Ltd.	428590	141058	7785
私营企业	Private Enterprises	457260	281341	13392
私营独资企业	Private-funded Enterprises	14627	11454	883
私营合伙企业	Private Partnership Enterprises	612	405	50
私营有限责任公司	Private Limited Liability Corporations	420834	258327	11863
私营股份有限公司	Private Share-holding Corporations Ltd.	21187	11155	595
其他企业	Other Enterprises	8163	5487	308
港、澳、台商投资企业	Enterprises Funded by Hong Kong, Macao and Taiwan	74000	35429	1690
与港澳台商合资经营企业	Joint-venture Enterprises	13674	12431	305

单位：万元 (10 000 yuan)

财务费用 Financial Cost	公允价值变动收益 Profit from Fair Value Changes	投资收益 Profit from Investment	营业利润 Business Profit	营业外收入 Non-business Income	其中 of which 政府补助 government subsidies	利润总额 Total Profits	应交所得税 Payable Income Tax	应付职工薪酬(本年贷方累计发生额) Payroll Payable	应交增值税 VAT Payable
11342	18	828	94216	2514	230	80762	7127	88033	30813
3700	-3		33449	339	37	27164	1944	13830	6254
3386	8	760	37600	1165	104	33797	3529	51727	13647
998	13	7	18982	391	23	15660	1161	10794	7467
3093		60	2281	615	66	2172	389	9615	2317
166			1904	5		1970	104	2067	1128
23201	20	2932	499192	5376	1270	473748	64931	56973	60004
1552		14	17300	273	69	16033	2114	6191	2585
203			6322	2	2	2267	84	1314	531
13539		2753	406805	3930	169	402759	59081	19559	49152
44			473			259		148	39
54			830			830		62	16
527	12	18	3469	5		3089	448	974	563
367	5	12	16064	18	16	8759	302	3289	950
6916	4	136	47929	1148	1014	39753	2902	25436	6169
1903		73	25426	366	268	19707	1237	16504	6603
603		17	-161	174	106	-361	70	4618	1764
133			-6			-6		183	75
479			11181	9	1	8661	175	2325	706
689		56	14412	183	162	11413	993	9378	4058
169974	983	43114	1284612	48619	20008	1176396	139250	976799	534182
1917	20	885	14125	555	29	14182	565	22332	46195
1042		25	2327	251		2579	275	2693	408
316		10	4188			4188	477	1414	1426
6			38			38		116	9
6			38			38		116	9
56344	91	15033	357287	25423	12695	353790	45920	442284	167306
1879			11711	6762	4813	19399	772	10532	4373
54465	91	15033	345576	18661	7883	334391	45147	431753	162932
24249	539	21511	158311	7664	3539	127161	14840	238612	156496
84328	334	5650	731867	14482	3712	660580	76845	264326	161663
4906	4	12	53946	28	7	47399	624	10714	7144
146			1321			1578	15	321	563
75585	330	5638	657502	13751	3669	594751	75585	239442	146929
3691		1	19098	703	36	16853	621	13848	7026
1773			16468	245	32	13876	330	5022	679
6002		586	28369	684	164	28786	4811	27915	11615
3299		180	6069	98	1	5886	813	7113	3130

表15.7 续表5 continued5

指　标	Item	销售费用 Selling Expense	管理费用 Overhead	其中 of which 税金 Tax
与港澳台商合作经营企业	Cooperative Enterprises			
港澳台商独资企业	Enterprises with Sole Fund	60277	22946	1375
港澳台商投资股份有限公司	Share-holding Corporations Ltd. with Investment			
其他港澳台投资企业	Other Enterprises with Funds from Hong Kong, Macao and Taiwan	50	52	11
外商投资企业	Foreign-funded Enterprises	56121	34400	888
中外合资经营企业	Joint-venture Enterprises	439	1407	69
中外合作经营企业	Cooperative Enterprises	15008	8076	
外资企业	Enterprises with Sole Fund	38905	21853	816
外商投资股份有限公司	Share-holding Corporations Ltd. with Foreign Investment	1068	672	3
其他外商投资企业	Other Foreign-funded Enterprises	702	2393	
按控股情况分	**By Holding Entity of Share**			
国有控股	State-holding	624087	186672	9953
集体控股	Collective-holding	7848	7298	501
私人控股	Private-holding	895252	457377	20246
港澳台商控股	Held by Corporation from Hong Kong, Macao and Taiwan	65197	34676	1582
外商控股	Foreign-holding	69257	30604	823
其　他	Other	115228	99624	3263
按经营形式分	**By Form of Business**			
独立门店	Independent Store	777029	532762	22126
连锁总店	Central Shop of Chain Stores	756181	184187	7799
连锁门店	Branch Shop of Chain Stores	104649	24176	1974
其　他	Other	139010	75125	4470
按单位规模分	**By Size of Enterprise**			
大　型	Large	1050496	299147	12551
中　型	Medium	449591	288967	12068
小　型	Small	226516	201137	9112
微　型	Micro	50265	26999	2637
按零售业态分	**By Type of Retail Business**			
有店铺零售	In-store Retail	1746558	808441	36316
食杂店	Grocery Store	3091	3094	629
便利店	Convenience Store	10837	3736	199
折扣店	Discount Store	202	26256	69
超　市	Super Market	52105	29071	822
大型超市	Large Super Market	276974	63410	2687
仓储会员店	Warehouse Membership Store	1839	1453	3
百货店	Department Store	499114	152107	7331
专业店	Specialized Store	449488	239047	13822
专卖店	Exclusive Store	292238	181690	5288
家居建材商店	Home Furnishing Store	114450	70418	3624
购物中心	Shopping Center	36814	27991	1333
厂家直销中心	Factory Outlet Center	9408	10168	511
无店铺零售	Off-store Retail	30310	7809	51
电视购物	TV Shopping			
邮　购	Mail Order			
网上商店	Online Shop	28460	5512	39
自动售货亭	Automatic Vending Machine			
电话购物	Telephone Order	50	65	

单位：万元 (10 000 yuan)

财务费用 Financial Cost	公允价值变动收益 Profit from Fair Value Changes	投资收益 Profit from Investment	营业利润 Business Profit	营业外收入 Non-business Income	其中 of which 政府补助 government subsidies	利润总额 Total Profits	应交所得税 Payable Income Tax	应付职工薪酬(本年贷方累计发生额) Payroll Payable	应交增值税 VAT Payable
2625		406	22125	587	163	22725	3967	20751	8459
78			175			175	31	51	26
4023		2347	7359	466	43	3784	3139	27426	8701
165			4572	6		-1549	68	748	-214
-841			-83	218		1		10578	1832
4594		2347	6989	233	42	6832	3120	15467	7935
-51			-421	6		-416		600	
156			-3698	3		-1084	-49	33	-853
28008	551	21147	181803	21611	13124	177761	16625	345334	235143
1893	13	26	7294	754	10	6848	504	5029	2205
118681	419	12505	952374	21001	5162	855873	96323	510590	244971
4153		406	23104	624	163	26079	4191	23794	9687
3881		2347	9647	1352	42	10474	4541	27848	9767
23384		9616	146118	4427	1713	131932	25017	119544	52726
126648	358	20810	1040305	25788	11531	946583	120044	492742	294912
12138	380	6516	141853	11192	5949	142859	14856	401901	146893
6190	10	-1	27609	601	108	29679	716	31459	7866
35024	236	18722	110573	12188	2626	89845	11584	106037	104828
43864	519	27594	633546	16623	5683	643576	81275	514107	260147
87523	175	15876	238513	20820	8257	207169	42561	329968	189501
42883	186	1300	355491	11197	6155	279115	19550	168514	89379
5729	104	1277	92790	1129	119	79106	3814	19550	15472
178680	983	46029	1317534	48666	20100	1205624	145681	1023570	552710
782	80	1	4421	5		3154	174	2411	810
1495		292	8869	506	4	8181	145	4763	1978
-247			4938	37		4974	1068	14017	1781
7667	52	821	36912	3420	2302	29609	1718	45051	7904
9815		2206	21780	4097	1543	20640	4823	138971	26743
725			967	160	20	878	33	744	193
16314	547	6319	105757	9216	6396	96426	17037	248150	84653
57458	265	30305	551786	13847	2748	480741	43396	330741	284875
60165	33	2001	115809	6905	1059	105750	13448	177515	83344
9793	8	2880	439778	3717	195	424332	59985	25294	52485
12787		1169	15412	4770	4450	18850	3041	24141	5185
1927	-2	34	11106	1986	1382	12090	815	11773	2759
1319		17	2806	1103	114	3342	1520	8569	1789
985		17	2911	1078	114	3583	1494	6463	1902
11			53	1		54		89	

表15.8 限额以上住宿业法人企业财务状况（2015年）
FINANCIAL INDICATORS OF ENTERPRISES ABOVE DESIGNATED SIZE OF HOTELS (2015)

指 标	Item	法人企业数（个）Number of Enterprises (unit)	流动资产合计 Total Circulating Assets	固定资产合计 Total Fixed Assets
合 计	**Total**	**402**	**1032747**	**852050**
按住宿业行业小类分	**By Classification of Hotels**			
旅游饭店	Tourist Hotels	232	920076	714985
一般旅馆	General Hotels	147	98837	123527
其他住宿业	Other Accommodation Services	23	13835	13538
按登记注册类型分	**By Status of Registration**			
内资企业	Domestic-funded Enterprises	392	890496	761481
国有企业	State-owned Enterprises	18	11063	82215
集体企业	Collective-owned Enterprises	7	2599	5500
股份合作企业	Cooperative Enterprises	1	67	1127
联营企业	Joint-owned Enterprises			
国有联营企业	State Joint-owned Enterprises			
集体联营企业	Collective Joint-owned Enterprises			
国有与集体联营企业	State-Collective Joint-owned Enterprises			
其他联营企业	Other Joint-owned Enterprises			
有限责任公司	Limited Liability Corporations	152	466883	468251
国有独资公司	Solely State-owned Corporations	12	72121	104116
其他有限责任公司	Other Limited Liability Corporations	140	394762	364135
股份有限公司	Share-holding Corporations Ltd.	11	23965	15474
私营企业	Private Enterprises	197	384779	185929
私营独资企业	Private-funded Enterprises	13	2597	4413
私营合伙企业	Private Partnership Enterprises	4	2186	2031
私营有限责任公司	Private Limited Liability Corporations	164	323357	151929
私营股份有限公司	Private Share-holding Corporatinos Ltd.	16	56639	27557
其他企业	Other Enterprises	6	1140	2985
港、澳、台商投资企业	Enterprises Funded by Hong Kong, Macao and Taiwan	5	2894	43003
与港澳台商合资经营企业	Joint-venture Enterprises	3	1119	27766
与港澳台商合作经营企业	Cooperative Enterprises			
港澳台商独资企业	Enterprises with Sole Fund	2	1776	15236
港澳台商投资股份有限公司	Share-holding Corporations Ltd.			
其他港澳台投资企业	Other Enterprises with Funds from Hong Kong, Macao and Taiwan			

单位：万元 (10 000 yuan)

累计折旧 Total Depreciation	其 中 of which 本年折旧 Depreciation in This Year	资产总计 Total Assets	负债合计 Total Liabilities	实收资本 Paid-in Capital	主营业务收入 Revenue of Principal Business	主营业务成本 Cost of Principal Business	主营业务税金及附加 Taxes and Extra Charges on Principal Business	其他业务利润 Profits from Other Business
457709	**92465**	**2386813**	**1953579**	**526499**	**869502**	**384819**	**42828**	**4721**
410456	82292	2059857	1692672	429744	700073	293302	33992	4285
39749	9132	295880	225873	91633	144172	78153	7659	363
7504	1040	31076	35034	5122	25257	13364	1177	72
351197	85821	2096713	1734824	459435	816365	372502	39912	4432
45129	7211	100233	76350	16626	33609	15456	1587	221
4305	439	9524	9046	2557	14161	6504	754	66
669	153	2971	1766	655	1100	773	113	
191024	51274	1192730	992454	299018	405765	176385	18626	602
19841	5100	204535	160669	27872	49994	27786	2648	61
171183	46174	988194	831786	271146	355772	148599	15979	541
17091	3286	56634	41215	18000	24111	13607	1416	81
92314	23267	730448	613090	120793	330305	154438	17007	3434
5607	539	16554	18358	3288	10535	6138	488	45
3120	460	4217	1613	1583	6183	2448	619	1844
73791	20448	613376	497249	102090	284171	133456	14550	1434
9796	1819	96302	95870	13832	29416	12397	1350	111
665	191	4173	904	1787	7315	5339	409	30
21472	2920	53691	66753	26018	16443	2612	911	
16017	2047	36647	52556	13525	10963	1355	606	
5455	872	17044	14197	12493	5480	1257	305	

表15.8 续表1 continued1

指　标	Item	法人企业数（个）Number of Enterprises (unit)	流动资产合计 Total Circulating Assets	固定资产合计 Total Fixed Assets
外商投资企业	Foreign-funded Enterprises	5	139357	47566
中外合资经营企业	Joint-venture Enterprises			
中外合作经营企业	Cooperative Enterprises			
外资企业	Enterprises with Sole Fund	5	139357	47566
外商投资股份有限公司	Share-holding Corporations Ltd. with Foreign Investment			
其他外商投资企业	Other Foreign-funded Enterprises			
按控股情况分	**By Holding Entity of Share**			
国有控股	State-holding	55	117340	251315
集体控股	Collective-holding	14	31316	16515
私人控股	Private-holding	276	593972	342508
港澳台商控股	Held by Corporation from Hong Kong, Macao and Taiwan	5	2894	43003
外商控股	Foreign-holding	6	139368	47602
其　他	Other	46	147857	151108
按经营形式分	**By Form of Business**			
独立门店	Independent Store	358	969318	755347
连锁总店（总部）	Central Shop of Chain Stores	4	3386	743
连锁门店	Branch Shop of Chain Stores	18	3795	7721
其　他	Other	22	56249	88240
按单位规模分	**By Size of Enterprise**			
大　型	Large	7	208685	150229
中　型	Medium	82	579360	396394
小　型	Small	298	236521	291643
微　型	Micro	15	8181	13783
按星级分	**By Star of Hotel**			
五　星	5-Star	30	565523	388875
四　星	4-Star	52	160607	127468
三　星	3-Star	79	107193	103475
二　星	2-Star	12	2703	4972
一　星	1-Star			
其　他	Other	229	196721	227260

单位：万元 (10 000 yuan)

累计折旧 Total Depreciation	其　中 of which 本年折旧 Depreciation in This Year	资产总计 Total Assets	负债合计 Total Liabilities	实收资本 Paid-in Capital	主营业务收入 Revenue of Principal Business	主营业务成本 Cost of Principal Business	主营业务税金及附加 Taxes and Extra Charges on Principal Business	其他业务利润 Profits from Other Business
85040	3725	236409	152001	41047	36694	9705	2005	289
85040	3725	236409	152001	41047	36694	9705	2005	289
110460	28390	455452	340649	82402	157788	74704	6863	411
9944	1273	51864	49725	10027	24878	9957	1309	134
165778	44647	1183667	1035248	240544	497019	232599	24254	3666
21472	2920	53691	66753	26018	16443	2612	911	
85417	3780	236497	152088	41048	37541	10058	2062	289
64637	11455	405643	309116	126461	135832	54889	7429	222
412136	80358	2161071	1810527	476526	782420	347368	38927	4542
1103	96	8300	6378	3570	3856	2898	178	
8329	4403	16109	5504	5411	18201	8669	700	50
36141	7608	201332	131170	40992	65025	25884	3023	129
73246	10573	464611	367017	44342	93009	23462	4457	377
254587	54497	1217222	1070452	311491	434616	179903	21877	843
128067	26680	678521	499494	158132	336606	178192	16274	3482
1810	715	26459	16616	12534	5271	3262	220	19
204650	37105	1195206	1068303	192019	230865	67057	11459	618
86818	17404	340698	303583	84515	201202	97795	9505	919
71109	16301	271041	168131	68997	140312	74255	6653	2204
3457	515	10424	5298	3533	26717	15669	1459	
91675	21140	569444	408263	177437	270406	130044	13751	980

表15.8 续表2 continued2

指　标	Item	销售费用 Selling Expense	管理费用 Overhead	其中 of which 税金 Tax
合　计	**Total**	**198944**	**206409**	**7111**
按住宿业行业小类分	**By Classification of Hotels**			
旅游饭店	Tourist Hotels	172528	171330	5962
一般旅馆	General Hotels	22747	28818	1093
其他住宿业	Other Accommodation Services	3670	6260	56
按登记注册类型分	**By Status of Registration**			
内资企业	Domestic-funded Enterprises	182112	190271	6320
国有企业	State-owned Enterprises	9941	9180	682
集体企业	Collective-owned Enterprises	4060	2251	95
股份合作企业	Cooperative Enterprises		138	
联营企业	Joint-owned Enterprises			
国有联营企业	State Joint-owned Enterprises			
集体联营企业	Collective Joint-owned Enterprises			
国有与集体联营企业	State-Collective Joint-owned Enterprises			
其他联营企业	Other Joint-owned Enterprises			
有限责任公司	Limited Liability Corporations	98829	111745	3078
国有独资公司	Solely State-owned Corporations	7443	22083	274
其他有限责任公司	Other Limited Liability Corporations	91387	89662	2804
股份有限公司	Share-holding Corporations Ltd.	3717	4802	682
私营企业	Private Enterprises	65402	61407	1773
私营独资企业	Private-funded Enterprises	1046	1142	286
私营合伙企业	Private Partnership Enterprises	2025	2217	69
私营有限责任公司	Private Limited Liability Corporations	57408	50296	1122
私营股份有限公司	Private Share-holding Corporatinos Ltd.	4922	7752	296
其他企业	Other Enterprises	164	748	10
港、澳、台商投资企业	Enterprises Funded by Hong Kong, Macao and Taiwan	4915	9481	30
与港澳台商合资经营企业	Joint-venture Enterprises	4031	6968	30
与港澳台商合作经营企业	Cooperative Enterprises			
港澳台商独资企业	Enterprises with Sole Fund	884	2513	
港澳台商投资股份有限公司	Share-holding Corporations Ltd.			
其他港澳台投资企业	Other Enterprises with Funds from Hong Kong, Macao and Taiwan			

单位：万元 (10 000 yuan)

财务费用 Financial Cost	公允价值变动收益 Profit from Fair Value Changes	投资收益 Profit from Investment	营业利润 Business Profit	营业外收入 Non-business Income	其中 of which 政府补助 government subsidies	利润总额 Total Profits	应交所得税 Payable Income Tax	应付职工薪酬(本年贷方累计发生额) Payroll Payable	应交增值税 VAT Payable
51663	**11**	**3415**	**-9276**	**9566**	**2802**	**-8188**	**6187**	**175274**	**913**
49347	10	2922	-16931	7012	2695	-16022	4404	144568	541
2169	1	493	6828	2431	39	6854	1688	24673	302
147			826	123	68	980	95	6034	71
45633	11	3197	-9562	8222	2802	-8903	5882	161742	855
2424			-4855	2069	1880	-2715	446	9917	27
150		75	655	294	31	623	189	2191	1
			76					70	
25583	10	3101	-25482	4841	545	-20967	2556	83738	-255
1008		124	-10005	1374	148	-9130	73	19003	108
24575	10	2977	-15478	3467	397	-11837	2483	64735	-363
877		133	-216	60	11	-180	13	3908	3
16557	2	-112	19730	957	336	13821	2678	61375	1078
632			970	19		677	102	1195	310
136	1	2	10			9		685	8
13181	1	10	17975	908	328	15030	2482	54457	756
2608		-123	775	30	8	-1896	94	5039	5
43			530			515		543	
4155		12	-5619	15		-6534		4203	4
3421			-5418	15		-5517		3308	3
733		12	-201			-1018		895	1

表15.8 续表3 continued3

指 标	Item	销售费用 Selling Expense	管理费用 Overhead	其中 of which 税金 Tax
外商投资企业	Foreign-funded Enterprises	11918	6657	761
中外合资经营企业	Joint-venture Enterprises			
中外合作经营企业	Cooperative Enterprises			
外资企业	Enterprises with Sole Fund	11918	6657	761
外商投资股份有限公司	Share-holding Corporations Ltd. with Foreign Investment			
其他外商投资企业	Other Foreign-funded Enterprises			
按控股情况分	**By Holding Entity of Share**			
国有控股	State-holding	42321	53796	1752
集体控股	Collective-holding	7074	6473	591
私人控股	Private-holding	98231	93821	2940
港澳台商控股	Held by Corporation from Hong Kong, Macao and Taiwan	4915	9481	30
外商控股	Foreign-holding	11919	6800	761
其 他	Other	34485	36037	1036
按经营形式分	**By Form of Business**			
独立门店	Independent Store	179379	184903	6540
连锁总店（总部）	Central Shop of Chain Stores	400	484	50
连锁门店	Branch Shop of Chain Stores	3630	2880	85
其 他	Other	15536	18142	436
按单位规模分	**By Size of Enterprise**			
大 型	Large	25216	29657	1095
中 型	Medium	112120	113363	4048
小 型	Small	60962	61712	1791
微 型	Micro	646	1677	177
按星级分	**By Star of Hotel**			
五 星	5-Star	68151	81101	2554
四 星	4-Star	46347	41284	2068
三 星	3-Star	27500	26217	1049
二 星	2-Star	895	1550	151
一 星	1-Star			
其 他	Other	56052	56257	1289

单位：万元 (10 000 yuan)

财务费用 Financial Cost	公允价值变动收益 Profit from Fair Value Changes	投资收益 Profit from Investment	营业利润 Business Profit	营业外收入 Non-business Income	其中 of which 政府补助 government subsidies	利润总额 Total Profits	应交所得税 Payable Income Tax	应付职工薪酬(本年贷方累计发生额) Payroll Payable	应交增值税 VAT Payable
1875		206	5905	1329		7249	305	9329	54
1875		206	5905	1329		7249	305	9329	54
6302	10	340	-24753	3970	2095	-21525	615	41911	205
185		248	335	314	31	308	208	5633	1
32758	2	-112	14899	1461	410	7798	3149	88124	734
4155		12	-5619	15		-6534		4203	4
1880		206	5853	1329		7301	305	9455	54
6384		2721	8	2477	266	4464	1909	25948	-85
45828	11	1195	-10173	7395	851	-11458	6619	153996	685
141			-277	31	20	-247		821	
211			1962	55	11	2250	4	3124	200
5484		2220	-788	2086	1920	1267	-436	17333	29
8112		2374	4424	1650	16	6004	1621	22022	86
32895		660	-25358	2772	594	-25291	1983	83998	-382
10580	11	380	12179	5131	2187	11635	2551	68051	1189
76			-521	13	6	-535	33	1202	20
27698		670	-22678	3175	286	-19933	1797	55165	148
5686		115	-1646	826	230	-2436	768	32541	-481
3343	10	359	5547	774	167	3693	758	25988	292
181			6796	7	7	6602	914	1639	712
14756	1	2272	2705	4783	2112	3886	1951	59940	244

表15.9 限额以上餐饮业法人企业财务状况（2015年）

FINANCIAL INDICATORS OF ENTERPRISES ABOVE DESIGNATED SIZE OF CATERING SERVICES (2015)

指 标	Item	法人企业数（个）Number of Enterprises (unit)	流动资产合计 Total Circulating Assets	固定资产合计 Total Fixed Assets
总 计	**Total**	**1273**	**559973**	**495208**
按餐饮业行业小类分	**By Sector**			
正餐服务	Dinner Services	1223	480564	437534
快餐服务	Fast Food Services	20	54236	19114
饮料及冷饮服务	Beverage and Cold Beverage Services	3	384	176
茶馆服务	Tea House Services			
咖啡馆服务	Cafe Services	2	258	69
酒吧服务	Bar Services			
其他饮料及冷饮服务	Other Beverage and Cold Beverage Services	1	126	107
其他餐饮业	Other Catering Services	27	24790	38383
小吃服务	Snack Services	1	531	156
餐饮配送服务	Food Delivery Services	4	9930	4305
其他未列明餐饮业	Other Catering Business	22	14328	33923
按登记注册类型分	**By Status of Registration**			
内资企业	Domestic-funded Enterprises	1262	508287	450676
国有企业	State-owned Enterprises	2	370	611
集体企业	Collective-owned Enterprises	20	2012	783
股份合作企业	Cooperative Enterprises	4	393	400
联营企业	Joint-owned Enterprises			
国有联营企业	State Joint-owned Enterprises			
集体联营企业	Collective Joint-owned Enterprises			
国有与集体联营企业	State-Collective Joint-owned Enterprises			
其他联营企业	Other Joint-owned Enterprises			
有限责任公司	Limited Liability Corporations	331	208796	134203
国有独资公司	Solely State-owned Corporations	3	20741	10644
其他有限责任公司	Other Limited Liability Corporations	328	188055	123560
股份有限公司	Share-holding Corporations Ltd.	16	23634	42021
私营企业	Private Enterprises	853	270467	266580
私营独资企业	Private-funded Enterprises	162	16195	30206
私营合伙企业	Private Partnership Enterprises	16	1755	2818
私营有限责任公司	Private Limited Liability Corporations	648	246652	224089
私营股份有限公司	Private Share-holding Corporatinos Ltd.	27	5865	9467

单位：万元 (10 000 yuan)

累计折旧 Total Depreciation	其中 of which 本年折旧 Depreciation in This Year	资产总计 Total Assets	负债合计 Total Liabilities	实收资本 Paid-in Capital	主营业务收入 Revenue of Principal Business	主营业务成本 Cost of Principal Business	主营业务税金及附加 Taxes and Extra Charges on Principal Business	其他业务利润 Profits from Other Business
212879	**51947**	**1404525**	**832896**	**397357**	**2354955**	**1441762**	**97492**	**10927**
187946	41047	1219770	696813	367453	2163041	1342863	89262	6490
15544	8843	111766	77570	13756	125337	59726	6928	4437
368	70	704	398	135	6891	4356	180	
10		333	77	85	5280	3541	126	
358	70	371	321	50	1610	815	54	
9021	1987	72285	58115	16013	59686	34817	1122	
109	51	940	2548	600	357	233	19	
2644	499	15963	4866	3550	22918	13846	118	
6269	1437	55382	50700	11863	36410	20738	985	
182080	44857	1293093	790865	333495	2206838	1338415	89372	5748
228	82	1148	895	253	4600	3849	165	4
934	127	3672	2218	1226	25651	21154	523	8
195	5	1090	139	812	4478	2641	195	
61238	18974	433700	278366	95287	542204	311557	21342	2107
5648	448	31817	15953	2144	10049	3981	602	1022
55591	18526	401883	262413	93142	532155	307576	20740	1085
21403	1699	139476	81202	12417	86193	40412	4559	
96099	23314	702427	424120	220174	1506126	934816	61070	1777
15523	2969	55412	12769	20935	173040	104037	7732	124
941	229	5926	1346	3756	23809	17228	476	95
74676	18939	622101	398968	185677	1267490	788702	50539	1218
4959	1177	18989	11037	9806	41787	24849	2323	340

表15.9 续表1 continued1

指 标	Item	法人企业数（个）Number of Enterprises (unit)	流动资产合计 Total Circulating Assets	固定资产合计 Total Fixed Assets
其他企业	Other Enterprises	36	2614	6079
港、澳、台商投资企业	Enterprises Funded by Hong Kong, Macao and Taiwan	6	11957	18939
与港澳台商合资经营企业	Joint-venture Enterprises	2	4190	13720
与港澳台商合作经营企业	Cooperative Enterprises			
港澳台商独资企业	Enterprises with Sole Fund	3	7653	5187
港澳台商投资股份有限公司	Share-holding Corporations Ltd.			
其他港澳台投资企业	Other Enterprises with Funds from Hong Kong, Macao and Taiwan	1	113	32
外商投资企业	Foreign-funded Enterprises	5	39730	25593
中外合资经营企业	Joint-venture Enterprises			
中外合作经营企业	Cooperative Enterprises			
外资企业	Enterprises with Sole Fund	5	39730	25593
外商投资股份有限公司	Share-holding Corporations Ltd.			
其他外商投资企业	Other Foreign-funded Enterprises			
按控股情况分	**By Holding Entity of Share**			
国有控股	State-holding	18	38452	42148
集体控股	Collective-holding	26	4453	1689
私人控股	Private-holding	1137	397743	381394
港澳台商控股	Held by Corporation from Hong Kong, Macao and Taiwan	5	10894	5862
外商控股	Foreign-holding	5	39730	25593
其 他	Other	82	68702	38522
按经营形式分	**By Form of Business**			
独立门店	Independent Store	1182	384835	394599
连锁总店（总部）	Central Shop of Chain Stores	44	106387	65950
连锁门店	Branch Shop of Chain Stores	22	48727	28498
其 他	Other	25	20024	6160
按单位规模分	**By Size of Enterprise**			
大 型	Large	14	135753	65678
中 型	Medium	90	166630	120751
小 型	Small	1071	253349	296863
微 型	Micro	98	4242	11917

单位：万元 (10 000 yuan)

累计折旧 Total Depreciation	其 中 of which 本年折旧 Depreciation in This Year	资产总计 Total Assets	负债合计 Total Liabilities	实收资本 Paid-in Capital	主营业务收入 Revenue of Principal Business	主营业务成本 Cost of Principal Business	主营业务税金及附加 Taxes and Extra Charges on Principal Business	其他业务利润 Profits from Other Business
1982	655	11578	3925	3326	37587	23985	1517	1851
9381	1672	33333	21618	14614	16413	4221	913	5140
5361	1176	18558	11713	11346	8991	1407	495	
3959	485	14544	9330	2868	6800	2634	383	5140
62	11	231	575	400	622	180	35	
21417	5418	78100	20413	49248	131704	99126	7207	39
21417	5418	78100	20413	49248	131704	99126	7207	39
16415	3616	96503	64339	13553	57567	35961	2287	1039
1804	152	7895	4899	2100	36528	25843	865	8
146405	31950	1052726	635121	295710	1939714	1193458	78428	1961
4491	666	19193	11061	8491	9536	3333	528	5140
21417	5418	78100	20413	49248	131704	99126	7207	39
22347	10145	150108	97063	28255	179906	84042	8176	2740
131129	32216	981408	604440	310801	1669029	1032693	67532	4715
53962	12170	302596	183246	27599	496986	278687	21247	4550
21938	6280	88823	30680	51624	143253	103805	7380	802
5849	1282	31698	14531	7333	45687	26576	1333	860
54895	7602	348616	181864	68976	560984	349067	24054	47
66762	19553	360666	223173	87474	465445	262344	16833	7634
89737	24294	673493	422534	226773	1281197	801854	55045	3177
1486	498	21750	5325	14135	47330	28497	1559	70

表15.9 续表2 continued2

指 标	Item	销售费用 Selling Expense	管理费用 Overhead	其中 of which 税金 Tax
总 计	**Total**	**406222**	**199878**	**8880**
按餐饮业行业小类分	**By Sector**			
正餐服务	Dinner Services	352237	179288	7887
快餐服务	Fast Food Services	43516	9801	343
饮料及冷饮服务	Beverage and Cold Beverage Services	14	267	10
茶馆服务	Tea House Services			
咖啡馆服务	Cafe Services	9	255	
酒吧服务	Bar Services			
其他饮料及冷饮服务	Other Beverage and Cold Beverage Services	6	12	10
其他餐饮业	Other Catering Services	10455	10522	639
小吃服务	Snack Services	3	810	
餐饮配送服务	Food Delivery Services	3562	2811	92
其他未列明餐饮业	Other Catering Business	6890	6901	548
按登记注册类型分	**By Type of Registration**			
内资企业	Domestic-funded Enterprises	388950	185749	8745
国有企业	State-owned Enterprises	4	7	
集体企业	Collective-owned Enterprises	563	1180	16
股份合作企业	Cooperative Enterprises	21	124	10
联营企业	Joint-owned Enterprises			
国有联营企业	State Joint-owned Enterpriscs			
集体联营企业	Collective Joint-owned Enterprises			
国有与集体联营企业	State-Collective Joint-owned Enterprises			
其他联营企业	Other Joint-owned Enterprises			
有限责任公司	Limited Liability Corporations	112979	38456	2131
国有独资公司	Solely State-owned Corporations	3712	3480	197
其他有限责任公司	Other Limited Liability Corporations	109268	34976	1934
股份有限公司	Share-holding Corporations Ltd.	21146	12748	129
私营企业	Private Enterprises	249881	131371	6249
私营独资企业	Private-funded Enterprises	7052	7808	1352
私营合伙企业	Private Partnership Enterprises	2092	1252	15
私营有限责任公司	Private Limited Liability Corporations	236836	117169	4609
私营股份有限公司	Private Share-holding Corporatinos Ltd.	3901	5143	273

单位：万元 (10 000 yuan)

财务费用 Financial Cost	公允价值变动收益 Profit from Fair Value Changes	投资收益 Profit from Investment	营业利润 Business Profit	营业外收入 Non-business Income	其中 of which 政府补助 government subsidies	利润总额 Total Profits	应交所得税 Payable Income Tax	应付职工薪酬（本年贷方累计发生额） Payroll Payable	应交增值税 VAT Payable
19568	**44**	**1133**	**260404**	**4381**	**2164**	**163496**	**19079**	**368561**	**6455**
17420	34	1123	243824	4061	2156	150435	17915	346944	5023
599			11206	190		10754	753	11629	26
46			2027	14	3	1203	120	215	
46			1304	3	3	479	120	128	
1			723	11		724		87	
1503	10	10	3347	116	5	1105	291	9772	1406
2			710	1		-709		17	
-92			2720	5	4	2384	252	5401	905
1592	10	10	-83	110	1	-570	39	4354	502
20201	44	1095	251785	4029	2080	156129	17318	342503	6455
3			572			2		495	
46			1918	41		1975	12	2180	493
17			1479	2	2	1475		320	
4640	13	1292	58060	1102	296	49444	4291	70437	1712
-94		658	50	151		201		5023	3
4734	13	634	58011	951	296	49243	4291	65415	1709
2893			6608	124	122	6655	92	18194	6
12325	13	-227	177534	2756	1657	92064	12811	246493	4244
1253	-6	286	45256	40	2	35922	1696	12275	898
78			2753	35	1	1763	52	2831	22
10353	19	-513	125337	2542	1541	51395	10502	224815	3323
641		1	4188	140	113	2984	561	6572	2

表15.9 续表3 continued3

指 标	Item	销售费用 Selling Expense	管理费用 Overhead	其中 of which 税金 Tax
其他企业	Other Enterprises	4356	1864	210
港、澳、台商投资企业	Enterprises Funded by Hong Kong, Macao and Taiwan	6045	7247	96
与港澳台商合资经营企业	Joint-venture Enterprises	2066	4314	5
与港澳台商合作经营企业	Cooperative Enterprises			
港澳台商独资企业	Enterprises with Sole Fund	3481	2877	91
港澳台商投资股份有限公司	Share-holding Corporations Ltd.			
其他港澳台投资企业	Other Enterprises with Funds from Hong Kong, Macao and Taiwan	498	56	
外商投资企业	Foreign-funded Enterprises	11227	6882	40
中外合资经营企业	Joint-venture Enterprises			
中外合作经营企业	Cooperative Enterprises			
外资企业	Enterprises with Sole Fund	11227	6882	40
外商投资股份有限公司	Share-holding Corporations Ltd.			
其他外商投资企业	Other Foreign-funded Enterprises			
按控股情况分	**By Holding Entity of Share**			
国有控股	State-holding	7409	7165	402
集体控股	Collective-holding	2103	2050	51
私人控股	Private-holding	329122	165828	8012
港澳台商控股	Held by Corporation from Hong Kong, Macao and Taiwan	4166	3567	96
外商控股	Foreign-holding	11227	6882	40
其 他	Other	52195	14386	280
按经营形式分	**By Form of Business**			
独立门店	Independent Store	271770	141902	7668
连锁总店（总部）	Central Shop of Chain Stores	114235	48126	1041
连锁门店	Branch Shop of Chain Stores	11801	6041	89
其 他	Other	8416	3810	81
按单位规模分	**By Size of Enterprise**			
大 型	Large	109028	43974	226
中 型	Medium	95723	46635	2462
小 型	Small	199997	107044	5671
微 型	Micro	1474	2225	521

单位：万元 (10 000 yuan)

财务费用 Financial Cost	公允价值变动收益 Profit from Fair Value Changes	投资收益 Profit from Investment	营业利润 Business Profit	营业外收入 Non-business Income	其中 of which 政府补助 government subsidies	利润总额 Total Profits	应交所得税 Payable Income Tax	应付职工薪酬(本年贷方累计发生额) Payroll Payable	应交增值税 VAT Payable
276	18	30	5614	4	4	4515	112	4384	1
611			815	120		153	628	2327	
516			-1044	20		-1566		1398	
95			1950	100		1809	628	797	
			-90			-90		132	
-1243		38	7803	232	84	7213	1133	23730	
-1243		38	7803	232	84	7213	1133	23730	
-59		1361	7178	387	18	6655	1083	11268	731
186			5383	55		5447	13	6756	493
18438	44	-266	218439	3299	1858	124108	15176	305060	5224
109			815	120		606	628	1126	
-1243		38	7803	232	84	7213	1133	23730	
2138			20786	288	204	19467	1045	20621	8
15238	44	1098	200796	3456	1986	110345	13419	276553	5613
5064		-3	40499	319	98	34633	3716	52491	121
-1046		38	13744	292	75	13199	1345	28479	42
312			5364	313	4	5318	599	11039	679
2736			35564	238	84	32978	1923	72860	225
6681		696	44676	998	225	32045	4740	70601	1311
9811	56	440	167069	2999	1853	87154	11685	222496	4754
341	-12	-3	13095	146	2	11319	731	2603	165

表15.10 按行业和业态分连锁零售企业基本情况(2015年)
BASIC CONDITIONS OF CHAIN RETAIL ENTERPRISES BY SECTOR AND BUSINESS CATEGORIES (2015)

指 标	Item	总店数（个）Number of Head Stores (unit)	门店总数（个）Number of Stores (unit)	年末从业人数（人）Engaged Persons at Year-end (persons)	年末零售营业面积（平方米）Operating Area of Retail Enterprises at Year-end (sq.m)	商品销售额（万元）Total Sales of Commodities (10 000 yuan)	商品购进总额（万元）Purchases Value (10 000 yuan)	统一配送商品购进额（万元）Centralized Purchase and Delivery (10 000 yuan)
总 计	**Total**	**78**	**10028**	**84626**	**3869660**	**7951552**	**5341453**	**4668111**
按行业分	**By Sector**							
#综合零售	Integrated Retail	30	4026	60845	2921897	5793310	3379179	2788015
食品、饮料及烟草制品专门零售	Retail of Food, Beverages and Tobacco	8	510	1287	17323	50955	47704	40289
纺织、服装及日用品专门零售	Special Retail of Textiles, Garments and Daily Consumer Articles	8	171	1975	58883	121917	72790	31663
文化、体育用品及器材专门零售	Retail of Cultural, Sports Appliances and Equipments	2	286	2483	136649	423602	399587	397108
医药及医疗器材专门零售	Retail of Medicines and Medical Appliances	24	4886	14375	329419	712755	510611	482739
汽车、摩托车、燃料及零配件专门零售	Retail of Motor Vehicles, Motorcycles, Fuel and Parts	3	27	83	2565	7422	6746	3461
家用电器及电子产品专门零售	Special Retail of Household Electrical Appliances and Electronic Products	3	122	3578	402924	841592	924837	924837
五金、家具及室内装修材料专门零售	Special Retail of Hardware, Furniture and Decoration Materials							
无店铺及其他零售	Non-shop and Other Retails							
按业态分	**By Business Categories**							
便利店	Convenience Store	3	237	586	20561	22174	17984	10042
折扣店	Discount Store							
超 市	Super Market	18	3311	15444	429827	648000	589782	572510
大型超市	Hyper Market	3	111	22014	582822	1495975	1142531	584473
仓储会员店	Warehouse Club							
百货店	Department Store	5	337	22769	1885497	3623198	1625107	1617215
专业店	Specialty Store	37	5433	20245	736856	1737108	1481011	1412234
#加油站	Gas Station							
专卖店	Franchised Store	9	527	3298	207307	415597	476340	465543
家居建材商店	Building Material Store							
厂家直销中心	Factory Outlets Center	1	2	90	1800	3273	2603	
其 他	Other Store	2	70	180	4990	6229	6095	6095

表15.11 按行业分连锁餐饮企业基本情况 (2015年)
BASIC CONDITIONS OF CHAIN CATERING ENTERPRISES BY SECTOR (2015)

指 标	Item	总店数（个） Number of Head Stores (unit)	门店总数（个） Number of Stores (unit)	年末从业人员（人） Engaged Persons at Year-end (persons)	年末餐饮营业面积（平方米） Operating Area of Catering Enterprises at Year-end (sq.m)	餐位数（位） Number of Dining-seats (unit)	营业额（万元） Business Revenue (10 000 yuan)	商品购进总额（万元） Total Purchases Value (10 000 yuan)	统一配送商品购进额（万元） Centralized Purchase and Delivery (10 000 yuan)
总 计	**Total**	**26**	**2360**	**91815**	**1296586**	**518865**	**1158001**	**545720**	**258834**
正餐服务业	Restaurant	22	2178	90043	1273271	511521	1108920	522889	236233
快餐服务业	Fast Food	2	53	1156	19703	6306	34316	12075	11845
饮料及冷饮服务业	Beverages and Cold Drinks	1	4	50	1280	303	4891	4233	4233
其他餐饮服务业	Others	1	125	566	2332	735	9875	6524	6524

表15.12 批发和零售业连锁经营情况（2014－2015年）
OPERATION OF CHAIN ENTERPRISES IN WHOLESALE AND RETAIL TRADES (2014-2015)

指 标	Item	合 计 Total		其 中 of which #直营店 Regular Chain	
		2014	2015	2014	2015
门店总数（个）	Number of Stores (unit)	12233	12570	3745	3963
年末从业人员数（人）	Engaged Persons at Year-end (person)	97565	96313	82866	82712
年末零售营业面积（平方米）	Business Area of Catering Services at Year-end (sq.m)	4278303	4243850	3920291	3871491
连锁门店商品购进额（万元）	Total Purchases Value of Chain Retail Stores (10 000 yuan)	8609218	6356307	8325084	6061261
#统一配送商品购进额	Centralized Purchase and Delivery	5357880	5010992	5169221	4806742
#自有配送中心配送商品购进额	Purchases of Self-owned Delivery Center	3691481	3642595	3572681	3525908
非自有配送中心配送商品购进额	Purchases of Non-self-owned Delivery Center	1270780	764179	1219827	718239
连锁门店商品销售额（万元）	Total Sales (Wholesale & Retail) of Chain Retail Stores (10 000 yuan)	11632099	9048545	11308970	8659203
#零售额	Retail Sales	9618686	7539783	9384773	7290575

表15.13 住宿和餐饮业连锁经营情况（2014－2015年）

OPERATION OF CHAIN ENTERPRISES IN HOTELS AND CATERING SERVICES (2014-2015)

指 标	Item	合 计 Total		其 中 of which #直营店 Regular Chain	
		2014	2015	2014	2015
门店总数（个）	Number of Stores (unit)	2596	2360	601	480
年末从业人员数（人）	Engaged Persons at Year-end (person)	105336	91815	23723	17807
年末餐饮营业面积（平方米）	Business Area of Catering Enterprises at Year-end (sq.m)	1745559	1296586	483747	339199
客房数（间）	Number of Rooms (room)	338	194	338	194
床位数（个）	Number of beds (unit)	626	351	626	351
餐位数（位）	Number of Dinning-seats (unit)	636611	518865	148940	102140
连锁门店商品购进额（万元）	Total Purchases Value of Chain Retail Stores (10 000 yuan)	863259	545720	280515	261822
#统一配送商品购进额	Centralized Purchase and Delivery	194652	258834	118961	113397
#自有配送中心配送商品购进额	Purchases of Self-owned Delivery Center	123990	162603	75344	56303
非自有配送中心配送商品购进额	Purchases of Non-self-owned Delivery Center	53002	69191	29135	33232
连锁门店营业额（万元）	Business Revenue of Chain Retail Stores (10 000 yuan)	1283532	1158001	408124	377136
#餐费收入	From Meals	1270076	1145368	395406	365452
商品销售额	Total Sales of Commodities	12758	12633	12021	11685

重/庆/统/计/年/鉴

主要统计指标解释

社会消费品零售总额

指企业（单位、个体户）通过交易直接售给个人、社会集团非生产、非经营用的实物商品金额，以及提供餐饮服务所取得的收入金额。个人包括城乡居民和入境人员，社会集团包括机关、社会团体、部队、学校、企事业单位、居委会或村委会等。

批发业

指批发商向批发、零售单位及其他企事业、机关单位批量销售生活用品和生产资料的活动，以及从事进出口贸易和贸易经纪与代理的活动。批发商可以对所批发的货物拥有所有权，并以本单位、公司的名义进行交易活动；也可以不拥有货物的所有权，而以中介身份做代理销售商。还包括各类商品批发市场中固定摊位的批发活动。

零售业

指百货商店、超级市场、专门零售商店、品牌专卖店、售货摊等主要面向最终消费者（如居民等）的销售活动。包括以互联网、邮政、电话、售货机等方式的销售活动，还包括在同一地点，后面加工生产，前面销售的店铺（如前店后厂的面包房）。不包括：谷物、种子、饲料、牲畜、矿产品、生产用原料、化工原料、农用化工产品、机械设备（乘用车、计算机及通信设备等除外）等生产资料的销售（列入批发业）；非零售单位附带的零售活动，如汽车修理单位销售汽车零件（列入单位主业所对应的行业类别中）；商业零售单位所在商厦的物业管理（列入物业管理）；商业零售单位所在的商品市场、商业大厦的市场管理活动（列入市场管理）。

批发和零售业商品购进、销售、库存额

指各种登记注册类型的批发和零售业企业(单位)以本企业(单位)为总体的，从国内、国外市场购进的商品总量，销售和出口的商品总量，库存的商品总量等情况。该指标可以反映商品流转过程中商品的购进、销售、库存之间的比例关系和存在的问题。

商品销售额

指对本单位以外的单位和个人出售的商品金额（包括售给本单位消费用的商品，含增值税）。商品销售包括（1）售给城乡居民和社会集团消费用的商品；（2）售给农业、工业、建筑业、运输邮电业、服务业、公用事业等国民经济各行业用于生产、经营用的商品，包括售予批发和零售业作为转卖或加工后转卖的商品；（3）对国（境）外直接出口的商品。不包括：（1）未通过买卖行为付出的商品，如随机构变动移交给其他企业单位的商品、借出的商品、归还受其他单位委托代保管的商品、付出的加工原料和赠送给其他单位的样品等；（2）经本单位介绍，由买卖双方直接结算，本单位只收取手续费的业务；（3）购货退回的商品；（4）商品损耗和损失；（5）出售本单位自用的废旧物资。

住宿业

指有偿为顾客提供临时住宿的服务活动。不包括提供长期住宿场所的活动，如出租房屋、公寓等（列入房地产开发经营）。

餐饮业

指在一定场所，对食物进行现场烹饪、调制，并出售给顾客主要供现场消费的服务活动。

营业额

指住宿和餐饮业单位在经营活动中因提供服务或销售商品等取得的收入。包括：客房收入、餐费收入、商品销售额和其他收入。其中，客房收入指住宿和餐饮业单位在经营活动中因提供住宿服务取得的收入。餐费收入指住宿和餐饮业单位因为顾客提供就餐服务取得的收入，包括经烹饪、调制加工后出售的各种食品，如主食、炒菜、凉拌菜等的收入。

主要统计指标解释

连锁总店（总部）

指负责连锁企业资源（商号、商誉、经营模式、服务标准、管理模式等等）的开发、配置、控制或使用等功能的企业核心管理机构。连锁经营是指经营同类商品或服务，使用统一商号的若干店铺，在同一总店（总部）的管理下，采取统一采购或特许经营等方式，实现规模效益的组织形式，包括直营连锁、特许连锁和自愿连锁三种形式。其中，直营连锁是指连锁店铺由连锁公司全资或控股开设，在总部的直接控制下，开展统一经营的连锁经营形式；特许连锁是指拥有注册商标、企业标志、专利、专有技术等经营资源的企业（特许人），以合同形式将其拥有的经营资源许可其他经营者（被特许人）使用，被特许人按合同约定在统一的经营模式下开展经营，并向特许人支付特许经营费用的连锁经营形式；自愿连锁是指若干个店铺或企业自愿组合起来，在不改变各自资产所有权关系的情况下，以同一个品牌形象面对消费者，以共同进货为纽带开展的连锁经营形式。

Explanatory Notes on Main Statistical Indicators

□ Total Retail Sales of Consumer Goods

Refer to the amount obtained by enterprises (units, self-employed individuals) through direct sales of non-production and non-business physical commodity to individuals, social institutions, and revenue from providing catering services. Individuals include rural and urban households, population from abroad, social institutions include government agencies, social organizations, military units, schools, institutions, neighbourhood (village) committees.

□ Wholesale Trade

Refers to the activities of wholesaler selling at wholesale commodities for daily use and capital goods to enterprises of wholesale and retail trades and other enterprises, institutions and government offices, including the activities of wholesaler engaged in import and export and acting as a trade agent. The wholesaler may have the right of ownership over the commodities of wholesale and trade in the name of its own's or a company, the wholesaler may not have the right of ownership, only acts an agent. The wholesale trade also include the activities of wholesaler at the fixed stalls of the wholesale market of different commodities.

□ Retail Trade

Refers to the activities of department store, supermarket, franchised store, brand store, retail stall and on-the-spot-making-selling store selling commodities to the final consumers (citizens) by any means including internet, post, telephone, sales machine. Retail trade excludes the activities of sales of capital goods such a grain, seed, feed, livestock, mineral products, raw material for production, industrial chemicals, chemical products for farm, machine and equipment (vehicle, computer and communication equipment), and the activities of supplementary sales of non-retailer such as the sales of spare parts of car repair business (listed as branch in correspondence with principle business), property management of buildings of retail units (listed as property management); market management of commercial markets and buildings of retail units (listed as market management) .

□ Purchase, Sales and Stock of Commodities by Wholesale and Retail Trades

Refer to the total volume of commodities purchased, total volume of sales and exports, and the stock of commodities by wholesale and retail enterprises (establishments) of different status of registration from domestic and overseas markets. This indicator reflects the relationship among purchase, sales and stock of commodities in the circulation of goods and reveals the existing problems.

□ Total Sales of Commodities

Refer to value of commodities sold by the establishments to other establishments and individuals (including goods sold for self consumption, including the value-added tax). The commodities include: (I) commodities sold to urban and rural residents and social groups for their consumption; (II) commodities sold to establishments in all industries for their production and operation, including agriculture, industry, construction, transportation, post and telecommunications, catering services, and public utility including commodities sold to wholesale and retail establishments for re-selling, with or without further processing; and (III) commodities for direct export to abroad. Excluded are (I) extended commodities without trading, such as goods handed over to other enterprises and institutions because of the change of organizations, lent goods, returned goods preserved for others, extended processing materials and samples donated to others, (II) goods of direct settlement between buyer and seller with handling fees introduced by others, (III) goods returned after purchase, (IV) damaged and spoiled goods, (V) waste and used goods of self use.

□ Hotel Services

Refer to the charged accommodation services provided to customers, excluding the long term accommodation service activities such as rental housing and apartments(it is under real estate development and management).

□ Catering Services

Refer to the activities of enterprises providing on-the-spot services of selling food cooked and prepared to the customer in certain sites.

EXPLANATORY NOTES TO MAJOR STATISTICAL INDICATORS

Business Revenue

Refers to revenue of hotels and catering services received from providing services or selling commodities through business activities, including income from hotels, from catering services, from selling of commodities and from other services. Income from hotels refers to income of hotels and catering services by providing lodging services through business activities. Income from catering services refers to income of hotels and catering services by providing catering services, including selling of cooked or prepared foods, such as staple food, cooked dishes, or cold dishes.

Chain Head Stores (headquarter)

Refer to the core leading stores responsible for development, allocation, administration and utilization of resources (name of stores, brand of stores, operation model, service standard, management way, etc.) of chain stores. Chain stores refers to the stores engaged in providing homogeneous commodities or services, with the central leadership of head store (headquarters) and guided by common policies, conduct centralized purchase and distributed selling of commodities, in order to gain better efficiency through standardized operation. The chain stores include regular chain stores, franchise chain stores and voluntary chain stores.

Regular Chain store refers to chain stores that are invested or controlled by the headquarters. They operate under direct and unified management from the headquarters.

Franchise chain store refers to the chain stores (franchisees) which are franchised with operation resources such as trade marks, names, patent and operation know-how by the franchisors in form of contract and pay the operation fees to the franchisors.

Voluntary chain store refers to the stores operate jointly on the voluntary bases while maintaining their status of independent legal entities with full ownership of their assets. They sell goods of same brand from same channel of resource to the consumers.

第 16 章

对外经济贸易和旅游业

FOREIGN ECONOMIC RELATIONS, TRADE AND TOURISM

简要说明
BRIEF INTRODUCTION

本章内容包括全市进出口、利用外资、对外承包工程和劳务合作、旅游情况，以及利用内资方面的资料。进出口、利用外资、对外投资与合作、旅游和国外友好城市交流资料由市统计局贸易外经处分别根据重庆海关、市对外贸易经济委员会、市旅游局和市政府外事办公室的有关资料加工整理，利用内资数据由市统计局贸易外经处提供。

The data in this chapter include the statistics on imports & exports, utilization of foreign capital, contracted projects and labor cooperation with foreign countries (territories) and tourism as well as the utilization of domestic capital. The data of imports & exports, utilization of foreign capital, contracted projects and labor cooperation with foreign countries and territories, tourism and communications with foreign twin-cities and tourism are provided by Chongqing Customs, Chongqing Foreign Trade and Economic Relations Commission, Chongqing Tourism Administration and Foreign Affairs Office of Chongqing Municipal Government, and sorted and compiled by Division of Trade and External Economic Relations Statistics, Chongqing Municipal Bureau of Statistics. The data of utilization of domestic capital are provided by Division of Trade and External Economic Relations Statistics of Municipal Bureau of Statistics.

表16.1 人民币汇率(年平均价)（1985－2015年）
REFERENCE EXCHANGE RATE OF RENMINBI (PERIOD AVERAGE) (1985-2015)

单位：人民币元 (RMB yuan)

年份 Year	100美元 100 US Dollars	100日元 100 Japanese Yen	100港元 100 Hong Kong Dollars	100欧元 100 Euros
1985	293.66	1.2457	37.57	
1986	345.28	2.0694	44.22	
1987	372.21	2.5799	47.74	
1988	372.21	2.9082	47.70	
1989	376.51	2.7360	48.28	
1990	478.32	3.3233	61.39	
1991	532.33	3.9602	68.45	
1992	551.46	4.3608	71.24	
1993	576.20	5.2020	74.41	
1994	861.87	8.4370	111.53	
1995	835.10	8.9225	107.96	
1996	831.42	7.6352	107.51	
1997	828.98	6.8600	107.09	
1998	827.91	6.3488	106.88	
1999	827.83	7.2932	106.66	
2000	827.84	7.6864	106.18	
2001	827.70	6.8075	106.08	
2002	827.70	6.6237	106.07	800.58
2003	827.70	7.1466	106.24	936.13
2004	827.68	7.6552	106.23	1029.00
2005	819.17	7.4484	105.30	1019.53
2006	797.18	6.8570	102.62	1001.90
2007	760.40	6.4632	97.46	1041.75
2008	694.51	6.7427	89.19	1022.27
2009	683.10	7.2986	88.12	952.70
2010	676.95	7.7279	87.13	897.25
2011	645.88	8.1050	82.97	900.11
2012	631.25	7.9037	81.38	810.67
2013	619.32	6.3323	79.85	822.19
2014	614.28	5.8196	79.22	816.51
2015	622.84	5.1553	80.34	691.41

表16.2 进出口总值（1987－2015年）
TOTAL VALUE OF IMPORTS AND EXPORTS (1987-2015)

单位：万美元（USD 10 000）

年 份 Year	进出口总值 Total Imports and Exports	其 中 of which		进出口差额 Balance of Imports and Exports
		进 口 Imports	出 口 Exports	
1987	29681	12235	17446	5211
1988	41078	18907	22171	3264
1989	60299	31247	29052	-2195
1990	68095	35366	32729	-2637
1991	61950	22701	39249	16548
1992	74244	33377	40867	7490
1993	85470	44310	41160	-3150
1994	123957	52430	71527	19097
1995	141859	57126	84733	27607
1996	158543	99178	59365	-39813
1997	167843	89828	78015	-11813
1998	103386	51975	51411	-564
1999	121044	72005	49039	-22966
2000	178547	79025	99522	20497
2001	183384	73136	110248	37112
2002	179401	70282	109119	38837
2003	259488	100979	158509	57530
2004	385735	176616	209119	32503
2005	429283	177229	252054	74825
2006	547013	211821	335192	123371
2007	744546	293774	450772	156998
2008	952121	379939	572182	192243
2009	770859	342851	428008	85157
2010	1242634	493759	748875	255116
2011	2921786	937973	1983813	1045840
2012	5320358	1463315	3857043	2393728
2013	6870410	2190661	4679749	2489088
2014（美元计价） USD	9545024	3204089	6340935	3136846
2014（人民币计价） Yuan-denominated	58632248	19684585	38947663	19263078
2015（美元计价） USD	7447656	1928662	5518994	3590332
2015（人民币计价） Yuan-denominated	46154929	11984644	34170285	22185641

表16.3 利用外资基本情况（1985－2015年）

BASIC STATISTICS ON UTILIZATION OF FOREIGN CAPITAL (1985-2015)

单位：万美元（USD 10 000）

年 份 Year	新签利用外资协议（合同）数（个） Number of Newly Signed Agreements (Contracts) of Foreign Capital Utilization (unit)	其中 of which #外商直接投资 Foreign Direct Investment	协议合同金额 Value of Agreements and Contracts	其中 of which #外商直接投资 Foreign Direct Investment	实际利用外资额 Foreign Capital Actually Utilized	其中 of which #外商直接投资 Foreign Direct Investment
1985	28		3991		2499	427
1986	21	6	2957	1528	3596	790
1987	31	10	3320	774	4509	1924
1988	72	18	54862	1913	13153	2069
1989	39	15	3887	7141	22479	756
1990	81	55	19133	6245	14489	332
1991	110	80	12074	4252	16143	977
1992	516	443	59665	37919	29745	10247
1993	795	681	106629	72892	41970	25915
1994	453	364	65266	47932	65644	44953
1995	341	280	112473	74567	61554	37926
1996	233	160	35873	24232	44151	21878
1997	289	229	77109	46017	98208	38466
1998	263	222	75099	47577	55163	43107
1999	199	169	70115	50688	32699	23893
2000	237	190	86888	35716	34532	24436
2001	191	172	71884	44261	42442	25649
2002	169	148	64824	50215	45034	28089
2003	218	187	71397	55301	56654	31112
2004	281	258	66621	66315	68214	40508
2005	266	208	81877	80213	70423	51575
2006	252	223	112960	111558	87667	69595
2007	263	240	440891	440499	122011	102857
2008	197	135	283124	208757	285688	245196
2009	220	161	379861	244278	419178	337577
2010	261	232	628902	402848	636956	304264
2011	361	326	633609	624570	1057862	582575
2012	294	248	559368	505724	1057661	352418
2013	248	192	405748	382459	1059715	414353
2014	250	203	462645	448258	1062946	423348
2015	315	242	481728	466628	1076505	377183

注：1）2004年起，新签利用外资协议（合同）数、协议合同金额均不含对外借款。
2）2007年起，外商直接投资数据为上报国家商务部口径。

Note: a) Foreign loans have been excluded from the number of newly signed agreements (contracts) of foreign capital utilization and the value of agreements and contracts since 2004.
b) The data of foreign direct investment has become the data reported to the Ministry of Commerce since 2007.

表16.4 对外经济合作（1985－2015年）

COOPERATION WITH FOREIGN COUNTRIES AND TERRITORIES (1985-2015)

单位：万美元（USD 10 000）

年 份 Year	签订合同数（个） Number of Contracts (unit)	合同金额 Value of Contracts	实际完成营业额 Value of Turnover Fulfilled
1985	9	2109	572
1986	18	1571	337
1987	15	1540	572
1988	13	2640	2683
1989	27	2605	2574
1990	14	2971	2189
1991	16	4329	2436
1992	19	3765	2896
1993	13	9440	2704
1994	45	4106	4132
1995	33	4032	3757
1996	35	6654	3160
1997	22	2607	2725
1998	24	1969	3203
1999	235	4591	3842
2000	231	9232	5806
2001	232	11590	6700
2002	117	12200	7959
2003	94	13450	8810
2004	81	14805	10078
2005	70	18498	12138
2006	72	21447	16050
2007	67	30714	20585
2008	55	86398	30673
2009	80	104463	36885
2010	48	81560	45074
2011	49	66797	43738
2012	42	107550	58406
2013	104	111288	103450
2014	132	117065	103488
2015	91	136003	120872

注：2011年起数据仅为对外承包工程，不再包含对外劳务合作。

Note: Due to the modification of statistics system, the data only includes the contracted projects with foreign countries and territories since 2011, and foreign labor cooperation not included.

表16.5 国际旅游人数和外汇收入（1983－2015年）
NUMBER OF INTERNATIONAL TOURISTS AND FOREIGN EXCHANGE EARNINGS (1983-2015)

年 份 Year	接待入境旅游人数（人次） Number of Overseas Visitor Arrivals Received (person-time)	其 中 of which #外国人 Foreigners	#港澳台同胞 Chinese Compatriots from Hong Kong, Macao and Taiwan	旅游外汇收入（万美元） Foreign Exchange Earnings from Tourism (USD 10 000)	入境旅游者人均逗留天数（天） Average Staying Period of Overseas Visitors per Capita (day)	旅行社组织出境旅游人数（万人次） Number of Outbound Tourists Organized by Travel Agencies (10 000 person-time)
1983	23032	18706	3997	26	1.3	
1984	28094	21110	6505	259	1.7	
1985	49508	40460	8370	527	2.1	
1986	55152	44290	8904	860	1.7	
1987	60894	52177	8253	1063	1.5	
1988	64181	45193	18711	1281	1.5	
1989	41248	21454	19595	1027	1.6	
1990	69609	19913	49570	1823	1.3	
1991	81745	29625	51950	2354	1.6	
1992	141165	52949	88050	3997	1.3	
1993	135596	59140	76025	4819	1.4	
1994	138593	93408	44180	5432	1.5	
1995	142892	93625	48942	6333	2.0	
1996	161761	108163	53238	7090	2.3	
1997	259414	154919	103720	10548	2.7	
1998	163738	116288	47211	8837	3.2	
1999	184936	133629	51173	9726	3.2	
2000	266081	192863	73218	13837	3.2	
2001	313254	219214	94040	16341	3.1	
2002	461484	310934	150550	21802	2.7	
2003	234521	181744	52777	11323	2.8	
2004	434423	338892	95531	20308	2.7	
2005	523872	418076	105796	26436	3.0	7.33
2006	603239	488249	114990	30872	3.2	9.38
2007	761676	622427	139249	38231	3.2	10.69
2008	871907	742792	129115	44977	3.0	10.29
2009	1048125	847967	200158	53721	3.0	16.05
2010	1370231	1039598	330633	70320	3.4	22.73
2011	1864016	1326135	537881	96806	3.9	40.36
2012	2242834	1526320	716514	116832	3.4	68.44
2013	2422605	1619340	803265	126831	3.1	91.99
2014	2637590	1686523	951067	135444	2.7	120.84
2015	2825339	1888294	937045	146857	2.5	182.22

表16.6 按商品类别分的进出口总值（2014－2015年）
TOTAL VALUE OF IMPORTS AND EXPORTS BY COMMODITY CATEGORY (2014-2015)

单位：万美元（USD 10 000）

商品类别	Categories of Commodities	进口 Imports		出口 Exports	
		2014	2015	2014	2015
总　值	**Total Value**	**3204089**	**1928662**	**6340935**	**5518994**
初级产品	Primary Goods	167622	185099	34219	41638
工业制成品	Manufactured Goods	3036467	1743563	6306716	5477356
按进出口商品类章分	**By Category of Imported and Exported Goods**				
活动物、动物产品	Live Animals and Animal Products	959	2940	7196	3778
植物产品	Vegetable Products	47483	82508	5235	6022
动植物油脂及分解产品、精制食用油脂，动植物蜡	Animal or Vegetable Fats and Oils and Their Cleavage Products, Prepared Edible Fats, Animal or Vegetable Waxes	1430	4273	109	236
食品、饮料、酒及醋；烟草及烟草代用品的制品	Prepared Foodstuffs; Beverages, Spirits and Vinegar; Tobacco and Manufactured Tobacco Substitutes	3984	18202	12888	12665
矿产品	Mineral Products	71019	33313	5442	10369
化学工业及其相关工业的产品	Products of The Chemical or Industries Allied	69003	33583	122834	139482
塑料及其制品、橡胶及其制品	Plastics and Articles Thereof Rubber and Articles Thereof	97350	86986	120468	149174
生皮、皮革、毛皮及制品；鞍具及挽具；旅行用品、手提包及类似品；动物肠线（蚕胶丝除外）制品	Raw Hides and Skins, Leather, Fur Skins and Articles Thereof; Saddlery and Harness; Travel Goods, Handbags and Similar Containers; Articles of Animal Gut (Other Than Silk-Worm Gut)	1541	1328	54751	77874
木及木制品；木炭；软木及软木制品；稻草、秸杆、针茅或其他编结材料制品；蓝筐及柳条编结品	Wood and Articles of Wood; Wood Charcoal; Cork and Articles of Cork; Manufactures of Straw, of Esparto or of Other Plaiting Materials; Basket Ware and Wickerwork	947	2723	3059	10645
木浆及其他纤维状纤维素浆；回收（废碎）纸或纸板；纸、纸板及其制品	Pulp of Wood or of Other Fibrous Cellulosic Material; Waste and Scrap of Paper or Paperboard; Paper and Paperboard and Articles Thereof	22401	26562	43616	73576

表16.6 续表 continued

单位：万美元（USD 10 000）

商品类别	Categories of Commodities	进口 Imports		出口 Exports	
		2014	2015	2014	2015
纺织原料及纺织制品	Textiles and Textile Articles	10476	8876	255658	240848
鞋、帽、伞、杖、鞭及其零件；已加工的羽毛及其制品；人造花；人发制品	Footwear, Headgear, Umbrellas, Sun Umbrellas, Walking-Sticks, Seat-Sticks, Whips, Riding-Crops and Parts Thereof; Prepared Feathers and Articles Made Therewith; Artificial Flowers; Articles of Human Hair	845	533	91879	117960
石料、石膏、水泥、石棉、云母及类似材料的制品；陶瓷产品；玻璃及其制品	Articles of Stone, Plaster, Cement, Asbestos, Mica or Similar Materials; Ceramic Products; Glass and Glassware	4196	13807	143783	233850
天然或养殖珍珠、宝石或半宝石、贵金属、包贵金属	Natural or Cultured Pearls, Precious or Semi-Precious Stones, Precious Metals, Metals Clad With Precious Metal and Stones	814759	5410	1044259	11352
贱金属及其制品	Base Metals and Articles of Base Metal	63392	40520	218012	331143
机器、机械器具、电气设备及其零件；录音机及放声机、电视图象、声音的录制和重放设备及其零件、附件	Machinery and Mechanical Appliances; Electrical Equipment; Parts Thereof; Sound Recorders and Reproducers, Television Image and Sound Recorders and Reproducers; and Parts and Accessories of Such Articles	1515474	1341127	3560285	3349646
车辆、航空器、船舶及运输设备	Vehicles, Aircraft, Vessels and Associated Transport Equipment	174548	123959	365777	333939
光学、照相、电影、计量、检验、医疗或外科用仪器及设备、精密仪器及设备；钟表；乐器；上述物品的零件、附件	Optical, Photographic, Cinematographic, Measuring, Checking, Precision, Medical or Surgical Instruments and Apparatus; Clocks And Watches; Musical Instruments; Parts and Accessories Thereof	87594	97092	37980	43159
武器、弹药及其零件、附件	Arms and Ammunition; Parts and Accessories Thereof			295	193
杂项制品	Miscellaneous Manufactured Articles	4574	4896	246161	369445
艺术品、收藏品及古玩	Works of Art, Collectors' Pieces and Antiques	55	10	1116	3240
特殊交易品及未分类商品	Commodities and Transactions not Classified According to Kind	212059	14	133	398

表16.7 按贸易方式分的进出口总值（2014－2015年）

TOTAL VALUE OF IMPORTS AND EXPORTS BY CUSTOMS REGIME (2014-2015)

单位：万美元（USD 10 000）

指　标	Item	进出口总值 Total Imports and Exports		其 中 of which 进　口 Imports		其 中 of which 出　口 Exports	
		2014	2015	2014	2015	2014	2015
总　计	**Total**	**9545024**	**7447656**	**3204089**	**5518994**	**6340935**	**1928662**
一般贸易	Ordinary Trade	2983232	3666366	765638	2899979	2217594	766387
国家间国际组织无偿援助和赠送的物资	Donations by Foreign Countries and International Associations	247	42	8	42	239	
其他境外捐赠物资	Other Donations from Abroad	3	2	3	1		1
加工贸易	Processing Trade	5442724	2879584	1408880	2506173	4033844	373411
补偿贸易	Compensation Trade						
来料加工装配贸易	Processing and Assembling Trade	69419	221946	43294	118867	26125	103079
进料加工贸易	Feeding Processing Trade	5373305	2657638	1365586	2387306	4007719	270332
加工贸易进口设备	Equipment Importation for Processing Trade		377				377
寄售代销贸易	Consignment Trade						
边境小额贸易（边民互市贸易除外）	Petty Trade in Border Areas (excluding the barter trade between border residents)		16		16		
对外承包工程出口货物	Goods Exportation for Contracted Projects with Foreign Countries	31286	19071		19071	31286	
租赁贸易	Leasing Trade	19893	9000	19703		190	9000
外商投资企业作为投资进口的设备物品	Imported Equipment and Materials as Investment of Foreign-Funded Enterprises	15520	8846	15520			8846
出料加工贸易	Outward Processing Trade						
易货贸易	Barter Trade						
免税外汇商品	Tax-Free Commodities on Foreign Exchange						
保税监管场所进出境货物	Inbound and Outbound Goods in Bonded Warehouses	25236	10625	16318	3447	8918	7178
海关特殊监管区域物流货物	Transit Goods in Specialized Bonded Warehouses	1006163	841870	958571	89365	47592	752505
海关特殊监管区域进口设备	Imported Equipment in Specialized Bonded Warehouses	18494	9600	18494			9600
其　他	Others	2226	2256	954	899	1272	1357

表16.8 按国别（地区）分的进出口总值（2014－2015年）
IMPORTS AND EXPORTS BY COUNTRIES OR REGIONS (2014-2015)

单位：万美元（USD 10 000）

国 别（地区）	Country (Region)	进出口总值 Total Imports and Exports		其中 of which 进口 Imports		其中 of which 出口 Exports	
		2014	2015	2014	2015	2014	2015
进出口贸易总值	**Total Import - Export Value**	**9545024**	**7447656**	**3204089**	**1928662**	**6340935**	**5518994**
亚 洲	**Asia**	**5517899**	**3735437**	**2522712**	**1470932**	**2995187**	**2264505**
#巴 林	Bahrain	2512	1699	13	13	2499	1686
孟加拉国	Bangladesh	16079	37366	220	61	15859	37305
文 莱	Brunei	9316	12787			9316	12787
缅 甸	Burma	424482	39799	378495	706	45987	39093
柬埔寨	Cambodia	6841	9212	13	61	6828	9151
朝 鲜	DPRK	11639	10764	3631	1726	8008	9038
香 港	Hong Kong	1358294	429785	77674	856	1280620	428929
印 度	India	161221	157699	5215	3175	156006	154524
印度尼西亚	Indonesia	156966	138316	5682	8860	151284	129456
伊 朗	Iran	53484	49030	2826	7829	50658	41201
伊拉克	Iraq	5011	10077			5011	10077
以色列	Israel	9368	15884	802	1467	8565	14417
日 本	Japan	299901	282447	122999	160353	176901	122094
约 旦	Jordan	5169	7576		1	5169	7575
科威特	Kuwait	6508	9455	2847	1940	3661	7515
老 挝	Laos	6655	4492	1	9	6654	4483
黎巴嫩	Lebanon	4627	4589	1		4625	4589
澳 门	Macau	12216	17489	2	3	12214	17486
马来西亚	Malaysia	554338	464717	378103	271483	176235	193234
马尔代夫	Maldives	117	575			117	575
蒙 古	Mongolia	1778	1280			1778	1280
阿 曼	Oman	3588	5595	563	325	3025	5270
巴基斯坦	Pakistan	34282	59250	86	98	34196	59152
巴勒斯坦	Palestine	252	502			252	502
菲律宾	Philippines	167328	141258	122547	84958	44780	56300
卡塔尔	Qatar	4900	7222	1764	1172	3136	6050
沙特阿拉伯	Saudi Arabia	42884	47745	12493	4804	30391	42941
新加坡	Singapore	174450	213557	38582	31735	135867	181822
韩 国	South Korea	750023	460656	638438	234945	111585	225711
斯里兰卡	Sri Lanka	6430	8652	163	25	6268	8628
叙利亚	Syria	1487	3688			1487	3688
泰 国	Thailand	144093	133616	75797	43942	68296	89674
土耳其	Turkey	42251	44173	3106	2942	39145	41231
阿拉伯联合酋长国	UAE	177527	125604	275	257	177252	125347
也门共和国	Yemen	5247	2832			5247	2832
越 南	Vietnam	250990	184174	116766	85963	134225	98211
中华人民共和国	China	311572	229423	311572	229423		
台 湾	Taiwan	282375	351476	221740	291792	60635	59684
非 洲	**Africa**	**358673**	**358057**	**127949**	**7083**	**230724**	**350974**
#阿尔及利亚	Algeria	18070	16075			18070	16075
安哥拉	Angora	24668	24994			24668	24994
贝 宁	Benin	3479	6084			3479	6084

表16.8 续表1 continued1

单位：万美元（USD 10 000）

国别（地区）	Country (Region)	进出口总值 Total Imports and Exports		其中 of which 进口 Imports		出口 Exports	
		2014	2015	2014	2015	2014	2015
博茨瓦纳	Botswana	250	396			250	396
喀麦隆	Cameroon	4237	11405			4237	11405
刚　果	Congo	1317	3666			1317	3666
吉布提	Djibouti	3012	4767			3012	4767
埃　及	Egypt	13145	17190	526	243	12619	16947
埃塞俄比亚	Ethiopia	3413	3986	59	1077	3354	2909
加　蓬	Gabon	1342	1464	677	181	665	1283
冈比亚	Gambia	358	491			358	491
加　纳	Ghana	10614	18083	1852	2599	8762	15484
几内亚	Guinea	2560	5706			2560	5706
科特迪瓦(象牙海岸)	Cote d'Ivoire	2553	3809			2553	3809
肯尼亚	Kenya	11271	28323	26		11245	28323
利比利亚	Liberia	1760	1985			1760	1985
利比亚	Libya	1776	4743			1776	4743
马达加斯加	Madagascar	1635	3234	8	7	1627	3227
马拉维	Malawi	464	507			464	507
毛里塔尼亚	Mauritania	1959	991	1686		274	991
毛里求斯	Mauritius	1293	2854	2	10	1291	2844
摩洛哥	Morocco	6072	6519	482	348	5590	6171
莫桑比克	Mozambique	6776	10915			6776	10915
纳米比亚	Namibia	612	1107			612	1107
尼日利亚	Nigeria	43224	52808	657	765	42567	52043
留尼汪	Reunion	405	407			405	407
塞内加尔	Senegal	5410	10501			5410	10501
塞拉利昂	Sierra Leone	83	325			83	325
索马里	Somalia	194	629		1	194	628
南非(阿扎尼亚)	South Africa	141653	43508	110937	1459	30716	42049
苏　丹	Sudan	1415	3839			1415	3839
坦桑尼亚	Tanzania	9288	42765	23	29	9264	42736
多　哥	Togo	11986	10923	1	52	11984	10871
突尼斯	Tunisia	3936	4020	105	57	3831	3963
乌干达	Uganda	1244	423			1244	423
布基纳法索	Burkina Faso	424	634			424	634
扎伊尔	Zaire	13781	4453	10469		3312	4453
赞比亚	Zambia	221	502	2		219	502
津巴布韦	Zimbabwe	374	543			374	543
欧　洲	**Europe**	**1698521**	**1342282**	**278892**	**168938**	**1419629**	**1173344**
比利时	Belgium	36305	26993	2304	1175	34001	25818
丹　麦	Demark	6708	5600	621	738	6087	4862
英　国	UK	132421	125807	24378	7063	108042	118744
德　国	Germany	683307	570931	120227	83307	563081	487624
法　国	France	88103	72996	20964	11861	67139	61135
爱尔兰	Ireland	3424	5912	869	1087	2555	4825
意大利	Italy	66649	60355	22917	14092	43732	46263
卢森堡	Luxembourg	374	161	220	65	154	96
荷　兰	Holland	253626	157824	4483	8597	249144	149227
希　腊	Greece	37306	16637	10	3	37296	16634
葡萄牙	Portugal	9938	12361	1867	2197	8071	10164
西班牙	Spain	39175	42971	9418	7532	29757	35439
阿尔巴尼亚	Albania	355	703	29	6	326	697
奥地利	Austria	6817	5011	3392	3322	3425	1689
保加利亚	Bulgaria	2034	1926	115	127	1919	1799
芬　兰	Finland	50210	7440	3705	1202	46505	6238
匈牙利	Hungary	7386	10665	1008	1199	6378	9466
马耳他	Malta	3556	3115	488	514	3068	2601
挪　威	Norway	4669	2975	970	436	3698	2539
波　兰	Poland	24989	26922	2653	2418	22336	24504
罗马尼亚	Romania	11728	8378	7177	1446	4551	6932
瑞　典	Sweden	17445	18132	5270	4481	12175	13651
瑞　士	Switzerland	43552	14136	36539	8777	7013	5359

表16.8 续表2 continued2

单位：万美元（USD 10 000）

国 别（地区）	Country (Region)	进出口总值 Total Imports and Exports		其 中 of which 进 口 Imports		其 中 of which 出 口 Exports	
		2014	2015	2014	2015	2014	2015
爱沙尼亚	Estonia	1865	2035	84	15	1781	2021
拉脱维亚	Latvia	1914	1689	9	52	1905	1637
立陶宛	Lithuania	5659	2589	17	12	5641	2577
格鲁吉亚	Georgia	3831	1766	2	26	3829	1740
阿塞拜疆	Azerbaijan	3315	2114		38	3315	2076
俄罗斯	Russia	111978	83774	2240	1197	109739	82577
乌克兰	Ukraine	6654	3981	22	170	6632	3811
斯洛文尼亚共和国	Slovenia	2672	2746	28	25	2644	2721
克罗地亚共和国	Croatia	1855	2199	6	6	1849	2193
捷克共和国	Czech	22462	35589	6291	5236	16172	30353
斯洛伐克共和国	Slovakia	4037	4230	490	434	3548	3796
塞尔维亚	Serbia	1069	840	3	3	1067	837
拉丁美洲	**Latin America**	**387428**	**410294**	**86141**	**95193**	**301287**	**315101**
阿根廷	Argentina	19248	35363	5840	8673	13408	26690
伯利兹	Belize	142	422			142	422
玻利维亚	Bolivia	818	939			818	939
巴 西	Brazil	107122	91380	42565	50510	64557	40870
智 利	Chile	29219	32106	1177	98	28042	32008
哥伦比亚	Columbia	29674	26048	31	2	29643	26046
哥斯达黎加	Costa Rica	3523	3711	854	58	2669	3653
古 巴	Cuba	85	437			85	437
多米尼加共和国	Dominica	2929	3676	71	14	2858	3662
厄瓜多尔	Ecuador	6308	5008	9		6299	5008
危地马拉	Guatemala	3132	6378	3	1	3129	6377
圭亚那	Guyana	480	455	14		466	455
海 地	Haiti	362	733			362	733
洪都拉斯	Honduras	1549	2488	1	1	1548	2487
牙买加	Jamaica	1003	1077			1003	1077
墨西哥	Mexico	128872	124202	31067	32374	97805	91828
尼加拉瓜	Nicaragua	1772	9203	8		1763	9203
巴拿马	Panama	6854	17581			6854	17581
巴拉圭	Paraguay	6465	5988	3	18	6462	5970
秘 鲁	Peru	18922	24385	283	1724	18639	22661
萨尔瓦多	El Salvador	1311	1384	4		1307	1384
苏里南	Surinam	264	656			264	656
乌拉圭	Uruguay	13175	10175	4063	1712	9112	8463
委内瑞拉	Venezuela	2716	4761			2716	4761
北美洲	**North America**	**1437047**	**1466884**	**156591**	**168194**	**1280456**	**1298690**
加拿大	Canada	69442	74718	8210	14564	61232	60154
美 国	USA	1367602	1392165	148381	153630	1219221	1238535
大洋洲	**Oceania**	**145341**	**134651**	**31690**	**18272**	**113651**	**116379**
澳大利亚	Australia	128718	106835	31325	13894	97393	92941
斐 济	Fiji	277	564			277	564
新西兰	New Zealand	15381	22726	353	4339	15028	18387
巴布亚新几内亚	Papua New Guinea	715	1081	11		704	1081
马绍尔群岛共和国	The Republic of Marshall Islands	1	2419			1	2419
东盟组织	**Asean**	**1895460**	**1341927**	**1115987**	**527717**	**779473**	**814210**
欧盟组织	**European Union**	**1520616**	**1229203**	**239004**	**158203**	**1281612**	**1071000**

表16.9 主要商品出口数量和金额（2014－2015年）
MAIN EXPORT COMMODITIES IN VOLUME AND VALUE (2014-2015)

单位：万美元（USD 10 000）

品名	Name	数量 Volume		金额 Value	
		2014	2015	2014	2015
肉及杂碎（吨）	Meat and Meat Offal (ton)	6588	4733	3362	2557
#猪　肉（吨）	Pork (ton)	3149	2248	1446	984
冻　鸡（吨）	Frozen Chicken (ton)	1712	1074	543	382
粮　食（吨）	Cereals (ton)	922	822	419	259
#谷物及谷物粉（吨）	Cereal and Cereal Flour (ton)	540	325	146	83
#稻谷和大米（吨）	Rice (ton)	537	325	145	83
薯类及含有淀粉的块茎（吨）	Tubers (ton)	343	436	266	166
蔬　菜（吨）	Vegetables (ton)	20598	22031	3380	3241
#鲜或冷藏蔬菜（吨）	Fresh or Frozen Vegetables (ton)	1082	1506	391	308
干的食用菌类（吨）	Dried Edible Mushroom (ton)	247	272	536	522
食用植物油（吨）	Edible Vegetable Oils (ton)	333	1818	75	223
#豆　油（吨）	Soybean Oils (ton)	333	1818	74	223
茶　叶（吨）	Tea (ton)	3115	1640	275	150
辣椒干（吨）	Dried Chili (ton)	196	118	100	29
猪肉罐头（吨）	Canned Pork (ton)	4230	3825	1036	994
蘑菇罐头（吨）	Canned Mushroom (ton)	1098	981	183	154
肠　衣（吨）	Casings (ton)	1718	1387	1361	1185
填充用羽毛；羽绒（吨）	Feathers and Down for Stuffing (ton)	419	10	2342	26
中药材及中式成药（吨）	Medical Materials and Medicaments of Chinese Type (ton)	5523	10098	2904	3405
#植物性药材（吨）	Botanical Medicine Materials (ton)	5480	10049	2878	3372
烤　烟（吨）	Flue-cured Tobacco (ton)	9309	10320	4445	4860
肥　料（吨）	Fertilizers (ton)	169580	225388	5812	6081
#矿物肥料及化肥（吨）	Mineral Fertilizers and Chemical Fertilizers (ton)	159959	182991	5644	5679
#尿　素（吨）	Urea (ton)	88616	73651	2724	2122
磷酸氢二铵（吨）	Diammonium Phosphate (ton)	3915	3458	205	159
锯　材（吨）	Sawn Timber (ton)	116	647	29	109
胶合板及类似多层板（吨）	Plywood and Similar Products (ton)	3756	2536	303	350
印刷品（吨）	Presswork (ton)	4459	5490	3423	5757
生　丝（吨）	Raw Silk (ton)	99	124	491	551
粘土及其他耐火矿物（吨）	Clay and Other Fire-resisting Minerals (ton)	21479	133813	1616	4123
#天然石墨（吨）	Natural Graphite	7998	5009	406	318
天然碳酸镁；氧化镁（吨）	Natural Magnesium Carbonate, Magnesium Oxide (ton)	3638	89082	63	1130
稀土及其制品（吨）	Rare Earth and Products (ton)	54	40	168	136
氧化铝（吨）	Aluminum Oxide (ton)	263	153	101	117
钨　品（吨）	Tungsten Products (ton)	25	19	157	109
碳酸钠（纯碱）（吨）	Sodium Carbonate (ton)	156933	151872	3373	3104
合成有机染料（吨）	Synthetic Organic Dyestuffs (ton)	853	1164	543	527
医药品（吨）	Medical and Pharmaceutical Products (ton)	6601	5362	10639	8125
#抗菌素（制剂除外）（吨）	Bacteriophage (Excluding Preparation) (ton)	145	125	2579	2660
医用敷料（吨）	Pharmaceutical Goods	194	296	229	390
洗衣粉（吨）	Washing Powder	1401	1387	327	712
松香及树脂酸（吨）	Resin and Resin Acid (ton)	1186	1666	288	555

表16.9 续表1 continued1

单位：万美元（USD 10 000）

品　名	Name	数　量 Volume		金　额 Value	
		2014	2015	2014	2015
农　药（吨）	Pesticides (ton)	3577	2739	1134	869
初级形状的聚氯乙烯（吨）	PVC in Primary Forms (ton)	396	850	131	249
新的充气橡胶轮胎（万条）	New Pneumatic Rubber Tyres (10,000 units)	4545	6342	14359	18918
家用或装饰用木制品（吨）	Wood Products for Household or Decoration Use (ton)	308	1042	218	1019
纸及纸板(未切成形的)（吨）	Paper and Paperboard (Unchopped in shape) (ton)	32812	56131	15252	24956
#牛皮纸（吨）	Kraft paper (ton)	2122	7416	870	2378
纺织纱线、织物及制品	Yarn, Textile and Products			87470	98541
#棉纱线（吨）	Cotton Yarn (ton)	1773	1464	1318	1013
丝织物	Silk Textile			1239	1005
棉机织物	Cotton Textile			4206	5004
亚麻及苎麻机织物（万米）	Flax or Ramie Woven Fabric (10,000 meters)	3948	3342	22039	20299
合成短纤与棉混纺机织物（万米）	Synthetic Short Fibre and Cotton-fibre Mixture Woven Fabric (10,000 meters)	1764	1063	2237	1353
地　毯（万平方米）	Carpets (10,000 sq. meters)	194	203	2066	2670
塑料编织袋(周转袋除外)（万条）	Bags of PP or PE Strip (excluding Turnover Bags) (10,000 pcs)	610	3996	172	1952
水泥及水泥熟料（吨）	Cement and Cement Clinker (ton)	7480	95729	72	1181
花岗岩石材及制品（吨）	Granite and Products (ton)	33918	84017	3247	7682
平板玻璃（万平米）	Plate Glass	785	3912	1098	3504
玻璃制品（吨）	Glass Products (ton)	37938	35622	14303	20862
#玻璃器皿（吨）	Glass Ware (ton)	15496	14828	6337	9961
陶瓷产品（吨）	Porcelain and Pottery Ware (ton)	205350	256831	78366	129545
#家用陶瓷（吨）	Ceramics for Household Use (ton)	52261	75210	35653	57154
建筑用陶瓷（吨）	Ceramics for Building Use (ton)	139446	161314	31719	49662
装饰用陶瓷（吨）	Ceramics for Decoration Use (ton)	7177	10835	7518	15723
珍珠、钻石、宝石及半宝石	Pearl, Diamond, Jewel and Semi-precious Stones			14	214
钢　材（吨）	Rolled Steel (ton)	343645	337009	34187	38531
#钢铁棒材（吨）	Bar Iron and Steel (ton)	14560	30837	1070	1574
角钢及型钢（吨）	Angle Steel and Structural Steel (ton)	14227	45988	2705	5197
钢铁板材（吨）	Sheet Iron and Steel (ton)	276996	193817	20864	16141
钢铁线材（吨）	Iron and Steel Wire (ton)	15444	32968	1615	2799
钢铁管配件（吨）	Iron and Steel Pipe and Fittings (ton)	4905	10009	2296	4660
未锻轧的铜及铜材（吨）	Unwrought Copper and Rolled Copper (ton)	5944	8267	4875	5958
#未锻轧的铜(包括铜合金)（吨）	Unwrought Copper (including Copper Alloy) (ton)	1413	4094	911	2471
铜　材（吨）	Rolled Copper (ton)	4531	4173	3964	3487
未锻轧的铝及铝材（吨）	Unwrought Aluminum and Rolled Aluminum (ton)	69415	90506	18651	24516
#未锻轧的铝(包括铝合金)（吨）	Unwrought Aluminum (including Aluminum Alloy) (ton)	12810	10425	2642	2071
铝　材（吨）	Rolled Aluminum (ton)	56605	80081	16010	22444
镁及其制品(包括废碎料)（吨）	Magnesium and Products (Including Scrap) (ton)	9060	25062	2389	6208
未锻轧的锰（吨）	Unwrought Manganese (ton)	22066	2873	4628	605
钢铁或铜制标准紧固件（吨）	Iron or Copper Nails, Bolts, etc. (ton)	13962	31809	4312	10913
不锈钢厨具、餐具等家用器具（吨）	Household Utensils like Stainless Steel Cookers and Tableware (ton)	10629	14741	8764	14739
餐桌、厨房及其他家用搪瓷器（吨）	Enamel Ware for Dining, Kitchen and Other Home Use (ton)	257	474	250	643
手用或机用工具（吨）	Tools for Manual or Mechanical Use (ton)	14605	17939	8799	11900
电　扇（百台）	Electric Fan (100 sets)	24690	27663	2732	4023
空气调节器（百台）	Air Conditioner (100 sets)	187	173	540	718
冰　箱（百台）	Refrigerator (100 sets)	68	140	417	582
纺织机械及零件	Textile Machinery			3527	7916

表16.9 续表2 continued2

单位：万美元（USD 10 000）

品 名	Name	数 量 Volume		金 额 Value	
		2014	2015	2014	2015
工业用缝纫机（百台）	Sewing Machine for Industrial Use (100 sets)	386	234	1008	1078
金属加工机床（台）	Machine Tools (set)	251258	238327	4047	5160
#车　床（台）	Lathe (set)	1136	1166	362	450
铣　床（台）	Milling Machine (set)	149	158	146	196
电子计算器(包括袖珍数据记录机)（千台）	Electronic Calculator (including mini data recorder) (1,000 sets)	3276	3330	648	735
自动数据处理设备及其部件（千台）	Automatic Data Processing Machines and Components (1,000 sets)	107502	110511	2779305	2208694
#自动数据处理设备（千台）	Automatic Data Processing Machines (1000 sets)	58697	54903	2555363	2000242
#平板电脑（千台）	Tablet PC (1,000sets)	4188	7118	73916	109128
便携式电脑（千台）	Notebook Computer (1,000 sets)	54350	47200	2465960	1864302
微型电脑（千台）	Micro Computer (1,000 sets)	159	584	7393	26708
中央处理部件（千台）	CPU Components (1,000 sets)	750	1798	12824	24633
显示器（千台）	Displays (1,000 sets)	4966	5240	39941	38148
#液晶显示器（千台）	LCD (1,000 sets)	4966	5240	39941	38142
存储部件（千台）	Storage Components (1,000 sets)	2881	1846	7020	5759
键盘、鼠标器（千个）	Keyboards and Mouses (1,000 sets)	19027	21892	6199	8129
自动数据处理设备的零件（吨）	Parts for Auto Data Processing Equipment (ton)	4264	4039	26701	26558
打印机(包括多功能一体机)（千台）	Printers (Including Multi-Purpose Printers) (1,000 sets)	14835	13373	147421	104234
液晶显示板（万个）	LCD Panel (10,000 pcs)	71	222	2415	3551
轴　承（万套）	Bearing (10,000 sets)	2899	3121	6198	6474
电动机及发电机（万台）	Electric Motors and Generators (10 000 sets)	80	316	2266	2595
风力发电组（万台）	Wind Generating Set (10 000 sets)			1	2357
变压器（万个）	Transformer (10 000 units)	9149	8749	4887	7876
静止式变流器（万个）	Static Converters (10 000 units)	4961	5464	13650	17910
原电池（万个）	Primary Cells and Batteries (10 000 units)	9913	7534	863	763
蓄电池（万个）	Electric Accumulators (10,000 pcs)	1825	2293	18554	26086
#铅酸蓄电池（万个）	Lead-Acid Batteries (10 000 units)	355	589	7534	12381
太阳能电池（万个）	Solar Batteries (10 000 units)	16	32	1143	3894
电话机（万台）	Telephone Sets (10,000 sets)	1066	6067	50971	192040
#手持或车载无线电话机（万台）	Mobile Phones or Car Phones (10,000 sets)	1023	6030	50362	191455
扬声器（万个）	Speakers (10,000 pcs)	630	880	4531	14277
激光唱机（百台）	CD Players (100 sets)	379	574	150	317
录、放像机（百台）	Video Recorders and Players (100 sets)	11117	8267	2816	2562
#DVD播放机（百台）	DVD Players (100 sets)	9850	5522	2384	1853
声音录制或重放设备（百台）	Audio Recording or Replay Equipment (100 sets)	20237	20222	1194	2376
收音设备(包括收录音机及散件)（百台）	Radio Sets (including Sound Recording Apparatus) (100 sets)	22220	20748	2987	4102

表16.9 续表3 continued3

单位：万美元（USD 10 000）

品　名	Name	数　量 Volume		金　额 Value	
		2014	2015	2014	2015
彩色电视机（百台）	TV Sets (Including Components) (100 sets)	3085	1291	4654	2459
#液晶电视机（百台）	Colored TV Sets (Including Components) (100 sets)	781	514	891	633
录放音、像机及唱机的零附件	Components and Accessories of Sound and Video Recorder and Player			297	618
电视、收音机及电讯设备零附件（吨）	Parts of TV sets, Radio Sets and Telecommunication Equipment (ton)	1763	1946	3492	5767
电容器（吨）	Electrical Capacitor (ton)	240	234	10864	17919
印刷电路（万块）	Printed Circuit Board (10,000 pcs)	6024	4163	5947	18438
通断保护电路装置及零件	Electrical Apparatus for Switching or Protecting Electrical Circuits			9026	10128
二极管及类似半导体器件（百万个）	Diode and Semi Conductors (1 million pcs)	1055	1674	7189	24253
集成电路（百万个）	IC (1 million pcs)	803	1220	51723	152212
#处理器及控制器（万个）	Processors and Controllers (10,000 pcs)	69918	89098	24602	33495
存储器（万个）	Computer Memory (10,000 pcs)	4932	28200	23253	116178
放大器（万个）	Amplifiers (10,000 pcs)	237	244	469	1587
电线和电缆（吨）	Insulated Wire or Cable (ton)	8867	8120	14251	12256
集装箱（个）	Containers (pcs)	45	4	211	3
汽　车（辆）	Motor Vehicles (including parts) (unit)	132230	87460	96880	66913
#小轿车（辆）	Cars (unit)	33225	27997	26796	25999
小客车(九座及以下的)（辆）	Minivans (Less Than 9 Seats) (unit)	48626	24161	40009	17687
货　车（辆）	Trucks (unit)	48509	31918	26630	18616
汽车零配件	Parts of Motor Vehicles			74958	89544
摩托车（辆）	Motorcycles (unit)	3542910	3367727	167817	153964
自行车（辆）	Bicycles (unit)	80429	107615	596	1148
摩托车及自行车的零配件	Parts of Motorcycles and Bicycles			36024	40364
船　舶（艘）	Ships (unit)	50	33	1435	2431
#液货船(包括液化天然气船)（艘）	Liquid Cargo Ships (Including Liquid Gas Ships) (unit)	2	2	1159	2364
眼镜及其零件	Glasses and Parts			3503	4511
医疗仪器及器械	Medical Instruments and Appliances			4548	6003
手　表（万只）	Watches (10,000 pcs)	1981	1717	3573	4253
#机械手表（万只）	Mechanical Watches (10,000 pcs)	51	93	154	402
电动手表（万只）	Electronic Watches (10,000 pcs)	1930	1624	3419	3851
日用钟（万只）	Clocks (10 000 sets)	280	325	1844	2926
家具及其零件	Furniture			84937	134463
床垫、寝具及类似品	Mattress and Bed Linens			5215	7411
灯具、照明装置及零件	Lights, Illumination Devices and Similar Products			97014	142671
箱包及类似容器	Suitcases, Bags and Similar Containers			50853	71237
体育用品及设备	Sports Appliances and Equipment			9360	17221

表16.9 续表4 continued4

单位：万美元(USD 10 000)

品　名	Name	数　量 Volume		金　额 Value	
		2014	2015	2014	2015
服装及衣着附件	Garments and Accessories			189687	166314
#织物制服装	Textile Garments			169744	137526
#非针织钩编织物服装	Non Knitted or Crocheted Garments			94242	77903
针织或钩编的服装	Knitted or Crocheted Garments			75502	59623
裘皮服装（吨）	Fur Garments (ton)	2	12	96	834
皮革手套（万双）	Leather Gloves (10,000 pairs)	24	40	395	857
织物制手套（万双）	Textile Gloves (10,000 pairs)	1334	1710	1541	2263
织物制袜子（万双）	Textile Socks (10,000 pairs)	3872	4240	1609	2278
帽　类（万个）	Hats (10,000 pcs)	4075	4493	4257	6086
鞋　类	Footwear			69918	85800
#鞋（万双）	Shoes (10,000 pairs)	3991	4268	67604	81477
#底面以橡塑制的鞋（万双）	Shoes with Outer of Rubber or Artificial Plastic Materials (10,000 pairs)	2176	2681	33157	42933
皮面鞋（万双）	Leather Shoes (10,000 pairs)	954	912	19548	25307
橡塑底纺织为面的鞋（万双）	Textile Shoes with Outer of Rubber or Artificial Plastic Materials (10,000 pairs)	805	620	13945	11944
鞋靴零件；护腿及类似品（吨）	Footwear Accessories, Leg Warmer and Similar Products (ton)	2847	5081	2314	4323
塑料制品（吨）	Plastic Articles (ton)	65095	71654	66971	82998
玩　具	Toys			2558	4950
游戏机及零附件（万台）	Video Game Consoles (10,000 sets)	509	367	3901	6092
圣诞用品（吨）	Articles for Christmas (ton)	7569	4062	16584	18667
足球、篮球、排球（万个）	Footballs, Basketballs and Volleyballs (10,000 pcs)	49	80	165	614
艺术品、收藏品及古董	Artworks, Collections and Antiques			1116	3240
贵金属或包贵金属的首饰	Precious Metal Jewelry			940338	44
伞（万把）	Umbrellas (10 000 pcs)	140	202	1155	2087
农产品	Agricultural Products			31393	31750
机电产品	Mechanical and Electrical Products			4253876	4187740
#金属制品	Metal Products			155805	260415
机械设备	Mechanical Equipments			3053560	2496313
电器及电子产品	Electrical Equipmens			506725	853334
运输工具	Transport Equipments			365777	333939
仪器仪表	Instrument and Meters			29887	32210
其他产品	Other Products			142123	211528
高新技术产品	High and New-tech Products			3108367	2811966
#生物技术	Biotechnology			133	96
生命科学技术	Life Science Technology			25989	24187
光电技术	Electrooptical Technology			5564	7924
计算机与通信技术	Computer and Information Technology			2996150	2564794
电子技术	Electronic Technology			68533	201875
计算机集成制造技术	Computer-integrated Manufacturing Technology			8332	9530
材料技术	Materials Technology			560	636
航空航天技术	Aerospace Technology			157	317
其他技术	Other Technology			2949	2607

表16.10 主要商品进口数量和金额（2014－2015年）
MAIN IMPORT COMMODITIES IN VOLUME AND VALUE (2014-2015)

单位：万美元（USD 10 000）

品 名	Name	数 量 Volume		金 额 Value	
		2014	2015	2014	2015
水海产品（吨）	Aquatic and Marine Products (ton)	936	568	644	344
鲜、干水果及坚果（吨）	Fresh、Dry Fruits, and Nuts (ton)	9	4968	4	1645
乳 品（吨）	Diary Products (ton)	427	6677	461	8907
#奶 粉（吨）	Milk Powder (ton)	159	4629	419	8378
粮 食（吨）	Cereals (ton)	828428	1824828	46629	76967
#大 豆（吨）	Soybean (ton)	801265	1769192	44883	74830
食用植物油（吨）	Edible Vegetable Oil (ton)	10147	43098	944	3640
#菜子油和芥子油（吨）	Canola Oil (ton)	10002	42994	901	3598
酒 类(升)	Liquor (liter)	1313815	1728665	482	587
#葡萄酒(升)	Wine (liter)	1052151	1471420	442	556
饲料用鱼粉（吨）	Fish Meal (ton)	14820	16859	1862	2580
天然橡胶(包括胶乳)（吨）	Natural Rubber (including Latex) (ton)	43906	30882	9860	5214
合成橡胶(包括胶乳)（吨）	Synthetic Rubber (including Latex) (ton)	18978	81982	4779	11984
原 木（吨）	Timbers or Logs (ton)	21285	104939	396	1456
锯 材（吨）	Sawn Timber (ton)	9001	28309	380	1069
纸 浆（吨）	Paper Pulp (ton)	79820	136481	5286	9315
棉 花（吨）	Cotton (ton)	5632	2678	1649	855
铁矿砂及其精矿（万吨）	Iron Ore (10 000 tons)	470	323	47558	18053
锰矿砂及其精矿（吨）	Manganese Ore (ton)	91789	18545	1946	181
铬矿砂及其精矿（吨）	Chromium Ore (ton)	44834	52595	974	766
铅矿砂及其精矿（吨）	Lead Ore (ton)	13749	5808	1315	469
煤及褐煤（吨）	Coal and Lignite Coal (ton)	264284	559637	2127	2698
褐 煤（吨）	Brown Coal (ton)		334462		1336
其他烟煤（吨）	Other Soft Coal (ton)	198020	225172	1481	1362
成品油（吨）	Refined Oil (ton)	4909	4725	834	1321
二甲苯（吨）	Xylene (ton)	246105	5493	31673	493
乙二醇（吨）	Ethylene Glycol (ton)	95137	41902	9094	3079
医药品（吨）	Pharmaceutical Products (ton)	38	33	1102	973
#抗菌素(制剂除外)（吨）	Bacteriophage (Excluding Preparation) (ton)	8	7	1039	824
美容化妆品及护肤品（吨）	Cosmetics and Skin-care Products (ton)	4	153	54	889
初级形状的塑料（吨）	Primary-Shaped Plastics (ton)	226616	270310	41558	41059
#初级形状的聚乙烯（吨）	Primary-Shaped Polyethylene (ton)	77980	108681	12418	13562
初级形状的低密度聚乙烯（吨）	Primary-Shaped Low-Density Polyethylene (ton)	47860	79360	7741	10063
初级形状的聚丙烯（吨）	Primary-Shaped Polypropylene (ton)	6227	1484	1008	235
初级形状的苯乙烯聚合物（吨）	Primary-Shaped Styrene Polymer (ton)	62881	51262	12275	8587
#ABS树脂（吨）	ABS Resin (ton)	33247	31499	6697	5409
初级形状的聚酯（吨）	Primary-Shaped Polyester (ton)	7669	10272	2464	3109
非泡沫塑料的板、片、膜、箔（吨）	Non-Foam-Plastic Plates, Sheets, Films and Foils (ton)	1457	2627	1185	827
废 纸（吨）	Waste Paper (ton)	470147	567342	10885	11708
纸及纸板(未切成形的)（吨）	Paper and Paperboard (Unchopped in Shape) (ton)	1670	1828	555	547
纺织纱线、织物及制品	Yarn, Textile and Products			2604	6033
#棉纱线（吨）	Cotton Yarn (ton)	698	5278	192	1367
棉机织物	Cotton Textile			362	479

表16.10 续表1 continued1

单位：万美元（USD 10 000）

品　名	Name	数　量 Volume		金　额 Value	
		2014	2015	2014	2015
合成纤维长丝机织物（万米）	Synthetic Filament Yarn Textile (10 000 m)	101	55	371	183
涂覆浸渍塑料的织物（吨）	Plastic Coated or Impregnated Textile (ton)	356	1177	396	1336
服装及衣着附件	Garment and Accessories			6444	3115
玻璃纤维及其制品（吨）	Glass Fiber and Products (ton)	93	6004	213	1246
废金属（吨）	Waste Metal (ton)	65500	21416	10720	3236
#废　铝（吨）	Waste Aluminum (ton)	65500	21416	10720	3236
钢　材（吨）	Rolled Steel (ton)	122843	124559	12455	10570
#角钢及型钢（吨）	Angle Steel and Structural Steel (ton)	4120	3517	777	516
钢铁板材（吨）	Sheet Iron and Steel (ton)	117945	120126	10944	9483
钢铁制标准紧固件（吨）	Iron Nails, Bolts, etc. (ton)	18105	20832	12537	12781
未锻轧的铜及铜材（吨）	Unwrought Copper and Rolled Copper (ton)	18614	1558	12658	1321
#未锻轧的铜（包括铜合金）（吨）	Unwrought Copper (Including Copper Alloy) (ton)	18423	1305	12177	802
铜　材（吨）	Rolled Copper (ton)	191	253	481	518
未锻轧的铝及铝材（吨）	Unwrought Aluminum and Rolled Aluminum (ton)	741	648	332	333
#铝　材（吨）	Rolled Aluminum (ton)	741	648	332	333
钢铁或铝制结构体及其部件（吨）	Steel or Aluminum Structure and Components (ton)	634	32	1181	40
活塞式内燃机的零件（吨）	Parts of Piston Combustion Engines (ton)	9217	8450	15744	12340
液泵及液体提升机（台）	Liquid Pump and Liquid Lifter (unit)	1060765	1483588	8112	6682
制冷设备用压缩机（台）	Compressors for Refrigeration (unit)	13865	1999	632	23
冷冻机和制冷设备（台）	Refrigerating Machine and Refrigeration Equipments (unit)	104	130	67	425
非家用型水的过滤、净化机器（台）	Water Filter Machine Not for Home Use (set)	83	76	351	117
饮料及液体食品灌装设备（台）	Bottling Equipments for Drinks and Liquid Foods (unit)	2	1	18	379
机械提升搬运装卸设备及零件	Mechanical Lifting, Handling, Loading and Unloading Equipment and Parts			12156	7593
建筑及采矿用机械及零件	Building and Mining Machinery and Parts			1000	1014
制造纸及纸制品用机械及零件	Paper and Paper Products Manufacture Machinery and Parts			4517	2641
印刷、装订机械及零件	Printing and Binding Machinery and Parts			72467	41756
纺织机械及零件	Textile Machinery and Parts			788	1792
#纺织纱线生产及预处理机（台）	Textile Yarn Produced and Preprocessed Equipments (set)	5	17	86	339
针织机及缝编机（台）	Knitting Machine (set)		8		853
金属加工机床（台）	Machine Tools (set)	984	1100	26218	29268
#加工中心（台）	Processing Centers (set)	559	680	14011	13161
数控机床（台）	CNC Machine Tools (set)	161	189	6640	10505
金属轧机及零件	Rolling Mill and Parts			519	166
橡胶或塑料加工机械及零件	Rubber or Plastic Processing Machinery and Parts			6753	3170
型模及金属铸造用型箱	Dies and Boxes for Metal Casting			1468	2959
阀　门（万套）	Valves (10 000 sets)	406	463	4399	2785
自动数据处理设备及其部件（千台）	Automatic Data Processing Machines and Components (1 000 sets)	86443	48613	232240	150255
#自动数据处理设备（千台）	Automatic Data Processing Machines (1000 sets)	1	1	1288	814
存储部件（千台）	Memory Unit (1 000 sets)	72643	42711	216844	141717
自动数据处理设备的零件（吨）	Parts for Auto Data Processing Equipment (ton)	1794	1118	181281	101658
制造单晶柱或晶圆用的机器及装置（台）	Crystal Column or Wafer Manufacturing Machines and Devices (set)	78	26	1226	652

表16.10 续表2 continued2 单位：万美元（USD 10 000）

品　名	Name	数　量 Volume		金　额 Value	
		2014	2015	2014	2015
制造半导体或电路用的机器及装置（台）	Machines and Devices for the Manufacture of Semiconductor Devices and IC (set)	47	19	826	714
制造平板显示器用的机器及装置（台）	Machines and Devices for the Manufacture of Flat Display (set)	116	660	21458	91172
电动机及发电机（万台）	Electric Motors and Generators (10 000 sets)	4616	2389	7707	6403
变压、整流、电感器及零件	Transformers, Rectifiers, Inductors and Parts			6786	3750
蓄电池（万个）	Electric Accumulators (10 000 pcs)	17877	11261	26800	18121
无线电导航雷达及遥控设备（台）	Radio Navigation Radars and Remote Control Equipment (set)	1426375	1920992	2085	2810
摄像机、数字照相机及摄录一体机（百台）	Video Cameras and Digital Cameras (100 sets)	80845	21624	3509	1155
电视、收音机及电讯设备的零附件（吨）	Parts of TV sets, Radio Sets and Telecommunication Equipment (ton)	146	149	1148	1772
电容器（吨）	Electrical Capacitors (ton)	868	620	9598	43571
电阻器（吨）	Resistor (ton)	72	47	834	758
印刷电路（万块）	Printed Circuit (10 000 units)	19779	35678	5060	7418
通断保护电路装置及零件	Electrical Apparatus for Switching or Protecting Electrical Circuits			27220	22841
二极管及类似半导体器件（百万个）	Diode and Semi Conductors (1 million pcs)	5655	5764	12585	15098
集成电路（百万个）	IC (1 million pcs)	3102	3697	687305	641856
电线和电缆（吨）	Insulated Wire or Cable (ton)	2663	1519	4898	3543
汽　车（辆）	Motor Vehicles (including parts) (unit)	58	873	427	5028
#小轿车（辆）	Cars (unit)	12	29	47	108
四轮驱动轻型越野车（辆）	SUVs (unit)	8	773	68	4200
汽车零配件	Parts of Motor Vehicles			184084	119012
飞机及其他航空器（架）	Planes and Other Aircrafts (unit)	20	16	21778	12271
#空载重量超过2吨的飞机（架）	Planes over 2 Ton of Empty-load Weight (unit)	4	3	19703	10377
液晶显示板（万个）	LCD Panel (10 000 units)	1227	1534	17119	24305
医疗仪器及器械	Medical Instruments and Appliances			8285	7321
计量检测分析自控仪器及器具	Metering, Testing, Analyzing and Auto Controlling Instruments and Appliances			57201	60506
印刷品（吨）	Printed Matters (ton)	397	289	5316	4680
塑料制品（吨）	Plastic Articles (ton)	3453	3397	4381	4325
农产品	Agricultural Products			55999	109311
机电产品	Mechanical and Electrical Products			1804994	1586759
#金属制品	Metal Products			26722	24255
机械设备	Mechanical Equipments			691707	531205
电器及电子产品	Electrical Equipmens			823767	809922
运输工具	Transport Equipments			174548	123959
仪器仪表	Instrument and Meters			87498	96874
其他产品	Other Products			753	544
高新技术产品	High and New-tech Products			1385412	1217132
#生物技术	Biotechnology				
生命科学技术	Life Science Technology			10770	8366
光电技术	Electrooptical Technology			35546	50036
计算机与通信技术	Computer and Information Technology			497126	305917
电子技术	Electronic Technology			722964	678920
计算机集成制造技术	Computer-integrated Manufacturing Technology			93687	156331
材料技术	Materials Technology			507	856
航空航天技术	Aerospace Technology			24705	16594
其他技术	Other Technology			107	112

表16.11 利用外资情况（2014－2015年）
UTILIZATION OF FOREIGN CAPITAL (2014-2015)

单位：万美元（USD 10 000）

指　标	Item	2014	2015
新签利用外资协议（合同）数（个）	**Number of Newly Signed Agreements (Contracts) of Foreign Capital Utilization (unit)**	**250**	**315**
外商直接投资	Foreign Direct Investment	203	242
外商其他投资	Other Foreign Investment	47	73
协议（合同）额	**Value of Agreements (Contracts)**	**462645**	**481728**
外商直接投资	Foreign Direct Investment	448258	466628
外商其他投资	Other Foreign Investment	14387	15100
实际利用外资额	**Foreign Capital Actually Utilized**	**1062946**	**1076505**
外商直接投资	Foreign Direct Investment	423348	377183
外商其他投资	Other Foreign Investment	43928	143274
对外借款	Foreign Loans	70906	74003
其他利用外资	Other Foreign Capital Utilized	524764	482045

注：1)2004年起，新签利用外资协议(合同)数、协议合同金额数均不含对外借款。
2)2007年起，外商直接投资数据为上报国家商务部口径。
Note:a) Foreign loans have been excluded from the number of newly signed agreements (contracts) of foreign capital utilization and the value of agreements and contracts since 2004.
b) The data of foreign direct investment has become the data reported to the Ministry of Commerce since 2007.

表16.12 对外投资与合作（2014－2015年）
OVERSEAS INVESTMENT AND COOPERATION (2014-2015)

指　标	Item	2014	2015
实际对外直接投资额（万美元）	Value of Overseas Direct Investment (USD 10 000)	111391	142452
#现汇投资	Cash Investment	62992	116045
内保外贷	Offshore Financing Against Domestic Guamntee	44820	26407
对外承包工程签订合同数（个）	Number of Contracts Signed (unit)	132	91
对外承包工程合同金额（万美元）	Value of Contracts (USD 10 000)	117065	136003
对外承包工程营业额（万美元）	Value of Turnover Fulfilled (USD 10 000)	103488	120872
对外劳务合作派出人数（人）	Labor Exported (person)	10426	3142

表16.13 实际利用内资（1996–2015年）
ACTUAL UTILIZATION OF DOMESTIC CAPITAL (1996-2015)

单位：万元 (10 000 yuan)

年份 Year	总计 Total	按资金来源分 By Source of Domestic Capital			按产业分 By Sector		
		东部地区 Eastern Region	中部地区 Middle Region	西部地区 Western Region	第一产业 Primary Industry	第二产业 Secondary Industry	第三产业 Tertiary Industry
1996	341109	228986	25379	86744	2831	105369	232909
1997	378156	253856	28135	96165	3139	116812	258205
1998	395891	265762	29454	100675	3286	122291	270314
1999	406169	272661	30219	103289	3371	125466	277332
2000	430388	288919	32021	109448	3572	132947	293869
2001	463819	311381	34517	117921	3857	143292	316670
2002	515296	314469	64164	136663	12748	180584	321964
2003	572766	357869	78764	136133	15593	260960	296213
2004	868731	600433	85290	183008	18667	471589	378475
2005	2058990	1480168	146817	432005	38813	949952	1070225
2006	2982509	2408160	140849	433500	30800	1262178	1689531
2007	4300287	3284574	274940	740773	39961	2232621	2027705
2008	8428422	6608697	549696	1270029	90772	4077438	4260212
2009	14680196	11432656	1017089	2230451	334215	7069998	7275983
2010	26382949	20152791	2075639	4154519	730882	11385667	14266400
2011	49198400	34891428	4993544	9313428	1598697	22073414	25526289
2012	59146368	39987932	5689892	13468544	2283784	27139587	29722997
2013	60071981	41347326	5886121	12838534	2409618	23814257	33848106
2014	72468937	47912908	6760518	17795511	3399354	29803838	39265745
2015	85301314	54763030	9648096	20890188	4020931	34873820	46406563

表16.14 外商直接投资项目（企业）数、合同额和实际投资额（2014－2015年）

NUMBER, CONTRACTED VALUE AND ACTUAL INVESTMENT OF PROJECTS (ENTERPRISES) FUNDED BY FOREIGN DIRECT INVESTMENT (2014-2015)

指 标	Item	签定项目（合同）数（个） Number of Projects (Contracts) Signed (unit)		
		2014	2015	至当年底累计 Year-end Accumulation
总 计	**Total**	**203**	**242**	**6158**
按投资方式分	**By Investment Mode**			
合资经营	Joint Venture	65	84	2851
合作经营	Cooperative Operation		1	297
独资经营	Solely Foreign-Funded	138	156	2994
股份制	Share Holding		1	12
合作开发	Cooperative Operation			
其 他	Others			4
按行业分	**By Sector**			
第一产业	Primary Industry	8	4	162
第二产业	Secondary Industry	50	82	3426
工 业	Industry	47	75	3189
建筑业	Construction	3	2	232
第三产业	Tertiary Industry	145	156	2570
批发和零售业	Wholesale and Retail Trades	24	50	288
交通运输、仓储及邮政业	Transport, Storage, Post and Communication	8	3	130
住宿和餐饮业	Hotels and Catering Services	11	13	274
信息传输、软件和信息技术服务业	Information Transmission, Computer Services and Softwares	12	6	97
金融业	Financial Intermediation	28	27	75
房地产业	Real Estate	15	7	673
租赁和商务服务业	Leasing and Business Services	39	37	877
科学研究和技术服务业	Scientific Research, Technical Service and Geologic Prospecting	2	4	38
水利、环境和公共设施管理业	Management of Water Conservancy, Environment and Public Facilities		3	31
居民服务、修理和其他服务业	Services to Households and Other Services	3	3	36
教 育	Education			22
文化、体育与娱乐业	Culture, Sports and Entertainment	2	3	21
其 他	Others	1		8
按主要国别（地区）分	**By Country (Region)**			
香 港	Hong Kong	102	101	2741
印度尼西亚	Indonesia			15
日 本	Japan	3	3	266
韩 国	South Korea	17	34	166
澳 门	Macao		1	53
马来西亚	Malaysia	1	1	67
台 湾	Taiwan	18	30	943
泰 国	Thailand	2	1	53
新加坡	Singapore	12	9	241
比利时	Belgium			5
法 国	France	1		40
瑞 典	Sweden	1		11
瑞 士	Switzerland			7
英 国	UK	2	4	76
美 国	USA	10	12	557
加拿大	Canada	2	2	126
澳大利亚	Australia		5	74
新西兰	New Zealand			17

注：1）本表当年底累计数据除实际利用外资累计数按行业分组和按主要国别分组为1998年开始的累计数外，其余均为1979年开始的累计数。
2）2007年起，外商直接投资数据为上报商务部口径。
3）因减资或股权转移，合同（协议）额可能为负数。

单位：万美元（USD 10 000）

协议投资额 Contracted Foreign Investment			实际利用额 Foreign Capital Actually Utilized		
2014	2015	至当年底累计 Year-end Accumulation	2014	2015	至当年底累计 Year-end Accumulation
448258	**466628**	**4599883**	**423348**	**377183**	**3629596**
112785	161920	1386105	88257	91065	1087124
3580	101	231203	5526	24	95442
332696	303991	2921826	328915	225171	2317026
-803	616	57049	650	419	65647
		3700			3853
5508	8118	77690	177	90	9109
64897	166554	1593469	75981	78584	1050433
63183	145356	1507055	74973	63818	1023619
1714	819	66035	1008	600	12647
377853	291956	2928724	347190	238005	2357681
4027	8111	116786	4882	3268	53462
25045	5043	143695	18542	6312	78165
291	498	52019	128	472	24167
3523	939	20991	4731	201	12994
92248	94180	237861	49836	49360	151823
208274	100213	1803259	197119	152903	1614032
28876	69242	419971	66954	24527	314463
366	504	2891	81	168	795
-50	12625	64640		141	55155
4436	114	47698	4907		45535
		5028			4742
10717	487	13087	10	553	1583
100		798		100	765
367004	315136	3123505	331290	226320	2319364
		2017			75
1640	912	112508	3966	1150	86185
17284	33372	78013	13221	15693	46070
	1	8992			3374
16	-320	11159	9		4085
2435	967	65953	1314	745	32427
506	3	9219	15	3	1343
17121	11596	255004	22542	37261	248554
30	-141	168	47		208
4	141	16056	2		9936
78		4635		12	3748
		1510	256	288	4980
7053	557	33019	5566	8	19955
2193	5889	91508	726	1467	33628
170	1923	26719	191	5	6772
	6411	15784		65	4076
		2251			198

Note: a) In terms of the data of "Year-end Accumulation" in the table above, except the data of"Foreign Capital Actually Utilized" by sector and by country (region) which are accumulated since 1998, all the other data are accumulated since 1979.
b) The data of foreign direct investment has become the data reported to the Ministry of Commerce since 2007.
c) Due to capital reduction or stock transfer, the value of contracts (agreements) might be negative.

表16.15 实际利用内资项目资金来源情况（2014－2015年）
ACTUAL UTILIZATION OF DOMESTIC CAPITAL BY SOURCE (2014-2015)

单位：万元 (10 000 yuan)

项 目	Item	2014	2015
总 计	**Total**	**72468937**	**85301314**
按资金来源分组	**By Source of Domestic Capital**		
北 京	Beijing	10717181	14037018
天 津	Tianjin	916181	1047776
河 北	Hebei	1462149	1253565
山 西	Shanxi	790152	521107
内蒙古	Inner Mongolia	138667	143509
辽 宁	Liaoning	1115405	605861
吉 林	Jilin	210149	232613
黑龙江	Heilongjiang	104878	584539
上 海	Shanghai	5677938	6626997
江 苏	Jiangsu	4027397	4802425
浙 江	Zhejiang	6118663	6553712
安 徽	Anhui	865426	1110172
福 建	Fujian	3751362	3244169
江 西	Jiangxi	444071	796693
山 东	Shandong	2555429	3089226
河 南	Henan	1165414	896126
湖 北	Hubei	2170298	4092138
湖 南	Hunan	1010130	1414708
广 东	Guangdong	11503945	13333375
广 西	Guangxi	443222	453488
海 南	Hainan	67258	168906
四 川	Sichuan	11787043	14974086
贵 州	Guizhou	1241854	1372625
云 南	Yunnan	2060119	1679504
西 藏	Tibet	175994	203245
陕 西	Shaanxi	1216198	738241
甘 肃	Gansu	192493	656902
青 海	Qinghai	31883	30378
宁 夏	Ningxia	112431	164751
新 疆	Xinjiang	395607	473459
按区域分组	**By District**		
东部地区	Eastern Region	47912908	54763030
中部地区	Middle Region	6760518	9648096
西部地区	Western Region	17795511	20890188

表16.16 实际利用内资项目资金行业分布情况（2014–2015年）
ACTUAL UTILIZATION OF DOMESTIC CAPITAL BY SECTOR (2014-2015)

单位：万元 (10 000 yuan)

项 目	Item	2014	2015
总 计	**Total**	**72468937**	**85301314**
按行业分	**By Sector**		
第一产业	Primary Industry	3399354	4020931
第二产业	Secondary Industry	29803838	34873820
采矿业	Mining and Quarrying	1145970	2360733
制造业	Manufacturing	23208818	28796278
电力、燃气及水的生产和供应业	Production and Supply of Electricity, Gas and Water	2130094	1062019
建筑业	Construction	3318956	2654790
第三产业	Tertiary Industry	39265745	46406563
#批发和零售业	Wholesale and Retail Trades	2786322	4843806
交通运输、仓储和邮政业	Transport, Storage and Post	2619715	3322963
住宿和餐饮业	Hotels and Catering Services	918964	1437612
信息传输、软件和信息技术服务业	Information Transmission, Software and IT Service	577236	852475
金融业	Financial Intermediation	1670411	1861008
房地产业	Real Estate	24823906	24890051
租赁和商务服务业	Leasing and Business Services	1638214	3608837
科学研究和技术服务业	Scientific Research and Technical Services	415637	569241
水利、环境和公共设施管理业	Management of Water Conservancy, Environment and Public Utilities	1249785	1405541
居民服务、修理和其他服务业	Services to Households, Repair and Other Services	575677	794308
教 育	Education	242786	499141
卫生和社会工作	Health and Social Undertakings	121188	395315
文化、体育和娱乐业	Culture, Sports and Entertainment	1625904	1430189

表16.17 1000万元以上利用内资项目合同（协议、计划）资金来源情况（2014－2015年）
UTILIZATION OF CONTRACTED (AGREED, PLANNED) DOMESTIC CAPITAL ABOVE 10 MILLION YUAN BY SOURCE (2014-2015)

单位：万元 (10 000 yuan)

项　目	Item	外省投入的项目合同（协议、计划）总资金 Total Contracted (Agreed, Planned) Capital From Outside Chongqing	
		2014	2015
总　计	**Total**	**283207930**	**330389758**
按资金来源分	**By Source of Domestic Capital**		
北　京	Beijing	53486541	62968851
天　津	Tianjin	3212245	4045351
河　北	Hebei	4572754	4540009
山　西	Shanxi	2254348	2569920
内蒙古	Inner Mongolia	272400	213000
辽　宁	Liaoning	2167777	2143877
吉　林	Jilin	326451	428576
黑龙江	Heilongjiang	441503	1057603
上　海	Shanghai	24721948	26417850
江　苏	Jiangsu	14276883	15821743
浙　江	Zhejiang	24839676	24649518
安　徽	Anhui	2674093	3073204
福　建	Fujian	12438335	13510288
江　西	Jiangxi	2197702	3385223
山　东	Shandong	9418989	10336126
河　南	Henan	2760948	3341498
湖　北	Hubei	7595192	12012249
湖　南	Hunan	3424069	3382256
广　东	Guangdong	48160984	59720748
广　西	Guangxi	942845	1133795
海　南	Hainan	323340	864040
四　川	Sichuan	43963660	53198962
贵　州	Guizhou	3115783	3995379
云　南	Yunnan	8335462	9090281
西　藏	Tibet	320000	360000
陕　西	Shaanxi	4052487	4056226
甘　肃	Gansu	595570	1120670
青　海	Qinghai	248996	108396
宁　夏	Ningxia	276349	352849
新　疆	Xinjiang	1790600	1889220
按区域分组	**By District**		
东部地区	Eastern Region	197882425	226384852
中部地区	Middle Region	21576260	29174847
西部地区	Western Region	63749245	74830059

表16.18 1000万元以上实际利用内资项目资金来源情况（2014–2015年）

ACTUAL UTILIZATION OF DOMESTIC CAPITAL ABOVE 10 MILLION YUAN BY SOURCE (2014-2015)

单位：万元 (10 000 yuan)

项 目	Item	实际利用内资 Domestic Capital Actually Utilized	
		2014	2015
总 计	**Total**	**67679046**	**78224071**
按资金来源分	**By Source of Domestic Capital**		
北 京	Beijing	10482098	13628336
天 津	Tianjin	817697	914567
河 北	Hebei	1336212	1104019
山 西	Shanxi	680311	382467
内蒙古	Inner Mongolia	94240	68431
辽 宁	Liaoning	1026407	487492
吉 林	Jilin	165852	162098
黑龙江	Heilongjiang	72219	511143
上 海	Shanghai	5307240	6115322
江 苏	Jiangsu	3743956	4418244
浙 江	Zhejiang	5680826	5986060
安 徽	Anhui	754510	986997
福 建	Fujian	3382104	2912443
江 西	Jiangxi	335280	660434
山 东	Shandong	2404164	2912077
河 南	Henan	1053129	752434
湖 北	Hubei	1952154	3828889
湖 南	Hunan	883489	1219003
广 东	Guangdong	11107977	12553693
广 西	Guangxi	385378	358541
海 南	Hainan	32516	125337
四 川	Sichuan	11051003	13661526
贵 州	Guizhou	1029690	1108090
云 南	Yunnan	1891285	1414703
西 藏	Tibet	162569	144902
陕 西	Shaanxi	1164481	601272
甘 肃	Gansu	171541	604451
青 海	Qinghai	23699	6650
宁 夏	Ningxia	108029	150293
新 疆	Xinjiang	378990	444157
按区域分组	**By District**		
东部地区	Eastern Region	45321197	51157590
中部地区	Middle Region	5896944	8503465
西部地区	Western Region	16460905	18563016

表16.19 1000万元以上利用内资项目合同（协议、计划）资金行业分布及登记注册类型情况（2014－2015年）

UTILIZATION OF CONTRACTED (AGREED, PLANNED) DOMESTIC CAPITAL ABOVE 10 MILLION YUAN BY SECTOR AND BY REGISTRATION (2014-2015)

单位：万元 (10 000 yuan)

项　目	Item	外省投入的项目合同（协议、计划）总资金 Total Contracted (Agreed, Planned) Capital From Outside Chongqing	
		2014	2015
总　计	**Total**	**283207930**	**330389758**
按行业分	**By Sector**		
第一产业	Primary Industry	11635962	11701193
第二产业	Secondary Industry	106131003	119920398
采矿业	Mining and Quarrying	3464540	4823100
制造业	Manufacturing	80860758	95778405
电力、燃气及水的生产和供应业	Production and Supply of Electricity, Gas and Water	8835199	7346587
建筑业	Construction	12970506	11972306
第三产业	Tertiary Industry	165440965	198768167
#批发和零售业	Wholesale and Retail Trades	8404218	11364573
交通运输、仓储和邮政业	Transport, Storage and Post	11296839	12904514
住宿和餐饮业	Hotels and Catering Services	2015360	2539960
信息传输、软件和信息技术服务业	Information Transmission, Software and IT Service	5338700	5926200
金融业	Financial Intermediation	7225225	8820298
房地产业	Real Estate	107814954	124739638
租赁和商务服务业	Leasing and Business Services	6563449	11753203
科学研究和技术服务业	Scientific Research and Technical Services	1923069	1932063
水利、环境和公共设施管理业	Management of Water Conservancy, Environment and Public Utilities	5943223	5859394
居民服务、修理和其他服务业	Services to Households, Repair and Other Services	2400900	2814597
教　育	Education	754517	1426487
卫生和社会工作	Health and Social Undertakings	55328	806060
文化、体育和娱乐业	Culture, Sports and Entertainment	5705183	6199380
按外省单位登记注册类型分	**By Status of Registration**		
国有企业	State-owned Enterprises	15919135	15405724
集体企业	Collective-owned Enterprises	1326000	1480878
股份合作企业	Cooperative Enterprises	1755438	1237000
联营企业	Joint-owned Enterprises	15000	60000
有限责任公司	Limited Liabilities Corporation	150740778	178360553
股份有限公司	Share-holding Ltd.	83636321	83110532
私营企业	Private Enterprises	7627258	16712668
其他企业	Other Enterprises	1351800	2248165
个　人	Individual	20638450	31582288
其　他	Others	197750	191950

表16.20 1000万元以上利用内资项目资金行业分布及登记注册类型情况（2014–2015年）

UTILIZATION OF DOMESTIC CAPITAL ABOVE 10 MILLION YUAN BY SECTOR AND BY REGISTRATION (2014-2015)

单位：万元 (10 000 yuan)

项　目	Item	实际利用内资 Domestic Capital Actually Utilized	
		2014	2015
总　计	**Total**	**67679046**	**78224071**
按行业分	**By Sector**		
第一产业	Primary Industry	2975567	3373324
第二产业	Secondary Industry	28311751	32668559
采矿业	Mining and Quarrying	1078757	2304228
制造业	Manufacturing	22159897	27299664
电力、燃气及水的生产和供应业	Production and Supply of Electricity, Gas and Water	2085588	1006642
建筑业	Construction	2987509	2058025
第三产业	Tertiary Industry	36391728	42182188
#批发和零售业	Wholesale and Retail Trades	2025155	3689627
交通运输、仓储和邮政业	Transport, Storage and Post	2443436	3135931
住宿和餐饮业	Hotels and Catering Services	484900	875664
信息传输、软件和信息技术服务业	Information Transmission, Software and IT Service	421010	485863
金融业	Financial Intermediation	1521001	1733808
房地产业	Real Estate	24600395	24549876
租赁和商务服务业	Leasing and Business Services	1300160	3045086
科学研究和技术服务业	Scientific Research and Technical Services	324042	471388
水利、环境和公共设施管理业	Management of Water Conservancy, Environment and Public Utilities	1189348	1332239
居民服务、修理和其他服务业	Services to Households, Repair and Other Services	389182	595881
教　育	Education	177450	376164
卫生和社会工作	Health and Social Undertakings	27202	289080
文化、体育和娱乐业	Culture, Sports and Entertainment	1488447	1105505
按外省单位登记注册类型分	**By Status of Registration**		
国有企业	State-owned Enterprises	2765712	3132606
集体企业	Collective-owned Enterprises	442955	340315
股份合作企业	Cooperative Enterprises	437204	265534
联营企业	Joint-owned Enterprises	7000	36300
有限责任公司	Limited Liabilities Corporation	36579047	40765732
股份有限公司	Share-holding Ltd.	18480177	17745522
私营企业	Private Enterprises	1728556	4260229
其他企业	Other Enterprises	390678	967671
个　人	Individual	6785717	10616212
其　他	Others	62000	93950

表16.21 旅游基本情况（2014－2015年）
BASIC STATISTICS ON TOURISM (2014-2015)

指 标	Item	2014	2015
接待入境旅游人数（人次）	**Number of Overseas Visitor Arrivals Received (person-time)**	**2637590**	**2825339**
外国人	Foreigners	1686523	1888294
#亚 洲	Asia	854635	1098339
#日 本	Japan	211691	199877
韩 国	South Korea	249923	435443
印度尼西亚	Indonesia	28565	21940
马来西亚	Malaysia	70223	94778
新加坡	Singapore	93893	89539
泰 国	Thailand	142722	195437
欧 洲	Europe	334569	296338
#英 国	UK	65406	56258
法 国	France	54456	50252
德 国	Gemany	87426	78986
意大利	Italy	29863	28176
俄罗斯	Russia	17671	14915
美 洲	America	258221	254945
#美 国	USA	192991	191163
加拿大	Canada	54321	52551
大洋洲	Oceania	68730	66890
#澳大利亚	Australia	59799	58943
非 洲	Africa	13660	14830
香港同胞	Compatriots from Hong Kong	337892	302515
澳门同胞	Compatriots from Macao	28941	24767
台湾同胞	Compatriots from Taiwan	584234	609763
来渝国际旅游者平均逗留天数（天）	**Average Period Foreign Tourists Staying in Chongqing (day)**	**2.7**	**2.5**
旅行社组织国内居民出境旅游人数（万人天）	**Number of Outbound Chinese Tourists Organized by Travel Agencies (10 000 person-days)**	**757.78**	**1000.67**
国际旅游外汇收入（万美元）	**Foreign Exchange Earnings from International Tourism (USD 10 000)**	**135444**	**146857**
星级饭店数（个）	**Number of Star-Rated Hotel (unit)**	**249**	**232**
年末旅行社数（个）	**Number of Travel Agencies at Year-end (unit)**	**559**	**587**
出境旅行社	International Travel Agencies	62	73
一般旅行社	Domestic Travel Agencies	497	520
年末旅行社从业人员（人）	**Number of Employees of Travel Agencies at Year-end (person)**	**8564**	**7310**
出境旅行社	International Travel Agencies	5976	4710
一般旅行社	Domestic Travel Agencies	2588	2600

表16.22 星级饭店基本情况（2014－2015年）
BASIC STATISTICS ON STAR-RATED HOTELS (2014-2015)

指　标	Item	2014	2015
星级饭店数（个）	**Number of Star-rated Hotels (unit)**	**249**	**232**
按星级分	By Star Level		
#五星级	5-star	27	27
四星级	4-star	54	55
三星级	3-star	131	123
按注册类型分	By Registration		
内　资	Domestic Funded	241	225
外商及港澳台投资	Foreign-funded and Funded by Hong Kong, Macao and Taiwan	8	7
按饭店客房规模分	By Capacity		
300间以上	With 300 Rooms and Above	16	16
200-299间	With 200-299 Rooms	21	21
100-199间	With 100-199 Rooms	79	80
99间以下	With Less Than 100 Rooms	133	115
星级饭店客房数（间）	**Number of Rooms in Star-rated Hotels (unit)**	**30273**	**29373**
#五星级	5-star	7835	7835
四星级	4-star	8821	8963
三星级	3-star	11540	11017
星级饭店床位数（张）	**Number of Beds in Star-rated Hotels (unit)**	**50325**	**48708**
#五星级	5-star	11620	11620
四星级	4-star	14432	14682
三星级	3-star	20413	19548

表16.23 重庆与国外友好城市交流（2014－2015年）
COMMUNICATIONS WITH FOREIGN TWIN CITIES (2014-2015)

指　标	Item	2014	2015
与国外结成友好城市累计数（个）	**Total Number of Foreign Twin Cities with Chongqing (unit)**	**34**	**37**
出访交流考查	**People Sent for Study Tour**		
批　数（批）	Number of Groups (group)	35	49
人（人次）	Number of People (person-time)	160	204
派出进修生	**People Sent Abroad for Further Studies**		
批　数（批）	Number of Groups (group)	5	6
人（人次）	Number of People (person-time)	5	14
接待来访团组	**Visitor Groups Received**		
批　数（批）	Number of Groups (group)	13	9
人（人次）	Number of People (person-time)	110	141

主要统计指标解释

进出口总额

指实际进出我国国境的货物总金额。包括对外贸易实际进出口货物，来料加工装配进出口货物，国家间、联合国及国际组织无偿援助物资和赠送品，华侨、港澳台同胞和外籍华人捐赠品，租赁期满归承租人所有的租赁货物，进料加工进出口货物，边境地方贸易及边境地区小额贸易进出口货物(边民互市贸易除外)，中外合资企业、中外合作经营企业、外商独资经营企业进出口货物和公用物品，到、离岸价格在规定限额以上的进出口货样和广告品(无商业价值、无使用价值和免费提供出口的除外)，从保税仓库提取在中国境内销售的进口货物，以及其他进出口货物。该指标可以观察一个国家在对外贸易方面的总规模。我国规定出口货物按离岸价格统计，进口货物按到岸价格统计。

商品经营单位所在地进、出口额

指在所在地海关注册登记的有进出口经营权的企业实际进、出口额。

进出口统计国别（地区）

进口货物统计原产国（地），出口货物统计最终目的国（地）。原产国指进口货物的生产、开采或加工制造的国家。对经过几个国家加工制造的进口货物，以最后一个对货物进行经济上可以视为实质性加工的国家作为该货物的原产国。原产国确实不详时，按“国别不详”统计。最终目的国指出口货物已知的消费、使用或进一步加工制造的国家。最终目的国不能确定时，按货物出口时尽可能预知的最后运往国统计。

外商直接投资

指外国投资者在我国境内通过设立外商投资企业、合伙企业、与中方投资者共同进行石油资源的合作勘探开发以及设立外国公司分支机构等方式进行投资。外国投资者可以用现金、实物、无形资产、股权等投资，还可以用从外商投资企业获得的利润进行再投资。

外商其他投资

指除对外借款和外商直接投资以外的各种利用外资的形式。包括企业在境内外股票市场公开发行的以外币计价的股票发行价总额，国际租赁进口设备的应付款，补偿贸易中外商提供的进口设备、技术、物料的价款，加工装配贸易中外商提供的进口设备、物料的价款。

入境游客

指来中国（大陆）观光、度假、探亲访友、就医疗养、购物、参加会议或从事经济、文化、体育、宗教活动的外国人、港澳台同胞等游客（即入境旅游人数）。统计时，入境游客按每入境一次统计。

旅游外汇收入

指入境旅游者在中国（大陆）境内旅行、游览过程中用于交通、参观展览、住宿、餐饮、购物、娱乐等全部花费。

对外承包工程

指各对外承包公司以招标议标承包方式承揽的下列业务：(1)承包国外工程建设项目；(2)承包我国对外经援项目；(3)承包我国驻外机构的工程建设项目；(4)承包我国境内利用外资进行建设的工程项目；(5)与外国承包公司合营或联合承包工程项目时我国公司分包部分；(6)对外承包兼营的房屋开发业务。对外承包工程的营业额是以货币表现的本期内完成的对外承包工程的工作量，包括以前年度签订的合同和本年度新签订的合同在报告期内完成的工作量。

对外劳务合作

指以收取工资的形式向业主或承包商提供技术和劳动服务的活动。我国对外承包公司在境外开办的合营企业，中国公司同时又提供劳务的，其劳务部分也纳入劳务合作统计。劳务合作营业额按报告期内向雇主提交的结算数(包括工资、加班费和奖金等)统计。

主要统计指标解释

■ 内资

指重庆市以外中华人民共和国境内（不包括港、澳、台地区）的企、事业单位、社会团体及其他投资者，在重庆市行政辖区内以从事经济社会活动为主要目的，遵循市场机制法则，本着互利互惠的原则进行的独资、合资、参股合作等而流入的资金。它不包括中央和各级政府无偿捐赠、证券市场融资和金融机构业务往来资金等。

Explanatory Notes on Main Statistical Indicators

Total Imports and Exports at Customs

Refer to the real value of commodities imported and exported across the border of China. They include the actual imports and exports through foreign trade, imported and exported goods under the processing and assembling trades and materials, supplies and gifts as aid given gratis between governments and by the United Nations and other international organizations, and contributions donated by overseas Chinese, compatriots in Hong Kong and Macao and Chinese with foreign citizenship, leasing commodities owned by tenant at the expiration of leasing period, the imported and exported commodities processed with imported materials, commodities trading in border areas (excluding mutual exchange goods), the imported and exported commodities and articles for public use of the Sino-foreign joint ventures, cooperative enterprises and ventures with sole foreign investment. Also included is import or export of samples and advertising goods for which CIF or FOB value are beyond the permitted ceiling (excluding goods of no trading or use value and free commodities for export), imported goods sold in China from bonded warehouses and other imported or exported goods. The indicator of the total imports and exports at customs can be used to observe the total size of external trade in a country. In accordance with the stipulation of the Chinese government, imports are calculated at CIF, while exports are calculated at FOB.

Import Export Value by Location of Commodity Management Units

Refers to actual value of imports and exports carried out by corporations which have been registered by the local Customs house and are vested with right to run import export business.

Imports and Exports by Countries (Regions)

Refers to the origin countries (regions) of imports and the destination countries (regions) of export. The origin countries refer to the countries where the imported products were produced, exploited, processed or manufactured. As for the imported products processed and manufactured by more than one country, the country where those products were actually processed from the economic point of view for the last time should be regarded as the origin country. Where the origin is unclear, it should be calculated as "Origin Unknown". The destination countries refer to the countries where the exported products will be consumed, used or further processed and manufactured. Where the final destination is unclear, it should be calculated as the last known destination.

Foreign Direct Investment

Refers to foreign investment in China through the establishment of foreign invested enterprises, cooperative exploration and development of petroleum resources with domestic investors and the establishment of branch organizations of foreign enterprises. Foreign investment can be made in forms of cash, physical investment, technical know-how and reinvestment of the foreign enterprises with the profits gained from the investment.

Other Foreign Investment

Refers to all forms of utilization of foreign capitals other than foreign borrowings and foreign direct investment. It includes the total value of stock shares in foreign currencies issued by enterprises at domestic or foreign stock exchanges, rent payable for the imported equipment through international leasing arrangement, cost of imported equipment, technology and materials provided by foreign counterparts in compensation trade and processing and assembly trade.

Visitor arrivals

Refer to the number of foreigners, Chinese compatriots from Hong Kong, Macao and Taiwan Chinese (mainland) who come to China (mainland) for sight-seeing, vacation, visiting relatives, medical treatment, shopping, attending conference, or to engage in economic, cultural, sports and religious activities. In compiling statistics, each time of entering China is counted as one person-time.

Foreign Exchange Earnings from Tourism

Refer to the total expenditures cost in the process of foreigners' tourism in the mainland of China, including traffic, visit, accommodation, table, shopping and amusement expenditures.

EXPLANATORY NOTES TO MAJOR STATISTICAL INDICATORS

Overseas Contracted Project

Refers to projects undertaken by Chinese contractors (project contracting companies) through bidding process. They include: (I) overseas civil engineering construction projects financed by foreign investors; (II) overseas projects financed by the Chinese government through its foreign aid programs; (III) construction projects of Chinese diplomatic missions, trade offices and other institutions stationed abroad; (IV) construction projects in China financed by foreign investment; (V) sub-contracted projects to be taken by Chinese contractors through a joint umbrella project with foreign contractor(s); (VI) housing development projects. The business income from international contracted projects is the work volume of contracted projects completed during the reference period, expressed in monetary terms, including completed work on projects signed in previous years.

Overseas Labour Services

Refer to the activities of providing technology and labour services to employers or contractors in the forms of receiving salaries and wages. Labour services providing by contractual joint ventures of Chinese international contracting corporations should be included in the statistics of service co-operation with foreign countries. The business income of labour service cooperation is the income in the form of wages and salaries, overtime pay, bonuses and other remuneration received from the employers during the reference period.

Domestic Capital

Refers to capital inpoured by the way of sole investment, joint venture and cooperative operation from the corporations, social unions and other investors within China boundaries but outside Chongqing municipality (excluding Hong Kong, Macao, Taiwan) who consider engaging economic and social activities as their main destination in Chongqing, and follow the market system on behalf of equality. It excludes free donations from the central and local governments, financing from the stock market, and business funds from the banking institutions.

第 17 章

金融业

FINANCIAL STATISTICS

简要说明
BRIEF INTRODUCTION

本章资料包括全市金融机构信贷收支、证券和保险业情况，由市统计局综合处根据有关部门资料整理编辑。资料分别来源于中国人民银行重庆营业部、重庆市发展和改革委员会、重庆证监局、重庆保监局和重庆保险行业协会。

The data in this chapter include the statistics on credit funds balance of financial institutions, securities and insurance, which are sorted and compiled by Division of Comprehensive Statistics, Chongqing Municipal Bureau of Statistics. The data are provided by Chongqing Business Department of the People's Bank of China, Chongqing Development and Reform Commission, China Securities Regulatory Commission Chongqing Bureau, China Insurance Regulatory Commission Chongqing Bureau and Insurance Association of Chongqing.

表17.1 主要金融机构数（2014－2015年）
NUMBER OF MAIN FINANCIAL INSTITUTIONS (2014-2015)

单位：个 (unit)

指　标	Item	2014	2015
银行机构	**Banks**		
法人/市级分行	Corporate Entity / Branch at Municipal Level	95	104
#法　人	Corporate Entity	46	48
#村镇银行	Village and Township Bank	31	32
#市级分行	Branches at Municipal Level	49	56
中　资	Domestic Funded	34	40
外　资	Foreign Funded	15	16
支　行	Sub-branches	2457	2574
分理处	Banking Offices	1924	1894
储蓄所	Saving Offices	20	20
保险机构	**Insurance Institutions**		
保险公司法人机构	Corporate Entity of Insurance Companies	3	3
内资保险公司	Dometic-funded Insurance Companies		
省（市）级分公司	Branches at Provincial (Municipal) Level	37	37
中心支公司	Central Sub-branches	78	83
支公司	Sub-branches	477	500
营销服务部	Marketing & Service Departments	566	612
中外合资、外资保险公司	Insurance Joint-venturse with Foreign Investment and Wholly Foreign-owned Insurance Companies	7	8
外资保险公司代表处	Agencies of Foreign-funded Insurance Companies	1	1
专业保险中介机构	Professional Insurance Intermediary Institutions		
保险代理公司	Insurance Agent Companies	36	34
保险公估公司	Insurance Assessment Companies	9	9
保险经纪公司	Insurance Broker Companies	18	18
证券机构	**Security Institutions**		
证券公司	Security Companies	1	1
证券分公司	Branch Companies	13	17
营业部	Business Departments	160	171

注：1）中外合资、外资金融机构数只统计到省（市）级。
2）保险机构数不含中国出口信用保险公司重庆营业管理部。
3）银行机构数含信托公司、财务公司、金融租赁公司和汽车金融公司等银行业金融机构。
Note: a) Joint-venture financial institutions with foreign investment and wholly foreign-owned financial institutions are accounted up to provincial (municipal) level only.
b) Chongqing Business Department of China Export & Credit Insurance Corporation is not incuded in the number of insurance institutions.
c) The number of banks includes the financial institutions like trust companies, financial companies, financial leasing companies and automobile financial companies, etc.

表17.2 地方金融市场运行情况（2014－2015年）
OPERATION OF LOCAL FINANCIAL MARKET (2014-2015)

指　标	Item	2014	2015
融资担保行业	**Financing Guarantee**		
家　数（家）	Number (unit)	167	161
注册资本（亿元）	Registered Capital (100 million yuan)	337.6	359.3
在保余额（亿元）	Guaranteed Balance (100 million yuan)	1809.6	2045.8
小额贷款公司行业	**Small Loan Companies**		
家　数（家）	Number (unit)	263	265
注册资本（亿元）	Registered Capital (100 million yuan)	587.7	621.8
贷款余额（亿元）	Balance of Loans (100 million yuan)	796.1	887.9
上市与挂牌	**Listed Companies**		
境内外上市公司家数（家）	Number of Companies Listed Overseas (unit)	58	62
境内外上市公司市值（亿元）	Market Value of Companies Listed Overseas (100 million yuan)	6093	8439
新三板挂牌家数（家）	Number of Companies Listed in NEEQ Market (unit)	22	59
重庆股份转让中心挂牌家数（家）	Number of Companies Listed in Chongqing Share Transfer Center (unit)	243	274
股权投资类企业	**Equity Investment Companies**		
备案家数（家）	Numberof Companies Registered (unit)	438	492
注册及认缴资本（亿元）	Registered and Subscribed Capital (100 million yuan)	684.9	1320.8
金融要素市场	**Financial Factor Market**		
家　数（家）	Number of Companies (unit)	13	14
交易量（亿元）	Turnover (100 million yuan)	9035.4	9919.0

注：1）境外是指在其他国家和地区上市的企业。
2）股权投资类企业为按照地方口径，在市金融办备案的企业。
3）金融要素市场的交易量为当年累计交易量。

Note: a) Overseas refers to the companies listed in the stock market of other countries or regions.
b) Equity investment companies refer to those registered with Chongqing Financial Affairs Office according to the local statistic scope.
c) The turnover of financial factor market refers to the accumulative turnover of the year.

表17.3 金融机构（含外资）存贷款年末余额（1980－2015年）

YEAR-END DEPOSIT AND LOAN BALANCE OF FINANCIAL INSTITUTIONS (INCLUDING FOREIGN-FUNDED INSTITUTIONS) (1980-2015)

单位：亿元 (100 million yuan)

年 份 Year	本外币存款余额 Total Deposit Balance of RMB and Foreign Currencies	人民币存款余额 Total Deposit Balance of RMB	其 中 of which #企业存款 Enterprise Deposits	#储蓄存款 Urban and Rural Saving Deposits	本外币贷款余额 Total Loan Balance of RMB and Foreign Currencies	人民币贷款余额 Total Loan Balance of RMB	其 中 of which 短期贷款 Short-term Loans	中长期贷款 Medium & Long-term Loans
1980		29.15	11.32	6.22		42.19	40.96	1.23
1981		33.98	11.86	8.35		50.29	47.69	2.21
1982		38.66	12.44	10.56		55.30	51.50	3.05
1983		45.22	15.29	13.34		63.25	58.14	4.32
1984		70.86	25.40	18.39		84.53	70.42	11.76
1985		62.38	22.87	25.41		101.56	84.85	14.89
1986		84.57	27.94	34.79		131.70	110.61	18.86
1987		110.37	31.84	44.46		163.63	125.85	22.99
1988		123.47	38.22	50.50		183.32	141.01	25.90
1989		146.71	39.27	68.17		214.41	167.66	29.65
1990		198.00	48.51	92.17		268.40	205.63	38.30
1991		253.57	63.76	121.95		336.85	249.51	58.82
1992		315.70	83.75	154.45		408.64	294.63	78.75
1993		386.86	89.57	198.05		495.71	357.59	98.88
1994		518.27	143.26	285.40		596.96	409.16	136.46
1995		676.70	193.38	401.45		755.39	501.66	185.89
1996	885.91	846.43	266.42	500.71	968.71	913.93	601.10	219.05
1997	1147.92	1098.67	429.42	580.67	1224.01	1156.13	873.14	248.06
1998	1359.52	1306.04	483.80	724.54	1443.65	1358.61	978.51	299.59
1999	1638.21	1580.80	544.00	909.10	1693.64	1611.68	1093.09	398.22
2000	1982.21	1904.71	645.54	1085.36	1966.40	1881.29	1246.81	470.70
2001	2377.99	2294.05	750.81	1317.17	1969.97	1871.98	1043.84	631.26
2002	2903.42	2821.04	909.43	1595.01	2338.17	2244.72	1191.70	754.57
2003	3512.82	3438.61	1098.15	1896.56	2976.67	2774.81	1378.85	1010.69
2004	4105.09	4039.61	1230.85	2189.73	3309.13	3246.28	1362.75	1346.91
2005	4784.76	4727.72	1337.05	2545.85	3779.28	3719.52	1471.86	1810.83
2006	5587.50	5519.75	1551.98	2949.05	4443.84	4388.28	1510.73	2392.26
2007	6662.36	6576.68	1997.71	3228.15	5197.08	5131.69	1597.12	3220.70
2008	8102.00	8021.95	2377.48	3988.96	6384.03	6320.81	1617.52	4093.50
2009	11084.82	10933.00	3770.43	4908.68	8856.56	8766.06	1499.85	6563.63
2010	13613.97	13454.98	4666.88	5839.66	10999.87	10888.15	1686.11	8705.32
2011	16128.87	15832.81	8254.56	6990.25	13195.16	13001.39	2529.81	9968.14
2012	19423.90	18934.83	9851.06	8361.64	15594.18	15131.22	3626.89	10919.76
2013	22789.17	22202.10	11697.54	9622.31	18005.69	17381.55	4613.86	12105.13
2014	25160.11	24501.54	12788.24	10774.12	20630.69	20011.50	5404.51	13615.01

注：2011年起"企业存款"更名为"单位存款"。
Note: The index of "enterprise deposit" is replaced by "corporate deposit" since 2011.

年 份 Year	本外币存款余额 Total Deposit Balance of RMB and Foreign Currencies	人民币存款余额 Total Deposit Balance of RMB	其 中 of which #住户存款 Deposits of Households	政府存款 Deposits of Governments	本外币贷款余额 Total Loan Balance of RMB and Foreign Currencies	人民币贷款余额 Total Loan Balance of RMB	其 中 of which 短期贷款 Short-term Loans	中长期贷款 Medium & Long-term Loans
2015	28778.80	28094.37	12207.28	4235.04	22955.21	22393.93	5539.43	15394.18

表17.4 金融机构（含外资）本外币信贷收支表（2015年）

SOURCES AND USES OF RMB AND FOREIGN CURRENCIES CREDIT FUNDS OF FINANCIAL INSTITUTIONS (INCLUDING FOREIGN-FUNDED INSTITUTIONS) (2015)

单位：亿元 (100 million yuan)

项　目	Item	2015
各项存款余额	Total Deposit Balance	28778.80
境内存款	Domestic Deposit	28749.52
住户存款	Deposits of Households	12255.22
活期存款	Demand Deposits	4269.61
定期及其他存款	Time & Other Deposits	7985.62
非金融企业存款	Deposits of Non-financial Enterprises	10629.05
活期存款	Demand Deposits	3794.29
定期及其他存款	Time & Other Deposits	6834.76
政府存款	Deposits of Governments	4236.42
财政性存款	Fiscal Deposits	311.10
机关团体存款	Deposits of Government Departments & Organizations	3925.32
非银行业金融机构存款	Deposits of Non-banking Financial Institutions	1628.83
境外存款	Overseas Deposits	29.29
各项贷款余额	Total Loan Balance	22955.21
境内贷款	Domestic Loans	22938.73
住户贷款	Loans to Households	7296.33
短期贷款	Short-term Loans	1411.50
消费贷款	Consumption Loans	449.54
经营贷款	Operating Loans	961.97
中长期贷款	Med & Long-term Loans	5884.82
消费贷款	Consumption Loans	5378.80
经营贷款	Operating Loans	506.03
非金融企业及机关团体	Loans to Non-financial Enterprises and Government Departments & Organizations	15642.40
短期贷款	Short-term Loan	4549.07
中长期贷款	Mid & Long-term Loans	9638.74
票据融资	Paper Financing	852.82
融资租赁	Financial Leases	573.71
各项垫款	Total Advances	28.07
非银行业金融机构贷款	Loans of Non-banking Financial Institutions	
境外贷款	Overseas Loans	16.48

注：外币折本币所用汇率为当年最后一个交易日的中间汇率。
Note: The exchange rates between foreign currencies and RMB are the middle rates on the last trading day in current year.

表17.5 金融机构（含外资）人民币信贷收支表（2015年）

SOURCES AND USES OF RMB CREDIT FUNDS OF FINANCIAL INSTITUTIONS (INCLUDING FOREIGN-FUNDED INSTITUTIONS) (2015)

单位：亿元 (100 million yuan)

项　目	Item	2015
各项存款余额	Total Deposit Balance	28094.37
境内存款	Domestic Deposit	28068.74
住户存款	Deposits of Households	12207.28
活期存款	Demand Deposits	4239.15
定期及其他存款	Time & Other Deposits	7968.14
非金融企业存款	Deposits of Non-financial Enterprises	9999.23
活期存款	Demand Deposits	3691.01
定期及其他存款	Time & Other Deposits	6308.22
政府存款	Deposits of Governments	4235.04
财政性存款	Fiscal Deposits	311.10
机关团体存款	Deposits of Government Departments & Organizations	3923.94
非银行业金融机构存款	Deposits of Non-banking Financial Institutions	1627.19
境外存款	Overseas Deposits	25.63
各项贷款余额	Total Loan Balance	22393.93
境内贷款	Domestic Loans	22388.20
住户贷款	Loans to Households	7295.94
短期贷款	Short-term Loans	1411.18
消费贷款	Consumption Loans	449.21
经营贷款	Operating Loans	961.97
中长期贷款	Med & Long-term Loans	5884.76
消费贷款	Consumption Loans	5378.73
经营贷款	Operating Loans	506.03
非金融企业及机关团体	Loans to Non-financial Enterprises and Government Departments & Organizations	15092.26
短期贷款	Short-term Loan	4128.25
中长期贷款	Mid & Long-term Loans	9509.42
票据融资	Paper Financing	852.82
融资租赁	Financial Leases	573.71
各项垫款	Total Advances	28.07
非银行业金融机构贷款	Loans of Non-banking Financial Institutions	
境外贷款	Overseas Loans	5.73

表17.6 按行业分金融机构（含外资）本外币贷款结构（2015年）

LOAN COMPOSITION OF RMB AND FOREIGN CURRENCIES OF FINANCIAL INSTITUTIONS (INCLUDING FOREIGN-FUNDED INSTITUTIONS) (BY SECTOR) (2015)

单位：亿元 (100 million yuan)

项　目	Item	2015
贷款总计	**Total Loans**	**22835**
按行业分	**By Sector**	
#农、林、牧、渔业	Farming, Forestry, Animal Husbandry and Fishery	206
采矿业	Mining and Quarrying	232
制造业	Manufacturing	2580
电力、燃气及水的生产和供应业	Production and Supply of Electricpower,Gas & Water	682
建筑业	Construction	1226
批发和零售业	Wholesale and Retail Trades	1400
交通运输、仓储和邮政业	Transport, Storage and Post	2382
住宿和餐饮业	Hotels and Catering Services	145
信息传输、软件和信息技术服务业	Information Transmission, Software and IT Services	45
金融业	Financial Intermediation	804
房地产业	Real Estate	1880
租赁和商务服务业	Leasing and Business Services	1473
科学研究和技术服务业	Scientific Research and Technology Services	36
水利、环境和公共设施管理业	Administration of Water Conservancy, Environment and Public Utilities	1822
居民服务、修理和其他服务业	Household Services and Repairs and Other Services	34
教　育	Education	124
卫生和社会工作	Health and Social Work	135
文化、体育和娱乐业	Culture, Sports and Entertainment	55
公共管理、社会保障和社会组织	Public Administration, Social Security and Social Organization	260
对境外贷款	Loans Abroad	16
个人贷款	Individual Loans	7296

表17.7 金融机构（含外资）房地产贷款投向表（2014－2015年）

LOANS TO REAL ESTATE FROM FINANCIAL INSTITUTIONS (INCLUDING FOREIGN-FUNDED INSTITUTIONS) (2014-2015)

单位：亿元 (100 million yuan)

项　目	Item	2014	2015
合　计	Total Loans	6219.63	7496.77
房地产开发贷款	Loans to Real Estate Development	1754.12	2272.41
地产开发贷款	Loans to Land Development	400.86	740.05
#政府土地储备机构贷款	Loans to Government Land Reserve Institutions	354.63	682.24
房产开发贷款	Loans to Housing Development	1353.26	1532.36
住房开发贷款	Loans to Residential Housing Development	1119.50	1253.09
#保障性住房开发贷款	Loans to Low-income Housing Development	301.92	420.13
商业用房开发贷款	Loans to Housing for Commercial Use	197.39	239.86
其他房产开发贷款	Loans to Other Housing Development	36.36	39.41
购房贷款	Housing Purchase Loan	4465.51	5223.52
企业购房贷款	Enterprise Housing Purchase Loan	61.69	60.78
商业用房贷款	Loan for Housing for Commercial Use	59.66	58.75
住房贷款	Loan for Housing for Residential Use	2.03	2.03
个人购房贷款	Individual Housing Loan	4403.77	5162.24
个人商业用房贷款	Loan for Housing for Commercial Use	205.89	246.94
个人住房贷款	Loan for Housing for Residential Use	4197.88	4915.30
新建房贷款	Loan for Newly Built Housing	3328.83	3866.18
#抵押贷款	Mortgage Loan	3242.64	3606.10
再交易房贷款	Loan for Second-hand Housing	869.06	1049.13
个人购买保障性住房贷款	Individual Loan for Purchasing Low-income Housing	11.69	8.47

表17.8 金融机构（含外资）—境内大中小型企业人民币贷款情况统计表（2014－2015年）

STATISTICS ON THE RMB LOANS TO THE DOMESTIC LARGE, MEDIUM AND SMALL ENTERPRISES FROM FINANCIAL INSTITUTIONS (INCLUDING FOREIGN-FUNDED INSTITUTIONS) (2014-2015)

单位：亿元 (100 million yuan)

项 目	Item	大型企业贷款		中型企业贷款		小型企业贷款	
		2014	2015	2014	2015	2014	2015
境内企业贷款合计	**Total Loans to Domestic Enterprises**	**4045.73**	**4829.15**	**4550.47**	**4762.59**	**2773.73**	**3208.14**
#农、林、牧、渔业	Farming, Forestry, Animal Husbandry and Fishery	24.28	42.54	64.90	52.56	85.21	91.14
采矿业	Mining and Quarrying	130.58	159.10	37.29	42.53	34.97	29.50
制造业	Manufacturing	765.95	982.67	567.25	533.08	570.11	623.35
电力、燃气及水的生产和供应业	Production and Supply of Electricpower,Gas & Water	161.81	194.62	220.88	241.64	166.04	225.27
建筑业	Construction	374.36	432.22	519.64	490.25	224.60	234.52
批发和零售业	Wholesale and Retail Trades	184.87	246.63	434.26	434.77	542.44	575.69
交通运输、仓储和邮政业	Transport, Storage and Post	966.81	1217.58	475.81	543.90	344.46	453.86
#政府投融资平台	Government Investment and Financing Platform	725.87	868.06	215.09	178.21	45.23	63.76
住宿和餐饮业	Hotels and Catering Services	16.14	20.15	86.17	80.62	31.27	42.38
信息传输、计算机服务和软件业	Data Transmission, Computer Services and Software	11.24	9.86	9.79	15.09	15.26	17.58
金融业	Financial Intermediation	6.67	26.83	4.68	21.34	22.06	19.14
房地产业	Real Estate	399.78	439.52	864.86	906.41	99.77	133.42
#政府投融资平台	Government Investment and Financing Platform	213.94	262.00	92.08	40.43	42.92	63.69
租赁和商务服务业	Leasing and Business Services	319.55	349.36	690.59	679.84	278.41	381.47
#政府投融资平台	Government Investment and Financing Platform	202.41	185.26	344.66	276.89	109.45	101.80
科学研究和技术服务业	Scientific Research and Technology Service	7.17	7.75	8.88	8.40	7.60	9.36
水利、环境和公共设施管理业	Administration of Water Conservancy, Environment and Public Utilities	624.48	635.23	534.18	670.09	328.19	341.63
#政府投融资平台	Government Investment and Financing Platform	550.04	557.42	382.02	523.60	182.77	164.15
居民服务、修理和其他服务业	Household Services and Other Services	6.37	13.83	4.94	4.25	11.76	12.46
教 育	Education	11.74	15.04	6.78	13.76	1.99	1.86
卫生和社会工作	Health and Social Work	4.01	3.97	4.13	5.09	6.31	9.16
文化、体育和娱乐业	Culture, Sports and Entertainment	22.21	26.16	14.04	17.87	2.83	4.28
公共管理、社会保障和社会组织	Public Administration, Social Security and Social Organization	7.70	6.11	1.40	1.10	0.46	2.06
境内企业贷款合计	**Total Loans to Domestic Enterprises**	**4045.73**	**4829.15**	**4550.47**	**4762.59**	**2773.73**	**3208.14**
正常类贷款	Pass Loan	3908.72	4624.89	4348.68	4383.70	2673.77	2980.78
关注类贷款	Special Mention Loan	136.03	196.69	177.58	322.12	76.52	178.87
次级类贷款	Substandard Loan	0.92	4.85	14.74	22.89	13.40	25.45
可疑类贷款	Doubtful Loan	0.06	2.54	7.34	30.09	8.93	20.74
损失类贷款	Loss Loan		0.18	2.13	3.79	1.11	2.30
境内企业贷款合计	**Total Loans to Domestic Enterprises**	**4045.73**	**4829.15**	**4550.47**	**4762.59**	**2773.73**	**3208.14**
信用贷款	Fiduciary Loan	853.07	1101.48	486.33	530.98	261.72	348.57
保证贷款	Guaranteed Loan	943.82	1224.41	949.27	900.17	924.40	915.67
抵（质）押贷款	Mortgage Loan	2248.85	2503.26	3114.87	3331.44	1587.60	1943.90
境内企业贷款合计	**Total Loans to Domestic Enterprises**	**4045.73**	**4829.15**	**4550.47**	**4762.59**	**2773.73**	**3208.14**
国有控股企业	State-holding Enterprise	3185.29	3786.98	2193.44	2412.93	1192.58	1445.14
集体控股企业	Collective-holding Enterprise	73.45	104.07	293.69	278.02	103.53	114.82
私人控股企业	Private-holding Enterprise	660.15	772.66	1900.40	1887.78	1437.30	1568.58
港澳台商控股企业	Hong Kong, Macao or Taiwan-holding Enterprise	79.26	109.72	112.11	127.51	27.96	53.31
外商控股企业	Foreign-holding Enterprise	47.59	55.71	50.82	56.35	12.36	26.29

注：境内企业授信户数仅在单家法人机构表中列示。
Note: The nubmer of domestic enterprise accounts is only listed in the table of single corporate entity.

表17.9 上市公司情况（1993－2015年）
STATISTICS ON LISTED COMPANIES (1993-2015)

单位：个 (unit)

年 份 Year	全市总计 Total	其 中 of which					
		上交所 Shanghai Stock Exchange	深交所 Shenzhen Stock Exchange	仅发A股公司 A Share Only	发A、B股公司 A&B Shares	仅发B股公司 B Share Only	发A、H股公司 A&H Shares
1993	3	1	2	3			
1994	5	2	3	5			
1995	7	3	4	6		1	
1996	11	4	7	10		1	
1997	19	8	11	17	1	1	
1998	19	8	11	17	1	1	
1999	22	9	13	20	1	1	
2000	25	11	14	23	1	1	
2001	26	12	14	24	1	1	
2002	27	13	14	25	1	1	
2003	27	13	14	25	1	1	
2004	29	14	15	27	1	1	
2005	29	14	15	27	1	1	
2006	29	14	15	27	1	1	
2007	30	15	15	27	1	1	1
2008	31	15	16	28	1	1	1
2009	31	15	16	28	1	1	1
2010	34	16	18	31	1	1	1
2011	36	20	16	33	1	1	1
2012	37	19	18	34	1	1	1
2013	37	19	18	34	1	1	1
2014	40	21	19	37	1	1	1
2015	43	21	22	40	1	1	1

注：本表不包括仅发H股的公司。
Note: Companies with H share only are not included in this table.

表17.10 有价证券发行情况（1981 – 2015年）
ISSUANCE OF SECURITIES (1981-2015)

单位：亿元 (100 million yuan)

年 份 Year	企业债券发行额 Issued Value of Corporate Bonds	股票发行量（万股） Amount of Issued Shares（10 000shares）	其 中 of which		股票筹资额 Raised Capital	其 中 of which		股转系统 Share Transfer System
			A 股 A Shares	B 股 B Shares		A 股 A Shares	B 股 B Shares	
1981								
1982								
1983								
1984								
1985								
1986	1.50							
1987	0.59							
1988	1.85							
1989	0.39							
1990	1.95							
1991	3.90							
1992	5.45							
1993	4.18	7220	7220		2.08	2.08		
1994	1.17	3000	3000		1.13	1.13		
1995		17200	5200	12000	5.30	0.52	4.78	
1996	3.60	50610	15610	35000	10.41	4.56	5.85	
1997	4.85	42039	42039		26.76	26.76		
1998	3.40	5000	5000		3.75	3.75		
1999	4.10	10000	10000		7.21	7.21		
2000		29600	29600		22.63	22.63		
2001		3108	3108		4.73	4.73		
2002	15.00	2000	2000		3.16	3.16		
2003		3275	3275		3.74	3.74		
2004		22285	22285		15.65	15.65		
2005	17.00							
2006	30.00	31133	31133		14.63	14.63		
2007	20.00	51929	51929		26.37	26.37		
2008	45.00	22062	22062		12.73	12.73		
2009	105.00	237708	237708		17.56	17.56		
2010	91.00	809055	809055		149.00	149.00		
2011	74.00	192243	192243		158.02	158.02		
2012	260.00	43744	43744		30.00	30.00		
2013	238.00	349506	385319	-35813	131.23	131.23		
2014	273.00	525675	525675		180.88	180.83		0.05
2015	115.00	967462	967462		127.01	127.01		

注：股票发行量和筹资额均不含H股。
Note: The amount of issued shares and raised capital don't include H share.

表17.11 保险业务基本情况（1996－2015年）
BASIC STATISTICS ON INSURANCE BUSINESS (1996-2015)

单位：亿元 (100 million yuan)

年 份 Year	保费收入 Premium	其中 of which		赔款及给付 Claim and Payments	其中 of which	
		财产保险 Property Insurance	人身保险 Life Insurance		财产保险 Property Insurance	人身保险 Life Insurance
1996	12.82	8.05	4.77	6.48	4.44	2.04
1997	19.52	9.03	10.49	7.18	4.39	2.79
1998	22.77	9.31	13.46	10.64	6.55	4.09
1999	25.39	10.04	15.35	8.91	4.96	3.95
2000	27.71	10.72	16.99	8.27	5.28	2.99
2001	33.72	11.32	22.40	11.25	5.91	5.34
2002	46.17	13.31	32.86	14.20	7.57	6.63
2003	57.93	15.24	42.69	14.53	8.56	5.97
2004	66.51	17.45	49.06	16.25	9.43	6.82
2005	73.10	19.46	53.64	17.59	10.54	7.05
2006	93.24	24.17	69.07	20.51	12.08	8.43
2007	124.68	33.10	91.58	35.25	18.44	16.81
2008	200.55	37.76	162.80	45.64	22.59	23.05
2009	244.70	47.05	197.65	56.63	28.88	27.75
2010	321.08	65.96	255.12	62.10	32.05	30.05
2011	311.81	81.63	230.19	73.98	39.31	34.66
2012	331.03	95.20	235.83	91.78	52.23	39.55
2013	359.23	112.52	246.71	124.60	62.98	61.62
2014	407.26	138.87	268.39	151.43	74.07	77.36
2015	514.58	155.93	358.65	220.19	84.65	135.54

表17.12 按险种分的保险业务指标（2014－2015年）
STATISTICS ON INSURANCE BUSINESS BY CLASSIFICATION (2014-2015)

单位：万元 (10 000 yuan)

项 目	Item	保 费 Premium		赔款及给付 Claim and Payment	
		2014	2015	2014	2015
合 计	**Total**	**4072588**	**5145768**	**1514260**	**2201899**
财产保险	**Property Insurance**	**1388692**	**1559253**	**773606**	**846508**
企业财产保险	Enterprise Property Insurance	51238	58583	17447	21183
家庭财产保险	Family Property Insurance	2808	3712	554	1063
机动车辆保险	Motor Vehicle Insurance	1141592	1290528	659080	701219
工程保险	Engineering Insurance	25664	18512	5719	5997
责任保险	Liability Insurance	56682	65102	27656	27313
信用保险	Export Credit Insurance	11757	9849	15871	16961
保证保险	Guarantee Insurance	47546	51916	7781	26185
船舶保险	Ship Insurance	9847	9983	9815	6139
货物运输保险	Freight Transport Insurance	17613	18859	12026	18225
特殊风险保险	Special Risks Insurance	411	620	310	1766
农业保险	Agriculture Insurance	22903	30429	16812	19464
其他保险	Other Insurances	632	1161	535	993
人身保险	**Life Insurance**	**2683896**	**3586515**	**740654**	**1355391**
人寿保险	Life Insurance	2229371	2761990	551732	919109
健康保险	Health Insurance	296375	647045	153014	386967
意外伤害保险	Personal Accident Insurance	158150	177480	35908	49315

主要统计指标解释

信贷资金

指金融机构以信用方式积聚和分配的货币资金。金融机构信贷资金的来源有各项存款、金融债券发行、应付及暂收款、对国际金融机构负债、流通中货币、各项准备、所有者权益和其他项目等；信贷资金的运用有各项贷款、有价证券及投资、应收及预付款、委托投资、金银占款、外汇占款、库存现金、财政借款及在国际金融机构中的资产等。

存款

指企业、机关、团体或居民根据资金必须收回的原则，把货币资金存入银行或其他信贷机构保管并取得一定利息的一种信用活动形式。根据存款对象或性质的不同可划分为企业存款、财政存款、机关团体存款、基本建设存款、储蓄存款、农村存款、委托存款、其他存款等科目。它是银行信贷资金的主要来源。

贷款

指银行或其他信贷机构根据资金必须归还的原则，按一定利率，为企业、个人等提供资金的一种信用活动形式。我国银行贷款分为短期贷款、委托及信托类贷款、其他类贷款等。

金融机构往来

指各金融机构之间的资金往来，包括同业存放款和同业拆借款。

准备金

指各金融机构在中央银行的存款及缴存中央银行的法定准备金。

证券

由债券购买者承购的或因销售产品而拥有的，可在金融市场上交易并代表一定债权的书面证明。包括政府债券、金融债券、企业债券、商业票据、股票、支付固定收入但不提供法人企业残余价值分享权的优先股等。

股票

指股票购买者及直接投资者对其投资企业净资产所拥有的权益。股票是股份公司签发的证明股东投资并按其所持股份享有权益和承担义务的权益性证券。

保险公司

在中国境内的、经过保险监督部门批准设立，并依法登记注册的各类商业保险公司。

保费

指投保人为取得保险人在约定范围内所承担赔偿责任而支付给保险人的费用。

赔款

指保险人根据保险合同的规定，向被保险人支付的赔偿保险责任损失的金额。

给付

包括死伤医疗给付和满期给付。死伤医疗给付是指保险人根据人寿保险及长期健康保险合同的规定，因被保险人在保险期内发生保险责任范围内的保险事故支付给被保险人（或受益人）的金额。满期给付是指被保险人生存期满，保险人按人寿保险合同规定支付给被保险人的满期保险金额。

CHONGQING STATISTICAL YEARBOOK

Explanatory Notes on Main Statistical Indicators

□ Credit Funds

Refer to the funds issued as loans by banking institutions. The sources of credit funds of the banking institutions included deposits, issue of financial bonds, account-payable and temporary gathering, liabilities to international financial institutions, currency in circulation, various reserves, owners rights and interests and other items. The credit funds can be used in forms of loans, securities and investment, account receivable and advance payment, entrusted investment, gold, foreign exchange, cash on hand, government debt and assets in the international financial institutions.

□ Deposit

Is a form of credit by which enterprises, institutions, organizations or households can put money into banks and other credit institutions for safekeeping and interest earning under the principle of free withdrawal. According to different depositors, deposits are divided into enterprise deposits, treasury deposits, deposits of government agencies and organizations, capital construction deposits, savings deposits, rural saving deposits, entrusted deposits and other deposits. Deposits are major sources of the credit funds of banks.

□ Loan

Is a form of credit by which banks and other credit institutions provide funds at certain interest rate to enterprises and individuals in the light of the principle of unconditional repayment. Loans from Chinese banks include short-term loan, medium-term and long-term loans, entrusted loans, and other loans.

□ Transactions between Financial Institutions

Refer to flow of capital between financial institutions, including inter-bank deposits and loans.

□ Reserve Funds

Refer to savings of financial institutions in the central bank and designated reserves to the central bank.

□ Securities

Refer to written certificates representing creditors' rights, purchased by bond holders or owned by selling products, which can be transacted at the financial markets. They include government bonds, financial bonds, corporation bonds, commercial drafts, stocks, preferential stocks that provide fixed income without the right to share the residual value of corporations, etc.

□ Stocks

Refer to the rights by stockholders and direct investors on the net assets of corporations they invested in. Stocks refer to negotiable securities on creditor's rights, issued by stock companies certifying the investment by stockholders and their rights and duties depending on their stocks.

□ Insurance Companies

Refer to commercial insurance companies of various forms registered by law and established in China with the approval of insurance regulatory agencies.

□ Premium

Is the fee paid by the insurant based on a proportion of the benefit he or she may get from the insurance plus the insurance value. It includes the income from the deposit of property insurance and personal insurance.

□ Settled Claim

Is the compensation paid by the insurer to the insurant in accordance with the insurance contract.

□ Payment

Includes payment for death, injury or medical treatment and mature payment. Payment for death, injury or medical treatment refers to the money paid to the insurant (of the beneficiary) in accordance with the life of health insurance contract when the insurant encounters accidents within the insured period covered in the contract. Mature payment refers to the mature payment to the insurant in accordance with the life insurance contract at the end of the insured period for the loss which has been checked and found to be in the range of liability of the insurance after an accident has happened to the insured property or to a person who has insured his life. It is further divided into settled and unsettled claim.

第18章

教育、科技和文化业

EDUCATION, SCIENCE, TECHNOLOGY AND CULTURE

简要说明 BRIEF INTRODUCTION

本章资料主要包括全市教育事业、科学技术活动和文化事业的基本情况，由市统计局社会科技统计处根据调查资料和有关部门资料整理编辑。

教育部分包括各类教育的学校、教师和学生情况，由市教育委员会提供；专利资料由市知识产权局提供；商标申请注册来源于市工商行政管理局；产品质量监督抽查由市质量技术监督局提供；文化部分主要包括图书馆、文物、群众艺术文化、广播电视、新闻出版等情况，资料主要来自市文化委。

The data in this chapter include the basic statistics on education, scientific & technological activities and culture undertakings. All the data are compiled by Division of Social and Technology Statistics, Chongqing Municipal Bureau of Statistics on the basis of the data from survey and related departments.

The statistics of education cover the data of schools, teachers and students of various kinds, which were provided by Chongqing Education Commission. The data of patent are provided by Chongqing Intellectual Property Office. The data of trademark application and registration are provided by Chongqing Administration for Industry and Commerce. The data of sampling supervision & check on quality of products are provided by Chongqing Bureau of Quality and Technical Supervision. The data of culture mainly include public libraries, cultural relics, mass arts & culture, radio and television, and press and publication, which are provided by Chongqing Cultural Commission.

表18.1 主要年份各级各类学校数
NUMBER OF SCHOOLS BY LEVEL AND TYPE IN MAJOR YEARS

单位：所 (unit)

年份 Year	普通高等学校 Regular Institutions of Higher Education	普通中学 Regular Secondary Schools	小学 Primary Schools	特殊教育学校 Special Schools	幼儿园 Kindergartens
1952	7	128	12920		
1957	9	249	16201		
1962	10	402	14148		
1965	11	696	31503		
1970	11	1700	21253		
1975	8	1366	25465		
1978	13	2948	25002		
1980	16	1989	25120		
1985	18	1788	22793	7	5800
1986	19	1739	22486	19	5230
1987	19	1759	22094	18	5542
1988	20	1753	21629	20	5009
1989	20	1751	20972	23	4726
1990	20	1753	20248	24	5232
1991	20	1762	19829	29	4486
1992	20	1766	19496	32	4814
1993	20	1746	18849	30	4061
1994	20	1725	18175	31	4094
1995	22	1638	19637	30	6046
1996	22	1651	16779	36	5538
1997	22	1606	16261	37	5741
1998	22	1555	15737	37	5412
1999	23	1552	15223	42	6007
2000	22	1568	14730	42	6659
2001	29	1607	13076	44	3726
2002	29	1574	12031	38	3477
2003	33	1564	10966	41	3093
2004	34	1511	10409	43	3408
2005	35	1414	9558	43	3287
2006	38	1373	8754	44	3376
2007	38	1361	7990	43	3351
2008	47	1325	7575	41	3582
2009	51	1304	7096	36	3700
2010	53	1273	5544	36	4105
2011	59	1259	5248	36	4114
2012	60	1231	4810	36	4401
2013	63	1200	4728	36	4547
2014	63	1179	4586	36	4669
2015	64	1167	4170	36	4816

注：1) 2001年起幼儿园资料按教育部对幼儿园数的认定标准统计，与以往年数不可比（下表同）。
2) 2008年学校数含“独立学院”数。

Note: a) The data of kindergartens have been calculated in accordance with the definition by Ministry of Education since 2001, not comparable with that of previous years (the same below).
b) Number of schools in 2008 includes the number of "non-university tertiary".

表18.2 主要年份各级各类学校在校学生数
NUMBER OF STUDENTS ENROLLMENT BY LEVEL AND TYPE IN MAJOR YEARS

单位：人 (person)

年 份 Year	普通高等学校 Regular Institutions of Higher Education	普通中学 Regular Secondary Schools	小 学 Primary Schools	特殊教育学校 Special Schools	幼儿园 Kindergartens
1952	6437	61345	1524145		
1957	15211	181423	1539805		
1962	21173	163628	1640036		
1965	17408	266504	1967997		
1970	4235	651232	2130534		
1975	10194	963304	3415196		
1978	16357	1631581	4035934		
1980	25349	1323181	4316902		
1985	39871	1102702	3857331	418	296336
1986	44454	1107545	3610433	543	306591
1987	47644	1122462	3279059	571	409209
1988	49981	1124510	2858642	669	389185
1989	48449	1111706	2581889	831	351175
1990	49331	1080755	2393235	803	413552
1991	49964	978204	2314986	1179	505799
1992	54121	868431	2361261	1966	549271
1993	63795	790396	2500362	1850	445940
1994	71118	876008	2595400	1415	534177
1995	73398	977079	2638555	1783	577162
1996	79929	1012654	2737051	1832	588854
1997	83764	1002915	2854307	1706	590464
1998	86913	1083691	2884385	2325	613298
1999	101601	1282599	2802741	9007	625666
2000	132512	1477861	2761308	21160	640804
2001	170006	1540317	2777859	18383	599282
2002	211221	1574357	2797557	17199	587645
2003	255266	1663728	2779441	14483	572538
2004	303913	1707489	2718999	15973	544759
2005	357926	1735166	2609754	12463	536266
2006	405118	1794129	2523824	12151	530842
2007	445800	1834364	2384527	11773	535457
2008	485013	1907856	2243916	12172	574187
2009	523279	1920158	2081367	13189	632170
2010	565868	1908158	1999407	14618	708711
2011	613026	1838917	1954818	16978	842846
2012	670174	1747002	1943177	13083	892635
2013	707610	1678976	1989128	15622	893338
2014	740534	1627301	2034165	13893	894679
2015	767114	1583562	2073320	14059	915616

注：本章普通高等学校数据均含研究生（以下各表同）。
Note: The data of regular institutions of higher education in this chapter include postgraduates(the same applies to the following tables).

表18.3 主要年份各级各类学校专任教师数
NUMBER OF FULL-TIME TEACHERS BY LEVEL AND TYPE IN MAJOR YEARS

单位：人 (person)

年 份 Year	普通高等学校 Regular Institutions of Higher Education	普通中学 Regular Secondary Schools	小 学 Primary Schools	特殊教育学校 Special Schools	幼儿园 Kindergartens
1952	839	3385	41698		
1957	2193	7940	52530		
1962	3297		55213		
1965	3336		78503		
1970	3177	24970	73695		
1975	3574	42893			
1978	3914				
1980	5025	60953	125304		
1985	8061	58886	119119	74	11937
1986	8236	55071	113724	101	12054
1987	8622	57044	112163	113	15090
1988	8823	60450	111596	145	15873
1989	8726	61938	109691	186	15898
1990	8677	64056	110580	186	17443
1991	8596	64934	111305	277	19313
1992	8696	65030	111667	321	19244
1993	8777	63555	113834	326	18388
1994	9186	65316	116603	360	19729
1995	9409	67498	117497	353	19948
1996	9400	69503	117711	383	20111
1997	9432	70661	119881	411	20665
1998	9498	72333	121062	400	20962
1999	9987	76158	120229	469	21088
2000	10449	81766	119014	569	22598
2001	12125	85030	118623	474	12067
2002	13954	87427	117543	510	11666
2003	16013	89560	115212	543	12141
2004	18214	92051	114007	541	12351
2005	20184	93997	114326	556	13220
2006	23717	95782	113724	584	13615
2007	26089	99807	119831	652	14270
2008	28398	103111	119161	670	15507
2009	29883	106544	117460	699	16579
2010	31070	109303	116057	715	19966
2011	33110	110951	115343	763	22807
2012	35744	112452	114036	804	26735
2013	37130	113880	115204	852	30199
2014	38944	114076	116360	878	32921
2015	39891	114709	118897	889	36979

表18.4 研究生基本情况（1996－2015年）
BASIC STATISTICS ON POSTGRADUATES (1996-2015)

单位：人 (person)

年 份 Year	在校学生数 Total Enrollment	招生数 New Enrollment	毕业生数 Graduates
1996	2953	1052	762
1997	3199	1108	847
1998	3726	1389	862
1999	5032	2132	991
2000	6233	2686	1084
2001	8358	3410	1401
2002	11110	4423	1616
2003	14763	6392	2715
2004	19367	8202	3426
2005	24363	9436	4193
2006	29000	10475	5492
2007	32145	11312	7483
2008	35005	12376	8925
2009	39080	14159	9759
2010	43149	14851	10347
2011	45213	15341	12351
2012	46569	15925	13844
2013	48210	16324	14189
2014	48979	16647	14915
2015	50534	17231	14866

表18.5 主要年份文化机构数
NUMBER OF CULTURAL INSTITUTIONS IN MAJOR YEARS

单位：个 (unit)

年 份 Year	艺术表演团体 Specialized Troupes	文化馆、艺术馆 Cultural Centers and Art Centers	图书馆 Libraries
1975	54	33	10
1978	54	36	10
1980	55	35	21
1985	54	35	25
1986	52	35	26
1987	51	35	26
1988	45	35	27
1989	44	35	35
1990	42	39	36
1991	42	39	38
1992	42	39	38
1993	41	39	41
1994	36	40	41
1995	36	40	42
1996	39	46	42
1997	39	47	42
1998	39	47	42
1999	36	46	42
2000	35	44	42
2001	36	44	42
2002	32	44	43
2003	32	44	44
2004	29	44	44
2005	29	42	43
2006	78	41	43
2007	84	41	43
2008	177	41	43
2009	160	41	43
2010	381	41	43
2011	282	41	43
2012	244	41	43
2013	443	41	43
2014	512	41	43
2015	730	41	43

注：艺术表演团体数据2006年起统计口径调整为含系统内、系统外两部分。
Note: The data of specialized troupes has included the units either inside or outside the public-owned system since 2006.

表18.6 教育事业基本情况（2014－2015年）
BASIC STATISTICS ON EDUCATION (2014-2015)

单位：人、所 (person, unit)

指 标	Item	2014	2015
学校数	**Number of Schools**		
高等学校	Higher Education	67	68
普通高等学校	Regular Higher Education Institutions	63	64
本科院校	HEIs Offering Degree Programs	25	25
#独立学院	Independent Institutions	6	6
专科院校	Higher Vocational Colleges	38	39
成人高等学校	Adult Higher Education Institutions	4	4
高中阶段学校	Senior Secondary Education	477	475
普通高中	Regular Senior Secondary Schools	258	261
中等职业学校	Vocational Secondary Schools	219	214
义务教育学校	Compulsory Education	5507	5076
普通初中	Regular Junior Secondary Schools	921	906
普通小学	Regular Primary Schools	4586	4170
特殊教育学校	Special Education	36	36
幼儿园	Kindergartens	4669	4816
工读学校	Correctional Work-Study Schools	2	2
成人中学	Adult Secondary Schools	14	36
成人小学	Adult Primary Schools	343	374
#扫盲班	Literacy Courses	143	167
在校学生数	**Total Enrollment**		
高等教育	Higher Education	1070636	1096419
研究生	Postgraduates	48979	50534
博 士	Doctor's Degree	5474	5658
硕 士	Master's Degree	43505	44876
普通本专科	Undergraduate in Regular HEIs	691555	716580
本 科	Normal Courses	433586	443402
专 科	Short-cycle Courses	257969	273178
成人本专科	Undergraduate in Adult HEIs	155517	151392
本 科	Normal Courses	32134	29986
专 科	Short-cycle Courses	123383	121406
在职人员攻读博硕士学位	Employees Enrolled in Graduate Programs Leading to Doctor and Master Degrees	20623	21136
网络本专科	Web-based Undergraduates	153962	156777
本 科	Normal Courses	69168	70066
专 科	Short-cycle Courses	84794	86711
高中阶段教育	Senior Secondary Education	1127025	1086207
普通高中	Regular Senior Secondary Schools	647915	623179

表18.6 续表1 continued1

单位：人、所 (person, unit)

指 标	Item	2014	2015
中等职业教育	Vocational Secondary Education	479110	463028
义务教育	Compulsory Education	3013551	3033703
普通初中	Regular Junior Secondary Schools	979386	960383
普通小学	Regular Primary Schools	2034165	2073320
特殊教育	Special Education	13893	14059
学前教育	Pre-school Education	894679	915616
工读学校	Correctional Work-Study Schools	80	38
成人中学	Adult Secondary Schools	2245	4539
成人小学	Adult Primary Schools	31948	32788
#扫盲班	Literacy Courses	7148	6331
招生数	**New Enrollment**		
高等教育	Higher Education	371132	374797
研究生	Postgraduates	16647	17231
博 士	Doctor's Degree	1258	1283
硕 士	Master's Degree	15389	15948
普通本专科	Undergraduate in Regular HEIs	206112	215846
本 科	Normal Courses	110235	114549
专 科	Short-cycle Courses	95877	101297
成人本专科	Undergraduate in Adult HEIs	62451	59590
本 科	Normal Courses	12611	10315
专 科	Short-cycle Courses	49840	49275
在职人员攻读博硕士学位	Employees Enrolled in Graduate Programs Leading to Doctor and Master Degrees	5841	5364
网络本专科	Web-based Undergraduates	80081	76766
本 科	Normal Courses	34711	33097
专 科	Short-cycle Courses	45370	43669
高中阶段教育	Senior Secondary Education	359820	347554
普通高中	Regular Senior Secondary Schools	209843	198552
中等职业教育	Vocational Secondary Education	149977	149002
义务教育	Compulsory Education	685480	650682
普通初中	Regular Junior Secondary Schools	324807	316100
普通小学	Regular Primary Schools	360673	334582
特殊教育	Special Education	2609	2515
学前教育	Pre-school Education	443489	430977
工读学校	Correctional Work-Study Schools	55	38
成人中学	Adult Secondary Schools		
成人小学	Adult Primary Schools		
#扫盲班	Literacy Courses		

表18.6 续表2 continued2

单位：人 (person)

指 标	Item	2014	2015
毕业生数	**Graduates**		
高等教育	Higher Education	286026	320153
研究生	Postgraduates	14915	14866
博 士	Doctor's Degree	889	827
硕 士	Master's Degree	14026	14039
普通本专科	Undergraduate in Regular HEIs	165817	181068
本 科	Normal Courses	92380	99729
专 科	Short-cycle Courses	73437	81339
成人本专科	Undergraduate in Adult HEIs	48037	59208
本 科	Normal Courses	11975	11749
专 科	Short-cycle Courses	36062	47459
在职人员攻读博硕士学位	Employees Enrolled in Graduate Programs Leading to Doctor and Master Degrees		
网络本专科	Web-based Undergraduates	57257	65011
本 科	Normal Courses	24370	28329
专 科	Short-cycle Courses	32887	36682
高中阶段教育	Senior Secondary Education	369935	362306
普通高中	Regular Senior Secondary Schools	221234	223647
中等职业教育	Vocational Secondary Education	148701	138659
义务教育	Compulsory Education	665208	632438
普通初中	Regular Junior Secondary Schools	348076	325094
普通小学	Regular Primary Schools	317132	307344
特殊教育	Special Education	1729	1706
学前教育	Pre-school Education	383902	357593
工读学校	Correctional Work-Study Schools	10	80
成人中学	Adult Secondary Schools	1746	3790
成人小学	Adult Primary Schools	35647	35691
#扫盲班	Literacy Courses	6585	5304
教职工数	**Teachers and Staff**		
高等学校	Higher Education	56603	57487
普通高等学校	Regular Higher Education Institutions	55406	56283
本科院校	HEIs Offering Degree Programs	39168	39208
#独立学院	Independent Institutions	6130	6071
专科院校	Higher Vocational Colleges	16238	17075
成人高等学校	Adult Higher Education Institutions	1197	1204
高中阶段、义务教育学校	Senior Secondary Education and Compulsory Education	275190	275573
普通中学	Regular Secondary Schools	133288	133092
中等职业	Vocational Secondary Schools	24222	23669

表18.6 续表3 continued3

单位：人 (person)

指 标	Item	2014	2015
普通小学	Regular Primary Schools	117680	118812
特殊教育学校	Special Education	986	997
幼儿园	Pre-school Education	64693	71864
工读学校	Correctional Work-Study Schools	28	28
成人中学	Adult Secondary Schools	41	168
成人小学	Adult Primary Schools	794	786
#扫盲班	Literacy Courses	308	272
专任教师数	**Full-time Teachers**		
高等学校	Higher Education	39560	40517
普通高等学校	Regular Higher Education Institutions	38944	39891
本科院校	HEIs Offering Degree Programs	27233	27550
#独立学院	Independent Institutions	4431	4521
专科院校	Higher Vocational Colleges	11711	12341
成人高等学校	Adult Higher Education Institutions	616	626
高中阶段学校	Senior Secondary Education	58405	58773
普通高中	Regular Senior Secondary Schools	38376	39153
中等职业教育	Vocational Secondary Schools	20029	19620
义务教育	Compulsory Education	192060	194453
普通初中	Regular Junior Secondary Schools	75700	75556
普通小学	Regular Primary Schools	116360	118897
特殊教育学校	Special Education	878	889
幼儿园	Kindergartens	32921	36979
工读学校	Correctional Work-Study Schools	24	26
成人中学	Adult Secondary Schools	21	102
成人小学	Adult Primary Schools	389	442
#扫盲班	Literacy Courses	161	158
每一教师负担学生数	**Student-Teacher Ratio**		
小 学	Primary Schools	17.5	17.4
普通初中	Regular Junior Secondary Schools	12.9	12.7
普通高中	Regular Senior Secondary Schools	16.9	15.9
中 职（不含技工校）	Secondary Vocational Schools (not including technical schools)	22.3	21.7
普通高等学校	Regular Higher Education Institutions	17.1	17.3
每十万人口在校学生数	**Student Enrollment per 100 000 population**		
高等教育	Higher Education	3017	3070
高中阶段	Senior Secondary Education	3795	3631
初中阶段	Junior Secondary Education	3298	3210
小 学	Primary Education	6849	6931
幼儿园	Kindergartens	3012	3061

表18.7 各级学校入学率及升学率（2014－2015年）
NET ENROLLMENT RATIO AND PROMOTION RATE OF SCHOOLS BY LEVEL (2014-2015)

单位：% (%)

指　标	Item	2014	2015
小学学龄儿童入学率	Net Enrollment Ratio of Primary Schools	99.99	99.99
初中适龄人口入学率	Net Enrollment Ratio of Junior Secondary Schools	99.75	99.79
高中阶段毛入学率	Gross Enrollment Ratio of Senior Secondary Schools	92.00	93.09
高等教育毛入学率	Gross Enrollment Ratio of Higher Education	37.4	40.5
初中毕业生升学率	Promotion Rate of Junior Secondary School Graduates	97.01	98.37
#升普通高中	To Regular Senior Secondary Schools	60.29	61.08
小学毕业生升学率	Promotion Rate of Primary School Graduates	100.00	100.00

表18.8 普通高等学校分科学生数（2015年）
STUDENT ENROLLMENT IN REGULAR HIGHER EDUCATION INSTITUTIONS BY FIELD OF STUDY (2015)

单位：人 (person)

项　目	Item	在校学生数 Total Enrollment	其中 of which #本科 Undergraduate Courses	招生数 New Enrollment	其中 of which #本科 Undergraduate Courses	毕业生数 Graduates	其中 of which #本科 Undergraduate Courses
总　计	**Total**	**493936**	**443402**	**131780**	**114549**	**114595**	**99729**
哲　学	Philosophy	671	355	177	88	182	73
经济学	Economics	27264	26048	7642	7127	6589	6184
法　学	Law	30152	23712	8045	5808	7764	5630
教育学	Education	17992	14769	5437	4247	3741	2631
文　学	Literature	57932	54420	14971	13702	14421	13167
历史学	History	2274	1991	657	560	540	446
理　学	Science	31071	27361	8648	7403	6981	6006
工　学	Engineering	148459	131360	40655	35007	33582	28809
农　学	Agriculture	9056	7635	2341	1823	2063	1671
医　学	Medicine	24725	19561	5933	4068	5613	3993
管理学	Administrators	96560	90004	25074	23097	22837	21266
艺术学	Art	47780	46186	12200	11619	10282	9853

注：1) 本表仅指研究生、普通本科学生。不含普通专科、成人本专科学生、网络本专科学生和在职人员攻读学位人员。
2) 不含在渝军事院校。

Note: a) The table here above only covers the data of postgraduates and undergraduates. The data of junior college, adult undergraduates and web-based undergraduates are not included.
b) The data of military universities in Chongqing are not included.

表18.9 中等职业教育学校分科学生情况（2015年）
STUDENTS IN VOCATIONAL SECONDARY SCHOOLS BY FIELD OF STUDY (2015)

单位：人 (person)

项　目	Item	毕业生数 Graduates	招生数 New Enrollment	在校学生数 Total Enrollment
总　计	**Total**	**108659**	**110902**	**328028**
农林类	Agriculture and Forestry	5401	6582	16959
资源与环境类	Resources and Environment	174	52	534
能源类	Energy	157	121	306
土木水利工程类	Civil and Hydraulic Engineering	7808	7152	25934
加工制造类	Manufacturing	17829	22175	55687
石油化工类	Petroleum and Chemical	177	170	481
轻纺食品类	Light Industry, Textile and Food	1251	808	2721
交通运输类	Communication & Transportation	10666	16557	40461
信息技术类	Information Technologies	22552	19705	54185
医药卫生类	Medicine and Health	10655	12214	33743
休闲保健类	Leisure and Health	451	931	2317
财经商贸类	Finance and Trade	8677	1587	29153
旅游类	Tourism	6070	8267	20419
文化艺术	Culture and Arts	3379	3307	10300
体育类	Sports	305	308	755
教育类	Education	12139	10155	30885
司法类	Judicature	452	540	1565
社会公共事务类	Social and Public Affairs	256	226	1039
其　他	Others	260	45	584

注：本表不含技工学校。
Note: The data of vestibule schools are not included in this table.

表18.10 各级学校在校女学生和女专任教师数（2014－2015年）

NUMBER OF FEMALE STUDENTS AND FEMALE FULL-TIME TEACHERS BY SCHOOL LEVEL (2014-2015)

单位：人 (person)

项　目	Item	2014	2015
女学生数	**Number of Female Students**	**2979936**	**2999564**
高等教育	Higher Education	547071	565756
#研究生	Postgraduate	24795	25915
普通本专科学校	Undergraduate in Regular HEIs	372779	388968
高中教育阶段	High School Education	569205	547670
普通高中	Regular High School	333587	320943
中等职业教育	Vocational Secondary Schools	235618	226727
义务教育	Compulsory Education	1422237	1431686
普通初中	Regular Junior Secondary School	463294	452314
普通小学	Regular Primary School	958943	979372
女学生占学生总数的百分比（%）	**Percentage of Female Students to Total Students (%)**	**48.4**	**48.5**
高等教育	Higher Education	51.1	51.6
#研究生	Postgraduate	50.6	51.3
普通本专科学校	Undergraduate in Regular HEIs	53.9	54.3
高中教育阶段	High School Education	50.5	50.4
普通高中	Regular High School	51.5	51.5
中等职业教育	Vocational Secondary Schools	47.7	49.0
义务教育	Compulsory Education	47.2	47.2
普通初中	Regular Junior Secondary School	47.3	47.1
普通小学	Regular Primary School	47.1	47.2
女专任教师数	**Number of Female Full-time Teachers**	**180032**	**191194**
普通高等学校	Regular Higher Education Institutions	17970	18555
高中阶段学校	High School Education	25796	28532
普通高中	Regular High School	18063	18673
中等职业学校	Vocational Secondary Schools	7733	9859
义务教育学校	Compulsory Education	102661	106434
普通初中	Regular Junior Secondary School	36290	36794
普通小学	Regular Primary School	66371	69640
女专任教师占专任教师总数的百分比（%）	**Percentage of Female Full-time Teachers to Total Full-time Teachers (%)**	**55.5**	**57.6**
普通高等学校	Regular Higher Education Institutions	46.1	46.5
高中阶段学校	High School Education	44.2	48.6
普通高中	Regular High School	47.1	47.7
中等职业学校	Vocational Secondary Schools	38.6	50.3
义务教育学校	Compulsory Education	53.5	54.7
普通初中	Regular Junior Secondary School	47.9	48.7
普通小学	Regular Primary School	57.0	58.6

表18.11 科技经费、科技奖励情况（2014－2015年）
FUNDS AND REWARDS FOR SCIENTIFIC AND TECHNOLOGICAL RESEARCH (2014-2015)

指　标	Item	2014	2015
科学支出（万元）	**Expenditure of Scientific Research (10 000 yuan)**	**381647**	**458033**
市　级	Municipal	132406	149026
区　县	District and County	249241	309007
科技奖励情况（项）	**Rewards for Scientific and Technological Research (item)**		
国家科学技术奖励	National Rewards for Scientific and Technological Research	10	13
最高科学技术奖	Top Science and Technology Award		
自然科学奖	Award for Natural Sciences	1	1
一等奖	1st Prize		
二等奖	2nd Prize	1	1
技术发明奖	Award for Technological Invention	1	2
一等奖	1st Prize		
二等奖	2nd Prize	1	2
科技进步奖	Award for Science and Technology Progress	8	10
特　等	Special Prize	1	
一等奖	1st Prize		2
二等奖	2nd Prize	7	8
国际科学技术合作奖	International Science and Technology Cooperation Award		
重庆市科学技术奖励	Chongqing Rewards for Scientific and Technological Research	142	126
科技突出贡献奖	Prize for The Outstanding Contribution in Science and Technology Research		
自然科学奖	Award for Natural Sciences	16	17
一等奖	1st Prize	3	3
二等奖	2nd Prize	3	6
三等奖	3rd Prize	10	8
技术发明奖	Award for Technological Invention	4	4
一等奖	1st Prize	1	1
二等奖	2nd Prize	2	1
三等奖	3rd Prize	1	2
科技进步奖	Award for Science and Technology Progress	117	100
一等奖	1st Prize	14	13
二等奖	2nd Prize	21	26
三等奖	3rd Prize	82	61
企业技术创新奖	Aword for Enterprises Technology Innovation	5	5
国际科学技术合作奖	Aword for International Science and Technology cooperation		

表18.12 科学技术协会活动情况（2015年）
ACTIVITIES OF SCIENCE AND TECHNOLOGY ASSOCIATIONS (2015)

指　标	Item	合　计 Total	其中 of which: 市级科协 Science and Technology Associations at Municipal Level	市级学会 Learned Societies at Municipal Level	区县科协 Science and Technology Associations below Municipal Level
国内学术会议	**Domestic Academic Meetings**				
举办次数（次）	Number of Meetings (time)	379	44	281	54
参加人数（人次）	Number of Participants (person-time)	65335	14548	45037	5750
交流论文数（篇）	Number of Theses Presented (piece)	8513	1320	6096	1097
境内国际学术会议	**International Academic Conference in Chongqing**				
举办次数（次）	Number of Conferences (time)	27	13	13	1
参加人数（人次）	Number of Participants (person-time)	8595	4982	3591	22
境外专家学者（人次）	Foreign Experts and Scholars (person-time)	936	247	686	3
交流论文（篇）	Number of Theses Presented (piece)	1126	325	790	11
科普活动	**Science Popularization Activities**				
举办科普宣讲活动（次）	Number of Science Popularization Lectures (time)	2589	280	886	1423
宣讲活动受众人数（万人次）	Number of Audience (10 000 person-times)	363.23	108.69	107.54	147.00
举办青少年科学营（次）	Number of Science and Technology Summer (Winter) Camps for Teenagers (time)	22	1	11	10
参加人数（人次）	Number of Participants (person-time)	2067	310	797	960
举办青少年科技竞赛（项）	Number of Teenagers Science and Technology Competitions (unit)	218	12	33	173
参加人数（万人次）	Number of Participants (10 000 person-times)	463.93	320.08	39.40	104.45
获奖人数（人次）	Number of Prize Winners (person-time)	28012	4592	8323	15097

表18.13 研究与试验发展（R&D）活动基本情况（2015年）
BASIC STATISTICS ON R&D ACTIVITIES (2015)

指　标	Item	合　计 Total	科研机构 Research Institutes	高等院校 Colleges & Universities
有R&D活动的单位数（个）	Units Engaged in R&D Activities (unit)	1475	27	112
R&D经费内部支出（万元）	Inner Expenditure of R&D Funds (10 000 yuan)	2470012	179589	189929
#基础研究	Basic Research	89645	19106	69394
应用研究	Application Research	242429	67599	103230
试验发展	Testing Development	2137937	92884	17305
#日常性支出	Daily Expenditure	2038555	92857	146900
#人员劳务费	Remuneration for Personnel	691165	46309	36993
#资产性支出	Expenditure for Assets	431457	86731	43029
#仪器和设备	Facilities	353186	22704	36093
#政府资金	Funds from Government	364514	162802	104174
企业资金	Funds from Enterprises	2043908	7446	64021
境外资金	Foreign Funds	8680		1772
其他资金	Others	52910	9340	19961
R&D人员（人）	R&D Personnel (person)	97774	4933	20011
#女　性	Female	25292	1627	7067
#全时人员	Full-time Employees	61006	3286	6135
#博士毕业	With Doctor's Degree	6711	544	5409
硕士毕业	With Master's Degree	14494	1733	7157
本科毕业	With Bachelor's Degree	28585	1908	5510
R&D人员全时当量（人年）	Full-time Personnel (person-year)	61520	4283	7815
#研究人员	Researchers	27607	2622	6517
#基础研究	Personnel of Basic Research	4111	608	3400
应用研究	Personnel of Application Research	7883	1917	3991
试验发展	Personnel of Testing Development	49527	1758	424
R&D项目（课题）数（项）	Number of R&D Projects (Topics) (item)	30181	2014	20651
R&D项目（课题）人员全时当量（人年）	Number of Full-time Persons for Each R&D Project (Topic) (person-year)	55964	3282	7807
R&D项目（课题）经费支出（万元）	Expenditure for R&D Projects (Topics) (10 000 yuan)	2121676	61583	146600
研究机构机构数（个）	Number of Research Institutions (unit)	1298	27	337
研究机构R&D人员（人）	R&D Personnel in Research Institutions (person)	38300	4933	4039
#博士和硕士	With Doctor's Degree and Master's Degree	9840	2277	3380
研究机构R&D经费支出（万元）	Research Institutions' Expenditure for R&D (10 000 yuan)	1124870	179589	48287
研究机构仪器设备原价（万元）	Original Price of Instruments and Equipment in Research Institutions (10 000 yuan)	1359406	137142	223237
#进　口	Imported	403820	40348	104329
专利申请数（件）	Number of Patent Applications (pcs)	19819	480	4088
#发明申请	Invention Patent	6765	286	2085
有效发明专利数（件）	Number of Effective Invention Patents (pcs)	11749	528	4206
专利所有权转让及许可数（件）	Number of Patent Right Transfers and Permissions (pcs)	242	7	102
专利所有权转让及许可收入（万元）	Income from Patent Right Transfers and Permissions (10 000 yuan)	8307	34	1467
形成国家或行业标准数（项）	Number of National or Industrial Standards Newly Formed (item)	488	6	15
发表科技论文（篇）	Number of Scientific and Technical Theses Published (piece)	37307	1795	30373
出版科技著作（种）	Scientific and Technical Works Published (kind)	1368	45	1288

表18.13 续表 continued

指标	Item	企业 Enterprises	其中 of which #工业企业 Industrial Enterprises	其他 Others
有R&D活动的单位数（个）	Units Engaged in R&D Activities (unit)	1274	1225	62
R&D经费内部支出（万元）	Inner Expenditure of R&D Funds (10 000 yuan)	2079603	1996609	20892
#基础研究	Basic Research	805	520	341
应用研究	Application Research	64720	37754	6880
试验发展	Testing Development	2014078	1958335	13671
#日常性支出	Daily Expenditure	1781212	1712243	17585
#人员劳务费	Remuneration for Personnel	597888	568590	9974
#资产性支出	Expenditure for Assets	298391	284366	3306
#仪器和设备	Facilities	292018	279271	2371
#政府资金	Funds from Government	86074	79736	11465
企业资金	Funds from Enterprises	1968239	1893072	4201
境外资金	Foreign Funds	6879	6351	29
其他资金	Others	18412	17450	5197
R&D人员（人）	R&D Personnel (person)	69775	65112	3055
#女　性	Female	15519	14445	1079
#全时人员	Full-time Employees	50712	47773	873
#博士毕业	With Doctor’s Degree	593	454	165
硕士毕业	With Master’s Degree	4783	3626	821
本科毕业	With Bachelor’s Degree	20492	19131	675
R&D人员全时当量（人年）	Full-time Personnel (person-year)	47894	45129	1529
#研究人员	Researchers	17475	15938	993
#基础研究	Personnel of Basic Research	76	47	27
应用研究	Personnel of Application Research	1340	735	635
试验发展	Personnel of Testing Development	46478	44347	867
R&D项目（课题）数（项）	Number of R&D Projects (Topics) (item)	6961	6544	555
R&D项日（课题）人员全时当量（人年）	Number of Full-time Persons for Each R&D Project (Topic) (person-year)	43597	41025	1277
R&D项目（课题）经费支出（万元）	Expenditure for R&D Projects (Topics) (10 000 yuan)	1900743	1841013	12751
研究机构机构数（个）	Number of Research Institutions (unit)	907	896	27
研究机构R&D人员（人）	R&D Personnel in Research Institutions (person)	28690	28034	638
#博士和硕士	With Doctor’s Degree and Master’s Degree	3950	3657	233
研究机构R&D经费支出（万元）	Research Institutions’ Expenditure for R&D (10 000 yuan)	890331	862602	6663
研究机构仪器设备原价（万元）	Original Price of Instruments and Equipment in Research Institutions (10 000 yuan)	991086	979298	7941
#进　口	Imported	256476	250023	2667
专利申请数（件）	Number of Patent Applications (pcs)	15153	14703	98
#发明申请	Invention Patent	4344	4147	50
有效发明专利数（件）	Number of Effective Invention Patents (pcs)	6975	6328	40
专利所有权转让及许可数（件）	Number of Patent Right Transfers and Permissions (pcs)	133	132	
专利所有权转让及许可收入（万元）	Income from Patent Right Transfers and Permissions (10 000 yuan)	6806	6806	
形成国家或行业标准数（项）	Number of National or Industrial Standards Newly Formed (item)	459	431	8
发表科技论文（篇）	Number of Scientific and Technical Theses Published (piece)	2945	1999	2194
出版科技著作（种）	Scientific and Technical Works Published (kind)	6		29

表18.14 大中型工业企业科技机构情况（2015年）

SCIENTIFIC AND TECHNOLOGICAL INSTITUTIONS OF LARGE & MEDIUM-SIZED INDUSTRIAL ENTERPRISES (2015)

项 目	Item	科技机构数（个） Number of Institutions (unit)	科技机构科技活动人数（人） Personnel of Institutions (person)	科技机构经费内部支出（万元） Inner Expenditures for Science and Technology (10 000 yuan)
总 计	**Total**	**476**	**36097**	**1126992**
按隶属关系分	**By Relationship**			
中 央	Central	65	12006	537442
地 方	Local	411	24091	589550
按登记注册类型分	**By Registration**			
内资企业	Domestic-funded	423	30715	856514
国有企业	State-owned	15	720	9620
集体企业	Collective-owned			
股份合作企业	Cooperative Enterprise			
联营企业	Joint Ownership Enterprises			
有限责任公司	Limited Liability Corporations	157	10599	267087
股份有限公司	Share Holding Limited Corporations	67	9208	317725
私营企业	Private Enterprises	184	10188	262082
其他企业	Others			
港、澳、台商投资企业	Enterprises Funded by Hong Kong, Macao and Taiwan	34	2146	45135
合资经营企业	Joint-venture Enterprises	21	805	30433
合作经营企业	Cooperative Enterprises			
独资经营企业	Enterprises with Sole Funded from Hong Kong, Macao and Taiwan	10	1169	12740
投资股份有限公司	Share-holding Corporations Ltd. with Investment from Hong Kong, Macao and Taiwan	2	44	55
其他港澳台投资企业	Others	1	128	1908
外商投资企业	Foreign Funded Enterprises	19	3236	225342
中外合资经营企业	Joint-venture Enterprises	15	2894	218910
中外合作经营企业	Cooperation Enterprises			
外资企业	Enterprises with Sole Fund	2	198	2725
外商投资股份有限公司	Share-holding Corporations Ltd. with Foreign	1	134	1812
其他外商投资企业	Others	1	10	1896
按行业分	**By Sector**			
采矿业	Mining	6	83	590
煤炭开采和洗选业	Mining and Washing of Coal	4	59	359
石油和天然气开采业	Extraction of Petroleum and Natural Gas			
黑色金属矿采选业	Mining and Processing of Ferrous Metal Ores			
有色金属矿采选业	Mining and Processing of Non-Ferrous Metal Ores	1	6	16
非金属矿采选业	Mining and Processing of Nonmetal Ores	1	18	215
开采辅助活动	Mining Support Activities			
其他采矿业	Mining of Other Ores			
制造业	Manufacture	466	35789	1123391
农副食品加工业	Processing of Food from Agricultural Products	17	454	10467
食品制造业	Manufacture of Foods	10	293	2592

表18.14 续表 continued

项　目	Item	科技机构数（个） Number of Institutions (unit)	科技机构科技活动人数（人） Personnel of Institutions (person)	科技机构经费内部支出（万元） Inner Expenditure for Science and Technology (10 000 yuan)
酒、饮料和精制茶制造业	Liquor, Beverages and Refined Tea	6	279	4356
烟草制品业	Manufacture of Tobacco			
纺织业	Manufacture of Textile	4	78	2531
纺织服装、服饰业	Manufacture of Textile Wearing Apparel, Footwear and Caps	2	116	609
皮革、毛皮、羽毛及其制品和制鞋业	Manufacture of Leather, Fur, Feather and Related Products	5	74	1180
木材加工和木、竹、藤、棕、草制品业	Processing of Timber, Manufacture of Wood, Bamboo, Rattan, Palm and Straw Products			
家具制造业	Manufacture of Furniture	1	89	1610
造纸和纸制品业	Manufacture of Paper and Paper Products	7	257	16667
印刷和记录媒介复制业	Printing, Reproduction of Recording Media	7	125	2928
文教、工美、体育和娱乐用品制造业	Manufacture of Culture, Education, Handicraft, Fine Arts, Sports and Entertainment Articles	4	82	4222
石油加工、炼焦和核燃料加工业	Processing of Petroleum, Coking, Processing of Nuclear Fuel	1	92	1852
化学原料和化学制品制造业	Manufacture of Raw Chemical Materials and Chemical Products	26	974	29421
医药制造业	Manufacture of Medicines	42	2379	71143
化学纤维制造业	Manufacture of Chemical Fibers	1	8	317
橡胶和塑料制品业	Manufacture of Rubber and Plastics	7	368	8869
非金属矿物制品业	Manufacture of Non-metallic Mineral Products	25	1145	18998
黑色金属冶炼和压延加工业	Smelting and Pressing of Ferrous Metals	5	200	2283
有色金属冶炼和压延加工业	Smelting and Pressing of Nonferrous Metals	5	491	14218
金属制品业	Manufacture of Metal Products	8	319	11432
通用设备制造业	Manufacture of General Purpose Machinery	38	2523	60064
专用设备制造业	Manufacture of Special Purpose Machinery	9	719	25727
汽车制造业	Manufacture of Motor Vehicles	94	14812	607226
铁路、船舶、航空航天和其他运输设备制造业	Manufacture of Railway, Ship, Aviation and Other Transporting Equipment	49	3804	105835
电气机械和器材制造业	Manufacture of Electrical Machinery and Equipment	34	1260	28781
计算机、通信和其他电子设备制造业	Manufacture of Communication Equipment, Computers and Other Electronic Equipment	35	2857	41301
仪器仪表制造业	Manufacture of Measuring Instruments and Machinery for Cultural Activity and Office Work	16	1082	16079
其他制造业	Other Manufacture	7	770	22462
废弃资源综合利用业	Comprehensive Utilization of Waste Resources	1	139	10224
金属制品、机械和设备修理业	Repair of Metal Products, Machinery and Equipment			
电力、热力、燃气及水生产和供应业	Production and Supply of Electric Power, Heat Power and Gas	4	225	3011
电力、热力生产和供应业	Production and Supply of Electric Power and Heat Power	2	209	2924
燃气生产和供应业	Production and Supply of Gas	2	16	87
水的生产和供应业	Production and Supply of Water			

表18.15 规模以上工业企业科技机构情况（2015年）
SCIENTIFIC AND TECHNOLOGICAL INSTITUTIONS OF INDUSTRIAL ENTERPRISES ABOVE DESIGNATED SIZE (2015)

项 目	Item	科技机构数（个）Number of Institutions (unit)	科技机构科技活动人数（人）Personnel of Institutions (person)	科技机构经费内部支出（万元）Inner Expenditures for Science and Technology (10 000 yuan)
总 计	**Total**	**896**	**42105**	**1233365**
按隶属关系分	**By Relationship**			
中 央	Central	68	12055	537682
地 方	Local	828	30050	695684
按登记注册类型分	**By Registration**			
内资企业	Domestic-funded	832	36511	958434
国有企业	State-owned	17	761	9762
集体企业	Collective-owned	1	12	475
股份合作企业	Cooperative Enterprise			
联营企业	Joint Ownership Enterprises			
有限责任公司	Limited Liability Corporations	283	12521	305329
股份有限公司	Share Holding Limited Corporations	85	9483	323841
私营企业	Private Enterprises	445	13722	318848
其他企业	Others	1	12	179
港、澳、台商投资企业	Enterprises Funded by Hong Kong, Macao and Taiwan	41	2316	48235
合资经营企业	Joint-venture Enterprises	26	929	33103
合作经营企业	Cooperative Enterprises			
独资经营企业	Enterprises with Sole Funded from Hong Kong,Macao and Taiwan	12	1215	13169
投资股份有限公司	Share-holding Corporations Ltd. with Investment from Hong Kong, Macao and Taiwan	2	44	55
其他港澳台投资企业	Others	1	128	1908
外商投资企业	Foreign Funded Enterprises	23	3278	226697
中外合资经营企业	Joint-venture Enterprises	18	2916	220215
中外合作经营企业	Cooperation Enterprises			
外资企业	Enterprises with Sole Fund	3	218	2775
外商投资股份有限公司	Share-holding Corporations Ltd. with Foreign	1	134	1812
其他外商投资企业	Others	1	10	1896
按行业分	**By Sector**			
采矿业	Mining	10	117	687
煤炭开采和洗选业	Mining and Washing of Coal	5	65	373
石油和天然气开采业	Extraction of Petroleum and Natural Gas			
黑色金属矿采选业	Mining and Processing of Ferrous Metal Ores			
有色金属矿采选业	Mining and Processing of Non-Ferrous Metal Ores	1	6	16
非金属矿采选业	Mining and Processing of Nonmetal Ores	4	46	298
开采辅助活动	Mining Support Activities			
其他采矿业	Mining of Other Ores			
制造业	Manufacture	881	41756	1229630
农副食品加工业	Processing of Food from Agricultural Products	39	701	13960
食品制造业	Manufacture of Foods	20	398	5047

表18.15 续表 continued

项　目	Item	科技机构数（个） Number of Institutions (unit)	科技机构科技活动人数（人） Personnel of Institutions (person)	科技机构经费内部支出（万元） Inner Expenditures for Science and Technology (10 000 yuan)
酒、饮料和精制茶制造业	Liquor, Beverage and Refined Tea	21	424	8237
烟草制品业	Manufacture of Tobacco			
纺织业	Manufacture of Textile	10	142	4591
纺织服装、服饰业	Manufacture of Textile Wearing Apparel, Footware and Caps	8	151	719
皮革、毛皮、羽毛及其制品和制鞋业	Manufacture of Leather, Fur, Feather and Related Products	5	74	1180
木材加工和木、竹、藤、棕、草制品业	Processing of Timber, Manufacture of Wood, Bamboo, Rattan, Palm and Straw Products	2	12	64
家具制造业	Manufacture of Furniture	3	97	1672
造纸和纸制品业	Manufacture of Paper and Paper Products	11	320	17189
印刷和记录媒介复制业	Printing, Reproduction of Recording Media	12	208	4011
文教、工美、体育和娱乐用品制造业	Manufacture of Culture, Education, Handicraft, Fine Arts, Sports and Entertainment Articles	5	89	4255
石油加工、炼焦和核燃料加工业	Processing of Petroleum, Coking, Processing of Nuclear Fuel	3	138	4607
化学原料和化学制品制造业	Manufacture of Raw Chemical Materials and Chemical Products	47	1224	34209
医药制造业	Manufacture of Medicines	63	2707	77664
化学纤维制造业	Manufacture of Chemical Fibers	1	8	317
橡胶和塑料制品业	Manufacture of Rubber and Plastics	25	618	15456
非金属矿物制品业	Manufacture of Non-metallic Mineral Products	57	1539	25858
黑色金属冶炼和压延加工业	Smelting and Pressing of Ferrous Metals	16	538	9723
有色金属冶炼和压延加工业	Smelting and Pressing of Nonferrous Metals	17	672	18785
金属制品业	Manufacture of Metal Products	24	608	15409
通用设备制造业	Manufacture of General Purpose Machinery	60	2978	65642
专用设备制造业	Manufacture of Special Purpose Machinery	43	1089	32392
汽车制造业	Manufacture of Motor Vehicles	165	15761	620825
铁路、船舶、航空航天和其他运输设备制造业	Manufacture of Railway, Ship, Aviation and Other Transporting Equipment	72	4109	111329
电气机械和器材制造业	Manufacture of Electrical Machinery and Equipment	59	1649	34455
计算机、通信和其他电子设备制造业	Manufacture of Communication Equipment, Computers and Other Electronic Equipment	56	3272	50854
仪器仪表制造业	Manufacture of Measuring Instruments and Machinery for Cultural Activity and Office Work	27	1300	18456
其他制造业	Other Manufacture	8	778	22492
废弃资源综合利用业	Comprehensive Utilization of Waste Resources	2	152	10234
金属制品、机械和设备修理业	Repair of Metal Products, Machinery and Equipment			
电力、热力、燃气及水生产和供应业	Production and Supply of Electric Power, Heat Power and Gas	5	232	3048
电力、热力生产和供应业	Production and Supply of Electric Power and Heat Power	2	209	2924
燃气生产和供应业	Production and Supply of Gas	3	23	124
水的生产和供应业	Production and Supply of Water			

表18.16 大中型工业企业R&D人员情况（2015年）

STATISTICS ON R&D PERSONNEL IN LARGE & MEDIUM-SIZED INDUSTRIAL ENTERPRISES (2015)

项　目	Item	R&D人员数（人）R&D Personnel (person)	其　中 of which #参加项目人员 Researchers	#R&D全时人员 Full-time Employees	R&D人员折合全时当量（人年）Full-time Personnel (person-year)	其　中 of which #试验发展人员 Personnel of Testing Development
总　计	**Total**	**52982**	**49038**	**39330**	**37637**	**37022**
按隶属关系分	**By Relationship**					
中　央	Central	12922	11924	10244	10495	10207
地　方	Local	40060	37114	29086	27142	26815
按登记注册类型分	**By Registration**					
内资企业	Domestic-funded	43885	40671	32195	31056	30573
国有企业	State-owned	1274	1171	819	840	823
集体企业	Collective-owned	57	57	42	43	43
股份合作企业	Cooperative Enterprise					
联营企业	Joint Ownership Enterprises					
有限责任公司	Limited Liability Corporations	20883	18855	15084	14798	14592
股份有限公司	Share Holding Limited Corporations	9128	8823	7596	6816	6603
私营企业	Private Enterprises	12543	11765	8654	8559	8510
其他企业	Others					
港、澳、台商投资企业	Enterprises Funded by Hong Kong, Macao Macao and Taiwan	3335	3096	2734	2662	2553
合资经营企业	Joint-venture Enterprises	1534	1349	1255	1031	944
合作经营企业	Cooperative Enterprises					
独资经营企业	Enterprises with Sole Funded from Hong Kong,Macao and Taiwan	1691	1637	1380	1521	1499
投资股份有限公司	Share-holding Corporations Ltd. with Investment from Hong Kong, Macao and Taiwan					
其他港澳台投资企业	Others	110	110	99	110	110
外商投资企业	Foreign Funded Enterprises	5762	5271	4401	3919	3896
中外合资经营企业	Joint-venture Enterprises	4153	3766	3071	2827	2815
中外合作经营企业	Cooperation Enterprises	199	176	151	73	72
外资企业	Enterprises with Sole Fund	1297	1228	1097	958	951
外商投资股份有限公司	Share-holding Corporations Ltd.with Foreign Investment	104	92	74	52	49
其他外商投资企业	Others	9	9	8	9	9
按行业分	**By Sector**					
采矿业	Mining	552	525	312	289	287
煤炭开采和洗选业	Mining and Washing of Coal	295	295	231	37	35
石油和天然气开采业	Extraction of Petroleum and Natural Gas					
黑色金属矿采选业	Mining and Processing of Ferrous Metal Ores	220	194	48	220	220
有色金属矿采选业	Mining and Processing of Non-Ferrous Metal Ores					
非金属矿采选业	Mining and Processing of Nonmetal Ores	37	36	33	32	32
开采辅助活动	Mining Support Activities					
其他采矿业	Mining of Other Ores					

表18.16 续表 continued

项目	Item	R&D人员数（人） R&D Personnel (person)	其中 of which #参加项目人员 Researchers	#R&D全时人员 Full-time Employees	R&D人员折合全时当量（人年） Full-time Personnel (person-year)	其中 of which #试验发展人员 Personnel of Testing Development
制造业	Manufacture	52042	48137	38851	37080	36481
农副食品加工业	Processing of Food from Agricultural Products	482	407	212	258	258
食品制造业	Manufacture of Foods	1013	922	859	768	759
酒、饮料和精制茶制造业	Liquor, Beverages and Refined Tea	121	108	50	75	72
烟草制品业	Manufacture of Tobacco	51	51	41	41	41
纺织业	Manufacture of Textile	279	270	193	132	132
纺织服装、服饰业	Manufacture of Textile Wearing Apparel, Footwear and Caps					
皮革、毛皮、羽毛及其制品和制鞋业	Manufacture of Leather, Fur, Feather and Related Products	104	102	59	84	84
木材加工和木、竹、藤、棕、草制品业	Processing of Timber, Manufacture of Wood, Bamboo, Rattan, Palm and Straw Products	35	35	22	13	13
家具制造业	Manufacture of Furniture					
造纸和纸制品业	Manufacture of Paper and Paper Products	475	458	427	431	358
印刷和记录媒介复制业	Printing, Reproduction of Recording Media	156	140	77	108	108
文教、工美、体育和娱乐用品制造业	Manufacture of Culture, Education, Handicraft, Fine Arts, Sports and Entertainment Articles	165	132	50	114	85
石油加工、炼焦和核燃料加工业	Processing of Petroleum, Coking, Processing of Nuclear Fuel	32	21	29	29	29
化学原料和化学制品制造业	Manufacture of Raw Chemical Materials and Chemical Products	1927	1719	1049	1163	1139
医药制造业	Manufacture of Medicines	3336	3203	2454	2057	2034
化学纤维制造业	Manufacture of Chemical Fibers	8	8	6	7	7
橡胶和塑料制品业	Manufacture of Rubber and Plastics	555	541	365	450	442
非金属矿物制品业	Manufacture of Non-metallic Mineral Products	1428	1315	619	636	633
黑色金属冶炼和压延加工业	Smelting and Pressing of Ferrous Metals	625	559	263	370	367
有色金属冶炼和压延加工业	Smelting and Pressing of Nonferrous Metals	1533	1487	715	772	753
金属制品业	Manufacture of Metal Products	774	701	529	616	615
通用设备制造业	Manufacture of General Purpose Machinery	3863	3253	2632	2570	2555
专用设备制造业	Manufacture of Special Purpose Machinery	1919	1798	1445	959	875
汽车制造业	Manufacture of Motor Vehicles	16248	15381	13832	12899	12710
铁路、船舶、航空航天和其他运输设备制造业	Manufacture of Railway, Ship, Aviation and Other Transporting Equipment	6383	5739	4783	4409	4379
电气机械和器材制造业	Manufacture of Electrical Machinery and Equipment	2809	2704	1923	1626	1618
计算机、通信和其他电子设备制造业	Manufacture of Communication Equipment, Computers and Other Electronic Equipment	5143	4839	4271	4264	4199
仪器仪表制造业	Manufacture of Measuring Instruments and Machinery for Cultural Activity and Office Work	1429	1324	916	1080	1079
其他制造业	Other Manufacture	1022	793	916	1022	1013
废弃资源综合利用业	Comprehensive Utilization of Waste Resources	127	127	114	127	127
金属制品、机械和设备修理业	Repair of Metal Products, Machinery and Equipment					
电力、热力、燃气及水生产和供应业	Production and Supply of Electric Power, Heat Power and Gas	388	376	167	268	253
电力、热力生产和供应业	Production and Supply of Electric Power and Heat Power	370	358	161	255	240
燃气生产和供应业	Production and Supply of Gas	18	18	6	13	13
水的生产和供应业	Production and Supply of Water					

表18.17 规模以上工业企业R&D人员情况（2015年）

STATISTICS ON R&D PERSONNEL IN INDUSTRIAL ENTERPRISES ABOVE DESIGNATED SIZE (2015)

项　目	Item	R&D人员数（人） R&D Personnel (person)	其　中 of which #参加项目人员 Researchers	#R&D全时人员 Full-time Employees	R&D人员折合全时当量（人年） Full-time Personnel (person-year)	其　中 of which #试验发展人员 Personnel of Testing Development
总　计	**Total**	**65112**	**60473**	**47773**	**45129**	**44347**
按隶属关系分	**By Relationship**					
中　央	Central	13317	12309	10508	10815	10517
地　方	Local	51795	48164	37265	34314	33830
按登记注册类型分	**By Registration**					
内资企业	Domestic-funded	55431	51558	40155	38184	37535
国有企业	State-owned	1321	1217	856	884	863
集体企业	Collective-owned	67	67	49	51	51
股份合作企业	Cooperative Enterprise	61	60	48	37	27
联营企业	Joint Ownership Enterprises					
有限责任公司	Limited Liability Corporations	24868	22634	17755	17471	17182
股份有限公司	Share Holding Limited Corporations	9904	9541	8162	7353	7139
私营企业	Private Enterprises	19111	17940	13231	12319	12203
其他企业	Others	99	99	54	70	70
港、澳、台商投资企业	Enterprises Funded by Hong Kong, Macao and Taiwan	3670	3426	3029	2905	2796
合资经营企业	Joint-venture Enterprises	1785	1596	1481	1217	1130
合作经营企业	Cooperative Enterprises					
独资经营企业	Enterprises with Sole Funded from Hong Kong,Macao and Taiwan	1775	1720	1449	1578	1556
投资股份有限公司	Share-holding Corporations Ltd. with Investment from Hong Kong, Macao and Taiwan					
其他港澳台投资企业	Others	110	110	99	110	110
外商投资企业	Foreign Funded Enterprises	6011	5489	4589	4039	4016
中外合资经营企业	Joint-venture Enterprises	4293	3878	3179	2891	2879
中外合作经营企业	Cooperation Enterprises	199	176	151	73	72
外资企业	Enterprises with Sole Fund	1364	1292	1139	981	974
外商投资股份有限公司	Share-holding Corporations Ltd. with Foreign Investment	146	134	112	85	82
其他外商投资企业	Others	9	9	8	9	9
按行业分	**By Sector**					
采矿业	Mining	653	618	371	348	333
煤炭开采和洗选业	Mining and Washing of Coal	302	302	238	40	38
石油和天然气开采业	Extraction of Petroleum and Natural Gas	49	42	19	27	22
黑色金属矿采选业	Mining and Processing of Ferrous Metal Ores	220	194	48	220	220
有色金属矿采选业	Mining and Processing of Non-Ferrous Metal Ores					
非金属矿采选业	Mining and Processing of Nonmetal Ores	82	80	66	61	52
开采辅助活动	Mining Support Activities					
其他采矿业	Mining of Other Ores					

表18.17 续表 continued

项　目	Item	R&D人员数（人）R&D Personnel (person)	其　中 of which #参加项目人员 Researchers	#R&D全时人员 Full-time Employees	R&D人员折合全时当量（人年）Full-time Personnel (person-year)	其　中 of which #试验发展人员 Personnel of Testing Development
制造业	Manufacture	63991	59399	47186	44464	43712
农副食品加工业	Processing of Food from Agricultural Products	751	670	394	408	407
食品制造业	Manufacture of Foods	1151	1053	971	874	866
酒、饮料和精制茶制造业	Liquor, Beverage and Refined Tea	278	250	143	188	185
烟草制品业	Manufacture of Tobacco	51	51	41	41	41
纺织业	Manufacture of Textile	324	312	226	159	151
纺织服装、服饰业	Manufacture of Textile Wearing Apparel, Footware and Caps	8	6	5	3	3
皮革、毛皮、羽毛及其制品和制鞋业	Manufacture of Leather, Fur, Feather and Related Products	125	122	68	100	100
木材加工和木、竹、藤、棕、草制品业	Processing of Timber, Manufacture of Wood, Bamboo, Rattan, Palm and Straw Products	96	87	70	47	45
家具制造业	Manufacture of Furniture	51	48	37	28	28
造纸和纸制品业	Manufacture of Paper and Paper Products	507	488	451	450	377
印刷和记录媒介复制业	Printing, Reproduction of Recording Media	224	208	132	158	158
文教、工美、体育和娱乐用品制造业	Manufacture of Culture, Education, Handicraft, Fine Arts, Sports and Entertainment Articles	194	161	74	137	109
石油加工、炼焦和核燃料加工业	Processing of Petroleum,Coking, Processing of Nuclear Fuel	117	95	86	105	105
化学原料和化学制品制造业	Manufacture of Raw Chemical Materials and Chemical Products	2698	2411	1583	1745	1715
医药制造业	Manufacture of Medicines	4083	3910	3053	2604	2578
化学纤维制造业	Manufacture of Chemical Fibers	8	8	6	7	7
橡胶和塑料制品业	Manufacture of Rubber and Plastics	998	939	663	674	665
非金属矿物制品业	Manufacture of Non-metallic Mineral Products	2033	1902	1069	982	972
黑色金属冶炼和压延加工业	Smelting and Pressing of Ferrous Metals	1083	1004	488	571	561
有色金属冶炼和压延加工业	Smelting and Pressing of Nonferrous Metals	1865	1805	950	919	892
金属制品业	Manufacture of Metal Products	1018	942	688	765	764
通用设备制造业	Manufacture of General Purpose Machinery	4942	4274	3438	3151	3132
专用设备制造业	Manufacture of Special Purpose Machinery	3016	2833	2197	1592	1483
汽车制造业	Manufacture of Motor Vehicles	17998	17009	14995	14021	13811
铁路、船舶、航空航天和其他运输设备制造业	Manufacture of Railway, Ship, Aviation and Other Transporting Equipment	7167	6464	5286	4920	4890
电气机械和器材制造业	Manufacture of Electrical Machinery and Equipment	3749	3600	2611	2110	2102
计算机、通信和其他电子设备制造业	Manufacture of Communication Equipment, Computers and Other Electronic Equipment	6116	5780	4931	4932	4825
仪器仪表制造业	Manufacture of Measuring Instruments and Machinery for Cultural Activity and Office Work	2173	2029	1484	1611	1591
其他制造业	Other Manufacture	1032	803	925	1028	1018
废弃资源综合利用业	Comprehensive Utilization of Waste Resources	135	135	121	133	133
金属制品、机械和设备修理业	Repair of Metal Products, Machinery and Equipment					
电力、热力、燃气及水生产和供应业	Production and Supply of Electric Power, Heat Power and Gas	468	456	216	317	302
电力、热力生产和供应业	Production and Supply of Electric Power and Heat Power	440	428	202	298	283
燃气生产和供应业	Production and Supply of Gas	22	22	9	14	14
水的生产和供应业	Production and Supply of Water	6	6	5	5	5

表18.18 大中型工业企业R&D活动经费支出与项目情况（2015年）

EXPENDITURE AND PROJECTS OF SCIENTIFIC & TECHNOLOGICAL ACTIVITIES OF LARGE & MEDIUM-SIZED INDUSTRIAL ENTERPRISES (2015)

单位：万元 (10 000 yuan)

项 目	Item	R&D项目数（项） Projects (unit)	R&D经费内部支出 Internal Expenses for R&D	技术改造经费支出 Expenditure for Technical Transformation	技术引进经费支出 Expenditure for Technical Recommendation	购买境内技术用款 Purchases of Civil Technology
总 计	**Total**	**4587**	**1662297**	**583929**	**357655**	**43623**
按隶属关系分	**By Relationship**					
中 央	Central	1320	535910	352656	331167	23639
地 方	Local	3267	1126387	231274	26488	19984
按登记注册类型分	**By Registration**					
内资企业	Domestic-funded	3976	1294441	294011	16504	43053
国有企业	State-owned	210	25926	8704	599	
集体企业	Collective-owned	8	607	37		
股份合作企业	Cooperative Enterprise					
联营企业	Joint Ownership Enterprises					
有限责任公司	Limited Liability Corporations	1961	575175	171700	9691	12256
股份有限公司	Share Holding Limited Corporations	845	286733	45325	2047	20717
私营企业	Private Enterprises	952	406001	68245	4166	10081
其他企业	Others					
港、澳、台商投资企业	Enterprises Funded by Hong Kong, Macao and Taiwan	168	83004	6713		548
合资经营企业	Joint-venture Enterprises	127	65200	6255		548
合作经营企业	Cooperative Enterprises					
独资经营企业	Enterprises with Sole Funded from Hong Kong, Macao and Taiwan	38	16165	459		
投资股份有限公司	Share-holding Corporations Ltd. with Investment from Hong Kong, Macao and Taiwan					
其他港澳台投资企业	Others	3	1639			
外商投资企业	Foreign Funded Enterprises	443	284851	283205	341151	22
中外合资经营企业	Joint-venture Enterprises	303	234216	266889	334556	
中外合作经营企业	Cooperation Enterprises	21	12992	1568		
外资企业	Enterprises with Sole Fund	105	33290	10139	6595	22
外商投资股份有限公司	Share-holding Corporations Ltd. with Foreign Investment	13	2458	4609		
其他外商投资企业	Others	1	1896			
按行业分	**By Sector**					
采矿业	Mining	17	5389	30576		866
煤炭开采和洗选业	Mining and Washing of Coal	8	2122	27500		380
石油和天然气开采业	Extraction of Petroleum and Natural Gas					
黑色金属矿采选业	Mining and Processing of Ferrous Metal Ores	6	1538			
有色金属矿采选业	Mining and Processing of Non-Ferrous Metal Ores					
非金属矿采选业	Mining and Processing of Nonmetal Ores	3	1728	3076		486
开采辅助活动	Mining Support Activities					
其他采矿业	Mining of Other Ores					

表18.18 续表 continued

单位：万元 (10 000 yuan)

项　目	Item	R&D项目数（项） Projects (unit)	R&D经费内部支出 Internal Expenses for R&D	技术改造经费支出 Expenditure for Technical Transformation	技术引进经费支出 Expenditure for Technical Recommendation	购买境内技术用款 Purchases of Civil Technology
制造业	Manufacture	4481	1648727	542079	357655	40866
农副食品加工业	Processing of Food from Agricultural Products	38	16528	6056		2500
食品制造业	Manufacture of Foods	19	16147	976	285	298
酒、饮料和精制茶制造业	Liquor, Beverage and Refined Tea	13	2309	5012		30
烟草制品业	Manufacture of Tobacco	4	1038			
纺织业	Manufacture of Textile	11	8359	2		40
纺织服装、服饰业	Manufacture of Textile Wearing Apparel, Footware and Caps					
皮革、毛皮、羽毛及其制品和制鞋业	Manufacture of Leather, Fur, Feather and Related Products	8	2925	137		9
木材加工和木、竹、藤、棕、草制品业	Processing of Timber, Manufacture of Wood, Bamboo, Rattan, Palm and Straw Products	7	778	196		
家具制造业	Manufacture of Furniture					
造纸和纸制品业	Manufacture of Paper and Paper Products	31	16780	585		
印刷和记录媒介复制业	Printing, Reproduction of Recording Media	21	4223	526		
文教、工美、体育和娱乐用品制造业	Manufacture of Culture, Education, Handicraft, Fine Arts, Sports and Entertainment Articles	22	5109	460		770
石油加工、炼焦和核燃料加工业	Processing of Petroleum, Coking, Processing of Nuclear Fuel	15	1313	640	22	
化学原料和化学制品制造业	Manufacture of Raw Chemical Materials and Chemical Products	184	52815	31578		435
医药制造业	Manufacture of Medicines	479	94237	28505	689	5962
化学纤维制造业	Manufacture of Chemical Fibers	1	297			
橡胶和塑料制品业	Manufacture of Rubber and Plastics	31	20832	1349	4378	10
非金属矿物制品业	Manufacture of Non-metallic Mineral Products	158	32517	6593	250	
黑色金属冶炼和压延加工业	Smelting and Pressing of Ferrous Metals	46	21954	8139		1325
有色金属冶炼和压延加工业	Smelting and Pressing of Nonferrous Metals	147	47278	19868		
金属制品业	Manufacture of Metal Products	93	23568	1343		
通用设备制造业	Manufacture of General Purpose Machinery	489	88408	34227	9276	55
专用设备制造业	Manufacture of Special Purpose Machinery	210	46914	3290		
汽车制造业	Manufacture of Motor Vehicles	1225	679599	350452	336627	20241
铁路、船舶、航空航天和其他运输设备制造业	Manufacture of Railway, Ship, Aviation and Other Transporting Equipment	510	180780	13042	6041	2983
电气机械和器材制造业	Manufacture of Electrical Machinery and Equipment	176	105665	11986		300
计算机、通信和其他电子设备制造业	Manufacture of Communication Equipment, Computers and Other Electronic Equipment	271	124605	11475	20	728
仪器仪表制造业	Manufacture of Measuring Instruments and Machinery for Cultural Activity and Office Work	159	21454	1420	67	
其他制造业	Other Manufacture	92	23444	4224		5180
废弃资源综合利用业	Comprehensive Utilization of Waste Resources	21	8849			
金属制品、机械和设备修理业	Repair of Metal Products, Machinery and Equipment					
电力、热力、燃气及水生产和供应业	Production and Supply of Electric Power, Heat Power and Gas	89	8181	11275		1891
电力、热力生产和供应业	Production and Supply of Electric Power and Heat Power	87	7354	11275		1891
燃气生产和供应业	Production and Supply of Gas	2	827			
水的生产和供应业	Production and Supply of Water					

表18.19 规模以上工业企业R&D活动经费支出与项目情况（2015年）
EXPENDITURE AND PROJECTS OF SCIENTIFIC & TECHNOLOGICAL ACTIVITIES OF INDUSTRIAL ENTERPRISES ABOVE DESIGNATED SIZE (2015)

单位：万元 (10 000 yuan)

项　目	Item	R&D项目数（项） Projects (unit)	R&D经费内部支出 Internal Expenses for R&D	技术改造经费支出 Expenditure for Technical Recommendation	技术引进经费支出 Purchases of Civil Technology	购买境内技术用款 Purchases of Civil Technology
总　计	**Total**	**6544**	**1996609**	**630284**	**360485**	**48940**
按隶属关系分	**By Relationship**					
中　央	Central	1441	544468	356695	331833	23639
地　方	Local	5103	1452141	273589	28652	25301
按登记注册类型分	**By Registration**					
内资企业	Domestic-funded	5832	1607308	340306	17468	48340
国有企业	State-owned	224	26544	8813	599	
集体企业	Collective-owned	11	1065	904		
股份合作企业	Cooperative Enterprise	6	820			
联营企业	Joint Ownership Enterprises					
有限责任公司	Limited Liability Corporations	2712	695830	185681	10458	16526
股份有限公司	Share Holding Limited Corporations	967	305767	49251	2067	20867
私营企业	Private Enterprises	1880	576613	95646	4344	10948
其他企业	Others	32	669	12		
港、澳、台商投资企业	Enterprises Funded by Hong Kong, Macao and Taiwan	218	95991	6763	1324	548
合资经营企业	Joint-venture Enterprises	153	75444	6305	1324	548
合作经营企业	Cooperative Enterprises					
独资经营企业	Enterprises with Sole Funded from Hong Kong, Macao and Taiwan	62	18907	459		
投资股份有限公司	Share-holding Corporations Ltd. with Investment from Hong Kong, Macao and Taiwan					
其他港澳台投资企业	Others	3	1639			
外商投资企业	Foreign Funded Enterprises	494	293311	283215	341693	52
中外合资经营企业	Joint-venture Enterprises	342	240219	266899	335098	30
中外合作经营企业	Cooperation Enterprises	21	12992	1568		
外资企业	Enterprises with Sole Fund	116	35346	10139	6595	22
外商投资股份有限公司	Share-holding Corporations Ltd. with Foreign Investment	14	2858	4609		
其他外商投资企业	Others	1	1896			
按行业分	**By Sector**					
采矿业	Mining	36	8775	31552		866
煤炭开采和洗选业	Mining and Washing of Coal	10	2776	27600		380
石油和天然气开采业	Extraction of Petroleum and Natural Gas	12	795			
黑色金属矿采选业	Mining and Processing of Ferrous Metal Ores	6	1538			
有色金属矿采选业	Mining and Processing of Non-Ferrous Metal Ores					
非金属矿采选业	Mining and Processing of Nonmetal Ores	8	3666	3952		486
开采辅助活动	Mining Support Activities					
其他采矿业	Mining of Other Ores					

表18.19 续表 continued

单位：万元 (10 000 yuan)

项　目	Item	R&D项目数（项） Projects (unit)	R&D经费内部支出 Internal Expenses for R&D	技术改造经费支出 Expenditure for Technical Recommendation	技术引进经费支出 Purchases of Civil Technology	购买境内技术用款 Purchases of Civil Technology
制造业	Manufacture	6408	1976230	582598	360485	46183
农副食品加工业	Processing of Food from Agricultural Products	68	24659	8132	50	2536
食品制造业	Manufacture of Foods	36	21309	1251	285	308
酒、饮料和精制茶制造业	Liquor, Beverage and Refined Tea	30	7797	6118		30
烟草制品业	Manufacture of Tobacco	4	1038			
纺织业	Manufacture of Textile	17	10025	1554		40
纺织服装、服饰业	Manufacture of Textile Wearing Apparel, Footware and Caps	2	107	15		10
皮革、毛皮、羽毛及其制品和制鞋业	Manufacture of Leather, Fur, Feather and Related Products	11	3585	359		9
木材加工和木、竹、藤、棕、草制品业	Processing of Timber, Manufacture of Wood, Bamboo, Rattan, Palm and Straw Products	14	3091	389		
家具制造业	Manufacture of Furniture	8	1216	200		20
造纸和纸制品业	Manufacture of Paper and Paper	35	18125	592		
印刷和记录媒介复制业	Printing, Reproduction of Recording Media	33	6408	827		463
文教、工美、体育和娱乐用品制造业	Manufacture of Culture, Education, Handicraft, Fine Arts, Sports and Entertainment Articles	26	6170	507		770
石油加工、炼焦和核燃料加工业	Processing of Petroleum, Coking, Processing of Nuclear Fuel	28	7115	710	22	
化学原料和化学制品制造业	Manufacture of Raw Chemical Materials and Chemical Products	298	71195	33687		452
医药制造业	Manufacture of Medicines	653	113628	31337	2013	6095
化学纤维制造业	Manufacture of Chemical Fibers Products	1	297			
橡胶和塑料制品业	Manufacture of Rubber and Plastics	120	34282	3484	4398	31
非金属矿物制品业	Manufacture of Non-metallic Mineral Products	237	58405	14246	250	2337
黑色金属冶炼和压延加工业	Smelting and Pressing of Ferrous Metals	74	32377	9259		1325
有色金属冶炼和压延加工业	Smelting and Pressing of Nonferrous Metals	184	63503	20511		32
金属制品业	Manufacture of Metal Products	132	28808	2860		
通用设备制造业	Manufacture of General Purpose Machinery	664	115733	37136	9376	1426
专用设备制造业	Manufacture of Special Purpose Machinery	346	73017	5366		
汽车制造业	Manufacture of Motor Vehicles	1556	723466	356941	337128	20669
铁路、船舶、航空航天和其他运输设备制造业	Manufacture of Railway, Ship, Aviation and Other Transporting Equipment	698	198334	13713	6041	3187
电气机械和器材制造业	Manufacture of Electrical Machinery and Equipment	324	130143	13239	835	300
计算机、通信和其他电子设备制造业	Manufacture of Communication Equipment, Computers and Other Electronic Equipment	409	153647	14212	20	813
仪器仪表制造业	Manufacture of Measuring Instruments and Machinery for Cultural Activity and Office Work	284	36141	1676	67	
其他制造业	Other Manufacture	94	23733	4269		5330
废弃资源综合利用业	Comprehensive Utilization of Waste Resources	22	8877	10		
金属制品、机械和设备修理业	Repair of Metal Products, Machinery and Equipment					
电力、热力、燃气及水生产和供应业	Production and Supply of Electric Power, Heat Power and Gas	100	11604	16133		1891
电力、热力生产和供应业	Production and Supply of Electric Power and Heat Power	96	10669	14294		1891
燃气生产和供应业	Production and Supply of Gas	3	872	1839		
水的生产和供应业	Production and Supply of Water	1	63			

表18.20 大中型工业企业新产品开发情况（2015年）
NEW PRODUCTS DEVELOPMENT OF LARGE & MEDIUM-SIZED INDUSTRIAL ENTERPRISES (2015)

单位：万元 (10 000 yuan)

项 目	Item	新产品项目数（项） Projects of New Products (unit)	新产品开发经费支出 Development Funds of New Products	新产品产值 Output Value of New Products	新产品销售收入 Sales Revenue of New Products	其 中 of which #新产品出口 Exports of New Products
总 计	**Total**	**4987**	**1968394**	**43212541**	**42026932**	**10614088**
按隶属关系分	**By Relationship**					
中 央	Central	1312	653886	12984676	12408432	138728
地 方	Local	3675	1314508	30227866	29618500	10475360
按登记注册类型分	**By Registration**					
内资企业	Domestic-funded	4272	1509583	23344606	22394524	1407951
国有企业	State-owned	211	33306	436356	434757	17647
集体企业	Collective-owned	8	607	1091	1091	
股份合作企业	Cooperative Enterprise					
联营企业	Joint Ownership Enterprises					
有限责任公司	Limited Liability Corporations	1892	594284	7905170	7663443	660453
股份有限公司	Share Holding Limited Corporations	865	343161	6268239	5930425	189998
私营企业	Private Enterprises	1296	538225	8733750	8364808	539853
其他企业	Others					
港、澳、台商投资企业	Enterprises Funded by Hong Kong, Macao and Taiwan	157	86391	6958995	7101199	5685064
合资经营企业	Joint-venture Enterprises	117	67441	1211122	1483280	283971
合作经营企业	Cooperative Enterprises					
独资经营企业	Enterprises with Sole Funded from Hong Kong, Macao and Taiwan	28	14756	4781255	4697546	4566639
投资股份有限公司	Share-holding Corporations Ltd. with Investment from Hong Kong, Macao and Taiwan	6	2286	92664	92664	6746
其他港澳台投资企业	Others	6	1908	873955	827708	827708
外商投资企业	Foreign Funded Enterprises	558	372420	12908940	12531209	3521074
中外合资经营企业	Joint-venture Enterprises	416	331769	8733880	8348584	278126
中外合作经营企业	Cooperation Enterprises	35	9135	208631	212820	16820
外资企业	Enterprises with Sole Fund	95	27181	3858254	3862311	3220493
外商投资股份有限公司	Share-holding Corporations Ltd. with Foreign Investment	11	2440	59829	59148	
其他外商投资企业	Others	1	1896	48347	48347	5634
按行业分	**By Sector**					
采矿业	Mining	11	4042	5724	5549	
煤炭开采和洗选业	Mining and Washing of Coal	4	1123	4177	4158	
石油和天然气开采业	Extraction of Petroleum and Natural Gas					
黑色金属矿采选业	Mining and Processing of Ferrous Metal Ores	3	571			
有色金属矿采选业	Mining and Processing of Non-Ferrous Metal Ores	1	620			
非金属矿采选业	Mining and Processing of Nonmetal Ores	3	1728	1547	1390	
开采辅助活动	Mining Support Activities					
其他采矿业	Mining of Other Ores					

表18.20 续表 continued

单位：万元 (10 000 yuan)

项 目	Item	新产品项目数（项） Projects of New Products (unit)	新产品开发经费支出 Development Funds of New Products	新产品产值 Output Value of New Products	新产品销售收入 Sales Revenue of New Products	其中 of which #新产品出口 Exports of New Products
制造业	Manufacture	4951	1958083	43124582	41939216	10614088
农副食品加工业	Processing of Food from Agricultural Products	55	27045	581829	554191	870
食品制造业	Manufacture of Foods	22	18347	87591	80145	
酒、饮料和精制茶制造业	Liquor, Beverages and Refined Tea	25	7326	206705	181959	
烟草制品业	Manufacture of Tobacco			26242	19870	
纺织业	Manufacture of Textile	15	13450	244822	241436	16874
纺织服装、服饰业	Manufacture of Textile Wearing Apparel, Footwear and Caps	6	2730	65200	47373	
皮革、毛皮、羽毛及其制品和制鞋业	Manufacture of Leather, Fur, Feather and Related Products	14	3090	62972	62160	
木材加工和木、竹、藤、棕、草制品业	Processing of Timber, Manufacture of Wood, Bamboo, Rattan, Palm and Straw Products	8	1378	4841	3940	
家具制造业	Manufacture of Furniture	24	4459	5011	5409	
造纸和纸制品业	Manufacture of Paper and Paper Products	21	21716	724843	666976	6746
印刷和记录媒介复制业	Printing, Reproduction of Recording Media	17	4174	58655	59088	
文教、工美、体育和娱乐用品制造业	Manufacture of Culture, Education, Handicraft, Fine Arts, Sports and Entertainment Articles	11	2225	47364	44520	11420
石油加工、炼焦和核燃料加工业	Processing of Petroleum, Coking, Processing of Nuclear Fuel	23	2226	12589	15268	
化学原料和化学制品制造业	Manufacture of Raw Chemical Materials and Chemical Products	156	53294	1338923	1327104	42090
医药制造业	Manufacture of Medicines	467	77955	1568277	1408102	70873
化学纤维制造业	Manufacture of Chemical Fibers	1	297	61	61	51
橡胶和塑料制品业	Manufacture of Rubber and Plastics	44	19319	346041	299022	3310
非金属矿物制品业	Manufacture of Non-metallic Mineral Products	181	43418	860141	790535	85801
黑色金属冶炼和压延加工业	Smelting and Pressing of Ferrous Metals	50	52438	669348	654060	71237
有色金属冶炼和压延加工业	Smelting and Pressing of Nonferrous Metals	147	50403	634714	629932	130186
金属制品业	Manufacture of Metal Products	121	31348	317421	314209	21454
通用设备制造业	Manufacture of General Purpose Machinery	526	99022	1118377	1106267	56109
专用设备制造业	Manufacture of Special Purpose Machinery	177	43647	205098	199617	25498
汽车制造业	Manufacture of Motor Vehicles	1454	844937	17836286	17235243	334218
铁路、船舶、航空航天和其他运输设备制造业	Manufacture of Railway, Ship, Aviation and Other Transporting Equipment	580	220488	3618116	3351484	665017
电气机械和器材制造业	Manufacture of Electrical Machinery and Equipment	225	109720	1739045	1771736	103088
计算机、通信和其他电子设备制造业	Manufacture of Communication Equipment, Computers and Other Electronic Equipment	287	142912	10313834	10426699	8902730
仪器仪表制造业	Manufacture of Measuring Instruments and Machinery for Cultural Activity and Office Work	179	23704	252478	244078	10710
其他制造业	Other Manufacture	91	23136	122338	143770	6549
废弃资源综合利用业	Comprehensive Utilization of Waste Resources	23	10224	54501	54501	49258
金属制品、机械和设备修理业	Repair of Metal Products, Machinery and Equipment	1	3653	918	462	
电力、热力、燃气及水生产和供应业	Production and Supply of Electric Power, Heat Power and Gas	25	6270	82236	82168	
电力、热力生产和供应业	Production and Supply of Electric Power and Heat Power	21	5388	82236	82168	
燃气生产和供应业	Production and Supply of Gas	4	881			
水的生产和供应业	Production and Supply of Water					

表18.21 规模以上工业企业新产品开发情况（2015年）
NEW PRODUCTS DEVELOPMENT OF INDUSTRIAL ENTERPRISES ABOVE DESIGNATED SIZE (2015)

单位：万元 (10 000 yuan)

项　目	Item	新产品项目数（项） Projects of New Products (unit)	新产品开发经费支出 Development fund of New Products	新产品产值 Output Value of New Products	新产品销售收入 Sales Revenue of New Products	其中 of which #新产品出口 Exports of New Products
总　计	**Total**	**7352**	**2388537**	**46727352**	**45351174**	**10731971**
按隶属关系分	**By Relationship**					
中　央	Central	1415	661285	13590662	13006021	138753
地　方	Local	5937	1727252	33136691	32345153	10593218
按登记注册类型分	**By Registration**					
内资企业	Domestic-funded	6507	1901306	26621534	25508453	1513730
国有企业	State-owned	227	34418	436990	435607	17650
集体企业	Collective-owned	14	1710	2767	2746	
股份合作企业	Cooperative Enterprise	3	508	7125	6894	
联营企业	Joint Ownership Enterprises					
有限责任公司	Limited Liability Corporations	2682	728339	9297470	8986266	694578
股份有限公司	Share Holding Limited Corporations	1022	368227	6500468	6141685	194081
私营企业	Private Enterprises	2526	767356	10373797	9932199	607421
其他企业	Others	33	748	2918	3056	
港、澳、台商投资企业	Enterprises Funded by Hong Kong, Macao and Taiwan	225	101678	7148277	7271145	5691910
合资经营企业	Joint-venture Enterprises	152	78989	1324889	1590675	288300
合作经营企业	Cooperative Enterprises					
独资经营企业	Enterprises with Sole Funded from Hong Kong, Macao and Taiwan	61	18495	4856769	4760098	4569155
投资股份有限公司	Share-holding Corporations Ltd. with Investment from Hong Kong, Macao and Taiwan	6	2286	92664	92664	6746
其他港澳台投资企业	Others	6	1908	873955	827708	827708
外商投资企业	Foreign Funded Enterprises	620	385553	12957541	12571576	3526331
中外合资经营企业	Joint-venture Enterprises	460	340562	8757471	8372807	279167
中外合作经营企业	Cooperation Enterprises	35	9135	208631	212820	16820
外资企业	Enterprises with Sole Fund	113	31520	3883113	3878365	3224709
外商投资股份有限公司	Share-holding Corporations Ltd. with Foreign Investment	11	2440	59979	59238	
其他外商投资企业	Others	1	1896	48347	48347	5634
按行业分	**By Sector**					
采矿业	Mining	18	7707	489051	488856	
煤炭开采和洗选业	Mining and Washing of Coal	4	1123	4177	4158	
石油和天然气开采业	Extraction of Petroleum and Natural Gas	1	133	482824	482824	
黑色金属矿采选业	Mining and Processing of Ferrous Metal Ores	3	571			
有色金属矿采选业	Mining and Processing of Non-Ferrous Metal Ores	1	620			
非金属矿采选业	Mining and Processing of Nonmetal Ores	9	5261	2050	1873	
开采辅助活动	Mining Support Activities					
其他采矿业	Mining of Other Ores					

表18.21 续表 continued

单位：万元 (10 000 yuan)

项　目	Item	新产品项目数（项） Projects of New Products (unit)	新产品开发经费支出 Development funds of New Products	新产品产值 Output Value of New Products	新产品销售收入 Sales Revenue of New Products	其中 of which #新产品出口 Exports of New Products
制造业	Manufacture	7304	2371723	46155711	44779796	10731971
农副食品加工业	Processing of Food from Agricultural Products	123	48998	722347	679705	4250
食品制造业	Manufacture of Foods	51	24368	131830	124709	502
酒、饮料和精制茶制造业	Liquor, Beverages and Refined Tea	50	15411	278849	246989	22118
烟草制品业	Manufacture of Tobacco			26242	19870	
纺织业	Manufacture of Textile	25	16454	279988	277162	25938
纺织服装、服饰业	Manufacture of Textile Wearing Apparel, Footwear and Caps	15	4005	82310	62023	
皮革、毛皮、羽毛及其制品和制鞋业	Manufacture of Leather, Fur, Feather and Related Products	19	3897	63289	62500	
木材加工和木、竹、藤、棕、草制品业	Processing of Timber, Manufacture of Wood, Bamboo, Rattan, Palm and Straw Products	15	3699	34189	32877	
家具制造业	Manufacture of Furniture	39	7005	16889	16927	
造纸和纸制品业	Manufacture of Paper and Paper Products	33	25544	742829	684612	6746
印刷和记录媒介复制业	Printing, Reproduction of Recording Media	28	7072	79848	85828	
文教、工美、体育和娱乐用品制造业	Manufacture of Culture, Education, Handicraft, Fine Arts, Sports and Entertainment Articles	18	3721	54014	51120	11420
石油加工、炼焦和核燃料加工业	Processing of Petroleum, Coking, Processing of Nuclear Fuel	32	5128	90818	92985	
化学原料和化学制品制造业	Manufacture of Raw Chemical Materials and Chemical Products	274	69683	1449359	1431947	47778
医药制造业	Manufacture of Medicines	690	97703	1775599	1600237	80657
化学纤维制造业	Manufacture of Chemical Fibers Fibers	1	297	61	61	51
橡胶和塑料制品业	Manufacture of Rubber and Plastics	147	37658	496032	438181	4920
非金属矿物制品业	Manufacture of Non-metallic Mineral Products	273	69407	1044797	963935	85801
黑色金属冶炼和压延加工业	Smelting and Pressing of Ferrous Metals	80	63790	760216	743483	71237
有色金属冶炼和压延加工业	Smelting and Pressing of Nonferrous Metals	194	73101	790338	760178	131334
金属制品业	Manufacture of Metal Products	179	40964	392438	384528	21532
通用设备制造业	Manufacture of General Purpose Machinery	708	130975	1305028	1286362	59639
专用设备制造业	Manufacture of Special Purpose Machinery	345	82970	558361	539705	29888
汽车制造业	Manufacture of Motor Vehicles	1858	900895	18148027	17528010	341257
铁路、船舶、航空航天和其他运输设备制造业	Manufacture of Railway, Ship, Aviation and Other Transporting Equipment	795	244341	3784800	3517602	683916
电气机械和器材制造业	Manufacture of Electrical Machinery and Equipment	381	135577	1975499	1998132	123328
计算机、通信和其他电子设备制造业	Manufacture of Communication Equipment, Computers and Other Electronic Equipment	480	182167	10487520	10556297	8911680
仪器仪表制造业	Manufacture of Measuring Instruments and Machinery for Cultural Activity and Office Work	332	39391	383670	374796	12171
其他制造业	Other Manufacture	95	23626	134274	153374	6549
废弃资源综合利用业	Comprehensive Utilization of Waste Resources	23	10224	65332	65199	49258
金属制品、机械和设备修理业	Repair of Metal Products, Machinery and Equipment	1	3653	918	462	
电力、热力、燃气及水生产和供应业	Production and Supply of Electric Power, Heat Power and Gas	30	9108	82590	82523	
电力、热力生产和供应业	Production and Supply of Electric Power and Heat Power	22	7963	82236	82168	
燃气生产和供应业	Production and Supply of Gas	7	1082	355	355	
水的生产和供应业	Production and Supply of Water	1	63			

表18.22 专利申请受理量及专利授权量（2014－2015年）
PATENT APPLICATIONS ACCEPTED AND GRANTED (2014-2015)

单位：件 (pcs)

项　目	Item	申请受理量 Applications Accepted		专利授权量 Applications Granted	
		2014	2015	2014	2015
总　计	**Total**	**55298**	**82791**	**24312**	**38915**
按种类分	**By Type**				
发　明	Inventions	19418	35086	2321	3964
实用新型	Utility Models	25114	38533	15885	25444
外观设计	Designs	10766	9172	6106	9507
按对象分	**By Applicant**				
个　人	Individuals	9722	12269	4197	6364
大专院校	Universities and Colleges	3535	5507	1950	3421
科研单位	Research Institutions	863	979	402	553
工矿企业	Industrial and Mineral Enterprises	40039	61785	17330	27793
机关团体	Government Agencies and Organizations	1139	2251	433	784

表18.23 图书发行流转及销售情况（2014－2015年）
STATISTICS ON PUBLICATION, CIRCULATION AND SALES OF BOOKS (2014-2015)

单位：万册、万元 (10 000 copies, 10 000 yuan)

项　目	Item	册　数 Number of Books		金　额 Value	
		2014	2015	2014	2015
购　进	**Purchases**	**90507**	**29915**	**491232**	**452210**
销　售	**Sales**	**89767**	**30791**	**493462**	**446617**
零　售	Retail	30529	15092	183247	164947
区　县	Districts and County	18997	13043	108625	143230
县以下	Below County	11532	2049	74622	21717
批　发	Wholesale	59238	15698	310215	281669
区　县	Districts and County	38001	15698	259881	281669
县以下	Below County	21237		50334	
库　存	**Inventory**	**5388**	**10849**	**39802**	**182707**

表18.24 规模以上工业企业专利主要指标（2014–2015年）
MAJOR INDICATORS ON THE PATENTS OF INDUSTRIAL ENTERPRISES ABOVE DESIGNATED SIZE (2014-2015)

指　标	Item	2014	2015
有专利申请的企业数（个）	Number of Enterprises with Patent Application (unit)	598	674
有专利授权的企业数（个）	Number of Enterprises with Patent Granted (unit)	537	589
拥有有效专利的企业数（累计值）（个）	Number of Enterprises with Valid Patent (cumulative value) (unit)	641	691
专利授权量（项）	Number of Patents Granted (unit)	7620	9842
专利投入（亿元）	Investment in Patent (100 million yuan)	32	32
专利许可收入（亿元）	Revenue from Patent License (100 million yuan)	26	33
专利转让收入（亿元）	Revenue from Patent Transfer (100 million yuan)	1	1
专利产品类别数量（类）	Number of Patent Categories (category)	14273	16034
专利产品产值（亿元）	Output Value of Patented Products (100 million yuan)	2556	2963
#自主研发专利产品产值	Output Value of Self-developed Patented Products	2402	2809
技术引进专利产品产值	Output Value of Imported Patented Products	154	154
#出口专利产品产值	Output Value of Exported Patented Products	96	134
专利产品销售收入（亿元）	Sales Revenue of Patented Products (100 million yuan)	2328	2827
#自主研发专利产品销售收入	Sales Revenue of Self-developed Patented Products	2225	2711
技术引进专利产品销售收入	Sales Revenue of Imported Patented Products	102	116
#出口专利产品销售收入	Sales Revenue of Exported Patented Products	91	130
被许可的有效专利量（项）	Number of Licensed Patents (unit)	2333	2462
被许可生产的专利产品产值（当年价格）（亿元）	Output Value of the Patented Products Permitted for Production (current price) (100 million yuan)	204	289
被许可生产的专利产品销售收入（亿元）	Sales Revenue of the Patented Products Permitted for Production (100 million yuan)	186	264

表18.25 各类技术合同签定及执行情况（2015年）
SIGNING AND IMPLEMENTATION OF TECHNICAL CONTRACTS BY TYPE (2015)

项 目	Item	合同数（项）Number of Contracts (item)	合同成交金额（万元）Value of Contracts (10 000 yuan)	其 中 of which	
				#技术交易额（万元）Technology Transaction Value (10 000 yuan)	技术交易额比重(%) As Percentage of Contract Value (%)
总 计	**Total**	**2706**	**1457012.84**	**1335236.97**	**91.6**
技术开发	Technical Development	1331	402548.42	323950.03	80.5
技术转让	Technical Transfer	937	835553.80	808635.31	96.8
技术咨询	Technical Consultation	156	125274.39	125271.39	100.0
技术服务	Technical Services	282	93636.22	77380.23	82.5

表18.26 新闻出版机构和人员数（2014－2015年）
NUMBER OF INSTITUTIONS AND PERSONS ENGAGED IN PRESS AND PUBLICATION (2014-2015)

单位：个、人 (unit, person)

指 标	Item	2014	2015
书刊出版社	**Publishing Houses**		
机构数	Institutions	3	3
从业人员	Personnel	1802	1850
书刊印刷厂	**Printing Houses**		
机构数	Institutions	89	83
从业人员	Personnel	8475	8203
国有书店	**State-owned Book Stores**		
机构数	Institutions	267	267
从业人员	Personnel	2485	3150

表18.27 地震监测情况（1997－2015年）
SITUATION OF EARTHQUAKE MONITORING (1997-2015)

单位：个 (unit)

年份 Year	地震台数总数 Number of Seismic Stations	其中 of which				强震观测点 Number of Strong Motion Observation Spots	宏观观测点 Number of Macro-observation Spots
		国家级台 Number of National Stations	省级台 Number of Provincial Stations	市、县级台 Number of Municipality/County-level Stations	企业台 Number of Enterprise Stations		
1997	7	1		6			
1998	7	1		6			
1999	8	1		7			
2000	8	1		7			
2001	8	1		7			
2002	8	1		7			
2003	7	1		6			
2004	7	1		6			
2005	7	1		6			
2006	7	1		6			
2007	15	1	13			1	
2008	44	1	35		6	2	
2009	44	1	35		6	2	
2010	44	1	35		6	2	
2011	44	1	35		6	2	
2012	44	1	35		6	2	
2013	45	1	33	4	7	34	
2014	49	1	41		7	4	
2015	49	1	41		7	4	

注：2014年的数据做了调整。
Note: The data of 2014 has been adjusted.

表18.28 图书、杂志和报纸出版情况（2014－2015年）
PUBLICATION OF BOOKS, MAGAZINES AND NEWSPAPERS (2014-2015)

指　标	Item	2014	2015
图　书	**Books Published**		
种　数（种）	Number of Publications (kind)	7505	7646
总印数（万册、万张）	Printed Copies (10 000 copies)	15008	14586
总印张数（万印张）	Printed Sheets (10 000 sheets)	99597	94683
期　刊	**Magazines Published**		
种　数（种）	Number of Publications (kind)	136	135
每期平均印数（万册）	Average Printed Copies Per Issue (10 000 copies)	270	234
总印数（万册）	Printed Copies (10 000 copies)	5788	4971
总印张数（万印张）	Printed Sheets (10 000 sheets)	35652	30501
报　纸	**Newspapers Published**		
种　数（种）	Number of Publications (kind)	26	26
每期平均印数（万份）	Average Printed Copies Per Issue (10 000 copies)	308	263
总印数（万份）	Printed Copies (10 000 copies)	63828	58362
总印张数（万印张）	Printed Sheets (10 000 sheets)	326566	293291

表18.29 气象业务站点及观测项目情况 (1997–2015年)

STATUS OF OPERATIONAL METEOROLOGICAL STATIONS AND THEIR OBSERVATION ITEMS (1997-2015)

年份 Year	地面观测业务 Surface Observation Stations	高空探测业务 Upper-air Observation Stations	自动气象站 Automatic Weather Stations	天气雷达观测业务 Weather Radar Observation Stations	大气成分观测业务 Atmospheric Composition Observation Stations	农业气象观测业务 Agro-Meteorological Observation Stations
1997	35	1		1		13
1998	35	1		1		13
1999	35	1		1		13
2000	35	1		1		13
2001	35	1		1		13
2002	35	1		1		13
2003	35	1		1		13
2004	35	1	63	1		13
2005	35	1	83	1		13
2006	35	1	109	1		13
2007	35	1	257	2		13
2008	35	1	302	3		13
2009	35	1	41	3		13
2010	35	1	41	3		13
2011	35	1	655	3		13
2012	35	1	356	4	1	13
2013	35	1	1759	3		13
2014	35	1	1924	4	1	13
2015	35	1	1924	4	7	13

单位：个 (unit)

生态与农业气象试验业务 Eco- & Agro-Meteorological Observation Stations	大气本底站 Atmospheric Background Stations	闪电定位监测业务 Lightning Position Monitoring Stations	太阳辐射观测业务 Solar Radiation Observation Stations	紫外线观测业务 UV Observation	酸雨观测业务 Acid Rain Observation	臭氧观测业务 Ozone Observation	卫星云图接收业务 Satellite Cloud Images Receiving Stations
			1		4		1
			1		4		1
			1		4		1
			1		4		1
			1		4		1
			1		4		1
			1		4		1
			1	1	35		1
		5	1	1	35		1
		5	1	1	35		1
		5	1	1	35		1
		5	1	1	35		1
		5	1	1	35		1
		5	1	1	35		1
		5	1	1	35		1
1		5	1	1	35		1
		5	1	1	35		1
		5	1	1	35		1
		5	14	7	35		1

表18.30 出入境货物检验检疫情况(2000-2015年)

GENERAL STATISTICS ON ENTRY-EXIT INSPECTION AND QUARANTINE OF FREIGHT BY REGION (2000-2015)

年 份 Year	总 计 Total				工业品检验检疫 Commodity				动物及动物产品检验检疫	
	批 次（批） Number of Batch(batch-time)	其 中 of which #不合格 Disqualification	货 值（万美元） Value (USD10 000)	其 中 of which #不合格 Disqualification	批 次（批） Number of Batch (batch-time)	其 中 of which #不合格 Disqualification	货 值（万美元） Value (USD10 000)	其 中 of which #不合格 Disqualification	批 次（批） Number of Batch(batch-time)	其 中 of which #不合格 Disqualification
2000	2987		26596.0		2133		24127.0		236	
2001	9938	5	70661.0	5.0	6408	1	61387.0	2.0	688	
2002	15677	2	74226.0	2.0	11034	1	62681.0	1.0	915	
2003	23890	7	97518.0	3.0	18885	4	84619.0	2.0	794	
2004	31962	17	173805.6	42.8	26860	14	157978.9	42.1	904	
2005	37696	58	208881.3	614.0	32482	57	191906.9	613.6	1055	
2006	36237	97	235993.8	1225.1	31028	97	219022.0	1225.1	1071	
2007	41441	92	318190.5	1317.7	36342	90	299003.2	1311.2	1041	
2008	44031	49	402115.6	806.9	38708	46	375530.7	797.3	902	
2009	34464	88	247022.3	506.2	28888	85	220520.3	496.6	1157	
2010	46618	52	412828.8	362.3	40834	49	376319.9	346.6	1246	
2011	53130	115	540133.8	4332.4	47308	97	498822.5	4130.7	1075	12
2012	66845	227	734526.5	4301.3	60513	190	692038.0	4126.3	1196	22
2013	65084	848	709122.5	11461.4	58479	709	671148.4	10887.3	1137	13
2014	31549	1383	358714.0	13929.3	25022	1048	318699.0	12027.2	928	42
2015	24366	1856	247926.2	20146.4	17661	1542	202806.7	17680.5	936	8

Animal and Its Products		植物及植物产品检验检疫		Plant and Its Products		食品及化妆品检验检疫		Food and Cosmetics	
货值（万美元） Value (USD10 000)	其中 of which #不合格 Disqualification	批次（批） Number of Batch(batch -time)	其中 of which #不合格 Disqualification	货值（万美元） Value (USD10 000)	其中 of which #不合格 Disqualification	批次（批） Number of Batch(batch -time)	其中 of which #不合格 Disqualification	货值（万美元） Value (USD10 000)	其中 of which #不合格 Disqualification
1139.0		109		350.0		509		980.0	
2997.0		433		2084.0		2409	4	4193.0	3.0
5186.0		430		1314.0		3298	1	5045.0	1.0
5513.0		497		2068.0		3714	3	5318.0	1.0
7510.4		465		2365.5		3733	3	5950.8	0.7
8372.4		514		2521.2		3645	1	6080.8	0.4
7480.2		485		3099.8		3653		6391.8	
7929.4		538		4442.6		3520	2	6815.3	6.5
10265.2		495		5720.1		3926	3	10599.6	9.6
9369.0		499	1	5336.1	4.7	3920	2	11796.9	4.9
9934.1		732	2	12007.2	15.1	3806	1	14567.6	0.6
10502.4	187.0	771	2	13470.5	10.8	3976	4	17338.4	3.9
10636.7	166.8	754		14011.2		4382	15	17840.6	8.2
8801.1	200.9	899	57	11792.7	160.2	4528	65	16944.8	212.9
7462.3	424.3	1855	143	18558.8	997.6	3683	148	13139.3	462.9
6482.6	12.7	2190	114	23088.2	1764.3	3444	192	14446.5	689.0

表18.31 文化机构和人员数（2014－2015年）
NUMBER AND PERSONNEL IN CULTURE AND CULTURAL RELICS INSTITUTIONS (2014-2015)

项　目	Item	2014	2015
机构数（个）	**Number of Institutions (unit)**	**1807**	**2042**
艺术业	Arts	527	752
#艺术表演团体	Art Performance Troupes	512	730
艺术表演场所	Art Performance Places	15	22
文物业	Cultural Relics	109	113
图书馆业	Public Libraries	43	43
群众文化服务业	Mass Culture Services	1040	1045
艺术教育业	Culture and Education	1	1
文艺科研	Art Research Institutions	1	1
其　他	Others	86	87
从业人员数（人）	**Number of Employed Persons (person)**	**17346**	**21284**
艺术业	Arts	6852	10192
#艺术表演团体	Art Performance Troupes	6692	9785
艺术表演场所	Art Performance Places	160	407
文物业	Cultural Relics	2688	2632
图书馆业	Public Libraries	869	874
群众文化服务业	Mass Culture Services	4741	5021
艺术教育业	Culture and Education	305	426
文艺科研	Art Research Institutions	37	37
其　他	Others	1854	2102

表18.32 公共图书馆情况（2014－2015年）
BASIC STATISTICS ON PUBLIC LIBRARIES (2014-2015)

项　目	Item	总　计 Total		其　中 of which #市　级 At Municipal Level	
		2014	2015	2014	2015
总藏量（万册、件）	Total Collections (10 000 volumes)	1242.25	1303.80	411.45	415.73
书架总长度（万米）	Total Monolayer Length of Bookshelves (10 000 meters)	30	31	4	4
有效借书证数（万个）	Number of Valid Library Cards (10 000 units)	58	70	30	28
图书流通情况	Circulation of Books				
总流通人次（万人次）	Total Number of Circulation (10 000 person-times)	1221	1235	343	366
书刊外借册次（万册次）	Number of Books Borrowed by Readers (10 000 volume-times)	990	949	126	127
总支出（万元）	Total Expenditure (10 000 yuan)	21923	24115	7805	7926
#藏量购置费	Purchase Expenses	2218	2301	803	737
本年新购藏量（万册）	Number of Books Purchased During Current Year (10 000 volumes)	119	104	40	18
实际使用房屋建筑面积（万平方米）	Floor Space of Public Buildings actually used (10 000 sq.m)	26.32	29.43	5.62	5.62
#书　库	Stack Rooms	5.15	5.70	1.07	1.07
阅览室座席（个）	Seating Capacity of Reading Rooms (seat)	19177	21363	2379	2379

注：图书总藏量的统计口径变化，不包含电子图书，2012年的数据做了调整。
Note: Due to the change of the statistic scope of the data of total collection of books, where the electronic books are excluded, the data of 2012 has been adjusted.

表18.33 文物业情况（2015年）
STATISTICS ON CULTURAL RELICS (2015)

项　目	Item	文物业 Cultural Relics	其　中 of which #博物馆 Museums	#文物保护管理机构 Protection and Management Agencies
藏　品（件）	Number of Collections (pcs)	689914	607418	45085
#一级品	Grade One	2362	2334	28
经费支出（万元）	Total Expenditure (10 000 yuan)	79687.90	54902.80	10089.80

表18.34 群众艺术馆和文化馆（站）情况（2015年）
MASS ART CENTERS AND CULTURAL CENTERS (2015)

项　目	Item	合　计 Total	其中 of which 群众艺术馆 Mass Art Centers	文化馆 Cultural Centers	文化站 Cultural Stations
单位数（个）	Number of Units (unit)	1045	1	40	1004
举办展览个数（个）	Conducting Exhibitions (unit)	4708	16	491	4201
组织文艺活动次数（次）	Art Performances (time)	25658	63	3799	21796
举办培训班班次（次）	Training Courses (time)	14827	264	3414	11149

表18.35 艺术表演团体演出情况（2015年）
BASIC STATISTICS ON ART PERFORMANCE TROUPES (2015)

种　类	Item	国内演出场数（万场） Number of Performances in China (10 000 show)	国内演出观众人数（万人次） Number of Spectators of the Performances in China (10 000 person-times)
总　计	**Total**	**9.50**	**2222.50**
按登记注册类型分	**By Registration**		
国　有	State-owned	0.25	234.34
集　体	Collective-owned		
其　他	Others	9.25	1988.16
按剧种分	**By Art Troupes**		
话剧、儿童剧、滑稽剧团	Drama, Plays for Children and Comedy Troupes	0.48	123.43
歌舞、音乐类	Song and Dance Troupes, Musicals	3.38	656.11
京剧、昆曲类	Peking Opera and Kunqu Opera	0.02	5.74
#京　剧	Peking Opera Troupes	0.02	5.74
地方戏曲类	Local Opera Troupes	0.15	83.07
杂技、魔术、马戏类	Acrobatics, Performing Magic and Circus Troupes	0.05	28.13
曲艺类	Folk Arts	0.06	30.72
综合性艺术表演团体	Comprehensive Art Performance	5.37	1295.30

注：艺术表演团体统计口径调整为含系统内、系统外两部分。
Note: The scope of art performance troupes includes the troupes either inside or outside the public-owned system.

表18.36 广播电台、电视台情况（2014－2015年）
STATISTICS ON RADIO AND TV STATIONS (2014-2015)

项　目	Item	2014	2015
广播电台情况	**Statistics on Radio Stations**		
公共广播节目套数（套）	Number of Programs (set)	37	31
广播节目综合人口覆盖率（%）	Radio Coverage of Population (%)	98.44	98.62
中短波转播发射台（座）	Transmission and Relaying Stations of Medium and Short Wave Broadcast (unit)	5	5
中短波广播发射功率（千瓦）	Power of Transmitters of Medium and Short Wave Broadcast (kw)	120	120
全年公共广播节目播出时间（小时）	Public Programs Broadcasting Hours of the Year (hour)	167824	167962
#新闻资讯	News Programs	41743	41317
专题服务	Special Subject Programs	46248	45775
综　艺	General Entertainment Programs	24638	26969
广播剧	TV Play Programs	17643	16999
广　告	Advertising Programs	11607	11810
电视台情况	**Statistics on TV Stations**		
公共电视节目套数（套）	Number of Programs (unit)	46	46
电视节目综合人口覆盖率（%）	TV Coverage of Population (%)	98.95	99.07
全年公共电视节目播出时间（小时）	Public Programs Broadcasting Hours of the Year (hour)	295355	295610
#新闻资讯	News Programs	33951	33493
专题服务	Special Subject Programs	58687	70384
综艺益智	General Entertainment Programs	22531	17341
影视剧	TV Play Programs	114765	111932
广　告	Advertising Programs	27195	26166

表18.37 产品质量监督抽查情况（2015年）

RESULTS OF SAMPLING CHECK UNDER SUPERVISION ON THE QUALITY OF PRODUCTS (2015)

产品名称	Name of Product	监督检验企业数（个）Number of Enterprises Supervised & Checked (unit)	检验批次（批次）Number of Batches Checked (batch-time)	合格批次（批次）Number of Conforming Batches (batch-time)	批次合格率（%）Rate of Conforming Batches (%)
总　计	**Total**	**7309**	**18546**	**16705**	**90.07**
食品包装容器工具	Food Packaging, Containers and Tools	208	421	403	95.72
食品用化工产品	Chemicals for Food Use	20	28	27	96.43
纺织品	Textile Products	184	372	341	91.67
服　装	Garments	192	540	503	93.15
鞋　类	Footwear	490	741	697	94.06
家用纸制品	Paper Products for Household Use	132	314	231	73.57
家用和类似用途电器	Electrical Appliances for Household and Similar Use	40	118	105	88.98
燃气用具	Gas Appliances	40	84	71	84.52
日用电器	Electrical Appliances for Daily Use	12	24	20	83.33
眼　镜	Glasses	701	1555	1473	94.73
日用化工品	Daily Chemicals	1	2	2	100.00
通用电器产品	General Electrical Appliances	3	15	15	100.00
皮革制品	Leather Products	29	64	32	50.00
家　具	Furniture	604	1093	753	68.89
其它日用消费品	Other Products for Daily Use	29	179	177	98.88
铝合金建筑型材	Aluminum Alloy Building Profile	4	14	14	100.00
塑料型材	Plastic Profile	16	55	47	85.45
水　泥	Cement	65	229	229	100.00
水泥制品、混凝土制品	Cement and Concrete Products	206	269	207	76.95
墙体材料	Wall Materials	879	1208	1039	86.01
建筑防水材料	Water-proof Building Material	10	11	10	90.91
建筑钢材	Structural Steel	100	229	202	88.21
人造板	Artificial Slabs	43	50	37	74.00
电缆电线	Cables and Wires	66	306	295	96.41
胶粘剂	Adhesive	18	25	24	96.00
油漆涂料	Paint	201	533	493	92.50
塑料管材及管件	Plastic Pipes and Fittings	52	180	150	83.33
建筑门窗	Building Doors and Windows	66	114	97	85.09
建筑保温材料	Building Thermal Insulation Materials	55	83	45	54.22
其他建筑装修材料	Other Building and Decoration Materials	308	510	452	88.63
肥　料	Chemical Fertilizers	47	105	83	79.05
农　药	Pesticides	10	29	27	93.10
农业机械	Agricultural Machinery	119	331	306	92.45
农用薄膜	Film for Agricultural Use	4	6	6	100.00
其他农业生产资料	Other Agricultural Means of Production	11	14	11	78.57
包装产品（不含食品包装物、危化品包装物）	Packing Products (excluding packing of food and dangerous products)	162	574	498	86.76

表18.37 续表 continued

产品名称	Name of Product	监督检验企业数（个）Number of Enterprises Supervised & Checked (unit)	检验批次（批次）Number of Batches Checked (batch-time)	合格批次（批次）Number of Conforming Batches (batch-time)	批次合格率（%）Rate of Conforming Batches (%)
电工器材及电力设备	Electrician Apparatus and Electric Equipment	205	529	509	96.22
机械电子产品	Machinery and Electronic Products	129	202	171	84.65
能源产品	Energy Products	271	1465	1444	98.57
消防器材（消火栓）	Fire-fighting Apparatus (Fire Hydrant)	50	91	76	83.52
劳动防护用品	Labor Protection Articles	10	21	20	95.24
冶金产品	Metallurgic Products	44	103	103	100.00
工业用橡胶制品	Rubber Products for Industrial Use	10	19	19	100.00
工业用塑料制品	Plastic Products for Industrial Use	7	13	11	84.62
工业用玻璃制品	Glass Products for Industrial Use	108	342	309	90.35
安全防范产品	Products for Safety	15	29	29	100.00
通用设备	General Equipment	103	207	186	89.86
其它工业生产资料	Other Industrial Means of Production	16	17	17	100.00
机动车灯具	Luminaire of Automobiles	24	113	111	98.23
机动车制动液	Brake Fluid of Vehicles	1	2	2	100.00
汽车摩托车用制动器衬片	Brake Linings of Automobiles and Motorcycles	1	1	1	100.00
汽车摩托车点火线圈	Ignition Coil for Automobiles and Motorcycles	5	15	15	100.00
汽车摩托车液压制动软管总成	Hydropower Braking Hose Assembly of Automobiles and Motorcycles	3	5	5	100.00
汽车及摩托车低压线及线束	Low-tension Wire and Wire Harness of Automobiles and Motorcycles	13	21	20	95.24
汽车内饰件	Interior Decoration of Automobiles	34	148	146	98.65
汽　车	Automobiles	22	32	32	100.00
摩托车	Motorcycles	32	84	65	77.38
发动机	Engines	41	52	52	100.00
汽车、摩托车的其他零部件和附件（摩托车发动机、汽车安全带、机动车后视镜、机动车用喇叭、汽车门锁及汽车门铰链、机动车燃油箱、汽车座椅及座椅头枕、机动车回复反射器等）	Other Components and Fittings of Automobiles and Motorcycles (Motorcycle Engines, Automobile Safety Belt, Rearview Mirror, Horn, Door Lock and Hinge, Petroleum Tank, Seat and Headrest and Reflectors)	98	258	250	96.90
电信终端设备	Telecommunication Terminal Equipment	7	12	8	66.67
信息技术设备	IT Equipment	13	37	32	86.49
其它电子信息类产品	Other Electronic Information Products	1	12	9	75.00
包装桶（袋）	Packing Bucket (Bag)	23	38	36	94.74
玻璃钢罐体	FRP Tank	1	2	2	100.00
烟花爆竹	Firecrackers	52	288	270	93.75
其他危化品	Other Dangerous Chemicals	94	169	131	77.51
条码印刷产品	Barcode Printing Products	534	1499	1477	98.53
电学计量器具	Electrical Measuring Instruments	9	12	12	100.00
热学计量器具	Thermal Measuring Instruments	2	3	3	100.00
长度计量器具	Length Measuring Instruments	5	12	12	100.00
力学计量器具	Mechanics Metering Devices	20	35	32	91.43
其他计量器具	Other Measuring Instruments	228	300	221	73.67
其　他	Others	401	1933	1745	90.27

注：因同一企业可能生产多种产品，监督抽查企业总计数小于分类企业数之和。
Note: For the same enterprise may produce a variety of products, the total count of supervised and checked enterprises is less than the number of enterprises.

主要统计指标解释

普通高等学校

指按照国家规定的设置标准和审批程序批准举办的，通过全国普通高等学校统一招生考试，招收高中毕业生为主要培养对象，实施高等教育的全日制大学、独立设置的学院和高等专科学校、高等职业学校和其他机构。

大学、独立设置的学院主要实施本科层次以上教育，高等专科学校、高等职业学校实施专科层次教育，其他机构是承担国家普通招生计划任务不计校数的机构。包括普通高等学校分校和批准筹建的普通高等学校等。

成人高等学校

指按照国家规定的设置标准和审批程序批准举办的，通过全国成人高等学校统一招生考试，招收具有高中毕业或同等学历的在职从业人员为主要培养对象，利用函授、业余、脱产等多种形式对其实施高等学历教育的学校。包括职工高等学校、农民高等学校、管理干部学院、教育学院、独立函授学院、广播电视大学、其他机构等。其他机构是承担国家成人招生计划任务不计校数的机构。

小学学龄儿童入学率

指调查范围内已入小学学习的学龄儿童占校内外学龄儿童总数（包括弱智儿童在内，但不包括盲聋哑儿童）的比重。计算公式：

小学学龄儿童入学率＝已入学的小学学龄儿童数/校内外小学学龄儿童总数×100%

专利

是专利权的简称，是对发明人的发明创造经审查合格后，由专利局依据专利法授予发明人和设计人对该项发明创造享有的专有权。包括发明、实用新型和外观设计。反映拥有自主知识产权的科技和设计成果情况。

有专利申请的企业

指在报告年内向国家知识产权局或中国以外的国家知识产权局（地区专利组织）提交专利申请，并收到《专利申请受理通知书》和缴纳相关费用的工业企业。

有专利授权的企业

指报告年内获得国家知识产权局或中国以外的国家知识产权局（地区专利组织）《专利授权通知书》并缴纳相关费用的工业企业。

拥有有效专利的企业（累计值）

指截至报告年末，有专利权处于维持状态的工业企业。

专利产品产值（当年价格）

工业企业在报告年度内生产的以货币形式表现的工业最终专利产品的总价值量。专利产品产值计算参照国家关于“工业总产值”的计算方法。

专利产品销售收入

工业企业在报告期内销售专利产品的货币收入总额。

发明

指对产品、方法或其改进所提出的新的技术方案。是国际通行的反映拥有自主知识产权技术的核心指标。

实用新型

指对产品的形状、构造或者其结合所提出的适于实用的新的技术方案。反映具有一定技术含量的技术成果情况。

外观设计

指对产品的形状、图案、色彩或者其结合所做出的富有美感并适于工业上应用的新设计。反映拥有自主知识产权的外观设计成果情况。

主要统计指标解释

驰名商标

是指在市场上享有较高声誉并为相关公众所熟知的注册商标，也是一种法律保护手段。

著名商标

著名商标的知名度介于驰名商标和普通商标之间的商标群落，是驰名商标坚实的后备力量。

文化事业机构

指从事专业文化工作和为专业文化工作服务的独立建制的单位。不包括这些单位另外举办独立核算的其他机构和各部门的业余文化组织。

艺术表演团体

指从事戏曲、音乐、舞蹈、杂技等专业艺术表演，有独立帐户。不包括半工半艺、半农半艺和民间职业剧团。

艺术表演观众人数

指售票、包场演出或民族地区免费演出的艺术表演观众人次数，不包括彩排审查和内部观摩演出的观看人次数。

Explanatory Notes on Main Statistical Indicators

□ Regular Institutions of Higher Education

Refer to educational establishments set up according to the government evaluation and approval procedures, enrolling graduates from senior secondary schools and providing higher education courses and training for senior professionals. They include full-time universities, colleges, high professional schools, high professional vocational schools and others.

Universities and colleges are mainly providing undergraduate courses; those high professional schools and high professional vocational schools are mainly providing professional trainings; and others refer to educational establishments, which are responsible for enrolling students but not covered in the total number of schools, including: branch schools of universities and colleges, and universities and colleges that have been proved and prepared to construct.

□ Institutions of Higher Learning for Adults

Refer to educational establishments, set up in line with relevant rules approved by the government, enrolling staff and workers with senior secondary school or equivalent education, and providing higher education courses in many forms of correspondence, spare time, or full time for adults. Professionals thus trained receive a qualification equivalent to graduates studying regular courses at regular universities, colleges and professional colleges. Institutions of higher learning for adults include schools of high education for staff and workers, schools of high education for peasants, colleges for management cadres, pedagogical colleges, independent correspondence colleges, Radio and TV universities and other educational establishments. Other educational establishments are responsible for enrolling adult students but not covered in the number of schools.

□ Enrollment Rate of Primary School-aged Children

Refers to the proportion of school-aged children enrolled at schools to the total number of school-age children both in and outside schools (including retarded children, but excluding blind, deaf and mute children). The formula is:

Enrollment Rate of Primary School-aged Children =Total Primary School-aged Children at Schools/Total Primary School-age Children Both at and Outside Schools×100%

□ Patent

Is an abbreviation for the patent right and refers to the exclusive right of ownership by the inventors or designers for the creation or inventions, given from the patent offices after due process of assessment and approval in accordance with the Patent Law. Patents are granted for inventions, utility models and designs. This indicator reflects the achievements of S&T and design with independent intellectual property.

□ Enterprise with Patent Application

Refers to the industrial enterprise which has submitted patent application to the State Intellectual Property Office or the national intellectual property administration outside China (regional patent organization), received the "Notification of Patent Application Acceptance" and paid off the related fees within the year of report.

□ Enterprise with Patent Granted

Refers to the industrial enterprise which has received the "Notification of Patent Granted" from the State Intellectual Property Office or the national intellectual property administration outside China (regional patent organization) and paid off the related fees within the year of report.

□ Enterprise with Valid Patents (Cumulative Value)

Refers to the industrial enterprise with patents in the status of maintenance by the end of the year of report.

□ Output Value of Patented Products (Current Price)

Refers to the total value of the final patented industrial products produced by the industrial enterprises in the year of report in the form of currency. Refer to the calculation method of "gross industrial output value" stipulated by the state for the calculation of the output value of patented products

EXPLANATORY NOTES TO MAJOR STATISTICAL INDICATORS

Sales Revenue of Patented Products

Refers to the total revenue of currency from the sales of the patented products by the industrial enterprises within the year of report.

Inventions

Refer to the new technical proposals to the products or methods or their modifications. This is universal core indicator reflecting the technologies with independent intellectual property.

Utility Models

Refer to the practical and new technical proposals on the shape and structure of the product or the combination of both. This indicator reflects the condition of technological results with certain technical content.

Designs

Refer to the aesthetics and industrially applicable new designs for the shape, pattern and color of the product, or their combinations. This indicator reflects the appearance design achievements with independent intellectual property.

Famous Trade Marks

Refer to trade marks publicly known with higher honors. It is also a legal protection.

Well-known Trade Marks

Their fames are between famous trade marks and ordinary trade marks. And they are tough reserve force of famous trade marks.

Cultural Institutions

Refer to units which have their own organizational system and independent accounting system and specialize in or serve cultural development. They exclude other establishments run by these cultural institutions and amateur cultural groups established by various departments.

Art Troupe

Refers to the troupe who is engaged in drama, opera, music, dance, acrobatics or other art performance, opens independent accounts with banks and has self-supporting accounting system; excluding the troupes who are engaged partly in industrial or agricultural activities, partly in art performance and the professional troupes organized by the people.

Number of Spectators at Art Performance

Refers to the number of attendants at commercial shows, completely booked shows of free shows given in minority national areas, and does not include the number of spectators at rehearsals for examination and internal shows for study.

第 19 章

卫生、体育和其他社会活动

PUBLIC HEALTH, SPORTS AND OTHER SOCIAL ACTIVITIES

简要说明
BRIEF INTRODUCTION

本章资料主要包括卫生事业、体育事业、民政事业、劳动和社会保障事业、公检法司情况、安全生产情况、火灾事故和道路交通事故等内容，由市统计局社会科技统计处根据有关部门资料整理提供。

卫生资料来自市卫生和计划生育委员会，体育资料来源于市体育局，民政和劳动社会保障有关资料分别由市民政局、市人力资源和社会保障局提供，公检法司资料分别由市公安局、市人民检察院、市高级人民法院和市司法局提供，安全生产情况来自于市安全生产监督管理局，火灾事故和道路交通事故分别由市消防总队和市公安交通管理局提供。

The data in this chapter mainly cover public health, sports, civil affairs, labor & social securities, public security, procuratorial, legal & judicial affairs, work safety, and fires & highway traffic accidents. The data are sorted and compiled by Division of Social and Technology Statistics, Chongqing Municipal Bureau of Statistics on the basis of the data provided by other related departments.

The data on public health are provided by Chongqing Health and family planning commission; the data on sports are provided by Chongqing Administration of Sports; the data on civil affairs and labor & social securities are provided by Chongqing Civil Affairs Bureau and Chongqing Administration of Labor and Social Security; the data on public security, procuratorial and legal affairs are provided by Chongqing Public Security Bureau, Chongqing People's Procuratorate, Higher People's Court and Chongqing Justice Bureau; the data on work safety are provided by Chongqing Administration of Work Safety; and the data on fires & highway traffic accidents are provided by Chongqing Fire Brigade and Chongqing Bureau of Traffic Administration.

表19.1 主要年份卫生事业情况
STATISTICS ON PUBLIC HEALTH CARE IN MAJOR YEARS

年 份 Year	机构数（个） Number of Institutions (unit)	其 中 of which #医院、卫生院 Hospitals and Health Centers	床位数（张） Number of Beds in Health Care Institutions (bed)	卫生技术人员（人） Medical Technical Personnel (person)	其 中 of which #执业（助理）医师 Licensed (Assistant) Doctors	#注册护士 Registered Nurses
1952	742		5031	19807		
1957	2185		10255	30290		
1962	3591		22971	35681		
1965	3938		20314	36762	10234	
1970	3579	2183	25038	39813	10475	
1975	4221	2286	37300	51536	12442	
1978	4789	2294	48948	59934	12870	
1980	4686	2316	51194	65441	12806	
1985	4796	2170	54054	76486	12577	11724
1986	5095	2140	54801	77437	12895	11921
1987	5136	2136	57178	78382	13201	12156
1988	5148	2151	59514	80153	21004	13688
1989	5229	2152	61912	81219	27789	16027
1990	5248	2154	62568	82690	28824	16929
1991	5326	2153	64057	83973	28652	17163
1992	5328	2160	64978	85204	28643	17557
1993	4807	2114	65859	84125	29516	17714
1994	4795	2590	66891	85586	30915	18298
1995	4801	2505	67243	86041	31169	18692
1996	4777	2567	66339	87542	30733	19289
1997	4743	2553	69591	88423	43178	19593
1998	4643	2438	65934	83696	43423	19804
1999	4552	2351	66003	88569	44453	20263
2000	4382	2250	65666	88619	44940	20773
2001	4151	2020	64981	86430	44666	20533
2002	2725	1717	61875	79850	37873	20729
2003	2705	1682	63287	78628	37122	20629
2004	2539	1574	63899	77516	36603	20249
2005	2447	1463	64674	78780	37321	20842
2006	2478	1450	68298	79805	37511	21269
2007	2410	1447	74785	83736	38739	23972
2008	2258	1396	81950	88746	39417	26799
2009	2425	1404	92689	97199	41943	31756
2010	17495	1449	103624	111079	47969	37611
2011	17660	1407	115627	120169	49585	42767
2012	17961	1405	130813	131658	51990	49823
2013	18923	1502	147436	142218	55221	55417
2014	18766	1510	160446	154091	58007	62662
2015	19805	1568	176674	166812	61013	69996

注：1）2002年起卫生统计制度变更，其指标名称和统计口径变化，与往年不可比：从2002年起卫生机构、床位、卫生技术人员统计范围均不含“医学院校”、“卫生学校”和“计生站”。卫生技术人员中，2002年前为医生和护师（士），2002年后改为执业(助理)医师和注册护士(表18-1至18-5同)。

2）2011年卫生统计口径变化，与往年不可比：从2010年起卫生机构、卫生技术人员、执业（助理医师）、注册护士统计范围均含“村卫生室”和“个体办诊所”。

Note: a) Due to the changes of health care statistic system since 2002, the indicators and statistic scopes were changed, not comparable with the previous years: since 2002, the scope of the number of health care institutions, the number of beds and the number of medial technical personnel has not included the data of “medical universities”, “health schools” and “family plan service stations”. The indicators of “doctor” and “nurse” before 2002 have been replaced by “licensed (assistant) doctors” and “registered nurses” since 2002 (the same applies to the tables from 18-1 to 18-5).

b) Due to the change of statistic scope, the date are not comparable with the previous years. The data of "village health station" and “individual-run clinics” are included in the data of health institutions, medical technical personnel, licensed (assistant) doctors and registered nurses since 2010.

表19.2 卫生事业情况（2014－2015年）
STATISTICS ON PUBLIC HEALTH CARE (2014-2015)

指　标	Item	2014	2015
执业（助理）医师数（人）	Number of Licensed (Assistant) Doctors (person)	58007	61013
医院床位数（张）	Number of Beds in Hospitals (bed)	109299	123980
孕产妇死亡率（1/10万）	Mortality Rate of Pregnant Women (per 100 000 persons)	18.3	15.3
新生儿死亡率（‰）	Mortality Rate of New Infants (‰)	3.4	3.2
甲乙类传染病发病率（1/10万）	Incidence Disease Rate of Class A and B Infections Diseases (per 100 000 persons)	250.4	262.1
农村自来水普及率（%）	Rate of Access to Tap Water in Rural Area (%)	91.1	91.5

表19.3 医院、卫生院、社区诊疗情况（2015年）
STATISTICS ON VISITS AND INPATIENTS IN HOSPITALS, HEALTH STATIONS AND COMMUNITY HEALTH CENTERS (2015)

机构类别	Type of Institution	诊疗人次（万人次） Number of Visits (10 000 person -times)	其中of which #门诊急诊 Outpatients and Emergency Treatment	健康检查人数（万人） Medical Examiniation (10 000 patients)	住院人数（万人） Number of Inpatients (10 000 patients)	每百门急诊次的入院人数（人） Number of Inpatents per 100 Visits (person)
医　院	**Hospitals**	**6025.75**	**5855.49**	**362.16**	**388.42**	**6.67**
#综合医院	General Hospitals	4138.09	4010.12	286.08	285.92	7.17
中医医院	Hospitals Specialized in Traditional Chinese Medicine	1045.96	1020.94	45.31	59.22	5.81
中西医结合医院	Hospitals of Integrated Traditional Chinese with WesternMedicine	65.73	63.96	3.94	5.48	8.62
口腔医院	Stomatological Hospitals	99.83	99.81	4.09	0.29	0.29
肿瘤医院	Cancer Hospitals	32.41	31.16	1.25	3.62	11.66
妇产（科）医院	OB/GYN Hospitals	50.49	43.11	1.61	2.36	5.46
儿科医院	Children's Hospital	242.93	242.93	0.00	7.01	2.89
精神病院	Mental Hospitals	95.56	94.45	1.72	3.85	4.20
传染病院	Hospitals for Infectious Diseases	11.94	11.94	1.01	0.96	7.59
社区卫生服务中心（站）	**Community Health Service Center (Station)**	**802.69**	**774.73**	**68.44**	**25.70**	**3.33**
卫生院	**Health Centers**	**2110.93**	**2046.72**	**230.39**	**155.02**	**7.62**
#乡镇卫生院	Township Health Centers	2051.78	1988.19	225.34	150.89	7.63

表19.4 卫生机构、床位、人员数（2015年）

NUMBER OF HEALTH CARE INSTITUTIONS, BEDS AND PERSONNEL (2015)

机构类别	Type of Institutions	机构数（个）Health Care Institutions (unit)	床位数（张）Beds (bed)	人员合计（人）Total Personnel (person)	其中 of which 卫生技术人员 Medical Technical Personnel	其他技术人员 Other Technical Personnel	管理人员 Management Personnel	工勤人员 Logistic Workers
总　计	**Total**	**19805**	**176674**	**227212**	**166812**	**7340**	**11134**	**19632**
#医院、卫生院	Total Number of Hospitals	1568	164368	163421	131418	5756	9359	16888
医　院	Hospitals	631	123980	130205	104171	4263	8037	13734
#综合医院	General Hospitals	439	84738	91300	73851	2571	5596	9282
中医医院	Hospitals Specialized in Traditional Chinese Medicine	56	18735	18917	15911	520	883	1603
中西医结合医院	Hospitals of Integrated Traditional Chinese with Western Medicine WesternMedicine	12	1978	1648	1278	40	110	220
口腔医院	Stomatological Hospitals	12	196	1253	998	103	85	67
肿瘤医院	Cancer Hospitals	2	1000	1444	1226	85	64	69
胸科医院	Chest Hospitals							
妇产（科）医院	OB/GYN Hospitals	16	1025	1884	1073	166	153	492
儿童医院	Children's Hospital	3	1695	3003	2305	233	194	271
精神病院	Mental Hospitals	25	8047	3060	2282	105	209	464
传染病院	Hospitals for Infectious Diseases	3	812	474	366	16	42	50
卫生院	Health Centers	937	40388	33216	27247	1493	1322	3154
街道卫生院	Urban Subdistrict Health Centers	13	1065	1045	834	59	51	101
乡镇卫生院	Township Health Centers	924	39323	32171	26413	1434	1271	3053
门诊部	Outpatient Department	368	437	2107	1756	77	77	197
采供血机构	Blood Centers	11		586	424	42	46	74
妇幼保健院（所、站）	Women and Children Care Centers	40	3065	6793	5404	212	448	729
专科疾病防治院（所）	Specialized Disease Prevention & Treatment Institutions	15	177	380	262	19	50	49
疾病预防控制中心	CDC (Epidemic Preventation Stations)	42		2751	1973	229	274	275
医学科学研究机构	Research Institutes of Medical Sciences							
医学在职培训机构	Training Institutes for Medical Staff and Workers	6		144	109	11	13	11
健康教育所（中心）	Health Care Training Centers	4		80	25	24	21	10
疗养院	Sanatoriums	5	725	180	98	11	29	42
社区卫生服务中心（站）	Community Health Service Centers	500	7902	10574	8780	330	521	943
卫生监督所	Health Supervision Institutes	39		1054	1001	13	25	15
其他卫生机构	Other Health Care Institutions	17		871	36	512	227	96
村卫生室	Village Health Stations	11280		25335	3041			
诊所、卫生所、医务室	Clinics, Health Centers and Hygienic Centers	5901		12685	12395			290

注：本表机构数包含个体办诊所、村卫生室。
Note: The number of institutions in this table includes individual-run clinics.

表19.5 卫生机构各类人员数（2014－2015年）
NUMBER OF EMPLOYED PERSONS IN HEALTH INSTITUTIONS (2014-2015)

单位：人、% (person, %)

人员分类	Type of Personnel	人 数 Personnel		构 成 Composition	
		2014	2015	2014	2015
总 计	**Total**	**210262**	**227212**	**100.00**	**100.00**
卫生技术人员	Medical Technical Personnel	154091	166812	73.29	73.42
执业医师	Licensed Doctors	44197	47718	21.02	21.00
执业助理医师	Licensed Assistant Doctors	13810	13295	6.57	5.85
注册护士	Registered Nurses	62662	69996	29.80	30.81
药剂人员	Pharmacists	7618	8188	3.62	3.60
技 师（士）	Technical Workers	7203	7873	3.43	3.47
其他人员	Others	18601	19742	8.85	8.69
其他技术人员	Other Technical Personnel	6199	7340	2.95	3.23
管理人员	Management Personnel	9992	11134	4.75	4.90
工勤人员	Logistics Workers	17203	19632	8.18	8.64
每万人口拥有卫生技术人员	**Number of Medical Technical Personnel per 10 000 Population**	**46**	**49**		

表19.6 结婚登记和离婚登记情况（2014－2015年）
STATISTICS ON MARRIAGES AND DIVORCES (2014-2015)

项 目	Item	2014	2015
登记结婚件数（件）	Registered Marriages (couple)	304493	292570
内地居民	Registered Marriages in the Mainland	303713	291841
涉外及华侨、港澳台居民	Registered Marriages with Foreigner or Citizen of Hong Kong, Macao and Taiwan	780	729
登记结婚人数（人）	Registered Newly Married People (person)	608986	585140
初 婚	First Marriages	432617	412757
再 婚	Remarriages	176369	172383
登记离婚件数（件）	Registered Divorces (couple)	115359	120220
#内地居民	Registered Divorces in the Mainland	115232	120079

表19.7 民政事业情况（2014－2015年）
STATISTICS ON CIVIL AFFAIRS (2014-2015)

指　标	Item	2014	2015
民政经费支出（万元）	Expenditure for Civil Affairs (10 000 yuan)	1027740	1146518
城市居民最低生活保障人数（万人）	Number of Persons Receiving Minimum Living Allowance in Urban Areas (10 000 persons)	40.98	37.52
农村居民最低生活保障人数（万人）	Number of Persons Receiving Minimum Living Allowance in Rural Areas (10 000 persons)	50.24	50.26
农村五保供养人数（万人）	Number of Persons Receiving Livelihood Guaranteed in Five Aspects in Rural Areas (10 000 persons)	16.36	16.71
享受城镇居民最低生活保障人数占非农业人口比重（%）	Number of Persons Receiving Minimum Living Allowance in Urban Areas as Percentage to Total Non-agricultural Population (%)	3.0	2.7
提供住宿的社会服务机构床位数（张）	Number of Beds in the Social Service Institutions Providing Accommodation (pcs)	164353	90500
福利企业职工人数（人）	Number of Staff and Workers in Welfare Enterprises (person)	67826	57136
#残疾职工	Disabled Staff and Workers	26068	21002
城镇便民、利民服务网点（个）	Number of Service Stations for Urban Residents (unit)	11719	12517
福利彩票销售额（万元）	Sales of Welfare Lotteries (10 000 yuan)	619904	456500

表19.8 优抚对象基本情况（2014－2015年）
STATISTICS ON SPECIAL CARES FOR SERVICEMEN (2014-2015)

单位：人 (person)

项　目	Item	2014	2015
优抚对象	**Residents Receiving Special Cares for Serviceman**	**280078**	**264581**
享受定期抚恤金人数	Persons Receiving Regular Pensions	5621	5166
享受定期补助人数	Persons Receiving Regular Subvention	253389	239092
#在乡复员军人	Demobilized Soldiers in the Countryside	29879	23831
带病回乡退伍军人	Veterans in the Countryside	68544	65372
伤残人员	Wounded and Disabled Servicemen	21068	20323

表19.9 社会福利事业、企业单位数和工作人员数（2014－2015年）

NUMBER OF SOCIAL WELFARE INSTITUTIONS & ENTERPRISES AND EMPLOYED PERSONS (2014-2015)

单位：人、个 (person, unit)

项　目	Item	机　构 Number of Institutions and Enterprises		工作人员 Number of Personnel	
		2014	2015	2014	2015
提供住宿的社会服务机构	Social Service Institutions Providing Accommodation	966	672	9419	7961
社会福利企业单位	Social Welfare Enterprises	745	613	67826	57136
为残疾人提供工作岗位的企业	Enterprises Employing Disabled Employees	398	334	31387	26137
其他为残疾人服务的福利机构	Other Welfare Organizations for Disabled Persons	347	279	36439	30999
救助管理站	Salvation Management Stations	38	38	319	334
殡葬事业单位	Funeral and Interment Institutions	116	118	2094	2160
福利彩票发行单位	Welfare Lottery Issuing Units	1	1	152	162
募捐单位	Donation Soliciting Units				
社区服务中心	Community Service Centers	282	323	1727	1807

表19.10 提供住宿的社会服务基本情况（2015年）

BASIC STATISTICS ON THE SOCIAL SERVICE INSTITUTIONS PROVIDING ACCOMMODATION (2015)

项　目	Item	院　数（个） Number of Institutions (unit)	工作人员（人） Number of Staff and Workers (person)	床位数（张） Number of Beds (bed)	年末收养人数（人） Number of Residents at Year-end (person)
提供住宿的社会服务机构	**Social Service Institutions Providing Accommodation**	**672**	**7961**	**90500**	**55743**
老年人与残疾人服务机构	Service Institutions for the Old and the Disabled	615	6791	83473	52397
智障与精神疾病服务机构	Service Institutions for the Retarded and People with Mental Diseases	9	484	2381	2109
为儿童提供住宿的社会服务机构	Social Service Institutions Providing Accommodation for Children	6	292	2489	986
其他提供住宿的社会服务机构	Other Social Service Institutions Providing Accommodation	42	394	2157	251

表19.11 社会活动参与情况（2014－2015年）
PARTICIPATION IN SOCIAL ACTIVITIES (2014-2015)

单位：人、个 (person, unit)

指　标	Item	2014	2015
省级人大代表人数	Number of Municipal Deputies of People's Congress	865	868
#女　性	Female	210	213
省级政协委员人数	Number of Municipal Deputies of People's Political Consultative Conferences	853	853
#女　性	Female	183	184
基层地方妇联组织数	Number of Local Women's Federation Unions	12090	16103
工会基层组织数	Number of Grassroots Trade Unions	58214	58590
工会会员人数(万人)	Membership of Trade Unions (10 000 persons)	777.28	767.79

表19.12 基本养老保险情况（2014－2015年）
STATISTICS ON BASIC PENSION INSURANCE (2014-2015)

单位：亿元、万人(100 million yuan, 10 000 persons)

指　标	Item	2014	2015
城镇企业职工基本养老保险参保人数	Number of Contributors to Urban Enterprise Basic Pension Insurance	813.43	837.38
#年末参保职工	Employees at Year-end	522.75	535.04
#企　业	Enterprises	377.44	388.37
城镇企业职工基本养老保险基金收入	Total Revenue of Urban Enterprise Basic Pension Insurance	673.39	753.38
城镇企业职工基本养老保险基金支出	Expenditure of Urban Enterprise Basic Pension Insurance	568.87	659.12
离休、退休、退职人员年末人数	Number of Retires at Year-end	290.68	302.34
城乡居民社会养老保险参保人数	Number of Urban and Rural Residents Participating in SocialPension Insurance	1112.54	1111.06

表19.13 失业保险基本情况（2014－2015年）
STATISTICS ON UNEMPLOYMENT INSURANCE (2014-2015)

指　标	Item	2014	2015
年末失业保险参保人数（万人）	Unemployment Insurance Contributors at Year-end (10 000 persons)	439.07	439.52
企　业	Enterprises	378.59	378.29
事业单位	Institutions	35.15	36.17
其　他	Others	25.33	25.06
失业保险基金总收入（亿元）	Total Revenue of Unemployment Insurance (100 million yuan)	28.19	28.09
失业保险费总收入（亿元）	Total Premium of Unemployment Insurance (100 million yuan)	25.99	25.20
失业保险基金总支出（亿元）	Total Expenditure of Unemployment Insurance (100 million yuan)	4.77	14.92
失业保险金总支出（亿元）	Total Payment of Unemployment Insurance (100 million yuan)	2.75	3.48
失业保险基金当年末结余额（亿元）	Year-end Balance of Unemployment Insurance (100 million yuan)	94.81	107.98
年末城镇登记失业人员数（万人）	Year-end Registered Urban Unemployment (10 000 persons)	13.42	14.26
城镇登记失业人员再就业人数（万人）	Registered Urban Unemployment Reemployed (10 000 persons)	26.77	27.71
领取失业保险人数（万人）	Actual Beneficiaries of Unemployment Insurance (10 000 persons)	6.88	6.90
本年领取失业保险金人次数（万人次）	Person-times of Reception of Unemployment Insurance in Current Year (10 000 person-times)	35.75	40.31

表19.14 基本医疗保险情况（2014－2015年）
STATISTICS ON BASIC MEDICAL CARE INSURANCE (2014-2015)

单位：亿元、万人 (10 000 yuan, 10 000 persons)

指　标	Item	2014	2015
城镇职工基本医疗保险参保人数	Basic Urban Workers Medical Care Insurance Contributors at Year-end	575.77	588.46
在职职工	Staff and Workers	408.76	414.49
退休人员	Retirees	167.01	173.97
城镇职工基本医疗保险基金总收入	Total Revenue of Urban Workers Basic Medical Care Insurance	202.18	240.00
城镇职工基本医疗保险基金总支出	Total Expenses of Urban Workers Basic Medical Care Insurance	178.89	222.42

表19.15 体育事业基本情况（2014－2015年）
STATISTICS ON MASS SPORTS (2014-2015)

项　目	Item	2014	2015
体育经费（万元）	Sports Expenditures (10 000 yuan)	91023	125142
体育彩票销售额（万元）	Sales Value of Sports Lotteries (10 000 yuan)	282253	305770
等级运动员（人）	Graded Athletes (person)		
国际级运动健将	International Masters of Sports		2
运动健将	Masters of Sports	27	22
一级运动员	First Grade Athletes	353	322
二级运动员	Second Grade Athletes	1090	1012
等级裁判员（人）	Graded Referees (person)		
国际裁判	International Referees		2
国家级裁判	National Referees	11	11
一级裁判	First Grade Referees	650	708
二级裁判	Second Grade Referees	130	503

注：体育经费包括体育事业费和体育基建支出。
Note:Sports expenditures include sports funds and expenditure for sports infrastructure.

表19.16 律师、公证、调解工作基本情况（2014 – 2015年）

STATISTICS ON LAWYERS, NOTARIZATION AND MEDIATION (2014-2015)

项 目	Item	2014	2015
律师工作	**Lawyers**		
律师事务所（所）	Number of Law Offices (unit)	664	737
执业律师（人）	Number of Licensed Lawyers (person)	6798	7150
#专 职	Full-time Lawyers	6043	6323
聘请担任法律顾问单位（家）	Number of Units with Permanent Legal Advisors (unit)	13420	14404
民事诉讼代理（件）	Agent of Civil Cases (case)	56045	67390
刑事辩护（件）	Defender of Criminal Cases (case)	9578	8824
行政诉讼代理（件）	Agent of Administrative Action (case)	1842	2832
非诉讼法律事务（件）	Cases of Non-litigious Legal Affairs (case)	5140	5145
咨询和代写法律文书（件）	Advisory Services and Legal Documents Written on Behalf of Clients (case)	202050	214298
公证工作	**Notarization**		
公证处（个）	Number of Notary Offices (unit)	40	40
公证员（人）	Public Notaries (person)	185	205
办理公证书（件）	Notarized Documents (case)	202050	212971
人民调解工作	**Number of People's Mediation**		
人民调解委员会（个）	Number of People's Mediation Committees (unit)	13126	12889
人民调解员（人）	Number of Mediators (person)	87837	85909
调解纠纷（件）	Number of Disputes Mediated (case)	543145	516687
司法所建设	Construction of Judicial Institute		
司法所（个）	Judicial Institute (unit)	1013	1018
司法助理员（人）	Judicial Assistance (person)	1865	2122
安置帮教对象（人）	Persons Resettled and Helped (person)	26687	25999
社区矫正对象（人）	Persons under Community Correction (person)	14261	13660
基层法律服务	Legal Service at Grassroots Level		
基层法律服务所（个）	Legal Service Institute at Grassroots Level (unit)	288	293
基层法律工作者（人）	Grassroots Legal Service Workers (person)	1552	1612
办理法律援助（件）	Legal Assistance Handled (case)	8165	9381

表19.17 国内外公证文书（2014－2015年）

DOMESTIC AND FOREIGN-RELATED NOTARIAL DOCUMENTS (2014-2015)

单位：件、% (case, %)

项　目	Item	国内公证文书 Domestic Notarial Documents			
		办证件数 Number of Notarial Documents Issued		比　重 Percentage	
		2014	2015	2014	2015
合　计	**Total**	**150005**	**161017**	**100.0**	**100.0**
合　同（协议）	Contract (Agreement)	17132	14542	11.4	9.0
继　承	Inheritance	26565	25117	17.7	15.6
单方法律行为	Unilateral Legal Act	51703	52792	34.5	32.8
现场监督	Field Supervision	691	469	0.5	0.3
保全证据	Evidence Preservation	1015	900	0.7	0.6
公司章程	Corporation Constitutions	2			
组织资格	Organizational Qualification	1	3		
财产权	Property Rights	12	22		
身　份	Identity				
收养关系	Adoptive Relationship	86	63	0.1	
婚姻状况	Marital Status	32	17		
亲属关系	Kinship Confirmation	1548	1618	1.0	1.0
有无违法犯罪记录	Illegal and Criminal Record Check	121	190	0.1	0.1
其他有法律意义事实	Other Facts of Legal Significance	68	81		0.1
证　书（执照）	Certificate (License)	33	89		0.1
签　名（印鉴）	Signature (Stamp)	30767	37306	20.5	23.2
文本相符	Conformity of Documentation	1618	1264	1.1	0.8
赋予执行效力	Executor Force	9045	12127	6.0	7.5
执行证书	Certificate of Execution	838	1490	0.6	0.9
抵押登记	Mortgage Registration	25	16		
提　存	Drawing	18	47		
保　管	Storage	5544	7430	3.7	4.6
其　他	Others	3141	5434	2.1	3.4

19.17 续表1 continued1

单位：件、% (case, %)

项 目	Item	涉外公证文书 Foreign-related Notarial Documents			
		办证件数 Number of Notarial Documents Issued		比 重 Percentage	
		2014	2015	2014	2015
合 计	**Total**	**48924**	**48913**	**100.0**	**100.0**
合 同（协议）	Contract (Agreement)	7	3		
继 承	Inheritance				
委 托	Consignment	2437	1965	5.0	4.0
声 明	Declaration	559	1039	1.1	2.1
遗 嘱	Testament				
其他单方法律行为	Other Unilateral Legal Act	16	20		
公司章程	Corporation Constitutions	2	3		
组织资格	Organizational Qualification				
收养关系	Adoptive Relationship	15	9		
婚姻状况	Marital Status	309	255	0.6	0.5
亲属关系	Kinship Confirmation	5267	4658	10.8	9.5
出 生	Birth	7266	7362	14.9	15.1
死 亡	Death	70	35	0.1	0.1
生存、居住	Living and Residence	69	76	0.1	0.2
学 历（学位）	Education Background (Degree)	281	330	0.6	0.7
经 历	Experience	15	10		
职 务（职称）	Post (Professional Title)				
身 份	Identity				
有无违法犯罪记录	Illegal and Criminal Record Check	4222	4167	8.6	8.5
其他有法律意义事实	Other Facts of Legal Significance	274	270	0.6	0.6
证 书（执照）	Certificate (License)	7490	9608	15.3	19.6
签 名（印鉴）	Signature (Stamp)	1137	1192	2.3	2.4
文本相符	Conformity of Documentation	16400	15269	33.5	31.2
其 他	Others	3088	2642	6.3	5.4

19.17 续表2 continued2

单位：件、% (case, %)

项　目	Item	涉港澳台公证文书 Notarial Documents Related to Hong Kong, Macao and Taiwan			
		办证件数 Number of Notarial Documents Issued		比　重 Percentage	
		2014	2015	2014	2015
合　计	**Total**	**3121**	**3041**	**100.0**	**100.0**
合　同（协议）	Contract (Agreement)	3	5	0.1	0.2
继　承	Inheritance				
委　托	Consignment	32	42	1.0	1.4
声　明	Declaration	42	26	1.3	0.9
遗　嘱	Testament				
其他单方法律行为	Other Unilateral Legal Act	3	2	0.1	0.1
公司章程	Corporation Constitutions				
组织资格	Organizational Qualification				
收养关系	Adoptive Relationship				
财产权	Property Right				
婚姻状况	Marital Status	60	50	1.9	1.6
亲属关系	Kinship Confirmation	677	611	21.7	20.1
出　生	Birth	355	319	11.4	10.5
死　亡	Death	66	56	2.1	1.8
生存、居住	Living and Residence	16	14	0.5	0.5
身　份	Identity				
学　历（学位）	Education Background (Degree)	5	9	0.2	0.3
经　历	Experience				
职　务（职称）	Post (Professional Title)	355	345	11.4	11.3
有无违法犯罪记录	Illegal and Criminal Record Check	185	196	5.9	6.4
其他有法律意义事实	Other Facts of Legal Significance	348	316	11.2	10.4
证　书（执照）	Certificate (License)	414	463	13.3	15.2
签　名（印鉴）	Signature (Stamp)	56	57	1.8	1.9
文本相符	Conformity of Documentation	139	68	4.5	2.2
其　他	Others	365	462	11.7	15.2

表19.18 公安机关立案的刑事案件情况（2014－2015年）
CRIMINAL CASES REGISTERED IN PUBLIC SECURITY ORGANS (2014-2015)

指　标	Item	2014	2015
人民警察数（人）	Number of Police (person)	40353	40219
刑事案件立案数（起）	Total Registered Criminal Cases (case)	174151	187225
刑事案件破案率（%）	Rate of Solved Criminal Cases (%)	26.9	17.6

表19.19 检察机关直接立案侦查案件情况（2015年）
CASES UNDER DIRECT INVESTIGATION BY PEOPLE'S PROCURATORATE (2015)

案件分类	Category of Cases	受　案（件） Cases Accepted (case)	立案件数（件） Registered Cases (case)	其　中of which #大　案 Large Cases	立案人数（人） Person of Cases Registered (person)	其　中of which #要　案 Key Cases	结案合计 Total Settled Cases 件 (case)	结案合计 Total Settled Cases 人 (person)
合　计	**Total**	**905**	**752**	**674**	**873**	**158**	**674**	**777**
贪污贿赂案件	**Cases on Corruption and Bribery**	**792**	**650**	**601**	**766**	**129**	**576**	**674**
贪　污	Corruption	177	113	106	179	14	109	168
贿　赂	Bribery	577	510	478	556	113	437	470
挪用公款	Misappropriation of Public Funds	24	21	17	23		22	24
集体私分	Collective Illegal Possession of Public Funds	6	6		8	2	7	11
巨额财产来源不明	Unstated Source of Large Amount of Properties	2						
其　他	Others	6					1	1
渎职案件	**Cases on Abuse and Dereliction of Duty**	**113**	**102**	**73**	**107**	**29**	**98**	**103**
滥用职权	Abuse of Power	68	64	55	67	19	51	54
玩忽职守	Unstated Source of Large Amount of Properties	41	36	18	37	10	35	36
徇私舞弊	Fraudulent Practice	3	2		3		2	3
侵犯公民人身权利	Infringement of Citizens' Personal Rights							
其　他	Others	1					10	10

表19.20 检察机关审查批准、决定逮捕犯罪嫌疑人和提起公诉被告人情况（2015年）

ARRESTS OF CRIMINAL SUSPECTS AND DEFENDANTS UNDER PUBLIC PROSECUTION APPROVED BY PEOPLE'S PROCURATORATE (2015)

案件类别	Category of Cases	批捕、决定逮捕合计 Total of Arrests		决定起诉合计 Total of Public Prosecutions	
		件 (case)	人 (person)	件 (case)	人 (person)
合 计	**Total**	**14073**	**17453**	**24774**	**32453**
公安、安全、监狱机关侦查	**Handled by Departments of State, Public Security and Prisons**	**13614**	**16981**	**24241**	**31812**
危害国家安全案	Offences Against State Security	4	6	3	5
危害公共安全案	Offences Against Public Security	250	268	4646	4770
破坏社会主义市场经济秩序案	Offences Against Socialist Economic Order	454	712	696	1267
侵犯公民人身、民主权利案	Offences Against Citizens' Personal and Democratic Rights	1315	1579	2404	3146
侵犯财产案	Offences Against Properties	6151	7937	8517	11584
妨害社会管理秩序案	Offences Against Social Management of Order	5430	6467	7962	11017
危害国防利益案	Offences Against National Defense	10	12	13	23
军人违反职责案	Offences on Dereliction of Duty by Servicemen				
检察机关侦查	**Handled by Procuratorates**	**459**	**472**	**533**	**641**
贪污贿赂案	Offences on Corruption and Bribery	452	465	485	592
渎职案	Offences on Abuse and Dereliction of Duty	7	7	48	49

表19.21 人民法院刑事一审案件收结案情况（2014－2015年）

FIRST TRIAL CRIMINAL CASES ACCEPTED AND SETTLED BY COURTS (2014-2015)

单位：件 (case)

类 别	Category of Cases	收 案 Accepted Cases		结 案 Settled Cases	
		2014	2015	2014	2015
合 计	**Total**	**26012**	**26307**	**24982**	**24977**
#自诉案件	Private Prosecution	135	179	103	149
危害公共安全罪	Offences against Public Security	5195	4739	5131	4687
破坏社会主义市场经济秩序罪	Offences against Socialist Economic Order	782	811	674	658
侵犯公民人身权利、民主权利罪	Offences against Citizens' Personal and Democratic Rights	2712	2789	2516	2578
侵犯财产罪	Offences against Properties	8708	8976	8454	8705
妨害社会管理秩序罪	Offences against social Management of Order	7902	8267	7653	8003
危害国防利益罪	Offences against National Defense	5	13	5	13
贪污贿赂罪	Offences on Corruption and Bribery	668	662	523	301
渎职罪	Offences on Dereliction of Duty	39	48	25	32
危害国家安全罪	Offences against Country Safety				
其 它	Others	1	2	1	

注：收结案中含上年结转。
Note: The numbers of accepted and settled cases include the cases turned over from the previous year.

表19.22 人民法院民事、行政一审案件收结案情况（2014－2015年）
FIRST TRIAL CIVIL AND ADMINISTRATIVE CASES ACCEPTED AND SETTLED BY COURTS (2014-2015)

单位：件 (case)

类别	Category of Cases	收案 Accepted Cases		结案 Settled Cases	
		2014	2015	2014	2015
民事一审案件	**First Trial of Civil Cases**	**280150**	**369891**	**244966**	**331295**
婚姻家庭纠纷案件	Disputes of Marriages and Family Affairs	45833	45987	43051	43986
继承纠纷案件	Disputes of Inheritance	10044	9911	9644	9551
合同纠纷案件	Disputes of Contracts	164734	235472	140580	206824
权属、侵权纠纷案件	Disputes of Ownership and Infrigement of Right	59539	78521	51691	70934
行政一审案件	**First Trial of Administrative Cases**	**5361**	**9756**	**4878**	**8878**

注：收案中含上年结转。
Note: The number of accepted cases includes the cases turned over from the previous year.

表19.23 安全生产情况（2002－2015年）
BASIC STATISTICS ON WORK SAFETY (2002-2015)

年份 Year	亿元地区生产总值生产安全事故死亡率 Mortality Rate of Work Safety Accident per 100 Million Yuan GDP	工矿商贸企业从业人员十万人生产安全事故死亡率 Mortality Rate of Work Safety Accident per 100 000 Employees of Enterprises	煤炭生产百万吨死亡率 Mortality Rate per 1 Million Tons of Coal Procuction	道路交通万车死亡率 Mortality Rate of Highway Traffic Accident per 10 000 Vehicles
2002	1.44	9.90	21.08	37.50
2003	1.41	13.43	17.82	30.70
2004	0.89	10.24	12.24	18.30
2005	0.75	10.62	13.73	14.51
2006	0.61	8.49	9.30	10.83
2007	0.47	8.05	7.64	9.26
2008	0.34	7.13	6.82	7.60
2009	0.30	6.39	5.44	6.00
2010	0.23	5.05	4.00	4.45
2011	0.17	4.51	3.00	3.13
2012	0.13	3.84	2.73	2.60
2013	0.12	3.42	2.39	2.39
2014	0.10	3.21	2.60	2.35
2015	0.08	2.78	1.26	2.20

表19.24 安全生产事故死亡情况（2001－2015年）
BASIC STATISTICS ON DEATH TOLL OF WORK SAFETY ACCIDENTS (2001-2015)

年份 Year	生产安全事故死亡起数（起） Safety Accidents with Death Toll (case)	其中 of which 道路交通事故 Traffic Accidents	煤矿事故 Coal Mine Accidents	火灾事故 Fires	生产安全事故死亡人数（人） Death Toll in Safety Accidents (person)	其中 of which 道路交通事故 Traffic Accidents	煤矿事故 Coal Mine Accidents	火灾事故 Fires
2001	2225	1767	241	44	2794	2083	309	53
2002	2535	1872	323	39	3208	2245	460	43
2003	2732	1989	315	44	3613	2317	446	56
2004	2237	1434	342	56	2694	1707	419	63
2005	2117	1333	349	54	2596	1616	455	57
2006	2002	1175	288	42	2381	1424	357	44
2007	1813	1105	257	35	2197	1331	321	40
2008	1681	1063	212	35	1982	1219	280	39
2009	1679	1109	160	35	1928	1209	234	43
2010	1576	1079	136	22	1793	1215	174	28
2011	1444	983	105	24	1656	1098	135	29
2012	1374	937	89	20	1539	1052	103	20
2013	1346	908	63	1	1499	988	84	2
2014	1207	820	50	1	1379	919	85	2
2015	1142	790	23	1	1256	862	31	2

表19.25 火灾事故情况（2015年）
BASIC STATISTICS ON FIRES (2015)

项目	Item	合计 Total	按事故发生程度分 By Serious Degree of Fires 特大 Extra-Serious	重大 Serious	较大 Large	一般 Ordinary
发生（起）	Fires (case)	6106				6106
死亡（人）	Deaths (person)	32				32
受伤（人）	Injuries (person)	37				37
损失折款（万元）	Losses Converted into Cash (10 000 yuan)	7657.70				7657.70
平均每起事故损失（万元）	Average Loss per Fire (10 000 yuan)	1.25				1.25

注：损失折款指直接经济损失（下表同）。
Note: The Losses converted into cash refer to direct losses (the same for tables below).

表19.26 道路交通事故情况（2015年）
BASIC STATISTICS ON TRAFFIC ACCIDENTS (2015)

类别	Type	发生数（起） Number of Traffic Accidents (case)	死亡人数（人） Number of Deaths (person)	受伤人数（人） Number of Injuries (person)	损失折款（万元） Losses Converted into Cash (10 000 yuan)
总计	**Total**	**4842**	**966**	**6596**	**1845**
#死亡事故	Deaths	907	966	393	647
伤人事故	Injuries	3855		6203	1076
财产损失事故	Assets Losses	80			122
#机动车	Motor Vehicles	4436	927	6074	1776
#汽车	Automobiles	2577	647	3331	1356
摩托车	Motorcycles	1743	234	2602	392
拖拉机	Tractors	75	28	96	16
非机动车	Non-motor-driven Vehicles	246	26	349	39
#自行车	Bicycles	23	1	29	3
行人乘车人	Pedestrians and Passengers	45	13	34	8

主要统计指标解释

等级运动员人数

指经考核正式批准授予等级运动员称号的人数。运动员等级分为国际级运动健将、运动健将、一级运动员、二级运动员、三级运动员、少年级运动员。

等级裁判员人数

指经考核正式批准授予等级裁判员称号的人数。裁判员等级分为国际裁判、国家级裁判、一级裁判、二级裁判、三级裁判。

卫生机构

包括医疗机构、疾病预防控制中心（防疫站）、采供血机构、卫生监督及监测（检验）机构、医学科研和在职培训机构、健康教育所等。

医疗机构

包括医院、社区卫生服务中心（站）、疗养院、卫生院、门诊部、诊所（卫生所、医务室）、妇幼保健院（所、站）、专科疾病防治院（所、站）、急救中心（站）和临床检验中心。医疗机构分为非赢利性医疗机构和赢利性医疗机构。

医院

包括综合医院、中医医院、中西医结合医院、民族医院、各类专科医院和护理院。

卫生技术人员

指卫生机构中医生、护理人员 、药剂人员、检验人员等卫生技术人员。

医生

指在医疗、预防保健机构工作且取得《执业医师证书》的执业医师和执业助理医师。

社会福利企业单位

以安置城镇有一定劳动能力的盲、聋、哑和肢体残疾人员就业为目的，享受国家减免税待遇的国有或集体企业。包括福利工厂、福利商业和服务业、假肢厂和安置农场等单位。该指标主要反映我国对残疾人照顾的特殊政策。

基本养老保险

（1）参加保险人数：指报告期末按照国家法律、法规和有关政策规定参加基本养老保险的职工人数。包括不能正常缴费、已中断缴费但未终止保险关系的职工人数。

（2）社会统筹基金收入：指根据国家规定，由纳入基本养老保险范围的单位，按照国家规定的缴费基数和缴费比例缴纳的社会统筹基金，以及通过其他方式取得的形成基金来源的收入，包括：单位缴纳的社会统筹基金收入、财政补贴收入、利息收入、其他收入。

（3）社会统筹基金支出：指按照国家政策规定的开支范围和开支标准从社会统筹基金中支付给参加基本养老保险的离休、退休、退职人员个人的养老金、丧葬抚恤补助，以及由于保险关系转移、上下级之间调剂资金等原因而发生的支出。包括：基础性养老金、过渡性养老金、离休金、退休金、退职金、补贴、丧葬抚恤补助、其他支出。

（4）社会统筹基金结余：指截止报告期末基本养老保险的社会统筹基金结余金额。包括银行存款、财政专户、债券投资和其他。

离休、退休、退职人员

指正式办理了离休、退休、退职手续，并享受相应的离休、退休、退职待遇的人员。

失业保险

（1）参加保险人数：指报告期末按照国家法律、法规和有关政策规定参加了失业保险的城镇企业事业单位的职工及地方政府规定参加失业保险的其他人员的人数。

主要统计指标解释

（2）失业保险金：指为保障失业人员的基本生活而按规定支付的失业保险金金额。

基本医疗保险

（1）参加保险人数：指报告期末按国家有关规定参加基本医疗保险的人数。包括参加保险的职工人数和退休人员人数。

（2）社会统筹基金收入：指根据国家有关规定，由纳入基本医疗保险范围的缴费单位，按国家规定的缴费基数和缴费比例缴纳的社会统筹基金，以及通过其他方式取得的形成基金来源的款项，包括：单位缴纳的社会统筹基金收入、财政补贴收入、利息收入、其他收入。

（3）社会统筹基金支出：指按照国家政策规定的开支范围和开支标准从社会统筹基金中支付给参加基本医疗保险的职工和退休人员的医疗保险待遇支出及其他支出。包括：住院医疗费用支出、门急诊医疗费用支出、其他支出。

（4）社会统筹基金结余：指截止报告期末基本医疗保险的社会统筹基金结余金额。包括银行存款、财政专户、债券投资和其他。

律师

指依法取得律师执业证书，担任法律顾问，民事（刑事、行政）案件代理人、刑事案件辩护人、办理非诉讼业务，解答法律询问，代写法律事务文书等，为社会提供法律服务的人员。

公证人员

指在公证处工作的人员总称，包括公证处主任、副主任、公证员、公证员助理（助理公证员）和其他从事辅助性工作的人员。

公证文书

指公证处根据当事人申请，依照事实和法律，按照法定程序制作的，具有法律效力的司法证明文书。

调解员

指在人民调解委员会担负调解民间纠纷工作的人员，包括调解委员会的委员和调解小组的调解员。

调解民间纠纷

指调解委员会按照法律规定，根据自愿原则，用说服教育的方法调解民间发生的有关民事权利和义务争执的件数，包括调解成功数和调解未成功数。

立案

指人民检察院对受理的报案、控告、举报或自首及自行发现的犯罪线索、犯罪嫌疑人进行初步调查后，认为存在职务犯罪事实和应追究刑事责任，并决定作为刑事案件进行侦查的诉讼活动，是追究犯罪的开始。该指标主要反映人民检察院依法将职务犯罪线索作为刑事案件进行侦查的诉讼活动。

大案

指贪污、贿赂案数额在5万元以上，挪用公款案数额在10万元以上，集体私分、巨额财产来源不明、隐瞒境外存款案数额在50万元以上以及按照《人民检察院直接受理的渎职、侵权重、特大案件标准（试行）》认定的案件。该指标主要反映人民检察院立案查办的职务犯罪案件中经济损失大、社会危害严重的案件。

要案

指县、处级以上干部的犯罪案件。该指标主要反映国家工作人员中县、处级以上干部因职务犯罪被人民检察院依法立案侦查的情况。

决定逮捕

指人民检察机关对直接受理、自行侦查的案件，认为需要逮捕犯罪嫌疑人时，依据法律作出的逮捕决定。

批准逮捕

指人民检察机关对公安机关、国家安全机关、监狱管理机关提出逮捕的犯罪嫌疑人进行审查，根据事实，依法作出逮捕决定。

决定起诉

指人民检察机关对公安机关、国家安全机关、监狱管理机关和检察机关内设机构反贪污贿赂部门移送起诉的刑事犯罪嫌疑人进行审查，根据事实，依法向人民法院提起公诉。

Explanatory Notes on Main Statistical Indicators

□ Number of Athletes in Grades

Refers to the number of athletes who have been given titles through examination. The titles of athletes include international masters of sports, masters of sports, first-grade, second-grade and third-grade sportsmen and young athletes.

□ Number of Referees in Grades

Refers to the number of referees who have been given titles after examination. They are classified as international referees, national referees and referees of the first, second and third grades.

□ Health Care Institutions

Include medical institutions, disease prevention and control centers (epidemic prevention stations), blood gathering and supplying institutions, health supervision and inspection (check up) institutions, medicinal scientific research and on-job training institutions, health education and so on.

□ Medical Organizations

Include hospitals, health service centers (stations) of communities, nursing homes, health centers, clinics, clinics (health stations and infirmaries), maternity and child care agencies (centers and stations), special disease prevention and curing agencies (centers and stations), first aid centers (stations) and clinical inspection centers. Medical organizations are grouped by two types: profit-making and non-profit-making medical organizations.

□ Hospitals

Include polyclinics, traditional Chinese medical hospitals, hospitals integrated with traditional Chinese therapeutics and western therapeutics, ethical hospitals, various specialties hospitals and nursing hospitals.

□ Medical Technical Personnel

Refers to doctors, assistant nurses, pharmacists, and laboratory technicians working in medical institutions.

□ Doctors

Refer to certified physicians and certified assistant physicians with certifications working in medical and health care and prevention agencies.

□ Social Welfare Enterprises

Are collective owned enterprises which employ the blind, deaf-mute, and other handicapped people who are able to work in cities and towns and enjoy exemption from state taxes, including welfare plants, welfare commercial services, artificial limb plants and farms, etc. This indicator reflects the preferential policies toward disabled persons.

□ Basic Endowment Insurance

(I) Number of people participating in the insurance program: by the end of reference period, number of staff and workers participating in the insurance program in line with national laws, regulations and related policies, including those who can not make regular payment or interrupt payment but not terminate the insurance program.

(II) Revenue of social comprehensive funds: according to national provision, payments made by units covered in basic endowment insurance program, and income from other resources, including: income of social comprehensive funds paid by unites, financial subsidies, interest income and others.

(III) Expenditure of social comprehensive funds: refer to payment made to those retired and resigned people covered in endowment insurance program in terms of pension or compensation within the expenditure scope and standards according to related national policies, and the expenditure occurred due to shift of the insurance relationship or adjustment funds among agencies, including: basic pension, transitional pension, pension for resigned people, pension for retired people, pension for people quitting jobs, subsidies, funeral subsidies and other expenditure.

(IV) Balance of social comprehensive funds: refer to the balance of basic endowment insurance of social comprehensive funds at the end of the reference period, including: bank savings, special fiscal account, investment in bonds and others.

EXPLANATORY NOTES TO MAJOR STATISTICAL INDICATORS

Retired or Resigned Personnel

Refers to people who have formally gone through the formalities for their retirement or quitting work and enjoy the corresponding treatments.

Unemployment Insurance

(I) Number of people participated in unemployment insurance program: number of staff and workers in urban enterprises or institutions and other people according to local government regulations participated in unemployment insurance program in line with national law, regulations and related policies by the end of the reference period.

(II) Sum of Unemployment Insurance: refer to total amount of insurance paid to un-employees to guarantee their basic lives according to related regulations.

Basic Medical Care Insurance

(I) Number of people participated in the insurance program: refer to number of people participated in the basic medical care insurance program according to related regulation by the end of reference period, including: number of staff and workers and retired persons participated in this insurance program.

(II) Revenue of social comprehensive funds: according to national provision, payments made by units covered in basic medical care insurance program, and income from other resources, including: income of social comprehensive funds paid by unites, financial subsidies, interest income and others.

(III) Expenditure of social comprehensive funds: refer to payment made to those retired and resigned people covered in basic medical care insurance within the expenditure scope and standards according to related national policies, including: expenditure on fee-for-service in hospital, expenditure on fee-for-service in clinic and other expenditure.

(IV) Balance of social comprehensive funds: refer to the balance of medical care insurance of social comprehensive funds at the end of the reference period, including: bank savings, special fiscal account, investment in bonds and others.

Lawyers

Are certified legal workers according to law, and who are employed by legal counseling firms to act as legal advisers, agents in criminal or civil lawsuits, or defenders in criminal lawsuits, or to handle non-litigious legal affairs, to advise on matters of law or to write legal papers for others, and provide service to the public.

Notary Personnel

Refers to people working for notary offices including: directors, deputy director, notaries, assistant notaries, and other people providing assistance.

Notary Documents

Refer to the judicatory notary documents drawn up by the request of the party and are in accordance with facts and laws and following certain legal proceedings.

Mediators

Refer to workers on people mediation committees responsible for mediating in civil disputes and cases of slight infraction of the law. They include members of the mediation committees and mediators of mediation groups.

Mediation of Civil Disputes

Refers to number of cases made by mediation committees in mediating in civil disputes concerning civil rights and duties through persuasion and education in accordance with the provisions of law on a voluntary basis, so as to solve disputes by helping the parties involved come to an agreement and understanding, including those unsuccessful ones.

Acceptance of Case

Refers to the decision made by the people's procuratorate office on reported cases, prosecution, impeachment, surrender, self-found criminal clues or suspects after initial investigation to confirm the act of crime and to start legal proceedings of the case as criminal case.

Large Cases

Refer to cases involving a corruption or bribery of over 50,000 yuan, or a misappropriation of over 100,000 yuan, Cases of collectively illegal possession of public funds, unstated sources of large properties, or disguised overseas savings deposits involving 500,000 yuan, or a case that has been defined by Standard on Serious and Large Cases of Misconduct and Tortious that Directly Accepted by People's Procurators Office (trial). This indicator mainly reflects number of accepted cases of job-related criminals that caused serious economic losses or extremely harmful to the society.

EXPLANATORY NOTES TO MAJOR STATISTICAL INDICATORS

Key Cases

Refer to cases committed by government officials with a ranking of division director or county administrator. This indicator mainly reflects the recorded and spied on cases by the people's procurators offices toward government official with a ranking of division director or county administrator.

Decision of Arrest

Refers to decision made by procurators office, in accordance with laws, to arrest the suspect(s) in the cases that are accepted and to be investigated by procurators office.

Approval for Arrest

Refers to the decision made by procurators office, in accordance with laws and relevant facts, to approve the arrest of the suspect(s) that is proposed by the public security departments, state security departments or authority of prisons.

Decision on Prosecution

Refers to the decision made by procurators office, in accordance with laws and relevant facts, to institute proceedings to the people court against the suspect(s) of criminal cases handed over by the public security departments, state security departments or authority of prisons, or by the anti-corruption departments within the procurators office.

第 20 章

区　县

DISTRICTS, COUNTIES

简要说明

BRIEF INTRODUCTION

本章资料包括按“都市经济发达圈、渝西经济走廊和三峡库区生态经济区”和“一小时经济圈”、“都市功能核心区、都市功能拓展区、城市发展新区、渝东北生态涵养发展区和渝东南生态保护发展区”分组的全市38个区县（自治县）的主要经济社会统计资料。

“都市经济发达圈”包括渝中区、大渡口区、江北区、沙坪坝区、九龙坡区、南岸区、北碚区、渝北区、巴南区，即主城九区；“渝西经济走廊”包括江津区、合川区、永川区、南川区、綦江区、大足区、璧山区、铜梁区、潼南区和荣昌区；“三峡库区生态经济区”包括除都市经济发达圈和渝西经济走廊以外的19个区县。

“一小时经济圈”包括渝中区、大渡口区、江北区、沙坪坝区、九龙坡区、南岸区、北碚区、渝北区、巴南区、涪陵区、长寿区、江津区、合川区、永川区、南川区、綦江区、大足区、璧山区、铜梁区、潼南区和荣昌区21个区县。

“都市功能核心区”包括渝中区全域和大渡口区、江北区、沙坪坝区、九龙坡区、南岸区等处于内环以内的区域；“都市功能拓展区”包括大渡口区、江北区、沙坪坝区、九龙坡区、南岸区处于内环以外的区域以及北碚区、渝北区、巴南区全域；“城市发展新区”包括涪陵区、长寿区、江津区、合川区、永川区、南川区、綦江区、大足区、璧山区、铜梁区、潼南区和荣昌区等12区及万盛、双桥经开区；渝东北生态涵养发展区”包括万州区、梁平县、城口县、丰都县、垫江县、忠县、开县、云阳县、奉节县、巫山县、巫溪县等11区县；渝东南生态保护发展区”包括黔江区、武隆县、石柱县、秀山县、酉阳县、彭水县等6区县（自治县）。

都市功能核心区和都市功能拓展区的数据，部分指标暂时按行政区划进行分组统计。

为便于排版，对资料中各区县名称均采用简称，即：石柱土家族自治县、秀山土家族苗族自治县、酉阳土家族苗族自治县、彭水苗族土家族自治县、万盛经济技术开发区统一简称为：石柱县、秀山县、酉阳县、彭水县、万盛区。

本章资料分别由市统计局人口就业处、核算处、工业处、服务业处、固定资产投资处、贸易外经处、社会科技处、能源资源统计处、普查中心、综合处和国家统计局重庆调查总队根据有关专业统计资料、各区县统计局资料和市级有关部门的区县资料整理编辑。

This chapter includes the main economic and social indicators of 38 districts and counties (autonomous counties) grouped by the "Metropolitan Developed Economic Circle, West Chongqing Economic Corridor and the Ecological and Economic Zone in the Three Gorges Reservoir Area" and the "One Circle and Two Wings", "One-hour Economic Circle", "Core Metropolitan Function Area, Extended Metropolitan Function Area, Newly Developed Urban Area, Northeastern Ecological Conservation Area and Southeastern Environment Protection Area".

The "Metropolitan Developed Economic Circle" covers the 9 central urban districts, namely Yuzhong, Dadukou, Jiangbei, Shapingba, Jiulongpo, Nan'an, Beibei, Yubei and Banan. The "West Chongqing Economic Corridor" covers the districts and counties of Jiangjin, Hechuan, Yongchuan, Nanchuan, Qijiang, Dazu, Tongnan, Tongliang, Rongchang and Bishan.The "Ecological and Economic Zone in the Three Gorges Reservoir Area" covers 19 districts and counties other than the "Metropolitan Developed Economic Circle" and the "West Chongqing Economic Corridor".

The "One-hour Economic Circle" includes 21 districts and counties, namely Yuzhong, Dadukou, Jiangbei, Shapingba, Jiulongpo, Nan'an, Beibei, Yubei, Banan, Fuling, Changshou, Jiangjin, Hechuan, Yongchuan, Nanchuan, Qijiang, Dazu, Tongnan, Tongliang, Rongchang and Bishan.

The "Core Metropolitan Function Area" includes Yuzhong Districts and part of Dadukou, Jiangbei, Shapingba, Jiulongpo and Nan'an within the inner ring highway. The "Extended Metropolitan Function Area" includes the areas of Dadukou, Jiangbei, Shapingba, Jiulongpo and Nan'an outside the inner ring highway, as well as the districts of Beibei, Yubei and Banan.The "Newly Developed Urban Area" includes 12 districts, namely Fuling, Changshou, Jiangjin, Hechuan, Yongchuan, Nanchuan, Qijiang, Dazu, Tongnan,Tongliang, Rongchang and Bishan, and the economic development zones of Wansheng and Shuangqiao. The "Northeastern Ecological Conservation Area" includes 11 districts and counties, namely Wanzhou, Liangping, Chengkou, Fengdu, Dianjiang, Zhongxian, Kaixian, Yunyang, Fengjie, Wushan and Wuxi. The "Southeastern Environment Protection Area" includes 6 districts and counties (autonomous counties), namely Qianjiang, Wulong, Shizhu, Xiushan, Youyang and Pengshui.

Part of the data of the Core Metropolitan Function Area and the Extended Metropolitan Function Area are calculated by the administrative districts and counties at present.

For the convinience of layout, shorter terms are used for the name of some districts and counties. Shizhu Tujia Autonomous County, Xiushan Tujia and Miao Autonomous County, Youyang Tujia and Miao Autonomous County, Pengshui Miao and Tujia Autonomous County and Wansheng Economy & Technology Development Zone are uniformly called as Shizhu County, Xiushan County, Youyang County, Pengshui County and Wansheng District.

The data in this chapter are prepared and compiled by Division of Population and Employment Statistics, Division of National Economic Accounting, Division of Industry Statistics, Division of Service Statistics, Division of Statistics of Investment in Fixed Assets, Division of Trade and Foreign Economic Relations Statistics, Division of Social and Technology Statistics, Division of Energy and Natural Resources Statistics, Census Center, Division of Comprehensive Statistics of Chongqing Municipal Bureau of Statistics as well as the NBS Survey Office in Chongqing on the basis of the data provided by the related divisions of Municipal Bureau of Statistics, the statistical bureaus of districts and counties and the related municipal departments.

表20.1 各区县户数和人口（2015年）
HOUSEHOLDS AND POPULATION BY REGION (2015)

区 县	Region	年末总户数（户籍统计）（万户） Year-end Households (registration statistics) (10 000 households)	年末总人口（户籍统计）（万人） Year-end Population (registration statistics) (10 000 persons)	其 中 of which #非农业人口 Non-agricultural	#女 性 Female	按年龄组分 By Age 0-17岁 Aged 0-17	18-35岁 Aged 18-35	35-59岁 Aged 35-59	60岁以上 Aged 60 and Over
全 市	**Total**	**1254.54**	**3371.84**	**1391.02**	**1635.35**	**621.27**	**771.35**	**1299.90**	**679.32**
#都市发达经济圈	Metropolitan Developed Economic Circle	264.55	652.19	503.31	326.86	98.95	147.24	257.42	148.58
渝西经济走廊	West Chongqing Economic Corridor	389.65	1040.02	362.77	504.02	179.64	229.70	410.67	220.01
三峡库区生态经济区	Ecological Economic Zone in Three Gorges Reservoir Area	600.34	1679.63	524.94	804.47	342.68	394.41	631.81	310.73
#一小时经济圈	One Hour Economic Sphere	737.58	1898.57	946.84	932.26	313.24	419.82	753.79	411.72
#都市功能核心区	Core Metropolitan Function Area	107.53	268.81	266.91	135.65	39.98	62.40	104.10	62.33
都市功能拓展区	Extended Metropolitan Function Area	157.02	383.38	236.40	191.21	58.97	84.84	153.32	86.25
城市发展新区	Newly Developed Urban Area	473.03	1246.38	443.53	605.40	214.29	272.58	496.37	263.14
渝东北生态涵养发展区	Northeastern Ecological Conservation Area	390.58	1101.11	322.80	527.18	220.90	257.58	417.99	204.64
渝东南生态保护发展区	Southeastern Environment Protection Area	126.38	372.16	121.38	175.91	87.13	93.95	128.12	62.96
万州区	Wanzhou District	71.01	175.47	78.58	86.10	28.50	36.46	73.31	37.20
黔江区	Qianjiang District	20.74	55.05	24.57	26.01	12.58	14.55	19.14	8.78
涪陵区	Fuling District	46.21	116.19	48.62	57.01	20.39	24.06	48.04	23.70
渝中区	Yuzhong District	20.85	53.07	53.07	26.90	5.40	11.50	20.50	15.67
大渡口区	Dadukou District	11.28	25.64	23.91	12.97	3.92	5.54	10.38	5.80
江北区	Jiangbei District	25.52	60.18	58.25	30.15	8.32	14.47	23.20	14.19
沙坪坝区	Shapingba District	30.27	80.37	68.46	40.49	12.29	19.42	30.85	17.81
九龙坡区	Jiulongpo District	37.15	90.00	74.08	45.34	14.36	20.16	35.63	19.85
南岸区	Nan'an District	26.70	68.14	62.47	34.51	11.34	15.64	26.37	14.79
北碚区	Beibei District	25.79	63.16	39.31	31.68	8.11	13.05	25.80	16.20
渝北区	Yubei District	49.85	121.01	82.77	60.28	21.96	28.15	48.72	22.18
巴南区	Ba'nan District	37.14	90.62	40.99	44.54	13.25	19.31	35.97	22.09
长寿区	Changshou District	37.17	90.17	32.14	44.37	14.26	18.82	37.66	19.43
江津区	Jiangjin District	62.36	149.53	57.36	72.52	24.77	29.45	61.09	34.22
合川区	Hechuan District	59.87	154.43	50.88	74.48	23.69	32.38	62.91	35.45
永川区	Yongchuan District	39.83	113.15	37.89	55.55	22.07	24.15	44.74	22.19
南川区	Nanchuan District	25.94	68.69	19.42	33.66	13.07	13.40	28.37	13.85
綦江区	Qijiang District	47.26	120.65	53.31	59.02	19.75	27.26	47.80	25.84
#綦江区（不含万盛）	Qijiang District (excluding Wansheng)	37.28	93.86	37.31	45.59	15.72	21.09	36.96	20.09
大足区	Dazu District	32.65	105.39	35.18	50.32	20.41	26.93	38.31	19.74
璧山区	Bishan District	25.21	63.95	28.39	31.44	10.30	13.71	25.89	14.05
铜梁区	Tongliang District	32.72	84.53	23.07	40.88	14.09	17.84	34.01	18.59
潼南区	Tongnan District	32.66	95.22	16.85	44.87	17.00	24.61	34.59	19.02
荣昌区	Rongchang District	31.15	84.48	40.42	41.28	14.49	19.97	32.96	17.06
梁平县	Liangping County	32.47	92.55	20.65	44.20	17.47	20.26	37.54	17.28
城口县	Chengkou County	8.87	25.06	6.87	11.77	5.74	6.14	8.93	4.25
丰都县	Fengdu County	27.74	82.90	24.16	39.86	17.75	17.75	31.99	15.41
垫江县	Dianjiang County	33.96	97.05	23.31	46.50	20.89	21.99	36.37	17.80
武隆县	Wulong County	14.20	41.43	11.70	19.74	8.26	8.73	16.05	8.39
忠 县	Zhongxian County	34.94	100.46	23.64	48.17	19.78	21.84	38.89	19.95
开 县	Kaixian County	57.55	168.35	54.23	80.06	37.00	40.97	60.90	29.48
云阳县	Yunyang County	44.86	134.64	38.00	64.03	27.53	34.35	48.84	23.92
奉节县	Fengjie County	35.61	106.41	22.87	50.41	21.64	27.87	38.25	18.65
巫山县	Wushan County	23.66	63.83	15.99	30.31	13.48	16.07	23.32	10.96
巫溪县	Wuxi County	19.91	54.39	14.50	25.77	11.12	13.88	19.65	9.74
石柱县	Shizhu County	19.63	54.66	17.67	26.41	11.97	13.07	20.18	9.44
秀山县	Xiushan County	21.51	66.21	23.29	31.56	15.03	18.90	21.47	10.81
酉阳县	Youyang County	27.28	85.00	24.09	39.80	22.18	21.56	27.53	13.73
彭水县	Pengshui County	23.02	69.81	20.06	32.39	17.11	17.14	23.75	11.81

表20.1 续表 continued

区 县	Region	出 生（户籍统计） Birth (registration statistics)		死 亡（户籍统计） Mortality (registration statistics)		自然增长（户籍统计） Natural Growth (registration statistics)		常住人口（万人） Resident Popolation (10 000 persons)	其 中 of which 城镇人口 Urban	城镇化率（%） Urban Rate (%)
		人 数（万人） Population (10 000 persons)	出生率（‰） Birth Rate (‰)	人 数（万人） Population (10 000 persons)	死亡率（‰） Mortality Rate (‰)	人 数（万人） Population (10 000 persons)	自然增长率（‰） Natural Growth Rate (‰)			
全 市	**Total**	**37.34**	**11.07**	**23.82**	**7.06**	**13.52**	**4.01**	**3016.55**	**1838.41**	**60.94**
#都市发达经济圈	Metropolitan Developed Economic Circle	7.34	11.33	3.70	5.71	3.64	5.62	834.82	739.62	88.60
渝西经济走廊	West Chongqing Economic Corridor	11.36	10.91	8.14	7.82	3.22	3.09	899.09	511.65	56.91
三峡库区生态经济区	Ecological Economic Zone in Three Gorges Reservoir Area	18.64	11.07	11.98	7.11	6.66	3.95	1282.64	587.14	45.78
#一小时经济圈	One Hour Economic Sphere	20.67	10.90	13.07	6.89	7.60	4.01	1930.42	1374.8	71.22
#都市功能核心区	Core Metropolitan Function Area	2.96	11.08	1.33	4.98	1.63	6.10	374.30	374.30	100.00
都市功能拓展区	Extended Metropolitan Function Area	4.38	11.50	2.37	6.20	2.01	5.30	460.52	365.32	79.33
城市发展新区	Newly Developed Urban Area	13.33	10.68	9.37	7.51	3.96	3.17	1095.60	635.20	57.98
渝东北生态涵养发展区	Northeastern Ecological Conservation Area	12.07	10.93	7.80	7.06	4.27	3.87	811.19	361.21	44.53
渝东南生态保护发展区	Southeastern Environment Protection Area	4.60	12.32	2.95	7.90	1.65	4.42	274.94	102.38	37.24
万州区	Wanzhou District	1.72	9.79	0.96	5.45	0.76	4.33	160.74	100.24	62.36
黔江区	Qianjiang District	0.70	12.71	0.42	7.70	0.28	5.00	46.20	21.31	46.13
涪陵区	Fuling District	1.17	10.07	0.73	6.24	0.44	3.83	114.08	72.76	63.78
渝中区	Yuzhong District	0.43	8.03	0.33	6.17	0.10	1.86	64.95	64.95	100.00
大渡口区	Dadukou District	0.28	11.08	0.13	5.00	0.15	6.09	33.27	32.34	97.20
江北区	Jiangbei District	0.68	11.48	0.31	5.21	0.37	6.27	84.98	80.99	95.30
沙坪坝区	Shapingba District	0.90	11.19	0.41	5.09	0.49	6.09	112.83	106.40	94.30
九龙坡区	Jiulongpo District	1.11	12.47	0.61	6.82	0.50	5.65	118.69	108.93	91.78
南岸区	Nan'an District	0.81	11.97	0.27	4.00	0.54	7.97	85.81	81.15	94.57
北碚区	Beibei District	0.55	8.71	0.32	5.04	0.23	3.66	78.62	62.90	80.01
渝北区	Yubei District	1.61	13.49	0.69	5.78	0.92	7.71	155.09	123.23	79.46
巴南区	Ba'nan District	0.97	10.77	0.63	7.03	0.34	3.74	100.58	78.73	78.28
长寿区	Changshou District	0.80	8.89	0.50	5.50	0.30	3.38	82.43	50.79	61.62
江津区	Jiangjin District	1.47	9.83	1.39	9.30	0.08	0.53	133.19	84.86	63.71
合川区	Hechuan District	1.42	9.19	1.20	7.72	0.22	1.47	136.06	86.81	63.80
永川区	Yongchuan District	1.33	11.72	0.96	8.49	0.37	3.23	109.61	71.15	64.91
南川区	Nanchuan District	0.73	10.61	0.45	6.58	0.28	4.03	56.43	31.38	55.61
綦江区	Qijiang District	1.25	10.36	0.97	8.04	0.28	2.32	107.84	60.87	56.44
#綦江区（不含万盛）	Qijiang District (excluding Wansheng)	0.98	10.41	0.77	8.25	0.21	2.16	81.05	39.74	49.03
大足区	Dazu District	1.67	15.90	0.80	7.56	0.87	8.34	76.39	39.56	51.79
璧山区	Bishan District	0.71	11.05	0.44	6.96	0.27	4.10	72.52	36.65	50.54
铜梁区	Tongliang District	0.92	10.83	0.71	8.39	0.21	2.44	68.72	33.99	49.46
潼南区	Tongnan District	1.06	11.11	0.67	7.04	0.39	4.08	68.23	31.85	46.68
荣昌区	Rongchang District	0.80	9.47	0.55	6.51	0.25	2.96	70.10	34.53	49.26
梁平县	Liangping County	0.96	10.34	0.75	8.04	0.21	2.30	66.40	27.63	41.61
城口县	Chengkou County	0.33	13.21	0.19	7.71	0.14	5.50	18.63	6.03	32.37
丰都县	Fengdu County	0.72	8.66	0.64	7.67	0.08	0.99	59.56	24.98	41.94
垫江县	Dianjiang County	1.01	10.36	0.61	6.24	0.40	4.12	67.67	28.15	41.60
武隆县	Wulong County	0.40	9.54	0.29	6.98	0.11	2.56	34.67	13.82	39.86
忠 县	Zhongxian County	1.05	10.47	0.70	6.98	0.35	3.49	70.80	28.42	40.14
开 县	Kaixian County	2.05	12.17	1.04	6.18	1.01	5.99	117.07	50.83	43.42
云阳县	Yunyang County	1.59	11.74	0.95	7.04	0.64	4.70	89.66	35.37	39.45
奉节县	Fengjie County	1.20	11.24	0.90	8.37	0.30	2.87	75.33	29.71	39.44
巫山县	Wushan County	0.78	12.10	0.64	10.02	0.14	2.08	46.23	17.11	37.01
巫溪县	Wuxi County	0.66	11.99	0.42	7.70	0.24	4.28	39.10	12.74	32.58
石柱县	Shizhu County	0.62	11.33	0.38	6.92	0.24	4.41	38.65	15.30	39.59
秀山县	Xiushan County	0.90	13.59	0.62	9.30	0.28	4.29	49.13	18.33	37.31
酉阳县	Youyang County	1.03	12.07	0.72	8.46	0.31	3.61	55.65	17.20	30.91
彭水县	Pengshui County	0.95	13.52	0.52	7.47	0.43	6.05	50.64	16.42	32.42

表20.2 各区县就业（2015年）
EMPLOYMENT BY REGION (2015)

区 县	Region	城镇非私营单位在岗职工人数（万人） Employment of On-post Urban Non-private Units (10 000 persons)	其中 of which #国有 State-owned	#集体 Collective-owned	年末失业人员登记数（人） Year-end Registered Unemployment (person)
全 市	**Total**	**385.08**	**113.47**	**7.89**	**142623**
#都市发达经济圈	Metropolitan Developed Economic Circle	186.09	44.39	1.54	52992
渝西经济走廊	West Chongqing Economic Corridor	89.10	26.52	3.22	35649
三峡库区生态经济区	Ecological Economic Zone in Three Gorges Reservoir Area	109.89	42.56	3.13	53982
#一小时经济圈	One Hour Economic Sphere	300.61	77.66	5.64	99465
#都市功能核心区	Core Metropolitan Function Area	86.38	10.24	0.80	36954
都市功能拓展区	Extended Metropolitan Function Area	99.71	34.15	0.74	16038
城市发展新区	Newly Developed Urban Area	114.54	33.28	4.08	46473
渝东北生态涵养发展区	Northeastern Ecological Conservation Area	67.92	25.78	1.82	34402
渝东南生态保护发展区	Southeastern Environment Protection Area	16.53	10.02	0.45	8756
万州区	Wanzhou District	23.49	6.41	0.31	7065
黔江区	Qianjiang District	3.01	1.80	0.01	1690
涪陵区	Fuling District	14.99	4.07	0.45	3462
渝中区	Yuzhong District	41.10	10.24	0.22	5074
大渡口区	Dadukou District	4.79	1.04	0.04	1654
江北区	Jiangbei District	17.65	3.47	0.14	8467
沙坪坝区	Shapingba District	18.16	5.03	0.41	7872
九龙坡区	Jiulongpo District	19.78	4.52	0.41	9753
南岸区	Nan'an District	15.02	4.17	0.08	4134
北碚区	Beibei District	11.55	3.83	0.11	3659
渝北区	Yubei District	42.36	8.13	0.06	7658
巴南区	Ba'nan District	15.68	3.96	0.07	4721
长寿区	Changshou District	10.45	2.69	0.41	7362
江津区	Jiangjin District	13.07	3.66	0.25	5004
合川区	Hechuan District	14.25	3.59	0.49	5209
永川区	Yongchuan District	15.94	3.60	0.30	4192
南川区	Nanchuan District	3.45	1.99	0.18	3043
綦江区	Qijiang District	12.05	2.97	0.08	4775
#綦江区（不含万盛）	Qijiang District (excluding Wansheng)	7.38	2.07	0.06	3554
大足区	Dazu District	8.72	2.18	0.17	2674
璧山区	Bishan District	7.48	1.83	0.16	2227
铜梁区	Tongliang District	4.06	2.19	0.28	3669
潼南区	Tongnan District	6.46	2.52	1.30	1672
荣昌区	Rongchang District	3.62	1.99	0.01	3184
梁平县	Liangping County	6.34	2.28	0.22	2374
城口县	Chengkou County	1.29	0.84	0.03	579
丰都县	Fengdu County	3.10	1.82	0.31	2530
垫江县	Dianjiang County	7.40	2.16	0.59	2646
武隆县	Wulong County	2.15	1.18	0.09	574
忠 县	Zhongxian County	2.54	1.79	0.04	5164
开 县	Kaixian County	7.65	2.87	0.03	2471
云阳县	Yunyang County	5.11	2.31	0.01	3330
奉节县	Fengjie County	6.05	2.39	0.11	4389
巫山县	Wushan County	2.61	1.64	0.09	3030
巫溪县	Wuxi County	2.34	1.27	0.08	824
石柱县	Shizhu County	2.94	1.70	0.18	1829
秀山县	Xiushan County	3.00	1.67	0.08	1484
酉阳县	Youyang County	2.66	1.96	0.08	1678
彭水县	Pengshui County	2.77	1.71	0.01	1501

表20.3 各区县生产总值（2015年）
GROSS DOMESTIC PRODUCT BY REGION (2015)

区　县	Region	地区生产总值（万元） Gross Domestic Product (10000 yuan)	其中 of which 第一产业 Primary Industry	第二产业 Secondary Industry	其中 of which #工业 Industry	第三产业 Tertiary Industry	人均地区生产总值（元） Per Capita GDP (yuan)
全　市	**Total**	**157172700**	**11501500**	**70693700**	**55575200**	**74977500**	**52322**
#都市发达经济圈	Metropolitan Developed Economic Circle	68610100	1079100	26315200	21680300	41215800	82973
渝西经济走廊	West Chongqing Economic Corridor	39742200	4644300	21284300	17129500	13813600	44560
三峡库区生态经济区	Ecological Economic Zone in Three Gorges Reservoir Area	48820400	5778100	23094200	16765400	19948100	37987
#一小时经济圈	One Hour Economic Sphere	121240300	6623300	54642900	44577400	59974100	63334
#都市功能核心区	Core Metropolitan Function Area	30985800		5423100	3801900	25562700	83513
都市功能拓展区	Extended Metropolitan Function Area	37624300	1079100	20892100	17878400	15653100	82533
城市发展新区	Newly Developed Urban Area	52630200	5544200	28327700	22897100	18758300	48400
渝东北生态涵养发展区	Northeastern Ecological Conservation Area	27207800	3635300	12189500	8270400	11383000	33428
渝东南生态保护发展区	Southeastern Environment Protection Area	8724600	1242900	3861300	2727400	3620400	31638
万州区	Wanzhou District	8282151	596158	4095865	3178490	3590128	51570
黔江区	Qianjiang District	2025455	190334	1117704	936356	717417	44099
涪陵区	Fuling District	8131946	517697	4932925	4237351	2681324	71430
渝中区	Yuzhong District	9581728		301541	59385	9280187	147423
大渡口区	Dadukou District	1597192	15756	630745	434736	950691	48173
江北区	Jiangbei District	6873142	12648	1952296	1544924	4908198	81411
沙坪坝区	Shapingba District	7142957	56231	3279803	2790806	3806923	63768
九龙坡区	Jiulongpo District	10035661	93407	4423208	3807653	5519046	85156
南岸区	Nan'an District	6793773	46538	4023919	3412581	2723316	80011
北碚区	Beibei District	4303424	145676	2807236	2298980	1350512	55275
渝北区	Yubei District	11933430	258716	6992035	6118704	4682679	78139
巴南区	Ba'nan District	5683423	450334	2620540	1921109	2612549	57423
长寿区	Changshou District	4301168	382489	2300969	1718735	1617710	52665
江津区	Jiangjin District	6055860	754673	3574135	2981138	1727052	46150
合川区	Hechuan District	4761869	648961	2337510	1813542	1775398	35267
永川区	Yongchuan District	5703351	487298	3263797	2606492	1952256	52317
南川区	Nanchuan District	1862532	384930	638640	463956	838962	33159
綦江区	Qijiang District	3780377	504761	1897574	1579390	1378042	34821
#綦江区（不含万盛）	Qijiang District (excluding Wansheng)	2859815	425121	1351223	1147313	1083471	34963
大足区	Dazu District	3491735	395301	2041767	1711914	1054667	46120
璧山区	Bishan District	3817631	204032	2736288	2442314	877311	52821
铜梁区	Tongliang District	3082041	360022	1853444	1517770	868575	45626
潼南区	Tongnan District	2651988	468218	1429982	902492	753788	39573
荣昌区	Rongchang District	3298733	437122	2077734	1670351	783877	47577
梁平县	Liangping County	2423308	360275	1317383	1040250	745650	36542
城口县	Chengkou County	425418	73114	211211	100653	141093	22713
丰都县	Fengdu County	1501886	284690	712976	356732	504220	24876
垫江县	Dianjiang County	2398394	352883	1196810	978773	848701	35372
武隆县	Wulong County	1313995	186611	526798	249492	600586	37824
忠　县	Zhongxian County	2223968	339703	1127389	815157	756876	31115
开　县	Kaixian County	3259784	525284	1651438	996478	1083062	27882
云阳县	Yunyang County	1879115	400843	815159	577014	663113	20934
奉节县	Fengjie County	1974324	359572	770759	280071	843993	25855
巫山县	Wushan County	896605	193506	286457	102278	416642	19317
巫溪县	Wuxi County	733991	150047	280753	114855	303191	18741
石柱县	Shizhu County	1292437	219023	645281	460988	428133	33199
秀山县	Xiushan County	1381933	186549	660120	523337	535264	28145
酉阳县	Youyang County	1169671	239688	513631	348527	416352	20908
彭水县	Pengshui County	1159666	220966	488742	297810	449958	22687

表20.3 续表 continued

（上年=100）(preceding year=100)

区 县	Region	地区生产总值指数（可比价） Indices of GDP (constant prices)	其中 of which 第一产业 Primary Industry	第二产业 Secondary Industry	其中 of which #工业 Industry	第三产业 Tertiary Industry	人均地区生产总值指数 Indices of Per Capita GDP
全 市	**Total**	**111.0**	**104.7**	**111.3**	**110.5**	**111.5**	**110.1**
#都市发达经济圈	Metropolitan Developed Economic Circle	110.7	102.4	109.5	109.4	111.8	108.9
渝西经济走廊	West Chongqing Economic Corridor	111.6	104.9	112.6	111.7	111.9	109.8
三峡库区生态经济区	Ecological Economic Zone in Three Gorges Reservoir Area	111.0	105.1	112.5	110.8	110.6	111.3
#一小时经济圈	One Hour Economic Sphere	111.1	104.4	111.0	110.6	111.8	109.3
#都市功能核心区	Core Metropolitan Function Area	109.4		103.6	101.8	110.9	108.3
都市功能拓展区	Extended Metropolitan Function Area	111.7	102.4	111.1	111.1	113.5	109.4
城市发展新区	Newly Developed Urban Area	111.6	104.8	112.6	111.7	111.8	109.9
渝东北生态涵养发展区	Northeastern Ecological Conservation Area	110.9	105.2	113.1	110.2	110.2	111.6
渝东南生态保护发展区	Southeastern Environment Protection Area	110.1	105.2	110.9	110.2	110.7	110.8
万州区	Wanzhou District	111.1	105.2	113.1	111.3	110.1	110.6
黔江区	Qianjiang District	110.0	104.9	109.6	108.7	111.5	108.9
涪陵区	Fuling District	111.9	104.3	112.8	112.1	111.2	110.7
渝中区	Yuzhong District	110.3		103.2	98.2	110.5	110.4
大渡口区	Dadukou District	110.4	94.4	111.2	111.4	110.1	109.7
江北区	Jiangbei District	112.3	97.9	111.2	111.5	112.7	110.9
沙坪坝区	Shapingba District	108.0	98.5	104.6	103.9	111.2	106.8
九龙坡区	Jiulongpo District	111.2	98.6	111.7	111.0	111.0	109.9
南岸区	Nan'an District	111.3	96.7	112.7	113.2	109.2	109.5
北碚区	Beibei District	111.1	103.1	112.0	112.0	110.0	109.3
渝北区	Yubei District	111.0	102.9	107.3	108.0	118.2	107.8
巴南区	Ba'nan District	111.3	104.2	111.9	110.4	111.8	108.7
长寿区	Changshou District	111.8	104.7	112.4	111.6	112.2	110.3
江津区	Jiangjin District	112.2	104.9	113.1	112.2	113.4	109.3
合川区	Hechuan District	111.7	105.1	112.8	113.4	112.2	110.3
永川区	Yongchuan District	111.8	105.1	112.9	111.8	111.5	110.4
南川区	Nanchuan District	110.7	105.1	111.4	110.9	112.0	109.3
綦江区	Qijiang District	110.7	104.6	111.2	111.3	111.9	111.4
#綦江区（不含万盛）	Qijiang District (excluding Wansheng)	111.3	104.6	111.7	111.5	113.1	112.2
大足区	Dazu District	111.7	104.7	112.7	111.8	111.7	110.2
璧山区	Bishan District	112.1	104.4	112.6	112.1	112.2	109.6
铜梁区	Tongliang District	111.5	104.7	112.8	111.3	111.3	107.3
潼南区	Tongnan District	112.5	104.8	116.2	112.9	111.3	109.7
荣昌区	Rongchang District	111.7	104.3	113.0	111.6	112.1	109.8
梁平县	Liangping County	111.9	105.4	113.7	111.9	111.5	112.4
城口县	Chengkou County	97.9	104.8	88.5	63.6	110.2	99.1
丰都县	Fengdu County	112.0	105.3	115.4	111.8	110.4	114.3
垫江县	Dianjiang County	111.1	105.1	112.6	111.2	111.5	112.0
武隆县	Wulong County	110.5	105.3	112.7	111.8	109.8	110.9
忠 县	Zhongxian County	111.0	104.9	114.1	111.1	109.9	112.8
开 县	Kaixian County	111.6	104.7	114.6	111.2	110.3	111.2
云阳县	Yunyang County	111.1	105.6	113.8	111.2	110.5	111.4
奉节县	Fengjie County	111.5	105.0	118.2	110.8	109.1	113.8
巫山县	Wushan County	110.8	104.7	115.3	109.0	110.1	111.7
巫溪县	Wuxi County	110.7	105.2	113.7	109.8	110.6	111.7
石柱县	Shizhu County	110.0	105.2	111.5	112.1	109.8	111.7
秀山县	Xiushan County	110.5	105.2	111.4	110.6	111.2	110.5
酉阳县	Youyang County	110.1	105.1	110.7	111.1	111.8	110.8
彭水县	Pengshui County	110.4	105.0	112.5	111.1	110.5	112.4

表20.4 各区县农业和农村经济（2015年）
AGRICULTURE AND RURAL ECONOMY BY REGION (2015)

区 县	Region	农林牧渔业总产值（万元） Gross Output Value (10 000 yuan)	其中 of which 农 业 Farming	林 业 Forestry	牧 业 Animal Husbandry	渔 业 Fishery	农林牧渔服务业 Farming, Forestry, Animal Husbandry and Fishery Services	农林牧渔业总产值指数（可比价）（上年=100） Indices of Gross Output (constant prices) (preceding year=100)
全 市	**Total**	**17381486**	**10336848**	**604358**	**5428960**	**749120**	**262200**	**104.6**
#都市发达经济圈	Metropolitan Developed Economic Circle	1644719	1135232	38309	323785	86108	61286	102.3
渝西经济走廊	West Chongqing Economic Corridor	6864722	4095569	195500	2151396	351678	70579	104.8
三峡库区生态经济区	Ecological Economic Zone in Three Gorges Reservoir Area	8873549	5105853	371059	2953036	312908	130693	104.9
#一小时经济圈	One Hour Economic Sphere	9865279	6013171	274336	2899882	519850	158040	104.3
#都市功能核心区	Core Metropolitan Function Area	8519	6059	262	1121	475	602	98.3
都市功能拓展区	Extended Metropolitan Function Area	1636200	1129173	38047	322664	85632	60684	103.6
城市发展新区	Newly Developed Urban Area	8220559	4877939	236027	2576097	433743	96754	104.8
渝东北生态涵养发展区	Northeastern Ecological Conservation Area	5554453	3258144	226878	1783539	202812	83080	105.2
渝东南生态保护发展区	Southeastern Environment Protection Area	1963259	1065339	103654	744796	28031	21438	105.1
万州区	Wanzhou District	889327	575793	35056	220289	43537	14652	105.1
黔江区	Qianjiang District	296302	134670	17011	137830	3382	3409	104.4
涪陵区	Fuling District	781686	489550	31509	206488	39064	15076	104.2
渝中区	Yuzhong District							
大渡口区	Dadukou District	24731	18359	2097	2043	543	1689	93.5
江北区	Jiangbei District	18960	6564	4180	6281	1147	788	98.3
沙坪坝区	Shapingba District	91431	57983	1120	10176	6051	16101	99.3
九龙坡区	Jiulongpo District	134460	102831	1605	21576	4580	3868	98.8
南岸区	Nan'an District	71180	56620	1482	4772	6686	1620	97.3
北碚区	Beibei District	218527	175301	2740	24022	11317	5147	103.2
渝北区	Yubei District	412651	250633	14836	118604	12672	15907	102.8
巴南区	Ba'nan District	672779	466940	10249	136311	43113	16166	104.0
长寿区	Changshou District	574151	292820	9018	218213	43001	11099	104.5
江津区	Jiangjin District	1106759	724444	17001	314015	43433	7866	104.9
合川区	Hechuan District	938474	601646	21662	244408	62257	8500	105.1
永川区	Yongchuan District	725536	365368	16740	284097	51026	8305	105.0
南川区	Nanchuan District	576848	320618	22627	205275	19887	8441	105.0
綦江区	Qijiang District	760231	485507	40278	208899	19100	6447	104.6
#綦江区（不含万盛）	Qijiang District (excluding Wansheng)	637339	415175	21535	180161	15186	5282	104.6
大足区	Dazu District	586576	353053	23451	173197	31551	5325	104.6
璧山区	Bishan District	314172	148139	3981	136282	23070	2701	104.5
铜梁区	Tongliang District	542090	253029	8990	229258	42149	8663	104.9
潼南区	Tongnan District	678243	471952	22719	137579	41127	4866	104.8
荣昌区	Rongchang District	635793	371811	18052	218386	18079	9465	104.0
梁平县	Liangping County	540320	318436	17397	172054	25961	6473	105.4
城口县	Chengkou County	116277	50632	10313	53055	1645	632	104.6
丰都县	Fengdu County	420598	204510	23585	172218	15748	4537	105.0
垫江县	Dianjiang County	542763	307947	10308	180578	30590	13340	104.8
武隆县	Wulong County	293209	188790	10120	85520	7552	1227	105.1
忠 县	Zhongxian County	512631	319075	13224	157032	17114	6186	104.9
开 县	Kaixian County	805667	477052	24411	257925	36722	9557	104.8
云阳县	Yunyang County	606891	369764	26166	184856	15812	10292	105.2
奉节县	Fengjie County	570943	375455	9114	164889	12375	9111	104.8
巫山县	Wushan County	310043	150160	31337	122319	1465	4762	104.7
巫溪县	Wuxi County	238993	109319	25968	98324	1845	3538	105.0
石柱县	Shizhu County	335150	173254	11998	140893	6294	2711	105.0
秀山县	Xiushan County	299961	174291	15358	95572	6262	8478	105.1
酉阳县	Youyang County	386200	193744	29493	156924	3622	2417	104.9
彭水县	Pengshui County	352437	200591	19674	128057	920	3196	104.7

表20.4 续表1 continued1

区 县	Region	农业商品产值（万元） Output Value of Agricultural Commodities (10 000 yuan)	农业商品率（%） Commercial Rate (%)	乡村从业人员（万人） Rural Employment (10 000 persons)	农作物播种面积（公顷） Sown Areas of Farm Crops (hectare)	其中 of which #粮食 Grain	农用化肥施用量（折纯）（吨） Consumption of Chemical Fertilizer (net) (ton)
全 市	**Total**	**11252298**	**65.7**	**1309.23**	**3575797**	**2233958**	**977270**
#都市发达经济圈	Metropolitan Developed Economic Circle	1066159	67.3	99.77	202558	115257	47859
渝西经济走廊	West Chongqing Economic Corridor	4719711	69.5	448.94	1175663	683471	352785
三峡库区生态经济区	Ecological Economic Zone in Three Gorges Reservoir Area	5466428	62.5	760.52	2197576	1435229	576626
#一小时经济圈	One Hour Economic Sphere	6668865	68.7	633.41	1649605	964000	464342
#都市功能核心区	Core Metropolitan Function Area	6518	82.3	27.18	542	136	8340
都市功能拓展区	Extended Metropolitan Function Area	1059640	63.6	72.59	202016	115121	39519
城市发展新区	Newly Developed Urban Area	5602706	69.0	533.64	1447048	848743	416483
渝东北生态涵养发展区	Northeastern Ecological Conservation Area	3411029	62.3	481.93	1287699	881079	348774
渝东南生态保护发展区	Southeastern Environment Protection Area	1172403	60.4	193.89	638492	388879	164154
万州区	Wanzhou District	576122	65.9	70.06	178657	111973	40150
黔江区	Qianjiang District	207545	70.9	29.44	85128	55237	25778
涪陵区	Fuling District	522087	68.1	54.60	180316	95731	40317
渝中区	Yuzhong District						
大渡口区	Dadukou District	20775	90.2	1.32	1683	1	1118
江北区	Jiangbei District	12882	70.9	1.24	1531	1004	400
沙坪坝区	Shapingba District	55593	73.8	7.08	7485	3036	2997
九龙坡区	Jiulongpo District	115289	88.3	12.11	11130	5515	2329
南岸区	Nan'an District	56200	80.8	5.42	2159	905	1496
北碚区	Beibei District	141233	66.2	17.74	29674	12173	9267
渝北区	Yubei District	228075	57.5	25.11	60652	37560	14092
巴南区	Ba'nan District	436112	66.4	29.74	88244	55065	16160
长寿区	Changshou District	360908	64.1	30.09	91069	69540	23381
江津区	Jiangjin District	835738	76.1	67.53	154519	101818	50557
合川区	Hechuan District	591818	63.6	73.14	174296	120246	30705
永川区	Yongchuan District	515355	71.9	43.80	106982	68048	74600
南川区	Nanchuan District	393006	69.1	31.75	106693	56009	34502
綦江区	Qijiang District	469713	62.3	47.77	123920	79272	39346
#綦江区（不含万盛）	Qijiang District (excluding Wansheng)	389226	61.6	40.19	102690	66851	30515
大足区	Dazu District	390829	67.2	25.82	108328	63985	28170
璧山区	Bishan District	230240	73.9	33.54	55428	28723	9314
铜梁区	Tongliang District	386542	72.5	43.21	118202	58787	37403
潼南区	Tongnan District	509967	75.7	40.98	148873	58586	33671
荣昌区	Rongchang District	396503	63.3	41.42	78423	47996	14517
梁平县	Liangping County	332803	62.3	49.14	102579	74982	47198
城口县	Chengkou County	63868	55.2	10.85	47720	32432	5557
丰都县	Fengdu County	264726	63.6	34.95	112471	74328	26968
垫江县	Dianjiang County	373503	70.5	50.61	90951	65000	36339
武隆县	Wulong County	159485	54.6	22.98	88772	49593	17809
忠 县	Zhongxian County	345268	68.2	39.09	109123	79068	33617
开 县	Kaixian County	503672	63.3	82.42	181066	126960	56755
云阳县	Yunyang County	354440	59.4	45.01	133818	98865	27193
奉节县	Fengjie County	335935	59.8	44.53	139833	92165	27800
巫山县	Wushan County	145658	47.7	29.25	94457	61913	19871
巫溪县	Wuxi County	115035	48.9	26.02	97024	63394	27326
石柱县	Shizhu County	199578	60.0	26.32	90125	56250	25292
秀山县	Xiushan County	186231	63.9	34.84	110241	54277	28459
酉阳县	Youyang County	224842	58.6	45.22	141176	89151	26616
彭水县	Pengshui County	194722	55.8	35.10	123051	84372	40200

表20.4 续表2 continued2

区　县	Region	农村用电量（万千瓦时）Electricity Consumption in Rural Areas (10 000 kwh)	农药使用量（吨）Consumption of Chemical Pesticides (ton)	粮食产量（吨）Output of Grain (ton)	油料产量（吨）Output of Oil-bearing Crops (ton)	甘蔗产量（吨）Output of Sugarcane (ton)	烟叶产量（吨）Output of Tobacco (ton)	茶叶产量（吨）Output of Tea (ton)
全　市	**Total**	**781397**	**18199**	**11548879**	**598721**	**97730**	**86759**	**35173**
#都市发达经济圈	Metropolitan Developed Economic Circle	218026	753	626697	8085	787	625	3927
渝西经济走廊	West Chongqing Economic Corridor	295133	6634	4304793	226760	77791	4333	18140
三峡库区生态经济区	Ecological Economic Zone in Three Gorges Reservoir Area	268239	10812	6617390	363876	19152	81801	13106
#一小时经济圈	One Hour Economic Sphere	549313	9059	5738515	252290	80248	6853	22775
#都市功能核心区	Core Metropolitan Function Area	95753	196	23	31			
都市功能拓展区	Extended Metropolitan Function Area	122273	557	626673	8054	787	625	3927
城市发展新区	Newly Developed Urban Area	331288	8306	5111819	244205	79461	6228	18848
渝东北生态涵养发展区	Northeastern Ecological Conservation Area	156087	6282	4108912	220310	16917	31346	4242
渝东南生态保护发展区	Southeastern Environment Protection Area	75997	2858	1701452	126121	565	48560	8156
万州区	Wanzhou District	16386	1154	528243	19009	410	1842	700
黔江区	Qianjiang District	3401	671	250777	16037		6805	794
涪陵区	Fuling District	19684	1359	438156	6581	600	1660	668
渝中区	Yuzhong District							
大渡口区	Dadukou District	5133	12	5				
江北区	Jiangbei District	550	8	4740	19			6
沙坪坝区	Shapingba District	64692	31	13483	37			
九龙坡区	Jiulongpo District	16681	137	25675	1077			
南岸区	Nan'an District	8697	9	4500				
北碚区	Beibei District	87756	241	57603	937			63
渝北区	Yubei District	10145	94	196216	3763	110	86	12
巴南区	Ba'nan District	24372	222	324475	2252	677	539	3846
长寿区	Changshou District	16471	313	368870	10864	1070	235	40
江津区	Jiangjin District	38100	1112	666124	15679	53118	471	1300
合川区	Hechuan District	18637	571	720548	23405	802	138	198
永川区	Yongchuan District	27425	2060	500020	21798			4700
南川区	Nanchuan District	21194	404	335834	22129		2703	3425
綦江区	Qijiang District	34430	484	429441	9353	400	768	2399
#綦江区（不含万盛）	Qijiang District (excluding Wansheng)	25220	328	376385	8100	400	680	1685
大足区	Dazu District	21575	580	432044	43790	2821	248	798
璧山区	Bishan District	77892	111	174796	4655	155		520
铜梁区	Tongliang District	14209	409	355241	13385	754		570
潼南区	Tongnan District	24460	377	378047	46884	10000		220
荣昌区	Rongchang District	17211	526	312697	25682	9741	5	4010
梁平县	Liangping County	13410	1318	385994	16251	5800	59	160
城口县	Chengkou County	4065	42	105860	3325		59	652
丰都县	Fengdu County	16630	311	342117	21619		4721	15
垫江县	Dianjiang County	12576	506	394430	20507	3240	469	83
武隆县	Wulong County	13976	309	177979	9781		9000	191
忠　县	Zhongxian County	7694	648	410078	32117	1621	205	24
开　县	Kaixian County	26888	798	606194	30703	5095	910	520
云阳县	Yunyang County	17968	602	427786	18866	751	661	566
奉节县	Fengjie County	22159	688	440073	27017		7529	396
巫山县	Wushan County	9775	143	234393	18824		9418	401
巫溪县	Wuxi County	8536	72	233744	12072		5473	725
石柱县	Shizhu County	9037	624	261760	10709	377	5170	173
秀山县	Xiushan County	19664	552	310981	36080		287	5500
酉阳县	Youyang County	13919	257	383075	29114		12298	1228
彭水县	Pengshui County	16000	445	316880	24400	188	15000	270

表20.4 续表3 continued3

区 县	Region	水果产量（吨）Output of Fruits (ton)	蔬菜产量（吨）Output of Vegetables (ton)	肉类总产量（吨）Output of Meat (ton)	其 中 of which #猪 肉 Output of Pork	#牛 肉 Output of Beef	水产品产量（吨）Output of Aquatic Products (ton)
全 市	**Total**	**3758483**	**17804742**	**2138183**	**1561507**	**88360**	**480863**
#都市发达经济圈	Metropolitan Developed Economic Circle	237806	1645978	99471	68568	504	46282
渝西经济走廊	West Chongqing Economic Corridor	996352	7480903	821762	561625	8432	244303
三峡库区生态经济区	Ecological Economic Zone in Three Gorges Reservoir Area	2524325	8677861	1216950	931314	79424	190278
#一小时经济圈	One Hour Economic Sphere	1586268	11535216	989947	680190	9829	341865
#都市功能核心区	Core Metropolitan Function Area	14	7782	199	137	1	11970
都市功能拓展区	Extended Metropolitan Function Area	237792	1638196	99272	68431	503	34312
城市发展新区	Newly Developed Urban Area	1348462	9889238	966388	672012	11501	295583
渝东北生态涵养发展区	Northeastern Ecological Conservation Area	1982834	4281016	749940	570713	37563	124110
渝东南生态保护发展区	Southeastern Environment Protection Area	189381	1988510	322384	250214	38792	14888
万州区	Wanzhou District	372606	1018898	80627	67691	2051	23750
黔江区	Qianjiang District	40726	200200	65419	58417	5251	1950
涪陵区	Fuling District	130110	2071135	75912	60390	2176	20960
渝中区	Yuzhong District						
大渡口区	Dadukou District	868	44180	761	553		302
江北区	Jiangbei District	1411	7012	1008	712		383
沙坪坝区	Shapingba District	4907	80892	1468	1069	5	4810
九龙坡区	Jiulongpo District	14999	101486	4501	2796	1	3843
南岸区	Nan'an District	5481	25828	617	543	3	2632
北碚区	Beibei District	21280	380125	8851	6962	37	4870
渝北区	Yubei District	139303	391000	37589	20102	230	8092
巴南区	Ba'nan District	49557	615455	44676	35831	228	21350
长寿区	Changshou District	222000	337200	68714	49997	893	30320
江津区	Jiangjin District	254134	843052	97454	73921	537	24046
合川区	Hechuan District	122158	732118	96637	78477	543	41057
永川区	Yongchuan District	155776	622800	110321	65070	236	41031
南川区	Nanchuan District	73468	406083	70942	52085	2312	11000
綦江区	Qijiang District	40263	778409	72336	58506	2829	12243
#綦江区（不含万盛）	Qijiang District (excluding Wansheng)	36055	599798	64952	52682	2695	10600
大足区	Dazu District	58388	357192	65612	51266	170	21559
璧山区	Bishan District	139876	703022	77172	21336	81	17906
铜梁区	Tongliang District	41768	674907	92976	49002	308	31700
潼南区	Tongnan District	77457	1882905	62891	56007	725	31861
荣昌区	Rongchang District	33064	480415	75421	55955	691	11900
梁平县	Liangping County	95926	482358	78486	55017	3275	16409
城口县	Chengkou County	2174	51726	25724	17205	1006	559
丰都县	Fengdu County	59334	366825	62936	36765	14744	8218
垫江县	Dianjiang County	77081	442232	69608	59392	1002	18500
武隆县	Wulong County	27174	521576	44018	35843	4024	3042
忠 县	Zhongxian County	318867	258895	75570	53150	2872	12300
开 县	Kaixian County	434762	443766	108315	78518	2074	26300
云阳县	Yunyang County	206776	466093	83270	63800	6064	11378
奉节县	Fengjie County	322298	294313	66649	56981	2897	4673
巫山县	Wushan County	80967	239710	46439	39448	754	880
巫溪县	Wuxi County	12043	216200	52316	42746	824	1143
石柱县	Shizhu County	15804	352320	43185	27638	8283	3450
秀山县	Xiushan County	75370	299222	45991	35136	3765	4200
酉阳县	Youyang County	21596	301972	68056	50323	8607	1800
彭水县	Pengshui County	8711	313220	55715	42857	8862	446

表20.5 各区县工业（2015年）
INDUSTRY BY REGION (2015)

区 县	Region	工业总产值（万元） Gross Output Value of Industry (10 000 yuan)	工业总产值指数（上年=100） Index of Gross Output Value of Industry (preceding year=100)	工业企业资产总计（万元） Total Assets of Industrial Enterprises (10 000 yuan)	主营业务收入（万元） Revenue from Principal Business (10 000 yuan)	利润总额（万元） Total Profits (10 000 yuan)
全 市	**Total**	**214000118**	**112.4**	**178460780**	**209022428**	**14118589**
#都市发达经济圈	Metropolitan Developed Economic Circle	99855030	107.2	81204086	99158317	6297383
渝西经济走廊	West Chongqing Economic Corridor	67484574	117.9	47514012	65696877	5805162
三峡库区生态经济区	Ecological Economic Zone in Three Gorges Reservoir Area	46660514	115.2	49742682	44167235	2016045
#一小时经济圈	One Hour Economic Sphere	189552603	112.0	155516602	185525442	12524939
#都市功能核心区	Core Metropolitan Function Area	12899680	101.0	14998216	12752301	872751
都市功能拓展区	Extended Metropolitan Function Area	86955350	108.3	66205870	86406016	5424632
城市发展新区	Newly Developed Urban Area	89697573	117.8	74312516	86367125	6227556
渝东北生态涵养发展区	Northeastern Ecological Conservation Area	18292764	114.8	14453933	17695312	1123021
渝东南生态保护发展区	Southeastern Environment Protection Area	6154752	112.9	8490245	5801675	470630
万州区	Wanzhou District	7742500	113.7	5821618	7460194	464716
黔江区	Qianjiang District	2278331	111.9	2557260	2175295	171507
涪陵区	Fuling District	14312349	117.2	13792031	13056716	830560
渝中区	Yuzhong District	198624	100.2	437900	202879	4602
大渡口区	Dadukou District	1868642	113.3	2754189	1689263	82613
江北区	Jiangbei District	7341004	112.0	8083366	7661950	701931
沙坪坝区	Shapingba District	17661362	100.1	8728925	17505514	310184
九龙坡区	Jiulongpo District	11585430	113.3	9611551	10658543	449061
南岸区	Nan'an District	13857519	117.6	7065686	13297948	489278
北碚区	Beibei District	8177722	115.5	10944224	7993814	411849
渝北区	Yubei District	32191420	101.5	27542895	33702793	3458322
巴南区	Ba'nan District	6973306	115.7	6035350	6445613	389542
长寿区	Changshou District	7900650	114.4	13006473	7613531	-408166
江津区	Jiangjin District	13547331	120.0	11230000	13163036	1549436
合川区	Hechuan District	6827678	125.2	7280659	6424509	414177
永川区	Yongchuan District	10051468	116.0	5736072	9808079	1109675
南川区	Nanchuan District	1667259	114.8	1391253	1620176	95958
綦江区	Qijiang District	5684094	117.6	6177798	5359082	184467
#綦江区（不含万盛）	Qijiang District (excluding Wansheng)	4027693	118.9	4197578	3815304	62822
大足区	Dazu District	5258774	117.8	2828600	5008213	450916
璧山区	Bishan District	8945199	117.5	4794840	8943791	562961
铜梁区	Tongliang District	4564470	118.4	2538938	4436293	323404
潼南区	Tongnan District	3946282	121.4	1347464	3913522	405904
荣昌区	Rongchang District	6992020	117.0	4188390	7020176	708264
梁平县	Liangping County	1921173	120.1	1330757	1904658	186508
城口县	Chengkou County	86193	35.2	367915	73795	-8043
丰都县	Fengdu County	1069825	118.0	1208626	913888	20120
垫江县	Dianjiang County	1933880	116.8	1246032	1914955	192906
武隆县	Wulong County	635141	108.5	1146527	575973	45612
忠 县	Zhongxian County	909361	115.4	891266	887595	71378
开 县	Kaixian County	2718007	117.5	1137550	2671222	124343
云阳县	Yunyang County	1293904	120.1	1045819	1269329	61428
奉节县	Fengjie County	297822	119.2	588569	286607	11859
巫山县	Wushan County	91498	104.5	162079	88067	-4980
巫溪县	Wuxi County	228601	111.6	653702	225004	2789
石柱县	Shizhu County	1044742	112.6	1029827	1029629	84691
秀山县	Xiushan County	714486	111.0	1045098	617683	11989
酉阳县	Youyang County	920290	119.2	1063022	915591	81898
彭水县	Pengshui County	561762	115.4	1648511	487504	74933

表20.5 续表 continued

区 县	Region	总资产贡献率（%） Ratio of Total Assets to Industrial Output Value (%)	资产负债率（%） Asset-Liability Ratio (%)	产品销售率（%） Sales as Percentage of Output (%)	全员劳动生产率（元/人年） Overall Labor Productivity (yuan/person--year)
全 市	**Total**	**14.9**	**61.9**	**97.9**	**297050**
#都市发达经济圈	Metropolitan Developed Economic Circle	13.6	63.4	98.4	328032
渝西经济走廊	West Chongqing Economic Corridor	21.0	55.8	97.9	262559
三峡库区生态经济区	Ecological Economic Zone in Three Gorges Reservoir Area	10.9	65.5	96.7	318174
#一小时经济圈	One Hour Economic Sphere	14.8	62.2	97.9	305424
#都市功能核心区	Core Metropolitan Function Area	12.0	53.8	99.2	347726
都市功能拓展区	Extended Metropolitan Function Area	14.0	65.5	98.3	324416
城市发展新区	Newly Developed Urban Area	16.0	60.8	97.4	287230
渝东北生态涵养发展区	Northeastern Ecological Conservation Area	15.9	57.4	97.4	244578
渝东南生态保护发展区	Southeastern Environment Protection Area	14.7	65.8	97.6	353968
万州区	Wanzhou District	17.7	58.0	96.8	292901
黔江区	Qianjiang District	21.4	57.0	98.6	587383
涪陵区	Fuling District	14.1	66.2	95.8	482608
渝中区	Yuzhong District	3.6	55.1	100.0	503576
大渡口区	Dadukou District	7.2	61.3	94.2	220383
江北区	Jiangbei District	13.7	60.6	101.9	350667
沙坪坝区	Shapingba District	7.6	71.5	99.1	210826
九龙坡区	Jiulongpo District	8.9	51.4	96.2	301721
南岸区	Nan'an District	16.6	60.3	98.6	507596
北碚区	Beibei District	7.4	57.2	98.0	318041
渝北区	Yubei District	19.9	68.8	98.7	385846
巴南区	Ba'nan District	12.7	65.4	96.7	239155
长寿区	Changshou District	-0.5	73.6	95.7	309905
江津区	Jiangjin District	20.6	58.8	97.1	390112
合川区	Hechuan District	11.1	68.4	96.7	260055
永川区	Yongchuan District	33.4	46.4	97.7	302470
南川区	Nanchuan District	13.0	58.7	98.5	198202
綦江区	Qijiang District	9.2	64.1	97.5	175487
#綦江区（不含万盛）	Qijiang District (excluding Wansheng)	6.5	65.3	97.9	156669
大足区	Dazu District	27.4	48.9	98.5	216913
璧山区	Bishan District	19.2	56.3	99.0	225083
铜梁区	Tongliang District	21.1	54.0	97.3	225664
潼南区	Tongnan District	48.2	44.9	98.9	397865
荣昌区	Rongchang District	31.8	34.0	99.0	255678
梁平县	Liangping County	24.4	36.5	98.2	243212
城口县	Chengkou County	1.3	72.0	88.2	123668
丰都县	Fengdu County	3.8	67.0	94.4	250389
垫江县	Dianjiang County	27.9	50.8	98.8	238494
武隆县	Wulong County	9.5	73.0	95.5	384318
忠 县	Zhongxian County	11.4	57.5	98.6	343488
开 县	Kaixian County	22.2	57.2	98.1	193832
云阳县	Yunyang County	12.2	54.9	98.4	239152
奉节县	Fengjie County	5.7	66.4	99.0	127071
巫山县	Wushan County	1.0	80.0	96.8	84880
巫溪县	Wuxi County	3.9	71.4	97.8	189651
石柱县	Shizhu County	19.0	70.1	98.2	267446
秀山县	Xiushan County	5.3	61.0	94.5	205562
酉阳县	Youyang County	15.1	59.2	99.7	316893
彭水县	Pengshui County	10.9	78.9	95.0	290282

表20.6 各区县建筑业（2015年）
CONSTRUCTION BY REGION (2015)

区 县	Region	企业数（个）Number of Construction Enterprises (unit)	年末从业人数（万人）Number of Employed Persons at Year-end (10 000 persons)	总产值（万元）Gross Output Value (10 000 yuan)	房屋建筑施工面积（万平方米）Floor Space under Construction (10 000 sq.m)	房屋建筑竣工面积（万平方米）Floor Space Completed (10 000 sq.m)	其中 of which #住宅 Residential Buildings
全 市	**Total**	**2628**	**177.17**	**62569430**	**32801.61**	**13542.58**	**9935.49**
#都市发达经济圈	Metropolitan Developed Economic Circle	1299	61.83	25159666	15955.46	4533.71	3191.18
渝西经济走廊	West Chongqing Economic Corridor	552	47.13	14424998	7477.08	4016.71	2876.56
三峡库区生态经济区	Ecological Economic Zone in Three Gorges Reservoir Area	777	68.21	22984766	9369.06	4992.15	3867.74
#一小时经济圈	One Hour Economic Sphere	2037	124.88	45068704	26027.17	9697.31	7072.54
#都市功能核心区	Core Metropolitan Function Area	696	30.01	12922111	9840.90	2366.23	1551.03
都市功能拓展区	Extended Metropolitan Function Area	603	31.82	12237554	6114.57	2167.48	1640.15
城市发展新区	Newly Developed Urban Area	738	63.04	19909038	10071.70	5163.60	3881.36
渝东北生态涵养发展区	Northeastern Ecological Conservation Area	482	47.66	15764541	6128.64	3455.20	2664.92
渝东南生态保护发展区	Southeastern Environment Protection Area	109	4.63	1736185	645.80	390.07	198.02
万州区	Wanzhou District	167	13.40	5601337	2040.59	710.84	582.47
黔江区	Qianjiang District	32	1.58	555415	172.35	79.48	62.68
涪陵区	Fuling District	143	12.50	3889343	1320.00	534.15	435.71
渝中区	Yuzhong District	158	9.04	3811195	2865.83	623.13	478.48
大渡口区	Dadukou District	66	3.07	1544041	1566.46	203.82	129.04
江北区	Jiangbei District	108	7.35	2207758	1695.34	563.94	184.08
沙坪坝区	Shapingba District	167	5.65	2624544	1454.71	425.98	336.52
九龙坡区	Jiulongpo District	216	5.25	2365041	1978.94	626.22	380.48
南岸区	Nan'an District	104	3.14	1725030	1476.12	336.05	303.14
北碚区	Beibei District	73	6.24	1841602	925.01	302.45	208.30
渝北区	Yubei District	310	14.00	6809292	2411.91	603.25	476.18
巴南区	Ba'nan District	97	8.09	2231163	1581.14	848.86	694.96
长寿区	Changshou District	43	3.42	1594697	1274.62	612.74	569.09
江津区	Jiangjin District	66	7.35	1565311	1033.70	545.78	389.09
合川区	Hechuan District	82	5.78	1997164	1225.34	567.72	439.90
永川区	Yongchuan District	89	7.14	2672389	954.95	519.13	311.59
南川区	Nanchuan District	32	1.18	243857	137.70	38.16	27.30
綦江区	Qijiang District	82	2.82	866696	552.04	253.86	194.94
#綦江区（不含万盛）	Qijiang District (excluding Wansheng)	59	1.99	617969	417.51	217.86	188.95
大足区	Dazu District	40	2.72	1005479	725.63	323.40	242.65
璧山区	Bishan District	39	1.85	618739	442.02	219.64	116.04
铜梁区	Tongliang District	40	4.12	1204258	735.85	461.18	249.63
潼南区	Tongnan District	42	12.59	3505634	1198.26	888.70	787.03
荣昌区	Rongchang District	40	1.58	745473	471.59	199.16	118.39
梁平县	Liangping County	24	3.74	986742	429.56	337.36	263.43
城口县	Chengkou County	6	0.05	11314	1.40	1.15	1.00
丰都县	Fengdu County	22	5.87	1130970	381.65	258.98	202.79
垫江县	Dianjiang County	51	5.42	1510878	751.05	579.75	475.20
武隆县	Wulong County	15	0.36	162626	52.12	38.59	22.68
忠 县	Zhongxian County	38	2.67	526431	257.32	93.03	79.62
开 县	Kaixian County	42	6.46	2375815	918.31	542.62	349.35
云阳县	Yunyang County	51	3.27	1200528	420.69	263.28	211.82
奉节县	Fengjie County	41	5.23	1913393	731.41	523.68	408.86
巫山县	Wushan County	25	0.53	227393	98.40	59.65	49.23
巫溪县	Wuxi County	15	1.03	279741	98.27	84.85	41.15
石柱县	Shizhu County	12	0.17	82675	28.18	30.51	25.75
秀山县	Xiushan County	13	1.46	450304	133.29	84.48	31.79
酉阳县	Youyang County	14	0.56	176940	143.17	78.42	8.44
彭水县	Pengshui County	23	0.49	308224	116.70	78.61	46.68

注：本表数据不包括劳务分包企业。
Note: The data in this table exclude construction enterprises of labor subcontracting.

表20.7 各区县总承包建筑业企业主要经济指标（2015年）

MAIN ECONOMIC INDICATORS ON CONSTRUCTION ENTERPRISES OF GENERAL CONTRACTING BY REGION (2015)

区 县	Region	企业数（个） Number of Enterprises (unit)	年末从业人数（万人） Number of Employed Persons at Year-end (10 000 persons)	总产值（万元） Gross Output Value (10 000 yuan)	利税总额（万元） Total Pre-Tax Profits (10 000 yuan)	按总产值计算的劳动生产率（元/人） Overall Labor Productivity by Gross Output Value (yuan/person)
全 市	**Total**	**1702**	**165.98**	**58295944**	**4651250**	**312141**
#都市发达经济圈	Metropolitan Developed Economic Circle	590	52.75	21597957	1141342	362332
渝西经济走廊	West Chongqing Economic Corridor	430	45.87	14031652	1257453	270360
三峡库区生态经济区	Ecological Economic Zone in Three Gorges Reservoir Area	682	67.36	22666334	2252455	301200
#一小时经济圈	One Hour Economic Sphere	1170	114.32	41026353	2767193	318328
#都市功能核心区	Core Metropolitan Function Area	253	24.57	10985766	580807	405158
都市功能拓展区	Extended Metropolitan Function Area	337	28.18	10612191	560535	326595
城市发展新区	Newly Developed Urban Area	580	61.57	19428396	1625852	280463
渝东北生态涵养发展区	Northeastern Ecological Conservation Area	431	47.14	15575746	1707121	300811
渝东南生态保护发展区	Southeastern Environment Protection Area	101	4.52	1693845	176935	277611
万州区	Wanzhou District	143	13.18	5551359	570125	426883
黔江区	Qianjiang District	29	1.55	545274	59856	323126
涪陵区	Fuling District	113	12.33	3822509	303530	284307
渝中区	Yuzhong District	53	7.88	3478136	173148	397597
大渡口区	Dadukou District	32	2.63	1354243	104454	488473
江北区	Jiangbei District	46	5.64	1668737	91816	282344
沙坪坝区	Shapingba District	58	4.76	2242946	91530	518612
九龙坡区	Jiulongpo District	79	3.91	1951972	87336	326936
南岸区	Nan'an District	53	2.60	1436450	69167	487196
北碚区	Beibei District	48	5.81	1742374	80601	266842
渝北区	Yubei District	158	11.95	5657241	341151	400161
巴南区	Ba'nan District	63	7.56	2065858	102139	249898
长寿区	Changshou District	37	3.37	1574234	64869	400783
江津区	Jiangjin District	50	7.17	1485720	83536	226388
合川区	Hechuan District	57	5.65	1977036	188702	290365
永川区	Yongchuan District	71	6.96	2618698	267246	284783
南川区	Nanchuan District	29	1.17	239823	17151	182278
綦江区	Qijiang District	58	2.67	836858	70562	256092
#綦江区（不含万盛）	Qijiang District (excluding Wansheng)	42	1.87	593502	57782	245360
大足区	Dazu District	36	2.66	975826	85064	331193
璧山区	Bishan District	27	1.72	547348	47689	321685
铜梁区	Tongliang District	30	3.76	1111666	123329	284860
潼南区	Tongnan District	42	12.59	3505634	293331	245740
荣昌区	Rongchang District	30	1.53	733044	80843	379148
梁平县	Liangping County	21	3.72	940372	122727	213896
城口县	Chengkou County	6	0.05	11314	698	191111
丰都县	Fengdu County	17	5.81	1116098	110304	228022
垫江县	Dianjiang County	47	5.37	1494252	139967	230395
武隆县	Wulong County	12	0.34	154204	7427	319264
忠 县	Zhongxian County	32	2.63	511593	48793	195101
开 县	Kaixian County	41	6.46	2375815	229731	289755
云阳县	Yunyang County	49	3.19	1177603	147831	291284
奉节县	Fengjie County	40	5.22	1904369	279244	307360
巫山县	Wushan County	24	0.52	222211	30042	332204
巫溪县	Wuxi County	11	1.00	270760	27660	223843
石柱县	Shizhu County	12	0.17	82675	8766	268339
秀山县	Xiushan County	13	1.46	450304	52923	235072
酉阳县	Youyang County	12	0.51	153163	18062	186239
彭水县	Pengshui County	23	0.49	308224	29901	348315

表20.8 各区县专业承包建筑业企业主要经济指标（2015年）

MAIN ECONOMIC INDICATORS ON CONSTRUCTION ENTERPRISES OF SPECIALIZED CONTRACTING BY REGION (2015)

区　县	Region	企业数（个）Number of Enterprises (unit)	年末从业人数（万人）Number of Employed Persons at Year-end (10 000 persons)	总产值（万元）Gross Output Value (10 000 yuan)	利税总额（万元）Total Pre-Tax Profits (10 000 yuan)	按总产值计算的劳动生产率（元/人）Overall Labor Productivity by Gross Output Value (yuan/person)
全　市	**Total**	**926**	**11.19**	**4273486**	**394014**	**322827**
#都市发达经济圈	Metropolitan Developed Economic Circle	709	9.08	3561708	306923	332271
渝西经济走廊	West Chongqing Economic Corridor	122	1.26	393346	48385	278219
三峡库区生态经济区	Ecological Economic Zone in Three Gorges Reservoir Area	95	0.85	318431	38706	288278
#一小时经济圈	One Hour Economic Sphere	867	10.56	4042350	345097	325725
#都市功能核心区	Core Metropolitan Function Area	443	5.44	1936345	211690	284916
都市功能拓展区	Extended Metropolitan Function Area	266	3.64	1625363	95234	414306
城市发展新区	Newly Developed Urban Area	158	1.48	480642	65010	284235
渝东北生态涵养发展区	Northeastern Ecological Conservation Area	51	0.52	188795	19734	270946
渝东南生态保护发展区	Southeastern Environment Protection Area	8	0.11	42340	2347	324197
万州区	Wanzhou District	24	0.22	49978	4001	241091
黔江区	Qianjiang District	3	0.03	10141	815	269705
涪陵区	Fuling District	30	0.17	66834	15559	333500
渝中区	Yuzhong District	105	1.16	333059	21978	228781
大渡口区	Dadukou District	34	0.44	189798	63050	621066
江北区	Jiangbei District	62	1.71	539021	55649	308770
沙坪坝区	Shapingba District	109	0.89	381598	24894	345338
九龙坡区	Jiulongpo District	137	1.34	413070	29726	184381
南岸区	Nan'an District	51	0.54	288580	25208	519964
北碚区	Beibei District	25	0.43	99228	7303	230870
渝北区	Yubei District	152	2.05	1152050	65385	557435
巴南区	Ba'nan District	34	0.53	165305	13731	202729
长寿区	Changshou District	6	0.05	20462	1066	266437
江津区	Jiangjin District	16	0.18	79591	3315	261728
合川区	Hechuan District	25	0.13	20128	4263	173066
永川区	Yongchuan District	18	0.18	53691	10034	209078
南川区	Nanchuan District	3	0.02	4033	812	517090
綦江区	Qijiang District	24	0.14	29838	1593	229700
#綦江区（不含万盛）	Qijiang District (excluding Wansheng)	17	0.12	24467	356	215565
大足区	Dazu District	4	0.06	29653	3995	580292
璧山区	Bishan District	12	0.13	71391	15439	547476
铜梁区	Tongliang District	10	0.36	92592	8911	253123
潼南区	Tongnan District					
荣昌区	Rongchang District	10	0.05	12428	23	240860
梁平县	Liangping County	3	0.02	46371	8285	288734
城口县	Chengkou County					
丰都县	Fengdu County	5	0.06	14872	940	255094
垫江县	Dianjiang County	4	0.06	16625	1976	332508
武隆县	Wulong County	3	0.02	8422	230	330271
忠　县	Zhongxian County	6	0.04	14839	1929	232578
开　县	Kaixian County	1			36	
云阳县	Yunyang County	2	0.07	22925	740	301647
奉节县	Fengjie County	1	0.01	9024	691	745744
巫山县	Wushan County	1	0.01	5181	121	147199
巫溪县	Wuxi County	4	0.03	8981	1016	268078
石柱县	Shizhu County					
秀山县	Xiushan County					
酉阳县	Youyang County	2	0.05	23777	1302	352256
彭水县	Pengshui County					

表20.9 各区县公路交通运输业（2015年）
HIGHWAY TRANSPORTATION BY REGION (2015)

区 县	Region	公路里程（公里） Length of Highways (km)	其中 of which #等级公路 Expressway and Class I-IV Highways	其中 of which 高速公路 Expressway
全 市	**Total**	**140551**	**111875**	**2525**
#都市发达经济圈	Metropolitan Developed Economic Circle	11235	9975	546
渝西经济走廊	West Chongqing Economic Corridor	36285	29685	723
三峡库区生态经济区	Ecological Economic Zone in Three Gorges Reservoir Area	93031	72214	1256
#一小时经济圈	One Hour Economic Sphere	56271	47551	1481
#都市功能核心区	Core Metropolitan Function Area	4045	3789	203
都市功能拓展区	Extended Metropolitan Function Area	7190	6186	343
城市发展新区	Newly Developed Urban Area	45036	37576	934
渝东北生态涵养发展区	Northeastern Ecological Conservation Area	58964	43686	603
渝东南生态保护发展区	Southeastern Environment Protection Area	25316	20638	441
万州区	Wanzhou District	6467.04	6097.85	92.72
黔江区	Qianjiang District	3725.41	2517.80	86.99
涪陵区	Fuling District	5311.29	4606.99	130.15
渝中区	Yuzhong District			
大渡口区	Dadukou District	158.77	158.77	4.63
江北区	Jiangbei District	430.19	430.19	44.69
沙坪坝区	Shapingba District	1284.94	1188.67	65.19
九龙坡区	Jiulongpo District	1589.93	1506.55	51.21
南岸区	Nan'an District	581.53	505.13	37.64
北碚区	Beibei District	1388.04	1387.64	54.57
渝北区	Yubei District	2469.99	2469.99	118.86
巴南区	Ba'nan District	3331.82	2328.27	169.48
长寿区	Changshou District	3439.16	3283.14	81.33
江津区	Jiangjin District	5138.98	3188.09	91.03
合川区	Hechuan District	4294.48	3374.36	64.55
永川区	Yongchuan District	3694.05	3600.38	90.80
南川区	Nanchuan District	3736.68	3021.15	74.82
綦江区	Qijiang District	5724.12	5416.26	118.45
#綦江区（不含万盛）	Qijiang District (excluding Wansheng)	4599.96	4588.34	95.99
大足区	Dazu District	2817.03	2147.94	82.22
璧山区	Bishan District	2404.56	1116.57	52.48
铜梁区	Tongliang District	3165.87	3152.67	89.66
潼南区	Tongnan District	3226.65	2699.46	29.40
荣昌区	Rongchang District	2082.77	1968.61	29.47
梁平县	Liangping County	4083.60	2712.90	47.11
城口县	Chengkou County	2913.11	2911.18	0.00
丰都县	Fengdu County	5535.22	3135.34	51.99
垫江县	Dianjiang County	2990.81	2286.15	76.41
武隆县	Wulong County	4419.45	3490.21	87.76
忠 县	Zhongxian County	4482.75	3975.70	58.20
开 县	Kaixian County	7875.59	3549.07	60.46
云阳县	Yunyang County	6591.28	3915.11	72.66
奉节县	Fengjie County	8044.96	6041.88	77.24
巫山县	Wushan County	4820.76	3979.76	43.03
巫溪县	Wuxi County	5158.77	5081.54	23.51
石柱县	Shizhu County	4652.90	4458.05	82.56
秀山县	Xiushan County	3231.59	2992.54	48.48
酉阳县	Youyang County	3917.33	3285.45	68.99
彭水县	Pengshui County	5369.59	3893.63	66.56

注：1）2006年起，公路里程包括村道。
2）渝中区公路归为市政道路，不属于本表统计范围。

Note: a) The length of highways has included village roads since 2006.
b) The highways in Yuzhong District are municipal roads, not included in the statistic scope of this table.

表20.10 各区县固定资产投资（2015年）

INVESTMENT IN FIXED ASSETS BY REGION (2015)

区 县	Region	全社会固定资产投资（万元） Total Investment in Fixed Assets (10 000 yuan)	#建设与改造投资 Construction and Renovation	其中 of which #工业 Industry	#房地产开发 Real Estate Development	其中 of which #住宅 Residential Building	全社会固定资产投资指数(上年=100) Index of Total Investment in Fixed Assets (preceding year=100)
全 市	**Total**	**154803250**	**117290438**	**49900873**	**37512812**	**23904910**	**117.1**
#都市发达经济圈	Metropolitan Developed Economic Circle	51846627	27451286	9792274	24395341	14955676	113.6
渝西经济走廊	West Chongqing Economic Corridor	51159992	44246244	24045141	6913748	4484158	121.7
三峡库区生态经济区	Ecological Economic Zone in Three Gorges Reservoir Area	51796631	45592908	16063458	6203723	4465076	116.3
#一小时经济圈	One Hour Economic Sphere	114780274	81739846	39799418	33040428	20744663	117.6
#都市功能核心区	Core Metropolitan Function Area	14026846	4723036	395823	9303810	4554848	107.0
都市功能拓展区	Extended Metropolitan Function Area	37819781	22728250	9396451	15091531	10400828	116.2
城市发展新区	Newly Developed Urban Area	62933647	54288560	30007144	8645087	5788987	121.1
渝东北生态涵养发展区	Northeastern Ecological Conservation Area	29782621	26400559	7903379	3382062	2475964	117.8
渝东南生态保护发展区	Southeastern Environment Protection Area	10240355	9150033	2198076	1090322	684283	109.8
万州区	Wanzhou District	7250948	6459751	2227467	791197	523812	118.5
黔江区	Qianjiang District	2670732	2435251	585033	235481	110049	113.1
涪陵区	Fuling District	6704630	5772615	3217847	932015	646918	115.9
渝中区	Yuzhong District	3300195	1784124	47907	1516071	467018	106.8
大渡口区	Dadukou District	1903098	711991	199266	1191107	727917	113.0
江北区	Jiangbei District	4935177	2409165	1265067	2526012	1055876	105.4
沙坪坝区	Shapingba District	5831658	3243033	585425	2588625	1889098	118.6
九龙坡区	Jiulongpo District	6646999	3416666	1314055	3230333	1775769	118.3
南岸区	Nan'an District	5009348	2107572	563271	2901776	1942280	102.6
北碚区	Beibei District	5949043	3625378	2263611	2323665	1889316	111.0
渝北区	Yubei District	10935964	5381110	1722883	5554854	3559043	118.2
巴南区	Ba'nan District	7335145	4772247	1830789	2562898	1649359	119.0
长寿区	Changshou District	5069025	4269701	2744156	799324	657911	122.1
江津区	Jiangjin District	7042201	6198682	3984088	843519	585398	122.5
合川区	Hechuan District	5334903	4233691	2468529	1101212	660683	122.1
永川区	Yongchuan District	7201300	6417341	3852491	783959	479564	124.6
南川区	Nanchuan District	1717178	1303331	403169	413847	247766	118.3
綦江区	Qijiang District	5279138	4523525	1910257	755613	539675	124.6
#綦江区(不含万盛)	Qijiang District (excluding Wansheng)	3723370	3283110	1420597	440260	287680	124.8
大足区	Dazu District	5200014	4449275	2214575	750739	562983	124.8
璧山区	Bishan District	6307726	5450042	3356699	857684	456539	115.7
铜梁区	Tongliang District	5273238	4593313	1771632	679925	421495	118.8
潼南区	Tongnan District	3308384	2862866	1351914	445518	329305	124.9
荣昌区	Rongchang District	4495910	4214178	2731787	281732	200750	120.2
梁平县	Liangping County	2675263	2471055	769699	204208	142274	120.5
城口县	Chengkou County	736601	621241	135318	115360	71622	108.4
丰都县	Fengdu County	2504149	2265672	625193	238477	191134	119.7
垫江县	Dianjiang County	2921534	2596589	1011686	324945	249308	119.8
武隆县	Wulong County	1508757	1226830	346058	281927	177658	103.7
忠 县	Zhongxian County	2621013	2305510	472312	315503	243658	119.7
开 县	Kaixian County	3585870	3138699	1142166	447171	357051	116.6
云阳县	Yunyang County	2406277	1942932	610085	463345	358645	119.6
奉节县	Fengjie County	2324736	2045724	488868	279012	188430	110.3
巫山县	Wushan County	1222165	1140867	206927	81298	59972	122.1
巫溪县	Wuxi County	1534065	1412519	213658	121546	90058	114.0
石柱县	Shizhu County	1330743	1057554	221438	273189	201710	92.1
秀山县	Xiushan County	1697773	1570904	523293	126869	68215	116.2
酉阳县	Youyang County	1513108	1411745	328741	101363	70427	114.9
彭水县	Pengshui County	1519242	1447749	193513	71493	56224	117.9

表20.10 续表 continued

区 县	Region	商品房竣工面积（平方米） Floor Space Completed of Commercial Buildings (sq.m)	其中 of which #住宅 Residential Buildings	商品房销售面积（平方米） Floor Space Sold of Commercial Buildings (sq.m)	其中 of which #住宅 Residential Buildings	商品房销售额（万元） Sales Revenue of Commercial Buildings (sq.m)	其中 of which #住宅 Residential Buildings
全 市	**Total**	**46302877**	**31858974**	**53813726**	**44777122**	**29522124**	**22444311**
#都市发达经济圈	Metropolitan Developed Economic Circle	25223147	15236523	24531554	19133475	16359381	12003909
渝西经济走廊	West Chongqing Economic Corridor	10141727	8053708	15767642	13687899	6861254	5336854
三峡库区生态经济区	Ecological Economic Zone in Three Gorges Reservoir Area	10938003	8568743	13514530	11955748	6301489	5103548
#一小时经济圈	One Hour Economic Sphere	40180761	27126814	43900409	36167869	24739282	18690874
#都市功能核心区	Core Metropolitan Function Area	9965891	4830865	10295966	7722927	7410875	5007511
都市功能拓展区	Extended Metropolitan Function Area	15257256	10405658	14235588	11410548	8948506	6996398
城市发展新区	Newly Developed Urban Area	14957614	11890291	19368855	17034394	8379901	6686965
渝东北生态涵养发展区	Northeastern Ecological Conservation Area	3651399	2884147	7729476	6734171	3694103	2951696
渝东南生态保护发展区	Southeastern Environment Protection Area	2470717	1848013	2183841	1875082	1088739	801741
万州区	Wanzhou District	1044275	862139	1866021	1425022	1055786	685073
黔江区	Qianjiang District	487350	422099	512119	425448	240029	184569
涪陵区	Fuling District	1501108	1077567	1260813	1068310	657889	540102
渝中区	Yuzhong District	1153601	55070	1017950	569420	1080040	498707
大渡口区	Dadukou District	407677	88668	1620848	1306172	871328	583593
江北区	Jiangbei District	2764640	1262160	2303025	1619278	1997740	1234659
沙坪坝区	Shapingba District	1458580	1105092	2754254	2557798	1379332	1247845
九龙坡区	Jiulongpo District	4545532	2987633	5010502	3803544	3046748	2178429
南岸区	Nan'an District	3686026	2195635	2563192	2012456	1793607	1413998
北碚区	Beibei District	3193575	2200564	1903593	1539316	887399	743844
渝北区	Yubei District	6395989	4826354	5056470	3864228	3846463	3023277
巴南区	Ba'nan District	1617527	515347	2301720	1861263	1456724	1079557
长寿区	Changshou District	3314779	2759016	2340400	2278185	860758	810009
江津区	Jiangjin District	1171655	755288	2533337	2079528	1210493	862454
合川区	Hechuan District	1321539	1015768	2004581	1718968	887378	689298
永川区	Yongchuan District	1403692	1065095	2467958	2111529	1133300	883437
南川区	Nanchuan District	115744	95847	494432	390217	246141	179824
綦江区	Qijiang District	1214180	1056028	1653947	1563153	634606	572545
#綦江区（不含万盛）	Qijiang District (excluding Wansheng)	1162126	1008870	1184746	1104500	446555	396708
大足区	Dazu District	740522	596698	1533335	1374656	697089	551463
璧山区	Bishan District	977670	785693	1731015	1339840	771411	487297
铜梁区	Tongliang District	2073306	1781665	1304085	1172070	544669	446046
潼南区	Tongnan District	299286	236769	996667	928891	351084	303841
荣昌区	Rongchang District	824133	664857	1048285	1009047	385083	360649
梁平县	Liangping County	273210	205058	579813	524591	249464	208753
城口县	Chengkou County	65604	65204	96249	94530	33049	31521
丰都县	Fengdu County	249651	214597	684423	631844	315561	287368
垫江县	Dianjiang County	750217	614477	679144	647455	289938	265991
武隆县	Wulong County	319084	209731	193558	182755	97930	90694
忠 县	Zhongxian County	232102	181187	678533	594001	303046	241694
开 县	Kaixian County	163105	156008	1334648	1124190	678520	570943
云阳县	Yunyang County	432051	339475	946432	870756	358508	299241
奉节县	Fengjie County	341481	152326	459234	428910	247025	201606
巫山县	Wushan County	87703	84556	137187	137187	72498	72498
巫溪县	Wuxi County	12000	9120	267792	255685	90708	87008
石柱县	Shizhu County	549734	424594	410143	347591	202853	136041
秀山县	Xiushan County	689406	471100	436187	353895	256122	152189
酉阳县	Youyang County	243452	203642	256633	255228	105834	104670
彭水县	Pengshui County	181691	116847	375201	310165	185971	133578

表20.11 各区县社会消费品零售总额（2015年）
TOTAL RETAIL SALES OF CONSUMER GOODS BY REGION (2015)

区 县	Region	社会消费品零售总额（万元） Total Retail Sales of Consumer Goods (10 000 yuan)	社会消费品零售总额指数（上年=100） Index of Total Retail Sales of Consumer Goods (preceding year=100)
全 市	**Total**	**64240226**	**112.5**
#都市发达经济圈	Metropolitan Developed Economic Circle	33469401	111.0
渝西经济走廊	West Chongqing Economic Corridor	14540454	113.8
三峡库区生态经济区	Ecological Economic Zone in Three Gorges Reservoir Area	16230372	113.9
#一小时经济圈	One Hour Economic Sphere	51383335	112.0
#都市功能核心区	Core Metropolitan Function Area	19023585	110.7
都市功能拓展区	Extended Metropolitan Function Area	14445816	111.3
城市发展新区	Newly Developed Urban Area	17913934	114.0
渝东北生态涵养发展区	Northeastern Ecological Conservation Area	9498307	114.0
渝东南生态保护发展区	Southeastern Environment Protection Area	3358584	113.9
万州区	Wanzhou District	2879819	114.5
黔江区	Qianjiang District	808755	113.8
涪陵区	Fuling District	2296993	114.5
渝中区	Yuzhong District	6379216	110.2
大渡口区	Dadukou District	403318	110.5
江北区	Jiangbei District	4264865	111.1
沙坪坝区	Shapingba District	3203779	110.8
九龙坡区	Jiulongpo District	5055733	111.0
南岸区	Nan'an District	3758738	110.9
北碚区	Beibei District	1486853	110.8
渝北区	Yubei District	5730401	110.6
巴南区	Ba'nan District	2751068	113.7
长寿区	Changshou District	1032599	113.6
江津区	Jiangjin District	2291631	113.7
合川区	Hechuan District	2217937	112.5
永川区	Yongchuan District	2674844	115.5
南川区	Nanchuan District	1030608	113.6
綦江区	Qijiang District	1344980	112.3
#綦江区（不含万盛）	Qijiang District (excluding Wansheng)	1029856	112.4
大足区	Dazu District	1019506	113.6
璧山区	Bishan District	1065938	115.4
铜梁区	Tongliang District	963088	112.5
潼南区	Tongnan District	765707	113.5
荣昌区	Rongchang District	974113	113.9
梁平县	Liangping County	788729	113.5
城口县	Chengkou County	127580	109.8
丰都县	Fengdu County	638200	114.2
垫江县	Dianjiang County	813773	115.1
武隆县	Wulong County	463225	113.7
忠 县	Zhongxian County	655742	113.8
开 县	Kaixian County	1507792	112.6
云阳县	Yunyang County	904271	114.2
奉节县	Fengjie County	481642	114.0
巫山县	Wushan County	326333	114.1
巫溪县	Wuxi County	250855	112.1
石柱县	Shizhu County	482360	113.8
秀山县	Xiushan County	581903	114.1
酉阳县	Youyang County	459278	113.6
彭水县	Pengshui County	519368	113.5

表20.12 各区县财政收支（2015年）
GOVERNMENT REVENUE AND EXPENDITURE BY REGION (2015)

单位：万元 (10 000 yuan)

区 县	Region	区县级一般公共预算收入 General Public Budgetary Expenditure at District (County) Level	其 中 of which #增值税 Value-added Tax	#营业税 Business Tax	#企业所得税 Corporate Income Tax	#个人所得税 Individual Income Tax
全 市	**Total**	**13384889**	**932416**	**2145079**	**898553**	**233386**
#都市发达经济圈	Metropolitan Developed Economic Circle	6182863	481894	1133027	524780	146211
渝西经济走廊	West Chongqing Economic Corridor	3558895	205184	459645	149091	32595
三峡库区生态经济区	Ecological Economic Zone in Three Gorges Reservoir Area	3643131	245338	552407	224682	54580
#一小时经济圈	One Hour Economic Sphere	10408173	764121	1684775	721758	187529
#都市功能核心区和拓展区	Core Metropolitan Function Area and Extended Metropolitan Function Area	6182863	481894	1133027	524780	146211
城市发展新区	Newly Developed Urban Area	4474446	295150	578340	208690	43373
渝东北生态涵养发展区	Northeastern Ecological Conservation Area	1900944	87348	269608	121435	28045
渝东南生态保护发展区	Southeastern Environment Protection Area	826636	68024	164104	43648	15757
万州区	Wanzhou District	628568	29224	73710	53819	11279
黔江区	Qianjiang District	212255	25933	41556	14346	5022
涪陵区	Fuling District	565304	57599	65165	44713	6389
渝中区	Yuzhong District	522766	44960	162026	71906	30503
大渡口区	Dadukou District	177030	11041	28056	7005	2467
江北区	Jiangbei District	817288	62392	204627	101781	28987
沙坪坝区	Shapingba District	623431	27617	107024	21926	7741
九龙坡区	Jiulongpo District	641151	58401	121409	35433	10898
南岸区	Nan'an District	848307	35259	111912	28891	11110
北碚区	Beibei District	276387	14845	38395	10307	4800
渝北区	Yubei District	578281	52408	112019	43812	14564
巴南区	Ba'nan District	335927	18807	65062	11902	4148
长寿区	Changshou District	350247	32367	53530	14886	4389
江津区	Jiangjin District	572908	48208	86501	29936	6873
合川区	Hechuan District	409774	25399	54601	22518	3526
永川区	Yongchuan District	464994	26874	60725	20642	5439
南川区	Nanchuan District	204142	7236	29877	8570	1631
綦江区	Qijiang District	370967	24806	49951	12194	3814
#綦江区（不含万盛）	Qijiang District (excluding Wansheng)	264251	13722	36218	6835	2246
大足区	Dazu District	355828	9915	45315	8195	2121
璧山区	Bishan District	501893	28545	43723	18034	3505
铜梁区	Tongliang District	239124	10328	36787	12451	2422
潼南区	Tongnan District	190129	10950	25573	4839	1209
荣昌区	Rongchang District	249136	12923	26592	11712	2055
梁平县	Liangping County	171357	6400	22249	8110	1995
城口县	Chengkou County	28500	2329	5281	1284	568
丰都县	Fengdu County	145486	5789	20222	6513	1574
垫江县	Dianjiang County	152090	7905	22073	7779	1934
武隆县	Wulong County	136195	6856	16346	6340	1176
忠 县	Zhongxian County	133981	5824	21387	9223	2619
开 县	Kaixian County	215563	10555	39547	14772	2581
云阳县	Yunyang County	126850	5969	21846	8415	2131
奉节县	Fengjie County	138949	5488	23713	4397	1460
巫山县	Wushan County	92089	4477	11036	3827	1145
巫溪县	Wuxi County	67511	3388	8544	3296	759
石柱县	Shizhu County	125737	5149	29238	5065	2220
秀山县	Xiushan County	107330	6741	22233	3961	2306
酉阳县	Youyang County	120422	14430	28332	4434	2972
彭水县	Pengshui County	124697	8915	26399	9502	2061

注：两江新区的数据未计入相应的区县数据里，但包含在合计数据中。
Note: The data of Liangjiang New Area are included in the aggregate data, but not included in the respective data at district (county) level.

表20.12 续表 continued

单位：万元 (10 000 yuan)

区 县	Region	区县级一般公共预算支出 General Public Budgetary Expenditure at District (County) Level	其 中 of which #农林水支出 Expenditure for Agriculture, Forestry and Water Conservancy	#教育支出 Expenditure for Education	#医疗卫生和计划生育支出 Expenditure for Public Health and Family Planning	#社会保障和就业支出 Expenditure for Social Security and Employment Effort	#文化体育与传媒支出 Expenditure for Culture, Sport and Media
全 市	**Total**	**27067254**	**2887372**	**4377120**	**2777506**	**2913508**	**312103**
#都市发达经济圈	Metropolitan Developed Economic Circle	9379514	277212	1173113	559489	814107	97692
渝西经济走廊	West Chongqing Economic Corridor	6676482	810426	1204920	842191	795390	94432
三峡库区生态经济区	Ecological Economic Zone in Three Gorges Reservoir Area	11011258	1799734	1999087	1375826	1304011	119979
#一小时经济圈	One Hour Economic Sphere	17421685	1231079	2536392	1574004	1757839	206189
#都市功能核心区和拓展区	Core Metropolitan Functio Area and Extended Metropolitan Function Area	9379514	277212	1173113	559489	814107	97692
城市发展新区	Newly Developed Urban Area	8534481	1021543	1466111	1069864	1000489	112261
渝东北生态涵养发展区	Northeastern Ecological Conservation Area	6436371	1083861	1174086	856721	823051	70682
渝东南生态保护发展区	Southeastern Environment Protection Area	2716888	504756	563810	291432	275861	31468
万州区	Wanzhou District	1271460	134451	183340	113901	174027	15418
黔江区	Qianjiang District	543154	91672	105166	52974	46014	6876
涪陵区	Fuling District	1265780	153636	168951	162623	123068	12946
渝中区	Yuzhong District	737048	447	93356	40027	108291	6867
大渡口区	Dadukou District	264381	9567	53151	19310	31453	4012
江北区	Jiangbei District	1070662	10590	138319	50586	91544	11325
沙坪坝区	Shapingba District	933997	18158	147963	69384	117222	11166
九龙坡区	Jiulongpo District	983239	19439	180891	74749	97304	11265
南岸区	Nan'an District	1120575	28096	132881	69266	80440	12235
北碚区	Beibei District	522659	36117	77506	52658	78137	10515
渝北区	Yubei District	998052	88055	149772	79161	86245	15926
巴南区	Ba'nan District	625471	63689	120226	69151	91951	12755
长寿区	Changshou District	592219	57481	92240	65050	82031	4883
江津区	Jiangjin District	965004	105677	193409	132234	126450	16311
合川区	Hechuan District	724007	86300	125682	109446	121550	10229
永川区	Yongchuan District	803263	81450	164885	113081	82907	6396
南川区	Nanchuan District	476446	71166	70629	53448	51513	4455
綦江区	Qijiang District	800816	101356	147618	95807	107099	10604
#綦江区（不含万盛）	Qijiang District (excluding Wansheng)	512501	74238	104660	67451	75064	6108
大足区	Dazu District	703700	69864	123168	73868	71178	20073
璧山区	Bishan District	713109	58584	82425	80342	58814	7378
铜梁区	Tongliang District	487249	69697	101720	62421	60218	7632
潼南区	Tongnan District	510578	98656	92552	66195	58904	7590
荣昌区	Rongchang District	492310	67676	102832	55349	56757	3764
梁平县	Liangping County	559148	81469	93695	75261	60139	5387
城口县	Chengkou County	270756	65004	37004	25793	26629	3025
丰都县	Fengdu County	518896	101543	88634	80485	63325	5001
垫江县	Dianjiang County	438430	57138	91483	68219	61356	6509
武隆县	Wulong County	369656	74228	63488	32480	43003	3739
忠 县	Zhongxian County	509906	92991	85402	96058	62135	5839
开 县	Kaixian County	754117	145337	172197	132860	104790	6290
云阳县	Yunyang County	649452	114856	138481	95921	99592	6651
奉节县	Fengjie County	635028	108672	133524	85214	70497	6609
巫山县	Wushan County	425186	84613	78728	45802	57812	6116
巫溪县	Wuxi County	403992	97787	71598	37207	42749	3837
石柱县	Shizhu County	429687	68682	90078	46450	39029	3246
秀山县	Xiushan County	407447	66789	83278	47160	43086	6863
酉阳县	Youyang County	511916	105839	116779	59591	54670	6155
彭水县	Pengshui County	455028	97546	105021	52777	50059	4589

表20.13 各区县金融机构存贷款、人民生活和社会福利（2015年）

DEPOSIT AND LOAN OF FINANCIAL INSTITUTIONS, PEOPLE'S LIVELIHOOD AND SOCIAL WELFARE BY REGION (2015)

区 县	Region	金融机构人民币存款余额（亿元）Total Deposit Balance of RMB of Financial Institutions (100 million yuan)	其中 of which #住户存款 Saving Deposits of Residents	金融机构人民币贷款余额（亿元）Total Loan Balance of RMB of Financial Institutions (100 million yuan)	城镇非私营单位就业人员年平均工资(元) Average Salaries of Employed Persons of Urban Non-private Units (yuan)	其中 of which 城镇非私营单位在岗职工年平均工资（元）Average Salaries of On-Post Employees of Urban Non-private Units (yuan)
全 市	**Total**	**28094.37**	**12207.28**	**22393.93**	**60543**	**62091**
#都市发达经济圈	Metropolitan Developed Economic Circle	18475.77	5598.02	16694.37	66618	68806
渝西经济走廊	West Chongqing Economic Corridor	3887.19	2841.08	2478.97	54020	54792
三峡库区生态经济区	Ecological Economic Zone in Three Gorges Reservoir Area	5576.46	3766.13	3064.03	55268	56584
#一小时经济圈	One Hour Economic Sphere	23504.32	9110.53	19895.33	62050	63604
#都市功能核心区	Core Metropolitan Function Area	13725.38	3762.58	12566.96	68758	72275
都市功能拓展区	Extended Metropolitan Function Area	4750.39	1835.44	4127.41	64668	65836
城市发展新区	Newly Developed Urban Area	5028.55	3512.51	3200.96	54388	55147
渝东北生态涵养发展区	Northeastern Ecological Conservation Area	3418.61	2450.49	1634.16	54471	55832
渝东南生态保护发展区	Southeastern Environment Protection Area	1016.49	644.21	707.88	58018	60029
万州区	Wanzhou District	954.47	635.34	561.93	56275	56936
黔江区	Qianjiang District	225.53	113.72	173.42	60177	64132
涪陵区	Fuling District	688.31	375.07	440.80	55746	56644
渝中区	Yuzhong District	5859.14	831.63	4394.20	73074	78262
大渡口区	Dadukou District	391.51	219.49	458.81	61297	65413
江北区	Jiangbei District	3358.56	642.27	4446.03	71898	74739
沙坪坝区	Shapingba District	1319.88	689.78	999.32	65685	67377
九龙坡区	Jiulongpo District	1674.32	816.82	1344.86	59703	60803
南岸区	Nan'an District	1121.97	562.59	923.74	61263	62069
北碚区	Beibei District	564.94	373.62	393.87	61908	63279
渝北区	Yubei District	3548.85	1057.33	3281.51	67464	68581
巴南区	Ba'nan District	636.60	404.49	452.03	60699	61464
长寿区	Changshou District	453.05	296.36	281.19	55463	55958
江津区	Jiangjin District	647.53	478.98	408.74	55428	55927
合川区	Hechuan District	555.44	454.43	287.25	49619	50470
永川区	Yongchuan District	484.03	339.98	357.29	56068	56453
南川区	Nanchuan District	254.30	163.91	172.44	56941	57639
綦江区	Qijiang District	475.61	326.72	290.18	50162	51132
#綦江区（不含万盛）	Qijiang District (excluding Wansheng)	371.38	253.09	217.79	52685	53583
大足区	Dazu District	290.12	206.50	218.50	54224	54245
璧山区	Bishan District	338.97	247.37	274.02	58084	59960
铜梁区	Tongliang District	329.38	251.07	195.52	56940	58264
潼南区	Tongnan District	240.39	184.37	110.63	53872	54283
荣昌区	Rongchang District	271.42	187.75	164.40	56112	57397
梁平县	Liangping County	306.26	237.00	100.40	50248	50664
城口县	Chengkou County	73.01	41.49	29.61	53756	55277
丰都县	Fengdu County	250.78	192.73	120.76	52570	59991
垫江县	Dianjiang County	262.47	204.69	132.59	58435	58741
武隆县	Wulong County	156.76	94.48	144.22	59914	62687
忠 县	Zhongxian County	331.78	256.40	111.63	58871	64692
开 县	Kaixian County	441.59	337.52	213.54	51473	52529
云阳县	Yunyang County	316.93	236.10	116.15	57158	58998
奉节县	Fengjie County	216.41	145.46	121.27	48667	49635
巫山县	Wushan County	138.48	84.73	73.02	52863	54062
巫溪县	Wuxi County	126.43	79.03	53.26	54622	56357
石柱县	Shizhu County	172.57	121.75	77.86	51830	52222
秀山县	Xiushan County	152.47	94.12	107.10	57415	57879
酉阳县	Youyang County	166.64	116.82	72.57	58339	62327
彭水县	Pengshui County	142.52	103.32	132.71	60674	61937

注：本表中都市功能核心区和都市功能拓展区的金融机构存贷款余额暂按行政区划进行分组统计。
Note: Total Deposit and Loan Balance of RMB of Financial Institutions of Core Metropolitan Function Area and Extended Metropolitan Function Area are calculated by the administrative districts in this table.

表20.13 续表 continued

区　县	Region	城市居民最低生活保障人数（人）Number of Persons Receiving Minimum Living Allowance in Rural Areas (person)	提供住宿的社会服务机构（个）Residential Social Welfare Institutions (unit)	单位床位数（张）Beds in Residential Social Welfare Institutions (bed)	利民服务网点（个）Number of Service Stations for Urban Residents (unit)
全　市	**Total**	**375219**	**672**	**90500**	**12517**
#都市发达经济圈	Metropolitan Developed Economic Circle	62554	167	24119	4754
渝西经济走廊	West Chongqing Economic Corridor	92611	273	28732	3647
三峡库区生态经济区	Ecological Economic Zone in Three Gorges Reservoir Area	219551	221	30718	4116
#一小时经济圈	One Hour Economic Sphere	180286	475	57674	10233
#都市功能核心区	Core Metropolitan Function Area	48559	102	13829	2932
都市功能拓展区	Extended Metropolitan Function Area	13995	65	10290	1822
城市发展新区	Newly Developed Urban Area	117732	308	33555	5479
渝东北生态涵养发展区	Northeastern Ecological Conservation Area	156043	171	24205	1424
渝东南生态保护发展区	Southeastern Environment Protection Area	38387	15	1690	860
万州区	Wanzhou District	46044	29	5517	441
黔江区	Qianjiang District	6619	4	237	102
涪陵区	Fuling District	19108	13	2925	1801
渝中区	Yuzhong District	12571	10	1307	529
大渡口区	Dadukou District	2402	6	622	158
江北区	Jiangbei District	7311	2	202	58
沙坪坝区	Shapingba District	6902	47	6075	349
九龙坡区	Jiulongpo District	9084	15	2759	120
南岸区	Nan'an District	10289	22	2864	1718
北碚区	Beibei District	5238	10	1613	1220
渝北区	Yubei District	2691	15	2248	599
巴南区	Ba'nan District	6066	40	6429	3
长寿区	Changshou District	6013	22	1898	31
江津区	Jiangjin District	12134	67	7173	2745
合川区	Hechuan District	22083	32	3403	59
永川区	Yongchuan District	6414	40	4680	675
南川区	Nanchuan District	2854	5	500	45
綦江区	Qijiang District	20296	8	974	59
#綦江区（不含万盛）	Qijiang District (excluding Wansheng)	13555	6	806	15
大足区	Dazu District	10273	32	3621	55
璧山区	Bishan District	3935	7	1149	3
铜梁区	Tongliang District	3518	31	1819	
潼南区	Tongnan District	5165	27	2627	
荣昌区	Rongchang District	5939	24	2786	6
梁平县	Liangping County	3922	5	1387	93
城口县	Chengkou County	2657	1	10	100
丰都县	Fengdu County	7438	27	2822	228
垫江县	Dianjiang County	8705	30	5068	
武隆县	Wulong County	4836	1	30	1
忠　县	Zhongxian County	6558	39	3670	46
开　县	Kaixian County	30018	13	2460	40
云阳县	Yunyang County	15813	10	1147	311
奉节县	Fengjie County	19387	10	1303	16
巫山县	Wushan County	12407	2	471	149
巫溪县	Wuxi County	3094	5	350	
石柱县	Shizhu County	5271	3	113	17
秀山县	Xiushan County	8640	4	1170	130
酉阳县	Youyang County	6155	2	80	610
彭水县	Pengshui County	6866	1	60	

注：1）本表中都市功能核心区和都市功能拓展区的统计数据暂按行政区划进行分组统计。
　　2）全市数据含市本级和北部新区。

Note: a) The data of Core Metropolitan Function Area and Extended Metropolitan Function Area are calculated by the administrative districts in this table.
　　b) The whole city's data include the data of the city level and the data of the New Northen Zone of Chongqing.

表20.14 各区县居民收支情况（2015年）
PER CAPITA INCOME AND EXPENDITURE OF HOUSEHOLDS BY REGION (2015)

区 县	Region	全体居民人均可支配收入（元） Per Capita Annual Disposable Income (yuan)	城镇常住居民人均可支配收入（元） Per Capita Disposable Income of Urban Residents (yuan)	农村常住居民人均可支配收入（元） Per Capita Disposable Income of Rural Residents (yuan)
全 市	**Total**	**20110**	**27239**	**10505**
#都市发达经济圈	Metropolitan Developed Economic Circle			
渝西经济走廊	West Chongqing Economic Corridor			
三峡库区生态经济区	Ecological Economic Zone in Three Gorges Reservoir Area			
#一小时经济圈	One Hour Economic Sphere			
#都市功能核心区	Core Metropolitan Function Area			
都市功能拓展区	Extended Metropolitan Function Area			
城市发展新区	Newly Developed Urban Area			
渝东北生态涵养发展区	Northeastern Ecological Conservation Area			
渝东南生态保护发展区	Southeastern Environment Protection Area			
万州区	Wanzhou District	21564	28459	10729
黔江区	Qianjiang District	15991	24672	8855
涪陵区	Fuling District	21884	28450	11089
渝中区	Yuzhong District	31608	31608	
大渡口区	Dadukou District	29124	29546	15439
江北区	Jiangbei District	30267	31014	15594
沙坪坝区	Shapingba District	29490	30384	15264
九龙坡区	Jiulongpo District	29371	30727	15480
南岸区	Nan'an District	29645	30441	16366
北碚区	Beibei District	26965	30261	14499
渝北区	Yubei District	27194	30819	13766
巴南区	Ba'nan District	26650	30339	13878
长寿区	Changshou District	21353	27571	12047
江津区	Jiangjin District	22543	27951	13722
合川区	Hechuan District	21914	27231	13184
永川区	Yongchuan District	22992	28325	13808
南川区	Nanchuan District	19621	26758	11237
綦江区	Qijiang District	18567	24360	11494
#綦江区（不含万盛）	Qijiang District (excluding Wansheng)			
大足区	Dazu District	19802	27123	12437
璧山区	Bishan District	21800	29744	14229
铜梁区	Tongliang District	20818	28530	13747
潼南区	Tongnan District	18039	25932	11582
荣昌区	Rongchang District	19784	27227	13035
梁平县	Liangping County	17377	26427	11268
城口县	Chengkou County	11570	21116	7224
丰都县	Fengdu County	15492	23902	9729
垫江县	Dianjiang County	17591	26644	11480
武隆县	Wulong County	16311	27003	9562
忠 县	Zhongxian County	17112	26778	10960
开 县	Kaixian County	15991	23984	10170
云阳县	Yunyang County	13841	21592	9054
奉节县	Fengjie County	13445	21633	8385
巫山县	Wushan County	13317	23315	7733
巫溪县	Wuxi County	11054	19687	7121
石柱县	Shizhu County	15577	25116	9642
秀山县	Xiushan County	14404	25145	8360
酉阳县	Youyang County	11174	20449	7263
彭水县	Pengshui County	12739	22338	8388

表20.14 续表 continued

区 县	Region	全体居民人均生活消费支出（元） Per Capita Annual Living Expenditure (yuan)	城镇常住居民人均生活消费支出（元） Per Capita Living Expenditure of Urban Residents (yuan)	农村常住居民人均生活消费支出（元） Per Capita Living Expenditure of Rural Residents (yuan)
全 市	**Total**	**15140**	**19742**	**8938**
#都市发达经济圈	Metropolitan Developed Economic Circle			
渝西经济走廊	West Chongqing Economic Corridor			
三峡库区生态经济区	Ecological Economic Zone in Three Gorges Reservoir Area			
#一小时经济圈	One Hour Economic Sphere			
#都市功能核心区	Core Metropolitan Function Area			
都市功能拓展区	Extended Metropolitan Function Area			
城市发展新区	Newly Developed Urban Area			
渝东北生态涵养发展区	Northeastern Ecological Conservation Area			
渝东南生态保护发展区	Southeastern Environment Protection Area			
万州区	Wanzhou District	16787	21332	9646
黔江区	Qianjiang District	12329	18202	7502
涪陵区	Fuling District	17513	22463	9377
渝中区	Yuzhong District	25044	25044	
大渡口区	Dadukou District	20345	20595	12230
江北区	Jiangbei District	21512	22114	9668
沙坪坝区	Shapingba District	20628	21278	10265
九龙坡区	Jiulongpo District	20944	21809	12086
南岸区	Nan'an District	19812	20336	11079
北碚区	Beibei District	20066	22441	10825
渝北区	Yubei District	19457	22011	9996
巴南区	Ba'nan District	20920	24025	10168
长寿区	Changshou District	15097	18754	9624
江津区	Jiangjin District	16544	20591	9942
合川区	Hechuan District	17836	22224	10633
永川区	Yongchuan District	13466	15423	10096
南川区	Nanchuan District	11233	13099	9041
綦江区	Qijiang District	13827	16985	9973
#綦江区（不含万盛）	Qijiang District (excluding Wansheng)			
大足区	Dazu District	14620	19685	9525
璧山区	Bishan District	13757	17206	10471
铜梁区	Tongliang District	13180	17890	8863
潼南区	Tongnan District	12948	18489	8416
荣昌区	Rongchang District	14080	19719	8965
梁平县	Liangping County	13784	18823	10383
城口县	Chengkou County	10949	14715	7031
丰都县	Fengdu County	10250	14284	7487
垫江县	Dianjiang County	12151	16499	9216
武隆县	Wulong County	12183	18044	8484
忠 县	Zhongxian County	11261	17297	7420
开 县	Kaixian County	12554	17616	8867
云阳县	Yunyang County	8394	13458	6460
奉节县	Fengjie County	10134	15206	6335
巫山县	Wushan County	9660	15405	7347
巫溪县	Wuxi County	10079	12621	6921
石柱县	Shizhu County	9429	11815	6995
秀山县	Xiushan County	9556	14223	6929
酉阳县	Youyang County	8992	14684	6590
彭水县	Pengshui County	9881	14373	7845

表20.15 各区县教育和文化（2015年）
EDUCATION AND CULTURE BY REGION (2015)

区 县	Region	普通中学 Regular Secondary Schools 学校数（个） Number of Schools (unit)	专任教师数（人） Full-time Teachers (person)	在校学生数（人） Total Enrollment (person)	小 学 Primary Schools 学校数（个） Number of Schools (unit)	专任教师数（人） Full-time Teachers (person)	在校学生数（人） Total Enrollment (person)
全 市	**Total**	**1167**	**114709**	**1583562**	**4170**	**118897**	**2073320**
#都市发达经济圈	Metropolitan Developed Economic Circle	225	26044	330346	417	23674	411593
渝西经济走廊	West Chongqing Economic Corridor	342	32119	415529	1068	33100	607791
三峡库区生态经济区	Ecological Economic Zone in Three Gorges Reservoir Area	600	56546	837687	2685	62123	1053936
#一小时经济圈	One Hour Economic Sphere	644	65363	832170	1658	63800	1133233
#都市功能核心区	Core Metropolitan Function Area	125	16461	208961	227	13965	250757
都市功能拓展区	Extended Metropolitan Function Area	100	9583	121385	190	9709	160836
城市发展新区	Newly Developed Urban Area	419	39319	501824	1241	40126	721640
渝东北生态涵养发展区	Northeastern Ecological Conservation Area	379	35481	544108	1752	38027	668565
渝东南生态保护发展区	Southeastern Environment Protection Area	144	13865	207284	760	17070	271522
万州区	Wanzhou District	58	5990	90141	85	4679	84715
黔江区	Qianjiang District	23	2637	39670	103	2586	43557
涪陵区	Fuling District	48	4026	52852	105	4205	72765
渝中区	Yuzhong District	13	2508	22182	30	2176	29648
大渡口区	Dadukou District	8	1128	13697	21	991	18071
江北区	Jiangbei District	18	2093	37652	34	1848	32058
沙坪坝区	Shapingba District	30	3392	39171	56	3026	56571
九龙坡区	Jiulongpo District	32	4628	58638	46	3629	67584
南岸区	Nan'an District	24	2712	37621	40	2295	46825
北碚区	Beibei District	17	2383	29305	49	2013	28755
渝北区	Yubei District	43	4303	55957	83	4842	83146
巴南区	Ba'nan District	40	2897	36123	58	2854	48935
长寿区	Changshou District	29	3174	33443	68	2821	41084
江津区	Jiangjin District	43	4310	60015	97	4535	83824
合川区	Hechuan District	33	4016	51810	117	3841	72630
永川区	Yongchuan District	38	3777	47324	171	4018	85329
南川区	Nanchuan District	26	1894	28013	64	2528	44840
綦江区	Qijiang District	66	4509	49655	76	4228	61266
#綦江区（不含万盛）	Qijiang District (excluding Wansheng)						
大足区	Dazu District	30	3759	40616	170	3716	73802
璧山区	Bishan District	24	2045	27087	38	2082	38284
铜梁区	Tongliang District	27	2656	39411	64	2702	49552
潼南区	Tongnan District	29	2566	36465	127	2479	47947
荣昌区	Rongchang District	26	2587	35133	144	2971	50317
梁平县	Liangping County	32	2810	39574	69	3064	57033
城口县	Chengkou County	8	794	12118	130	1214	20930
丰都县	Fengdu County	41	2814	45150	128	3041	57138
垫江县	Dianjiang County	24	2695	50647	90	3502	70328
武隆县	Wulong County	11	1196	18019	79	1850	27790
忠 县	Zhongxian County	27	3243	44180	99	3411	67176
开 县	Kaixian County	64	5671	86059	301	5758	107722
云阳县	Yunyang County	53	4124	65867	254	4648	69059
奉节县	Fengjie County	33	3140	51922	226	3711	60706
巫山县	Wushan County	20	2404	33730	198	2427	40384
巫溪县	Wuxi County	19	1796	24720	172	2572	33374
石柱县	Shizhu County	22	2051	30345	176	2598	37108
秀山县	Xiushan County	26	2443	31773	136	2894	43177
酉阳县	Youyang County	40	3069	46771	140	3701	67013
彭水县	Pengshui County	22	2469	40706	126	3441	52877

注：本表中都市功能核心区和都市功能拓展区的统计数据暂按行政区划进行分组统计。
Note: In terms of the data of Core Metropolitan Function Area and Extended Metropolitan Function Area are calculated by the administrative districts.

表20.15 续表 continued

区 县	Region	广播覆盖率（%） Radio Coverage of Population (%)	电视覆盖率（%） Television Coverage of Population (%)	公共图书馆（个） Number of Public Libraries (unit)	公共图书馆藏书（万册） Number of Books in Public Libraries (10 000 volumes)
全 市	**Total**	**98.62**	**99.07**	**43**	**1303.80**
#都市发达经济圈	Metropolitan Developed Economic Circle	99.86	99.90	11	758.57
渝西经济走廊	West Chongqing Economic Corridor	99.36	99.36	12	232.88
三峡库区生态经济区	Ecological Economic Zone in Three Gorges Reservoir Area	99.55	99.57	20	312.35
#一小时经济圈	One Hour Economic Sphere	99.56	99.45	26	1079.83
#都市功能核心区	Core Metropolitan Function Area	100.00	100.00	8	636.61
都市功能拓展区	Extended Metropolitan Function Area	99.67	99.75	3	121.96
城市发展新区	Newly Developed Urban Area	99.41	99.22	15	321.26
渝东北生态涵养发展区	Northeastern Ecological Conservation Area	97.73	98.74	11	155.58
渝东南生态保护发展区	Southeastern Environment Protection Area	96.48	98.13	6	68.39
万州区	Wanzhou District	99.50	99.30	1	27.58
黔江区	Qianjiang District	97.00	98.17	1	27.42
涪陵区	Fuling District	99.48	97.43	2	56.92
渝中区	Yuzhong District	100.00	100.00	2	151.88
大渡口区	Dadukou District	100.00	100.00	1	22.04
江北区	Jiangbei District	100.00	100.00	1	30.05
沙坪坝区	Shapingba District	100.00	100.00	2	346.66
九龙坡区	Jiulongpo District	100.00	100.00	1	50.29
南岸区	Nan'an District	100.00	100.00	1	35.69
北碚区	Beibei District	100.00	100.00	1	59.34
渝北区	Yubei District	100.00	99.77	1	31.38
巴南区	Ba'nan District	99.00	99.56	1	31.24
长寿区	Changshou District	99.94	99.82	1	31.46
江津区	Jiangjin District	99.55	99.84	1	37.88
合川区	Hechuan District	99.34	99.28	1	26.37
永川区	Yongchuan District	99.32	99.87	1	15.82
南川区	Nanchuan District	98.08	97.17	1	10.92
綦江区	Qijiang District	98.58	99.25	2	27.65
#綦江区（不含万盛）	Qijiang District (excluding Wansheng)	98.83	99.69	1	11.00
大足区	Dazu District	99.65	99.60	2	30.03
璧山区	Bishan District	99.95	97.70	1	17.93
铜梁区	Tongliang District	100.00	100.00	1	27.35
潼南区	Tongnan District	99.19	99.60	1	23.04
荣昌区	Rongchang District	100	100	1	15.89
梁平县	Liangping County	98.53	95.55	1	5.40
城口县	Chengkou County	91.33	93.47	1	14.00
丰都县	Fengdu County	98.18	99.69	1	22.18
垫江县	Dianjiang County	99.50	100.00	1	8.06
武隆县	Wulong County	100.00	100.00	1	13.58
忠 县	Zhongxian County	99.05	99.14	1	10.86
开 县	Kaixian County	98.87	99.27	1	22.25
云阳县	Yunyang County	99.00	99.00	1	18.70
奉节县	Fengjie County	94.09	99.12	1	9.70
巫山县	Wushan County	96.01	97.52	1	9.70
巫溪县	Wuxi County	90.01	98.71	1	7.15
石柱县	Shizhu County	96.00	94.60	1	6.70
秀山县	Xiushan County	97.94	99.94	1	6.80
酉阳县	Youyang County	98.80	99.85	1	6.54
彭水县	Pengshui County	90.15	95.96	1	7.35

注：本表中都市功能核心区和都市功能拓展区的统计数据暂按行政区划进行分组统计。
Note: In terms of the data of Core Metropolitan Function Area and Extended Metropolitan Function Area are calculated by the administrative districts.

表20.16 各区县卫生（2015年）
PUBLIC HEALTH CARE BY REGION (2015)

区 县	Region	卫生机构数（个） Number of Health Care Institutions (unit)	其中 of which #医院、卫生院 Number of Hospitals and Health Centers	卫生机构床位数（张） Hospital Beds in Health Care Institutions (bed)	卫生技术人员（人） Medical Technical Personnel (person)	其中 of which #执业（助理）医师 Licensed (Assistant) Doctors	#注册护士 Registered Nurses
全 市	**Total**	**19805**	**1568**	**176674**	**166812**	**61013**	**69996**
#都市发达经济圈	Metropolitan Developed Economic Circle	4089	349	60414	67871	24363	31086
渝西经济走廊	West Chongqing Economic Corridor	6166	360	45009	39177	14344	15657
三峡库区生态经济区	Ecological Economic Zone in Three Gorges Reservoir Area	9550	859	71251	59764	22306	23253
#一小时经济圈	One Hour Economic Sphere	11441	823	116011	116679	42265	50733
#都市功能核心区	Core Metropolitan Function Area	2401	209	42445	50377	18040	23375
都市功能拓展区	Extended Metropolitan Function Area	1688	140	17969	17494	6323	7711
城市发展新区	Newly Developed Urban Area	7352	474	55597	48808	17902	19647
渝东北生态涵养发展区	Northeastern Ecological Conservation Area	6424	519	45325	37750	14512	14121
渝东南生态保护发展区	Southeastern Environment Protection Area	1940	226	15338	12383	4236	5142
万州区	Wanzhou District	1302	111	10386	10037	3961	4157
黔江区	Qianjiang District	277	33	3511	3010	935	1389
涪陵区	Fuling District	677	67	5964	5913	2272	2354
渝中区	Yuzhong District	385	24	10838	16500	5564	7983
大渡口区	Dadukou District	216	21	2328	2489	960	1092
江北区	Jiangbei District	393	35	7551	8158	2805	4026
沙坪坝区	Shapingba District	401	40	7089	7853	2905	3506
九龙坡区	Jiulongpo District	699	63	9893	9927	3672	4389
南岸区	Nan'an District	307	26	4746	5450	2134	2379
北碚区	Beibei District	374	32	4435	4652	1723	1880
渝北区	Yubei District	670	70	7046	7487	2685	3333
巴南区	Ba'nan District	644	38	6488	5355	1915	2498
长寿区	Changshou District	509	47	4624	3718	1286	1636
江津区	Jiangjin District	1138	39	6683	4857	2014	1714
合川区	Hechuan District	830	45	4951	5192	1922	1953
永川区	Yongchuan District	604	36	6414	5652	1941	2444
南川区	Nanchuan District	338	44	3210	2717	994	1206
綦江区	Qijiang District	656	54	6453	5394	1506	2392
#綦江区（不含万盛）	Qijiang District (excluding Wansheng)	536	40	4485	3707	1020	1589
大足区	Dazu District	384	28	4445	3047	1072	1175
璧山区	Bishan District	487	27	3414	3154	1434	1205
铜梁区	Tongliang District	876	33	3348	3612	1364	1442
潼南区	Tongnan District	410	29	2756	2213	715	831
荣昌区	Rongchang District	443	25	3335	3339	1382	1295
梁平县	Liangping County	582	39	3733	3190	1163	1197
城口县	Chengkou County	256	26	912	776	310	218
丰都县	Fengdu County	456	37	3546	2581	899	1033
垫江县	Dianjiang County	424	36	3825	3240	1220	1210
武隆县	Wulong County	312	33	2051	1321	503	433
忠 县	Zhongxian County	860	50	3627	2843	1143	961
开 县	Kaixian County	683	44	6623	4943	1947	1963
云阳县	Yunyang County	615	49	4901	3475	1429	1123
奉节县	Fengjie County	489	56	4106	3188	1101	1231
巫山县	Wushan County	388	32	2049	2011	821	660
巫溪县	Wuxi County	369	39	1617	1466	518	368
石柱县	Shizhu County	270	35	2392	1902	725	831
秀山县	Xiushan County	333	32	2135	2302	649	1072
酉阳县	Youyang County	326	50	2756	1935	735	673
彭水县	Pengshui County	422	43	2493	1913	689	744

注：1) 卫生机构数含个体诊所。
2) 都市功能核心区和都市功能拓展区的统计数据暂按行政区划进行分组统计。

Note: a) The number of health care institutions include individual-run clinics.
b) The data of Core Metropolitan Function Area and Extended Metropolitan Function Area are calculated by the administrative districts.

表20.17 各区县对外经济贸易（2015年）
FOREIGN ECONOMIC RELATIONS AND TRADE BY REGION (2015)

区 县	Region	进出口总值（万美元） Total Imports and Exports (USD10 000)	其中 of which 出口 Exports	进口 Imports	实际利用内资（亿元） Domestic Capital Actually Utilized (100 million yuan)
全 市	**Total**	**7447656**	**5518994**	**1928662**	**8530.13**
#都市发达经济圈	Metropolitan Developed Economic Circle	6770037	4986262	1783776	3507.73
渝西经济走廊	West Chongqing Economic Corridor	296978	235802	61178	2387.59
三峡库区生态经济区	Ecological Economic Zone in Three Gorges Reservoir Area	380641	296930	83708	2634.81
#一小时经济圈	One Hour Economic Sphere	7309894	5393770	1916127	6417.43
#都市功能核心区	Core Metropolitan Function Area				925.74
都市功能拓展区	Extended Metropolitan Function Area				2581.99
城市发展新区	Newly Developed Urban Area	539859	407510	132352	2909.70
渝东北生态涵养发展区	Northeastern Ecological Conservation Area	110508	98168	12338	1689.35
渝东南生态保护发展区	Southeastern Environment Protection Area	27254	27056	197	423.35
万州区	Wanzhou District	88112	77131	10980	307.47
黔江区	Qianjiang District	624	624		101.46
涪陵区	Fuling District	119615	78646	40969	303.76
渝中区	Yuzhong District	245427	155191	90236	223.04
大渡口区	Dadukou District	26029	18296	7733	156.08
江北区	Jiangbei District	594331	477099	117232	383.90
沙坪坝区	Shapingba District	2565184	1911619	653564	466.67
九龙坡区	Jiulongpo District	277367	250538	26829	471.79
南岸区	Nan'an District	337491	322779	14712	260.49
北碚区	Beibei District	184826	39609	145217	411.03
渝北区	Yubei District	2428786	1730971	697816	568.18
巴南区	Ba'nan District	110596	80160	30437	566.56
长寿区	Changshou District	123266	93062	30205	218.35
江津区	Jiangjin District	57376	40660	16716	403.87
合川区	Hechuan District	26200	19175	7025	273.74
永川区	Yongchuan District	47868	22088	25781	397.87
南川区	Nanchuan District	23479	20876	2602	118.73
綦江区	Qijiang District	16767	16482	285	97.73
#綦江区（不含万盛）	Qijiang District (excluding Wansheng)	8274			81.17
大足区	Dazu District	9767	7564	2203	225.65
璧山区	Bishan District	31119	27021	4098	239.56
铜梁区	Tongliang District	7184	5536	1649	278.66
潼南区	Tongnan District	11304	10809	495	164.61
荣昌区	Rongchang District	65914	65591	324	187.18
梁平县	Liangping County	2807	1876	931	197.86
城口县	Chengkou County				2.21
丰都县	Fengdu County	6781	6536	245	160.78
垫江县	Dianjiang County	4101	4041	59	231.15
武隆县	Wulong County	745	722	23	22.24
忠 县	Zhongxian County	2537	2529	7	236.47
开 县	Kaixian County	4129	4109	20	217.99
云阳县	Yunyang County	814	758	57	182.50
奉节县	Fengjie County	418	416	2	88.16
巫山县	Wushan County	676	639	37	23.58
巫溪县	Wuxi County	133	133		41.17
石柱县	Shizhu County	2305	2233	72	85.02
秀山县	Xiushan County	1132	1046	85	90.13
酉阳县	Youyang County	20855	20838	17	84.40
彭水县	Pengshui County	1593	1593		40.09

注：进出口数据来源重庆市外经贸委。
Note: The data of import and export are provided by Chongqing Foreign Trade and Economic Relations Commission.

表20.18 各区县规模以上工业能源消费总量（2015年）
ENERGY CONSUMPTION OF ENTERPRISES ABOVE DESIGNATED SIZE BY REGION (2015)

区 县	Region	规模以上工业能源消费总量（万吨标准煤）Energy Consumption of Enterprises above Designated Size by Region (10 000 tons of standard coal)
全 市	**Total**	**3959.42**
#都市发达经济圈	Metropolitan Developed Economic Circle	421.95
渝西经济走廊	West Chongqing Economic Corridor	1643.37
三峡库区生态经济区	Ecological Economic Zone in Three Gorges Reservoir Area	1894.10
#一小时经济圈	One Hour Economic Sphere	3207.09
#都市功能核心区	Core Metropolitan Function Area	46.58
都市功能拓展区	Extended Metropolitan Function Area	375.37
城市发展新区	Newly Developed Urban Area	2785.14
渝东北生态涵养发展区	Northeastern Ecological Conservation Area	573.44
渝东南生态保护发展区	Southeastern Environment Protection Area	178.89
万州区	Wanzhou District	192.34
黔江区	Qianjiang District	33.89
涪陵区	Fuling District	388.43
渝中区	Yuzhong District	2.00
大渡口区	Dadukou District	41.19
江北区	Jiangbei District	17.50
沙坪坝区	Shapingba District	28.85
九龙坡区	Jiulongpo District	98.95
南岸区	Nan'an District	55.40
北碚区	Beibei District	90.32
渝北区	Yubei District	55.20
巴南区	Ba'nan District	32.54
长寿区	Changshou District	753.34
江津区	Jiangjin District	393.22
合川区	Hechuan District	326.39
永川区	Yongchuan District	167.74
南川区	Nanchuan District	95.25
綦江区	Qijiang District	404.72
#綦江区（不含万盛）	Qijiang District (excluding Wansheng)	242.39
大足区	Dazu District	41.80
璧山区	Bishan District	47.76
铜梁区	Tongliang District	61.60
潼南区	Tongnan District	29.69
荣昌区	Rongchang District	75.20
梁平县	Liangping County	36.14
城口县	Chengkou County	9.53
丰都县	Fengdu County	118.30
垫江县	Dianjiang County	46.79
武隆县	Wulong County	10.67
忠 县	Zhongxian County	65.85
开 县	Kaixian County	79.19
云阳县	Yunyang County	9.25
奉节县	Fengjie County	8.94
巫山县	Wushan County	2.69
巫溪县	Wuxi County	4.42
石柱县	Shizhu County	59.83
秀山县	Xiushan County	46.88
酉阳县	Youyang County	9.50
彭水县	Pengshui County	18.12

表20.19 各区县法人单位、产业活动单位数（2015年）
NUMBER OF CORPORATE UNITS AND ESTABLISHMENTS BY REGION (2015)

区 县	Region	法人单位（个） Number of Corporate Units (unit)	其中 of which #企业 Enterprises	产业活动单位（个） Number of Establishments (unit)
全 市	**Total**	**454876**	**392711**	**513782**
#都市发达经济圈	Metropolitan Developed Economic Circle	166921	154977	188228
渝西经济走廊	West Chongqing Economic Corridor	114368	97634	129801
三峡库区生态经济区	Ecological Economic Zone in Three Gorges Reservoir Area	173587	140100	195753
#一小时经济圈	One Hour Economic Sphere	311860	279591	352927
#都市功能核心区	Core Metropolitan Function Area	94476	88980	107618
都市功能拓展区	Extended Metropolitan Function Area	72445	65997	80610
城市发展新区	Newly Developed Urban Area	144939	124614	164699
渝东北生态涵养发展区	Northeastern Ecological Conservation Area	103248	81181	116157
渝东南生态保护发展区	Southeastern Environment Protection Area	39768	31939	44698
万州区	Wanzhou District	22887	19648	25430
黔江区	Qianjiang District	8383	7273	9061
涪陵区	Fuling District	18984	16925	21770
渝中区	Yuzhong District	21378	19829	24975
大渡口区	Dadukou District	5644	5055	6321
江北区	Jiangbei District	18469	17413	20972
沙坪坝区	Shapingba District	19847	18358	22082
九龙坡区	Jiulongpo District	36200	34627	40376
南岸区	Nan'an District	15689	14565	17831
北碚区	Beibei District	9999	8836	11489
渝北区	Yubei District	23716	21874	26444
巴南区	Ba'nan District	15979	14420	17738
长寿区	Changshou District	11587	10055	13128
江津区	Jiangjin District	15001	12916	16929
合川区	Hechuan District	11041	9269	13260
永川区	Yongchuan District	12677	11091	14511
南川区	Nanchuan District	10549	8826	11787
綦江区	Qijiang District	13967	11973	15547
#綦江区（不含万盛）	Qijiang District (excluding Wansheng)	9070	7627	10173
大足区	Dazu District	12787	10907	14060
璧山区	Bishan District	10818	9533	12451
铜梁区	Tongliang District	9207	7678	10910
潼南区	Tongnan District	10433	8957	11556
荣昌区	Rongchang District	7888	6484	8790
梁平县	Liangping County	7641	5770	8953
城口县	Chengkou County	3505	2414	3678
丰都县	Fengdu County	7681	5814	8776
垫江县	Dianjiang County	8050	6658	8889
武隆县	Wulong County	6775	5384	7357
忠 县	Zhongxian County	8746	7184	11052
开 县	Kaixian County	15879	12733	16990
云阳县	Yunyang County	10212	7723	11718
奉节县	Fengjie County	7394	5001	7811
巫山县	Wushan County	6297	4767	6897
巫溪县	Wuxi County	4956	3469	5963
石柱县	Shizhu County	4517	3541	5503
秀山县	Xiushan County	6275	5159	7049
酉阳县	Youyang County	7211	5444	8167
彭水县	Pengshui County	6607	5138	7561

第 21 章

三峡工程重庆库区

RESERVOIR AREA OF THREE GORGES PROJECT IN CHONGQING

简要说明 BRIEF INTRODUCTION

本章资料包括三峡工程重庆库区经济和社会发展情况、移民工程投资完成情况，由市统计局综合处根据市移民局资料整理编辑。

库区指库区15区县，包括万州区、涪陵区、渝北区、巴南区、长寿区、江津区、丰都县、武隆县、忠县、开县、云阳县、奉节县、巫山县、巫溪县、石柱县。重点库区指8个重点移民区县，包括万州区、涪陵区、丰都县、忠县、开县、云阳县、奉节县、巫山县。

This chapter includes the economic and social development of the reservoir area of Three Gorges Project in Chongqing, the statistics on the completed investment in Three Gorges Resettlement. The data here are provided by Chongqing Migration Bureau and sorted and compiled by Division of Comprehensive Statistics of Chongqing Municipal Bureau of Statistics.

The Reservoir Area refers to 15 districts and counties, namely Wanzhou, Fuling, Yubei, Ba'nan, Changshou, Jiangjin, Fengdu, Wulong, Zhongxian, Kaixian, Yunyang, Fengjie, Wushan, Wuxi and Shizhu. The Key Reservoir Area refers to 8 key districts and counties of migration, namely Wanzhou, Fuling, Fengdu, Zhongxian, Kaixian, Yunyang, Fengjie and Wushan.

表21.1 三峡工程重庆库区经济和社会发展情况（2014－2015年）

ECONOMIC AND SOCIAL DEVELOPMENT OF THE RESERVOIR AREA OF THREE GORGES PROJECT IN CHONGQING (2014-2015)

指 标	Item	2014		2015	
		库区合计 Total of Reservoir Area	其 中 of which #重点库区 Key Area	库区合计 Total of Reservoir Area	其 中 of which #重点库区 Key Area
人 口	**Population**				
户籍总户数（万户）	Total Number of Households (10 000 households)	579.71	342.41	581.84	341.58
户籍人口（万人）	Total Household Populaion (10 000 persons)	1552.90	953.55	1550.06	948.25
非农业	Non-agriculture	554.43	305.51	563.22	306.09
农 业	Agriculture	998.47	648.04	986.84	642.16
男 性	Male	802.04	494.79	800.48	492.30
女 性	Female	750.86	458.76	749.58	455.95
年末常住人口（万人）	Year-end Permanent Residents (10 000 persons)	1309.16	738.03	1317.18	733.47
城 镇	Urban	714.76	351.41	738.89	359.42
乡 村	Rural	594.40	386.62	578.29	374.05
城镇化率（%）	Urbanization Rate (%)	54.60	47.61	56.10	49.00
工资和收入	**Wages and Income**				
城镇非私营单位在岗职工人数（万人）	On-post Staff and Workers of Urban Non-private Units (10 000 persons)	157.95	64.53	154.54	65.55
城镇非私营单位在岗职工工资总额（万元）	Total Wage Bill of On-post Staff and Workers of Urban Non-private Unit (10 000 yuan)	8532992	3261288	9248327	3652188
城镇非私营单位在岗职工平均工资（元）	Average Wage of On-post Staff and Workers of Urban Non-private Units (yuan)	55206	51584	60100	56182
城镇常住居民人均可支配收入（元）	Per Capita Disposable Income of Urban Residents (yuan)	25178	23651	27417	25885
农村常住居民人均可支配收入（元）	Per Capita Disposable Income of Rural Residents (yuan)	9398	8800	10500	9841
国民经济核算	**National Economic Accounting**				
地区生产总值（亿元）	Gross Domestic Product (100 million yuan)	5609.57	2664.41	6206.90	2939.20
第一产业	Primary Industry	518.47	295.78	561.81	321.67
第二产业	Secondary Industry	2809.02	1261.86	3055.88	1405.31
工 业	Industry	2167.24	930.22	2334.56	1020.99
建筑业	Construction	641.78	331.64	721.32	384.32
第三产业	Tertiary Industry	2282.08	1106.77	2589.21	1212.22
地区生产总值结构（%）	Composition of Gross Domestic Product (%)	100.0	100.0	100.0	100.0
第一产业	Primary Industry	9.2	11.1	9.1	10.9
第二产业	Secondary Industry	50.1	47.4	49.2	47.8
工 业	Industry	38.6	34.9	37.6	34.7
建筑业	Construction	11.5	12.5	11.6	13.1
第三产业	Tertiary Industry	40.7	41.5	41.7	41.3
固定资产投资（万元）	**Investment in Fixed Assets (10 000 yuan)**				
全社会固定资产投资总额	Total Investment in Fixed Assets	53944960	24384369	63375688	28619788
#基础设施	Infrastructure	14896849	8098935	20053935	8990865
工业投资	Industry	17159221	8224795	15375177	8722186
#房地产开发	Real Estate Development	13202600	2822807	13985275	3548018
#住 宅	Residential Buildings	9597814	2143304	9490757	2569620

表21.1 续表1 continued1

指 标	Item	2014 库区合计 Total of Reservoir Area	2014 其中 of which #重点库区 Key Area	2015 库区合计 Total of Reservoir Area	2015 其中 of which #重点库区 Key Area
商品房建设情况（万平方米）	**Construction of Commercialized Buildings (10 000 sq.m)**				
房地产施工面积	Floor Space under Construction	10537.50	2876.87	10539.87	3117.69
#住 宅	Residential Bulidings	7601.31	2226.42	7134.04	2290.17
房地产竣工面积	Floor Space Completed	1335.12	389.89	1743.22	405.15
#住 宅	Residential Bulidings	1011.81	304.70	1256.73	306.79
财 政（万元）	**Government Finance (10 000 yuan)**				
区县级一般公共预算收入	General Public Budgetary Income at District (County) Level	3651674	1787228	4213596	2046790
区县级一般公共预算支出	General Public Budgetary Expenditure at District (County) Level	8712565	4975211	10413906	6029825
农 业	**Agriculture**				
农林牧渔业总产值（万元）	Gross Output Value of Farming, Forestry, Animal Husbandry and Fishery (10 000 yuan)	7836952	4480921	8531480	4897787
#农 业	Farming	4833238	2766212	5167560	2961360
牧 业	Animal Husbandry	2332300	1320219	2597896	1486016
农林牧渔业增加值（万元）	Value-added of Farming, Forestry, Animal Husbandry and Fishery (10 000 yuan)	5267242	3003429	5715059	3271403
#农 业	Farming	3584529	2044186	3833604	2191387
牧 业	Animal Husbandry	1178729	661111	1305315	738600
蔬菜总播种面积（万亩）	Sown Areas of Vegetables (10 000 mu)	536.03	322.77	555.20	333.42
蔬菜总产量（万吨）	Gross Output of Vegestables (10 000 tons)	796.84	489.80	843.64	515.96
肉类总产量（万吨）	Gross Output of Meat (10 000 tons)	99.05	59.76	98.77	59.97
#猪 肉	Pork	75.55	46.24	74.28	45.67
禽 肉	Meat of Poultry	12.22	5.75	12.56	5.93
猪出栏量（万头）	Slaughtered Hogs (10 000 heads)	1024.56	627.24	1008.13	619.89
禽出栏量（万只）	Slaughtered Poultry (10 000 heads)	7863.07	3709.35	8073.46	3827.75
牛奶产量（万吨）	Output of Milk (10 000 tons)	2.96	1.14	2.83	1.11
禽蛋产量（万吨）	Output of Poultry Eggs (10 000 tons)	23.03	12.15	23.76	12.49
粮食播种面积（万亩）	Sown Areas of Grain (10 000 mu)	1768.47	1116.18	1761.33	1111.50
#夏 粮	Grain Crops Harvested in Summer	427.97	283.64	420.28	277.57
秋 粮	Grain Crops Harvested in Autumn	1340.50	832.54	1341.06	833.94
#水 稻	Rice	463.29	278.52	462.69	278.36
玉 米	Corn	376.59	221.40	379.61	223.70
薯 类	Tubers	648.38	432.16	650.12	433.31
粮食总产量（万吨）	Gross Output of Grain (10 000 tons)	559.39	338.61	565.62	342.70
#夏 粮	Grain Crops Harvested in Summer	85.92	59.73	88.33	60.78
秋 粮	Grain Crops Harvested in Autumn	473.47	278.88	477.29	281.92
#水 稻	Rice	216.21	123.12	218.01	124.27
玉 米	Corn	133.84	76.59	135.94	78.16
薯 类	Tubers	167.80	110.96	171.44	113.38

表21.1 续表2 continued2

指　标	Item	2014		2015	
		库区合计 Total of Reservoir Area	其　中 of which #重点库区 Key Area	库区合计 Total of Reservoir Area	其　中 of which #重点库区 Key Area
工　业（规模以上）	**Industry (above Designated Size)**				
企业数（个）	Number of Enterprises (unit)	1899	734	2115	869
工业总产值（万元）	Gross Output Value of Industry (10 000 yuan)	80437035	23501967	85428882	27678586
出口交货值（万元）	Sales of Exported Products (10 000 yuan)	10524153	734040	9276634	1007400
资产总计（万元）	Total Assets (10 000 yuan)	72771451	20240813	85292332	24647558
主营业务收入（万元）	Revenue from Principal Business (10 000 yuan)	80661265	22790259	89389195	26633617
利润总额（万元）	Total After-tax Profits (10 000 yuan)	6334236	1426231	6701647	1579422
利税总额（万元）	Total Pre-tax Profits (10 000 yuan)	10917268	3267853	11543757	3206689
全部从业人员平均数（万人）	Average Employment (10 000 persons)	65.51	22.50	67.81	23.73
总资产贡献率（%）	Ratio of Total Assets to Industrial Output Value (%)	16.2	17.6	14.5	14.3
资本保值增值率（%）	Ratio of Assets Appreciation YOY (%)	114.1	129.6	113.1	114.0
资产负债率（%）	Asset-Liability Ratio (%)	66.6	63.9	66.5	63.2
流动资产周转率(次)	Turnover Ratio of Circulating Assets (time)	2.5	3.0	2.4	2.9
成本费用利润率（%）	Ratio of Profits to Cost (%)	8.4	6.8	8.0	6.3
全员劳动生产率（元/人年）	Overall Labor Productivity (yuan/person-year)	307128	311759	341774	331205
产品销售率（%）	Sales as Percentage of Output (%)	97.9	97.6	96.9	96.4
国内贸易	**Domestic Trade**				
社会消费品零售总额（万元）	Total Retail Sales (10 000 yuan)	20076975	8496430	22692933	9690793
限额以上法人企业数（个）	Number of Corporate Enterprises above Designated Size (unit)	2187	1205	2417	1395
批发业	Wholesale	716	380	719	401
零售业	Retail	979	549	1115	625
住宿业	Hotel	141	60	152	72
餐饮业	Catering	351	216	431	297
实际利用内资（亿元）	Domestic Capital Actually Utilized (100 million yuan)	2940.06	1355.74	3426.10	1520.72
教　育	**Education**				
学校数（所）	Number of Schools (unit)				
#普通高等学校	Regular Institutions of Higher Education	20	9	21	9
普通中学	Regular Secondary Schools	548	344	551	344
小　学	Primary Schools	2470	1630	2129	1396
专任教师数（人）	Number of Full-time Teachers (person)				
#普通高等学校	Regular Institutions of Higher Education	10346	3798	11266	4001
普通中学	Regular Secondary Schools	50505	31070	51139	31412
小　学	Primary Schools	53167	31597	53952	31880
在校学生数（人）	Student Enrollment (person)				
#研究生	Postgraduates	6741	28	6988	92
普通高等学校	Regular Institutions of Higher Education	199028	79351	217377	84326
普通中学	Regular Secondary Schools	754076	488961	728523	469901
小　学	Primary Schools	906371	561838	914926	559665
卫　生	**Public Health**				
卫生机构数（个）	Number of Health Institutions (unit)	8915	5423	9382	5470
卫生机构床位数（张）	Number of Hospital Beds (bed)	65258	38248	72103	41202
卫生技术人员（人）	Medical Technological Personnel (person)	57003	33714	61097	34991

表21.2 三峡移民工程后续工作专项资金完成投资情况（2015年底止）

COMPREHENSIVE STATISTICS ON THE COMPLETED INVESTMENT IN THE FOLLOW-ON WORK OF THREE GORGES RESETTLEMENT (END OF 2015)

单位：万元 (10 000 yuan)

区 县	Region	三峡后续工作专项资金累计计划投资 Total Planned Investment in the Follow-on Work of Three Gorges Resettlement	截至2015年12月底三峡后续工作专项资金累计完成投资 Investment in the Follow-on Work of Three Gorges Resettlement by the End of December 2015	2015年三峡后续工作专项资金本期完成投资 Completed Investment of 2015 in This Term			
				合 计 Total	移民安稳致富和促进库区经济社会发展 Stabilization of Resettlers and the Economic and Social Development of Resoir Areas	库区生态环境建设与保护 Construction and Protection of the Ecological Environment of the Resevoir Areas.	地质灾害防治 Geological Hazard Control
重庆市合计	Total of Chongqing	2682912.00	1277947.91	460378.38	290435.96	122245.27	46697.14
重庆市本级	At Municipal Level	111679.00	45863.98	33803.51	30171.53	1765.00	866.98
渝北区	Yubei	21418.00	6381.67	3665.67	146.00	2732.49	787.18
巴南区	Banan	30078.00	4083.80	2110.80	2094.50	9.30	7.00
江津区	Jiangjin	14831.00	6165.40	3900.33	2323.30	1577.03	0.00
长寿区	Changshou	59112.00	32663.86	6324.98	2649.84	3541.94	133.20
武隆县	Wulong	81286.00	55650.00	30757.00	158.00	111.00	30488.00
巫溪县	Wuxi	26257.00	6822.78	2950.00	2950.00		
石柱县	Shizhu	42038.00	18258.21	7563.76	6809.25	515.38	239.13
万州区	Wanzhou	529923.13	250231.42	97634.73	90042.13	6566.78	1025.82
涪陵区	Fuling	325244.00	177019.35	83345.10	47754.04	33821.06	1770.00
丰都县	Fengdu	168505.64	63186.92	24068.44	12572.94	9849.49	1646.00
忠 县	Zhongxian	236673.85	161458.33	70435.42	47381.88	21440.45	1613.09
开 县	Kaixian	274074.00	96179.25	13436.13	5271.86	4262.27	3902.00
云阳县	Yunyang	281120.38	152897.41	31468.73	18045.76	11657.08	1765.89
奉节县	Fengjie	264223.00	118909.46	28470.00	8654.00	19163.00	653.00
巫山县	Wushan	188572.00	77243.72	17830.78	13309.92	2721.00	1799.86
江北区	Jiangbei	18744.00	2449.00	1177.00	101.00	1076.00	
大渡口	Dudukou	1018.00	1012.00	1012.00		1012.00	
南岸区	Nan'an	5845.00	1334.35	411.00		411.00	
北碚区	Beibei	2270.00	137.00	13.00		13.00	

注：本表数据统计口径为截止2015年12月31日对财政部核定2011-2014年三峡后续工作专项资金补助额的下达及完成。
Note: The statistic scope of the data hereabove is the plan and completion rate of the special fund subsidy for the follow-on work of three gorges resettlement in 2011- 2014 checked and ratified by Ministry of Finance by Dec. 31, 2015.

第 22 章

基本单位名录库

STATISTICS ON BASIC UNITS

简要说明
BRIEF INTRODUCTION

本章资料包括按行业分的法人、产业活动单位数，按机构类型和登记注册类型分的法人单位数，按行业分的企业法人单位数以及按登记注册类型分的企业法人单位数，由市统计局普查中心根据基本单位统计年报资料整理编辑。

This chapter includes the number of corporate units and establishments by sector, the number of corporate units by institutional type and status of registration, the number of enterprises as corporate units by sector and the number of enterprises as corporate units by status of registration. The data are prepared and compiled by Census Centre of Chongqing Municipal Bureau of Statistics on the basis of the annual statistic report of the basic units.

表22.1 按行业分的法人单位、产业活动单位数（2014-2015年）

NUMBER OF CORPORATE UNITS AND ESTABLISHMENTS BY SECTOR (2014-2015)

单位：个 (unit)

指 标	Item	2014 法人单位 Corporate Units	2014 产业活动单位 Establishments	2015 法人单位 Corporate Units	2015 产业活动单位 Establishments
总 计	**Total**	**378002**	**434042**	**454876**	**513782**
按三次产业分组	**By Strata of Industry**				
第一产业	Primary Industry	55400	55841	76130	76633
第二产业	Secondary Industry	65199	69158	72357	76533
第三产业	Tertiary Industry	257403	309043	306389	360616
按国民经济行业分组	**By Sector**				
农、林、牧、渔业	**Agriculture , Forestry, Animal Husbandry and Fishery**	**59258**	**59840**	**80942**	**81563**
农 业	Farming	28142	28377	39360	39641
林 业	Forestry	2562	2610	3010	3059
畜牧业	Animal Husbandry	15756	15865	21710	21833
渔 业	Fishery	8940	8989	12050	12100
农、林、牧、渔服务业	Services of Farming ,Forestry, Animal Husbandry and Fishery	3858	3999	4812	4930
采矿业	**Mining and Quarrying**	**2557**	**2931**	**2654**	**3006**
煤炭开采和洗选业	Coal Mining and Dressing	916	1146	913	1120
石油和天然气开采业	Petroleum and Natural Gas Extraction	44	81	44	81
黑色金属矿采选业	Ferrous Metal Ores Mining and Dressing	91	100	98	106
有色金属矿采选业	Nonferrous Metal Ores Mining and Dressing	36	41	36	41
非金属矿采选业	Nonmetallic Ores Mining and Dressing	1377	1457	1459	1541
开采辅助活动	Auxiliary Minning Operations	57	69	67	78
其他采矿业	Mining and Dressing of Other Ores	36	37	37	39
制造业	**Manufacture**	**50578**	**51979**	**55432**	**56894**
农副食品加工业	Processing of Farm and Sideline Food	3729	3904	4036	4218
食品制造业	Manufacture of Food	1303	1360	1526	1586
酒、饮料和精制茶制造业	Manufacture of Beverage	1023	1055	1132	1165
烟草制品业	Tobacco Products	10	16	14	21
纺织业	Textile Industry	2067	2084	2163	2181
纺织服装、服饰业	Manufacture of Textile Garments, Footwear and Headgear	1837	1849	2035	2047
皮革、毛皮、羽毛及其制品和制鞋业	Leather, Fur, Feather, Down and Related Products	1246	1250	1279	1284
木材加工和木、竹、藤、棕、草制品业	Timber Processing, Bamboo, Cane, Palm Fiber & Straw Products	1777	1802	1896	1921
家具制造业	Manufacture of Furniture	2235	2258	2458	2483
造纸和纸制品业	Papermaking and Paper Products	863	874	913	926
印刷和记录媒介复制业	Printing and Record Medium Reproduction	1220	1262	1309	1350
文教、工美、体育和娱乐用品制造业	Manufacture of Cultural, Educational and Sports Articles	957	977	1159	1179
石油加工及炼焦	Petroleum Refining, Coking and Nuclear Fuel Processing	79	84	89	97
化学原料和化学制品制造业	Manufacture of Raw Chemical Materials and Chemical Products	1509	1558	1659	1713
医药制造业	Manufacture of Medicines	344	364	408	430
化学纤维制造业	Manufacture of Chemical Fibers	26	27	25	26
橡胶和塑料制品业	Plastic Products	1874	1911	2019	2064
非金属矿物制品业	Nonmetal Mineral Products	5670	5935	6096	6361

表22.1 续表1 continued1

单位：个 (unit)

指 标	Item	2014 法人单位 Corporate Units	2014 产业活动单位 Establishments	2015 法人单位 Corporate Units	2015 产业活动单位 Establishments
黑色金属冶炼和压延加工业	Smelting and Pressing of Ferrous Metals	685	713	717	743
有色金属冶炼和压延加工业	Smelting and Pressing of Nonferrous Metals	479	494	530	545
金属制品业	Metal Products	4675	4759	5145	5229
通用设备制造业	Manufacture of General-purpose Machinery	3532	3626	3836	3938
专用设备制造业	Manufacture of Special-purpose Machinery	2513	2571	2920	2990
汽车制造业	Manufacture of Automobile	3429	3523	3885	3974
铁路、船舶、航空航天和其他运输设备制造业	Manufacture of Railway ,Ship, Aeronautics and Other Transport Equipment	3585	3651	3735	3802
电气机械和器材制造业	Manufacture of Electrical Machinery and Equipment	1421	1459	1622	1659
计算机、通信和其他电子设备制造业	Manufacture of Communication Equipment, Computers and Other Electronic Equipment	899	913	1096	1119
仪器仪表制造业	Manufacture of Instruments and Meters	641	666	694	720
其他制造业	Other Manufactures	478	487	499	510
废弃资源综合利用业	Comprehensive Utilization of Waste	186	232	207	253
金属制品、机械和设备修理业	Manufacture of Metal Products, Machinery and Equipment Maintenance	286	315	330	360
电力、热力、燃气及水生产和供应业	**Production and Supply of Electric Power, Gas and Water**	**2161**	**2958**	**2294**	**3099**
电力、热力生产和供应业	Production and Supply of Electric Power and Heat Power	1304	1614	1384	1695
燃气生产和供应业	Production and Supply of Gas	227	380	248	408
水的生产和供应业	roduction and Supply of Water	630	964	662	996
建筑业	**Construction**	**10246**	**11674**	**12374**	**13972**
房屋建筑业	Construction of Housing	2980	3552	3295	3929
土木工程建筑业	Civil Engineering Construction	887	1066	1044	1247
建筑安装业	Architectural Installation	1145	1327	1333	1543
建筑装饰和其他建筑业	Architectural Decoration and Other Construction	5234	5729	6702	7253
批发和零售业	**Wholesale and Retail Trade**	**104519**	**120900**	**125316**	**142893**
批发业	Wholesale Trade	44353	50209	51841	57896
零售业	Retail Trade	60166	70691	73475	84997
交通运输、仓储和邮政业	**Transport, Storage and Postal Services**	**6615**	**9861**	**7840**	**11352**
铁路运输业	Transport Via Railway	60	114	71	125
道路运输业	Transport Via Road	3854	4726	4514	5459
水上运输业	Water Transport	433	531	448	542
航空运输业	Air Transport	43	62	53	75
管道运输业	Transport Via Pipeline	5	8	9	12
装卸搬运和运输代理业	Loading, Unloading, Portage and Transport Agency	1488	1771	1842	2146
仓储业	Storage	442	549	535	643
邮政业	Post	290	2100	368	2350
住宿和餐饮业	**Hotels and Catering Services**	**16608**	**19062**	**21802**	**24380**
住宿业	Hotels	2472	2774	3456	3773
餐饮业	Catering Services	14136	16288	18346	20607
信息传输、软件和信息技术服务业	**Information Transmission, Computer Services and Software**	**8239**	**9676**	**11706**	**13214**
电信、广播电视和卫星传输服务	Telecom, Radio, Televison and Satellite Transmission Services	447	1501	500	1552
互联网和相关服务	Internet and Ralated Services	1041	1123	1867	1967
软件和信息技术服务业	Software and Information Technology Services	6751	7052	9339	9695

表22.1 续表2 continued2

单位：个 (unit)

指　标	Item	2014 法人单位 Corporate Units	2014 产业活动单位 Establishments	2015 法人单位 Corporate Units	2015 产业活动单位 Establishments
金融业	**Finance**	**3242**	**9301**	**3478**	**9735**
货币金融服务	Money Finance Services	1142	5993	1190	6157
资本市场服务	Capital Market Services	1334	1571	1455	1691
保险业	Insurance	437	1304	448	1401
其他金融业	Other Finance	329	433	385	486
房地产业	**Real Estate**	**10814**	**14096**	**12134**	**15547**
房地产业	Real Estate	10814	14096	12134	15547
租赁和商务服务业	**Leasing and Business Services**	**29351**	**32384**	**36399**	**39773**
租赁业	Leasing	2761	2868	3630	3765
商务服务业	Business Services	26590	29516	32769	36008
科学研究和技术服务业	**Scientific Research, Technical Services and Geological Prospecting**	**8777**	**9695**	**10497**	**11497**
研究和试验发展	Research and Experimental Development	584	696	720	833
专业技术服务业	Professional Technical Services	6049	6708	7037	7770
科技推广和应用服务业	Services of Science and Technology Application and Promotion	2144	2291	2740	2894
水利、环境和公共设施管理业	**Water Conservancy, Environment and Public Facilities Management**	**2181**	**2587**	**2552**	**2978**
水利管理业	Management of Water Conservancy	535	806	568	843
生态保护和环境治理业	Ecological Protection and Environmental Governance	355	390	436	477
公共设施管理业	Management of Public Facilities	1291	1391	1548	1658
居民服务、修理和其他服务业	**Resident Services, Maintenance Services and Other Services**	**10199**	**10852**	**12848**	**13597**
居民服务业	Resident Services	5314	5598	6836	7173
机动车、电子产品和日用产品修理业	Vehicles, Electronic Products and Commodities Maintenance Services	3223	3497	3797	4091
其他服务业	Other Services	1662	1757	2215	2333
教　育	**Education**	**10854**	**13145**	**11938**	**14262**
教　育	Education	10854	13145	11938	14262
卫生和社会工作	**Health and Social Work**	**5744**	**11852**	**5972**	**12067**
卫　生	Health	3977	9882	4093	9988
社会工作	Social Work	1767	1970	1879	2079
文化、体育和娱乐业	**Culture, Sports and Entertainment**	**6896**	**7297**	**9173**	**9630**
新闻和出版业	Journalism and Publishing Activities	174	196	191	212
广播、电视、电影和影视录音制作业	Broadcasting, Movies, Televisions and Audiovisual Activities	377	471	474	581
文化艺术业	Cultural and Art Activities	2460	2572	3304	3421
体　育	Sports	422	449	576	612
娱乐业	Entertainment	3463	3609	4628	4804
公共管理、社会保障和社会组织	**Public Administration, Social Security and Social Organizations**	**29163**	**33952**	**29525**	**34323**
中国共产党机关	Organs of CPC	608	628	597	619
国家机构	Government Agencies	8859	12990	8988	13128
人民政协、民主党派	People's Political Consultative Conference and Democratic Parties	166	173	166	173
社会保障	Social Security	764	906	782	924
群众团体、社会团体和其他成员组织	Non-Governmental Organizations, Social Organizations and Other Organizations	7585	8021	7812	8246
基层群众自治组织	Grass Roots Self-governing Organizations	11181	11234	11180	11233

表22.2 按机构类型和登记注册类型分的法人单位数（2014–2015年）
NUMBER OF CORPORATE UNITS BY INSTITUTIONAL TYPE AND STATUS OF REGISTRATION (2014-2015)

单位：个 (unit)

指　标	Item	2014	2015
总　计	**Total**	**378002**	**454876**
按机构类型分组	**By Institutional Type**		
企　业	Enterprises	316676	392711
事业单位	Public Institutions	17928	18037
机　关	Governmental Agencies	4037	4037
社会团体	Social Organizations	7369	7571
民办非企业	Private Non-enterprise	6741	7112
其他组织机构	Others	25251	25408
按登记注册类型分组	**By Status of Registration**		
内　资	Domestic-funded Enterprises	376410	453166
国　有	State-owned	23742	23857
集　体	Collective-owned	3768	3710
股份合作	Cooperative Share-holding	1636	1727
联　营	Joint Ownership	590	584
国有联营	State Joint Ownership	67	68
集体联营	Collective Joint Ownership	231	227
国有与集体联营	Joint State-collective Ownership	48	45
其他联营	Other Joint Ownership	244	244
有限责任公司	Limited-liability Corporations	40251	46347
国有独资公司	Soly State-owned	1012	1122
其他有限责任公司	Other Limited-liability Corporations	39239	45225
股份有限公司	Share-holding Limited Companies	3709	4097
私　营	Private	244734	306497
私营独资	Soly Private-funded Enterprises	130499	162404
私营合伙	Private Partnership Enterprises	8655	10621
私营有限责任公司	Private Limited Liability Corporations	99256	125809
私营股份有限公司	Private Share-holding Limited Companies	6324	7663
其　他	Others	57980	66347
港、澳、台商投资	Enterprises with Funds from Hong Kong, Macao and Tainwan	726	784
合资经营	Joint-venture Enterprises	225	243
合作经营	Cooperative Enterprises	13	14
独资经营	Soly-funded Enterprises	431	466
投资股份有限公司	Share-holding Limited Companies	38	38
外商投资	Foreign-funded Enterprises	866	926
中外合资经营	Joint-venture Enterprises	301	317
中外合作经营	Cooperative Enterprises	22	21
外资企业	Soly-funded Enterprises	465	493
外商投资股份有限公司	Share-holding Limited Companies	34	41

表22.3 按行业分的企业法人单位数（2014–2015年）

NUMBER OF ENTERPRISES AS CORPORATE UNITS BY SECTOR (2014-2015)

单位：个 (unit)

指 标	Item	2014	2015
总 计	**Total**	**316676**	**392711**
按三次产业分组	**By Strata of Industry**		
第一产业	Primary Industry	46479	66881
第二产业	Secondary Industry	65172	72339
第三产业	Tertiary Industry	205025	253491
按国民经济行业分组	**By Sector**		
农、林、牧、渔业	**Agriculture , Forestry, Animal Husbandry and Fishery**	**49020**	**69960**
农 业	Farming	23150	34211
林 业	Forestry	2202	2656
畜牧业	Animal Husbandry	12895	18747
渔 业	Fishery	8232	11267
农、林、牧、渔服务业	Services of Farming , Forestry, Animal Husbandry and Fishery	2541	3079
采矿业	**Mining and Quarrying**	**2557**	**2654**
煤炭开采和洗选业	Coal Mining and Dressing	916	913
石油和天然气开采业	Petroleum and Natural Gas Extraction	44	44
黑色金属矿采选业	Ferrous Metal Ores Mining and Dressing	91	98
有色金属矿采选业	Nonferrous Metal Ores Mining and Dressing	36	36
非金属矿采选业	Nonmetallic Ores Mining and Dressing	1377	1459
开采辅助活动	Auxiliary Minning Operations	57	67
其他采矿业	Mining and Dressing of Other Ores	36	37
制造业	**Manufacture**	**50578**	**55431**
农副食品加工业	Processing of Farm and Sideline Food	3729	4035
食品制造业	Manufacture of Food	1303	1526
酒、饮料和精制茶制造业	Manufacture of Beverage	1023	1132
烟草制品业	Tobacco Products	10	14
纺织业	Textile Industry	2067	2163
纺织服装、服饰业	Manufacture of Textile Garments, Footwear and Headgear	1837	2035
皮革、毛皮、羽毛及其制品和制鞋业	Leather, Fur, Feather, Down and Related Products	1246	1279
木材加工和木、竹、藤、棕、草制品业	Timber Processing, Bamboo, Cane, Palm Fiber & Straw Products	1777	1896
家具制造业	Manufacture of Furniture	2235	2458
造纸和纸制品业	Papermaking and Paper Products	863	913
印刷和记录媒介复制业	Printing and Record Medium Reproduction	1220	1309
文教、工美、体育和娱乐用品制造业	Manufacture of Cultural, Educational and Sports Articles	957	1159
石油加工及炼焦	Petroleum Refining, Coking and Nuclear Fuel Processing	79	89
化学原料和化学制品制造业	Manufacture of Raw Chemical Materials and Chemical Products	1509	1659
医药制造业	Manufacture of Medicines	344	408
化学纤维制造业	Manufacture of Chemical Fibers	26	25
橡胶和塑料制品业	Plastic Products	1874	2019
非金属矿物制品业	Nonmetal Mineral Products	5670	6096
黑色金属冶炼和压延加工业	Smelting and Pressing of Ferrous Metals	685	717

表22.3 续表1 continued1

单位：个 (unit)

指　标	Item	2014	2015
有色金属冶炼和压延加工业	Smelting and Pressing of Nonferrous Metals	479	530
金属制品业	Metal Products	4675	5145
通用设备制造业	Manufacture of General-purpose Machinery	3532	3836
专用设备制造业	Manufacture of Special-purpose Machinery	2513	2920
汽车制造业	Manufacture of Automobile	3429	3885
铁路、船舶、航空航天和其他运输设备制造业	Manufacture of Railway , Ship, Aeronautics and Other Transport Equipment	3585	3735
电气机械和器材制造业	Manufacture of Electrical Machinery and Equipment	1421	1622
计算机、通信和其他电子设备制造业	Manufacture of Communication Equipment, Computers and Other Electronic Equipment	899	1096
仪器仪表制造业	Manufacture of Instruments and Meters	641	694
其他制造业	Other Manufactures	478	499
废弃资源综合利用业	Comprehensive Utilization of Waste	186	207
金属制品、机械和设备修理业	Manufacture of Metal Products,Machinery and Equipment Maintenance	286	330
电力、热力、燃气及水生产和供应业	**Production and Supply of Electric Power, Gas and Water**	**2134**	**2277**
电力、热力生产和供应业	Production and Supply of Electric Power and Heat Power	1293	1377
燃气生产和供应业	Production and Supply of Gas	227	248
水的生产和供应业	Production and Supply of Water	614	652
建筑业	**Construction**	**10246**	**12374**
房屋建筑业	Construction of Housing	2980	3295
土木工程建筑业	Civil Engineering Construction	887	1044
建筑安装业	Architectural Installation	1145	1333
建筑装饰和其他建筑业	Architectural Decoration and Other Construction	5234	6702
批发和零售业	**Wholesale and Retail Trade**	**104519**	**125312**
批发业	Wholesale Trade	44353	51838
零售业	Retail Trade	60166	73474
交通运输、仓储和邮政业	**Transport, Storage and Postal Services**	**6444**	**7724**
铁路运输业	Transport Via Railway	55	66
道路运输业	Transport Via Road	3752	4445
水上运输业	Water Transport	412	428
航空运输业	Air Transport	42	52
管道运输业	Transport Via Pipeline	5	9
装卸搬运和运输代理业	Loading, Unloading, Portage and Transport Agency	1473	1839
仓储业	Storage	424	523
邮政业	Post	281	362
住宿和餐饮业	**Hotels and Catering Services**	**16406**	**21632**
住宿业	Hotels	2435	3428
餐饮业	Catering Services	13971	18204
信息传输、软件和信息技术服务业	**Information Transmission, Computer Services and Software**	**8046**	**11574**
电信、广播电视和卫星传输服务	Telecom, Radio, Televison and Satellite Transmission Services	399	457
互联网和相关服务	Internet and Ralated Services	1007	1832
软件和信息技术服务业	Software and Information Technology Services	6640	9285

表22.3 续表2 continued2

单位：个 (unit)

指　标	Item	2014	2015
金融业	**Finance**	**3012**	**3273**
货币金融服务	Money Finance Services	955	1006
资本市场服务	Capital Market Services	1311	1444
保险业	Insurance	427	446
其他金融业	Other Finance	319	377
房地产业	**Real Estate**	**10674**	**12055**
房地产业	Real Estate	10674	12055
租赁和商务服务业	**Leasing and Business Services**	**27797**	**35073**
租赁业	Leasing	2694	3585
商务服务业	Business Services	25103	31488
科学研究和技术服务业	**Scientific Research, Technical Services and Geological Prospecting**	**6481**	**8228**
研究和试验发展	Research and Experimental Development	438	572
专业技术服务业	Professional Technical Services	4808	5833
科技推广和应用服务业	Services of Science and Technology Application and Promotion	1235	1823
水利、环境和公共设施管理业	**Water Conservancy, Environment and Public Facilities Management**	**1443**	**1797**
水利管理业	Management of Water Conservancy	138	163
生态保护和环境治理业	Ecological Protection and Environmental Governance	306	392
公共设施管理业	Management of Public Facilities	999	1242
居民服务、修理和其他服务业	**Resident Services, Maintenance Services and Other Services**	**9718**	**12377**
居民服务业	Resident Services	4951	6473
机动车、电子产品和日用产品修理业	Vehicles, Electronic Products and Commodities Maintenance Services	3182	3767
其他服务业	Other Services	1585	2137
教　育	**Education**	**1424**	**2229**
教　育	Education	1424	2229
卫生和社会工作	**Health and Social Work**	**800**	**1128**
卫　生	Health	664	896
社会工作	Social Work	136	232
文化、体育和娱乐业	**Culture, Sports and Entertainment**	**5377**	**7613**
新闻和出版业	Journalism and Publishing Activities	97	113
广播、电视、电影和影视录音制作业	Broadcasting, Movies, Televisions and Audiovisual Activities	287	394
文化艺术业	Cultural and Art Activities	1406	2218
体　育	Sports	260	395
娱乐业	Entertainment	3327	4493

表22.4 按登记注册类型分的企业法人单位数（2014-2015年）

NUMBER OF ENTERPRISES AS CORPORATE UNITS BY STATUS OF REGISTRATION (2014-2015)

单位：个 (unit)

指标	Item	2014	2015
总计	**Total**	**316676**	**392711**
内资	Domestic-funded Enterprises	315095	391010
国有	State-owned	2319	2431
集体	Collective-owned	2182	2111
股份合作	Cooperative Share-holding	1412	1517
联营	Joint Ownership	399	405
国有联营	State Joint Ownership	38	43
集体联营	Collective Joint Ownership	162	161
国有与集体联营	Joint State-collective Ownership	28	28
其他联营	Other Joint Ownership	171	173
有限责任公司	Limited-liability Corporations	39961	46271
国有独资公司	Soly State-owned	1004	1119
其他有限责任公司	Other Limited-liability Corporations	38957	45152
股份有限公司	Share-holding Limited Companies	3662	4070
私营	Private	241020	302919
私营独资	Soly Private-funded Enterprises	127717	159470
私营合伙	Private Partnership Enterprises	8227	10189
私营有限责任公司	Private Limited Liability Corporations	98828	125644
私营股份有限公司	Private Share-holding Limited Companies	6248	7616
其他	Others	24140	31286
港、澳、台商投资	Enterprises with Funds from Hong Kong, Macao and Tainwan	722	781
合资经营	Joint-venture Enterprises	222	241
合作经营	Cooperative Enterprises	12	14
独资经营	Soly-funded Enterprises	431	465
投资股份有限公司	Share-holding Limited Companies	38	38
外商投资	Foreign-funded Enterprises	859	920
中外合资经营	Joint-venture Enterprises	300	316
中外合作经营	Cooperative Enterprises	21	20
外资企业	Soly-funded Enterprises	463	491
外商投资股份有限公司	Share-holding Limited Companies	34	41

表22.5 按行业、区县分组的法人单位数（2015年）
NUMBER OF CORPORATE UNITS BY SECTOR AND REGION (2015)

单位：个 (unit)

指　标	Item	重庆市 Total	万州区 Wanzhou District	黔江区 Qianjiang District	涪陵区 Fuling District	渝中区 Yuzhong District
总　计	**Total**	**454876**	**22887**	**8383**	**18984**	**21378**
按三次产业分组	**By Strata of Industry**					
第一产业	Primary Industry	76130	4632	2067	4074	1
第二产业	Secondary Industry	72357	2628	565	1973	832
第三产业	Tertiary Industry	306389	15627	5751	12937	20545
按国民经济行业分组	**By Sector**					
农、林、牧、渔业	**Agriculture ,Forestry,Animal Husbandry and Fishery**	**80942**	**6157**	**2352**	**4153**	**1**
农　业	Farming	39360	2883	880	2450	1
林　业	Forestry	3010	105	117	142	
畜牧业	Animal Husbandry	21710	702	1003	893	
渔　业	Fishery	12050	942	67	589	
农、林、牧、渔服务业	Services of Farming ,Forestry,Animal Husbandry and Fishery	4812	1525	285	79	
采矿业	**Mining and Quarrying**	**2654**	**100**	**48**	**53**	**1**
煤炭开采和洗选业	Coal Mining and Dressing	913	24	18	12	
石油和天然气开采业	Petroleum and Natural Gas Extraction	44	1		2	
黑色金属矿采选业	Ferrous Metal Ores Mining and Dressing	98				
有色金属矿采选业	Nonferrous Metal Ores Mining and Dressing	36				
非金属矿采选业	Nonmetallic Ores Mining and Dressing	1459	65	25	38	1
开采辅助活动	Auxiliary Minning Operations	67	9	1	1	
其他采矿业	Mining and Dressing of Other Ores	37	1	4		
制造业	**Manufacture**	**55432**	**1850**	**364**	**1386**	**150**
农副食品加工业	Processing of Farm and Sideline Food	4036	115	31	186	2
食品制造业	Manufacture of Food	1526	64	18	40	2
酒、饮料和精制茶制造业	Manufacture of Beverage	1132	55	13	38	1
烟草制品业	Tobacco Products	14	1		2	
纺织业	Textile Industry	2163	92	14	41	1
纺织服装、服饰业	Manufacture of Textile Garments, Footwear and Headgear	2035	135	8	31	26
皮革、毛皮、羽毛及其制品和制鞋业	Leather, Fur, Feather, Down and Related Products	1279	46	3	15	2
木材加工和木、竹、藤、棕、草制品业	Timber Processing, Bamboo, Cane, Palm Fiber & Straw Products	1896	64	21	33	
家具制造业	Manufacture of Furniture	2458	129	8	61	2
造纸和纸制品业	Papermaking and Paper Products	913	17		23	1
印刷和记录媒介复制业	Printing and Record Medium Reproduction	1309	61	10	45	29
文教、工美、体育和娱乐用品制造业	Manufacture of Cultural, Educational and Sports Articles	1159	66	31	23	7
石油加工及炼焦	Petroleum Refining, Coking and Nuclear Fuel Processing	89	6		2	
化学原料和化学制品制造业	Manufacture of Raw Chemical Materials and Chemical Products	1659	55	7	72	2
医药制造业	Manufacture of Medicines	408	21	3	16	
化学纤维制造业	Manufacture of Chemical Fibers	25			4	

表22.5 续表1 continued1

指 标	Item	大渡口区 Dadukou District	江北区 Jiangbei District	沙坪坝区 Shapingba District	九龙坡区 Jiulongpo District	南岸区 Nan'an District
总 计	**Total**	**5644**	**18469**	**19847**	**36200**	**15689**
按三次产业分组	**By Strata of Industry**					
第一产业	Primary Industry	166	132	304	753	201
第二产业	Secondary Industry	1145	1856	5346	5583	2280
第三产业	Tertiary Industry	4333	16481	14197	29864	13208
按国民经济行业分组	**By Sector**					
农、林、牧、渔业	**Agriculture , Forestry, Animal Husbandry and Fishery**	**177**	**146**	**337**	**850**	**233**
农 业	Farming	161	103	231	487	172
林 业	Forestry	2	6	26	70	13
畜牧业	Animal Husbandry	2	14	16	67	6
渔 业	Fishery	1	9	31	129	10
农、林、牧、渔服务业	Services of Farming , Forestry, Animal Husbandry and Fishery	11	14	33	97	32
采矿业	**Mining and Quarrying**	**4**	**4**	**12**	**32**	**16**
煤炭开采和洗选业	Coal Mining and Dressing		1		1	2
石油和天然气开采业	Petroleum and Natural Gas Extraction				1	
黑色金属矿采选业	Ferrous Metal Ores Mining and Dressing	1			2	
有色金属矿采选业	Nonferrous Metal Ores Mining and Dressing			1	1	
非金属矿采选业	Nonmetallic Ores Mining and Dressing	3	3	11	27	11
开采辅助活动	Auxiliary Minning Operations					1
其他采矿业	Mining and Dressing of Other Ores					2
制造业	**Manufacture**	**947**	**840**	**4691**	**4427**	**1491**
农副食品加工业	Processing of Farm and Sideline Food	24	16	74	96	25
食品制造业	Manufacture of Food	17	25	74	126	41
酒、饮料和精制茶制造业	Manufacture of Beverage	5	3	19	30	15
烟草制品业	Tobacco Products					2
纺织业	Textile Industry	4	6	602	32	25
纺织服装、服饰业	Manufacture of Textile Garments, Footwear and Headgear	8	34	31	48	64
皮革、毛皮、羽毛及其制品和制鞋业	Leather, Fur, Feather, Down and Related Products	11	7	20	9	36
木材加工和木、竹、藤、棕、草制品业	Timber Processing, Bamboo, Cane, Palm Fiber & Straw Products	19	7	88	97	14
家具制造业	Manufacture of Furniture	23	7	229	168	71
造纸和纸制品业	Papermaking and Paper Products	11	24	87	68	37
印刷和记录媒介复制业	Printing and Record Medium Reproduction	25	52	103	137	79
文教、工美、体育和娱乐用品制造业	Manufacture of Cultural, Educational and Sports Articles	10	15	72	95	24
石油加工及炼焦	Petroleum Refining, Coking and Nuclear Fuel Processing	2		12	14	
化学原料和化学制品制造业	Manufacture of Raw Chemical Materials and Chemical Products	19	40	148	133	65
医药制造业	Manufacture of Medicines	3	8	21	28	20
化学纤维制造业	Manufacture of Chemical Fibers				1	

单位：个 (unit)

北碚区 Beibei District	渝北区 Yubei District	巴南区 Ba'nan District	长寿区 Changshou District	江津区 Jiangjin District	合川区 Hechuan District	永川区 Yongchuan District	南川区 Nanchuan District	綦江区 Qijiang District	大足区 Dazu District	璧山区 Bishan District	铜梁区 Tongliang District	潼南区 Tongnan District
9999	**23716**	**15979**	**11587**	**15001**	**11041**	**12677**	**10549**	**13967**	**12787**	**10818**	**9207**	**10433**
1068	1007	3978	2859	3236	1866	2430	3762	2671	2726	2175	1355	2622
2875	3172	3549	1346	3188	2226	2124	1287	1727	3776	3171	2306	2569
6056	19537	8452	7382	8577	6949	8123	5500	9569	6285	5472	5546	5242
1111	**1060**	**4082**	**2907**	**3306**	**1965**	**2545**	**3892**	**2782**	**2803**	**2210**	**1420**	**2709**
793	644	2727	1546	1713	953	1257	2062	997	649	1650	570	1167
38	41	158	48	189	102	172	252	126	118	125	48	62
119	238	162	692	569	342	217	885	1207	1134	144	202	470
118	84	931	573	765	469	784	563	341	825	256	535	923
43	53	104	48	70	99	115	130	111	77	35	65	87
51	**31**	**35**	**80**	**87**	**100**	**187**	**72**	**170**	**89**	**22**	**70**	**55**
23	13	1	25		42	107	42	62	49	7	17	
	1	1					1					1
		1				1		5			1	
		1			1	1						
26	15	30	50	84	54	78	28	99	38	15	51	52
1	2	1	4	1	3		1	4	2		1	2
1			1	2								
2474	**1936**	**3011**	**982**	**2574**	**1699**	**1543**	**991**	**1139**	**3399**	**2890**	**1924**	**2317**
33	65	90	110	232	212	90	60	78	78	55	64	923
39	78	65	38	142	100	56	34	31	31	63	36	53
20	21	33	27	83	56	60	29	37	22	23	34	37
		1										
61	18	32	37	53	50	28	80	23	24	76	155	147
17	88	257	22	56	61	49	40	19	19	54	195	80
14	23	26	5	22	38	31	26	9	16	363	144	49
17	17	86	49	106	39	52	39	49	76	40	95	152
18	23	167	56	75	115	52	80	31	52	69	89	105
47	32	57	7	41	23	19	16	16	17	39	54	18
40	80	70	28	26	29	28	19	19	16	154	20	27
30	29	37	18	28	33	17	42	22	82	19	28	11
4	2	3	4	4	2	8	2	1	3	3		1
60	55	74	105	99	40	66	26	29	47	45	38	32
20	20	20	15	5	20	5	7	9	5	8	7	8
		2	5		1	1	1	1	3	2		

表22.5 续表2 continued2

指　标	Item	荣昌区 Rongchang District	梁平县 Liangping County	城口县 Chengkou County	丰都县 Fengdu County	垫江县 Dianjiang County
总　计	**Total**	**7888**	**7641**	**3505**	**7681**	**8050**
按三次产业分组	**By Strata of Industry**					
第一产业	Primary Industry	978	2050	724	2915	1354
第二产业	Secondary Industry	1645	1404	232	785	2074
第三产业	Tertiary Industry	5265	4187	2549	3981	4622
按国民经济行业分组	**By Sector**					
农、林、牧、渔业	**Agriculture , Forestry, Animal Husbandry and Fishery**	**1080**	**2180**	**799**	**3053**	**1454**
农　业	Farming	540	1050	279	1013	690
林　业	Forestry	46	145	11	56	51
畜牧业	Animal Husbandry	264	332	418	1487	368
渔　业	Fishery	128	523	16	359	245
农、林、牧、渔服务业	Services of Farming , Forestry, Animal Husbandry and Fishery	102	130	75	138	100
采矿业	**Mining and Quarrying**	**93**	**98**	**43**	**39**	**34**
煤炭开采和洗选业	Coal Mining and Dressing	55	30	18	1	9
石油和天然气开采业	Petroleum and Natural Gas Extraction	1	3		2	3
黑色金属矿采选业	Ferrous Metal Ores Mining and Dressing	1		17	2	
有色金属矿采选业	Nonferrous Metal Ores Mining and Dressing			1		
非金属矿采选业	Nonmetallic Ores Mining and Dressing	35	60	6	31	21
开采辅助活动	Auxiliary Minning Operations	1	1	1	3	1
其他采矿业	Mining and Dressing of Other Ores		4			
制造业	**Manufacture**	**1332**	**1199**	**115**	**567**	**1733**
农副食品加工业	Processing of Farm and Sideline Food	168	103	18	94	164
食品制造业	Manufacture of Food	35	29	1	32	43
酒、饮料和精制茶制造业	Manufacture of Beverage	51	15	9	17	46
烟草制品业	Tobacco Products					
纺织业	Textile Industry	70	29	6	28	70
纺织服装、服饰业	Manufacture of Textile Garments, Footwear and Headgear	45	50	6	24	33
皮革、毛皮、羽毛及其制品和制鞋业	Leather, Fur, Feather, Down and Related Products	18	13	2	9	55
木材加工和木、竹、藤、棕、草制品业	Timber Processing, Bamboo, Cane, Palm Fiber & Straw Products	30	153	4	15	193
家具制造业	Manufacture of Furniture	61	63	5	25	204
造纸和纸制品业	Papermaking and Paper Products	18	156		11	14
印刷和记录媒介复制业	Printing and Record Medium Reproduction	35	18	6	13	22
文教、工美、体育和娱乐用品制造业	Manufacture of Cultural, Educational and Sports Articles	103	45	4	12	32
石油加工及炼焦	Petroleum Refining, Coking and Nuclear Fuel Processing	2	2		2	2
化学原料和化学制品制造业	Manufacture of Raw Chemical Materials and Chemical Products	35	58	4	28	62
医药制造业	Manufacture of Medicines	49	4	1	15	10
化学纤维制造业	Manufacture of Chemical Fibers		1			2

单位：个 (unit)

武隆县 Wulong County	忠 县 Zhongxian County	开 县 Kaixian County	云阳县 Yunyang County	奉节县 Fengjie County	巫山县 Wushan County	巫溪县 Wuxi County	石柱县 Shizhu County	秀山县 Xiushan County	酉阳县 Youyang County	彭水县 Pengshui County
6775	**8746**	**15879**	**10212**	**7394**	**6297**	**4956**	**4517**	**6275**	**7211**	**6607**
3046	897	2641	3891	2284	2956	1384	879	1912	1935	2199
506	1027	2353	1589	1032	498	557	690	622	1092	727
3223	6822	10885	4732	4078	2843	3015	2948	3741	4184	3681
3067	**1014**	**2939**	**4096**	**2322**	**3036**	**1420**	**894**	**1955**	**2000**	**2435**
1595	491	1407	1323	933	1744	714	446	1207	1029	803
91	25	84	52	87	111	17	43	50	115	66
1195	255	837	1960	1144	951	568	320	536	732	1259
165	126	313	556	120	150	85	70	119	59	71
21	117	298	205	38	80	36	15	43	65	236
41	**68**	**163**	**52**	**181**	**66**	**73**	**80**	**99**	**97**	**108**
9	6	56	28	114	45	29	27	4	3	33
	23	1		1	1		1			
1		3	1	1	2			52	7	
1				1		1	7	1	17	2
29	31	96	22	62	15	38	44	42	70	53
1	7	4	1	1	3	4	1			4
	1	3		1		1				16
281	**733**	**1864**	**1217**	**680**	**299**	**284**	**470**	**382**	**806**	**445**
34	104	218	142	58	30	29	62	43	64	46
13	30	63	24	25	11	4	16	9	9	9
14	38	73	37	37	18	15	15	34	34	18
		1		3		2				2
8	30	142	53	15	14	24	23	3	32	15
9	60	158	109	31	63	21	8	19	45	12
5	32	66	48	11	28	11	7	3	51	5
8	37	112	57	21	8	16	18	18	23	23
10	36	154	72	63	9	23	28	20	29	26
6	4	14	7	4		2	5	1	8	9
3	13	28	23	10	8	4	4	7	14	4
9	16	28	53	21	12	11	15	5	44	10
1		2	2				1		1	1
4	21	46	28	15	8	7	18	19	37	12
2	7	5	5	3	1	4	11	12	8	2
	1									

表22.5 续表3 continued3

指　标	Item	重庆市 Total	万州区 Wanzhou District	黔江区 Qianjiang District	涪陵区 Fuling District	渝中区 Yuzhong District
橡胶和塑料制品业	Plastic Products	2019	76	7	65	5
非金属矿物制品业	Nonmetal Mineral Products	6096	217	104	186	3
黑色金属冶炼和压延加工业	Smelting and Pressing of Ferrous Metals	717	15	4	12	1
有色金属冶炼和压延加工业	Smelting and Pressing of Nonferrous Metals	530	17	5	26	
金属制品业	Metal Products	5145	248	47	109	17
通用设备制造业	Manufacture of General-purpose Machinery	3836	59	5	30	8
专用设备制造业	Manufacture of Special-purpose Machinery	2920	64	5	33	6
汽车制造业	Manufacture of Automobile	3885	28	1	42	10
铁路、船舶、航空航天和其他运输设备制造业	Manufacture of Railway, Ship, Aeronautics and Other Transport Equipment	3735	32	2	137	5
电气机械和器材制造业	Manufacture of Electrical Machinery and Equipment	1622	58	4	31	7
计算机、通信和其他电子设备制造业	Manufacture of Communication Equipment, Computers and Other Electronic Equipment	1096	40	1	17	2
仪器仪表制造业	Manufacture of Instruments and Meters	694	9	1	3	8
其他制造业	Other Manufactures	499	27	5	16	1
废弃资源综合利用业	Comprehensive Utilization of Waste	207	11	2	4	1
金属制品、机械和设备修理业	Manufacture of Metal Products, Machinery and Equipment Maintenance	330	22	4	43	1
电力、热力、燃气及水生产和供应业	**Production and Supply of Electric Power,Gas and Water**	**2294**	**121**	**20**	**108**	**7**
电力、热力生产和供应业	Production and Supply of Electric Power and Heat Power	1384	90	12	83	3
燃气生产和供应业	Production and Supply of Gas	248	10	3	10	1
水的生产和供应业	Production and Supply of Water	662	21	5	15	3
建筑业	**Construction**	**12374**	**588**	**138**	**470**	**675**
房屋建筑业	Construction of Housing	3295	212	35	203	93
土木工程建筑业	Civil Engineering Construction	1044	33	18	27	81
建筑安装业	Architectural Installation	1333	49	15	27	115
建筑装饰和其他建筑业	Architectural Decoration and Other Construction	6702	294	70	213	386
批发和零售业	**Wholesale and Retail Trade**	**125316**	**6535**	**2501**	**5699**	**8533**
批发业	Wholesale Trade	51841	2182	834	3180	4765
零售业	Retail Trade	73475	4353	1667	2519	3768
交通运输、仓储和邮政业	**Transport, Storage and Postal Services**	**7840**	**390**	**94**	**576**	**433**
铁路运输业	Transport Via Railway	71	1		2	17
道路运输业	Transport Via Road	4514	236	71	343	174
水上运输业	Water Transport	448	56	1	85	30
航空运输业	Air Transport	53	2	2		11
管道运输业	Transport Via Pipeline	9			2	
装卸搬运和运输代理业	Loading, Unloading, Portage and Transport Agency	1842	56	10	111	182
仓储业	Storage	535	22	6	18	5
邮政业	Post	368	17	4	15	14
住宿和餐饮业	**Hotels and Catering Services**	**21802**	**1011**	**524**	**1171**	**616**
住宿业	Hotels	3456	157	49	55	207
餐饮业	Catering Services	18346	854	475	1116	409

单位：个 (unit)

大渡口区 Dadukou District	江北区 Jiangbei District	沙坪坝区 Shapingba District	九龙坡区 Jiulongpo District	南岸区 Nan'an District	北碚区 Beibei District	渝北区 Yubei District	巴南区 Ba'nan District	长寿区 Changshou District	江津区 Jiangjin District	合川区 Hechuan District	永川区 Yongchuan District
42	32	184	206	116	115	73	89	45	93	71	53
56	38	222	290	93	182	128	286	122	262	253	260
12	8	68	62	4	20	5	20	17	34	40	45
8	3	43	81	9	14	11	17	8	19	24	18
93	78	279	341	111	109	93	211	90	232	120	125
163	77	496	502	93	330	148	401	38	339	81	130
40	49	267	424	86	158	234	136	30	111	53	102
63	166	434	388	128	226	345	267	27	224	86	64
206	35	805	570	107	403	76	399	18	123	62	15
45	51	150	223	76	119	81	91	22	70	31	59
16	16	68	109	77	57	83	28	9	26	32	58
11	28	42	79	29	293	59	16	3	22	7	14
1	4	23	11	16	21	34	8	3	13	14	26
1	3	9	20	3	2	2	6	3	11	1	10
9	8	21	39	25	5	13	16	21	23	5	2
5	**10**	**20**	**32**	**13**	**22**	**42**	**58**	**56**	**141**	**78**	**51**
		3	13	3	8	14	30	28	73	21	22
3	6	2	7	2	1	14	9	7	10	14	9
2	4	15	12	8	13	14	19	21	58	43	20
198	**1010**	**644**	**1131**	**786**	**334**	**1178**	**462**	**253**	**410**	**357**	**345**
32	115	88	212	120	51	269	114	55	231	100	95
13	92	41	83	65	26	132	19	12	23	25	26
32	125	71	154	101	24	186	44	40	19	39	20
121	678	444	682	500	233	591	285	146	137	193	204
2051	**5857**	**5863**	**16491**	**5156**	**2354**	**7298**	**3185**	**3299**	**3539**	**2581**	**3848**
1298	3308	2873	9369	1933	499	3149	942	803	1129	843	1475
753	2549	2990	7122	3223	1855	4149	2243	2496	2410	1738	2373
131	**581**	**403**	**640**	**205**	**114**	**604**	**267**	**256**	**290**	**143**	**180**
2	6	6	11			7	1	1			2
68	209	222	306	119	70	312	178	176	183	91	104
5	30	4	8	8	6	13	6	3	18	16	7
	5	3	3			18			1		
		2			1						1
31	267	99	224	47	27	157	42	55	58	20	37
18	51	59	68	14	5	51	31	16	24	11	22
7	13	8	20	17	5	46	9	5	6	5	7
156	**555**	**490**	**698**	**624**	**272**	**944**	**575**	**649**	**729**	**473**	**659**
18	107	121	134	120	40	226	89	52	122	58	77
138	448	369	564	504	232	718	486	597	607	415	582

表22.5 续表4 continued4

指　标	Item	南川区 Nanchuan District	綦江区 Qijiang District	大足区 Dazu District	璧山区 Bishan District	铜梁区 Tongliang District
橡胶和塑料制品业	Plastic Products	23	37	88	232	72
非金属矿物制品业	Nonmetal Mineral Products	149	181	202	140	190
黑色金属冶炼和压延加工业	Smelting and Pressing of Ferrous Metals	19	21	98	21	18
有色金属冶炼和压延加工业	Smelting and Pressing of Nonferrous Metals	19	44	25	10	18
金属制品业	Metal Products	113	86	832	149	149
通用设备制造业	Manufacture of General-purpose Machinery	55	105	155	270	91
专用设备制造业	Manufacture of Special-purpose Machinery	23	51	430	218	83
汽车制造业	Manufacture of Automobile	31	150	534	418	135
铁路、船舶、航空航天和其他运输设备制造业	Manufacture of Railway, Ship, Aeronautics and Other Transport Equipment	10	36	416	167	43
电气机械和器材制造业	Manufacture of Electrical Machinery and Equipment	17	15	63	72	61
计算机、通信和其他电子设备制造业	Manufacture of Communication Equipment, Computers and Other Electronic Equipment	4	4	14	128	58
仪器仪表制造业	Manufacture of Instruments and Meters	2	4	4	25	9
其他制造业	Other Manufactures	20	15	10	7	30
废弃资源综合利用业	Comprehensive Utilization of Waste	2	15	31	13	5
金属制品、机械和设备修理业	Manufacture of Metal Products, Machinery and Equipment Maintenance	3	1	6	7	3
电力、热力、燃气及水生产和供应业	**Production and Supply of Electric Power,Gas and Water**	**79**	**105**	**37**	**27**	**42**
电力、热力生产和供应业	Production and Supply of Electric Power and Heat Power	69	72	13	6	18
燃气生产和供应业	Production and Supply of Gas	3	12	4	5	3
水的生产和供应业	Production and Supply of Water	7	21	20	16	21
建筑业	**Construction**	**149**	**318**	**259**	**239**	**274**
房屋建筑业	Construction of Housing	44	139	70	47	90
土木工程建筑业	Civil Engineering Construction	11	24	20	35	32
建筑安装业	Architectural Installation	16	16	27	23	10
建筑装饰和其他建筑业	Architectural Decoration and Other Construction	78	139	142	134	142
批发和零售业	**Wholesale and Retail Trade**	**1972**	**3641**	**2315**	**2388**	**2224**
批发业	Wholesale Trade	500	1236	945	601	609
零售业	Retail Trade	1472	2405	1370	1787	1615
交通运输、仓储和邮政业	**Transport, Storage and Postal Services**	**77**	**604**	**182**	**143**	**76**
铁路运输业	Transport Via Railway	2	5		2	
道路运输业	Transport Via Road	51	520	150	88	52
水上运输业	Water Transport		1	4		
航空运输业	Air Transport		2			1
管道运输业	Transport Via Pipeline		2			
装卸搬运和运输代理业	Loading, Unloading, Portage and Transport Agency	14	64	11	28	15
仓储业	Storage	3	5	8	14	6
邮政业	Post	7	5	9	11	2
住宿和餐饮业	**Hotels and Catering Services**	**782**	**1369**	**774**	**333**	**506**
住宿业	Hotels	53	221	104	15	28
餐饮业	Catering Services	729	1148	670	318	478

单位：个 (unit)

潼南区 Tongnan District	荣昌区 Rongchang District	梁平县 Liangping County	城口县 Chengkou County	丰都县 Fengdu County	垫江县 Dianjiang County	武隆县 Wulong County	忠　县 Zhongxian County	开　县 Kaixian County	云阳县 Yunyang County	奉节县 Fengjie County	巫山县 Wushan County
21	57	32		12	51	4	6	36	21	14	6
215	162	173	15	113	232	78	114	297	237	167	41
3	36	4	13	8	17	1	7	6	27	2	1
8	3	3	9	9	12	2	5	12	15	1	1
238	103	133	6	30	253	24	82	233	135	50	18
24	58	22	1	14	37	6	9	21	20	12	4
26	56	12	4	14	29	4	22	37	22	35	6
8	41	8		5	12	13	11	6	3	6	
7	5	8		10	4	5	6	3	10	6	1
31	61	17		9	34	6	14	34	24	15	2
56	14	16	1	8	54	7	12	17	27	22	
2	3	1		4	5			1	2	2	2
22	7	26		1	32	2	10	32	9	24	4
6	5	3		3	7	2		12	1	4	
7	1	2		2	2	1	6	7	4	3	3
44	**30**	**32**	**50**	**93**	**41**	**120**	**89**	**105**	**84**	**82**	**52**
7	2	5	43	50	13	111	41	56	64	61	35
11	12	5	5	6	4	3	13	11	7	8	5
26	16	22	2	37	24	6	35	38	13	13	12
162	**192**	**78**	**25**	**91**	**269**	**66**	**150**	**232**	**241**	**93**	**87**
66	46	38	7	31	154	36	66	78	122	53	40
16	18	7	2	14	8	6	10	17	39	10	6
14	10	7	6	5	29	4	11	18	9	8	10
66	118	26	10	41	78	20	63	119	71	22	31
2401	**2426**	**1587**	**393**	**1222**	**1787**	**916**	**3517**	**4511**	**1313**	**949**	**901**
1193	724	443	102	371	456	482	1576	1174	329	357	205
1208	1702	1144	291	851	1331	434	1941	3337	984	592	696
113	**85**	**74**	**16**	**101**	**101**	**49**	**111**	**155**	**102**	**153**	**90**
		1								2	
90	67	45	7	61	73	29	66	93	43	48	21
4				19	1	3	10	5	23	30	29
		3								1	1
								1			
12	8	17	1	15	15	10	25	19	23	26	24
1	4	2	2	3	6	2	7	16	5	14	2
6	6	6	6	3	6	5	3	21	8	32	13
352	**252**	**378**	**831**	**304**	**447**	**848**	**476**	**1357**	**321**	**222**	**224**
37	26	26	364	31	38	173	43	249	75	53	61
315	226	352	467	273	409	675	433	1108	246	169	163

表22.5 续表5 continued5

单位：个 (unit)

指　标	Item	巫溪县 Wuxi County	石柱县 Shizhu County	秀山县 Xiushan County	酉阳县 Youyang County	彭水县 Pengshui County
橡胶和塑料制品业	Plastic Products	3	13	6	10	3
非金属矿物制品业	Nonmetal Mineral Products	34	136	98	236	184
黑色金属冶炼和压延加工业	Smelting and Pressing of Ferrous Metals	1	1	26	20	
有色金属冶炼和压延加工业	Smelting and Pressing of Nonferrous Metals	1	6	6	16	2
金属制品业	Metal Products	51	39	26	59	33
通用设备制造业	Manufacture of General-purpose Machinery	6	7	1	15	3
专用设备制造业	Manufacture of Special-purpose Machinery	3	11	4	25	7
汽车制造业	Manufacture of Automobile		4	1		
铁路、船舶、航空航天和其他运输设备制造业	Manufacture of Railway, Ship, Aeronautics and Other Transport Equipment		1	1		1
电气机械和器材制造业	Manufacture of Electrical Machinery and Equipment	3	7	5	6	8
计算机、通信和其他电子设备制造业	Manufacture of Communication Equipment, Computers and Other Electronic Equipment		3	4	5	3
仪器仪表制造业	Manufacture of Instruments and Meters			3	1	
其他制造业	Other Manufactures	3	10	2	5	5
废弃资源综合利用业	Comprehensive Utilization of Waste	1			6	2
金属制品、机械和设备修理业	Manufacture of Metal Products, Machinery and Equipment Maintenance	5	1	6	3	
电力、热力、燃气及水生产和供应业	**Production and Supply of Electric Power,Gas and Water**	**147**	**70**	**33**	**96**	**52**
电力、热力生产和供应业	Production and Supply of Electric Power and Heat Power	130	57	25	67	36
燃气生产和供应业	Production and Supply of Gas		7	5	5	6
水的生产和供应业	Production and Supply of Water	17	6	3	24	10
建筑业	**Construction**	**62**	**72**	**114**	**96**	**126**
房屋建筑业	Construction of Housing	17	22	25	27	52
土木工程建筑业	Civil Engineering Construction	4	12	9	8	20
建筑安装业	Architectural Installation	7	5	6	20	11
建筑装饰和其他建筑业	Architectural Decoration and Other Construction	34	33	74	41	43
批发和零售业	**Wholesale and Retail Trade**	**674**	**917**	**1741**	**1663**	**1068**
批发业	Wholesale Trade	214	288	485	518	451
零售业	Retail Trade	460	629	1256	1145	617
交通运输、仓储和邮政业	**Transport, Storage and Postal Services**	**35**	**65**	**70**	**78**	**53**
铁路运输业	Transport Via Railway		1		1	1
道路运输业	Transport Via Road	17	38	22	44	27
水上运输业	Water Transport	9	4		4	6
航空运输业	Air Transport					
管道运输业	Transport Via Pipeline					
装卸搬运和运输代理业	Loading, Unloading, Portage and Transport Agency	5	14	44	17	12
仓储业	Storage		1		10	3
邮政业	Post	4	7	4	2	4
住宿和餐饮业	**Hotels and Catering Services**	**415**	**446**	**249**	**493**	**277**
住宿业	Hotels	22	66	25	81	33
餐饮业	Catering Services	393	380	224	412	244

表22.5 续表6 continued6

单位：个 (unit)

指　标	Item	重庆市 Total	万州区 Wanzhou District	黔江区 Qianjiang District	涪陵区 Fuling District	渝中区 Yuzhong District
信息传输、软件和信息技术服务业	**Information Transmission, Computer Services and Software**	**11706**	**251**	**138**	**236**	**1422**
电信、广播电视和卫星传输服务	Telecom, Radio, Televison and Satellite Transmission Services	500	24	6	9	20
互联网和相关服务	Internet and Ralated Services	1867	72	8	41	168
软件和信息技术服务业	Software and Information Technology Services	9339	155	124	186	1234
金融业	**Finance**	**3478**	**131**	**34**	**147**	**487**
货币金融服务	Money Finance Services	1190	41	21	37	124
资本市场服务	Capital Market Services	1455	42	1	72	257
保险业	Insurance	448	23	8	29	51
其他金融业	Other Finance	385	25	4	9	55
房地产业	**Real Estate**	**12134**	**431**	**110**	**413**	**996**
房地产业	Real Estate	12134	431	110	413	996
租赁和商务服务业	**Leasing and Business Services**	**36399**	**1455**	**736**	**1295**	**4538**
租赁业	Leasing	3630	199	76	187	118
商务服务业	Business Services	32769	1256	660	1108	4420
科学研究和技术服务业	**Scientific Research, Technical Services and Geological Prospecting**	**10497**	**407**	**145**	**504**	**768**
研究和试验发展	Research and Experimental Development	720	24	4	26	75
专业技术服务业	Professional Technical Services	7037	219	105	307	562
科技推广和应用服务业	Services of Science and Technology Application and Promotion	2740	164	36	171	131
水利、环境和公共设施管理业	**Water Conservancy, Environment and Public Facilities Management**	**2552**	**87**	**29**	**122**	**79**
水利管理业	Management of Water Conservancy	568	29	4	13	7
生态保护和环境治理业	Ecological Protection and Environmental Governance	436	10	2	29	27
公共设施管理业	Management of Public Facilities	1548	48	23	80	45
居民服务、修理和其他服务业	**Resident Services, Maintenance Services and Other Services**	**12848**	**870**	**339**	**502**	**677**
居民服务业	Resident Services	6836	564	201	276	358
机动车、电子产品和日用产品修理业	Vehicles, Electronic Products and Commodities Maintenance Services	3797	229	81	151	146
其他服务业	Other Services	2215	77	57	75	173
教　育	**Education**	**11938**	**542**	**139**	**513**	**442**
教　育	Education	11938	542	139	513	442
卫生和社会工作	**Health and Social Work**	**5972**	**239**	**122**	**156**	**147**
卫　生	Health	4093	159	45	86	102
社会工作	Social Work	1879	80	77	70	45
文化、体育和娱乐业	**Culture, Sports and Entertainment**	**9173**	**354**	**105**	**401**	**529**
新闻和出版业	Journalism and Publishing Activities	191	3	1	1	68
广播、电视、电影和影视录音制作业	Broadcasting, Movies, Televisions and Audiovisual Activities	474	16	6	10	70
文化艺术业	Cultural and Art Activities	3304	78	18	269	161
体　育	Sports	576	15	4	16	58
娱乐业	Entertainment	4628	242	76	105	172
公共管理、社会保障和社会组织	**Public Administration, Social Security and Social Organizations**	**29525**	**1368**	**445**	**1079**	**877**
中国共产党机关	Organs of CPC	597	13		1	41
国家机构	Government Agencies	8988	334	141	305	167
人民政协、民主党派	People's Political Consultative Conference and Democratic Parties	166	6	1	7	13
社会保障	Social Security	782	84		12	7
群众团体、社会团体和其他成员组织	Non-Governmental Organizations, Social Organizations and Other Organizations	7812	295	81	335	550
基层群众自治组织	Grass Roots Self-governing Organizations	11180	636	222	419	99

表22.5 续表7 continued7

指 标	Item	大渡口区 Dadukou District	江北区 Jiangbei District	沙坪坝区 Shapingba District	九龙坡区 Jiulongpo District	南岸区 Nan'an District
信息传输、软件和信息技术服务业	**Information Transmission, Computer Services and Software**	**180**	**1253**	**900**	**2389**	**984**
电信、广播电视和卫星传输服务	Telecom, Radio, Televison and Satellite Transmission Services	8	12	22	45	16
互联网和相关服务	Internet and Ralated Services	16	127	130	155	130
软件和信息技术服务业	Software and Information Technology Services	156	1114	748	2189	838
金融业	**Finance**	**55**	**344**	**65**	**215**	**105**
货币金融服务	Money Finance Services	24	77	31	42	34
资本市场服务	Capital Market Services	15	194	20	150	47
保险业	Insurance	5	25	1	10	5
其他金融业	Other Finance	11	48	13	13	19
房地产业	**Real Estate**	**213**	**868**	**608**	**1035**	**711**
房地产业	Real Estate	213	868	608	1035	711
租赁和商务服务业	**Leasing and Business Services**	**519**	**4006**	**2271**	**3915**	**2523**
租赁业	Leasing	90	198	195	459	184
商务服务业	Business Services	429	3808	2076	3456	2339
科学研究和技术服务业	**Scientific Research, Technical Services and Geological Prospecting**	**148**	**735**	**571**	**1097**	**562**
研究和试验发展	Research and Experimental Development	9	44	39	116	63
专业技术服务业	Professional Technical Services	72	567	443	776	409
科技推广和应用服务业	Services of Science and Technology Application and Promotion	67	124	89	205	90
水利、环境和公共设施管理业	**Water Conservancy, Environment and Public Facilities Management**	**40**	**129**	**76**	**161**	**106**
水利管理业	Management of Water Conservancy		7	11	8	3
生态保护和环境治理业	Ecological Protection and Environmental Governance	14	49	17	56	17
公共设施管理业	Management of Public Facilities	26	73	48	97	86
居民服务、修理和其他服务业	**Resident Services, Maintenance Services and Other Services**	**161**	**658**	**1048**	**873**	**634**
居民服务业	Resident Services	86	346	725	391	232
机动车、电子产品和日用产品修理业	Vehicles, Electronic Products and Commodities Maintenance Services	47	162	163	311	149
其他服务业	Other Services	28	150	160	171	253
教 育	**Education**	**148**	**377**	**542**	**662**	**390**
教 育	Education	148	377	542	662	390
卫生和社会工作	**Health and Social Work**	**65**	**128**	**174**	**213**	**128**
卫 生	Health	47	98	99	158	80
社会工作	Social Work	18	30	75	55	48
文化、体育和娱乐业	**Culture, Sports and Entertainment**	**86**	**427**	**430**	**682**	**451**
新闻和出版业	Journalism and Publishing Activities	2	9	11	11	9
广播、电视、电影和影视录音制作业	Broadcasting, Movies, Televisions and Audiovisual Activities	4	30	33	61	19
文化艺术业	Cultural and Art Activities	19	157	114	282	183
体 育	Sports	9	46	32	59	48
娱乐业	Entertainment	52	185	240	269	192
公共管理、社会保障和社会组织	**Public Administration, Social Security and Social Organizations**	**360**	**541**	**702**	**657**	**571**
中国共产党机关	Organs of CPC	16	6	27	13	8
国家机构	Government Agencies	167	250	256	205	185
人民政协、民主党派	People's Political Consultative Conference and Democratic Parties	9	5	11	9	1
社会保障	Social Security	2	9	18	9	6
群众团体、社会团体和其他成员组织	Non-Governmental Organizations, Social Organizations and Other Organizations	84	146	163	205	194
基层群众自治组织	Grass Roots Self-governing Organizations	82	125	227	216	177

单位：个 (unit)

北碚区 Beibei District	渝北区 Yubei District	巴南区 Ba'nan District	长寿区 Changshou District	江津区 Jiangjin District	合川区 Hechuan District	永川区 Yongchuan District	南川区 Nanchuan District	綦江区 Qijiang District	大足区 Dazu District	璧山区 Bishan District	铜梁区 Tongliang District	潼南区 Tongnan District
187	**1383**	**363**	**100**	**142**	**165**	**196**	**106**	**117**	**69**	**111**	**69**	**67**
6	51	14	20	11	14	22	13	8	8	4	5	9
31	160	70	37	36	38	80	30	29	33	37	16	41
150	1172	279	43	95	113	94	63	80	28	70	48	17
61	**490**	**99**	**61**	**60**	**52**	**50**	**102**	**70**	**36**	**43**	**53**	**42**
27	123	32	25	21	18	28	71	35	16	17	16	21
18	309	33	19	19	16	8	15	19	4	11	24	6
9	24	19	13	13	3	12	9	7	11	3	9	8
7	34	15	4	7	15	2	7	9	5	12	4	7
298	**1220**	**428**	**243**	**394**	**483**	**427**	**229**	**300**	**320**	**279**	**327**	**163**
298	1220	428	243	394	483	427	229	300	320	279	327	163
767	**3194**	**930**	**546**	**760**	**629**	**687**	**527**	**621**	**501**	**599**	**431**	**375**
79	337	184	88	116	56	86	64	93	75	159	56	97
688	2857	746	458	644	573	601	463	528	426	440	375	278
351	**1034**	**278**	**168**	**219**	**188**	**199**	**207**	**261**	**135**	**190**	**147**	**77**
37	82	7	4	17	11	11	19	17	3	12	4	4
234	736	190	129	146	124	110	124	141	88	128	71	47
80	216	81	35	56	53	78	64	103	44	50	72	26
95	**177**	**102**	**60**	**78**	**73**	**85**	**42**	**62**	**69**	**32**	**49**	**37**
8	28	21	20	17	11	16	11	19	19	5	11	12
13	50	13	6	9	5	18	5	8	8	2	6	1
74	99	68	34	52	57	51	26	35	42	25	32	24
293	**878**	**351**	**439**	**304**	**242**	**234**	**248**	**438**	**308**	**228**	**206**	**176**
190	390	169	259	117	108	107	118	211	181	146	122	85
79	312	109	147	146	89	78	88	158	111	61	61	54
24	176	73	33	41	45	49	42	69	16	21	23	37
283	**612**	**349**	**277**	**570**	**399**	**364**	**183**	**344**	**346**	**254**	**249**	**266**
283	612	349	277	570	399	364	183	344	346	254	249	266
105	**188**	**364**	**186**	**400**	**130**	**131**	**141**	**159**	**120**	**83**	**138**	**122**
56	138	283	152	269	86	77	65	100	46	51	69	88
49	50	81	34	131	44	54	76	59	74	32	69	34
242	**496**	**290**	**187**	**281**	**292**	**234**	**141**	**216**	**246**	**184**	**204**	**117**
6	20	2	1	2	3	2	2	9	1	1	1	1
9	44	9	3	5	7	4	2	12	3	5	2	2
58	105	115	72	71	47	67	39	63	46	43	68	18
16	30	24	8	12	5	16	15	17	17	12	5	10
153	297	140	103	191	230	145	83	115	179	123	128	86
585	**951**	**750**	**838**	**717**	**992**	**712**	**609**	**1251**	**779**	**563**	**798**	**838**
21	11	17	15	11	38	15	13	33	8	11	32	8
173	353	217	350	180	285	219	170	392	285	183	248	283
8	9	12	10	5	13	3	2	6	3	1	2	2
21	17	30	10	40	55	5	2	24	24	9	2	15
181	215	185	198	207	208	209	178	330	150	173	188	228
181	346	289	255	274	393	261	244	466	309	186	326	302

表22.5 续表8 continued8

指　标	Item	荣昌区 Rongchang District	梁平县 Liangping County	城口县 Chengkou County	丰都县 Fengdu County	垫江县 Dianjiang County
信息传输、软件和信息技术服务业	**Information Transmission, Computer Services and Software**	**101**	**26**	**29**	**51**	**39**
电信、广播电视和卫星传输服务	Telecom, Radio, Televison and Satellite Transmission Services	11	7	3	7	7
互联网和相关服务	Internet and Ralated Services	34	8	19	22	12
软件和信息技术服务业	Software and Information Technology Services	56	11	7	22	20
金融业	**Finance**	**50**	**37**	**30**	**65**	**50**
货币金融服务	Money Finance Services	12	16	24	46	16
资本市场服务	Capital Market Services	12	4	1	3	17
保险业	Insurance	12	14	5	8	13
其他金融业	Other Finance	14	3		8	4
房地产业	**Real Estate**	**176**	**76**	**22**	**105**	**187**
房地产业	Real Estate	176	76	22	105	187
租赁和商务服务业	**Leasing and Business Services**	**390**	**199**	**90**	**277**	**289**
租赁业	Leasing	32	28	6	23	30
商务服务业	Business Services	358	171	84	254	259
科学研究和技术服务业	**Scientific Research, Technical Services and Geological Prospecting**	**197**	**139**	**230**	**121**	**98**
研究和试验发展	Research and Experimental Development	8	8	1	9	4
专业技术服务业	Professional Technical Services	134	73	185	62	55
科技推广和应用服务业	Services of Science and Technology Application and Promotion	55	58	44	50	39
水利、环境和公共设施管理业	**Water Conservancy, Environment and Public Facilities Management**	**55**	**50**	**19**	**81**	**77**
水利管理业	Management of Water Conservancy	13	32	8	41	21
生态保护和环境治理业	Ecological Protection and Environmental Governance	11	3	4	8	5
公共设施管理业	Management of Public Facilities	31	15	7	32	51
居民服务、修理和其他服务业	**Resident Services, Maintenance Services and Other Services**	**226**	**185**	**79**	**151**	**175**
居民服务业	Resident Services	108	107	30	100	58
机动车、电子产品和日用产品修理业	Vehicles, Electronic Products and Commodities Maintenance Services	91	48	35	33	55
其他服务业	Other Services	27	30	14	18	62
教　育	**Education**	**394**	**178**	**55**	**284**	**236**
教　育	Education	394	178	55	284	236
卫生和社会工作	**Health and Social Work**	**96**	**128**	**64**	**94**	**115**
卫　生	Health	51	78	42	49	49
社会工作	Social Work	45	50	22	45	66
文化、体育和娱乐业	**Culture, Sports and Entertainment**	**145**	**229**	**51**	**293**	**165**
新闻和出版业	Journalism and Publishing Activities	1	2		2	2
广播、电视、电影和影视录音制作业	Broadcasting, Movies, Televisions and Audiovisual Activities	10	1	9	7	8
文化艺术业	Cultural and Art Activities	45	142	29	198	55
体　育	Sports	12	7	1	6	10
娱乐业	Entertainment	77	77	12	80	90
公共管理、社会保障和社会组织	**Public Administration, Social Security and Social Organizations**	**568**	**768**	**564**	**689**	**753**
中国共产党机关	Organs of CPC	9	40	19	13	6
国家机构	Government Agencies	228	225	195	194	238
人民政协、民主党派	People's Political Consultative Conference and Democratic Parties	3	1	2	1	2
社会保障	Social Security	24	35	25	28	45
群众团体、社会团体和其他成员组织	Non-Governmental Organizations, Social Organizations and Other Organizations	134	120	119	123	163
基层群众自治组织	Grass Roots Self-governing Organizations	170	347	204	330	299

单位：个 (unit)

武隆县 Wulong County	忠　县 Zhongxian County	开　县 Kaixian County	云阳县 Yunyang County	奉节县 Fengjie County	巫山县 Wushan County	巫溪县 Wuxi County	石柱县 Shizhu County	秀山县 Xiushan County	酉阳县 Youyang County	彭水县 Pengshui County
27	**60**	**121**	**85**	**75**	**45**	**48**	**14**	**59**	**38**	**60**
5	16	15	9	17	11	6	5	3	13	18
6	22	65	43	37	27	10	6	43	15	13
16	22	41	33	21	7	32	3	13	10	29
22	**49**	**64**	**31**	**69**	**30**	**24**	**33**	**47**	**35**	**40**
14	15	29	13	26	12	15	22	16	12	21
	20	20	6	28	4	4	1	22	10	4
8	12	10	10	14	11	1	8	7	8	10
	2	5	2	1	3	4	2	2	5	5
71	**140**	**204**	**125**	**88**	**80**	**41**	**107**	**70**	**66**	**80**
71	140	204	125	88	80	41	107	70	66	80
192	**333**	**685**	**393**	**294**	**233**	**137**	**234**	**209**	**254**	**365**
11	31	98	44	23	18	12	23	17	12	26
181	302	587	349	271	215	125	211	192	242	339
93	**128**	**248**	**158**	**84**	**78**	**120**	**71**	**81**	**112**	**148**
2	7	11	11	20	1		3		3	4
54	56	158	87	45	47	63	56	49	78	107
37	65	79	60	19	30	57	12	32	31	37
25	**37**	**125**	**42**	**45**	**40**	**30**	**36**	**15**	**51**	**34**
6	8	66	17	12	22	15	12	2	9	4
2	6	10	2	4	3	3	1	4	2	3
17	23	49	23	29	15	12	23	9	40	27
63	**248**	**494**	**175**	**156**	**60**	**121**	**119**	**160**	**155**	**174**
31	153	269	102	78	29	66	52	93	82	96
19	65	146	49	43	22	50	58	45	60	46
13	30	79	24	35	9	5	9	22	13	32
86	**304**	**436**	**292**	**280**	**151**	**143**	**154**	**261**	**258**	**175**
86	304	436	292	280	151	143	154	261	258	175
77	**171**	**513**	**153**	**335**	**74**	**150**	**60**	**47**	**139**	**117**
43	93	449	93	309	65	86	50	39	132	111
34	78	64	60	26	9	64	10	8	7	6
102	**244**	**346**	**187**	**89**	**120**	**71**	**151**	**144**	**131**	**110**
1	2	3	2	4	1		1		1	3
6	5	7	3	7	26	4	4	12	3	6
43	114	179	83	20	34	43	108	39	34	45
4	6	13	10	9	4	1	3	3	10	3
48	117	144	89	49	55	23	35	90	83	53
629	**874**	**1317**	**1145**	**1197**	**631**	**961**	**524**	**539**	**643**	**740**
20	34	14	15	10	11	10	13	9	7	9
264	253	318	253	509	193	160	104	86	181	239
1	1	4	2	4	1	1	2	1	1	1
6	28	73	47	33	5	5		3	7	17
127	194	390	348	179	89	456	160	173	166	168
211	364	518	480	462	332	329	245	267	281	306

表22.6 按区县、登记注册类型分组的法人单位数（2015年）
NUMBER OF CORPORATE UNITS BY STATUS OF REGISTRATION AND REGION (2015)

区 县	Item	总 计 Total	其 中 of which				
			内 资 Domestic-funded Enterprises	其 中 of which			
				国 有 State-owned	集 体 Collective-owned	股份合作 Cooperative Share-holding	联 营 Joint Ownership
全 市	**Total**	**454876**	**453166**	**23857**	**3710**	**1727**	**584**
万州区	Wanzhou District	22887	22819	1064	137	69	43
黔江区	Qianjiang District	8383	8380	328	13	34	9
涪陵区	Fuling District	18984	18943	938	110	34	11
渝中区	Yuzhong District	21378	21141	794	237	87	20
大渡口区	Dadukou District	5644	5625	305	43	17	3
江北区	Jiangbei District	18469	18264	627	76	19	6
沙坪坝区	Shapingba District	19847	19748	681	293	117	27
九龙坡区	Jiulongpo District	36200	36039	531	210	202	36
南岸区	Nan'an District	15689	15585	470	46	110	12
北碚区	Beibei District	9999	9948	539	124	38	14
渝北区	Yubei District	23716	23410	865	69	169	18
巴南区	Ba'nan District	15979	15917	664	143	50	18
长寿区	Changshou District	11587	11548	658	148	26	25
江津区	Jiangjin District	15001	14950	714	204	31	17
合川区	Hechuan District	11041	11018	768	67	31	14
永川区	Yongchuan District	12677	12633	601	75	48	21
南川区	Nanchuan District	10549	10540	474	93	25	12
綦江区	Qijiang District	13967	13949	894	179	76	18
大足区	Dazu District	12787	12772	708	45	9	7
璧山区	Bishan District	10818	10767	417	84	40	15
铜梁区	Tongliang District	9207	9188	639	71	17	4
潼南区	Tongnan District	10433	10428	574	64	16	7
荣昌区	Rongchang District	7888	7875	604	60	13	7
梁平县	Liangping County	7641	7636	645	113	33	1
城口县	Chengkou County	3505	3504	473	16	20	2
丰都县	Fengdu County	7681	7674	735	62	19	71
垫江县	Dianjiang County	8050	8045	568	105	79	22
武隆县	Wulong County	6775	6770	525	33	23	1
忠 县	Zhongxian County	8746	8740	645	101	34	12
开 县	Kaixian County	15879	15870	913	211	109	24
云阳县	Yunyang County	10212	10207	640	82	21	24
奉节县	Fengjie County	7394	7391	803	68	24	9
巫山县	Wushan County	6297	6295	559	35	11	4
巫溪县	Wuxi County	4956	4953	526	93	6	6
石柱县	Shizhu County	4517	4512	383	72	13	10
秀山县	Xiushan County	6275	6275	346	19	3	1
酉阳县	Youyang County	7211	7205	617	67	10	6
彭水县	Pengshui County	6607	6602	622	42	44	27

单位：个 (unit)

其 中 of which								
其 中 of which				其 中 of which	其 中 of which		其 中 of which	
国有联营 State Joint Ownership	集体联营 Collective Joint Ownership	国有与集体联营 Joint State-collective Ownership	其他联营 Other Joint Ownership	有限责任公司 Limited-liability Corporations	国有独资公司 State Sole Funded	其他有限责任公司 Other Limited-liability Corporations	股份有限公司 Share-holding Limited Companies	私 营 Private
68	**227**	**45**	**244**	**46347**	**1122**	**45225**	**4097**	**306497**
6	11	6	20	2001	33	1968	252	15006
1	1	1	6	346	16	330	36	5556
1	3	3	4	861	49	812	172	14859
1	9	5	5	2867	104	2763	270	15675
1			2	979	15	964	86	3736
3	3			1089	70	1019	68	15780
4	15	3	5	4960	47	4913	262	12236
4	16	5	11	11039	41	10998	484	20440
2	5		5	1723	52	1671	246	11929
5	4	2	3	1135	38	1097	97	6384
3	8	1	6	4037	126	3911	522	15799
1	10	3	4	2150	33	2117	146	10943
3	10	1	11	597	27	570	88	8797
	6	1	10	1403	52	1351	61	10808
	10	1	3	628	13	615	63	7906
2	9	1	9	1023	14	1009	95	8618
1	4		7	251	21	230	72	7076
2	6		10	1237	35	1202	129	8491
2	3	1	1	2167	13	2154	67	8419
1	12		2	777	12	765	44	8312
	3		1	180	14	166	33	7217
	4		3	383	12	371	34	7707
2	3		2	135	30	105	20	6090
			1	313	16	297	47	5052
1	1			100	14	86	33	2059
1	9	1	60	317	17	300	53	3306
1	11	2	8	485	9	476	62	5300
			1	315	28	287	37	4618
3	3	1	5	472	16	456	58	5665
	13	1	10	348	12	336	95	10965
3	13		8	525	17	508	68	6241
3	3	1	2	273	15	258	57	3079
1			3	250	24	226	38	3766
2	2		2	129	16	113	26	3134
	8		2	208	19	189	82	2861
			1	57	23	34	16	4761
	3		3	397	19	378	26	4451
8	6	5	8	190	10	180	52	3455

表22.6 续表1 continued1

单位：个 (unit)

区 县	Item	其中 of which: 其中 of which: 私营独资 Soly Private-funded Enterprises	其中 of which: 其中 of which: 私营合伙 Private Partnership Enterprises	其中 of which: 其中 of which: 私营有限责任公司 Private Limited Liability Corporations	其中 of which: 其中 of which: 私营股份有限公司 Private Share-holding Limited Companies	其中 of which: 其他内资 Other Domestic Funded	港澳台商投资 Enterprises with Funds from Hong Kong, Macao and Tainwan	外商投资 Foreign Funded
全 市	**Total**	**162404**	**10621**	**125809**	**7663**	**66347**	**784**	**926**
万州区	Wanzhou District	11496	328	2796	386	4247	14	54
黔江区	Qianjiang District	2473	901	2097	85	2058	2	1
涪陵区	Fuling District	9859	317	4464	219	1958	15	26
渝中区	Yuzhong District	1673	443	12679	880	1191	129	108
大渡口区	Dadukou District	1140	116	2377	103	456	11	8
江北区	Jiangbei District	1086	350	14128	216	599	105	100
沙坪坝区	Shapingba District	2971	603	8284	378	1172	52	47
九龙坡区	Jiulongpo District	4482	755	14510	693	3097	71	90
南岸区	Nan'an District	2416	369	8776	368	1049	50	54
北碚区	Beibei District	3043	154	3039	148	1617	21	30
渝北区	Yubei District	3769	579	11000	451	1931	112	194
巴南区	Ba'nan District	6626	303	3696	318	1803	31	31
长寿区	Changshou District	6144	161	2344	148	1209	16	23
江津区	Jiangjin District	6601	295	3770	142	1712	30	21
合川区	Hechuan District	5613	257	1914	122	1541	7	16
永川区	Yongchuan District	6424	178	1599	417	2152	20	24
南川区	Nanchuan District	5308	252	1280	236	2537	7	2
綦江区	Qijiang District	6414	155	1728	194	2925	8	10
大足区	Dazu District	6539	341	1367	172	1350	4	11
璧山区	Bishan District	2733	756	4666	157	1078	23	28
铜梁区	Tongliang District	4560	62	2138	457	1027	6	13
潼南区	Tongnan District	6320	177	1177	33	1643	1	4
荣昌区	Rongchang District	3766	155	2012	157	946	8	5
梁平县	Liangping County	4057	192	729	74	1432	1	4
城口县	Chengkou County	1890	58	88	23	801	1	
丰都县	Fengdu County	2701	128	401	76	3111	5	2
垫江县	Dianjiang County	3774	166	1212	148	1424	1	4
武隆县	Wulong County	3719	153	733	13	1218	4	1
忠 县	Zhongxian County	3632	134	1833	66	1753	4	2
开 县	Kaixian County	9334	632	894	105	3205	3	6
云阳县	Yunyang County	4779	155	1178	129	2606	5	
奉节县	Fengjie County	2453	157	415	54	3078	3	
巫山县	Wushan County	2779	81	758	148	1632	2	
巫溪县	Wuxi County	1366	109	1560	99	1033	2	1
石柱县	Shizhu County	2208	211	386	56	883	3	2
秀山县	Xiushan County	2841	194	1641	85	1072		
酉阳县	Youyang County	3112	130	1148	61	1631	5	1
彭水县	Pengshui County	2303	114	992	46	2170	2	3

表22.7 按行业、区县分组的企业法人单位数（2015年）
NUMBER OF ENTERPRISES AS CORPORATE UNITS BY SECTOR AND REGION（2015）

单位：个 (unit)

指 标	Item	重庆市 Total	万州区 Wanzhou District	黔江区 Qianjiang District	涪陵区 Fuling District	渝中区 Yuzhong District
总 计	**Total**	**392711**	**19648**	**7273**	**16925**	**19829**
按三次产业分组	**By Strata of Industry**					
第一产业	Primary Industry	66881	4536	1691	4012	1
第二产业	Secondary Industry	72339	2626	565	1973	832
第三产业	Tertiary Industry	253491	12486	5017	10940	18996
按国民经济行业分组	**By Sector**					
农、林、牧、渔业	**Agriculture ,Forestry,Animal Husbandry and Fishery**	**69960**	**5306**	**1962**	**4057**	**1**
农 业	Farming	34211	2806	727	2407	1
林 业	Forestry	2656	104	105	142	
畜牧业	Animal Husbandry	18747	696	807	880	
渔 业	Fishery	11267	930	52	583	
农、林、牧、渔服务业	Services of Farming ,Forestry,Animal Husbandry and Fishery	3079	770	271	45	
采矿业	**Mining and Quarrying**	**2654**	**100**	**48**	**53**	**1**
煤炭开采和洗选业	Coal Mining and Dressing	913	24	18	12	
石油和天然气开采业	Petroleum and Natural Gas Extraction	44	1		2	
黑色金属矿采选业	Ferrous Metal Ores Mining and Dressing	98				
有色金属矿采选业	Nonferrous Metal Ores Mining and Dressing	36				
非金属矿采选业	Nonmetallic Ores Mining and Dressing	1459	65	25	38	1
开采辅助活动	Auxiliary Minning Operations	67	9	1	1	
其他采矿业	Mining and Dressing of Other Ores	37	1	4		
制造业	**Manufacture**	**55431**	**1850**	**364**	**1386**	**150**
农副食品加工业	Processing of Farm and Sideline Food	4035	115	31	186	2
食品制造业	Manufacture of Food	1526	64	18	40	2
酒、饮料和精制茶制造业	Manufacture of Beverage	1132	55	13	38	1
烟草制品业	Tobacco Products	14	1		2	
纺织业	Textile Industry	2163	92	14	41	1
纺织服装、服饰业	Manufacture of Textile Garments, Footwear and Headgear	2035	135	8	31	26
皮革、毛皮、羽毛及其制品和制鞋业	Leather, Fur, Feather, Down and Related Products	1279	46	3	15	2
木材加工和木、竹、藤、棕、草制品业	Timber Processing, Bamboo, Cane, Palm Fiber & Straw Products	1896	64	21	33	
家具制造业	Manufacture of Furniture	2458	129	8	61	2
造纸和纸制品业	Papermaking and Paper Products	913	17		23	1
印刷和记录媒介复制业	Printing and Record Medium Reproduction	1309	61	10	45	29
文教、工美、体育和娱乐用品制造业	Manufacture of Cultural, Educational and Sports Articles	1159	66	31	23	7
石油加工及炼焦	Petroleum Refining, Coking and Nuclear Fuel Processing	89	6		2	
化学原料和化学制品制造业	Manufacture of Raw Chemical Materials and Chemical Products	1659	55	7	72	2
医药制造业	Manufacture of Medicines	408	21	3	16	
化学纤维制造业	Manufacture of Chemical Fibers	25			4	

表22.7 续表1 continued1

指 标	Item	大渡口区 Dadukou District	江北区 Jiangbei District	沙坪坝区 Shapingba District	九龙坡区 Jiulongpo District	南岸区 Nan'an District
总 计	**Total**	**5055**	**17413**	**18358**	**34627**	**14565**
按三次产业分组	**By Strata of Industry**					
第一产业	Primary Industry	154	117	270	627	190
第二产业	Secondary Industry	1145	1856	5346	5583	2280
第三产业	Tertiary Industry	3756	15440	12742	28417	12095
按国民经济行业分组	**By Sector**					
农、林、牧、渔业	**Agriculture ,Forestry,Animal Husbandry and Fishery**	**164**	**129**	**294**	**721**	**219**
农 业	Farming	149	91	206	409	163
林 业	Forestry	2	6	26	67	13
畜牧业	Animal Husbandry	2	13	11	42	4
渔 业	Fishery	1	7	27	109	10
农、林、牧、渔服务业	Services of Farming ,Forestry,Animal Husbandry and Fishery	10	12	24	94	29
采矿业	**Mining and Quarrying**	**4**	**4**	**12**	**32**	**16**
煤炭开采和洗选业	Coal Mining and Dressing		1		1	2
石油和天然气开采业	Petroleum and Natural Gas Extraction				1	
黑色金属矿采选业	Ferrous Metal Ores Mining and Dressing	1			2	
有色金属矿采选业	Nonferrous Metal Ores Mining and Dressing			1	1	
非金属矿采选业	Nonmetallic Ores Mining and Dressing	3	3	11	27	11
开采辅助活动	Auxiliary Minning Operations					1
其他采矿业	Mining and Dressing of Other Ores					2
制造业	**Manufacture**	**947**	**840**	**4691**	**4427**	**1491**
农副食品加工业	Processing of Farm and Sideline Food	24	16	74	96	25
食品制造业	Manufacture of Food	17	25	74	126	41
酒、饮料和精制茶制造业	Manufacture of Beverage	5	3	19	30	15
烟草制品业	Tobacco Products					2
纺织业	Textile Industry	4	6	602	32	25
纺织服装、服饰业	Manufacture of Textile Garments, Footwear and Headgear	8	34	31	48	64
皮革、毛皮、羽毛及其制品和制鞋业	Leather, Fur, Feather, Down and Related Products	11	7	20	9	36
木材加工和木、竹、藤、棕、草制品业	Timber Processing, Bamboo, Cane, Palm Fiber & Straw Products	19	7	88	97	14
家具制造业	Manufacture of Furniture	23	7	229	168	71
造纸和纸制品业	Papermaking and Paper Products	11	24	87	68	37
印刷和记录媒介复制业	Printing and Record Medium Reproduction	25	52	103	137	79
文教、工美、体育和娱乐用品制造业	Manufacture of Cultural, Educational and Sports Articles	10	15	72	95	24
石油加工及炼焦	Petroleum Refining, Coking and Nuclear Fuel Processing	2		12	14	
化学原料和化学制品制造业	Manufacture of Raw Chemical Materials and Chemical Products	19	40	148	133	65
医药制造业	Manufacture of Medicines	3	8	21	28	20
化学纤维制造业	Manufacture of Chemical Fibers				1	

单位：个 (unit)

北碚区 Beibei District	渝北区 Yubei District	巴南区 Ba'nan District	长寿区 Changshou District	江津区 Jiangjin District	合川区 Hechuan District	永川区 Yongchuan District	南川区 Nanchuan District	綦江区 Qijiang District	大足区 Dazu District	璧山区 Bishan District	铜梁区 Tongliang District	潼南区 Tongnan District
8836	**21874**	**14420**	**10055**	**12916**	**9269**	**11091**	**8826**	**11973**	**10907**	**9533**	**7678**	**8957**
928	971	3773	2682	2997	1715	2177	3188	2579	2277	1905	1162	2469
2875	3172	3548	1345	3188	2225	2123	1287	1726	3775	3170	2306	2568
5033	17731	7099	6028	6731	5329	6791	4351	7668	4855	4458	4210	3920
960	**1018**	**3855**	**2720**	**3051**	**1787**	**2254**	**3279**	**2656**	**2320**	**1926**	**1193**	**2535**
679	626	2585	1449	1557	870	1111	1714	940	491	1472	469	1102
32	41	152	47	178	100	159	202	123	97	112	35	55
101	221	143	628	532	288	173	753	1176	949	89	169	428
116	83	893	558	730	457	734	519	340	740	232	489	884
32	47	82	38	54	72	77	91	77	43	21	31	66
51	**31**	**35**	**80**	**87**	**100**	**187**	**72**	**170**	**89**	**22**	**70**	**55**
23	13	1	25		42	107	42	62	49	7	17	
	1	1					1					1
		1				1		5			1	
		1			1	1						
26	15	30	50	84	54	78	28	99	38	15	51	52
1	2	1	4	1	3		1	4	2		1	2
1			1	2								
2474	**1936**	**3011**	**982**	**2574**	**1699**	**1543**	**991**	**1139**	**3399**	**2889**	**1924**	**2317**
33	65	90	110	232	212	90	60	78	78	54	64	923
39	78	65	38	142	100	56	34	31	31	63	36	53
20	21	33	27	83	56	60	29	37	22	23	34	37
		1										
61	18	32	37	53	50	28	80	23	24	76	155	147
17	88	257	22	56	61	49	40	19	19	54	195	80
14	23	26	5	22	38	31	26	9	16	363	144	49
17	17	86	49	106	39	52	39	49	76	40	95	152
18	23	167	56	75	115	52	80	31	52	69	89	105
47	32	57	7	41	23	19	16	16	17	39	54	18
40	80	70	28	26	29	28	19	19	16	154	20	27
30	29	37	18	28	33	17	42	22	82	19	28	11
4	2	3	4	4	2	8	2	1	3	3		1
60	55	74	105	99	40	66	26	29	47	45	38	32
20	20	20	15	5	20	5	7	9	5	8	7	8
		2	5		1	1	1	1	3	2		

表22.7 续表2 continued2

指 标	Item	荣昌区 Rongchang District	梁平县 Liangping County	城口县 Chengkou County	丰都县 Fengdu County	垫江县 Dianjiang County
总 计	**Total**	**6484**	**5770**	**2414**	**5814**	**6658**
按三次产业分组	**By Strata of Industry**					
第一产业	Primary Industry	813	1507	624	2379	1201
第二产业	Secondary Industry	1645	1403	232	784	2074
第三产业	Tertiary Industry	4026	2860	1558	2651	3383
按国民经济行业分组	**By Sector**					
农、林、牧、渔业	**Agriculture , Forestry, Animal Husbandry and Fishery**	**861**	**1579**	**647**	**2474**	**1271**
农 业	Farming	448	793	223	774	592
林 业	Forestry	42	79	9	43	46
畜牧业	Animal Husbandry	213	184	378	1240	332
渔 业	Fishery	110	451	14	322	231
农、林、牧、渔服务业	Services of Farming , Forestry, Animal Husbandry and Fishery	48	72	23	95	70
采矿业	**Mining and Quarrying**	**93**	**98**	**43**	**39**	**34**
煤炭开采和洗选业	Coal Mining and Dressing	55	30	18	1	9
石油和天然气开采业	Petroleum and Natural Gas Extraction	1	3		2	3
黑色金属矿采选业	Ferrous Metal Ores Mining and Dressing	1		17	2	
有色金属矿采选业	Nonferrous Metal Ores Mining and Dressing			1		
非金属矿采选业	Nonmetallic Ores Mining and Dressing	35	60	6	31	21
开采辅助活动	Auxiliary Minning Operations	1	1	1	3	1
其他采矿业	Mining and Dressing of Other Ores		4			
制造业	**Manufacture**	**1332**	**1199**	**115**	**567**	**1733**
农副食品加工业	Processing of Farm and Sideline Food	168	103	18	94	164
食品制造业	Manufacture of Food	35	29	1	32	43
酒、饮料和精制茶制造业	Manufacture of Beverage	51	15	9	17	46
烟草制品业	Tobacco Products					
纺织业	Textile Industry	70	29	6	28	70
纺织服装、服饰业	Manufacture of Textile Garments, Footwear and Headgear	45	50	6	24	33
皮革、毛皮、羽毛及其制品和制鞋业	Leather, Fur, Feather, Down and Related Products	18	13	2	9	55
木材加工和木、竹、藤、棕、草制品业	Timbcr Proccssing, Bamboo, Canc, Palm Fiber & Straw Products	30	153	4	15	193
家具制造业	Manufacture of Furniture	61	63	5	25	204
造纸和纸制品业	Papermaking and Paper Products	18	156		11	14
印刷和记录媒介复制业	Printing and Record Medium Reproduction	35	18	6	13	22
文教、工美、体育和娱乐用品制造业	Manufacture of Cultural, Educational and Sports Articles	103	45	4	12	32
石油加工及炼焦	Petroleum Refining, Coking and Nuclear Fuel Processing	2	2		2	2
化学原料和化学制品制造业	Manufacture of Raw Chemical Materials and Chemical Products	35	58	4	28	62
医药制造业	Manufacture of Medicines	49	4	1	15	10
化学纤维制造业	Manufacture of Chemical Fibers		1			2

单位：个 (unit)

武隆县 Wulong County	忠　县 Zhongxian County	开　县 Kaixian County	云阳县 Yunyang County	奉节县 Fengjie County	巫山县 Wushan County	巫溪县 Wuxi County	石柱县 Shizhu County	秀山县 Xiushan County	酉阳县 Youyang County	彭水县 Pengshui County
5384	**7184**	**12733**	**7723**	**5001**	**4767**	**3469**	**3541**	**5159**	**5444**	**5138**
2572	789	2146	3262	1785	2421	1308	700	1758	1308	1887
506	1023	2353	1589	1031	498	557	690	622	1091	727
2306	5372	8234	2872	2185	1848	1604	2151	2779	3045	2524
2584	**849**	**2324**	**3373**	**1818**	**2482**	**1339**	**710**	**1780**	**1355**	**2107**
1333	411	1069	1020	725	1390	668	326	1107	654	654
77	21	72	47	82	102	16	37	43	91	51
1011	236	716	1694	894	796	543	272	498	515	1120
151	121	289	501	84	133	81	65	110	48	62
12	60	178	111	33	61	31	10	22	47	220
41	**68**	**163**	**52**	**181**	**66**	**73**	**80**	**99**	**97**	**108**
9	6	56	28	114	45	29	27	4	3	33
	23	1		1	1		1			
1		3	1	1	2			52	7	
1				1		1	7	1	17	2
29	31	96	22	62	15	38	44	42	70	53
1	7	4	1	1	3	4	1			4
	1	3		1		1				16
281	**733**	**1864**	**1217**	**680**	**299**	**284**	**470**	**382**	**806**	**445**
34	104	218	142	58	30	29	62	43	64	46
13	30	63	24	25	11	4	16	9	9	9
14	38	73	37	37	18	15	15	34	34	18
		1		3		2				2
8	30	142	53	15	14	24	23	3	32	15
9	60	158	109	31	63	21	8	19	45	12
5	32	66	48	11	28	11	7	3	51	5
8	37	112	57	21	8	16	18	18	23	23
10	36	154	72	63	9	23	28	20	29	26
6	4	14	7	4		2	5	1	8	9
3	13	28	23	10	8	4	4	7	14	4
9	16	28	53	21	12	11	15	5	44	10
1		2	2				1		1	1
4	21	46	28	15	8	7	18	19	37	12
2	7	5	5	3	1	4	11	12	8	2
	1									

表22.7 续表3 continued3

指标	Item	重庆市 Total	万州区 Wanzhou District	黔江区 Qianjiang District	涪陵区 Fuling District	渝中区 Yuzhong District
橡胶和塑料制品业	Plastic Products	2019	76	7	65	5
非金属矿物制品业	Nonmetal Mineral Products	6096	217	104	186	3
黑色金属冶炼和压延加工业	Smelting and Pressing of Ferrous Metals	717	15	4	12	1
有色金属冶炼和压延加工业	Smelting and Pressing of Nonferrous Metals	530	17	5	26	
金属制品业	Metal Products	5145	248	47	109	17
通用设备制造业	Manufacture of General-purpose Machinery	3836	59	5	30	8
专用设备制造业	Manufacture of Special-purpose Machinery	2920	64	5	33	6
汽车制造业	Manufacture of Automobile	3885	28	1	42	10
铁路、船舶、航空航天和其他运输设备制造业	Manufacture of Railway, Ship, Aeronautics and Other Transport Equipment	3735	32	2	137	5
电气机械和器材制造业	Manufacture of Electrical Machinery and Equipment	1622	58	4	31	7
计算机、通信和其他电子设备制造业	Manufacture of Communication Equipment, Computers and Other Electronic Equipment	1096	40	1	17	2
仪器仪表制造业	Manufacture of Instruments and Meters	694	9	1	3	8
其他制造业	Other Manufactures	499	27	5	16	1
废弃资源综合利用业	Comprehensive Utilization of Waste	207	11	2	4	1
金属制品、机械和设备修理业	Manufacture of Metal Products, Machinery and Equipment Maintenance	330	22	4	43	1
电力、热力、燃气及水生产和供应业	**Production and Supply of Electric Power,Gas and Water**	**2277**	**119**	**20**	**108**	**7**
电力、热力生产和供应业	Production and Supply of Electric Power and Heat Power	1377	90	12	83	3
燃气生产和供应业	Production and Supply of Gas	248	10	3	10	1
水的生产和供应业	Production and Supply of Water	652	19	5	15	3
建筑业	**Construction**	**12374**	**588**	**138**	**470**	**675**
房屋建筑业	Construction of Housing	3295	212	35	203	93
土木工程建筑业	Civil Engineering Construction	1044	33	18	27	81
建筑安装业	Architectural Installation	1333	49	15	27	115
建筑装饰和其他建筑业	Architectural Decoration and Other Construction	6702	294	70	213	386
批发和零售业	**Wholesale and Retail Trade**	**125312**	**6535**	**2501**	**5699**	**8533**
批发业	Wholesale Trade	51838	2182	834	3180	4765
零售业	Retail Trade	73474	4353	1667	2519	3768
交通运输、仓储和邮政业	**Transport, Storage and Postal Services**	**7724**	**383**	**92**	**568**	**429**
铁路运输业	Transport Via Railway	66	1		2	17
道路运输业	Transport Via Road	4445	231	69	335	172
水上运输业	Water Transport	428	54	1	85	28
航空运输业	Air Transport	52	2	2		11
管道运输业	Transport Via Pipeline	9			2	
装卸搬运和运输代理业	Loading, Unloading, Portage and Transport Agency	1839	56	10	111	182
仓储业	Storage	523	22	6	18	5
邮政业	Post	362	17	4	15	14
住宿和餐饮业	**Hotels and Catering Services**	**21632**	**990**	**522**	**1164**	**615**
住宿业	Hotels	3428	156	49	53	207
餐饮业	Catering Services	18204	834	473	1111	408

单位：个 (unit)

大渡口区 Dadukou District	江北区 Jiangbei District	沙坪坝区 Shapingba District	九龙坡区 Jiulongpo District	南岸区 Nan'an District	北碚区 Beibei District	渝北区 Yubei District	巴南区 Ba'nan District	长寿区 Changshou District	江津区 Jiangjin District	合川区 Hechuan District	永川区 Yongchuan District
42	32	184	206	116	115	73	89	45	93	71	53
56	38	222	290	93	182	128	286	122	262	253	260
12	8	68	62	4	20	5	20	17	34	40	45
8	3	43	81	9	14	11	17	8	19	24	18
93	78	279	341	111	109	93	211	90	232	120	125
163	77	496	502	93	330	148	401	38	339	81	130
40	49	267	424	86	158	234	136	30	111	53	102
63	166	434	388	128	226	345	267	27	224	86	64
206	35	805	570	107	403	76	399	18	123	62	15
45	51	150	223	76	119	81	91	22	70	31	59
16	16	68	109	77	57	83	28	9	26	32	58
11	28	42	79	29	293	59	16	3	22	7	14
1	4	23	11	16	21	34	8	3	13	14	26
1	3	9	20	3	2	2	6	3	11	1	10
9	8	21	39	25	5	13	16	21	23	5	2
5	**10**	**20**	**32**	**13**	**22**	**42**	**57**	**55**	**141**	**77**	**50**
		3	13	3	8	14	30	28	73	20	22
3	6	2	7	2	1	14	9	7	10	14	9
2	4	15	12	8	13	14	18	20	58	43	19
198	**1010**	**644**	**1131**	**786**	**334**	**1178**	**462**	**253**	**410**	**357**	**345**
32	115	88	212	120	51	269	114	55	231	100	95
13	92	41	83	65	26	132	19	12	23	25	26
32	125	71	154	101	24	186	44	40	19	39	20
121	678	444	682	500	233	591	285	146	137	193	204
2051	**5857**	**5863**	**16491**	**5156**	**2354**	**7298**	**3185**	**3299**	**3539**	**2581**	**3848**
1298	3308	2873	9369	1933	499	3149	942	803	1129	843	1475
753	2549	2990	7122	3223	1855	4149	2243	2496	2410	1738	2373
130	**579**	**401**	**634**	**202**	**114**	**596**	**265**	**253**	**286**	**142**	**178**
2	6	6	8			7	1				2
68	207	221	306	119	70	310	176	174	179	90	103
5	30	4	7	7	6	10	6	3	18	16	6
	5	3	3			17			1		
		2			1						1
31	267	99	224	47	27	156	42	55	58	20	37
17	51	58	66	12	5	50	31	16	24	11	22
7	13	8	20	17	5	46	9	5	6	5	7
151	**555**	**485**	**691**	**617**	**270**	**935**	**571**	**641**	**722**	**466**	**655**
17	107	120	132	118	40	226	88	52	122	56	76
134	448	365	559	499	230	709	483	589	600	410	579

表22.7 续表4 continued4

指　标	Item	南川区 Nanchuan District	綦江区 Qijiang District	大足区 Dazu District	璧山区 Bishan District	铜梁区 Tongliang District
橡胶和塑料制品业	Plastic Products	23	37	88	232	72
非金属矿物制品业	Nonmetal Mineral Products	149	181	202	140	190
黑色金属冶炼和压延加工业	Smelting and Pressing of Ferrous Metals	19	21	98	21	18
有色金属冶炼和压延加工业	Smelting and Pressing of Nonferrous Metals	19	44	25	10	18
金属制品业	Metal Products	113	86	832	149	149
通用设备制造业	Manufacture of General-purpose Machinery	55	105	155	270	91
专用设备制造业	Manufacture of Special-purpose Machinery	23	51	430	218	83
汽车制造业	Manufacture of Automobile	31	150	534	418	135
铁路、船舶、航空航天和其他运输设备制造业	Manufacture of Railway, Ship, Aeronautics and Other Transport Equipment	10	36	416	167	43
电气机械和器材制造业	Manufacture of Electrical Machinery and Equipment	17	15	63	72	61
计算机、通信和其他电子设备制造业	Manufacture of Communication Equipment, Computers and Other Electronic Equipment	4	4	14	128	58
仪器仪表制造业	Manufacture of Instruments and Meters	2	4	4	25	9
其他制造业	Other Manufactures	20	15	10	7	30
废弃资源综合利用业	Comprehensive Utilization of Waste	2	15	31	13	5
金属制品、机械和设备修理业	Manufacture of Metal Products, Machinery and Equipment Maintenance	3	1	6	7	3
电力、热力、燃气及水生产和供应业	**Production and Supply of Electric Power,Gas and Water**	**79**	**104**	**36**	**27**	**42**
电力、热力生产和供应业	Production and Supply of Electric Power and Heat Power	69	72	13	6	18
燃气生产和供应业	Production and Supply of Gas	3	12	4	5	3
水的生产和供应业	Production and Supply of Water	7	20	19	16	21
建筑业	**Construction**	**149**	**318**	**259**	**239**	**274**
房屋建筑业	Construction of Housing	44	139	70	47	90
土木工程建筑业	Civil Engineering Construction	11	24	20	35	32
建筑安装业	Architectural Installation	16	16	27	23	10
建筑装饰和其他建筑业	Architectural Decoration and Other Construction	78	139	142	134	142
批发和零售业	**Wholesale and Retail Trade**	**1972**	**3641**	**2315**	**2384**	**2224**
批发业	Wholesale Trade	500	1236	945	598	609
零售业	Retail Trade	1472	2405	1370	1786	1615
交通运输、仓储和邮政业	**Transport, Storage and Postal Services**	**75**	**602**	**180**	**142**	**74**
铁路运输业	Transport Via Railway	2	5		2	
道路运输业	Transport Via Road	49	519	149	87	51
水上运输业	Water Transport		1	3		
航空运输业	Air Transport		2			1
管道运输业	Transport Via Pipeline		2			
装卸搬运和运输代理业	Loading, Unloading, Portage and Transport Agency	14	63	11	28	15
仓储业	Storage	3	5	8	14	5
邮政业	Post	7	5	9	11	2
住宿和餐饮业	**Hotels and Catering Services**	**778**	**1364**	**772**	**332**	**501**
住宿业	Hotels	53	220	104	15	27
餐饮业	Catering Services	725	1144	668	317	474

单位：个 (unit)

潼南区 Tongnan District	荣昌区 Rongchang District	梁平县 Liangping County	城口县 Chengkou County	丰都县 Fengdu County	垫江县 Dianjiang County	武隆县 Wulong County	忠　县 Zhongxian County	开　县 Kaixian County	云阳县 Yunyang County	奉节县 Fengjie County	巫山县 Wushan County
21	57	32		12	51	4	6	36	21	14	6
215	162	173	15	113	232	78	114	297	237	167	41
3	36	4	13	8	17	1	7	6	27	2	1
8	3	3	9	9	12	2	5	12	15	1	1
238	103	133	6	30	253	24	82	233	135	50	18
24	58	22	1	14	37	6	9	21	20	12	4
26	56	12	4	14	29	4	22	37	22	35	6
8	41	8		5	12	13	11	6	3	6	
7	5	8		10	4	5	6	3	10	6	1
31	61	17		9	34	6	14	34	24	15	2
56	14	16	1	8	54	7	12	17	27	22	
2	3	1		4	5			1	2	2	2
22	7	26		1	32	2	10	32	9	24	4
6	5	3		3	7	2		12	1	4	
7	1	2		2	2	1	6	7	4	3	3
43	**30**	**31**	**50**	**92**	**41**	**120**	**85**	**105**	**84**	**81**	**52**
6	2	4	43	49	13	111	40	56	64	60	35
11	12	5	5	6	4	3	13	11	7	8	5
26	16	22	2	37	24	6	32	38	13	13	12
162	**192**	**78**	**25**	**91**	**269**	**66**	**150**	**232**	**241**	**93**	**87**
66	46	38	7	31	154	36	66	78	122	53	40
16	18	7	2	14	8	6	10	17	39	10	6
14	10	7	6	5	29	4	11	18	9	8	10
66	118	26	10	41	78	20	63	119	71	22	31
2401	**2426**	**1587**	**393**	**1222**	**1787**	**916**	**3517**	**4511**	**1313**	**949**	**901**
1193	724	443	102	371	456	482	1576	1174	329	357	205
1208	1702	1144	291	851	1331	434	1941	3337	984	592	696
109	**78**	**69**	**15**	**95**	**100**	**46**	**107**	**154**	**101**	**151**	**89**
		1								2	
87	64	41	6	59	73	26	62	92	42	48	20
3				17	1	3	10	5	23	30	29
		3								1	1
								1			
12	8	17	1	15	14	10	25	19	23	26	24
1	2	1	2	2	6	2	7	16	5	14	2
6	4	6	6	2	6	5	3	21	8	30	13
349	**250**	**373**	**827**	**299**	**446**	**846**	**472**	**1353**	**320**	**219**	**222**
37	26	26	364	29	38	172	43	247	75	52	59
312	224	347	463	270	408	674	429	1106	245	167	163

表22.7 续表5 continued5

单位：个 (unit)

指　标	Item	巫溪县 Wuxi County	石柱县 Shizhu County	秀山县 Xiushan County	酉阳县 Youyang County	彭水县 Pengshui County
橡胶和塑料制品业	Plastic Products	3	13	6	10	3
非金属矿物制品业	Nonmetal Mineral Products	34	136	98	236	184
黑色金属冶炼和压延加工业	Smelting and Pressing of Ferrous Metals	1	1	26	20	
有色金属冶炼和压延加工业	Smelting and Pressing of Nonferrous Metals	1	6	6	16	2
金属制品业	Metal Products	51	39	26	59	33
通用设备制造业	Manufacture of General-purpose Machinery	6	7	1	15	3
专用设备制造业	Manufacture of Special-purpose Machinery	3	11	4	25	7
汽车制造业	Manufacture of Automobile		4	1		
铁路、船舶、航空航天和其他运输设备制造业	Manufacture of Railway, Ship, Aeronautics and Other Transport Equipment		1	1		1
电气机械和器材制造业	Manufacture of Electrical Machinery and Equipment	3	7	5	6	8
计算机、通信和其他电子设备制造业	Manufacture of Communication Equipment, Computers and Other Electronic Equipment		3	4	5	3
仪器仪表制造业	Manufacture of Instruments and Meters			3	1	
其他制造业	Other Manufactures	3	10	2	5	5
废弃资源综合利用业	Comprehensive Utilization of Waste	1			6	2
金属制品、机械和设备修理业	Manufacture of Metal Products, Machinery and Equipment Maintenance	5	1	6	3	
电力、热力、燃气及水生产和供应业	**Production and Supply of Electric Power,Gas and Water**	**147**	**70**	**33**	**95**	**52**
电力、热力生产和供应业	Production and Supply of Electric Power and Heat Power	130	57	25	66	36
燃气生产和供应业	Production and Supply of Gas		7	5	5	6
水的生产和供应业	Production and Supply of Water	17	6	3	24	10
建筑业	**Construction**	**62**	**72**	**114**	**96**	**126**
房屋建筑业	Construction of Housing	17	22	25	27	52
土木工程建筑业	Civil Engineering Construction	4	12	9	8	20
建筑安装业	Architectural Installation	7	5	6	20	11
建筑装饰和其他建筑业	Architectural Decoration and Other Construction	34	33	74	41	43
批发和零售业	**Wholesale and Retail Trade**	**674**	**917**	**1741**	**1663**	**1068**
批发业	Wholesale Trade	214	288	485	518	451
零售业	Retail Trade	460	629	1256	1145	617
交通运输、仓储和邮政业	**Transport, Storage and Postal Services**	**31**	**65**	**69**	**72**	**48**
铁路运输业	Transport Via Railway		1		1	
道路运输业	Transport Via Road	17	38	21	40	24
水上运输业	Water Transport	5	4		2	6
航空运输业	Air Transport					
管道运输业	Transport Via Pipeline					
装卸搬运和运输代理业	Loading, Unloading, Portage and Transport Agency	5	14	44	17	12
仓储业	Storage		1		10	3
邮政业	Post	4	7	4	2	3
住宿和餐饮业	**Hotels and Catering Services**	**413**	**444**	**248**	**485**	**269**
住宿业	Hotels	22	64	25	78	33
餐饮业	Catering Services	391	380	223	407	236

表22.7 续表6 continued6

单位：个 (unit)

指 标	Item	重庆市 Total	万州区 Wanzhou District	黔江区 Qianjiang District	涪陵区 Fuling District	渝中区 Yuzhong District
信息传输、软件和信息技术服务业	**Information Transmission, Computer Services and Software**	**11574**	**238**	**137**	**233**	**1415**
电信、广播电视和卫星传输服务	Telecom, Radio, Televison and Satellite Transmission Services	457	17	5	6	20
互联网和相关服务	Internet and Ralated Services	1832	70	8	41	167
软件和信息技术服务业	Software and Information Technology Services	9285	151	124	186	1228
金融业	**Finance**	**3273**	**130**	**31**	**143**	**480**
货币金融服务	Money Finance Services	1006	40	18	35	123
资本市场服务	Capital Market Services	1444	42	1	71	252
保险业	Insurance	446	23	8	28	50
其他金融业	Other Finance	377	25	4	9	55
房地产业	**Real Estate**	**12055**	**427**	**110**	**412**	**977**
房地产业	Real Estate	12055	427	110	412	977
租赁和商务服务业	**Leasing and Business Services**	**35073**	**1395**	**720**	**1255**	**4445**
租赁业	Leasing	3585	195	76	184	118
商务服务业	Business Services	31488	1200	644	1071	4327
科学研究和技术服务业	**Scientific Research, Technical Services and Geological Prospecting**	**8228**	**256**	**133**	**331**	**718**
研究和试验发展	Research and Experimental Development	572	12	3	21	55
专业技术服务业	Professional Technical Services	5833	158	101	233	534
科技推广和应用服务业	Services of Science and Technology Application and Promotion	1823	86	29	77	129
水利、环境和公共设施管理业	**Water Conservancy, Environment and Public Facilities Management**	**1797**	**50**	**23**	**99**	**63**
水利管理业	Management of Water Conservancy	163	8	4	3	7
生态保护和环境治理业	Ecological Protection and Environmental Governance	392	9	1	23	27
公共设施管理业	Management of Public Facilities	1242	33	18	73	29
居民服务、修理和其他服务业	**Resident Services, Maintenance Services and Other Services**	**12377**	**829**	**329**	**496**	**663**
居民服务业	Resident Services	6473	527	195	271	349
机动车、电子产品和日用产品修理业	Vehicles, Electronic Products and Commodities Maintenance Services	3767	226	79	151	144
其他服务业	Other Services	2137	76	55	74	170
教 育	**Education**	**2229**	**120**	**35**	**69**	**157**
教 育	Education	2229	120	35	69	157
卫生和社会工作	**Health and Social Work**	**1128**	**41**	**14**	**32**	**47**
卫 生	Health	896	32	7	28	40
社会工作	Social Work	232	9	7	4	7
文化、体育和娱乐业	**Culture, Sports and Entertainment**	**7613**	**291**	**94**	**350**	**453**
新闻和出版业	Journalism and Publishing Activities	113	2			51
广播、电视、电影和影视录音制作业	Broadcasting, Movies, Televisions and Audiovisual Activities	394	12	3	8	69
文化艺术业	Cultural and Art Activities	2218	39	14	228	125
体 育	Sports	395	7	2	11	38
娱乐业	Entertainment	4493	231	75	103	170

表22.7 续表7 continued7

指 标	Item	大渡口区 Dadukou District	江北区 Jiangbei District	沙坪坝区 Shapingba District	九龙坡区 Jiulongpo District	南岸区 Nan'an District
信息传输、软件和信息技术服务业	**Information Transmission, Computer Services and Software**	**179**	**1250**	**896**	**2376**	**979**
电信、广播电视和卫星传输服务	Telecom, Radio, Televison and Satellite Transmission Services	8	12	22	43	16
互联网和相关服务	Internet and Ralated Services	16	126	128	150	129
软件和信息技术服务业	Software and Information Technology Services	155	1112	746	2183	834
金融业	**Finance**	**54**	**344**	**62**	**214**	**105**
货币金融服务	Money Finance Services	23	77	28	42	34
资本市场服务	Capital Market Services	15	194	20	149	47
保险业	Insurance	5	25	1	10	5
其他金融业	Other Finance	11	48	13	13	19
房地产业	**Real Estate**	**211**	**868**	**605**	**1027**	**708**
房地产业	Real Estate	211	868	605	1027	708
租赁和商务服务业	**Leasing and Business Services**	**503**	**3903**	**2216**	**3862**	**2488**
租赁业	Leasing	89	198	194	458	184
商务服务业	Business Services	414	3705	2022	3404	2304
科学研究和技术服务业	**Scientific Research, Technical Services and Geological Prospecting**	**143**	**701**	**538**	**1073**	**540**
研究和试验发展	Research and Experimental Development	8	34	24	107	57
专业技术服务业	Professional Technical Services	70	552	432	763	400
科技推广和应用服务业	Services of Science and Technology Application and Promotion	65	115	82	203	83
水利、环境和公共设施管理业	**Water Conservancy, Environment and Public Facilities Management**	**33**	**119**	**63**	**152**	**96**
水利管理业	Management of Water Conservancy		6	9	7	3
生态保护和环境治理业	Ecological Protection and Environmental Governance	13	48	17	55	16
公共设施管理业	Management of Public Facilities	20	65	37	90	77
居民服务、修理和其他服务业	**Resident Services, Maintenance Services and Other Services**	**150**	**650**	**1000**	**842**	**594**
居民服务业	Resident Services	75	339	680	365	215
机动车、电子产品和日用产品修理业	Vehicles, Electronic Products and Commodities Maintenance Services	47	162	162	307	149
其他服务业	Other Services	28	149	158	170	230
教 育	**Education**	**33**	**129**	**149**	**223**	**129**
教 育	Education	33	129	149	223	129
卫生和社会工作	**Health and Social Work**	**20**	**52**	**43**	**80**	**32**
卫 生	Health	17	43	31	73	28
社会工作	Social Work	3	9	12	7	4
文化、体育和娱乐业	**Culture, Sports and Entertainment**	**79**	**413**	**376**	**619**	**394**
新闻和出版业	Journalism and Publishing Activities	1	5	7	8	4
广播、电视、电影和影视录音制作业	Broadcasting, Movies, Televisions and Audiovisual Activities	4	30	30	60	19
文化艺术业	Cultural and Art Activities	14	149	90	258	145
体 育	Sports	8	44	21	47	36
娱乐业	Entertainment	52	185	228	246	190

单位：个 (unit)

北碚区 Beibei District	渝北区 Yubei District	巴南区 Ba'nan District	长寿区 Changshou District	江津区 Jiangjin District	合川区 Hechuan District	永川区 Yongchuan District	南川区 Nanchuan District	綦江区 Qijiang District	大足区 Dazu District	璧山区 Bishan District	铜梁区 Tongliang District	潼南区 Tongnan District
184	**1369**	**359**	**96**	**141**	**162**	**193**	**105**	**111**	**67**	**111**	**66**	**61**
5	49	11	16	10	11	22	12	8	8	4	5	9
30	158	69	37	36	38	78	30	28	32	37	13	37
149	1162	279	43	95	113	93	63	75	27	70	48	15
61	**487**	**98**	**59**	**58**	**49**	**40**	**45**	**68**	**36**	**43**	**53**	**32**
27	122	31	23	19	16	19	14	33	16	17	16	11
18	308	33	19	19	16	8	15	19	4	11	24	6
9	24	19	13	13	3	12	9	7	11	3	9	8
7	33	15	4	7	14	1	7	9	5	12	4	7
298	**1215**	**427**	**243**	**390**	**480**	**425**	**228**	**299**	**320**	**279**	**323**	**162**
298	1215	427	243	390	480	425	228	299	320	279	323	162
734	**3049**	**910**	**516**	**725**	**595**	**653**	**490**	**593**	**468**	**558**	**416**	**354**
79	335	184	86	115	55	80	64	93	73	150	56	95
655	2714	726	430	610	540	573	426	500	395	408	360	259
312	**954**	**227**	**147**	**141**	**134**	**140**	**142**	**175**	**67**	**132**	**87**	**56**
33	73	6	3	14	8	9	8	13	2	9	1	4
222	686	158	118	102	106	86	85	98	49	108	50	34
57	195	63	26	25	20	45	49	64	16	15	36	18
78	**153**	**75**	**41**	**55**	**49**	**67**	**27**	**40**	**43**	**22**	**30**	**24**
3	16	7	3	4	5	4	2	8	5	1	1	4
11	47	13	6	8	5	18	4	7	8	2	4	1
64	90	55	32	43	39	45	21	25	30	19	25	19
287	**855**	**343**	**416**	**293**	**234**	**227**	**226**	**425**	**287**	**216**	**203**	**168**
185	373	161	245	107	103	101	105	200	162	134	119	81
78	310	109	144	146	89	77	86	158	111	61	61	54
24	172	73	27	40	42	49	35	67	14	21	23	33
83	**221**	**94**	**65**	**54**	**50**	**80**	**29**	**56**	**28**	**46**	**14**	**21**
83	221	94	65	54	50	80	29	56	28	46	14	21
12	**81**	**204**	**29**	**27**	**33**	**14**	**17**	**43**	**9**	**21**	**19**	**12**
10	68	189	27	19	28	12	7	29	3	18	17	12
2	13	15	2	8	5	2	10	14	6	3	2	
208	**456**	**242**	**160**	**222**	**274**	**192**	**122**	**169**	**212**	**144**	**165**	**96**
4	15	1			2	1	1	4				
8	40	8	2	4	5	3	1	8	2	4	1	1
31	91	82	51	23	36	35	29	36	21	15	32	8
13	26	16	7	8	3	11	8	8	10	4	5	3
152	284	135	100	187	228	142	83	113	179	121	127	84

表22.7 续表8 continued8

指 标	Item	荣昌区 Rongchang District	梁平县 Liangping County	城口县 Chengkou County	丰都县 Fengdu County	垫江县 Dianjiang County
信息传输、软件和信息技术服务业	**Information Transmission, Computer Services and Software**	**97**	**24**	**29**	**49**	**37**
电信、广播电视和卫星传输服务	Telecom, Radio, Televison and Satellite Transmission Services	10	6	3	7	6
互联网和相关服务	Internet and Ralated Services	34	7	19	22	12
软件和信息技术服务业	Software and Information Technology Services	53	11	7	20	19
金融业	**Finance**	**49**	**36**	**13**	**36**	**49**
货币金融服务	Money Finance Services	11	15	7	18	15
资本市场服务	Capital Market Services	12	4	1	2	17
保险业	Insurance	12	14	5	8	13
其他金融业	Other Finance	14	3		8	4
房地产业	**Real Estate**	**172**	**76**	**22**	**102**	**186**
房地产业	Real Estate	172	76	22	102	186
租赁和商务服务业	**Leasing and Business Services**	**361**	**179**	**75**	**242**	**265**
租赁业	Leasing	32	27	4	23	29
商务服务业	Business Services	329	152	71	219	236
科学研究和技术服务业	**Scientific Research, Technical Services and Geological Prospecting**	**145**	**47**	**53**	**51**	**52**
研究和试验发展	Research and Experimental Development	5	3		7	3
专业技术服务业	Professional Technical Services	102	30	24	22	37
科技推广和应用服务业	Services of Science and Technology Application and Promotion	38	14	29	22	12
水利、环境和公共设施管理业	**Water Conservancy, Environment and Public Facilities Management**	**36**	**13**	**10**	**30**	**52**
水利管理业	Management of Water Conservancy	1	3	5	6	4
生态保护和环境治理业	Ecological Protection and Environmental Governance	11	2	3	5	2
公共设施管理业	Management of Public Facilities	24	8	2	19	46
居民服务、修理和其他服务业	**Resident Services, Maintenance Services and Other Services**	**222**	**179**	**69**	**146**	**169**
居民服务业	Resident Services	104	104	26	95	52
机动车、电子产品和日用产品修理业	Vehicles, Electronic Products and Commodities Maintenance Services	91	48	34	33	55
其他服务业	Other Services	27	27	9	18	62
教 育	**Education**	**33**	**12**	**6**	**27**	**24**
教 育	Education	33	12	6	27	24
卫生和社会工作	**Health and Social Work**	**13**	**10**	**3**	**10**	**18**
卫 生	Health	7	6	1	7	10
社会工作	Social Work	6	4	2	3	8
文化、体育和娱乐业	**Culture, Sports and Entertainment**	**94**	**180**	**19**	**242**	**125**
新闻和出版业	Journalism and Publishing Activities				1	1
广播、电视、电影和影视录音制作业	Broadcasting, Movies, Televisions and Audiovisual Activities	6		1	5	7
文化艺术业	Cultural and Art Activities	13	101	6	156	25
体 育	Sports	2	4		4	5
娱乐业	Entertainment	73	75	12	76	87

单位：个 (unit)

武隆县 Wulong County	忠　县 Zhongxian County	开　县 Kaixian County	云阳县 Yunyang County	奉节县 Fengjie County	巫山县 Wushan County	巫溪县 Wuxi County	石柱县 Shizhu County	秀山县 Xiushan County	酉阳县 Youyang County	彭水县 Pengshui County
24	**59**	**120**	**81**	**74**	**43**	**47**	**14**	**59**	**35**	**54**
4	16	14	7	16	11	5	5	3	11	14
6	21	65	41	37	25	10	6	43	14	12
14	22	41	33	21	7	32	3	13	10	28
21	**48**	**57**	**30**	**67**	**28**	**16**	**23**	**46**	**34**	**28**
13	14	22	12	24	11	9	12	15	12	12
	20	20	6	28	3	3	1	22	10	4
8	12	10	10	14	11	1	8	7	8	10
	2	5	2	1	3	3	2	2	4	2
71	**137**	**203**	**124**	**88**	**80**	**40**	**106**	**69**	**66**	**79**
71	137	203	124	88	80	40	106	69	66	79
172	**321**	**642**	**373**	**263**	**216**	**127**	**224**	**196**	**234**	**335**
11	31	98	43	23	18	12	21	17	12	23
161	290	544	330	240	198	115	203	179	222	312
32	**103**	**157**	**58**	**66**	**36**	**21**	**31**	**23**	**89**	**117**
1	6	9	10	20	1		1		1	1
22	42	94	37	32	23	14	20	22	69	98
9	55	54	11	14	12	7	10	1	19	18
13	**26**	**38**	**20**	**30**	**15**	**12**	**25**	**11**	**36**	**28**
	2	7	4	5	5	3	2		4	2
2	5	6	1	3		1	1	3	1	3
11	19	25	15	22	10	8	22	8	31	23
58	**241**	**482**	**171**	**147**	**57**	**119**	**119**	**157**	**152**	**156**
28	147	258	98	71	27	65	52	90	80	84
17	64	145	49	43	22	49	58	45	59	44
13	30	79	24	33	8	5	9	22	13	28
19	**38**	**37**	**38**	**12**	**8**	**13**	**20**	**17**	**15**	**25**
19	38	37	38	12	8	13	20	17	15	25
8	**36**	**68**	**6**	**14**	**7**	**15**	**12**	**7**	**10**	**9**
3	18	46	5	8	6	9	8	6	9	9
5	18	22	1	6	1	6	4	1	1	
66	**194**	**223**	**121**	**68**	**79**	**36**	**139**	**108**	**104**	**84**
	1	2	1							1
4	4	6	2	6	4	4	3	11	3	6
11	79	68	28	7	18	8	101	4	14	27
3	3	9	5	7	4	1		3	6	3
48	107	138	85	48	53	23	35	90	81	47

表22.8 按区县、登记注册类型分组的企业法人单位数（2015年）

NUMBER OF ENTERPRISES AS CORPORATE UNITS BY STATUS OF REGISTRATION AND SECTOR (2015)

区 县	Item	总 计 Total	其 中 of which				
			内 资 Domestic-funded Enterprises	其 中 of which			
				国 有 State-owned	集 体 Collective-owned	股份合作 Cooperative Share-holding	联 营 Joint Ownership
全 市	**Total**	**392711**	**391010**	**2431**	**2111**	**1517**	**405**
万州区	Wanzhou District	19648	19580	118	69	53	26
黔江区	Qianjiang District	7273	7270	28	5	24	6
涪陵区	Fuling District	16925	16886	94	63	31	10
渝中区	Yuzhong District	19829	19595	251	170	84	17
大渡口区	Dadukou District	5055	5036	28	40	16	2
江北区	Jiangbei District	17413	17208	150	75	19	6
沙坪坝区	Shapingba District	18358	18260	120	258	105	23
九龙坡区	Jiulongpo District	34627	34467	112	189	196	26
南岸区	Nan'an District	14565	14461	104	30	107	10
北碚区	Beibei District	8836	8785	78	110	37	9
渝北区	Yubei District	21874	21569	178	51	161	15
巴南区	Ba'nan District	14420	14358	61	91	44	15
长寿区	Changshou District	10055	10016	58	33	26	14
江津区	Jiangjin District	12916	12865	39	137	28	11
合川区	Hechuan District	9269	9246	39	33	27	7
永川区	Yongchuan District	11091	11047	48	33	39	14
南川区	Nanchuan District	8826	8817	45	43	24	8
綦江区	Qijiang District	11973	11955	73	114	61	13
大足区	Dazu District	10907	10892	28	42	8	5
璧山区	Bishan District	9533	9482	27	59	33	13
铜梁区	Tongliang District	7678	7659	36	50	13	2
潼南区	Tongnan District	8957	8952	29	19	13	5
荣昌区	Rongchang District	6484	6471	38	27	7	5
梁平县	Liangping County	5770	5765	35	7	26	1
城口县	Chengkou County	2414	2413	22	5	12	1
丰都县	Fengdu County	5814	5807	61	44	17	65
垫江县	Dianjiang County	6658	6653	46	69	63	14
武隆县	Wulong County	5384	5379	25	15	16	
忠 县	Zhongxian County	7184	7178	72	58	30	10
开 县	Kaixian County	12733	12724	46	42	94	12
云阳县	Yunyang County	7723	7718	27	12	13	14
奉节县	Fengjie County	5001	4998	55	16	20	4
巫山县	Wushan County	4767	4765	27	16	9	3
巫溪县	Wuxi County	3469	3466	21	12	6	3
石柱县	Shizhu County	3541	3536	41	31	10	2
秀山县	Xiushan County	5159	5159	20	6	3	1
酉阳县	Youyang County	5444	5438	81	27	9	4
彭水县	Pengshui County	5138	5134	70	10	33	9

单位：个 (unit)

其中 of which								
其中 of which				其中 of which	其中 of which		其中 of which	
国有联营 State Joint Ownership	集体联营 Collective Joint Ownership	国有与集体联营 Joint State-collective Ownership	其他联营 Other Joint Ownership	有限责任公司 Limited-liability Corporations	国有独资公司 State Sole Funded	其他有限责任公司 Other Limited-liability Corporations	股份有限公司 Share-holding Limited Companies	私营 Private
43	**161**	**28**	**173**	**46271**	**1119**	**45152**	**4070**	**302919**
6	8	2	10	1997	33	1964	250	14730
1	1	1	3	344	16	328	36	5517
1	2	3	4	859	48	811	171	14761
1	8	3	5	2860	104	2756	269	15586
			2	978	15	963	86	3676
3	3			1089	70	1019	68	15776
2	13	3	5	4953	47	4906	260	12083
2	13	3	8	11020	41	10979	484	20212
2	4		4	1719	52	1667	244	11797
3	3	1	2	1133	38	1095	96	6345
3	7	1	4	4030	126	3904	519	15656
1	9	3	2	2149	33	2116	143	10823
	5		9	597	27	570	88	8622
	6		5	1403	52	1351	61	10669
	4	1	2	626	13	613	63	7784
1	7	1	5	1022	14	1008	95	8528
1	3		4	250	21	229	71	6953
2	6		5	1234	34	1200	128	8428
2	3			2162	13	2149	66	8357
1	11		1	777	12	765	43	8247
	2			180	14	166	33	7110
	3		2	383	12	371	34	7639
1	2		2	133	29	104	17	5986
			1	312	16	296	47	4947
	1			100	14	86	33	2025
1	4	1	59	317	17	300	53	3182
1	8	1	4	485	9	476	62	5245
				315	28	287	36	4581
2	2	1	5	471	16	455	58	5594
	9		3	347	12	335	94	10773
3	6		5	525	17	508	68	6124
2	1	1		273	15	258	55	2989
			3	249	24	225	38	3732
1	2			129	16	113	26	3112
	1		1	206	19	187	82	2836
			1	57	23	34	16	4735
	2		2	397	19	378	26	4391
	2	2	5	190	10	180	51	3368

表22.8 续表1 continued1

单位：个 (unit)

区 县	Item	其 中 of which						
		其 中 of which				其他内资 Other Domestic Funded	港澳台商投资 Enterprises with Funds from Hong Kong, Macao and Tainwan	外商投资 Foreign Funded
		私营独资 Soly Private-funded Enterprises	私营合伙 Private Partnership Enterprises	私营有限责任公司 Private Limited Liability Corporations	私营股份有限公司 Private Share-holding Limited Companies			
全 市	**Total**	**159470**	**10189**	**125644**	**7616**	**31286**	**781**	**920**
万州区	Wanzhou District	11260	299	2793	378	2337	14	54
黔江区	Qianjiang District	2448	892	2093	84	1310	2	1
涪陵区	Fuling District	9780	305	4457	219	897	15	24
渝中区	Yuzhong District	1626	421	12661	878	358	128	106
大渡口区	Dadukou District	1092	110	2372	102	210	11	8
江北区	Jiangbei District	1085	349	14126	216	25	105	100
沙坪坝区	Shapingba District	2868	574	8266	375	458	52	46
九龙坡区	Jiulongpo District	4316	719	14488	689	2228	70	90
南岸区	Nan'an District	2329	348	8753	367	450	50	54
北碚区	Beibei District	3013	148	3037	147	977	21	30
渝北区	Yubei District	3669	550	10986	451	959	111	194
巴南区	Ba'nan District	6526	289	3691	317	1032	31	31
长寿区	Changshou District	5983	153	2343	143	578	16	23
江津区	Jiangjin District	6479	283	3767	140	517	30	21
合川区	Hechuan District	5506	248	1910	120	667	7	16
永川区	Yongchuan District	6346	169	1598	415	1268	20	24
南川区	Nanchuan District	5202	240	1277	234	1423	7	2
綦江区	Qijiang District	6360	150	1725	193	1904	8	10
大足区	Dazu District	6485	335	1366	171	224	4	11
璧山区	Bishan District	2686	746	4659	156	283	23	28
铜梁区	Tongliang District	4455	61	2137	457	235	6	13
潼南区	Tongnan District	6257	172	1177	33	830	1	4
荣昌区	Rongchang District	3670	150	2009	157	258	8	5
梁平县	Liangping County	3965	179	729	74	390	1	4
城口县	Chengkou County	1862	52	88	23	215	1	
丰都县	Fengdu County	2583	123	401	75	2068	5	2
垫江县	Dianjiang County	3732	155	1210	148	669	1	4
武隆县	Wulong County	3683	153	733	12	391	4	1
忠 县	Zhongxian County	3577	121	1831	65	885	4	2
开 县	Kaixian County	9170	605	894	104	1316	3	6
云阳县	Yunyang County	4680	142	1174	128	935	5	
奉节县	Fengjie County	2377	144	415	53	1586	3	
巫山县	Wushan County	2754	77	753	148	691	2	
巫溪县	Wuxi County	1347	106	1560	99	157	2	1
石柱县	Shizhu County	2187	207	386	56	328	3	2
秀山县	Xiushan County	2820	191	1640	84	321		
酉阳县	Youyang County	3059	123	1148	61	503	5	1
彭水县	Pengshui County	2233	100	991	44	1403	2	2

附　录

APPENDIX

简要说明 BRIEF INTRODUCTION

本章中全国数据摘自2016年《中国统计摘要》，部分数据为初步统计数，正式统计数据以《中国统计年鉴—2016》为准。

The data of the whole nation in this table are extracted from China Statistical Summary—2016, and some of the data are primary statistics. See China Statistical Yearbook—2016 for the official data.

附录1：重庆市国民经济主要指标占全国的比重（2015年）

APPENDIX I: CHONGQING'S MAIN INDICATORS OF NATIONALECONOMY AS PERCENTAGE OF WHOLE NATION (2015)

指 标	Item	全 国 Whole Nation	重 庆 Chongqing	重庆占全国的比重(%) hongqing as Percentage of Whole Nation (%)
土地面积（万平方公里）	Land Area (10 000 sq. km)	960	8.24	0.86
年末户籍总人口（万人）	Year-end Population (10 000 persons)	137462	3372	2.45
年末从业人员数（万人）	Year-end Employment (10 000 persons)	77451	1707.37	2.20
国内（地区）生产总值（亿元）	Gross Domestic Product (100 million yuan)	676707.8	15717.27	2.32
第一产业	Primary Industry	60863.0	1150.15	1.89
第二产业	Secondary Industry	274277.8	7069.37	2.58
第三产业	Tertiary Industry	341566.9	7497.75	2.20
主要农业产品产量(万吨)	Output of Major Agricultural and Industrial Products (10 000 tons)			
粮 食	Gain	62143.9	1154.9	1.86
油 料	Oil-bearing Crops	3537.0	59.9	1.69
肉 类	Meat	8625.0	213.8	2.48
城镇常住居民人均可支配收入（元）	Per Capita Disposable Income of Urban Residents (yuan)	31195	27239	
农村常住居民人均可支配收入（元）	Per Capita Disposable Income of Rural Residents (yuan)	11422	10505	
邮电业务总量（亿元）	Total Business Volume of Postal and Telecommunication Services (100 million yuan)	28220.4	552.35	1.96
社会消费品零售总额（亿元）	Retail Sales of Consumer Goods (100 million yuan)	300931	6424.02	2.13
固定资产投资额（亿元）	Investment in Fixed Assets (100 million yuan)	561999.8	15480.33	2.75
#房地产开发投资	Real Estate Development	95978.8	3751.28	3.91
金融机构人民币各项存款余额（亿元）	Deposit Balance of RMB of Financial Institutions (100 million yuan)	1357022	28094.37	0.28
金融机构人民币各项贷款余额（亿元）	Loan Balance of RMB of Financial Institutions (100 million yuan)	939540.16	22393.93	2.38
货物进出口总额（亿美元）	Total Imports and Exports (USD 100 million)	39569.0	744.77	1.88
出口额	Exports	22749.5	551.90	0.85
进口额	Imports	16819.5	192.87	3.28
建筑业总产值（亿元）	Gross Output Value of Construction (100 million yuan)	180757	6256.94	0.11
在校学生数（万人）	Student Enrollment (10 000 persons)			
#普通本、专科	Regular Undergraduates and College Students	2625.3	71.66	2.73
普通小学	Primary Schools	9692.2	207.33	2.14
执业（助理）医师（万人）	Licensed (Assistant) Doctors (10 000 persons)	303.9	6.10	2.01
医院床位数（万张）	Number of Beds in Hospitals and Health Centers (10 000 units)	533.1	12.40	2.33

附录2：全国国民经济与社会发展速度指标

APPENDIX II: INDICATORS ON THE GROWTH RATE OF NATIONAL ECONOMIC AND SOCIAL DEVELOPMENT

指　标	Item	2015年	2015年为下列各年(%) 2015 as Percentage of the Following Years (%)				平均每年增长(%) Average Annual Growth Rate (%)		
			1978年	1990年	2000年	2014年	1979-2015	1991-2015	2001-2015
人　口	**Population**								
年末总人口（万人）	Year-end Population (10 000 persons)	137462	142.8	120.2	108.5	100.5	1.0	0.7	0.5
城镇人口	Urban Population	77116	447.2	255.4	168.0	102.9	4.1	3.8	3.5
乡村人口	Rural Population	60346	76.4	71.7	74.7	97.5	-0.7	-1.3	-1.9
就业和失业	**Employment and Unemployment**								
就业人员数	Employment	77451	192.9	119.6	107.4	100.3	1.8	0.7	0.5
#城镇就业人员	Employment in Urban Areast	40410	424.7	237.1	174.5	102.8	4.0	3.5	3.8
城镇登记失业人员	Registered Unemployment in Urban Areas	966	182.3	252.1	162.4	101.5	1.6	3.8	3.3
国民经济核算	**National Accounting**								
国内生产总值（亿元）	Gross Domestic Product (100 million yuan)	676707.8	3016.9	1067.2	395.5	106.9	9.6	9.9	9.6
第一产业	Primary Industry	60863.0	500.4	262.4	181.7	103.9	4.4	3.9	4.1
第二产业	Secondary Industry	274277.8	4709.3	1548.6	435.8	106.0	11.0	11.6	10.3
第三产业	Tertiary Industry	341566.9	4175.5	1148.7	432.9	108.3	10.6	10.3	10.3
财　政	**Government Finance**								
公共财政收入	Public Finance Revenue	152216.7	13443.6	5182.5	1136.3	108.4	14.2	17.1	17.6
公共财政支出	Public Finance Expenditure	175767.8	15664.3	5700.1	1106.4	115.8	14.6	17.6	17.4
能　源	**Energy**								
能源生产总量（万吨标准煤）	Total Energy Output (10 000 ton of standard coal)	362000	576.7	348.3	261.2	100.0	4.8	5.1	6.6
能源消费总量	Total Consumption of Energy	430000	752.5	435.7	292.6	101.0	5.6	6.1	7.4
固定资产投资	**Investment in Fixed Assets**								
全社会固定资产投资总额（亿元）	Total Investment in Fixed Assets (100 million yuan)	561999.8		12441.9	1707.3	109.8		22.1	22.0
#房地产开发	Real Estate Development	95978.8		37891.4	1925.7	101.0		29.0	24.0
对外贸易和实际利用外资	**Foreign Trade and Foreign Capital Actually Utilized**								
货物进出口总额（亿美元）	Total Imports and Exports (USD 100 million)	39569.0	19171.0	3427.7	834.3	92.0	15.3	15.2	15.2
出口额	Exports	22749.5	23332.8	3664.0	912.9	97.1	15.9	15.5	15.9
进口额	Imports	16819.5	15444.9	3152.7	747.2	85.8	14.6	14.8	14.3
外商直接投资（亿美元）	Foreign Direct Investment (USD 100 million)	1262.7		3621.1	310.1	105.6		15.4	7.8

注：1）本表价值量指标中，国内生产总值和邮电业务总量按可比价格计算，其他按当年价格计算；固定资产投资总额平均每年增长速度按累计法计算。
2）本表价值量指标中，邮电业务总量2000年及以前按1990年不变价格计算，2001-2010年按2000年不变价格计算，2011年起按2010年不变价格计算。其余指标按当年价格计算。

Note: a) Among the value data hereabove, the data of GDP and Total Business Volume of Postal and Telecommunication Services are calculated at comparable price, while other data are calculated at current price. The annual increase rate of Total Investment in Fixed Assets is calculated by accumulated method.
b) Among the value data hereabove, the data of Total Business Volume of Postal and Telecommunication Services in 2000 and before are calculated at the constant price of 1990, the data from 2001 to 2010 at the constant price of 2000, while the data since 2011 at the constant price of 2010. Other indicators are calculated at current price.

附录2 续表 continued

指 标	Item	2015年	2015年为下列各年 (%) 2015 as Percentage of the Following Years (%)				平均每年增长 (%) Average Annual Growth Rate (%)		
			1978年	1990年	2000年	2014年	1979-2015	1991-2015	2001-2015
主要产品产量	**Output of Major Products**								
粮 食（万吨）	Gain (10 000 tons)	62143.9	203.9	139.3	134.5	102.4	1.9	1.3	2.0
棉 花（万吨）	Cotton (10 000 tons)	560.3	258.6	124.3	126.9	90.7	2.6	0.9	1.6
油 料（万吨）	Oil-bearing Crops (10 000 tons)	3537.0	677.9	219.3	119.7	100.8	5.3	3.2	1.2
肉 类（万吨）	Meat (10 000 tons)	8625.0			143.4	99.1			2.4
原 煤（亿吨）	Coal (100 million tons)	37.47	606.2	346.9	270.7	96.7	5.0	5.1	6.9
原 油（万吨）	Oil (10 000 tons)	21456	206.2	155.1	131.6	101.5	2.0	1.8	1.8
发电量（亿千瓦小时）	Electricity (100 million kwh)	58106	2264.5	935.4	428.6	100.3	8.8	9.4	10.2
粗 钢（万吨）	Steel (10 000 tons)	80383	2529.3	1211.5	625.5	97.8	9.1	10.5	13.0
水 泥（万吨）	Cement (10 000 tons)	235940	3616.5	1125.1	395.2	94.7	10.2	10.2	9.6
建筑业	**Construction**								
建筑业总产值（亿元）	Gross Output Value of Construction (100 million yuan)	180757		13439	1446.3	102.3		21.7	19.5
运 输	**Transportation**								
沿海主要港口货物吞吐量（万吨）	Cargo Throughput of Major Sea Ports (10 000 tons)	784578.0	3955.7	1623.7	624.6	102.0	10.5	11.8	13.0
邮电通信业	**Telecommunications and Postal Services**								
邮电业务总量（亿元）	Total Business Volume (100 million yuan)	28220.4	309818	67899.7	2203.6	129.2	24.3	29.8	22.9
移动电话用户（万户）	Mobile Telephone Subscribers (100 subscribers)	130573.8		7254100	1544.6	101.5		56.5	20.0
固定电话用户（万户）	Fixed Telephone Subscribers (10 000 subscribers)	23099.6	11997.1	3372.1	159.5	92.6	13.8	15.1	3.2
国内贸易	**Domestic Trade**								
社会消费品零售总额（亿元）	Retail Sales of Consumer Goods (100 million yuan)	300931	19307.8	3625.6	769.5	110.7	15.3	15.4	14.6
国际旅游	**International Tourism**								
入境过夜旅游者人数（万人次）	Inbound Tourists Staying Overnight (10 000 person-times)	13382.0	7396.6	487.3	160.4	104.1	12.3	6.5	3.2
国际旅游外汇收入（亿美元）	Foreign Exchange Earnings from International Tourism (USD 100 million)	1136.5	43212.9	5124.0	700.5	107.8	17.8	17.1	13.9
科技、教育、卫生、文化	**Science & Technology, Education, Health and Culture**								
研究与试验发展经费支出（亿元）	Expenditure on R&D (100 million yuan)	14220			1587.7	109.3			20.2
技术市场成交额（亿元）	Contract Value of Technology Market (100 million yuan)	9835			1511.3	114.7			19.8
在校学生数（万人）	Student Enrollment (10 000 persons)								
#普通本、专科	Regular Undergraduates and College Students	2625.3	3066.9	1272.6	472.1	103.0	9.7	10.7	10.9
普通高中	Regular Senior Secondary Schools	2374.4	152.9	331.0	197.7	98.9	1.2	4.9	4.6
初 中	Secondary Schools	4312.0	86.3	110.1	68.9	98.3	-0.4	0.4	-2.5
普通小学	Primary Schools	9692.2	66.3	79.2	74.5	102.6	-1.1	-0.9	-1.9
医院数（个）	Number of Hospitals (unit)	27587	296.9	191.9	169.1	106.7	3.0	2.6	3.6
医院床位数（万张）	Number of Beds in Hospitals (10 000 bed)	533.1	484.6	285.2	246.0	107.4	4.4	4.3	6.2
执业（助理）医师（万人）	Number of Licensed (Assistant) Doctors (10 000 person)	303.9	310.7	172.4	146.4	105.1	3.1	2.2	2.6

附录3：全国各省（自治区、直辖市）国民经济主要指标（2015年）

APPENDIX III: MAIN INDICATORS OF NATIONAL ECONOMY BY PROVINCE, MUNICIPALITY AND AUTONOMOUS REGION (2015)

地 区	Region	年末常住人口（万人） Resident Population at Year-end (10 000 persons)	地区生产总值（亿元） Gross Domestic Product (100 million yuan)	其 中 of which 第一产业 Primary Industry	第二产业 Secondary Industry
东部地区	**Eastern Region**				
北 京	Beijing	2171	22968.6	140.2	4526.4
天 津	Tianjin	1547	16538.2	208.8	7688.7
河 北	Hebei	7425	29806.1	3439.5	14388.0
辽 宁	Liaoning	4382	28743.4	2384.0	13382.6
上 海	Shanghai	2415	24965.0	109.8	7940.7
江 苏	Jiangsu	7976	70116.4	3987.9	32043.6
浙 江	Zhejiang	5539	42886.5	1832.8	19707.1
福 建	Fujian	3839	25979.8	2117.7	13218.7
山 东	Shandong	9847	63002.3	4979.1	29485.9
广 东	Guangdong	10849	72812.6	3344.8	32511.5
海 南	Hainan	911	3702.8	855.8	875.1
中部地区	**Central Region**				
山 西	Shanxi	3664	12802.6	788.1	5224.3
吉 林	Jilin	2753	14274.1	1596.3	7337.1
黑龙江	Heilongjiang	3812	15083.7	2633.5	4798.1
安 徽	Anhui	6144	22005.6	2456.7	11342.3
江 西	Jiangxi	4566	16723.8	1773.0	8487.3
河 南	Henan	9480	37010.3	4209.6	18189.4
湖 北	Hubei	5852	29550.2	3309.8	13503.6
湖 南	Hunan	6783	29047.2	3331.6	12955.4
西部地区	**Western Region**				
重 庆	Chongqing	3017	15717.3	1150.2	7069.4
四 川	Sichuan	8204	30103.1	3677.3	14293.2
贵 州	Guizhou	3530	10502.6	1640.6	4146.9
云 南	Yunnan	4742	13717.9	2055.7	5492.8
西 藏	Tibet	324	1026.4	96.9	376.2
陕 西	Shaanxi	3793	18171.9	1597.6	9360.3
甘 肃	Gansu	2600	6790.3	954.5	2494.8
青 海	Qinghai	588	2417.1	208.9	1207.3
宁 夏	Ningxia	668	2911.8	238.5	1379.0
新 疆	Xinjiang	2360	9324.8	1559.1	3565.0
内蒙古	Inner Mongolia	2511	18032.8	1618.7	9200.6
广 西	Guangxi	4796	16803.1	2566.0	7694.7

注：本表绝对数按当年价计算。

其 中 of which 第三产业 Tertiary Industry	地区生产总值指数（上年=100） Indices of Gross Domestic Product (preceding year=100)	人均地区生产总值（元） Per Capita GDP (yuan)	人均地区生产总值指数（上年=100） Indices of Per Capita GDP (preceding year=100)	农林牧渔业总产值（万元） Gross Output Value of Farming, Forestry,Animal Husbandry and Fishery (10 000 yuan)	其 中 of which #农 业 Farming	#林 业 Forestry	#牧 业 Animal Husbandry	#渔 业 Fishery
18301.9	106.9	106284	105.5	368.2	154.5	57.3	135.9	11.9
8640.7	109.3	107960	106.6	467.4	238.0	7.7	130.2	80.4
11978.7	106.8	40255	106.1	5978.9	3441.4	121.5	1904.1	198.7
12976.8	103.0	65524	103.1	4686.7	2068.6	166.1	1561.4	689.8
16914.5	106.9	103141	106.9	302.6	162.0	12.2	65.6	51.8
34084.8	108.5	87995	108.3	7030.8	3722.1	129.1	1262.1	1517.5
21346.6	108.0	77644	107.6	2933.4	1434.7	151.6	426.2	855.9
10643.5	109.0	67966	108.0	3717.9	1618.6	314.3	571.3	1082.3
28537.4	108.0	64168	107.3	9549.6	4929.9	139.9	2523.2	1524.7
36956.2	108.0	67503	107.0	5520.0	2793.8	296.7	1117.1	1117.2
1971.8	107.8	40818	106.9	1323.9	613.9	99.2	238.5	324.9
6790.2	103.1	35017	102.6	1522.6	969.5	97.4	359.0	9.9
5340.8	106.5	51852	106.5	2880.6	1400.4	109.8	1244.9	39.9
7652.1	105.7	39462	106.0	5044.9	2911.9	204.2	1704.8	117.6
8206.6	108.7	35997	107.7	4390.8	2174.6	290.1	1259.0	475.1
6463.5	109.1	36724	108.5	2859.1	1326.9	293.7	719.8	420.0
14611.3	108.3	39131	107.9	7641.3	4610.7	134.3	2445.3	123.6
12736.8	108.9	50654	108.4	5728.6	2780.4	180.6	1503.3	922.8
12760.2	108.6	42968	107.9	5630.7	3043.5	317.4	1601.7	366.9
7497.8	111.0	52321	110.1	1738.1	1033.7	60.4	542.9	74.9
12132.6	107.9	36836	107.2	6377.8	3335.5	205.8	2515.6	210.5
4715.0	110.7	29847	110.3	2738.7	1772.6	137.7	665.2	55.9
6169.4	108.7	29015	108.0	3383.1	1841.5	317.1	1031.0	81.7
553.3	111.0	31999	108.9	149.5	68.0	2.1	75.3	0.2
7213.9	108.0	48023	107.6	2813.5	1910.7	75.8	665.5	23.6
3341.0	108.1	26165	107.7	1722.1	1252.5	28.6	279.4	2.2
1000.8	108.2	41252	107.2	319.3	145.0	7.4	158.4	2.8
1294.3	108.0	43805	106.9	483.0	311.0	11.6	122.9	15.8
4200.7	108.8	40036	106.6	2804.4	2005.4	53.2	649.5	21.8
7213.5	107.7	71903	107.4	2751.6	1418.3	99.4	1160.9	30.8
6542.4	108.1	35190	107.2	4197.1	2146.4	313.9	1140.3	429.8

Note:The values in this table are calculated at current prices.

附录3 续表1 continued1

地 区	Region	农林牧渔业总产值指数（可比价）（上年=100） Indices of Gross Output Value of Farming, Forestry, Animal Husbandry and Fishery (preceding year =100)	粮食产量（万吨） Grain Output (10 000 tons)	油料产量（万吨） Output of Oil-bearing Crops (10 000 tons)	棉花产量（万吨） Cotton Output (10 000 tons)	糖料产量（万吨） Sugar Output (10 000 tons)
东部地区	**Eastern Region**					
北 京	Beijing	88.3	62.6	0.6	0.01	
天 津	Tianjin	102.6	181.7	0.4	2.6	
河 北	Hebei	102.7	3363.8	151.5	37.3	89.2
辽 宁	Liaoning	103.8	2002.5	46.1	0.02	5.2
上 海	Shanghai	93.3	112.1	1.2	0.04	0.6
江 苏	Jiangsu	102.6	3561.3	143.1	11.7	9.5
浙 江	Zhejiang	101.2	752.2	31.3	2.0	62.2
福 建	Fujian	103.9	661.1	30.7	0.01	43.6
山 东	Shandong	104.3	4712.7	324.1	53.7	
广 东	Guangdong	103.1	1358.1	110.3		1452.9
海 南	Hainan	105.5	184.0	11.3		264.8
中部地区	**Central Region**					
山 西	Shanxi	101.1	1259.6	15.3	1.4	5.5
吉 林	Jilin	104.3	3647.0	76.4		1.3
黑龙江	Heilongjiang	105.2	6324.0	18.3		7.3
安 徽	Anhui	104.2	3538.1	227.9	23.4	20.3
江 西	Jiangxi	104.0	2148.7	124.0	11.5	65.8
河 南	Henan	104.6	6067.1	599.7	12.6	24.3
湖 北	Hubei	105.4	2703.3	339.6	29.8	32.0
湖 南	Hunan	103.7	3002.9	242.9	14.5	66.0
西部地区	**Western Region**					
重 庆	Chongqing	104.6	1154.9	59.9		9.8
四 川	Sichuan	103.6	3442.8	307.6	1.0	54.2
贵 州	Guizhou	106.8	1180.0	101.3	0.1	156.1
云 南	Yunnan	106.0	1876.4	65.9	0.01	1930.1
西 藏	Tibet	104.5	100.6	6.4		
陕 西	Shaanxi	105.0	1226.8	62.7	3.9	0.2
甘 肃	Gansu	105.7	1171.1	71.6	4.3	16.0
青 海	Qinghai	101.8	102.7	30.5		0.03
宁 夏	Ningxia	104.4	372.6	15.3		
新 疆	Xinjiang	106.3	1521.3	62.9	350.3	448.3
内蒙古	Inner Mongolia	102.4	2827.0	193.6	0.02	230.1
广 西	Guangxi	103.7	1524.8	64.7	0.3	7504.9

蔬菜产量（万吨） Vegetable Output (10 000 tons)	水果产量（万吨） Fruit Output (10 000 tons)	肉类产量（万吨） Meat Output (10 000 tons)	其 中 of which #猪 肉 Pork	#牛 肉 Beef	#羊 肉 Lamb	奶类产量（万吨） Diary Output (10 000 tons)	水泥产量（万吨） Cement Output (10 000 tons)
205.1	87.9	36.4	22.5	1.5	1.2	57.2	553.5
441.5	62.7	45.8	29.2	3.4	1.6	68.0	777.6
8243.7	2117.2	462.5	275.0	53.2	31.7	480.9	9126.2
2932.8	882.0	429.4	227.1	40.3	8.5	142.6	4567.7
364.5	61.5	20.3	16.1	0.1	0.6	27.7	433.6
5595.7	914.8	369.4	225.8	3.2	8.1	59.6	18056.1
1806.9	740.9	131.1	103.3	1.2	1.8	16.5	11330.9
1903.6	837.0	216.6	134.5	3.1	2.4	15.4	7787.5
10272.9	3218.6	774.0	397.4	67.9	37.1	284.9	15249.1
3438.8	1648.5	424.2	274.2	7.0	0.9	12.9	14560.0
572.2	405.9	78.0	45.8	2.6	1.0	0.2	2225.2
1302.2	842.6	85.6	60.3	5.9	6.9	92.7	3777.1
860.0	209.0	261.1	136.0	46.6	4.8	52.8	3325.0
957.4	213.5	228.7	138.4	41.6	12.3	574.4	3111.9
2714.2	1029.8	419.4	259.1	16.2	16.6	30.6	13207.9
1359.1	663.4	336.5	253.5	13.6	1.2	13.0	9458.1
7456.5	2665.1	711.1	468.0	82.6	25.9	352.3	16676.2
3852.0	966.3	433.3	331.5	23.0	8.8	16.9	11145.5
3996.9	981.0	540.1	448.0	19.9	11.6	9.7	11680.1
1780.5	375.9	213.8	156.2	8.8	3.8	5.4	6798.8
4240.8	934.2	706.8	512.4	35.4	26.3	67.5	14091.0
1731.9	224.9	201.9	160.7	16.8	4.2	6.2	9940.9
1873.9	726.5	378.3	288.6	34.3	15.0	62.5	9436.2
69.6	1.5	28.0	1.5	16.5	8.2	35.0	467.9
1822.5	1930.9	116.2	90.4	7.9	7.8	189.9	8578.7
1823.1	679.0	96.3	50.8	18.8	19.6	39.9	4764.3
166.4	3.6	34.7	10.3	11.5	11.6	32.7	1767.9
575.8	298.9	29.2	7.1	9.7	10.1	136.5	1749.8
1933.9	1635.0	153.2	33.1	40.4	55.4	163.8	4278.5
1445.3	296.7	245.7	70.8	52.9	92.6	812.2	5830.8
2786.4	1720.0	417.3	258.8	14.4	3.2	10.1	11144.5

附录3 续表2 continued2

地 区	Region	钢材产量（万吨） Steel Output (10 000 tons)	汽车产量（万辆） Motor Vehicle Output (10 000 units)	微型计算机设备（万台） Micro Computers (10 000 units)	发电量（亿千瓦小时） Electricity Production (100 million KWH)	客运量（万人） Passenger Throughput (10 000 persons)	旅客周转量（亿人公里） Passenger Turnover Volume (100 million person·km)
东部地区	**Eastern Region**						
北 京	Beijing	175.0	202.4	885.6	420.9	62752	279
天 津	Tianjin	8186.2	52.9	1029.7	622.8	18345	252
河 北	Hebei	25244.3	112.9		2497.8	53274	1213
辽 宁	Liaoning	6321.6	109.0	0.2	1665.2	73685	924
上 海	Shanghai	2202.7	243.0	3652.0	792.7	13844	215
江 苏	Jiangsu	13560.8	115.8	5911.6	4360.8	138308	1454
浙 江	Zhejiang	4047.7	41.1	151.4	3010.8	110951	1093
福 建	Fujian	2820.7	19.2	818.8	1901.0	51646	575
山 东	Shandong	9003.2	81.9	24.3	4684.6	60142	1147
广 东	Guangdong	3271.0	239.4	3241.7	4034.9	123709	1797
海 南	Hainan	34.7	7.0		261.0	13728	113
中部地区	**Central Region**						
山 西	Shanxi	4267.3			2449.3	29587	380
吉 林	Jilin	1152.5	208.1		731.3	36359	430
黑龙江	Heilongjiang	403.8	8.0	1.7	873.6	42713	488
安 徽	Anhui	3334.7	117.0	1801.5	2061.9	86810	1218
江 西	Jiangxi	2577.6	42.1		982.1	62418	954
河 南	Henan	4766.8	32.9		2624.6	124981	1631
湖 北	Hubei	3421.2	196.4	1121.5	2301.4	101659	1219
湖 南	Hunan	1951.3	36.3	33.9	1314.0	131311	1528
西部地区	**Western Region**						
重 庆	Chongqing	1411.4	304.5	6180.8		62282	534
四 川	Sichuan	2702.5	42.3	6342.7	3129.6	135969	988
贵 州	Guizhou	463.0		218.2	1814.9	87541	658
云 南	Yunnan	1695.4	11.7		2553.4	48513	457
西 藏	Tibet	2.5			44.8	1092	38
陕 西	Shaanxi	1655.6	34.1			69680	758
甘 肃	Gansu	847.8	2.4		1242.2	40453	620
青 海	Qinghai	113.6			565.6	5602	119
宁 夏	Ningxia	201.6			1154.7	9300	116
新 疆	Xinjiang	1070.5	1.6		2478.5	35948	477
内蒙古	InnerMongolia	1897.2	2.6		3928.8	16125	371
广 西	Guangxi	3545.4	229.4	3.1	1299.9	49101	732

注：1）本表各省、市固定资产投资数据不含跨区投资和农户投资。
　　2）本表交通数据均不含民航数。

货运量（万吨） Cargo Throughput (10 000 tons)	货物周转量（亿吨公里） Cargo Turnover Volume (100 million tons·km)	固定资产投资额（亿元） Investment in Fixed Assets (100 million yuan)	其中of which #房地产开发投资 Investment in Real Estate Development	商品房施工面积（万平方米） Housing Floor Space under Construction (10 000 sq. m)	商品房竣工面积（万平方米） Housing Floor Space Completed (10 000 sq.m)	商品房销售面积（万平方米） Housing Floor Space of Sales (10 000 sq.m)
20078	901.4	7446.02	4177.0	12993	2631	1554
48779	2519.2	11814.57	1871.5	10230	2904	1771
198024	12007.3	28905.74	4285.3	30435	4039	5855
202021	11711.9	17640.37	3558.6	29283	3238	3916
90893	19495.9	6349.39	3468.9	15095	2647	2431
198998	8270.2	45905.17	8153.7	58118	10297	11414
201231	9869.7	26664.72	7111.9	41687	5893	5985
111041	5447.5	20973.98	4469.6	30891	3437	4038
261849	8418.0	47381.46	5892.2	57206	8278	9727
339225	14882.2	29950.48	8538.5	57942	6044	11681
22287	1181.7	3355.40	1704.0	8317	1069	1052
161765	3438.5	13744.59	1494.9	15734	2114	1593
43333	1425.3	12508.59	924.2	11566	1287	1492
54478	1545.3	9884.28	992.1	12410	2924	1997
345756	10402.3	23803.93	4424.9	34245	5538	6174
130349	3753.5	16993.90	1520.1	15294	1908	3478
192859	6948.1	34951.28	4818.9	40994	5390	8556
153904	5674.1	26086.42	4249.2	28296	2785	6245
199716	3895.5	24324.17	2613.7	28322	3970	6363
103833	2709.5	14208.15	3751.3	28986	4630	5381
154597	2387.4	24965.56	4813.0	38981	4546	7671
84540	1379.0	10676.70	2205.1	20878	2583	3560
107608	1500.3	13069.39	2669.0	20722	2547	3145
2125	119.6	1295.68	50.0	381	92	51
140900	3263.5	18231.03	2494.3	20752	1682	2979
58251	2225.8	8626.60	768.1	8586	962	1435
15962	445.6	3144.17	336.0	2586	454	393
42626	816.9	3426.42	633.6	7046	1169	839
70673	1772.9	10525.42	998.9	11465	1609	1825
175112	4190.3	13529.15	1081.1	17641	1697	2369
149714	4061.8	15654.95	1909.1	18608	1675	3523

Note: a) The data of investment in fixed assets in this table excludes trans-regional investment and investment of rural households.
b) The civil aviation data are not include in traffic data of this table.

附录3 续表3 continued3

地 区	Region	建筑业总产值（亿元） Total Output Value of Construction (100 million yuan)	社会消费品零售总额（亿元） Total Retail Sales of Consumer Goods (100 million yuan)	进出口总额（按经营单位所在地分）（亿美元） Total Imports and Exports (by location of operation units) (USD 100 million)	其中of which #出 口 Export
东部地区	**Eastern Region**				
北 京	Beijing	8436.7	10338.0	3196.2	546.7
天 津	Tianjin	4488.9	5257.3	1143.5	511.8
河 北	Hebei	5252.6	12990.7	514.8	329.4
辽 宁	Liaoning	5413.8	12787.2	959.6	507.1
上 海	Shanghai	5652.5	10131.5	4492.4	1959.4
江 苏	Jiangsu	24785.8	25876.8	5456.1	3386.7
浙 江	Zhejiang	23980.6	19784.7	3473.4	2766.0
福 建	Fujian	7605.8	10505.9	1693.6	1130.2
山 东	Shandong	9381.7	27761.4	2417.5	1440.6
广 东	Guangdong	8865.7	31517.6	10228.7	6435.1
海 南	Hainan	278.6	1325.1	139.6	37.4
中部地区	**Central Region**				
山 西	Shanxi	2931.3	6033.7	147.2	84.2
吉 林	Jilin	2216.3	6651.9	189.4	46.5
黑龙江	Heilongjiang	1680.4	7640.2	209.9	80.3
安 徽	Anhui	5695.9	8908.0	479.7	322.8
江 西	Jiangxi	4602.5	5925.5	424.7	331.3
河 南	Henan	8047.7	15740.4	738.4	430.7
湖 北	Hubei	10592.9	14003.2	456.0	292.1
湖 南	Hunan	6630.8	12024.0	293.3	191.4
西部地区	**Western Region**				
重 庆	Chongqing	6256.9	6424.0	744.8	551.9
四 川	Sichuan	8768.2	13877.7	514.7	332.3
贵 州	Guizhou	1947.7	3283.0	122.2	99.5
云 南	Yunnan	3268.9	5103.2	245.2	166.2
西 藏	Tibet	106.9	408.5	9.1	5.9
陕 西	Shaanxi	4752.6	6578.1	305.0	147.9
甘 肃	Gansu	1849.0	2907.2	80.0	58.1
青 海	Qinghai	409.5	691.0	19.3	16.4
宁 夏	Ningxia	524.5	789.6	37.9	29.8
新 疆	Xinjiang	2255.7	2606.0	196.8	175.1
内蒙古	Inner Mongolia	1123.5	6107.7	127.5	56.5
广 西	Guangxi	2953.4	6348.1	512.6	280.3

金融机构本外币存款余额（亿元） Total Deposit Balance of RMB and Foreign Currencies of Financial Institutions (100 million yuan)	金融机构本外币贷款余额（亿元） Total Loan Balance of RMB and Foreign Currencies (100 million yuan)	城镇常住居民人均可支配收入（元） Per Capita Disposable Income of Urban Residents (yuan)	农村常住居民人均可支配收入（元） Per Capita Disposable Income of Rural Residents (yuan)	居民消费价格指数（上年=100） General Consumer Price Index (preceding year=100)	农产品生产价格指数（上年=100） Producer Price Index of Farm Products (preceding year =100)	固定资产投资价格指数（上年=100） Price Index of Investment in Fixed Assets (preceding year =100)
128572.96	58559.40	52859.2	20568.7	101.8	99.8	97.6
28149.37	25994.68	34101.3	18481.6	101.7	100.7	99.9
48927.59	32608.47	26152.2	11050.5	100.9	97.5	98.0
47758.18	36282.77	31125.7	12056.9	101.4	99.5	97.9
103760.60	53387.21	52961.9	23205.2	102.4	102.4	97.0
111329.86	81169.72	37173.5	16256.7	101.7	102.3	96.2
90301.61	76466.32	43714.5	21125.0	101.4	102.0	97.4
36845.47	33694.42	33275.3	13792.7	101.7	101.2	98.3
76795.48	59063.27	31545.3	12930.4	101.2	100.1	97.7
160388.22	95661.12	34757.2	13360.4	101.5	102.3	99.0
7637.27	6650.66	26356.4	10857.6	101.0	99.1	99.4
28641.42	18574.83	25827.7	9453.9	100.6	95.8	98.2
18683.80	15308.84	24900.9	11326.2	101.7	100.6	97.6
21429.82	16644.93	24202.6	11095.2	101.1	98.7	99.0
34826.23	26144.36	26935.8	10820.7	101.3	99.8	96.9
25042.97	18561.09	26500.1	11139.1	101.5	103.7	96.8
48282.06	31798.60	25575.6	10852.9	101.3	100.7	97.6
41345.88	29514.57	27051.5	11843.9	101.5	99.5	99.4
36220.61	24221.88	28838.1	10992.5	101.4	104.1	100.4
28778.80	22955.21	27238.8	10504.7	101.3	102.4	98.2
60117.72	38703.99	26205.3	10247.4	101.5	103.3	97.9
19537.12	15120.99	24579.6	7386.9	101.8	104.6	98.4
25204.56	21243.17	26373.2	8242.1	101.9	101.3	99.1
3671.22	2124.49	25456.6	8243.7	102.0		
32685.32	22096.84	26420.2	8688.9	101.0	96.3	98.8
16299.50	13728.89	23767.1	6936.2	101.6	99.8	97.7
5227.96	5124.10	24542.3	7933.4	102.6	96.1	98.2
4822.96	5150.32	25186.0	9118.7	101.1	98.4	97.5
17822.14	13650.96	26274.7	9425.1	100.6	90.4	98.3
18172.17	17264.33	30594.1	10775.9	101.1	98.0	98.0
22793.54	18119.30	26415.9	9466.6	101.5	102.0	98.8

中国统计出版社最新图书简目

（仅供参考，以实际出版为准）

统计资料

中国统计年鉴
中国经济普查年鉴2013
中国-东盟国家统计手册
中国城市统计年鉴
中国贸易外经统计年鉴
大中型批发零售和住宿餐饮企业统计年鉴
中国价格统计年鉴
中国环境统计年鉴
中国工业统计年鉴
中国城市建设统计年鉴
中国证券期货统计年鉴
工业企业科技活动资料
中国人才资源统计报告
文化及相关产业统计概览
中国残疾人事业统计年鉴
中国基本单位统计年鉴
中国统计摘要
国际统计年鉴
中国农村统计年鉴
中国对外直接投资统计公报
中国零售和餐饮连锁企业统计年鉴
中国农产品价格调查年鉴
中国能源统计年鉴
中国建筑业统计年鉴
中国城乡建设统计年鉴
中国科技统计年鉴
中国劳动统计年鉴
中国社会统计年鉴
中国教育经费统计年鉴
中国民政统计年鉴
中国妇女儿童状况统计资料（英）
中国发展报告
金砖国家联合统计手册
中国县域统计年鉴
中国地区经济监测报告
中国商品交易市场统计年鉴
中国住户调查年鉴
全国农产品成本收益资料汇编
国外资源、能源和环境统计资料汇编
中国房地产统计年鉴
中国第三产业统计年鉴
中国高技术产业统计年鉴
中国人口和就业统计年鉴
中国文化及相关产业统计年鉴
中国民族统计年鉴
中国乡镇街道行政区域简册

省级综合统计年鉴系列

北京 天津 河北 山西 内蒙古
河南 湖北 湖南 广东 广西 海南
新疆生产建设兵团
辽宁 吉林 黑龙江 上海 江苏
重庆 四川 贵州 云南 西藏 陕西
浙江 安徽 福建 江西 山东
甘肃 青海 宁夏 新疆

市(县)级综合统计年鉴系列

天津滨海新区 石家庄 唐山 邯郸 保定
沧州 邢台 廊坊 承德 衡水 秦皇岛
张家口 太原 大同 阳泉 长治 晋城
朔州 晋中 运城 忻州 临汾 呼和浩特
呼和浩特新城区 鄂尔多斯 包头 沈阳
大连 长春 延吉 四平 通化 哈尔滨
齐齐哈尔 黑龙江垦区 上海浦东新区
南京 无锡 徐州 常州 苏州 南通 连云港
淮安 盐城 扬州 镇江 泰州 宿迁 江阴
丹阳 杭州 宁波 温州 嘉兴 湖州 绍兴
金华 衢州 舟山 台州 丽水 合肥 安庆
马鞍山 福州 厦门 宁德 漳州 南昌
九江 上饶 新余 抚州 萍乡 赣州 吉安
景德镇 济南 青岛 潍坊 枣庄 日照
滕州 郑州 洛阳 平顶山 三门峡 商丘
信阳 济源 武汉 十堰 荆州 宜昌 荆门
咸宁 长沙 广州 深圳 惠州 东莞 南宁
柳州 桂林 来宾 海口 三亚 成都 贵阳
昆明 西安 安康 兰州 庆阳 银川 乌鲁木齐
兵团一师 兵团十师

调查年鉴系列

天津 山西 内蒙古 辽宁 吉林 上海　福建 河南 湖北 湖南 广西 重庆　四川 云南 甘肃 宁夏 新疆

统计方法应用/实用手册

实用SAS统计分析教程　马克威统计分析与数据挖掘应用案例
乡镇统计人员岗位知识培训系列教材：辅助调查员岗位基础知识　乡镇统计人员岗位基础知识
县级统计人员岗位知识培训系列教材：Excel在统计工作中的应用　简明统计分析
EXCEL在基层统计工作中的应用　统计公文知识问答

统计方法应用/实用手册

漫话诺贝尔经济学大师与数学情缘　魅力统计　漫话信息时代的统计学　统计使人更聪明
漫游数据王国　探访随机世界　新中国统计工作历史流变1949-1999　无处不在的统计

重点图书

新编英汉汉英统计大词典
挑大学选专业2016—考研择校指南
中华医学统计百科全书
挑大学选专业2016—高考志愿填报指南

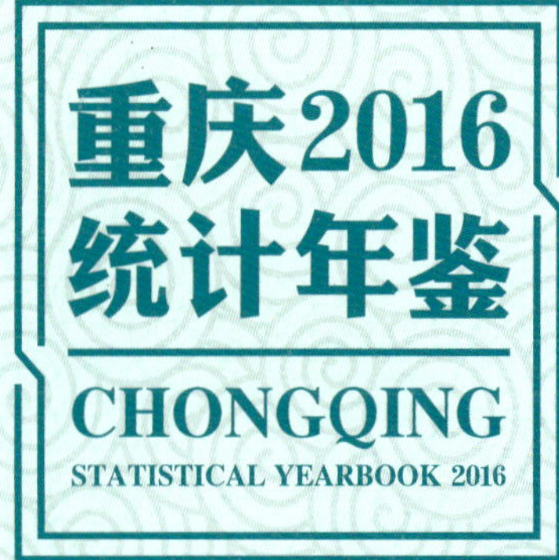

如何使用年鉴浏览

请在阅读光盘前，请选择IE选项/高级/“允许来自CD的活动内容在我的计算机上运行”。

两种浏览方式：为方便用户浏览和使用年鉴，本书提供了超文本（网面格式）和EXCEL电子表格两种浏览方式。默认为超文本格式，方便查阅。

本光盘中所有资料的浏览查阅和计算加工，未经许可均不得用于商业性用途，否则必追究其法律责任。

How to use the yearbook to browse

Please choose"contents of CD are permitted on my computer"of IE/senior.

Two modes to browse:In order to browse and use the yearbook easily, two modes-HTML and EXCEL are offered. HTML mode is acquiescent, which provides more convenient consultation and temporary calculation.

The consultation and calculation of data in this disk are not permitted for commercial purposes with-out written permission from the publisher. Legal responsibilities are reserved to prosecute.

重庆市统计局　国家统计局重庆调查总队　编
CHONGQING MUNICIPAL BUREAU OF STATISTICS
NBS SURVEY OFFICE IN CHONGQING